한·일 양언어의 어휘 대조 연구
- 부여어와 일본어를 중심으로 -

손 종 영

박문사

Preface 序言

부여어와 일본어의 동계 어휘를 범주적으로 망라

　본서는 부여어와 일본어의 동계 어휘를 약 70개의 범주로 나눠서 열거한다. 그것은 거의 3, 500개의 부여 어휘가 일본 고어와, 현대어와, 방언의 약 5, 000개의 어휘와 대조된다는 것을 보여주며 그 범주와 어휘의 수가 그렇게 많은 것은 놀랄만하다. 부여어와 일본어가 속하는 동계어가 양민족 생활 각 방면에 얼마나 많이, 또 얼마나 오래, 침투해 왔는지를 역력히 보여준다.

　한 범주 안에 어휘를 넣을 때에 여러가지 곤란을 느꼈는데, 그 이유는 여러 가지가 있다. 여기서 그것을 다 설명할 수가 없지만, 한 범주 안에 대조되는 여러 어휘들의 품사가 다를 때가 많고, 그 것들은 다 의미적으로 또 음성적으로 연결되어 있는 것이라는 것만 강조한다.

　그리고 한 어휘에 뜻이 비슷한 것이 몇 개씩 있는 것이 있어서 같은 음의 어휘가 반복한 것이 있는데 그 것은 불가피하고 그 수도 많지 않다.

　한국어 유사어의 포함은 처음부터 계획한 것이 아니고 부여 어휘와 일본어 어휘를 취급하는 과정에서 한국어 어휘와 같은 것 혹은 유사한 것이 많이 보여서 후에 첨가했다. 이것에 표준어사전 외에 주로 최학근(崔鶴根)교수의 「한국방언사전 (韓國方言辭典)」을 이용했다. 이것이 둘도 없는 대작이기는 하지만 많은 말이 빠져 있어서 꽤 불편했다. 방언학에 있어서도 한국은 다른 문명국에 뒤떨어져 있다는 것을 실감했다. 한국학중앙연구원에서 한국방언사전 세 권을 발행했다고 하는데, 그것을 얻기가 쉽지도 않다.

　또 차자(借字)에 관해서 한 마디 안 할 수가 없다. 한글 창조 이전에 우리 말에다 음만 따서 아무 한자나 갖다 댄 것은 널리 알려진 사실인데 이것은 한글 창조 후에도 근세까지 계속했다. 일본에서도 그들의 문자"가나"를 중세기 전에 만들었는데도 지금까지 あてじ(아데지)라고 하는 차자(借字) 풍습을 계속하고 있다. 일본어는 매어휘에 음절이 많기 때문에 그것이 꽤 편리하다. 문제는 어휘를 조사할 때에 어느 것이 차자 인지 아닌지가 확실치 않을 때가 많다. 이 책에서도 그 런 것들을 다 조사해서 지적할 수가 없어서 조금만 언급했다.

　그리고 이 책에서는 인용한 어휘의 출처를 일일이 밝히지 못했다. 그 이유는 오래 동안 조사하는 과정에서 그 많은 어휘의 출처를 다 자세히 기록해 놓을 수가 없었기 때문이다.

2011. 10. 3.

손 종 영

Contents 目次

第1部　概　要

일본 오오노 스스무(大野晉) 교수의 대편견

이 책은 개인의 학설을 이미 발표하고 그것을 고수하고 있는 나이 많은 사람들 보다 그외의 일반인이나 학생들을 대상으로 쓴 것이다. 그 이유는 전자는 타인의 학설을 쉬이 받아 들이지 않는 까닭이다. 한국은 물론, 일본에서도 중세 이래 시라이 햐쿠세키(白井百石)를 위시해서 저명한 어학자들이 한국어하고 일본어의 동족성을 역설했는데도 그 것을 도외시하는 일본 학자들이 무수하다. 그 대표적인 예가 오오노 스스무(大野晉)교수다. 그는 수십년 동안 다음과 같은 말을 해왔다.

1. 우선, 두 언어의 비교는 그 언어의 고어를 알기 전에는 불가능하다고 주장한다. 그러나 자기 자신은 한국어는 고어는 커녕 현대어도 조금밖에 공부 안했다고 자인하고 있다. 그럼에도 불구하고 그는 한국어와 일본어에는 동계어가 150 개에 불과하다고 오랫동안 주장하고 있으니, 이것은 너무도 비학구적이고 모순된 주장이다. 이남덕 (李男德) 교수는 네 권의 대작 「한국어원연구(韓國語源硏究)」에서 1, 000여 개의 일본어어휘와 1, 600 여 개의 한국어어휘와 1, 000여 개의 알타이어족(Altaic Languages)의 어휘를 비교하고 있다. 나도 3, 200여 개의 일본어어휘와 그에 대조하는 알타이어족의 어휘를 분석하고 있으나, 그것을 이 책에서 다 다룰 수가 없어 다른 책으로 발표할 계획이다. 한국어와 일본어와의 동족성을 반대하거나 의심하는 사람은 확고하고 신빙성 있는 연구결과를 발표해야 할 것이다.

2. 또 오오노교수가 말하기를 이녕희(李寧熙)교수는 일본 고어에 관한 책들을 썼으나 그녀는 일본 고어도 모르고 쓴 것이어서 읽을 가치도 없다고 망언했다. 실은 이녕희교수는 양국의 고어를 연구하고 있는 것을 오오노교수는 알 터인데 그런 허위 진술을 한다

3. 그는 또 이 두 언어는 문법은 비슷하나 음운이 유사한 조사(助詞)가 드물다고 하고 있으나, 이것도 연구 부족의 탓이다. 나는 이 책에서는 지면상 그 것에 관해서는 자세히 쓸 수 없으나, 음운 대조가 가능한 여덟개의 조사(助詞)그룹만을 아래에 열거한다. 인용한 언어의 간략 기호는 다음과 같다.

(現韓, 현대한국어)	=	Standard Modern Korean.
(古韓, 고대한국어)	=	Old Korean. (현대이전의 어휘를 다 포함함)
(現日, 현대일본어)	=	Standard Modern Japanese.
(古日, 고대일본어)	=	Old Japanese.
(現蒙, 현대몽고어)	=	Khalkha (Modern Mongolian).
(古蒙, 고대몽고어)	=	Old Mongolian.
(터키, 현대터키어)	=	Modern Turkish
(古터, 고대터키어)	=	Old Turkic.

A.   (古日)   -mana   부정명령   (한국어)   -mara   id.   (id.= 同)
       (Uzbek)   -may-   부정   (Azeri)   -ma   id.

B.	(일본)	-te	행동장소	(한국어)	-so	id.
	(만주)	-ce	id.	(터키)	-da	id.
C.	(일본)	-e	장소	(한국어)	-e	id.
	(古蒙)	-e	id.	(터키)	-e	id.
D.	(古蒙)	-so	명령형	(한국어)	-so	id.
	(만주)	-so	id.	(터키)	-sun	id.
E.	(큐우슈우)	-bakkai	(-만)	(동경)	-bakke	id.
	(한국어)	-bakke	id.	(고몽)	-manggi	(쯤)
F.	(일본)	-mai, -maji	부정추측	(한국어)	-mar	부정
	(만주)	-ume	부정명령.	(터키)	-mez	id.
G.	(일본)	-zutu	분배형	(한국어)	-ssik	id.
	(만주)	-datum	id.	(Chuvash)	-shar	id.
H.	(古日)	-sa	방향	(한국어)	-eso	-행동 장소
	(만주)	-ci	id.	(Dagur)	-aase	-행동 방향

* /o/는 /어/이다. * 만주어의 /e/는 /어/에 비슷하다. 그래서 나는 만주어의 여섯 번째 모음을 /의/로 보고 로마자로는 /u/를 쓴다. * (큐우슈우구주, 九州)=일본 서쪽에 있는 큰 섬이고 한국에 가깝다. * Azeri, Uzbek, Chuvash = 터키계어들. * Dagur = 현대몽고계어.

4. 이 외에 20-30 그룹은 있는 것 같다. 탐사도 안하고 일본어의 조사(토씨)와 알타이어들의 조사의 유사한 것이 아주 적다고 주장하는 일본인들이 많은데 더 학술적이어야 할 것이다. 또 그는 한국 고어의 자료가 없으니까 한국어와 일본어는 비교할 수 없다고 하는데, 한국 고어 자료가 어느 정도 있고 이것에 관한 책과 사전이 몇개 출판되어 있다는 것도 모르고 있다. 또 참고적으로 말하면 핫토리 시로오 (服部 四郞)씨는 한국어와 일본어의 동계성을 어느 정도 인정하면서도 그 분리 연수를 늘이려고 유명한 「Shwadesh」의 언어년대학(言語年代學, glottochronology) 계산공식을 자기 임의로 수정하고 계산해서 이 두 언어는 3000-5000년 전에 분류되었다고 주장했다. 이런 것이 많은 일본의 국수주의적 어학자들의 태도다.

그러면서도 오오노교수는 또 「일어의 기원」이라든가 다른 책에서, 일본어는 알타이어족, 특히 한국어와 「깊은 관계가 있다」고 말하고 있다. 이것은 이상한 표현이며 무엇을 뜻하는지 말이 없다. 또 일본어 어휘는 「자음+모음」 혹은 「자음+모음+ 자음+모음」이 기본형인데 알타이어족에는 이런 것이 음절 초두에는 「자음+자음」은 없지만 어휘 음절의 다른 위치에는 있는 것이 많으니까 일본어는 알타이어가 아니라고 하면서 동남아와 남양에 눈을 돌렸다. 일본에는 그런 사람들이 많다. 그러나 그들은 일본어와 유사한 문법과 어휘를 쉬이 남방 언어들 중에서 발견하지 못 하고 있다. 그 지방에 한국어와 일본어의 문법과 좀 유사한 언어가 더러 있지만 대조 언어가 그리 많지 않다는 것이다.

그리고 그들은 외래어 어휘의 음을 일본어로 전기(轉記)할 때에, 두 자음 사이에 모음을 삽입한다는 관례에 관해서는 언급도 안한다. 영어의 모음이 하나밖에 없는 「milk」 (밀크)를 「ミルク」(미루쿠)라고 하며 모음을 셋이나 쓰고 있다. 이것을 언급 안하는 것도 그의 모순의 하나다. 그리고 외래어에 「자음+자음」이 있는 것을 일본어에서 그 중의 하나를 삭제할 때도 많은데 이것에 관해서도 말이 없다.

5. 그는 또 요즘에 와서 일본인은 고대에 인도 남부에 있는 "문명한" 「Tamil」지역에서 올라 왔다고 주장하고 있다. 그러나 고대에 한반도에서 문물이 신석기시대의 죠몬(繩文=서기전 5000-서기250년) 말기와 그

직후의 야요이(弥生:서기전250-서기 250년) 시대에 일본으로 넘어갔다는 것이 고고학적으로 증명되어 있는데도 그 것을 무시한다. 일본에서는 15, 16세기까지 칠기와 목기를 식기로 사용하고 있었으나 그 후 도자기가 한반도에서 들어갔고, 또 나는 다도(茶道)와 검도도 거기서 일본으로 넘어갔다는 것을 일본책에서 읽은 일이 있다. 또 놀라운 것은 일본의 동북지방에 있는 센다이(仙台) 대학교의 한 교수가 근래에 그 지방의 어느 지역을 발굴하는 과정에서 2, 000년 전의 한국인 부락을 파냈다고 발표하고, 그 고대에 한반도에서 먼 일본의 동북 지역에 한민족이 대거 거주했다는 것을 알고 놀랐다고 말했다. 그들은 물론 한국어를 썼을 것이다. 여기서 참고적으로 말하면 금년 2003년 4월 25일호 Science(과학)지에서 캘리포니아 주립대학 로스앤젤레스분교(UCLA)의 벨우드(Bellwood)교수는 언어는 농사 기술 이동에 따라 같이 이동해 갔다는 설을 내놓으면서 고구려어가 서기전 400 년께 벼농사의 기술과 함께 일본으로 옮겨 갔다고 했다. 또 놀라운 것은 요즈음 일본 교수 한 사람이 한인과 일본인의 DNA가 같다고 발표한 것이다.

그 외에 20세기에도 일본 여기저기서 한반도와 관련이 있는 고대 물증이 속출하였는데도 그는 이것들을 다 간과했다. 또, 근래에 일본의 현천황 아키히토(明仁)가 칸무천황(桓武天皇 : 서기781-806)의 생모가 백제 무령왕(武寧王)의 자손이라고 속일본기(續日本紀)에 기록돼 있다고 말했는데 오오노교수는 이것도 도외시 했다. 또 한 일인 교수는 부여계 민족이 서기 1세기쯤에 한반도에서 일본에 건너가서 일본의 천황가 계통을 세웠다고 하는데, 그 전에 그들이 도일했다고 하는 학자는 한 두 사람이 아니다. 참고적으로 말하면 Tamil 지방에서는 지금도 식사할 때에 수저를 쓰지 않고 맨 손가락으로 모든 음식물을 집어 먹는다고 한다. 여하간 나는 「Tamil」이 중국보다 문명했다는 사실은 읽은 일이 없다. 한반도가 태고로부터 자신과 중국문명을 일본열도로 전해준 사실을 일반 일본인들도 많이 인정하고 있는데, 오오노교수는 일본인과 그 문물이 Tamil에서 왔다고 일방적 주장을 하고 있다.

6. 나는 미국에 55년 동안 살고 있으면서 Tamil에서 온 사람들을 더러 보지만, 그들은 일본사람보다 키도 크고 피부도 검다. 또 나는 일본에 2년쯤 주재한 일이 있지만 그런 사람은 한 사람도 보지 못했다. 오오노교수는 이 것도 간과하고 있다.

7. 그는 또 Tamil과 일본의 수사(數詞)에 관해서도 일언반구도 언급이 없다. 이 두 언어의 기본수사 (基本數詞:1＝10)는 다음과 같다.

수사	일어	Tamil	수사	일어	Tamil
1	hito	onru	6	mu	aaru
2	huta	tranda	7	nana	eeru
3	mi	muuru	8	ya	ettu
4	yo	naalu	9	kokono	onbadu
5	itu	naangu	10	too	pattu

위의 표를 보면 일본어의 /mi/(3)와 「Tamil」어의 muuru/(3)는 초두 음절이 비슷하나 /-ru/ 를 설명 해야 한다. 또 그 외의 유사한 것은 일어의 /ya(tu)/ (8)하고 Tamil의 /ettu/(8) 밖에 없다. 그러나 Tamil어에는 일본어의 /ya/(8)의 형은 없다. 이 것은 일본어의 /mi/(3)와 /yo/(4)의 모음만 바꿔서 그 배의 /mu/(6)과 /ya/(8)의 수로 쓰는 것을 고려하면, Tamil의 /ettu/(8)의 /ttu/의 설명이 불가능하다. 일본 수사의 보조사 /tu/는 「하나」부터 「아홉」까지 붙는 것이니까 이 /ttu/하고는 관계가 없다. 이처럼 이 두 언어의 기본수사에 동계어가 하나도 없는 것이 확실하다. 오오노교수는 이것을 조사하지 않았을 리가 없지만 동계수사가 하나도 없으니

까 언급이 불가능하였던 것이다. Austin은 만주어에는 모음이 6개 있다고 하며 /o(어)/를 첨가했는데 Norman의 사전이나 다른 책들은 다 이 모음을 /o/로 취급하는 것 같다.

참고적으로 말하면, 기본수사에는 「영(零)」(zero)이 들어 있지 않은 것 같다. 「영」이라는 개념과 용어는 8, 9세기에 아라비아어에서 쓰기 시작한 것이다. 중국어도 이것을 채용해서 아라비아보다 그 사용이 늦어졌고, 한국어와 일본어는 그보다 더 늦게 중국어에서 채택한 것이어서 고유어가 없다.

일본의 유명한 일본어 학자 大野晋(오오노 스스무)가 1981년의 저서와 최근 [日本人は何處から來たか?(일본인은 어디서 왔는가?)]라는 책에 실은 담화와 논설에서 한국어하고 일본어는 문법은 꽤 유사하나 동근어가 150개밖에 없어서 동계 어족에 속하지 않는다고 단언했다. 그리고 India 남단에 있는 Tamil족의 언어는 일본어하고 문법도 "같고" 동근어가 500개나 있어서 일본어는 Tamil어에서 유래했으며 일본인도 "문명한" Tamil에서 왔다고 덧붙였다. 그러나 예로부터 Tamil이 중국보다 문명했다는 논설은 들어 보지 못했다.

오오노교수가 한국어와 Tamil어를 얼마나 연구했는지는 모르겠지만 그토록 단언한 것을 보고 놀랐다. 한국어 학자 두어 분이 최근 일본 고대의 책들 중에 일본인들이 뜻을 몰라서 "마쿠라.코토바"라고 부르는 부분을 한국어로 대치하니까 전후의 문맥이 맞아 들어갈 뿐만 아니라 역사적 사실과 부합한다는 소견을 발표했다. 그런데 오오노교수와 그 추종자들은 그 것도 무용지사라고 일소해 버렸다. 참으로 놀라운 일이다. 그가 그 내용을 잘 이해할 만한 한국어에 대한 조예가 없으면서 그런 말을 하고 있으니 학자로서의 양심을 의심하지 않을 수가 없다. 이 설뿐만 아니라 Hubbard씨는 수십년 전의 저서에서 한국어와 남인도의 Dravidian어와의 동계성을 주장했으나 일반 어학자들의 반응이 부정적이었다.

일본인이 어디서 왔는지에 대해서는 큰 관심은 없지만 우리 조상의 문물이 2000년 이전부터 도일했다는 것은 고고학적으로도 증명되고 널리 알려져 있는 사실이다. 또 놀라운 것은 일본 동북에 있는 센다이대학 (仙台大學)의 한 교수가 최근 센다이지역에서 한 부락을 발굴했는데 그것은 2000년이 넘는 조선인 부락이었다고 조사 결과를 발표하고 그 동북 일본에 그토록 오래 전에 조선인이 대거 이주한 것을 알고 놀랐다고 말했다. 20세기에도 그 외에 여러가지 증거가 계속 나왔는데도 오오노교수는 그런 것도 다 일소해 버렸다. 이것도 학자의 태도라고는 믿을 수가 없다.

일본인 과반수가 조선계라면 그 외의 사람들은 어디서 왔을까? 인간은 고래로 자기 언어를 가지고 이동했으니까 한국어 이외의 말이 토착민의 언어이거나 남양에서 온 부족들의 말일 것은 분명하며, 그것은 일본 방언책을 들여다보면 두 말할 여지도 없다. 여하간 한국어의 영향은 아주 컸다고 볼 수가 있으며, 특히 도일한 한국인들이 지도층에 있었다고 하니 그 영향력을 감안하면 일본어의 폭 깊은 상층 (superstratum)은 한국어이고 하층(substratum)은 Ainu어를 포함한 여러 다른 계통의 언어인 것은 확실하다.

❀ Tamil 수사와 일어 수사의 비교

필자는 미국에서 50여 년을 살며 Tamil에서 이민 온 사람들을 많이 만나 보았는데, 그들은 다 피부색이 검었고 키도 일본인보다 크고, 골격과 용모도 일본인하고는 아주 다르게 생긴 사람들이었다. 이 현저한 대조는 이 두 민족이 같은 민족이 아니라는 것을 역력히 보여주고 있다. 필자는 또 Altaic 언어학도 공부하고 연구해 왔으므로 오오노교수가 주장하는 일본어 전체의 Tamil 유래설은 자신을 가지고 반박할 수가 있다. 또 그 동안 Tamil어의 책을 좀 읽어 보았는데 두 언어의 문법에 유사한 것이 많지 않을 뿐만 아니라 동근어도 그렇게 많이 보지도 못했다.

그럼 우리가 고찰하려고 하는 것은 기본 수사(basic numerals)이니까 일어와 Tamil어의 기본 수사를 열거해 본다.

수사	일어	Tamil	수사	일어	Tamil
1	hito	onru	6	mu	aaru
2	huta	tranda	7	nana	eeru
3	mi	muuru	8	ya(tu)	ettu
4	yo	naalu	9	kokono	onbadu
5	itu	naangu	10	too	pattu

기본 수사는 대개 one에서 ten까지를 말한다. zero(영)이라는 개념과 용어는 8-9 세기에 Arab어에서 확립되고 쓰이기 시작된 말이어서 중국어에서도 이것의 사용이 늦어졌고, 한국어와 일본어는 더욱 늦게 중국어(Chinese)에서 "영(零)"이란 말을 빌려 와서 이에 해당하는 고유 수사가 없다. 그래서 여기에서도 zero는 취급하지 않는다.

위의 수사들을 보면 유사한 것은 일어의 "ya(tu)"와 Tamil어의 "ettu"밖에 없고, "mi"와 "muuru"는 비슷하나 /-ru/를 설명해야 한다. 이것은 일본어의 "mi (3)"와 "yo-tu(4)"의 모음만 바꿔서 그 2배의 "6"과 "8"의 뜻으로 쓴다는 수긍이 갈만한 설을 고려하면 이것도 우연의 일치라고 볼 수밖에 없다. 이렇게 열개의 수사 중에 비슷한 것이 하나 둘 밖에 없으니 그 수사들을 동근어로 보기가 어렵다.

아래에서 보다시피 동계 언어간에는 발음이 거의 같은 동근 수사가 6-8 개는 되는데 일본어와 +Tamil어의 수사들을 보면 음운 대응이 되는 것이 한두 개밖에 없으니 이것만으로도 그 두 언어의 동계성을 부정할 수 있다. 미국의 두어 언어학자가 동계성이 있는 American Indian 언어 중에 수사가 대응하는 것이 하나 둘밖에 없다고 하며 이것은 동계성 결정에 지장이 되는 것이 아니라고 주장했다. 그러나 이것은 보편적 현상이 아니고 예외 아니면 조사 부족에 기인한 것인데 그것은 이 논문을 보면 이해할 수 있을 것이다. 그리고 이 논리에 의하면 다음 두 원칙을 세울 수 있다.

(1) 언어간에 동근어의 수사가 한두 개밖에 없어도 언어간의 동계성을 부인할 수 없다. 그러면 만일 한국어와 일본어의 동근 수사가 서너 개밖에 없다 히더라도 다른 어휘와 문법이 압도적으로 유사하면 그 두 언어의 친족성을 부인할 수 없다.

(2) 두 언어의 동근 수사가 50-60% 이상 있으면 이들은 동계 언어다. 한국어와 일본어 사이에는 동근 수사가 아래에서 보다시피 7-8 개나 되고 그 외의 동근 어휘가 지금까지 필자가 발견한 것이 3, 500개나 되고 문법도 압도적으로 유사하니까 이 두 언어는 동계어인 것이 확실하다.

언어학에서는 표준어를 표준 방언이라고 하며 표준어도 한 방언에 지나지 않는다고 규정하는데 이를 부정하는 어학자는 없다. 한국어와 일본어를 비교할 때에 방언 연구가 필요하다는 것을 아라이 햐쿠세키(新井百石: 1657- 1725)는 이미 3-4 세기 전에 주장한바 있고, 그 후 오쿠라 신뻬이 (小倉 進平), 가나자와 쇼사부로오(金澤庄三朗), 등 몇 일본 어학자들이 방언도 좀 들여다보고 이 두 언어는 동계 관계가 짙다고 말했다. 그런데도 오오노교수와 그의 극소수의 추종자들은 이런 공헌을 도외시하고 있다. 결국 오오노교수는 두 나라의 여러 방언을 깊이 조사해 본 일이 없으면서도 두 언어의 동계성을 부인했고, 핫토리는 그것을 부인하지는 않았지만 방언들을 조사하지도 않고 두 언어의 분리 시대를 잘못 계산했다. 서구(西歐)에서는 언어를 비교할 때에 일만명 미만의 소수 Indo-European어(印歐語)의 방언까지도 다 조사하고 Altaic 어학자들도 그렇게 해 왔다. 한반도의 인구는 일본보다 적지만 독일의 인구와 비슷하니까 결코 작은 나라가 아니다. 한반도와 일본의 이 많은 사람들이 국한된 방언을 사용하고 있으므로 각 방언의 사용자의 수는 수십만 이상이 되리라고 추정된다. 그러므로 심층적 연구가 더욱 필요하다.

그러나 문제는 두 나라의 방언 조사는 아직도 미흡한 점이 많다는 것이다. 예를 들면 일본에는 방언

사전이 많지도 않을 뿐더러, 방언 사전에는 수사라든가 기타 쉬운 말들이 너무도 많이 빠져 있다. 한국어 방언 사전들은 더욱 미흡하다. 그 이유의 하나는 일본 총독들의 강한 한국어 연구 탄압이었다. 그들은 한국어 연구를 위험시하고 적극적으로 양으로 그것을 탄압하면서 한국어 학자들을 수차 투옥까지 하고 학교에서도 한국어 사용을 엄금했다. 그래서 한국어 연구의 진전이 일본어 연구에 비해 뒤떨어졌던 것은 사실이다. 이런 피탄압 민족의 비애를 일반 일본인들이 체험은 물론 이해하기가 불가능할 것이다

필자는 일본어를 포함한 Altaic 언어 중에서 비슷한 어휘와 문법 용어들을 수십년 동안 모아 왔고 양국의 방언 사전들도 오래 동안 들여다본 결과 3500여 개의 동근어를 찾아냈다. 그것의 대부분이 한국어와 일본어에 나오는 동근어들이고 한국 어휘만이 일본어를 제외한 Altaic어들에 대응하는 것이 한 200개, 그리고 일본어 어휘만이 한국어를 제외한 Altaic어들에 대응하는 것도 한 150개쯤 있다.

또 긴급한 방언 연구의 절실한 필요성의 하나는 "나날이" 없어지는 세계 각처의 방언들을 서적으로나마 보존해야 한다는 것이다. 계산법이 꽤 다르지만 세계에 6,000개의 방언이 있다고 하는데 20세기에 들어서 가속적, 광역의 표준어 사용과 초단파 미디어 때문에 방언도 가속적으로 없어져 간다고 한다. 언어는 인간의 기초 문화의 하나이고 조상의 유산인데 그것을 그리 단시일에 분실한다는 것은 유감천만이다. 우리도 우리의 기초 문화와 우리의 조상이 물려 주신 유산을 빨리 자세히 조사해서 보존해야 할 것이다.

◈ Altaic계 언어들

소위 Altaic languages는 북서 Asia에 있는 Altai 산맥의 이름을 따서 그 주변에서 시작된 언어들을 Altaic languages라고 부르기 시작했다. (Ramstedt는 이 언어들은 북서 만주의 홍안령 산맥 지역에서 발상했다고 한다.) 이 Altaic Language Family에는 보통 다음과 같은 언어나 방언들이 포함된다. 참고적으로 말하면 Turkic 언어 중에 Altai라는 방언이 있어서 Altai Language어족이 라고 부르지는 않는다. 그럼 Altaic계 언어들은 어떤 것인가?

1. 한국어와 일본어.
2. Manchu-Tungus계 언어.
3. Mongolian계 언어.
4. Turkic계 언어.

A. 한국어와 일본어.

Ramstedt 외의 많은 어학자들이 한국어와 일본어를 Altaic language family에 포함하는데, 필자도 그것을 지지한다. 그러나 오직 소수의 국수주의적 일본어 학자들만이 이것을 반대하고 또 다른 여러 일본어 학자들도 이것을 의심해 왔지만, 한국어 학자는 물론 서구의 학자들도 대부분 이 설을 지지한다.

Ramstedt 후에 한국 내에서 한국어 어원에 관한 책이 수권 나왔으나 Ramstedt를 능가할 만한 책은 1986년에 선을 보인 이남덕 교수의 4권의 "한국 어원 연구"이다. 이것은 약 2500여 개의 한국어 어휘, 1600여 개의 일본어 어휘, 그리고 1000여 개의 다른 Altaic 언어의 어휘들을 비교한 대작인데, 한국어와 일본어 비교에 주력을 둔 것 같다. 그리고 수백 개의 어휘들을 재구성(reconstruct)하고 음운 대응도 자세히 분석해 놓았다. (재구성을 "재구"라고도 한다.) 이 교수가 작성한 학국어와 일본어의 음운 대응의 통계는 다음과 같다.

	종 류 수	대응 개수	총 어 휘 수*
어두 자음 대응	8	60	3-208
어근 말음 대응	10	50	2-165
어두 모음-모음 대응	34	155	1-23
어두 모음-자음 대응	23	46	1 -4

*총어휘 수는 이 교수가 인용한 어휘의 수.

위의 표를 보면 그 대응의 종류가 얼마나 많은지 알 수 있으며, 또 각 항목의 대응 어휘의 수도 1부터 208까지 있으니 그 다양성에는 놀라지 않을 수가 없다. 이런 연구를 더 해서 좀 간략화 할 수도 있겠다고 본다. 예를 들면 sample의 어휘가 몇 개밖에 없는 대응들은 더욱 심층적 재조사가 필요하다. 또 참고적으로 말하면 위의 대응 외에도 여러 개 더 있는 것 같다. 예를 들면 어휘 안의 음운 대응 같은 것이다.

그리고 고대일본어(Old Japanese)를 들여다보면 많은 동근어를 찾아낼 수 있다. 물론 두 나라의 현대 방언에서도 동근어가 무수히 나온다. 또 양국에서 고대어와 중세어의 어휘가 현대 언어에서는 많이 없어졌지만, 그 중에서도 동근어를 예상 이상으로 여러 개 발견했다. 자세히 조사하면 더 많은 동근어들을 그 중에서 많이 찾아낼 수 있을 것이다. 지금까지 찾은 것은 정리해서 조금씩 현대어와 함께 발표할 계획이다.

한국과 일본의 지명은 어느 방언에 속하는지 구분하기가 어려워서 될 수 있으면 현(縣)과 도(道)명만 기록한다. ("현"은 한국의 "도(道)"이다.) 그리고 중세한국어(Middle Korean)과 고대한국어(Old Korean)를 구별하기가 어렵지 않아서 구별을 했으나, 일본어의 중세 어휘와 고대 어휘는 구별하기가 쉽지 않고 또 수사 연구에 큰 차질이 없을 것 같아서 다 고대일본어(Old Japanese(OJ)로 기록했다. OJ에는 모음이 여덟 개가 있다는 것은 잘 알려져 있지만 이 논문에서는 수사 비교에 별 차질이 없을 것 같아서 /a, e, i, o, u/만을 쓰기로 했다. 이 일본 고어의 8개 모음도 일어가 Altaic어라는 것을 역력히 보여 주고 있다.

Tamil어에도 모음이 다섯 개밖에 없다 이 다섯 모음만 쓰는 언어는 현대 Altaic 언어 중에서는 Modern Japanese와 Manchu어가 유일하다. Austin은 만주어에는 모음이 6개 있다고 하며 /o'(어)/를 첨가했는데 Norman의 사전이나 다른 책들은 다 이 모음을 /o/로 취급하는 것 같다.

B. Manchu-Tungus Languages.

Manchu-Tungus족들은 12세기 만주 북동쪽에 있던 Mongolia계 Juchen(女眞)족에서 파생했다고 한다. 그들은 17세기에 Mongolia 문자를 모방해서 Manchu 문자를 채택했다. Manchu 사람들은 현재 대부분 중국화한 관계로 Manchu어를 말하는 사람의 수는 한 5만 명밖에 안 된다. 그 중에 중국 정부가 신강(新疆, Sinkang, 혹은 Sinjang)성으로 이주시킨 사람들은 4만 명쯤이 되며 그들은 Manhu어의 신문도 발행한다고 한다. 한 1만 미만의 만주인이 대부분 만주 각처에 산재하고 있지만 Manchu어를 말하는 사람은 소수의 노인들밖에 없고 물론 Manchu어의 간행물은 없다.

이들의 언어는 언어학적으로는 Manchu-Tungus Language Family라고 하는데 간략하게 Tungus Language Family라고도 한다. Tungus계 방언에는 여러가지가 있는데, Tungus족은 원래 Mongo족에서 파생했지만 언어학적으로는 Mongolian어족과 Tungus어족으로 구분한다. (협의의 Tungus라는 방언은 Evenki어를 말한다.) 그러나 이남덕 교수를 포함한 몇 학자들은 방언들을 밝히지 않고 그저 Tungus어라는 이름 아래 어휘를 열거하고 있다. 그런 것은 이 논문에서도 그냥 Tungus라고 표시할 수밖에 없다. Tungus 언어의 분류에 대해서도 여러가지 의견이 있는데, 다음 분류가 제일 좋은 것 같다.

(1) Manchu Group.
   a. Juchen (Old Manchu).
   b. Kittan. (Kittan어는 현재 몽고 방언으로 분류한다.)
   c. Manchu (중국 청 나라를 건립한 만주족의 언어)
   d. Sibo (colloquial Manchu)
   e. Solon, Dagur, Goldi, Orochi, Oroki(Orokko), Udehe어들.

(2) Tungus Group.
   a. Nanai Group (Lower Amur Group): Goldi, Nanai, Olcha, Orok,
      Udihe or Ude (West of Oroch???)
   b. Evenki (Siberian Group): Evenki, Negidal, Solon, Even(Lamut),
      Negidal, Evenki, Lamut, Solon

C. Mongolian Languages.

Old Mongolian은 진기스 칸(Genghiz Khan: 서기 1162-1227) 때부터 기록돼 있다. Mongolian 언어족에도 여러 방언이 있는데 그것들을 보통 다음과 같이 분류한다.

(1) 동부 그룹 (Mongol Group).
   a. Mongolia와 China에 있는 Khalkha어.
   b. Dariganga, Urat, Kharchin-Tumut, Ujumchin, Ordos어등.
   c. China에 있는 Dagur, Monguor, Santa어등.

(2) 서부 그룹.
   a. 구 소련과 Mongolia에 있는 Buriat어.
   b. 구 소련에 있는 Kalmuk어.
   c. Mongolia와 China에 있는 Oirat(Oyrat)어.
   d. Afghanistan에 있는 Mogol, Zirni* 같은 방언.
    *Zirni어는 Afgahn 지역을 침략한 Mongolia군의 후손들이 사용하고 있는 한 방언인데 잘 알려지지
     않고 있다.

D. Turkic Languages.

소위 Turkey계 언어들은 지금 잘 알려져 있는 Turkey의 언어인 Osmanli의 동계어 방언인데 그 분류는 다음과 같다. Turkic 어들은 약 5천만의 인구가 사용하고 있다.

(1) Turkic 방언. 이것은 구 소련에 있는 Chuvash 방언인데 제일 오래된 "전형적"인 Turkic 언어라고 해서
   Turkic 방언이라고 하는데, Turkey 방언 전체를 뜻하는 Turkic Language Family와 혼동 하기가 쉽다.
   Chuvash 의 /r/는 다른 방언의 /z/에 대응한다. Chuvash의 taxar (nine)은 다른 방언의 taquz (nine)에
   해당한다.

(2) 남동 그룹. (Uigur 혹은 Chagatai 그룹이라고도 함.)
   a. 구 소련 서남쪽에 있는 Uzbek어.
   b*. 중국 서북 쪽 신강성을 중심으로 한 지역에 있는 Uigur어.

(3*) 남서 그룹. (Oguz 혹은 Turkmen 그룹이라고도 함.)
   a. 현재 Turkey에서 쓰이는 Osmanli(Anatolian)어.
   b. 구 소련, Arab 등지에 있는 Azeri어. Azerbaijani어라고도 함.
   c. 구 소련, Iran, Afghanistan, Arab국들과 Turkey에 있는 방언.
   d. 구 소련과 Bulgaria에 있는 Gagauz어.

(4) 북서 (혹은 Kypchak) 그룹. /u/ <-- /g'/
   a. 구소련에 있는 Karaim, Kumyk 방언들.
   b. 구소련, Karachai와 Balkar에 있는 Karachai-Balkar어.
   c. Turkey, Bulgaria, China, Romania에 있는 Tatar어.
   d. 구소련에 있는 Bashkir어.
   e. 구소련, 몽고, 중국, Afghanistan에 있는 400만의 Kazak어.
   f. 구소련, China, Afghanistan에 있는 Kara-Kalpak어.
   g. 구소련에 있는 Nogay어.
   h. 이 지역의 남서쪽의 Kirgiz어. (300만 명이 넘음)

(5) 북동 그룹. (Siberia 혹은 Altai 그룹이라고도 함.)
   a. 구 소련에 있는 Khakhas(Tatars) 혹은 Shore 방언. /z/ 언어.
   b. 구 소련에 있는 Khakhas(Tatars) 혹은 Shore 방언. /z/ 언어.
   c. 구 소련과 Mongolia에 있는 Tuvinian어.
   d. 구 소련에 있는 Yakut어. Yakut는 /z/언어.
   e. Iran에 있는 Karai어.
   f. Turkified Samoyed (Karagas).

범례, 전기(轉記)범, 음운 표시 양식
아래에 인용하는 언어의 간략 기호는 다음과 같다.

(K)   = Modern Korean.
(MK)   = Middle Korean.
(OK)   = Old Korean.
(J)   = Modern Japanese.
(OJ)   = Old Japanese. (현대 이전의 말을 다 포함함.)
(Kh)   = Khalkha (Modern Mongolian).
(Mo)   = Middle Mongolian.
(OM)   = Old Mongolian.
(MT)   = Middle Turkic.
(OT)   = Old Turkic.

"id."는 Latin어의 "idem(같다)" 혹은 영어의 "identical(동일하다)"라는 말의 약어인데 서적에서는 "앞의 말과 같다"라는 뜻으로 쓴다.

그리고 지면 관계상 어휘를 나열할 때 간략하게 하기 위해서 {, } 와, {/}의 기호를 썼는데 그 사용법은 다음과 같다.

ふた, ふたつ   huta, huta-tu (J, OJ) "two"
 (ふた, ふたつ의 발음은 "huta, huta-tu"이고 둘 다 Modern Japanese와 Old Japanese에 나오며 뜻은 "two" 라는 말)

duyur/dudgun (Lamut) "two/two, pair"
 (Lamut어의 "duyur"는 "둘"이며, "dudgun"은 "둘, 쌍"이라는 말)

하나/ᄒ나 hana/ha'na (K/MK) "one"
 ("하나"의 발음은 "hana, " Modern Korean(K) 어휘며, 뜻은 "one" 이라는 것; 그리고 "ᄒ나"의 발음은 "ha'na"이고 Middle Korean (MK) 어휘이며 뜻은 "one"라는 말)

아홉/아호 ahop/aho (K, MK/OK) "nine"
 ("아홉"의 발음은 "ahop"이고 Modern Korean과 Middle Korea 에 있으며 뜻은 "nine"이고, "아호"의 발음은 "aho"이며 Old Korean에 나오는데 그 뜻도 "nine"이라는 말)

/ / 안에는 음운이나 그 대응/변화를 기입한다.
-- 은 대응 혹은 변화 관계를 뜻한다.
어휘 안의 hyphen(-)은 필자 나름대로 의미소를 분석해서 넣은 것.

또 다른 언어의 어휘를 전기(轉記)할 때에 너무도 표기법이 다양해서 될 수 있으면 일반인이 알 수 있게 전기했다. 그래서 좀 틀린 것이 있을지도 모르지만 큰 차질은 없을 것이다. 예를 들면 /x/를 /h/의 음이라고 쓴 책도 있고 /k/로 쓴 책도 있어서 어려움이 있었지만 그것은 /h/로 쓰기로 했다. 또 /q/도 /k/와 /h/로 사용하는 것을 보았는데 이것은 다 /k/로 전기하기로 했다. 이것은 어휘 비교에 큰 지장이 없을 것이다. 또 /j/가 /j/인지 /y/인지 분명치 않게 사용하는 저자들이 있어서 확실치 않을 때가 있었는데 그런 것들은 원본대로 두었다. /j/는 언어에 따라 /j/, /y/, /h/, 등으로 발음한다는 것은 잘 알려진 바이다.

이 논문은 computer로 작성한 관계로 국어의 /어/나 /으/에 해당하는 로마자의 key가 없어서 /o'/와 /u'/를 사용했다. 또 /ᅌ/나 그에 비슷한 음은 /a'/로 대치했다.

그리고 이 논문에서는 인용한 어휘의 출처를 일일이 밝히지 못했다. 그 이유는 오래 동안 조사하는 과정에서 그 많은 어휘의 출처를 다 자세히 기록해 놓지 못했기 때문이다.

언어학에 proto-language와 proto-form이라는 용어가 있다. 전자는 언어를 비교할 때에 한 언어족의 최고(最古)의 언어이거나 재구성해서 설정한 가정적 언어라는 말이다. proto-form은 동의어나 동근어의 어휘를 비교할 때에 비교하는 어휘들의 음소의 제일 대표적인 음을 따서 최고 기본음으로 보는 것이다. 이것을 proto-sound라고도 한다. 필자는 수사의 proto-form을 본 일이 없어서 아래에 나오는 수사의 proto-form들은 다 필자가 설정한 것이다.

일본어의 romanization(로마자화)은 일본어 지명만 Hepburn식으로 적고 그 외의 어휘들은 "ᄒᆞᆫ글" computer program에 나오는 문자를 이용해서 International Phonetic Symbols(국제음성표기기호) 로 기입했다. Hep- burn식은 비합리적인 것이 몇 개 있고 International Phonetic Symbols와 틀리는 것이 여러 개 있는데도 일본에서는 지금도 그것을 계속 쓰고 있다.

❀ Altaic 언어들의 기본 수사

수사는 언어 중에서도 극소수의 어휘여서 아직 진지한 연구의 대상이 되지 못하고 있다. 이남덕 교수의 대작에서도 "하나", "둘", "넷" 하고 "다섯"은 좀 상세하게 비교했으나 "미, 밀(고구려: 3)", "나는(고구려: 7)", "덕(고구려: 10)"은 매우 간단히 언급했을 뿐, "여섯", "여덟", "아홉"은 언급하지도 않았다. Ramsted는 다른 사람들보다 한국어 수사에 관해서 "넷"만 빼놓고 언급을 했지만 한 뒤 개만 자세히 설명했으나 일본어와의 비교는 별로 없고, 또 다른 언어의 동근어도 많이 인용을 안했다. 또 다른 책에서도 Altaic 수사의 깊은 연구를 볼 수가 없어서 필자 나름대로 조사 비교해 본것이다. Eric Hamp는 Altaic 수사를 연구하고 그것만 보아도 Altaic unity론을 지지할 수 있다고 말했으나 그 연구에서 일본어는 제외하고 한국어 수사의 보어가 추상적으로 Altaic 보어와 형태가 비슷하다고 한마디 한 것 밖에는 언급한 것이 없다.

한국어와 일본어를 비교할 때에 어떤 학자들은 두 언어의 기본 수사 중에 동근어가 한 서너 개밖에 없으므로 이 언어들의 동계성을 의심한다고 한다. 그러나 그 주장도 다 연구 부족에 기인된 것이고, 표준 방언과 그 외의 방언을 자세히 조사하면 동근 수사가 서너 개가 아니고 7-8 개에 이른다는 놀라운 사실을 발견한다.

다음에 한국어와 일본어의 수사들을 각 항목 아래 먼저 나열하고 그 바로 아래에 다른 Altaic 언어들의 수사를 나열하고 비교해 본다. Altaic 수사를 포함한 이유의 하나는 오오노교수 같은 사람들이 일본어의 수사가 반대로 일본어에서 한반도에 이전해 갔다고 주장할 가능성도 있기 때문이다. 다시 말하면 Altaic어들의 수사가 한국어와 일본어의 수사와 비슷한 것이 많다는 것을 알면 그런 주장을 할 가능 성이 없을 것이다.

일본어 수사에는 일본어 학자들의 해당 수사의 어원 해설을 삽입했다. 그러나 그것은 거의 전부가 어리석은 해석이라는 것을 잘 보여 준다.

1A. ONE.(A)

하단, 하든, 하돈	ha'ta'n, ha'tu'n, ha'ton (OK) "one, first class"
하다나	ha'ta'na (OK: Koryo) "one"
いち, いつ	iti, itu (J, OJ) "one"
はじ゛め	haji-me (J, OJ) "first, beginning"
はつ	hatu (J, OJ) id.
ひと, ひとつ	hito, hito-tu (J, OJ) "one" (일본 학자들의 어원설: (1) "hi (해)에다 접미사를 붙인 것, 하늘과 땅, (3) 하늘과 사람, (4) 해와 달, (4) "사람"에 접미사를 붙인것, (5) 주어진 해, 등)
	biir (Yakut) "one"
	bir (Osmanli, Uzbek, Karaj) id.
	geeda (Orokko) id.
	po'r (Chuvash) id.
	son (Manchu) "one, single"

이 어휘들의 proto-form을 "hatan"으로 본다. Old Korean의 "ha'ton"이나 "ha'ta'na"는 일어의 "hatu"에 가깝고 또 "hito"와도 유사하니까 길게 설명할 필요도 없다. 그리고 모음의 변화나 대응은 각 언어 내외에 여러

가지가 있으니까 자세한 설명을 생략한다. 다른 Altaic 어휘들의 "biir". "bir", 그리고 "po'r"는 proto-form을 따로 설정할 수도 있지만 "hato"하고도 /b–p–h/와 /t–r/로 대응시킬 수도 있다. /t–r/의 예는 한국어의 "o't-ta(得)"과 일본어의 "er-u(得)"의 대응 같은 것이다.

일본어에서는 음절의 모음 뒤(coda)에는 /n/을 제외하고는 자음이 쓰이지 않으며, 음절이 자음으로 끝난 외래어를 일본어로 전기할 때에는 마지막 자음을 떼거나 그 자음 뒤에 적당한 모음을 붙인다. 이 현상은 다른 Altaic계 언어 중에서는 오직 Manchu어에서만 좀 볼 수 있다. Manchu어에서는 coda에 자음이 나타날 수 있지만 그 종류는 극소수이다. 이남덕 교수는 "ha'ta'n"은 "ha'ta'"에 접미사 /n/이나 /a'n/이 붙은 것이며 "hana"는 "ha'ta'n"에서 파생했고 일본어의 "hito"도 이것하고 동근어라고 하는데 수긍이 간다. 그러나 그는 이 어휘들의 음태라든가 뜻이 다 "가르-(to divide)"에서 왔다고 하며 Tungus의 "kaltas(반)"와 "kaltala-(가르다)"와 같은 어휘들과 통한다고 했는데, 이것은 일방적 해석이다.

1B. ONE(B)

하나/하.나, 한나	hana/ha'na, ha'nna (K/MK) "one"
하나재, 한재	ha'na-c , ha'n-c (MK) "first"
はな	hana (J, OJ) "first, tip"
はなえ	hana-e (J:Shizuoka, Yamaguchi, Shimane) id.
はなえる	hana-e-ru (J:Nagano, Shimane, Hiroshima, Yamaguchi, Ehime, Kochi, Iwate, Miyagi, Yamagata, Nigata, Gunma, Saitama, Shizuoka, Yamanashi) "to begin"
はなむかえ	hana-mukae (J:Gunma, Yamanashi, Shizuoka, Nagano, Nigata) "to prepare pine decorations for January"
はなる	hana-ru (J:Gunma, Yamanashi, Nagano, Shizuoka, Nigata) "to begin"
はねる	hane-ru (J:Gunma, Saitama, Nagano) id.
	hana (Manchu) "one section of the yurt wall"
	hina (Manchu) "one thousandth of a Chinese foot"

일본어의 "hana"는 "처음"이나 "시작"이란 말에 쓰이는데 이것도 "hito"나 "hatu"에서 온 것 같으므로 위의 proto-form인 "hato"에서 파생한 것으로 본다. /t–n/ 대응은 한국어의 "tu'r(野)"과 일본어의 "no(野)", "no-ra(野)"같은 어휘에서 볼 수 있다. 이남덕 교수는 일본어의 "hana"에 관해서는 언급이 없다. 여하간 언어의 한 수효의 수사가 두 형으로 나타나는 것은 가끔 있으며, 어쩌다 세 형으로 나타날 때도 있다.

일본어에서 "hito"하고 "hana"는 뜻은 비슷하나 용법이 다른 것 같아서 한국어에서도 이 두 가지가 있었지 않았는가 하는 의심도 간다. 또 위에서 본 "biir", "bir, po'r"는 여기서도 흔히 있는 /b–p–h/와 /t–r/을 적용해서 설명할 수 있으며 "hana"하고도 연결이 가능한 것 같다. /t–r/의 예는 위에서 보았다.

One(A)과 One(B)의 어휘들의 protoform을 설정하고 그 음운대응을 일람표로 만들어 본다. 지면상 각개의 음운을 일일이 다 비교해 볼 수는 없어서 각 언어의 어휘에 공통된다고 보는 protoform들을 설정하고 그것들을 비교해 본다. Protoform은 가상 원형이나 전형적인 공통형으로 규정하고 /*/로 표시한다.

Protoform for all	* hata	#h-	#-a-	#--t-	#---a#
Korean	* hana	#h-	#-a-	#--n-	#---a#
Japanese	* hito	#h-	#-i-	#--t-	#---o#

Chuvash	* po'r	#p-	#-o'-	#--r-	#--- #
Karaj, Osmanli,					
Uzbek, (Yakut)	* bir	#b-	#-i-	#--r-	#--- #
Manchu	* son	#s-	#-o-	#--n-	#--- #
Orokko	* geda	#g-	#-e-	#--d-	#---a#

2. TWO (A)

두, 둘/두을, 둛, 두블/두불 tu, tur/tuu'r, turh, tupu'r/tupur (K, MK/MK/OK)　　　　"two"

두후리/두불　　　tuhuri/tupur (OK: Koryo/OK) id.

そろいγそろひ　　soro-i/soro-hi (J/OJ) "a set"

たぁちゅう　　　　ta*a-chuu (Minamijima) "twin child"

たつご″　　　　　tatu-go (J:Hachijojima) id.

たと　　　　　　　ta-to (J:Minamijima) "two years"

たなおろし　　　　tana-orosi (J:Aomori) "big February snow"

たんが″く　　　　tan-gak-u (J:Iwate, Gifu) "to carry by two"

ちぃぼ″う　　　　tii-boo (J:Yamanashi) "second son"

ちやこ　　　　　　tya-ko (J:Aomori) id.

ちょうひ″　　　　choo-bi (J:Toyama) "even number day"

つい　　　　　　　tui (J) "pair"

つる　　　　　　　tur-u (OJ) "to take someone along"

つれ　　　　　　　ture (J, OJ) "trip companion"

とし″ょ　　　　　to-jyo (J:Kagoshima) "two story building"

とと　　　　　　　to-to (J:Minamijima) "two years"

　　　　　　　　　cur, zur (Tungus) "two"

　　　　　　　　　dab-hoca (Mo) "pair, double"

　　　　　　　　　dab-hor (Mo) "double, pregnant"

　　　　　　　　　duu-to'- (Tungus) "to become two, to part"

　　　　　　　　　duyur/dud-gun (Lamut) "two/two, pair"

　　　　　　　　　duyr, duyr, zuyr, zuru (Evenki) id.

　　　　　　　　　duy (Orokko) "two"

　　　　　　　　　duy, juy (Oroche, Udihe) id.

　　　　　　　　　hoire (Dagur) id.

　　　　　　　　　hoyar (Mo) id.

　　　　　　　　　hoyor (Buirat) id.

　　　　　　　　　jirin (OM) id.

　　　　　　　　　jo (Juchen) id.

　　　　　　　　　ju (Oroche) id.

　　　　　　　　　jue, juwe/juru (Manchu) "two/two, pair"

　　　　　　　　　juo' (Olcha) id.

jur (Goldi) id.

jur, gul (Negidal) id.

juru/tertip (Manchu) "pair/order, series"

juur/juee-bie (Tungus, Orochon/Orochon) "two/two months"

juur, cur, zur (Tungus) id.

juwe (Manchu) id.

te-vem (Osmanli) "twin"

teri (Orochon, Oroche) "pair"

xuyr (Buriat) "two"

zu'u'r (Oroche, Tungus) "pair"

이 어휘들의 proto-form을 "tur"로 본다. 이 /r/는 여러 어휘 coda에서 /r--l--zero/의 대응을 보여 준다. 또 Dagur의 "hoire"와 Mongolian "hoyor"의 /h/는 /t--h/로 인한 것인데 이 대응도 종종 보인다. 예를 들면 한국어의 "takk-ta(拭)"와 일본어의 "huk-u(拭)의 대응 같은 것이다. 유일하게 Dagur어는 일본어 식으로 /r/ 뒤에 /e/를 첨부했다.

위의 각언어의 어휘들의 protoform을 설정하고 그 음운 대응을 일람표로 만들어 본다.

Proform for all	* tur	#t-	#-r-	#--r#
Korean	* tur	#t-	#-u-	#--r#
Japanese	* tur	#t-	#-u-	#--r#
Buriat, Dagur	* hor	#h-	#-o-	#--r#
Evenki	* d r	#d-	#- -	#--r#
Goldi, Manchu, Negidal				
Orochon, Tungus	* jur	#j-	#-u-	#--r#
Juchen	* jo	#j-	#-o-	#-- #
Lamut	* dur	#d-	#-u-	#--r#
Mongolian	* hor	#h-	#-o-	#--r#
(Old) Mongolian	* jir	#j-	#-i-	#--r#
Olcha	* juo'	#j-	#-u-	#--o'#
Oroche, Udihi	* d	#d-	#- -	#-- #
Orokko	* d	#d-	#- -	#-- #
Osmanli	* te	#t-	#-e-	#-- #

2B. TWO(B)

일	it (MK) "two, next"
いじこ	iji-ko (J:Yamagata) "one or two year old baby"
いち, いつ	iti, itu (J, OJ) "one"
ふた, ふたつ	huta, huta-tu (J, OJ) "two" (일본 학자들의 어원설: (1) 옆, (2) 분리, (3) 다른 것, (4) 서로 마주 보는 것, (5) 반복, (6) 뚜껑, 등)

kkii (Karaj) id.

eki, iki (Tungus) id.

eki-nti, iki-nti (Uigur) id.

ihe-r (Khalkha) "twin"

iki (Osmanli, Uigur) "two"

iki-li, iki-z (Osmanli) "twin"

iki-ri (Manchu) "pair, twin"

ikki (Uzbek, Uigur, Yakut) id.

iku' (Azeri, MT) id.

c/it-i (Yakut) "two/these"

위의 어휘들의 proto-form을 "itu"로 보고, 한국어와 일본어 외의 어휘들의 proto-form을 "iki"로 본다. "iki"가 "it"에서 파생한 것은 많지는 않지만 종종 볼 수가 있는 /k–t/의 대응을 거친 것이다. 예를 들면 한국어의 "katu-(to enclose)"가 일본어의 뜻이 같은 "kako-"로 되는 것과 같다. "huta"는 "it"에 /h/를 가하고 /u--i/와 /zero-a/가 작용한 것으로 본다.

이남덕 교수는 일본어의 "huta"를 Altaic계 언어의 "to'p(겹)" 혹은 "tob-(덥다)"의 도치형(transposed form)으로 본다. 도치형은 많지도 않을뿐더러 여기에는 적합치 않으니까 다시 연구할 필요가 있다. 이 교수는 수긍이 갈 만한 여러 학자의 다음과 같은 여섯 개의 일본어 수사에 관한 정설은 고려하지 않았다.

ひ(と)	hito	"one"	ふ(た)	huta	"two"	모음 변화로 두 배의 수사 씀.
み	mi	"three"	む	mu	"six"	id.
よ	yo	"four"	や	ya	"eight"	id.

일본어의 "iti, itu (J, OJ) one"은 음이 "it(MK, two)"에 너무 유사해서 이깃이 "둘"에서 "하나"의 용어로 변했을 가능성도 있다고 본다. 그래서 일본어에 "one"의 어휘가 두서너 개가 있게 된 것 같다.

"tur"과 "itu"의 proto-form을 "itur"로 본다. 이남덕 교수는 이 "it"에 관해서도 언급이 없다. "it"는 Turkic계 언어들의 셋을 뜻하는 " ch", "uch" 같은 수사들과 꽤 유사한데 "둘"의 수사로 쓰이는 이유를 지금은 알 수가 없지만 관계가 있는 것 같다.

Two(B)의 각 언어의 어휘의 proto-form을 설정하고 그 음운 대응을 일람표로 만들어 본다.

Proform for all	*iki	i-	-k-	-i
Korean	*it	i-	-t-	--
Japanese	*iti	i-	-t-	--i
Azeri	*iku'	i-	-k-	--u'
Karaj	*ki	-	-k-	--i
Khalkha	*ihe	i-	-h-	--e
Osmanli, Uigur, Uzbek, Yakut, Manchu	*iki	i-	-k-	--i

3A, THREE (A)

미, 밀	mi, mir (OK: Koguryo) "three"
み, みっつ, みつ	mi, mi-ttu, mi-tu (J, OJ) id. (일본 학자들의 어원설: (1) 하늘과 땅과 사람을 아는 것, (2) 부모와 아이, (3) 사람이 모이는 것, 등)
	bish (Turkish) id.
	uyc (Tatar) id.
	uch (Uzbek) id.
	uych (Mo) id.
	uych (Karaj) id.
	uys (Yakut) id.
	uych (Osmanli) id.
	vish (Chuvash) id.

한국어와 일본어의 proto-form은 "mis"로 보고, 그 외의 어휘들의 proto-form도 "mis"로 본다. "mi"는 "mis"의 /s/가 탈락한 것이고, 또 /m/이 탈락한 어휘도 위에 보인다. /ch--sh/도 꽤 많이 보이는 대응이다. 위의 각 언어의 어휘들의 protoform을 설정하고 그 음운 대응을 일람표로 만들어 본다.

Proform for all	* mir	m-	-i-	--r
Korean	* mir	m-	-i-	--r
Japanese	* mitu	m-	-i-	--tu
Chuvash	* vish	v-	-i-	--sh
Karaj, Mongolian	* ch	-	- -	--ch
Osmanli	* bish	b-	-i-	--sh
Uzbek	* uch	-	-u-	--ch
Yakut	* s	-	- -	--s ????
Tatar???				

3B. THREE (B)

셋, 세/사위	ses, se/sawi (K, MK/OK) "three"
さけおび″	sa-ke-obi (J:Kagoshima) "three foot shash"
さじ″	sa-ji (J:Kyoto, Hyogo) "three-ri moxa" (ri "about 4 km")
さしあさって	sa-si-asatte (J:Tokushima, Kochi) "three days later"
さぶ″ろう	sa-bu-roo (J:Oakayama) "the third day of summer heat"
さやめし	sa-ya-mesi (J:Awaji, Kochi) "eating around 3 P.M."
さん	san (J, OJ) "three" (<--三) "three"
さんとく	san-toku (J:Toyama, Shiga, Aichi, Mie, Nara, Osaka, Kyoto) "trivet, tripod"
せ	se (J:Kansai) "three"
せちみそ	se-ti-miso (J:Kagawa) "three day miso for beginning of January"

ちゃめし	tya-mesi (J:Awaji, Kochi) "eating around 3 p.m."
てかけぼ″ん	te-kake-bon (J:Sendai) "three directions"
てこ″	te-go (J:Hachijojima) "third daughter"
	seree, serege (Mo) "trident, three-pronged"
	ser-tei (Manchu) "threefold, triple"

이 어휘들의 proto-form을 "se"로 본다. /se--te/의 대응도 많이 보이는 것이다. 그러나 앞의 "mi"와 이 "se"의 관련성은 확실치 않으나 그 둘의 proto- form을 "mis"로 본다. 그리고 Altaic proto-form도 "mis"로 설정한다. 유일하게 Mongolian 방언들의 "3"은 거의 다가 "gurban"인데 이것은 다른 Altaic 언어에서는 보이지 않으니까 Altaic proto-form 고려에서 제외한다.

위의 각 언어의 어휘들의 protoform을 설정하고 그들의 음운 대응을 일람표로 만들어 본다.

Proform for all	* ser	s-	e-	--r
Korean	* ses	s-	-e-	--s
Japanese	* san	s-	-a-	--n
Manchu	* ser	s-	-e-	--r
Mongolian	* ser	s-	e-	--r

4. FOUR

네, 넷	ne, nes (K, MK) "four"
도위	towi (OK: Kyryo) id.
너이	no'i (K: Kyongnam, Chungpuk, Pyongnam) id.
よ, よつ, よっつ	yo, yo-tu, yo-ttu (J, OJ) id. (일본 학자의 어원설: (1) 네 방향, (2) 상하좌우, 등)
よそ	yo-so (OJ) "forty"
	de-hi (Manchu, Juchen) id.
	di-gin (Samagir, Negidal, Evenki) "four"
	di-yin, du-yin (Orochon) id.
	do'-i (Olcha) "forty"
	do-gin (Tungus) "four"
	do'-hin (Goldi) "forty"
	duy-cin (Mo) id.
	duy-nen (Mo) "four years old"
	duyr-ben (Khalkha) "four"
	duyr-ben, duyr-t (Mo) id.
	duyr-t/tor-te (Osmanli/Uigur) id.
	dui (Oroche, Udihe) id.
	dui, duin (Goldi) id.
	duin (Manchu) id.
	durben, d r b (Khalkha) id.

duru-be/d r-ben (Dagur/Buriat) id.

duyi, duyyin (Olcha) id.

nuketheen (Orochon) "four year old wild boar"

to'-vat (Chuvash) id.

tuyr-t/t r-te (Tungus, Turkish, Yakut, Karaj/Uigur) id.

tuyr-t (Yakut) id.

한국어와 일본어의 어휘들의 proto-form 을 "net" 로 보고 그 외의 어휘들을 포함한 proto-form을 "d rbt"로 본다. /t--d--n--r--zero/의 대응은 많이 보이는 것이며, / --uy--e-- --o'/의 대응도 적지 않다. 이남덕 교수는 Manchu, Tungus, 그리고 네 Mongolian 언어의 어휘를 나열하고 "ne"에 /t, d--n/의 대응을 적용했다. 이것은 타 당한 해설이다. Ramstedt는 "넷"에 관해서는 언급이 없다. 위의 각언어의 어휘들의 protoform을 설정하고 그들의 음운 대응을 일람표로 만들어 본다.

Proform for all	* duyr	d-	uy	--r
Korea	* nes	n-	-e-	--s
Japanese	* yotu	y-	-o-	--tu
Buriat	* duyrb	d-	uy	--rb
Chuvash	* tuyvat	t-	uy	--vat
Dagur	* tau	t-	-a-	--u
Goldi	* do'hi	d-	-o'-	--hi
Juchen	* dehi	d-	-e-	--hi
Khalkha	* duyrb	d-	uy	--rb
Manchu	* duyh	d-	uy	--h
Mongolian	* duyc	d-	uy	--c
Olcha	* duyI	d-	uy	--I
Oroche, Udihe	* dui	d-	-u-	--i
Orochon	* diyi	d-	-i-	--yi
Sam, Negidal, Evenki	* digi	d-	-i-	--gi
Tungus, Mongolian, Osmanli,				
Turkish, Yakut, Karaj	* tuyrt	t-	uy	--rt

5A. FIVE (A)

<u>다섯</u>/다죳, 다습	taso's/tasa's, tasa'p (K/MK) "five"
たつ	tatu (J, OJ) "fifth"
たっこみ	tak-komi (J:Hyogo) "Gomoku (5 kinds) boiled rice"
	sunja/sunja-bie (Olcha, Orochon) "five/May"
	sunja/su-sai/tofo-hon (Manchu) "five/fifty/fifteen"'
	sunja/su-sai/tabu-huon (Juchen) "five/fifty/fifteen"
	taau (Dagur) "five"

     ta-ban (Buriat) id.

     ta-ban, ta-wan (Khalkha) id.

     ta-bun (Kittan) id. (R)

     ta-bun/ta-bin (Mo) "five/fifty"

     taw-lan (Mo) "five year old animal" (R)

     tofo-xon (Manchu) "twenty-five (five + twenty) (R)

     tong, tun'nga (Evenki) "five"

     tongga (Goldi, Solon, Orochon) "five"

     tonggan (Orochon) id.

     tunda/tunda doo (Orokko) "five, fifty"

     tunza (Olcha) id.

이 어휘들의 proto-form을 "tas"로 본다. "to"와 "tu"는 "ta"의 변형이며 그것에 접미사가 추가됐 는데, /t--s/, /a--o--u/, /s--z--n--ng/도 잘 보이는 것이다. 에를 들면 한국어의 "it-(善)"이 일본어의 "yos-i(善)이 되고, " "tat-ta(閉)"가 일어의 "toz-u(閉)"로 되는 것 같다.

Ramstedt는 "ta"는 "닫다(閉)"와 관련이 있고 "섯"은 "손(手)"에서 온 것이라고 한다. 어원은 그럴 지도 모른다. 그러나 다음을 보라.

위의 각언어의 어휘들의 protoform을 설정하고 그들의 음운 대응을 일람표로 만들어 본다.

Proform for all	* tasu	#t-	#-a-	#--s-	#---u#
Korean	* taso's	#t-	#-a-	#--s-	#---o's#
Japanese	* tati	#t-	#-a-	#--t-	#---i#
Buriat, Khalkha	* taban	#t-	#-a-	#--b-	#---an#
Dagur	* daau	#d-	#-a-	#--a	#---u#
Manchu, Juchen	* sunja	#s-	#-u-	#--n-	#---ja#
Mongolian, Kittan	* tabun	#t-	#-a-	#--b-	#---un#
Olcha	* tunza	#t-	#-u-	#--n-	#---za#
Evenki, Orokko, Goldi, Solon, Orochon	* tung'a	#t-	#-u-	#--n-	#---g'a#

5B. FIVE (B)

옻	uch (OK: Koguryo) "five"
에수수	esusu (OK: Koryo) id.
いそ	i-so (OJ) "fifty"
いつ, いつつ	itu, itu-tu (J, OJ) "five" (일본 학자의 어원설: (1) 쌓아 올 린것, (2) Chinese의 무서움이 라는 말인 稜威애서 온 것, 등)
いつか	itu-ka (J, OJ) "the fifth day, five days"
	buysh (Uigur) "five"
	besh (Osmanli) id.

bies (Yakut) id.

biesh (Karaj) id.

bish (Tatar) id.

buysh (Uzbek) id.

uch (Turkish) id.

이들 한국어와 일본어의 어휘들의 proto-form은 "tach"로 본다. 한국어와 Turkish 어의 "uch"는 어두의 /b/가 탈락하고 /sh/가 /ch/로 된 것이라고 본다. 위의 "tach"와 "bish" 등의 proto-form은 "tish"로 본다. 이 /sh--ch/의 대응은 매우 많이 보이는 형이다. 고려어의 "esusu"하고 일어의 "itu-tu"는 매우 유사한데 이것을 지적하는 석학들은 별로 없는 것 같다. 이남덕 교수는 일어 "i-so"의 "i"는 "i-tu"의 잔형으로 본다.

위의 각언어의 어휘들의 protoform을 설정하고 그들의 음운 대응을 일람표로 만들어 본다.

Protoform for all	* besh	b-	-e-	--sh
Old Korean	* uch	u-	- -	--ch
Japanese	* itu	- -	-i-	--tu
Karaj, Osmanli, Yakut	* besh	b-	-e-	--sh
Tatar	* bish	b-	-i-	--sh
Turkish	* uch	- -	-u-	--ch
Uigur, Uzbek	* buysh	b-	uy	--sh

6. SIX

<u>여섯</u>/여오, 여숫, 여슷 yo'so's/yo'a's, yo'sa's, yo'su's (K/MK) "six"

하수수　　　　　hasusu (OK: Koryo) "six"

いさ"よい, いさよい　　iza-yoi, isa-yoi (J, OJ) "the 16th night of the month"

alta (Yakut) "six"

alt (Uigur) id.

alte'e' (Karaj) is.

altu' (Osmanli) id.

asun (Zirni) id.

ninggun (Manchu) id.

nunggu (Orokko) id.

nunggun (Evenki) id.

ninku Orochon) id.

o'hip (Tungus) "six year old reindeer"

olcha, olti (Uzbek) "six"

ulta (Chuvash) id.

Ramstadt는 "여섯"을 "열다(開)"와 "손(手)"이 합친 것으로 본다. 필자는 한국어와 일본어의 어휘의 proto-form을 "yosa"로 보고 그 외의 어휘들의 proto-form은 "alta"로 본다. 이 두 proto-form에는 /yo--al/, 그리고 /s--t/의 대응이 있는데 이것들도 희귀한 것이 아니다. Tungusic "six"의 proto- form을 "nunku"로 보고, Altaic계 언어 전체의 proto-form을 "nilta"로 설정하는데 "alta"에 /n/만 첨부한 것이다. "nilta"와 "yosa"의 관계는 /n--y/, /o--i/와 /t--s/로 설명되는데 /n--y/의 예는 일본어의 "nada"와 한국어 "yo'u'r(急流)"과 같은 것이다.

일본어의 "is-a"나 "iz-a"의 뜻은 "16"인데 "여섯"과의 관련이 확실한 것 같다. 일본어의 "mu-(tu)"는 동근어를 찾을 수 없는데 그것은 다만 일본어의 "mi (three)"의 모음을 바꿔서 "여섯"의 뜻으로 쓰기 때문일 것이다. Ramstedt는 "여섯"이 Tungus의 "e'hip (six year old reindeer)"하고만 비교했다.
위의 각 언어의 어휘들의 protoform을 설정하고 그들의 음운 대응을 일람표로 만들어 본다.

Protoform for all	* alta	a-	-l-	--t-	---a
Korean	* yo'so'	y-	-o'-	--s-	---o'
Japanese	* itu	- -	-i-	--t-	---u
Chuvash	* ulta	u-	-l-	--t-	---a
Karaj	* alte	a-	-l-	--t-	---e
Osmanli	* altu	a-	-l-	--t-	---u
Uigur	* lta	- -	- l-	--t-	---a
Uzbek	* olti	o-	-l-	--t-	---i
Yakut	* alta	a-	-l-	--t-	---a

7A. SEVEN (A)

나나/닐곱/일곱	nana/nil-kop/il-kop (OK/MK/K) "seven"
나는	nanu'n (OK: Koguryo) id.
닐흔/일흔	nir-hu'n/ir-hu'n (MK/K) "seventy"
な, なな, ななつ	na, nana, nana-tu (J, OJ) "seven" (일본 학자들의 어원설: (1) 3하고 4를 합한 것이어서 기울어진다는 뜻: "nana-me"는 일어의 "경사"라는 말, 6과 8의 가운데라는 뜻, (3) Tungus 어 "nada(seven)"와 대응.) 주: 일본학자들이 수사에 관해서 Tungus어나 한국어의 수사를 인용한 것은 두어개밖에 없다.
ななそ	nana-so (J, OJ) "seventy"
なのかび″	nano-kabi (J:Nagano, Shizuoka, Hiroshima) "the Festival of the Weaver (July 7th)"
	nada (Oroche, Olcha) "seven"
	nadan (Manchu, Orochon, Evenki, Samagir, Goldi, Negidal, Juchen, Udihe) id.
	tti (Uzbek) id.
	yuytt /yedi (Uigur/Osmanli) id.

한국어와 일본어의 어휘들의 proto-form을 "nana"로 보고 Altaic proto-form은 "nada"로 본다. 흔히 보이는 /d--n/에 관해서는 이미 언급했다. 한국어의 "곱"은 접미사이다. 이남덕 교수는 한국어의 "nanu'n"과 일본어의의 "nana"의 대응만 지적했다. Ramstedt는 수를 셀 때에 손을 열고 세는 것으로 보고 일곱"의 "일"과 "곱"은 Tungus의 "ilan(三)"과 "kop(曲)"에서 온 것으로 보고 있다. 그 외의 언어의 수사는 인용이 없다.

위의 각 언어의 어휘들의 protoform을 설정하고 그들의 음운 대응을 일람표로 만든다.

Protoform for all	* nana	n-	-a-	--n-	---a
Korean, Japanese	* nana	n-	-a-	--n-	---a
Olcha, Oroche	* nada	n-	-a-	--d-	---a
Osmanli	* yedi	y-	-e-	--d-	---i
Uigur	* yuyt	y-	uy	--t-	---
Uzbek	* ti	--	- -	--t-	---i
Evenki, Goldi, Juchen, Negidal, Manchu,					
Orochon, Samagir, Udihe	* nadan	n-	-a-	--d-	---an

7B. SEVEN (B)

칠(七)	chir (K) "seven" (Chinese is /chi/.)
しち	siti (J, OJ) id.
	doloo (Dagur) id.
	doloon (Buriat) id.
	jide (Tatar) id.
	sette (Yakut) id.
	shiche (Chuvash) id.

　이 어휘들의 proto-form을 "siti"로 본다. 한국어의 "chir"과 일본어의 "siti"가 Chinese에서 왔다고 볼 수 있지만 그 외의 언어의 "일곱"의 수사가 이 형에 너무도 유사한 것을 보면 Chinese에서 온 것 같지도 않아서 연구의 대상이 될 것 같다. 한국어와 일본어의 /r--ti/의 대응은 상당히 많다. 예를 들면 복수의 /tu'r --tati(복수의 접미사), /phar--hati(八)/, 등이다.
　위의 각 언어의 어휘들의 protoform을 설정하고 그들의 음운 대응을 일람표로 만들어 본다.

Protoform for all	* siti	#s-	#-i-	#--t-	#---i#
Korean	* chir	ch-	i-	--r-	---
Japanese	* siti	s-	-i-	--t-	---i
Buriat, Dagur	* dolo	d-	-o-	--l-	---o
Chuvash	* sheche	sh-	-e-	--ch-	---e
Tatar	* jide	j-	-i-	--d-	---e
Yakut	* sete	s-	-e-	--t-	---e

8. EIGHT

여듧/여돍, 여돏, 여듧	yo'to'rp/yota'rk, yo'ta'rp, yo'tu'rp(K/MK)"eight"
열아홉	yo't-ahu'p (MK) "eight-nine"
여든/여돈	yo't-u'n/yo't-a'n (K, MK/MK) "eighty"

야달, 야답	yat-ar, yat-ap (K: Kyongnam, Chonnam, Cheju) "eight"
야들	yat-u'r (K: Pyongan, Hamnam, Kangwon) id.
やそ	ya-so (OJ) "eighty"
や, やっつ, やつ	ya, ya-ttu, ya-tu (J, OJ) "eight" (일본 학자들의 어원설: "ya"를 "yo+yo (4+4)"로 본다.)
	agu's (Yakut) id.
	jakpu' (Orokko) id.
	jaku'n/jafkun (Manchu/Orochon) id.
	nayan (Khalkha) id.
	yuytte (Karaj) "seven" (s rk z "right" in Karaj)

한국어와 일본어의 어휘들의 proto-form은 "yato"로 본다. 일본어에서는 /to/가 탈락하거나 /tu/로 변한다. Altaic proto-form은 "jaki"로 본다. /j–y/의 대응은 흔히 보이는 것이며, /k--t/는 이미 위에서 보았다. 일본어의 "ya(tu)"는 넷을 뜻하는 "yo(tu)"의 모음만을 바꾼 것인데 /o/와 /u/만 다르고 "yato"하고 우연의 일치라고도 볼 수 있다. Ramstedt는 "여덟"을 "열다(開)"와 "덜(減)"과 붙은 것으로 보고 있는데 타당치 않은 것 같다. 위의 각 언어의 어휘들의 protoform을 설정하고 그들의 음운 대응을 일람표로 만들어 본다.

Protoform for all	* yato	y-	-a-	--t-	---o	
Korean	* yo'to'r	y-	-o'-	--t-	---o'	----r
Japanese	* yatu	y-	-a-	--t-	---u	
Karaj	* yuytte	y-	uy	--tt-	---e	
Manchu	* jaku	j-	-a-	--k-	---u	
Orokko	* jakpu	j-	-a-	--k-	---pu	

9. NINE

<u>아홉</u>/아호	ahop/aho (K, MK/OK) "nine"
아곱	akop (K: Kyongnam, Chonnam) id.
에다리	etari (OK: Koryo) id.
ここのつ	koko-no-tu (J, OJ) "nine" (일본 학자들의 어원설: (1) 음양 설에 의하면 아이(子)는 "셋"이라는 수이며 아홉은 그 3 배, (2) 그 저 "많다"는 말, (3) 열에 가깝다는 뜻으로 "koko(여기)"라는 말, (4) "ya(여덟)"에 하나를 더한 많다는 말, (5) Old Korean의 "ko (많다)"에서 온 말, 등.) 주: 한국어를 인용하는 예는 퍽 드물어서 "ko"를 인용한 것은 놀랄 만하다.
	egin (Evenki) id.
	esuyn/yesuyn (Khalkha/Mo) id.
	ise (Dagur) id.
	uyun/huju (Manchu/Orokko) id.
	yesuyn (Mo) id.
	yieyin (Orochon) id.
	yuyben (Buriat) id.

한국어와 일본어의 어휘들의 proto-form은 "ako"라고 본다. /k--h--s --t--r/도 자주 보이는 현상이다. 그 외의 어휘들의 proto-form은 "ye- sun" 으로 보겠다. /ako—ye-sun/의 대응의 설명도 어렵지 않다. "etari"는 proto-form에 /k--t/가 적용하고 접미사 /ri/가 붙었는데 "여덟"과 음이 거의 같아서 전용(轉用)된 것이라고 볼 수 있다. 일본어 학자들은 "kokono"는 "많다"는 뜻도 있다고 한다. "no"는 접미사인데 일어 학자들은 이유 없이 이것을 떼지 않고 고려한다. Altaic 언어 전체의 proto-form은 "yekun"으로 설정한다. 이것하고 "ako"의 음운 대응도 설명하기가 쉽다. Ramstedt는 "아홉"을 "아(小)"와 "홉<--곱(曲)??"이 붙은 것으로 보지만 위의 어휘들을 보면 타당치 않은 것 같다.

위의 각언어의 어휘들의 protoform을 설정하고 그들의 음운 대응을 일람표로 만들어 본다.

Protoform for all	* akun	a-	-k-	--u-	---n
Korean	* ahop	a-	-h-	--o-	---p
Japanese	* kono	k-	-o-	--n-	---o
Buriat	* yuyben	y	uy-	--e-	---n
Evenki	* egin	e-	-g-	--i-	---n
Dagur	* ise	i-	-s-	--e-	----
Khalkha, Mongolian	* esuyn	e-	-s-	uy	---n
Manchu, Orochon	* uyun	uy-	u	--n-	---n

10A. TEN (A)

덕, 도우	to'k, tou (OK: Koguryo) "ten"
에두	etu (K: Koryo) id.
마순	ma-zan (MK) "forty"
예순/예쉰	ye-sun/ye-s n (K/MK) "sixty"
たり	tari (OJ) "ten" (일본에서의 어원설: "tar-u (족하다)"애서왔음)
いそ	i-so (OJ) "fifty"
そ	-so (OJ) "ten" ("i-so/ya-so (fifty, eighty)"에 보이는 것)
つつ	tu-tu (OJ) "ten" (일본 학자들은 처음의 "tu"를 "열"로 보고, 둘째 "tu"는 "가지 (종류)"의 뜻으로 보고 있다.) と/とを to/towo (J, OJ/OJ) id. (일본 학자의 어원설: (1) 멀다, (2) 끝나다, 등)
じう/じふ	juu/jihu (J/OJ) "ten"(일본 학자들의 어원설: (1) 통과하다, (2) 끝나다, (3) 외부, 등) *
やそ	ya-so (OJ) "eighty"
	-do' (Orokko) "ten"
	dyan, zaan (Evenki) id.
	ja-gu' (Mo) "hundred"
	jaan/jon-bie (Orochon) "ten/October"
	jan (Samar, Evenki) id.
	jon (Orokko) id.
	joon (Tungus, Orokko) id.
	jua (Olcha, Samar) id.

jan, joan (Negidal) id.

juan (Olcha) id.

juwan/-ju (Manchu) "ten/(used for) multiples of ten"

jya (Oroche, Udihe) id.

tang-guu (Manchu) id.

tok-uz (OT) "nine"

tuk-kiz (Uzbek) id.

tunka-doo (Orokko) "fifty"

이 Altaic 어휘들의 proto-form은 "jon"으로 본다. /j--t--n, zero/와 /n-- (a)n, zero/의 대응도 잘 있는 것이며 바로 위에도 그 예가 많이 보인다. "etu"의 /e/는 탈락했다. 그리고 /t--s/의 대응도 많이 있는 것이며, 예를 들면 Orokko의 "tunga(五)"와 Manchu의 동의의 "sunja" 같은 것이다. OT의 "tokuz (nine)"과 Uzbek어의 "tukkiz (nine)"은 "많다"는 말로 사용되는 가능성이 있다. "아홉"이나 "열"을 흔히 "많다"는 뜻으로 쓰는 것 같다. 일본어 어휘에는 /t--s--j/와 /n--zero/가 작용됐는데 이 대응도 많이 보이는 것이다. 일본어의 "juu"나 "so"는 한국어의 접미사 "zan", "sun", "s n"에 유사하다. 그 외의 Altaic 어휘들도 "jon"과 비교하면 /t--j/와 /k--n, ng, zero/의 변화를 하고 있으며 그 예도 많다.

위의 각 언어의 어휘들의 protoform을 설정하고 그들의 음운 대응을 일람표로 만든다.

Protoform for all	* ton	t-	-o-	--n
Korean	* tou	t-	-o-	--u
Japanese	* tow	t-	-o-	--w
Evenki	* dan	d-	-a-	--n
Manchu, Negidal, Orochon	* jan	j-	-a-	--n
Oroche, Udihe	* jya	j-	-yɑ	---
Orokko, Tungus	* jon	j-	-a-	--n
Old Turkish	* tok	t-	-o-	--k
Uzbek, Orokko	* tuk	t-	-u-	--k

10B. TEN (B)

열	yo'r (K, MK) "ten"
온	on (K/MK) "whole/hundred"
えら	era (J:Kanto, Hachijojima) "many"
えらい	erai (J:Kanto, Saitama, Shizuoka) id.
おらい	orai (J:Aichi) id.
より	yori (J:Izuojima) id.
よろつ″	yoro-du (OJ) "ten thousand" (일본 학자들의 어원설은 볼 수가 없는데, 필자는 이것은 "yoro"(10) "에 "zu(1000)"가 첨부된 것이고, "zu"는 ti (千)(OJ)의 변화로 본다.)
	an (Mo) "ten"
	ar-ab, ar-ban (Khalkha) "ten"

> ar-ban (Buriat) id.
> hare-be (Dagur) id.
> on (Kazakh, Orkhon, Uzbek, Uigur, Osmanli, Karaj) id.
> onuo (Yakut) id.
> tabu-huon (Juchen) "fifteen"
> tofo-hon (Manchu) "fifteen"
> un (Uzbek) "ten"
> uon (Yakut) id.
> yuyr, vun-uo (Chuvash) id.

한국어와 일본어의 어휘의 proto-form은 "yor"로 본다. 앞의 proto-form "ton"과 이 "yor"의 proto-form을 "ton"으로 설정하고, 음운 대응은 /j--y/와 /r--n/으로 설명되고, Juchen의 "-huon"과 Manchu의 "-hon"은 /j--h/, /o-- uo/와 /n--r/의 대응으로 설명된다. Ramstedt는 "열"이 "열다(開)"에서 온 것으로 보는데 타당한 것 같다. 위의 각 언어의 어휘들의 protoform을 설정하고 그들의 음운 대응을 일람표로 만들어 본다.

Protoform/all	* yor	y-	-o-	--r
Korean	* yo'r	y-	-o'-	--r
Japanese	* yoro	y-	-o-	--ro
Chuvash	* yar	y-	-a-	--r
Dagur	* hare	h-	-a-	--re
Karaj, Kazakh, Orkhon, Uzbek, Uigur, Osmanli	* on	-	-o-	--n
Khalkha, Buriat	* ar???	-	-a-	--r
Mongo	* an	-	-a-	--n
Uzbek	* un	-	-u-	--n

❋ 위의 수사들의 요약과 통계

위에서 본 한국어와 일본어의 대표적 기본 수사를 일람한다.

한국어		일본어	
One	ha'ta'n (OK)	ひと/はつ	hito/hatu (J, OJ)
하나	hana (K, MK)	はな	hana (J, OJ)
Proto-form: hatan			
Two 두, 둘	tu, tur (K, MK)	た/ち	ta/ti (J/J: Dialects)
일	it (MK)	ふた	huta (J, OJ)
Proto-form: itur			

Three 미   mi (OK)   み   mi (J, OJ)
세, 셋   se, ses (K, MK)   さ/せ   sa/se (J/J: Dialects)
   Proto-form: mis

Four 네, 넷   ne, nes (K, MK)   よ, よつ   yo, yo-tu (J, OJ)
   Proto-form: net

Five 다섯   taso's (K)   た   ta (J, OJ)
옷   uch (OK)   いつ   itu (J, OJ)
   Proto-form: tach

Six 여섯   yo'so's (K)   いさ   is-a (OJ)
   Proto-form: yosa

Seven 나나, 나는 nana, nanu'n (OK)   なな   nana (J, OJ)
   Proto-form: nana

Eight 여달   yo'tar (K: Dialect)   やつ   yatu (J, OJ)
   Proto-form: yato

Nine 아홉/아곱   ahop/akop (K/K: Dial.) ここの   koko-no (J, OJ)
   Proto-form: ako

Ten 열   yo'r (K)   l,"う/し"ふ   juu/jihu (J/OJ)
덕   to'k (OK)   とお/とを   too, towo (J/OJ)
   Proto-form: jor

  이탤릭(italic)한 것은 proto-form보다 음운 대응의 설명이 유사 어휘의 대응보다 더 필요한 것인데, 밑줄까지 친 것은 "아주 다른 것"이라고 본다. "유사한 것은 음운이 같거나 음운 대응의 설명이 아주 쉬운 것이다. "좀 다른 것"은 음운적으로 proto-form과의 대응의 설명이 "유사한 것"보다 덜 필요하나 어렵지 않고 "아주 다른 것"은 그것이 거의 불가능한 것이다. 그러니까 좀 다른 것과 유사한 것은 다 동근어로 보아야 한다. 또 아래에서 통계를 낼 때에 한 수사의 형이 두 개 있을 때 하나가 다르면 반이 다른 것으로 계산한다.

조사 언어	아주 다른 것	좀 다른 것	유사한 것
한국어	0	2	8
일본어	1.5	3.5	5
Total(%)	1.5(8%)	5.5(27%)	13(65%)

이것을 보면 지금까지 여러 일본어 학자들이 이 두 언어의 유사하고 대응할만한 수사가 서너 개밖에 안 된다는 이유로 두 언어의 동계성을 의문시해 왔는데 이것은 연구 부족에서 온 것이 분명하다. 필자 조사에 의하면 오직 두 언어의 하나 반의 수사만이 확연히 다르고, 세개 반이 좀 다르다. 그러나 열개 중의 8개가 동근어라고 볼 수 있으니 이 두 언어의 근친성은 의심할 여지가 없다.

그럼 이런 현상이 한국어와 일본어를 제외한 다른 Altaic 동계어 간에서도 있는 것인지를 조사해 본다.

우선 지리적으로 우리에게 제일 가까운 Tungus계 방언, 그 다음에 Mongolian계 방언, 그리고 끝으로 Turkic 계 방언들의 수사를 일람해 본다. 지면상 모든 방언을 다 기록할 수가 없어서 대표적인 방언만 취급한다.

수효	Manchu	Orokko	Evenki	Orochon	Proto-Form
1	emu	geed	umun	emun	emu
2	juwe	duy r	dur	juur	dur
3	ilan	u'laa	ilan	yalan	ilan
4	duin	jiin	du'tin	diyin	duin
5	sunja	tunda	tun'nga	tongga	tunggu
6	ninggun	nunggu	nunggun	ninku	nunku
7	nadan	nada	nadan	nadan	nadan
8	jaku'n	japku'	dyapkun	fafkun	japku
9	uyun	huju	egin	yieyin	uyun
10	juwan	joon	dyan	jaan	jaan

위의 것을 통계해 보면 다음과 같다.

조사 언어	아주 다른 것	좀 다른 것	유사한 것
Manchu	1	3	6
Orokko	2	2	6
Evenki	1	1	8
Orochon	0	2	8
Total(%)	4(10%)	8(20%)	28(70%)

이것은 위에서 본 한국어와 일본어 수사 중에서 "아주 다른 것"이 1.5(8%)이고 "좀 다른 것이 5.5(27%)이니까 그리 다르지 않다.

그럼 Mongolian계 방언의 수사들은 어떠한가? 여기서도 대표적인 방언 넷만 취급하고 proto-form보다 "좀 다른 것"은 italic으로 표시하고 "아주 다른 것"은 italic과 밑줄로 표시한다.

수효	Buriat	Khalkha	Mongolian	Zirni	Proto-Form
1	negen	neg	nigen	nika	nege
2	hoyor	hoo'r	hoyar, jirin	ho'yar	hoyar
3	gurban	guraw	gurban	gu'rban	gurban
4	duyrben	duybuyw	duyrben	duyrban	duyrben

5	taban	tawan	tabun	taabun	taban
6	yurgaan	zurgaa	jirgugan	<u>asun</u>	jirgan
7	doloon	doloo	dalugan	dolan	dolon
8	naiman	naiman	naiman	<u>salan</u>	naiman
9	uyben	esuyn	yesuyn	toson	yesuyn
10	arban	araw, <u>jaan</u>	harban	arban	arban

위의 네 Mongolian 방언의 수사를 통계적으로 비교해 본다.

조사 언어	아주 다른 것	좀 다른 것	유사한 것
Buriat	0	1	9
Khalkha	0.5	2	7.5
Mongolian	0.5	3	6.5
<u>Zirni</u>	<u>2</u>	<u>1</u>	<u>7</u>
Total(%)	3(7%)	7(18%)	30(75%)

이렇게 Mongolian 방언간에서도 기본 수사의 0-2개가 아주 다르다. 이 언어족을 보아도 한국어와 일본어의 수사 중의 다른 것의 수나 비율이 크게 다르지 않다는 것을 알게 된다.

그러면 좀 떨어진 Turkic 방언들은 어떠할까? 여기서도 네 방언만 취급한다.

<u>수효</u>	Osmanli	Chuvash	Yakut	Uzbek	Proto-Form
1	bir	po'r	biir	bir	bir
2	iki	iko'	ikki	ikki	iki
3	ch	vish	suy	uch	uch
4	duyrt	<u>ta'vata'</u>	tuyrt	to'rt	tuyrt
5	besh	<u>pilok</u>	bies	buysh	besh
6	altu'	ulta'	alta	olti	alta
7	yedi	shicho'	sette	<u>tti</u>	seti
8	sekiz	saka'r	<u>agu's</u>	sakkiz	sakiz
9	dokuz	ta'ha'r	togus	to'kkiz	tokuz
10	on	<u>vuna'</u>, un	uon	o'n	on

위의 수사들의 통계를 내 본다.

조사 언어	아주 다른 것	좀 다른 것	유사한 것
Osmanli	0	1	9
Chuvash	2.5	2	5.5
Yakut	1	0	9
<u>Uzbek</u>	<u>1</u>	<u>0</u>	<u>9</u>
Total(%)	4.5(11%)	3(8%)	32.5(81%)

Turkic 방언들은 지리적으로 서로 가까운 곳에서 사용되어 왔기 때문에 "다른" 수사의 수가 Chuvash를 제외하고는 많지 않다. 이 다른 것의 비율은 한국어와 일본어 수사간의 차이와 크게 다르지 않다. 그러면 위에서 본 한국어와 일본어의 수사의 proto-form과 다른 Altaic어들의 수사의 proto-form을 나열하고, Altaic 조어의 수사의 proto-form을 설정해 본다.

수효	K - J	Tungusic	Mongolian	Turkic	Altaic
1	hato	emu	nege	bir	bir
2	itur	dur	hoyar	iki	itur
3	mis	ilan	gurban	uch	mis
4	net	duin	duyrban	tuyrt	duyrbt
5	tach	tang-ga	taban	besh	tish
6	yosa	ning-gu	jirgan	alta	nilta
7	nana	nadan	dolon	seti	nada
8	yato	japku	naiman	sakiz	jaki
9	ako	uyun	yesuyn	tokuz	yekun
10	jor	jaan	arban	on	jon

이 중의 Altaic proto-form과 다른 수사의 수를 종합해 본다.

조사 언어	아주 다른 것	좀 다른 것	유사한 것
K - J	4	0	6
Tungus	3	4	3
Mongolian	7	1	2
Turkic	3	2	5
Grand Total(%)	17(42%)	7(18%)	16(40%)

Mongolian이 많이 다른 이유는 불명한데, 그것을 제외하면 다음과 같다.

조사 어족 수	아주 다른 것	좀 다른 것	유사한 것
3 어족	10(33%)	6(20%)	14(47%)

우리가 주시해야 하는 것은 "아주 다른 것"이다. Mongolian을 포함하면 이 항목이 42%인데 그것을 제외하면 33%이다. K-J간의 "아주 다른 것"은 8%이 니까 Mongolian보다 훨씬 낫다. Mongolian은 70%가 "아주 다른 것"이니 한국어와 일본어의 유사한 수사가 없는 것이라고 단정할 수 있다. Mongolian은 확연히 Altaic 언어라고 증명이 되어 있는데도 수사가 "아주 다른 것"이 70%나 되니 그런 주장을 반박하는 자료가 된다. 그러나 우리가 유의해야 할 것은 이것은 Altaic 언어중에서나 다음에 보는 Indo-European 언어 중에서도 볼 수 없는 너무도 높은 수치이니까 예외라고 볼 수 있는 것이다.

❀ Indo-European 언어들의 수사와 비교

그러면 Altaic 언어를 떠나서 Indo-European 언어는 어떤가를 간단히 일관해 본다. 아래에 Indo-European 언어 중에서 많이 알려지지 않은 언어 넷을 선택해서 그 수사들을 고찰한다.

수효	Sanscrit	Albanian	Bulgarian	Slovenian	Proto-Form
1	eka	nyi	edno	en, eden	on
2	dva	dy	dve	dva	dva
3	tri	tre	tri	trie	tri
4	catur	kato'r	chetiri	shtiri	catri
5	panca	peso'	pet	pet	pec
6	shash	gyashto'	shest	shest	shest
7	sapta	shtato'	sedem	sedem	sedem
8	ashta	teto'	osem	osem	ashta
9	nava	na'nd	denet	devet	neve
10	dacha	dhiet	deset	deset	dez

영어는 많이 알려진 언어여서 위에 넣지 않았는데, 다만 "four"하고 "five"만이 proto-form보다 아주 다르고 "seven", "eight", "nine", "ten"이 좀 다르다.

이제 영어를 포함해서 위의 수사들의 통계를 내 본다.

조사 언어	아주 다른 것	좀 다른 것	유사한 것
Sanscrit	2	0	8
Albanian	2	4	4
Bulgarian	2	1	7
English	2	4	4
Slovenian	1.5	1	7.5
Total(%)	9.5(19%)	10(20%)	30.5(61%)

이제 Altaic 수사와 Indo-European 수사의 차이율을 계산하고, K-J의 통계와 비교해 본다.

조사 언어 수	아주 다른 것	좀 다른 것	유사한 것
Altaic(14어)	13(9%)	23.5(17%)	103.5(74%)
I-E(5어)	9.5(19%)	10(20%)	30.5(61%)
Total(%)	22.5(12%)	33.5(18%)	134(70%)
K-E	1.5(8%)	5.5(27%)	13(65%)

이것을 보면 Indo-European 언어나 Altaic 언어들의 다른 수사의 비율이 크게 다르지 않으니 이것이 보편적 현상(universal phenomenon)이라고 볼 수 있겠다. "좀 다른 것"하고 "유사한 것"을 합하면 K-J는 92%이고

Altaic 어족은 91%이고 I-E는 81%이다. 그러니까 재언하지만 이것을 보아도 한국어하고 일본어가 동계성이 없다는 말은 당치도 않은 말이라고 할 수가 있다.

❖ 수사 조사의 맺는 말

오오노 스스무(大野晋)교수는 한국어하고 일본어는 문법은 비슷하나 동근어가 150개밖에 없으니까 이 두 언어는 동계 관계가 없으며 India 남부의 Tamil어는 일어하고 문법도 같고 동근어가 500개나 있으니까 이 두 언어는 동계어이며 일본인도 Tamil에서 왔다고 단정했다. 그러나 이 두 언어의 문법은 꽤 다르며, 동근어도 엄격히 보면 한국어와 일본어의 동근어의 수보다 훨씬 적다. 그리고 기본 어휘의 중요한 것의 하나가 수사인데, 그 수사가 적어도 50% 이상이 유사해야 한다고 보는데 일본어와 Tamil어의 수사들은 유사한 것이 하나 둘밖에 없다.

그러나 한국어와 일본어의 표준 방언과 다른 방언을 조사해 보면 7-8개의 수사가 동근어니 이 두 언어의 동계성을 부인할 수가 없다. Manchu-Tungus어들을 보아도 동근 수사가 90%에 달한다. 또 Mongolian어는 다른 동계어와 비교하면 동근어 율이 95%인데 Altaic proro-form에 비교하면 70%가 동근어가 아니다. Mongolian을 제외한 Altaic 수사의 동근어 비율은 67%이다. Turkic 어들은 그 비율이 89%이고 Altaic 언어 전체의 동근 수사의 율은 89%이니 한국어와 일본어 수사의 동근성은 의심할 여지도 없고 두 언어의 동계성을 확고하게 입증한다고 볼 수 있다.

위에서 본 정도의 언어간의 수사의 차이는 Altaic languages에서만 보이는 것이 아니고 Indo-European어 중에서도 볼 수가 있다. 그 언어들간의 동근 수사의 비율은 81%로 Altaic languages보다 20%쯤 높다.

그 반면 많지는 않지만 어떤 동계의 American Indian 언어 중에는 대응하는 수사가 하나 둘밖에 없을 때가 있다고 하는데 이것은 예외이고, 또 이것을 보아도 동계어 수사가 50% 이상이 되는 언어들은 동계 언어라는 것을 확증해 준다고 보아야 하겠다. 필자가 통계를 낸 19언어 중에서는 유일하게 Mongolian이 70%나 Altaic 동근어가 아닌 것으로 나타났는데 이것도 왜 그런지 내용은 알 수 없으나 희소한 예외의 하나로 볼 수밖에 없다. 그러나 몽고어(Mongolian)는 Altaic 언어라는 것이 확증이 되어 있다.

이런 통계를 보면 한국어하고 일본어가 같은 계통의 언어라는 것은 의심할 여지도 없다. 이남덕 교수는 그의 대작에서 1, 600여 개의 한국어 어휘와 1, 600여개의 일본어 어휘와 1, 000여개의 다른 Altaic 어휘들을 비교했다. 필자도 3, 200개의 한국어의 어휘와 대응하는 일본어와 다른 Altaic 어휘들을 모아서 분석을 하고 있는데 그것들을 정리해서 한 책으로 출판할 계획이다. 오오노교수가 한국어와 일본어간의 동근어가 150개밖에 없다고 망언한 것은 참 가소로운 일이다.

한국어와 일본어의 동계성을 반대하거나 의심하는 사람들은 확고하고 신빙성이 있는 연구 결과를 제출해야 할 것이다.

일본어와 부여어의 어휘 비교의 기획

일본어와 보통 퉁구스어라고 불리는 동이어(東夷語)의 비교는 「Ramstedt」와 이남덕 (李男德)교수가 좀 한 외에는 자세히 한 것이 안 보인다. 나는 먼저 일본 고어를 조사해 보았는데, 곧 놀란 것은 일본 고어를 조금 밖에 모르는 나도 알타이 동계 어휘 같은 것을 오오노교수가 말하는 150을 훨씬 초과하는 800여 개나 발견했다. 이것이 동기가 되어서 나는 이 언어들을 다른 각도에서 보기 시작하고, 우선 일본어와 중국 동북지방의 퉁구스 제어의 어휘 비교를 계획했다. 혹시나 하고 일본 방언 사전을 찾아보았더니 동계 어휘가 수 천여 개나 나왔다. 이것은 태고로 알타이 어족이 일본 각 지방에 건너가 각 지역에 퍼져 정착했다는 것을 확연히 입증해 주는 것이다. 오오노교수는 방언도 도외시한 것 같다. 나는 여러 퉁구스어를 조사했지만 동계 어휘가 너무도 방대해서 이 책에서는 만주어만으로 국한하기로 했다.

또한 나는 「만주어」라는 명칭은 부적절하다고 생각하였다. 만주 지방은 지금도 구미(歐美)를 포함한 각국 사전과 서적에 「동북지방」으로 기록되어 있고 「만주」라고도 한다.

「동북지방」이라는 말은 중국 중앙지방에서 만주 쪽을 보고 하는 말이다. 「만주」라는 명칭은 원래 16세기 쯤에 중국의 한 황제가 동북에 있는 작은 만주족을 좋아하고 동북지방을 만주라고 부르라고 해서 생긴 말이어서 역사적 용어가 아니다.

지금 알기에는, 이 동북지방의 국가로서의 역사는 「부여」(夫余)까지 올라가는데 그 기원 연대는 분명치 않다. 중국 고문서에는 부여의 역사가 기원전 1000년까지 올라간다고 한다. 이 만주의 전지역을 처음에는 퉁구스(東夷, Tungus)족이 통치하고 있었는데, 한국역사 책에는 한민족의 선조가 한 것으로 되어 있다. 이 민족은 주위의 다른 민족에 비해서 수가 매우 직지만 기원후 12세기부터 세력이 강한 국가로서 두각을 나타내기 시작하고, 17세기부터 20세기까지는 중국에 청(淸)이라는 강대한 나라를 세우고 거의 300년 동안 세계적으로 크게 활동하던 부여 민족이라는 것을 잊어서는 안되겠다.

만주와 관련해서 재미있는 말은 「Mandarin」이라는 말이다. 이것은 중국식으로 발음하는 「滿大人」에서 온 것인데 지금도 중국에서는 이것을 「상급관리」혹은 「북경관화(官話)」라는 뜻으로 쓰고 있고, 구미(歐美)에서도 그런 뜻으로 쓰고 있다.

이 부여라는 나라는 기원전 31년에 고구려에 망하고, 고구려는 서기 668년까지 계속한다.

백제는 서기 기원전 18년부터 기원후 660년까지 간다. 특히 백제는 고구려의 한 갈래로 한반도 남쪽으로 내려와 수도를 한강 유역에 정해 나라를 세우고 400여년을 지내다 고구려의 남하정책에 밀려 수도를 지금 충청남도의 공주로 옮겼다. 그 후에 또 다시 남하해서 수도를 더 남쪽으로 옮겼다. 재언할 필요도 없지만 그 수도도 「부여」라고 명명하였다. 이 백제가 고대일본하고 깊은 관계가 있었다는 것이 차츰 밝혀져서, 일본에도 이것에 관한 책이 몇권 나와 있고, 그 외에 저널에도 그런 기사가 여러개 보인다. 백제의 왕족이 일본열도로 건너가서 일본 왕조를 이루고, 그 왕족이 백제에 돌아가 백세의 왕위에 올랐다고 하는 책도 근래에 나왔다. 오오노교수는 이런 것도 도외시하고 있다. 백제를 정복한 신라도 고대일본과 교류가 많았고, 서기 전 1세기부터 935년까지 계속한다. 여기서 흥미로운 얘기를 하면 일본어의 「사무라이」 (무사=武士) 라는 말이 신라의 3인조의 무사를 말하는 삼화랑(三花郞)에서 왔다는 말이 있는데 일본에서는 물론 그 어원을 달리 해석하고 있다. 즉, 이 일본어 어휘는 시종(侍從)하는 사람, 혹은 호위하는 사람이라고 했는데 물론 삼화랑이 그런 역할을 했다. 그리고 일본 고어라고 하는 것은 신라 멸망후 수세기를 지나서 나오는 말들이니까 삼화랑이라는 말은 그 훨씬 전에 건너간 것은 뻔한 일이다. 지금 일본인들은 그런 것을 탐지하기 어려울 것이고 대부분의 일본인들이 수용치 않을 것이다.

그러나 부여족은 백제뿐만 아니라 동서로 한반도 전지역에 내려왔다. 일본의 에가미 나미오 (江上波夫) 교수의 「기마민족일본정복설」(騎馬民族日本征服說)과 같이 원래 기마민족이었던 부여족이 한반도로 내려와서 일본으로 건너간 것이다. 이 부여민족이 또 만주 동부에서 아주 가까운 사할린(일본명, 카라후도樺太)하고 혹카이도(北海道)에 직접 건너갔다고 하는 것은 추측이 아닐 것인데, 왜 그런지 이것에 관한 연구는 별로 보이지 않는다.

나는 이 중국 동북지방에 있었던 여러 종족의 언어가 다 가까운 방언인고로, 이것들을 일괄 해서 「부여어」라고 부르기로 했다. 이 책에서는 만주어휘만 인용했지만 다 부여어휘라고 한다.

인종적으로 매우 복잡한 일본인

일본인은 수만리 남쪽의 인도 「Tamil」에서 올라왔다고 하지만, 그것이 용이치 않았을 것이다. 물론 이런 이민이 조금은 있었겠지만 그 수는 아주 적었을 것이다. 어느 일본교수는 일본인의 혈액을 조사해 보니까, 그 三분의一이 한인형(韓人型)이라고 보고했다. 부여족의 혈액을 조사해서 이것에 합하면 三분의二, 혹은 그 이상 될른지도 모른다. 또 Tamil인의 「DNA」가 일본인 혈액에 얼마나 있는지 조사해 볼 필요가 있다. 거의 영(零)에 가까울 확률이 높다.

세계에 인종적으로 피가 섞이지 않은 민족이 없다고 하나, 일본인은 더욱 더 복장한 것은 부정할 수가 없다. 혼혈인이 열등하다는 뜻이 아니다. 미국 스탠포드(Stanford)대학교의 한 교수는 혼혈인의 종족을 조사하고 그들이 우수하다는 결론에 달했다고 발표했다. 그러나 문제는 극히 복잡한 인종들의 민족학과 언어학은 매우 복잡하고 어렵다는 것이다. 이런 민족의 연구는 자연히 문제가 많고 학설이 많아 일반인뿐만 아니라 학자들까지도 혼동하게 만든다. 이것이 일본학의 큰 애로 중의 하나다.

나는 언어학을 전공할 때에 「알타이」어학을 부전공했다. 그 때 받은 인상은 한국어는 중국어에서 채용한 명사 외에는 90프로 이상이 알타이어이며 일본어도 그 대부분이 알타이어라는 것이었다. 약 2, 3세기동안 구미(毆美)와 동아시아의 학자들이 알타이어와 일본어의 관련성을 좀 연구해 왔는데, 일본의 몇 학자들을 제외하고 거의 전부가 일본어는 알타이어라는 결론에 달했다. 이 학자들의 연구에 관해서는 「Roy A. Miller」가 그의 「Japanese and Other Altaic Languages」에 상세히 기록하고 있다. 아시아 대륙에는 태고에 「아이누」같은 사람들이 극히 소수지만 여기 저기 산재해 있었다고 한다. 물론 지금은 아무 흔적도 없다. 그래도 한민족은 「고마」족이라는 것이 정설처럼 되어 있다. 이 「고마」의 「고」는 중국 서북쪽의 「코커서스」를 말하며 「마」는 만주를 말하는 것이라고 하는 학자들도 있는데, 이 「고」의 흔적은 지금은 볼 수가 없다. 일본 에는 「코커서스」인에 유사한 「아이누」족이 꽤 있었다고 하며, 일본어에는 「아이누」어의 흔적이 아주 조금이나마 남아 있다고 한다.

재언하지만, 민족학적으로 보면, 대륙과 일본에 남방에서 올라온 인종이 있다고 하나, 아시 아 대륙에는 그 흔적이 별로 없지만, 일본에는 조금 있다고 한다. 언어학적으로도 그런 모양이다. 「Hulbart」는 20세기

전후 한국과 인도 남방 「드라비다」에 선교사로 있었던 사람인 데, 한국어는 드라비다어와 유사하다고 하며 책을 한 권 냈다. 독일의 「Eckardt」교수는 한국어 는 인구어(Indo-European)와 유사하다고 책을 썼으며, 또 한국어가 그리스어(Greek)나 헤브라이 어(Hebrew)와 비슷하다고 주장한 학자들도 있다. 일본어는 이 이상으로 남아시아의 영향이 많다는 학자가 일본에 꽤 있다. 솔직히 말하면 일본에는 한민족이나 퉁구스족을 열등시하고 무엇이든지 거기서 왔다는 것을 부정하려고 하는 사람이 많은 것이 사실이다. 그들은 일본어의 へべれけ(hebereke:"dead drunk＝곤드레만드레")라는 말이 부여어의 /hepereke/와 뜻이 똑같은 말로 쓰인다는 것을 알면 놀랄 것이다.

한국과 일본에서는 지금 백제에 관한 연구가 좀 활발해졌으며, 백제는 일본뿐만 아니라 동 남아시아에까지 세력을 뻗쳤다고 하는 사람도 있다. 그러니까, 고래로 동 아시아와 동남 아시아 와의 교섭이 있었다는 것은 확실하다. 또 한 30년전에 미국 예일대학교의 한 교수는 세계의 모든 언어가 다 관련돼 있다고 하며 세계 각처의 유사어휘를 망라해서 발표한 일도 있다. 물론 이것 을 지지하는 사람은 없는데, 요는 여러 언어의 교섭의 폭보다 그 농도이다. 그러므로 일본인과 일본어는 대거 Tamil에서 왔다는 것은 대편견이고 독단적인 주장이다. 재언하지만, 부여어계의 언어들이 일본어에 큰 영향을 미친 것은 의심할 나위도 없다. 특히 한반도에서 일본열도로 건너간 한인들은 지도층에 있었으니까, 그들의 영향을 고려하면 일본어의 폭깊고 넓은 상층 (superstratum)에는 한국어가 있고, 그 하층(substratum)에는 아이누어를 비롯한 타 계통의 언어가 있다는 것은 확실하다.

알타이계의 언어

소위 「알타이」라는 말은 아시아 서북에 있는 알타이(Altai)산맥의 이름을 딴 것이며, 그 지 방에서 쓰는 언어들을 「알타이」어라고 부르기 시작했다. Ramstedt은 알타이 언어는 만주 서북의 흥안령산맥(興安嶺山脈) 지역에서 발생한 것이라고 주장했다.

그 어군에는 보통 다음 표에 나오는 언어가 포함된다. 참고적으로 말하면, 터키언어족 중에 「알타이」어라는 방언이 있어서, 알타이어보다 「알타익」(Altaic)이라 는 것이 옳겠지만 동양에서는 보통 「알타이」어들이라고 한다. 이 언어족의 구분은 다음과 같다. 그 언어들을 분류 하는 데에는 여러 방법이 있고 학설이 다르지만, 한국어와 일본어를 포함해서 다음 같이 사대 (四大) 그룹으로 대별할 수가 있다. 그것은

(1) 한국어와 일본어,

(2) 부여(만주-퉁구스)어족,

(3) 몽고어족, 그리고

(4) 터키어 족들이다.

모음이 5개밖에 없는 언어는 「알타이」어 중에 일본어밖에 없다. 동서 학자들은 만주어에 모음이 여섯개 있다는 것을 긍정하지만, 그 여섯째의 모음에 대해서는 두 가지 의견이 있다. Austin은 만주어의 모음 「아, 이, 우, 에, 오」외에 /어/음을 포함 했으나, Norman의 사전이라든가 다른 책들은 그 대신 /u(으)/를 가해서 쓰고 있다. 만주어의 /e/는 /어/에 비슷하기 때문에 나는 Norman 처럼 여섯째 모음을 /u (으)/로 본다. 부여족

은 12세기에 만주 동북 지방에 있던 여진(女眞= Juchen)족으로부터 파생한 씨족들이라고 하지만, 그 전에 그들이 만주지방에 아주 오래 산재해 있었다는 것은 부정할 수 없다. 그들은 17세기에 몽고문자를 모방해서 만주문자를 만들었다. 현재 만주말을 하는 사람은 약 6만명밖에 안된다. 그 중 중국정부가 그들을 징계하기 위해서 20세기 초기에 중국 서부의 신강성(新疆省)으로 강제 이주시킨 사람들은 5만여 명에 달한다. 그들은 물론 거기서 만주어를 쓰며 만주어로 신문 잡지를 발행하고 있다고 그 곳을 방문한 한 일본학자가 보고했다. 그 외의 1만여 만주인은 그냥 중국 동북지역에 산재해 있지만 만주어를 말하는 사람은 드물다고 한다. 내가 약 25년 전에 만주를 여행했을 때에 거기 만주 청소년들에게 알아보았더니, 그 곳에서 만주어를 말하는 사람은 소수의 노인밖에 없다고 했다. 물론 그 지역에는 만주어의 간행물은 없다. 나는 이 사정을 알고 퍽 실망했다.

이 부여족의 여러 방언을 만주-퉁구스어라고 하나, 간단히 퉁구스어라고도 한다. 참고적으로 말하면 서북방의 에벤키「Evenki」방언을「퉁구스」어라고도 하므로 혼동할 때가 있다. 퉁구스 씨족들은 원래 몽고족에서 파생했지만, 민족적으로나 언어적으로 몽고와는 다르게 구분한다. 방언은 여러 개 있으나, 어느 퉁구스 학자들은 방언을 밝히지 않아서, 그들이 연구한 방언의 어휘는 이 책에서는 그냥 퉁구스어라고 기입했다. 만주-퉁구스어의 분류에 관해서도 여러가지 의견이 있지만 다음의 분류가 제일 좋은 것 같다.

1. 한국어와 일본어

Ramstedt 외의 많은 어학자들이 한국어와 일본어를 Altaic language family에 포함시키는데 필자도 그것을 지지한다. 그러나 오직 소수의 국수주의적 일본 학자들만이 이것을 반대하고, 또 다른 여러 일본 학자들도 이것을 의심해 왔지만, 한국어 학자는 물론 서구의 학자들도 대부분이 이 설을 지지한다.

Ramstedt 후에 한국 내에서 한국어 어원에 관한 책이 수권 나왔으나, Ramstedt를 능가할만한 책은 1986년에 선보인 이남덕 교수의 "한국어원연구(韓國語源硏究)" 4권이다. 이것은 약 2500여 개의 한국어 어휘, 1600여 개의 일본어 어휘, 그리고 1000여 개의 다른 Altaic 언어의 어휘들을 비교한 대작인데, 한국어와 일본어 비교에 주력을 둔 것 같다. 그리고 수백 개의 어휘들을 재구성 (reconstruct)하고 음운 대조도 자세히 분석해 놓았다. (재구성을 "재구"라고도 한다.)

그의 표를 보면 그 대조의 종류가 얼마나 많은지 알 수 있으며, 또 각 항목의 대조 어휘의 수도 1부터 208까지 있으니 그 다양성에 놀라지 않을 수가 없다. 이런 연구를 더해서 좀 간략화 할 수도 있겠다고 본다. 예를 들면 sample의 어휘가 몇 개밖에 없는 대조들은 더욱 심층적 재조사가 필요하다. 또 참고적으로 말하면 그의 대조 외에도 여러 개 더 있는 것 같다. 예를 들면 어휘 안의 음운 대조 같은 것이다.

그리고 Old Japanese를 들여다보면 많은 동근어를 찾아낼 수 있다. 물론 두 나라의 현대 방언에서도 동근어가 무수히 나온다. 또 양국어에서 고대어와 중세어의 어휘가 현대 언어에서는 많이 없어졌지만, 그 중에서도 동근어를 예상 이상으로 여러 개 발견했다. 자세히 조사하면 더 많은 동근어들을 그 중에서 많이 찾아낼 수 있을 것이다. 지금까지 찾은 것은 정리해서 조금씩 현대어와 함께 발표할 계획이다.

한국과 일본의 지명은 어느 방언에 속하는지 구분하기가 어려워서 될 수 있으면 현(縣)과 도(道)명만 기록한다. ("현"은 한국의 "도(道)"이다.) 일본어의 중세 어휘와 고대 어휘는 구별하기가 쉽지 않고, 또 어휘 연구에 큰 차질이 없을 것 같아서 다 Old Japanese (OJ)로 기록했다. OJ에는 모음이 여덟 개가 있다는 것은 잘 알려져 있지만 이 논문에서는 어휘 비교에 별 차질이 없을 것 같아서 /a, e, i, o, u/만을 쓰기로 했다. 이 일본 고어의 8개 모음도 일어가 Altaic어이라는 것을 역력히 보여 준다.

2. 부여어족(Manchu-Tungus Language Family)

Manchu-Tungus족들은 12세기 만주 북동쪽에 있던 Mongolia계 Juchen(女眞)족 에서 파생했다. 그들은 17세기에 Mongolia 문자를 모방해서 Manchu 문자를 만들었다. Manchu 사람들은 현재 대부분 중국화한 관계로 Manchu어를 말하는 사람의 수는 한 5만 명밖에 안된다. 그 중에 중국 정부가 신강(新疆"Sinkang", 혹은 "Xinjiang") 성으로 이주시킨 사람들은 4만 명쯤이 되며 그들은 Manchu어의 신문도 발행한다. 한 1만 미만의 만주인이 대부분 만주 각처에 산재하고 있지만, Manchu어를 말하는 사람은 소수의 노인들밖에 없고 물론 Manchu어의 간행물도 없다.

이들의 언어는 언어학적으로는 Manchu-Tungus Language Family라고 하는데, 간략 하게 Tungus Language Family라고도 한다. Tungus계 방언에는 여러가지가 있는데, Tungus족은 원래 Mongo 족에서 파생했지만, 언어학적으로는 Mongolian어족과 Tungus 어족으로 구분한다. (협의의 Tungus 라는 방언은 Evenki어를 말한다.) 그러나 이남덕교수를 포함한 몇 학자들은 방언들을 밝히지 않고, 그저 Tungus어라는 이름 아래 어휘를 열거하고 있다. 그런 것은 이 논문에서도 그냥 Tungus 라고 표시할 수밖에 없다. Tungus 언어의 분류에 대해서도 여러가지 의견이 있는데, 다음 분류가 제일 좋은 것 같다.

(1) Manchu Group.

    a. Juchen (Old Manchu).

    b. Kittan. (Kittan어는 현재 몽고 방언으로 분류한다.)

    c. Manchu. (중국 청 나라를 건립한 만주족의 언어)

    d. Sibo. (colloquial Manchu)

    e. Solon, Dagur, Goldi, Orochi, Oroki(Orokko), Udehe어들.

(2) Tungus Group.

    a. Nanai Group (Lower Amur Group): Goldi, Nanai, Olcha, Orok, Ude.

    b. Evenki (Siberian Group): Evenki, Negidal, Solon, Even(Lamut), Negidal, Evenki, Lamut, Solon.

3. 몽고어족

몽고어는 징기스 칸(Genghiz Khan:서기1162-1227) 때에 기록이 시작되었다.

(1) 동부그룹(몽골그룹이라고도 함).

    a. 몽고와 중국 사이에 있는 Khalkha.

    b. Dariganga, Urat, Khachin-Tumut, Ujumchin, Ordos.

    c. 중국에 있는 Dagur, Mongour, Santa.

(2) 서부그룹.

    a. 몽고와 러시아에 있는 Buriat.

    b. 러시아에 있는 Kalmuk.

    c. 몽고와 중국에 있는 Oirat.

    d. 아프가니스탄에 있는 Mogol, Zirni.

        이들은 아프가니스탄을 침입한 몽고군의 후손들이 쓰고 있는 언어다.

        Zirni는 잘 알려져 있지 않으나 일본학자 한 사람이 연구하고 있다.

4. 터키어족

터키어족은 지금 잘 알려져 있는 터키의 표준어 「Osmanli」를 포함한 여러 방언이고, 이것을 말하는 인구는 5, 000만이나 된다. 그 분류는 다음과 같다.

(1) 터키 방언. 이것은 러시아에 있는 Chuvash의 방언이고, 오래 된 역사적이고 전형적인 터키 방언이어서 터키 방언이라고도 하나, 터키어족을 말하는 말과 혼동하기 쉽다.

(2) 동남어족(Uigur 혹은 Chagatai 그룹이라고도 함): Uzbek과 Uigur.

(3) 남부 그룹(Oguz 혹은 Turkmen 그룹이라고도 함): Osmanli(터키표준어), Guaguz. (터키 표준어는 Anatolian이라고도 함.)

(4) Kypchak 그룹. Karaim, Kumyk, Karachai-Balkar, Tatar, Bashkir, Kazak, Kalpak, Nogay, Kirgiz.

(5) 동북 그룹(Siberia 혹은 Altai 그룹이라고도 함.): Khakhas(Tatars) 혹은 Shore 방언, Altai(Oirot), Yakut, Tuvinian, Karai, Karagas.

위의 분류는 자주 보이는 것이며, 일본의 몇 학자들은 이의가 없으리라고 믿는다. 참고적으로 말하면 일본 텐리(天理)교도들은 나라(奈良)현 텐리시(天理市)에 큰 전당을 짓고 매일 수백명이 그 이층의 한 가운데를 경배하고 있다. 인류가 바로 그 자리에서 시작되었다는 것이다. 이것을 믿는 사람들이 몇백만이 된다고 하니 참 어리석은 일이다.

여하간, 재언하지만 내가 조사한 바에 의하면 일본 어휘 중에 「알타이」동계어가 수천 개가 나온다. 이것은 다른 책에서 취급하기로 하고 여기서는 일어와 부여어의 동계 어휘만을 취급하고, 아래에 지면상 알타이 동계어 10그룹만 샘플로 소개한다.

일본어 어휘와 다른 알타이 제어 어휘의 동계어 표본

아래에 다른 언어의 어휘를 전기할 때에 표기법이 다양해서 될 수 있으면 일반인이 알 수 있도록 기록했다. 또 다른 언어의 어휘를 전기(轉記)할 때에 너무도 표기법이 다양해서 될 수 있으면 일반인이 알 수 있게 전기했다. 그래서 좀 틀린 것이 있을지도 모르지만 큰 차질은 없을 것이다. 예를 들면 /x/를 /h/의 음이라고 쓴 책도 있고, /k/로 쓴 책도 있어서 어려움이 있었지만, 그것은 /h/로 쓰기로 했다. 또 /q/도 /k/와 /h/로 사용하는 것을 보았는데, 이것은 다 /k/로 전기하기로 했다. 이것은 어휘 비교에 큰 지장이 없을 것이다. 또 /j/가 /j/인지 /y/인지 분명치 않게 사용하는 저자들이 있어서 확실치 않을 때가 있었는데 그런 것들은 원본대로 두었다. /j/는 언어에 따라 /j/, /y/, /h/, 등으로 발음한다 는 것은 잘 알려진 것이다.

다음에 알타이 제어의 유사 어휘 10 그룹만 나열하는데, 「미나미지마 오카야마」등은 일본 방 언이다. 일어의 탁음은 한국어에 없어서 언더라인(underline)을 했다. 이 것을 한국에서는 경음 (硬音)으로 전기하는데 불합리하다.

1.	여러 よろ よろず	y<u>oro</u> yoro yoro-zu ala-lu araas ele iluu olan olo olan-ji uru yeruyn, yali	(現韓) (古日) (現日) (Kazakh) (Yakut) (古蒙, 滿州) (Dagur) (Khalkha) (Buriat) (터키) (퉁구스) (古蒙)	id. "many(많은)" id.　(id.＝같음) id. id. id. id. id. id. "most(최다, 최다의)" "all(전부)" "many(많은)"
2.	가까이 가자'기 かぁさ くけみち ちかい	kakkai kaca'ki kaasa kuke-miti tikai cinggiya cuku-lu cuga-s d<u>o</u>ga jaki'n jihasan kati'-mda siki tek-lif-siz	(現韓) (古韓) (南島, Minamijima) (岡山, Okayama) (現日) (滿州) (滿州) (Yakut) (Orochon) (Kirghiz, Kazakh) (女眞) (터키) (터키) (터키)	"closely(가까이)" id. "be near(가깝다)" "shortcut지름 길)" "be near(가깝다)" "rather near(좀 가까운)" "near-sighted(근시의)" "near(가까운)" id. id. id. "by me(내 옆에)" "near(가까운)" id.
3.	가르- 　　키르	kari' kir-u geri- gir-, giri- giri- kiyari- kiri-ku kire-wu ki'r- ki'ri'i- u-gele- kiru-	(現韓) (現日) (Goldi, Orokko) (퉁구스) (滿州) (滿州) (滿州) (Orochon) (터키) (Yakut) (古蒙) (古蒙)	"to split(짜개다)" "to cut(끊다)" "to cut(자르다)" id. id. id. "small knife(작은 칼)" "saw(톱)" "to split(짜개다)" "to cut(자르다)" id. "to cut in small pieces(작은 조각으로 자르다)"

4. 가새   kasae   (韓:방언)   "scissors(가위)"

    がき   gaki   (일方: Minamijima)   "sickle(낫)"

    はさみ   hasa-mi   (現日)   "scissors(가위)"

    h'asa-   (Uigur)   "to cut(자르다)"

    haiti   (Chuvash)   "scissors(가위)"

    haici   (古蒙, 터키)   id.

    haici-la-   (古蒙)   "to cut with scissors(가위로 자르다)"

    hasa-la-   (滿州)   id.

    hasa-ha   (滿州)   "scissors(가위)"

    kaici   (Dagur, Uigur)   id.

    kaiti, kait   (퉁구스)   id.

    xaja   (Evenki, Olcha, Negidal)   id.

    xajya   (Udihe, Oroch)   id.

    xaza   (Oroch)   id.

5. 도리   tori   (現韓)   "beam(도리)"

    とりい   torii   (現日)   "two posts with two crossbars on top at the entrance of Japanese shrines(신사=神社) 입구 위에 들보 둘을 받치고 있는 두 개의 기둥)

    chilik   (터키)   "building(건물)"

    tora   (Goldi)   "house post(집기둥)"

    tura   (Buriat, 고몽)   "building(건물)"

    tura   (滿州)   "pillar(기둥)"

    xuryee   (Buriat)   "frame(틀)"

6. 들. 드르   tur/turi   (現韓/古韓)   "field(들)"

    ぞおり   zoori   (岡山, Okayama)   "open field(넓은 벌)"

    つる   turu   (福岡, Fukuoka)   "cultivated field(밭)"

    でら   dera   (宮崎, Miyazaki, 鹿兒島, Kagoshima) "field(들)"

    col   (Uigur)   "desert(사막)"

    coyl   (古蒙)   id.

    choyl   (터키, Orkhon)   id.

    dala   (Uzbek, Kazakh)   "field(들)"

    dar   (Azeri)   "valley(골짜기)"

    dolaa   (Elunchi)   "field(들)"

    dul, dur-fa   (Goldi)   "wilderness(황야)"

    jir   (Tatar)   "ground(땅)"

    tala   (滿州, 古蒙, Uigur)   "plain(들)"

    talaa   (Kirghiz)   id.

    tala-gan   (Orochon)   "cultivated field(밭)"

	tari-	(터키)	"to till the land(땅을 갈다)"
	tari-	(滿州, 古蒙)	id.
	tarla	(터키)	"field(들)"
	tula	(Chuvash)	id.
	tuylay	(Orochon)	id.

7. 말   mar   (現韓)   "horse(말)"

まる	maru	(靜岡、Shizuoka, 石川 Ishikawa)	"stallion(종마)"
まるうま	maru-uma	(三重 Mie, 靜岡 Shizuoka, 福井 Fukui)	id.
ほろ	horo	(愛姬 Ehime, 大分 Oida)	"horse(말)"
	maal	(Turkmen, Yakut)	id.
	mal	(古蒙, Uigur, Bashkir, Kirghiz, Azeri)	"cattle(가축)"
	male	(Dagur)	"herding animal(떼를 짓는 동물)"
	mol	(Uzbek)	"cattle(가축)"
	mor/more-n	(터키)	"horse(말)"
	moren	(Orochon)	id.
	mori/mori-n	(滿州, Goldi, Dagur)	id.
	muri, mori	(Oroch, Olcha)	id.
	muri-n, mori-n	(퉁구스)	id.

8. 붓/붇

	pus/put	(現韓/古韓)	"writing brush(붓)"
ふで	hude	(現日)	"writing-brush(붓)"
ぼし	bosi	(福岡 Fukuoka)	"writing-brush case(붓집)"
ふで	hude	(現日)	"writing-brush(붓)"
ぼし	bosi	(福岡 Fukuoka)	"writing-brush case(붓집)"
	bici-	(Dagur)	"to write(쓰다)"
	bici-, biti-	(Evenki)	id.
	bici-k	(古蒙)	"writing-brush(붓)"
	bith_o	(Olcha, Goldi)	"writing(쓰기, 쓴 것)"
	bitih_o	(Kyakar, Oroch)	id.
	hude	(Dagur)	"feathers(깃털)"
	huyduyn	(古蒙)	id.
	oydn	(Kalmu k)	id.

* 옛적에는 깃털로 글을 쓴 종족이 많았다.

9. 주깬-

	cukkayn-	(韓方:경북)	"to scold(꾸짖다)"
しかる	sikar-u	(現日)	"to scold(꾸짖다)"
	cigul	(古蒙)	"anger(분노)"
	singgari-	(Goldi)	"to offend(감정을 해치다)"

		singgirei-	(Oroch)	id.
		singgiri-	(Olcha)	id.
		singgya-cau	(퉁구스)	"offended(감정이 상한)"
		tikul-, tikungii-	(터키)	"to become angry(화내다)"
		ti'kui'l-	(古터)	id.
10.	부르-	purU'-	(現韓)	"be full(부르다)"
	はらむ	haram-u	(古日)	"to grow big(커지다)"
	はれる	hare-ru	(現日)	"to swell up(부풀다)"
	ふえる	huer-u	(現日)	"to increase(늘다)"
	ぶれる	bure-ru	(伊豆大島 Izuoojima)	"to gorge with the same food(같은 음식을 탐식하다)"
		bere-ket	(터키)	"abundance(풍부)"
		bol	(터키)	"wide(넓은)"
		bol-luk	(터키)	"largeness(크기), much(풍부)"
		bori'-k	(Kazakh)	"heap(더미)"
		buri	(퉁구스)	"all(다), very(퍽)"
		buyl-ent	(터키)	"be full(가득하다)"
		buyruy-n, bol	(터키)	"more(더), abundant(퍽 많은)"
		fulu	(滿州)	id.
		hawari-	(퉁구스)	"to swell(부풀다)"
		pulo̲	(Goldi)	id.

방언학의 필요성

　　일본의 언어학자뿐만 아니라 전세계의 언어학자들이 방언을 너무도 경시하고 있는데, 방언 학은 각국 언어학에 불가결하다는 것을 재삼 강조하고 싶다. 표준어를 강조하는 것은 당연하지만, 방언학도 표준어학에 여러가지 도움을 줄 수 있는데, 세계 각국에서 방언학을 너무도 도외시하고 있다. 일본 방언 어휘를 조사하기 위해서 도서 목록에 있는 일본 방언 사전을 주문하려고 했더니 다 절판이어서 놀랐다. 내가 살고 있는 이 미국 서부의 작은 관광지에는 그런 사전이 있을만한 대학교도 없어서, 결국 내가 30여년 전에 알타이어를 부전공할 때에 사둔 도오쬬오 미사오 (東條操)교수의 2권으로 되어있는 일본방언사전(日本方言辭典)과 히로다 에이타로오(廣田 榮太郎)와 스즈끼 도오조(鈴木棠三) 공편의 「유어사전(類語辭典)」을 쓸 수밖에 없었다. 도오쬬 오교수의 2권의 사전은 매우 상세하며 수십만의 어휘를 망라한 것이어서, 나는 늘 감탄하고 있다.

이렇게 중요한 방언이 세계 각처에서 꽤 빠른 속도로 없어지고 있다. 특히 20세기 후반과 21 세기에 들어서는 교육의 보급과 신문, 잡지의 팽창은 물론, 라디오, 테레비, 등의 매스 미디어의 영향으로 그 소멸이 가속화되고 있다. 이것은 언어학적으로, 특히 방언학적으로 큰 타격이다. 30-40년 전에는 전세계에 언어가 방언을 합해서 9000개나 있다고 했는데, 요즘에는 6000개라고 하고 있다. 이것은 눈에 안 보이는 일반적 관심도 없는 비극이다. 부여어는 작은 방언도 아닌데 급격히 소멸하고 있다. 한 3년 전에 서울에서 제일 크다는 서점에 들러서 만주말이나 만주에 관한 책이 있느냐고 물었더니 하나도 없다고 했다. 우리 동족에 관한 책이 하나도 없다는 어이없는 말을 듣고 나는 놀라고 낙심하지 않을 수가 없었다.

필자는 20여년 전에 Alaska대학교에 가서 외국어과 교수 제위에게 외국어 교육 평가 에 관하여 강의를 했다. 그리고 그 직후에 미국방외국어대학에서 채택한 교육 방법을 발표하기 위해서 그 대학교 외국어학회가 주최한 회의에 참석했다. 언어학을 전공한 필자는 Eskimo어에 대해 관심이 많은데, 거기 언어학자와 담화를 하는 동안에 이 언어에 대해서도 여러가지 재미있는 말을 들었다.

그 담화 중, 태평양 북쪽 Bering해협 동남쪽 바다 한가운데 위치하고 있는 Kings Island라는 매우 작은 섬에 Eskimo 한 부족이 살고 있었다는 것을 알게 되었다. 그 섬 남쪽의 암석 절벽같은 곳에 Eskimo의 한 부족이 오랫동안 살고 있었는데 그들은 Inupiaq 이라는 Eskimo의 Ugiuvak 방언을 사용했다고 한다. Eskimo학으로 유명한 한 신부에 의하면 1950년에 불과 150명이었던 그 섬의 인구 가 1960년에는 49명으로 줄었다고 한다. 최후까지 남았던 그 극소수의 사람들은 1960년대에 정부가 Alaska 본토로 이주시켰다고 한다. 환경을 비롯해서 그들의 생활 조건은 아주 열악한데, 그들의 교육, 의료 문제등으로 이들의 관리가 매우 곤란해서, 이들을 본토로 강제 이주시킨 것이었다. 이들은 본토 여러 지역으로 분산해 갔고 노인들은 별세해 버렸다. 잔재 부족인들은 백인 사회에 동화되어 버렸다. 어느 면으로 보면 이것은 슬픈 일이다. 이들이 말하는 Ugiuvak 방언은 사언(죽은 말)이 되어 버렸고, 한 선교사가 그들의 언어를 기록해서 Alaska 어느 문서보안서에 보관했다고 한다. 이렇게 빛을 보지 못 해도 보관된 방언이 얼마나 있을 것 인가? 이 방언들은 언어학 연구에 다 귀중한 것들이라는 것은 재언할 필요도 없다.

몇몇 학자들은 동북 시베리아 토착인들의 언어와 Eskimo 방언들의 관련성의 연구를 좀 했다. 이것은 Inter-hemispheric study라고 하는데 이들 중 Morris Swadesh가 제일 유명하다. 그러나 이 연구는 아직도 초보에 머물어 있는데, 그들 언어 중 여러 방언이 이미 사멸했거나 사멸 직전에 처하여 있다는 것은 매우 안타까운 일이다. 이것은 다만 이 지역의 언어 연구에 국한된 문제가 아니다. 시베리아나 Alaska의 많은 부족들의 언어가 Ural어나 Altai어를 비롯해서 많은 다른 언어들의 관계, 또 그들 언어 자체의 신비성을 해결할 관건이 될 언어나 방언들이 사멸해 가고 있는 것이다.

필자는 한국어와 일본어와 이 언어들과의 관계에 큰 관심을 가지고 있다. 예전부터 인간 종족들이 이전할 때에는 언어가 따라갔기 때문에, 이것은 언어만에 국한된 문제도 아니다. 특히 Nanai, Orokko, Udihe, 등 불과 수백 혹은 수천명에 의해 최근까지 사용되고 있던 Mongol어들이나 Tungus어들의 경우가 더 심각하다.

한편, 핫토리 시로오(服部四郞)씨는 한국어와 일본어의 동계성을 어느 정도 인정하면서도 Shwadesh의 언어연대(言語年代 glottochronology)계산공식을 수정해서 韓國語와 일본어는 3000-5000년 전에 분리됐다고 주장했다. 그러나 그가 조사해서 비교한 어휘들을 보면 대부분이 한반도와 일본의 표준 방언에서 나온 것이며 다른 방언은 고려하지 않았다. 다른 일본 학자들도 대부분 방언을 도외시한다.

언어학에서는 표준어를 표준방언이라고 하며 표준도 한 방언에 지나지 않는다고 규정하는데 이를 부정하는 어학자는 없다. 한국어와 일본어를 비교할 때에 방언 연구(研究)가 필요 하다는 것을 아라이 하쿠세키(新井百石:1657-1725)는 이미 3-4 세기 전에 주장한바 있고, 그 후 오쿠라 신뻬이 (小倉進平), 가나 자와 쇼오사부로오(金澤庄三朗), 등 몇 일본 어학자들이 방언도 좀 들여다보고 이 두 언어는 동계 관계가 짙다고 말했다. 그런데도 오오노교수와 그의 극소수의 추종자들은 이런 공헌을 도외시하고 있다. 결국 오오노교수는 두 나 라의 여러 방언을 깊이 조사해 본 일이 없으면서도 두 언어의 동계성을 부인했고, 핫토리씨는 그 것을 부인하지는 않았지만 방언들을 조사하지도 않고 두 언어의 분리시대를 잘못 계산했다. 서구(西歐)에서는 언어를 비교할 때에 일만 명 미만의 소수 Indo-European 어(印歐語)의 방언까지도 다 조사하고 Altaic 어학자들도 그렇게 해왔다. 한반도의 인구 는 일본보다는 적지만 독일의 인구와 비슷하니까 결코 작은 나라가 아니다. 한반도와 일본의 이 많은 사람들이 국한된 방언을 사용하고 있으 므로 각 방언의 사용자는 수십 만 이상이 되리라고 추정된다. 그러므로 심층적 연구가 더욱 필요하다.

또 큰 문제는 두 나라의 방언 조사는 아직도 미흡한 점이 많다는 것이다. 예를 들면 일본에는 방언 사전이 많지도 않을 뿐더러, 방언 사전에는 수사(數詞)라든가 그외 쉬운 말들이 너무도 많이 빠져 있다. 한국어 방언 사전들은 더욱 미흡하다. 그 이유의 하나는 일본총독들의 심한 한국어 연구의 탄압이었다. 그들은 한국어 연구를 위험시하고 적극적으로 그것을 탄압하면서, 한국어 학자들을 수차 투옥까지 하고, 학교에서도 한국어 사용을 엄금했다. 그래서 한국어 연구의 진전이 일어 연구에 비해 많이 뒤떨어졌던 것은 사실이다. 이런 피탄압 민족의 비애를 일반 일본인들이 체험은 물론 이해하기가 불가능할 것이다

필자는 일본어를 포함한 Altaic 언어 중에서 비슷한 어휘와 문법 용어들을 수십년 동안 모아 왔고 양국의 방언 사전들도 오래 동안 들여다본 결과 3500여 개의 동근어를 찾아냈다. 그 것의 대부분이 한국어와 일본어에 나오는 동근어들이고, 한국 어휘만이 일본어를 제외한 Altaic어들에 대조되는 것이 한 200개, 그리고 일본어 어휘만이 한국어를 제외한 Altaic어 들에 대조되는 것도 한 150개쯤 있다.

또 긴급한 방언 연구 방법의 하나는 "나날이" 없어지는 세계 각처의 방언들을 서적으로 나마 보존해야 하는 것이다. 계산법이 꽤 다르지만 세계에 6, 000의 방언이 있다고 하는 데 20세기와 21세기에 들어서, 광역의 표준어 사용과 미디어 사용 때문에 방언도 가속적으로 없어져 간다고 한다. 언어는 인간의 기초 문화의 하나이고 조상의 유산인데 그 것을 그리 단시일에 분실한다는 것은 유감천만이다. 우리도 우리의 기초 문화와 우리의 조상이 물려주신 유산을 빨리 자세히 조사해서 보존해야 할 것이다.

일본의 방언

다음에, 부여어와 일본어의 동계어를 나열하기 전에, 음운대조를 해본다. 대조를 대강 계산해 보았는데 너무도 많아서, 10개 이하는 생략했다. 이 대조를 비판하기 전 에 다음 일어의 「片足跳び」(가다아시도비=외다리뛰기)에 해당하는 방언의 어휘를 일람하고, 음운대조를 시도해 보기를 바란다. 그 것이 쉬운 일이 아닌데, 일본 방언에는 이런 어휘가 무수하다.

「片足跳び」 あさんがけ、 あしかき、 あしがっこ、 あしがりこんこ、 あしけんけ、 あしこんこん、 あしじゃっこ、 あしだか、 あしなげとんぼ、 いしけんぎょう、 いちけん、 いちけんけん、 いちこんこ、 いっけんけん、 いっけんとび、 いっちょんがらがら、 いっぺんご、 えっさっさ、 おちょちよんげっこ、 かいかい、 かいかいびっこ、 かいくり、 かえりこ、 かじか、 かたあしごっこ、 かたけん、 かたごんご、 かたしがいり、 かたね、 かたねんき、 かちこだま、 ぎいかぁ、 ぎいたぁ、 ぎしぎし、 ぎしごきしご、 ぎったぁるぅ、 ぎっちょ、 ぎっちょんちょん、 きつねずもう、 きゃけくり、きゃっくり、ぎりぎっちょ、ぎんがた、けぇけぇ、けぇるっとび、けけなぎ、けけなげ、ぎしこ、けただし、けっけなげ、けっとばし、けつりこ、けんがた、げんげ、げんけつ、けんけなげ、けんけん、けんけんじょう、げんげたま、けんけんとび、けんけんなぐり、けんけんばたばた、けんじ、けんぱ、こんぎ、こんこん、さんごき、しかけとび、しこんき、しっけんぎょう、しっけんこっこ、しっけんころ、しってなげ、しとけんけ、しとしと、しとうねぇ、しんがら、しんぎ、じんぎり、しんご、しんごろ、とんごん、すけんぎょう、すけんじょ、すててぎ、すててんこ、せぇこ、せっこなぎ、せっしゃ、せんがら、せんぎ、せんぎょかき、せんご、せんこなぎ、せんぞろ、たんこき、ちぎりこっこ、ちんがら、ちんからごっこ、ちんがり、ちんぎり、ちんぎりごっこ、つけんじょう、てかまか、てぎてぎ、てげてげ、てこばこ、てこまこ、でしんこ、てんがらとび、てんぎ、てんてん、てんてんかちかち、てんてんから、てんてんこなぎ、とたみこ、とんぎ、とんぎとんぎ、とんご、とんごとんご、とんび、はしがけ、はしこぎ、はねこ、はねとび、ぴこけんけん、ぴこたま、ひたけんひたけん、ひっけんぎょ、ひっけんけん、びっこびっこ、びっこまね、ひっちょん、ひんがら、ひんがりこっこ

　나는 언어학을 전공하면서 꽤 많은 언어를 접해보았지민, 이런 언어는 본 일이 없다. 일본 방 언 조사보다「알타이」언어들의 비교가 더 쉬운 것 같다.

일본의「가나」(仮名)에 관해서

　일본어의 알파벳(alphabet)을「가나」라고 하는데, 이제 외국인이 일본의 가나를 쓸 때의 불편을 간단히 말해본다. 다음 표를 보라.

1.	た	ち	つ	て	と
2.	ta	ti	tu	te	to
3.	ta	chi	tsu	te	to

　줄 1을「로마」자로 전기할 때에, 둘째 줄처럼 써야 할 것이다. 그러나 일인들은 /ち/와 /つ/의 전기(轉記)는 /chi/와 /tsu/라고 쓰지 않으면 모른다. 물론 /chi/와 /tsu/는 /ti/와 /tu/가 아니다. 일본에서는 셋째 줄처럼 쓰고 있는데, 셋째 줄은 /ta, ti, tu, te, to/의 /ta, te, to/와 /cha, chi, chu, che, cho/의 /chi/와 /tsa, tsi, tsu, tse, tso/의 /tsu/를 뽑아서 쓴 것이다. 그래서 외국인은 이것을 터득할 때까지 시간이 좀 걸릴 것이다. 또「야」(ya) 줄을 보자.

1.	や	い	ゆ	え	よ
2.	ya	i	yu	e	yo
3.	ya	yi	yu	ye	yo

/yi/하고 /ye/의 가나는 일본 고어 사전에도 없다. 다음에「와」행을 본다.

1.	わ	い	う	え	を
2.	wa	i	u	e	o

3.　　　wa　　　wi　　　wu　　　we　　　wo

/wa/행의 가나는 고대일어에 네 개 있었지만 /wu/에 해당하는 문자는 없었다. 지금 문자로 쓰는 것은 /wa/하고 /wo/밖에 없는데, /wo/라는 발음은 없고 /o/라고 발 음하는데, 그 문자만 관습상 객어(direct object) 조사(助詞)로 쓰이고 있다. 이 객어의 문자 /を/(wo)의 대신 /お/(o)를 사용하면 가나의 /wa/ 줄에 /わ/(wa)밖에 남지 않으니까, 이것을 /ん/(ng)줄에 넣으면 가 나의 줄이 11에서 10으로 줄으니까 여러 面으로 절약이 될 것이다. 또 일본 어휘를 「로마」자로 전기할 때에 「は」(하)행을 /ha, hi, fu, he, ho/라고 /hu/ 대신 /fu/를 쓰고 있고, 또 /s/줄에서도 /sa, shi, su, se, so/ 라고 /si/ 대신 /shi/를 쓰고 있는데 이것도 이상한 관습이다. 이런 전기법은 미국 선교사가 오래 전에 시작한 것인데 아주 정착하고 말았다. 이런 모순을 다 수정할 때가 되 었다고 생각한다.

「가나」를 전기할 때의 또 하나의 문제는 /ざ/행이다.

1.　　　ざ　　　じ　　　ず　　　ぜ　　　ぞ
2.　　　ja　　　ji　　　ju　　　je　　　jo
3.　　　za　　　zi　　　zu　　　ze　　　zo

여기 미국 서부에 와 있는 일본인들에게 첫째 줄의 발음을 알아봤지만, 그 발음에 관한 확실한 결론을 얻지 못했다. 그래서 셋째 줄의 용법을 채용했다.

일본어의 romanization(로마자화)은 일본어 지명만 Hepburn식으로 적고, 그 외의 어휘들은 computer program에 나오는 문자를 이용해서 International Phonetic Symbols (국제음성표기 기호)으로 기입했다. Hepburn식은 비합리적인 것이 몇 개 있고 International Phonetic Symbols와 틀리는 것이 여러 개 있는데도 일본에서는 지금도 그것을 계속 쓰고 있다.

부여어와 일본어의 동계 어휘의 음운대조

일개 언어 내의 어휘든지, 2개 이상의 언어의 어휘를 비교할 때에 먼저 보는 것은 그 음과 의미의 접근 정도이다. 수긍할 수 있는 그 접근도의 비율을 규정한 것을 본 일이 없는데 관련이 꽤 있어야 할 것이다. 아래에 비교하기 위해서 한 그룹에 나열한 부여 어휘와 일본 어휘는 다 의미가 유사한 것을 선택했으니까, 의미를 분석할 필요는 없다. 그래서 음운대조만 한다. 아래에 보다시피 이 대조는 방대하며 두 언어가 친족성이 없으면 그렇게 많은 대조는 불 수가 없다.

비교할 때에 모음은 일본식 「ア, イ, ウ, エ, オ」에 /ɯ/를 가해서 /a, i, u, e, o, ɯ/ 의 순서를 따르며, 자음 순서는 「라틴」을 따랐다. /ɯ/는 물론 현대일어에는 없고, 부여어에 나오기 때문에 채택한 것이다.

모음이 6개밖에 없는 알타이어는 부여어밖에 없다. 재언하지만, 고대 일어에 모음이 8개 있었다는 것은 일본어가 알타이어라는 것을 명백히 말해주고 있다.

아래에 대조의 수를 세어보고 대조 수가 10개 이상인 경우에만 그 수를 기록하고 대조수도 기록했다

1. 다(多)음절의 동계어

언어를 비교할 때에, 동계어가 아니라도 하나나 둘의 유사 음절이 여기저기 보일 때가 있지만, 세 개, 네 개 있는 것은 보기가 힘들다. 그럼에도 불구하고 일본어가 인구어(印歐語)계라든가, 「셈」어계라든가, 남아어계라든가, 혹은 남양어계라고 경솔하게 말하는 사람들이 의외로 일본에 많다. 그런 언어들 간에 3음절 유사어나 4음절 이상의 유사어는 거의 볼 수가 없다. 그러나, 부여어와 일본어 사이에는 3음절 동계어가 700개 이상이나 된다. 그 것들을 총망라표에 포함했지만 여기서는 20그룹만 나열한다.

(1A) 세(三) 음절의 동계어.

(1)	あがる	agar-u	(現日, 古日)	"to go up(오르다)"
		engele-	(夫余)	"to go up(오르다), to jut out(돌출하다)"
(2)	かざり	kazari	(現日, 古日)	"ornament(장식)"
		kuthuuri	(夫余)	"a kind of decoration(장식의 하나)"
(3)	かとる	kator-u	(古日)	"to manage(관리하다)"
		kutule-	(夫余)	"to lead(이끌다)"
(4)	きいろ	kiiro	(現日, 古日)	"yellow(황색)"
		kuwala	(夫余)	"light yellow(연한 황색)"
(5)	くしろ	kusiro	(古日)	"metal bracelet(금속의 팔찌)"
		cusile	(夫余)	"crystal(수정)"
(6)	ごする	gosur-u	(日方:奈良 Nara)	"to mistreat(학대하다)"
		gejure-	(夫余)	id.
(7)	こわす	kowas-u	(現日)	"to break(깨다)"
		huwaja-	(夫余)	"to break(깨다), to rip(찢다)"
(8)	さくら	sakura	(現日, 古日)	"cherry(벚나무, 벚꽃)"
		cakura-n	(夫余)	"sandalwood(백단향 나무)"
(9)	しさる	sisar-u	(現日, 古日)	"to retreat(후퇴하다)"
		sosoro-	(夫余)	id.

(10) ちぎれ   tigire   (現日)   "broken pieces(파편, 목편)"
             cikiri   (夫余)   "wood scraps(나무 조각)"

(11) ちまめ   timame   (日方:賀川 Kagawa,
                          広島 Hiroshiam, 島根 Shimane,
                          大分 Oita)   "pacifier(갓난아이가 빠는 장난감)"
             cimiku̲   (夫余)   id.

(12) てたご   tetago   (日方: 山口 Yamaguchi、
                          広島 Hiroshiam) "hand pail(손 동이)"
             tataku   (夫余)   "wodden bucket(나무 동이)"

(13) とげる   toge-ru   (現日)   "to accomplish(성취하다)"
             toku-ran   (夫余)   "duty(임무)"

(14) ねまる   nema-ru   (日方:北国 Hokkoku,
                          岐阜 Gifu, 島根 Shimane) "to sit(앉다)"
             momo-ro-   (夫余)   "to sit straight(똑바로 앉다)"

(15) はさむ   hasam-u   (現日, 古日)   "to insert(끼우다)"
             fosomi-   (夫余)   id.

(16) ひったり   hittari   (日方:福井 Fukui) "always(늘)"
             heturi   (夫余)   "ordinary(보통의)"

(17) ひのし   hinosi   (現日, 古日)   "iron(다리미)"
             huweshe-   (夫余)   "to iron(다리미질 하다)"

(18) へちる   hetir-u   (日方:三重 Mie,
                          愛知 Aichi)   "to pout(삐죽거리다)"
             fudara-   (夫余)   id.

(19) みてる   miter-u   (現日/岡山 Okayama,
                          徳島 Tokushima, 高知 Kochi) "to die(죽다)"
             bedere-   (夫余)   id.

(20) まもる   mamor-u   (現日, 古日)   "to guard(경호하다)"
             memere-   (夫余)   "to adhere(고수하다, 고집하다)"

(1B). 네(四) 음절의 동계어.

네(4) 음절의 동계어도 150개 이상 있고 총망라표에는 다 포함하지만 여기서는 20그룹만 나열한다.

(1) あたまに atama-ni (日方:南島 Minamijima) "from the beginning(처음부터)"
     ajabu-me (夫余) id.

(2) うざつく uza-tuku (日方: 三重 Mie,
     奈良 Nara, 和歌山 Wakayama) "to joke(농담하다)"
     inje-cuke (夫余) "funny(우서운)"

(3) うちあげ uti-age (日方:德島 Tokushima) "finishing(끝내기)"
     waci-hiya- (夫余) "to finish(끝내다)"

(4) えっとかめ ettokame (日方: 愛知 Aichi,
     岐阜 Gifu) "after a long time(오래간만에)"
     enteheme (夫余) id.

(5) かがやく kagayak-u (現日) "to shine(빛나다)"
     gengiyeke-n (夫余) "rather clear(좀 밝은)"

(6) くれぐれ kure-gure (現日) "dusk(황혼)"
     geri-gari (夫余) "dim(좀 어두운)"

(7) けたけた keta-keta (日方:壱岐 Iki) "busy appearance(바쁜 모양)"
     kutu-fata (夫余) id.

(8) こちょばす kotyobas-u (日方:新潟 Niigata,
     山形 Yamagata) "to tickle(간지럽다)"
     gejiheshe- (夫余) "to tickle under the arm(팔 아래가 간지럽다.)"

(9) じっちばる zittibar-u (日方:茨城 Ibaragi) "to hesitate(주저하다)"
     jecuhuri (夫余) "hesitant(주저하는)"

(10) てっこふく tekkohuku (日方: 新潟 Niigata) "top(정상, 맨위)"
     cokcihiya-n (夫余) id.

(11) とべっつい tobettui (日方:滋賀 Shiga) "woman who adopts a child(양자를 택하는 여자.)"
     tebeliye- (夫余) "to adopt a child(양자를 택하다)"

(12) はぁしる	haasir-u	(日方:千葉 Chiba)	"to flee(도망하다)"
	boiholo-	(夫余)	"to get free(벗어나다)"
(13) ばやかす	bayakas-u	(日方:香川 Kagawa)	"to fondle(쓰다듬다)"
	fiyangusha-	(夫余)	"to act like a spoiled brat(버릇 없는 놈처럼 굴다)"
(14) ふくろう	hukuroo	(現日)	"owl(부엉이)"
	fuguwara	(夫余)	"eared owl(귀가 있는 부엉이)"
(15) ぶすける	busuker-u	(日方:広島 Hiroshima, 山口 Yamaguchi)	"to get angry(노하다)"
	bujihila-	(夫余)	id.
(16) ぶっさらう	bussara-u	(日方:静岡 Shizuoka)	"to beat hard(세게 때리다)"
	mijura-bu-	(夫余)	"to beat someone until he cannot move (사람을 못 움직이게 때리다)"
(17) ぶらぶら	bura-bura	(現日)	"idly(빈둥거리며)"
	pulu-pala	(夫余)	"careless(부주의한), disorderly(무질서한)"
(18) へべれけ	hebereke	(現日)	"dead drunk(곤드레만드레)"
	hepere-	(부여)	"to drink excessively"
	hepereke	(夫余)	id.
(19) ぼとぼと	boto-boto	(現日)	"sound of falling items(떨어지는 것의 소리)"
	putu-pata	(夫余)	"sound of small items falling successively(작은 것이 계속 떨어지는 소리)"
(20) まんだらげ	mandarage	(現日)	"mandala flower(만다라꽃)"
	mandalilha	(夫余)	id.

2. 음위전환(音位転換) = (METATHESIS)

음성학적으로 음위전환(音位転換=metathesis)이라는 흥미있는 현상이 있다. 그것은 인접해 있는 두 음이 위치를 바꾸는 것이다. 예를 들면 /가사/(kasa)가 그 위치를 바꾸어서 /사가/(saka)로 되는 것이다. 물론 이 전환된 어휘의 뜻은 변하지 않는다. 그 위치가 전환된 후에 음이 좀 달라지는 것이 있는데, 그것도 물론 음성학적으로 쉽게 설명할 수 있는 것이다.

이 전환은 여러 언어에서 볼 수 있다. 일본어 안에서 보이는 음위전환 세 개만 다음에 예로 보인다.

<u>domo</u> = <u>modo</u>

どもる	<u>domo</u>-ru	(現日)	"to stutter(말을 더듬다)"
もどくる	<u>modo</u>-kuru		(静岡 Shizuoka) id.

<u>seki</u> = <u>kose</u>

せき	<u>seki</u>	(現日, 古日)	"cough(기침)"
こせ	<u>kose</u>	(日方:神奈川 Kanagawa)	id.

<u>aba</u> = <u>buwa</u>

あば	<u>aba</u>	(日方:石川 Ishikawa, 鳥取 Tottori, 岡山 Okayama, 高知 Kochi)	"aunt(백모, 숙모)"
ぶわ	<u>buwa</u>	(日方:南島 Minamijima)	id.

부여어와 일본어를 비교하면, 이런 음위전환이 약 240 개쯤 보인다. 아래에 20그룹만 열거한다. 자음은 탈락하는 것이 별로 없으나, 모음이 탈락하는 것은 꽤 있다. 음위 전환을 표시할 때에는 간단히 (음전)이라고 하고, 그 음들은 복선(두줄) 언더라인을 한다.

<u>kuso</u> = <u>suku</u>

くそかわ	<u>kuso</u>-kawa	(日方:青森 Aomori, 新潟 Niigata)	"top skin(피부의 표면)"
	<u>suku</u>	(夫余)	"skin(피부), hide(수피)"

<u>gari</u> = <u>roki</u>

しがり	si<u>gari</u>	(日方: 青森 Aomori, 岩手 Iwate)	"bee(벌)"
	so<u>roki</u>-ya	(夫余)	"wasp(말벌)"

<u>sizyuu</u> = <u>caise</u>

しじゅら	<u>sizyu</u>-ti	(日方:南島 Minamijima)	"rice cake(쌀떡)"
	<u>caise</u>	(夫余)	"vermlcelli cakc(잔은 수면 떡)"

<u>kusi</u> = <u>ciku</u>

しゃくし	sha<u>kusi</u>	(日方:茨城 Ibaragi, 埼玉 Saitama)	"instrument(기구)"
	sa<u>ciku</u>	(夫余)	"plow(쟁기), spade(가래)"

<u>no</u> = <u>on</u>

のごやま	<u>no</u>go-yama	(日方:茨城 Ibaragi)	"pasture(목장)"
	<u>on</u>ko	(夫余)	id.

<u>doro</u> = <u>rada</u>

べどろ	be<u>doro</u>	(日方:神奈川 Kanagawa)	"muddy area(진흙 많은 곳)"
	fa<u>rada</u>-	(夫余)	"to get stuck in mud(진흙에 빠지다)"

<u>meenaa</u> = <u>nima</u>

めぇなあ	<u>meenaa</u>	(日方: 南島 Minamijima)	"sheep(양(羊))"
	<u>nima</u>-n	(夫余)	id.

<u>kiri</u> = <u>riki</u>

まきり	ma<u>kiri</u>	(日方:山口 Yamaguchi, 愛媛 Ehime)	"bamboo peg(대말뚝)"
	mu<u>riki</u>	(夫余)	"peg(말뚝)"

[음위전환 후에 모음을 삽입하는 예]

<u>kar</u> = <u>rk</u>
あから   akara   (古日)   "wine(술)"
         arki   (夫余)   "hard liquor(위스키)"

<u>bar</u> = <u>rp</u>
いばる   ibar-u   (日方:岡山 Okayama)   "Swelling hurts.(부은 곳이 아프다.)"
         erpe   (夫余)   "growth on the lip(입술의 부음)"

<u>zur</u> = <u>rsh</u>
うずら   uzura   (現日)   "quail(메추라기)"
         arshu   (夫余)   "a name for quail(메추라기의 일명)"

<u>zuk</u> = <u>ks</u>
えずく   ezuk-u   (日方:宮城 Miyagi, 京都 Kyoto,
                  大阪 Osaka, , 鹿児島 Kagoshima) "to vomit(토하다)"
         oksi-   (夫余)   id.

<u>kar</u> = <u>rg</u>
かかり   kaka-ri (現日, 古日)   "catch(고리)"
         gurgi   (夫余)   "clasp(걸쇠)"

<u>tag</u> = <u>kd</u>
がたぎ   gatagi   (日方:三重 Mie)   "skinny(여윈)"
         gekde-hun (夫余)   id.

<u>zuk</u> = <u>ks</u>
こずく   kozuk-u (日方:徳島 Tokushima, 岡山 Okayama, 広島 Hiroshima,
                  佐賀 Saga, 福岡 Fukuoka, 香川 Kagawa, 長崎 Nagasaki
                  熊本 Kumamoto)   "to cough(기침하다)"
         kaksi-   (夫余)   "to cough up(기침을 해서 뱉다)"

<u>gur</u> = <u>rg</u>
しぐれ   sigure   (日方:島根 Shimane)   "snowstorm(눈보라)"
         shurga   (夫余)   id.

<u>gir</u> = <u>lk</u>
たぎる   dagir-u (日方:琉球 Ryukyu)   "to burn(타다)"
         talka-   (夫余)   "to broil about half and eat(반쯤 태워 먹
                           다.)"

<u>bur</u> = <u>lb</u>
たぶら   tabura   (日方:大分 Oita)   "earlobe(귓불)"
         delbi   (夫余)   "back of ear(귀의 뒤)"

<u>rai</u> = <u>il</u>
たらい   tarai   (現日, 古日)   "tub(대야)"
         taili   (夫余)   "saucer(받침 접시)"

ker = rk
ほける   hoker-u   (日方:奈良 Nara, 若山 Wakayama,
                           壱岐 Iki)   "to twitter(지저귀다)"
               jorki-   (夫余)   id.

음위전환이 10 개 이상 있는 것은 다음 여섯 가지가 있고 합해서 110 개가 있다. 그러나 총수는 240쯤 되고 그 종류는 참 다양하다. 그러니까 음운전환은 몇 개 음소에만 국한되어 있는 것이 아니다. /t, d/ 같은 유사음은 구별하지 않았다.

일본어	부여어	개수	일본어	부여어	개수
d-k	kd	10	h-r	lh	10
g-r	lg	16	k-r	rk	21
g-r	rg	27	s-k	ks	26

t-k/d-k = kd
こつける   kotuke-ru   (日方:対馬 Tsushima)   "to get thin(여위다)" (음전)
               gekde-hun   (夫余)   "skinny(여윈)" (음전)

g-r/g-l = lg
すぐる   sugu-ru   (現日, 古日)   "to choose(고르다)" (음전)
               silga-   (夫余)   id. (음전)

g-r = rg
おがる   ogar-u   (日方:仙台 Sendai,
                           東北 Tohoku)   "to grow(성장하다)" (음전)
               urge n   (夫余)   "length(길이), extension(연장)" (음전)

b-r/h-l = lh
ちょんぼり   tyonbo-ri   (日方:福井)   "mountain top(산정)" (음전)
               colho-n   (夫余)   id. (음전)

k-r/g-r = rg
どける   doker-u   (日方: 南島 Minamijima)   "to avoid(피하다)" (음전)
               targa-   (夫余)   id. (음전)

s-k = ks
ぼさいこ   bosaiko   (日方:奈良 Nara)   "stick(막대 토막)" (음전)
               feksiku   (夫余)   "pole with a hook for snare(올가미 고리를 붙인 막대기)" (음전)

위의 모든 음운대조에서는 다음 같은 것을 볼 수가 있다.
A. 대조 수가 엄청나게 많은 것이 많다. 이렇게 대조가 많은 언어들은 많지 않다.
B. 대조 수가 많은 것은 다 음성학적으로 쉽게 설명할 수가 있다.
C. 수가 적은 대조도 음성학적으로 설명할 수 있다.
위에서도 언급했지만 이렇게 많은 대조는 계통이 다른 언어간에서는 볼 수 없는 것이고, 오직 동계 언어간에서만 볼 수 있는 것이다. 특히 두 언어의 문법이 흡사할 때에는 말할 나위도 없다. 부여어와 일본어의 문법이 같다는 것은 학자들이 다 동의하는 것인데 다르다고 주장하는 사람은 그 이유를 설명하기가 불가능할 것이다.

第2部　語　彙

1. 자　연(125그룹)

1A. 하늘, 바다(13그룹)

- **1A-1**

해 ㄷ 해	haesthae	(韓方:경북)	"halo of the sun"
あたさん	ata-san	(日方:島根 Shimane)	"sun(해)"
あとてさま	ato-te-sama	(日方:仙台 Sendai)	id. (id. = 같음)
おてだ	ote-da	(日方:南島 Minamijima)	id.
	elde-n	(夫余)	"light(빛)"

자음 전의 /L/의 삭제는 각 언어 안에서와 언어간에 많이 보인는 것.

- **1A-2**

썰물	ssor-mur	(現韓)	"ebb"
しおんこわり	sionko-wari	(日方:鹿児島 Kagoshima)	"in-between high tides(조수 간만 사이)"
	colko-n	(夫余)	id.

/n/과 /l/의 대조는 위의 음운대조(**4G**)를 참조.

- **1A-3**

달그래	tarkurae	(韓方:경남)	"ring around the moon"
たかたろう	taka-taroo	(日方: 鹿児島Kagoshima)	"big columns of cloud(크게 싸인 구름)"
たっか	takka	(日方:神奈川 Kanagawa)	"tip of the cloud(구름의 끝)"
	tugi	(夫余)	"cloud(구름)"

- **1A-4**

닻	tach	(現韓)	"anchor"
たち	tati	(日方:千葉 Chiba, 伊豆大島 Izuoojima, 静岡 Shizuoka, 若山 WAkayama)	"sea depth(바다 깊이)"
	dadu	(夫余)	"anchor wood(나무 닻)"
	dadu-moo	(夫余)	"gangplank(바다와 육지를 잇는 발판)"

- **1A-5**

대낮	taenas	(韓方:강원, 충청)	"daytime"
ちんだ	tin-da	(日方:南島Minamijima)	"sun(해), day"
	shun	(夫余)	id.

/t/와 /sh/의 대조는 위의 음운대조(**4K**)를 참조.

- 1A-6

뉘	nuyi	(韓方:전남)	"wave"
なみ	nami	(現日)	id.
	namu	(夫余)	"sea(바다)"

- 1A-7

낮	nac	(現韓)	"daytime"
나지	naci	(韓方:충남)	id.
날	nar	(現韓)	"day(날)"
にち	niti	(現日)	"sun(해), day(날)"
にってん	nit-ten	(日方:関東 Kanto, 新潟 Niigata, 富山 Toyama, 石川 Ishikawa, 福井 Fukui, 愛知 Aichi, 山梨 Yamanashi, 静岡 Shizuoka, 長野 Nagano, 岐阜 Gifu, 四国 Shikoku, 大分 Oita) id.
	nar, nara-n	(夫余)	"sun(해)"

/t/와 /r/의 대조는 위의 음운대조(4K)를 참조.

- 1A-8

바다	pata	(現韓)	"sea"
ばた	bata	(日方:南島 Minamijima, 石川 Ishikawa, 茨城 Ibaragi)	"sea(바다)/sea beach(해변)"
へた	heta	(日方:佐渡 Sado, 三重 Mie, 京都 Kyoto , 長崎 Nagasaki, 熊本 Kumamoto)	id.
ぼた	bota	(日方:愛知 Aichi, 名古屋 Nagoya)	"offing(앞바다), open sea(대해)"
わた, わだ	wata, wada	(高日)	"sea(바다)"
	mede-ri	(夫余)	id.

/b/, 와 /h/의 대조는 위의 음운대조(4A)를 참조, /h/와 /m/의 대조는 위의 음운대조(4D)를 참조, /w/, 와 /m/의 대조는 위의 음운대조(4A)를 참조. 이들은 여러 언어에 많이 보인다.

- 1A-9

해	hae	(現韓)	"sun"
ひ	hi	(現日)	"sun(해), day(날)"
	fi-yan	(夫余)	"light(빛)"

- 1A-10

빠지-	ppaci-	(現韓)	"to fall into"
ひきしお	hikisio	(現日)	"ebb(간조, 썰물)"
ひぞこ	hizoko	(日方:岡山 Okayama, 広島 Hiroshima, 香川 Kagawa, 徳島 Tokushima, 愛媛 Ehime) id. (음전)

hekce-	(夫余)		"to ebb(조수가 삐다)"(음전)

/s/와 /h/의 대조도 많이 보이는 것인데 「일종의 사다리」라는 뜻의 지바방언 せい た세이다)와 같은 뜻의 시즈오까 방언의 ひっちょい(hittyoi)에서 볼 수 있다.

- 1A-11

물때	mur-ttae	(韓方:평북)	"time for tide to come in or recede)
ひより	hiyori	(日方: 広島 Hiroshima)	"low tide(간조)"
ひよりがえし	hiyori-gaesi	(日方: 愛媛 Ehime)	"tide beginning to come in(조수가 들어오기 시작함.)"
	furgi-	(夫余)	"to come in(들어오다)" (wave＝물결)

- 1A-12

별	pyor	(現韓)	"star"
별시기	pyorsiri	(韓方:평북)	id.
ぷりふし	puri-husi	(日方: 南島 Minamijima)	"Pleiades(묘성, 푸라이에데스 별)"
	biya	(夫余)	"moon(달), calendar month(달력의 달)"

/r/와 /y/의 대조는 저녁때라는 뜻의 나라 방언 よら(yora)와 같은 뜻의 하찌죠오지마
방언 やあゆう(yaayuu)의 대조 같은 것에 보인다.

- 1A-13

별	pyor	(現韓)	"star)"
비취	pichuy	(韓方:평북)	"sun(해)"
ほし	hosi	(現日)	"star(별)"
	usi-ha	(夫余)	id.

/h/의 삭제는 위의 음운대조(4D)를 참조.

1B. 기후, 일기(32그룹)

- 1B-1

우성	usong	(韓方:경북)	id.
항고지	hangkoci	(韓方:제주)	"rainbow(무지개)"
おかだちさま	okada-ti-sama	(日方:仙台Sendai, 秋田 Akita, 山形 Yamagata, 宮城 Miyaga)	"thunder(우레)"
おかんだち	okanda-ti	(日方:茨城 Ibaragi, 東京 Tokyo, 神奈川 Kanagawa, 埼玉 Saitama, 群馬 Gunma, 山梨 Yamanashi, 長野 Nagano)	id.
おおかみ	ooka-mi	(日方:石川 Ishikawa)	id.
おかみ	oka-mi	(日方: 山梨 Yamanashi)	id.
	akja-	(夫余)	"to thunder(우레가 치다)"

	akja-n	(夫余)	"thunder(우레)"

• 1B-2

오가-	oka-	(現韓)	"to come and go"
あげあめ	age-ame	(日方: 群馬 Gunma)	"on-and-off rain(오다마다 하는 비)"
あげぶり	age-buri	(日方: 神奈川 Kanagawa)	id.
	aga	(夫余)	"rain(비)"

• 1B-3

아따!	atta!	(現韓)	"Gosh!(아따!)"
あつい	atu-i	(現日)	"be hot(뜨겁다)"
	acu!, ake!	(夫余)	"Hot!(뜨거워!)"

/t = c/의 대조와 /t = k/의 대조도 위의 음운대조(4K)를 참조.

• 1B-4

비	pi	(現韓)	"rain"
한비	hanpi	(古韓)	"big rain"
あまぐり	amagu-ri	(日方:南島 Minamijima)	"shower(소나기)"
あめ	ame	(現日)	"rain(비)"
	abka-	(夫余)	"to rain(비가 오다)"

/m = b/의 대조는 위의 음운대조(4K)에 보고, /b = k/사이의 모음 삽입은 위의 음운대조(5A)를 참조.

• 1B-5

아단단지	atan-tanci	(現韓)	"strong firebomb"
うじんまき	uzi-n maki	(日方:鹿児島 Kagoshima)	"strong wind(강풍)"
おとし	oto-si	(日方:香川 Kagawa, 愛媛 Ehime, 広島 Hiroshima, 壱岐 Iki)	id.
やた	yata	(日方:愛知 Aichi)	"west wind(서풍)"
よいち	yoiti	(日方:北海道 Hokkaido)	"wind(바람)"
わいた	waita	(日方:香川 Kagawa, 愛媛 Ehime, 広島 Hiroshima)	"gust of wind(돌풍)"
	edu-n	(夫余)	"wind(바람)"

/t = d/의 대조는 위의 음운대조(4K-1)를 참조. /z = d/의 대조는 가끔 보인다.

• 1B-6

어서구레하-	osokure-ha-	(韓方:평북)	"rather dark(좀 어두운)"
うすぐらい	usugura-i	(現日)	"rather dark(좀 어두운)"
うとぐらい	utogura-i	(日方:大分 Oita, 宮崎 Miyazaki, 熊本 Kumamoto)	id.

| | edekira-ku | (夫余) | "incorrigible person(고칠 수 없는 사람)" |

/-mi/는 따로 생긴 후치사일 것이다. /d = j/의 대조는 음운대조 (4B-2)를 참조.
/-kj-/는 많이 보이지 않고 그 /j/의 삭제도 회소하다.

- **1B-7**

かがやく	kagayak-u	(現日)	"to shine(빛나다)"
	gengiyeke-n	(夫余)	"rather clear(좀 밝은)"
	gengiye-n	(夫余)	"bright(빛나는), clear(밝은)"

- **1B-8**

개-	kae-	(現韓)	"to clear up" (weather=일기)
かげ	kage	(古日)	"light(빛)"
	galga	(夫余)	"clear(날씨가 갠)"

/lg/의 /l/의 삭제는 음운대조(7F)를 참조.

- **1B-9**

카랑카랑	kharang-kharang	(現韓)	"crispy" (weather = 일기)
きらきら	kira-kira	(現日)	"glistening(반짝반짝)"
きらめく	kira-meku	(現日)	"to sparkle(번쩍이다)"
ひかる	hi-kar-u	(現日)	"to shine(빛나다)" (hi = sun(해))
	gala-	(夫余)	"to become clear(날이 개다)"
	gcre	(夫余)	"to become bright(밝아지다)"

- **1B-10**

흐리-	huri-	(現韓)	"be dark(어둡다)" (weather = 일기)
くらい	kura-i	(現日)	"be dark(어둡다)"
くらみ	kura-mi	(現日)	"darkness(어두움)"
くる	kur-u	(古日)	"to become dark(어두워지다)"
	farhu-n	(夫余)	"dark(어두운)"
	gerhe-n	(夫余)	"twilight(어스름, 황혼)"
	hulhi	(夫余)	"blurred(흐려진)"
	hi-kkurum-ha-	(韓方:충북)	id.

/lh/와 /rh/ 중의 /l/의 삭제는 음운대조(7F)를 참조.

- **1B-11**

캉캉하-	khang-khang-ha-	(韓方:전남)	"be dark(어둡다)"
くれぐれ	kure-gure	(現日)	"dusk(황혼)"
	geri-gari	(夫余)	"dim(좀 어두운)"

● 1B-12

차-	cha-	(現韓)	"be cold(춥다, 차다)"
새첨하-	saechom-ha-	(韓方:경북)	id.
오슬오슬	osur-osur	(現韓)	"chilly(찬)"
さえる	saer-u	(現日)	"be cold(춥다, 차다)"
さゆ	say-u	(古日)	id.
ししらさむい	sisira-samui	(日方:山口 Yamaguchi、大分 Oita)	id
	sir-seme	(夫余)	"rather numb(좀 저린)"

/sisira/의 첫 /si/는 수식어나 강조사일 것이다.

● 1B-13

삼새미_	samsae-mi	(韓方:경남, 전남)	id.
しけぶ	sike-bu	(日方:千葉 Chiba)	"mist(연무, 아지랭이)"
	siga-n	(夫余)	id.

● 1B-14

해석	hae-sok	(韓方:경남)	"snow(내리는 눈)"
しぐれ	sigure	(日方:島根 Shimane)	"snowstorm(눈보라)" (음전)
	shurga	(夫余)	"snow blown by the wind(바람에 불리는 눈)" (음전)

● 1B-15

춥다	chup-	(現韓)	"be cold(춥다)"
칩다	chip-	(韓方:경상, 전남)	id.
しばれる	sibare-ru	(日方:岩手 Iwate, 青森 Aomori, 秋田 Akita, 山形 Yamagata)	"to get very cold(아주 추어지다)"
さむい	samu-i	(現日)	"be cold(춥다)"
	shabura-	(夫余)	"to become cold(추워지다)"
	shahuru-n	(夫余)	"cold(추움, 참; 추운, 찬)"

/s = sh/의 대조는 음운대조(4I-1)를 참조. /b/=/h/=/m/의 대조는 여러 언어에 많이 보인다.

● 1B-16

찬 바람	chan-param	(韓方:전남)	"northern wind(북풍)"
ちゅちゅかぜ	tyutyu-kaze	(日方: 奈良 Nara)	"cold blast of wind(찬 돌풍)"
かぞうさん	kazoo-san	(日方:南島 Minamijima)	"The wind is strong(바람이 세다)."
	cashu-n edun	(夫余)	"tailwind(순풍)" (edun＝바람)

● 1B-17

| 달- | tar- | (現韓) | "to become hot(달다)" |

どえる	doer-u	(日方:長野 Nagano)	"be sultry(무덥다)"
ひどる	hi-dor-u	(日方:仙台 Sendai, 岡山 Okayama)	id.
てれる	tere-ru	(日方: 岡山 Okayama, 岐阜 Gifu)	"to become red(빨개지다)"
たぎる	dagir-u	(日方:琉球 Ryukyu)	"to burn(타다)" (음전)
	tal-ka-	(夫余)	"to broil half and eat(반 구워서 먹다)"(음전)

/lk/의 /l/을 삭제는 많지 않지만 더러 보인다.

- 1B-18

어둡-	o-tup-	(現韓)	"be dark(어둡다)"
とぼとぼ	tobo-tobo	(日方:千葉 Chiba)	"dusk(어스름, 황혼)"
そぼそぼぐれ	sobo-sobo-gure	(日方:佐渡 Sado)	id.
	dobo-ri	(夫余)	id.

- 1B-19

とろける	toro-ke-ru	(日方:静岡)	"to become cloudy(구름이 끼다)"
	tulhu-n	(夫余)	"cloudy(구름이 긴)"
	tulhu-she-	(夫余)	"to become cloudy(구름이 끼다)"

/k = h/의 대조는 음운대조(4E-2)를 참조.

- 1B-20

밝-	park-	(現韓)	"be clear" (음전)
はっきと	hakki-to	(古日)	"clearly(밝게)"
はっきり	hakki-ri	(現日)	id. (음전)
ほがらか	hogara-ka	(現日)	"clear(갠, 밝은, 맑은)" (음전)
	barki-ya-	(夫余)	"to understand(이해하다)" (음전)
	bolgo	(夫余)	"clear(밝은)" (음전)

- 1B-21

차구어-	chaku-o	(現韓)	"be cold and"
はっけ	hakke	(日方:秋田 Akita, 岩手 Iwate)	"cold(찬, 추운)"
ひやっこい	hyakko-i	(日方:関東 Kanto, 静岡 Shizuoka)	id.
ひやか	hiyaka	(日方:長崎 Nagasaki, 鹿児島 Kagoshima, 種子島 Tenegashima)	id.
みがん	miga-n	(日方:熊本 Kumamoto)	"cold feeling(추운 감각, 찬 감각)"
	beiku-wen	(夫余)	id.

- 1B-22

| 바람 | para-m | (現韓) | "wind" |
| 북새 | puksae | (韓方:강원, 경북, 함남) | "north wind" |

회오리바람	hoyori-param	(現韓)		"whirlwind"
はらし	hara-si	(日方:網大島 Amiojima)		"mild wind(미풍)"
ひあらし	hiara-si	(日方:滋賀 Shiga)		"autumn-winter wind(가을과 겨울의 바람)"
ひあらせ	hiara-se	(日方:滋賀 Shiga)		"winter southern wind(겨울의 남풍)"
	fal-ga	(夫余)		"gust of wind(휙 부는 바람)"

- 1AB-23

햇것	haeskos	(現韓)		"until the sunset(해껏)"
ひやけ	hiyake	(현일)		"suntan(해볕에 그을음)"
ひやし	hiyasi	(日方:三重 Mie)		"sun(태양)"
	fiyaki-ya-	(夫余)		"be hot from the sun(해 때문에 덥다)"
	fiyaku-	(夫余)		"to dry by the sun(해에 마르다)"

- 1B-24

시리-	siri-	(現韓)		"be chilly"
ひらくむ	hiraku-mu	(日方:南島 Minamijima)		"to become numb(시려지다)"
ひえる	hier-u	(現日)		"to cool off(차지다)"
	fergi-	(夫余)		id.

/-rg-/의 /g/의 삭제는 (7C)를 참조.

- 1B-25

불-	pur-	(現韓)		"to blow" .
ふく	huk-u	(現日)		id.
	fulgi-ye-	(夫余)		id.

/-l-/ 의 삭제는 音韻대조(7F)를 참조.

- 1B-26

무덥-	mutop-	(現韓)		"be very hot (weather)"
ぽうぽい	poopo-i	(日方:福島 Fukushima)		"be warm(따뜻하다)"
ほとほる	hoto-horu	(古日)		"to have a fever(열이 있다)"
	buncu-hun	(夫余)		"warm(따뜻한)"

/-n-/의 삭제는 음운대조(4G-2)를 참조.

- 1B-27

후끈	hukku-n	(現韓)		"warm (temperature)"
ほかる	hokar-u	(日方:岡山 Okayama)		"be sultry(무덥다)"
	hukta-	(夫余)		id.

- 1B-28

| 해석 | haesok | (韓方:경남) | | "snow |

ぼさゆき	bosa-yuki	(日方:奈良 Nara)	"falling snow(내리는 눈)"
ぼうしゆき	boosi-yuki	(日方:大分 Oita)	"cotton snow(솜눈)
	labsa-n	(夫余)	"snowflake(눈송이)

/b-s/ 안에 모음 삽입은 음운대조(5A)를 참조.

- 1B-29

호되-	hotoe-	(現韓)	"be very hot or cold(호되다)"
ほたる	hota-ru	(日方:鳥取 Tottori)	"be sultry(무덥다)"
ほてる	hote-ru	(現日)	"to become warm(더워지다)"
ほとる	hoto-ru	(日方:岩手 Iwate, 宮城 Miyagi, 福島 Fukushima, 栃木 Tochigi) id.
ほっとうる	hottoo-ru	(日方:八丈島 Hachijoushima)	"be warm(따뜻하다)"
	mata-	(夫余)	"to heat to bend(구부리기 위해 뜨겁게 하다)"
	foso-lhon	(夫余)	"be warm due to the sun(해 때문에 따뜻하다)"

- 1B-30

| ほったらぐらえ | hotta-ragurae | (日方:岡山 Okayama) | "dim(좀 어두운)" |
| | butu | (夫余) | id. |

- 1B-31

ほのか	hono-ka	(現日)	"dim(좀 어두운)"
ばんげさま	bange-sama	(日方:福岡 Fukuoka, 静岡 Shizuoka, 兵庫 Hyogo, 岡山 Okayama, 鳥取 Tottori)	"faint(희미한)"
ばんげしま	bange-sima	(日方:福島 Fukushima, 静岡 Shizuoka, 愛知 Aichi, 岐阜 Gifu, 福井 Fukui)	id.
	buru-hun	(夫余)	"rather dark(좀 어두은)"
	farhu-kan	(夫余)	id.

- 1B-32

헤기	heki	(韓方:함북)	"snow"
ゆき	yuki	(夫余)	"snow(눈)"
	ungka-n	(夫余)	"frozen snow on grass(풀 위의 얼은 눈)"

/ng/의 삭제는 (8A)를 참조.

1C. 하천, 물(31그룹)

- 1C-1

| 여울 | your | (現韓) | "rapids (stream)" |

あら	ara	(日方:静岡 Shizuoka)	"rapids(급류)"
うら	ura	(日方:静岡 Shizuoka)	"upper stream(상류)"
	ula	(夫余)	"large river(대하)"

● 1C-2

흐르-	huru-	(現韓)	"to flow"
あらし	ara-si	(日方:富山 Toyama)	"water ripples(잔 물결)"
おら	ora	(日方:高知 Kochi, 宮崎 Miyazaki)	"wave swell(물결치는 것)"
	ira-hi, ire-n	(夫余)	id.

● 1C-3

괴-	koe-	(現韓)	"to stagnate (water)"
いけんど	ikendo	(日方:滋賀 Shiga)	"lake(연못)"
いけす	ikesu	(日方:秋田 Akita)	id.
いちたらい	itita-rai	(日方:南島 Minamijima)	id.
いけ	ike	(現日)	id. (단축형)
	ikita-ka muke	(夫余)	"accumulated water(괸 물)"

● 1C-4

얼-	or-	(現韓)	"to freeze"
いたがね	ita-gane	(日方:壱岐 Iki)	"ice(얼음)"
いて	ite	(日方:京都 Kyoto)	"ice on water surface(수면의 얼음)"
いてる	ite-ru	(日方:茨城 Ibaragi, 栃木 Tochigi, 埼玉 Saitama, Aichi, 岐阜 Gifu, 福井 Fukui, 滋賀 Shiga, 大阪 Osaka, 岡山 Okayama, 神戸 Kobe)	"to freeze(얼다)"
	unda-na-	(夫余)	"spring snow surface freezes(봄 눈의 표면이 얼다)"

● 1C-5

우비-	upi-	(現韓)	"to scoop"
いぼる	ibor-u	(日方:熊本 Kumamoto)	"cave gets bigger with water(물로 굴이 커지다)"
	abura-	(夫余)	"to dig out(파내다)"

● 1C-6

여을	your	(現韓)	"rapids"
いれ	ire	(日方:山口 Yamaguchi)	"storm trail(폭풍우의 여파), aftereffect(여파, 늦게 나타나는 결과)"
おうら	oora	(日方:高知 Kochi)	"after-effect(여파)"
えりまわり	eri-mawari	(日方:隠岐 Oki)	"big wave after a big wind(대풍 후의 대파)"
	ware-n	(夫余)	id.

● 1C-7

웅굴	ungkur	(韓方:강원)	"well (water)"
えほり	eho-ri	(日方:岩手 Iwate)	"ditch(개골창)"
えご	ego	(日方: 高知 Kochi)	id.

えがわ	ega-wa	(日方:新潟 Niigata, 石川 Ishikawa,	
		福井 Fukui)	id.
	yoho-n	(夫余)	"ditch in the field(벌의 개골창)"

- **1C-8**

꼴-	kkor-	(韓方:경북)	"be hard"
かんじる	kanzi-ru	(日方: 新潟 Niigata)	"to freeze(얼다)"
こごる	kogo-ru	(日方:広島 Hiroshima)	id.
	guce-	(夫余)	id.

- **1C-9**

쏙	ssok	(韓方:강원)	"small lake(작은 못)"
きし	kisi	(日方: 新潟Niigata)	"small lake(작은 못)"
すど	sudo	(日方:鹿児島 Kagoshima)	"ditch(개골창)"
	cise	(夫余)	id.

/k = s = c/의 대조는 여러 언어 내외에 많이 보인다. 일본어의"침, 타액"이라는 뜻의 쿄오토 방언 きたげ (kitage)하고, 미야기 방언 したけ(sitake)하고, 또 토치기 방언 ちたけ(titake)하고 대조하는 것을 참조. 일본어의 /ti/의 발음은 /ci/.

- **1C-10**

골	kor	(現韓)	"valley"
고라대기	kora-taeki	(韓方:평북)	"valley between hills(산 사이의 골)"
くら	kura	(古日)	"valley(골짜기)"
こうら	koora	(日方:鹿児島 Kagoshima)	id.
	golo	(夫余)	"valley between hills(산 사이의 골)"
	holo	(夫余)	"valley(계곡)"

- **1C-11**

개울	kaeur	(現韓)	"brook"
골, 고랑	kor, korang	(現韓)	"furrow"
골	kor	(現韓)	"trough"
くろ	kuro	(古日)	"furrow(고랑)"
ころて	koro-te	(日方:若山 Wakayama)	"upper stream in a hill(소산 위의 개울)"
ごうろ	gooro	(日方:広島 Hiroshima)	"furrow(고랑)"
かぁら	kaara	(日方:埼玉 Saitama,	
		南島 Minamijima)	"river(개울)"
	koloi	(夫余)	"furrow(고랑), channel(해협)"

- **1C-12**

깨끔	kkaekkum	(韓方:제주)	"bubble(거품)"
ぐわんがらかわす	guwangara-kawasu	(日方:愛媛 Ehime)	"to bubble(물 거품이 일다)"
	hongono-	(夫余)	"to bubble(거품이 일다)"

/-wa-/의 삽입은 음운대조(6A)를 참조.

- 1C-13

헌-	hon-	(韓方:전남)	"to freeze"
얼-	or-	(現韓)	id.
こおる	koor-u	(現日)	"to freeze(얼다)"
こほる	kohor-u	(古日)	id.
	golo-no-	(夫余)	"to freeze along the bank(제방을 따라 얼다)"

- 1C-14

거품	kophu-m	(現韓)	id.
ごぼっさん	gobo-ssan	(日方:香川 Kagawa)	"bubble(거품)"
がんば, がんぼ	ganba, ganbo	(日方:香川 Kagawa)	id.
がんぶつ	ganbu-tu	(日方:兵庫 Hyogo, 熊本 Kumamoto)	id.
	hofu-n	(夫余)	id.

/-n-/의 삽입은 (4G-2)를 참조.

- 1C-15

성의 장	song'e-cang	(現韓)	"floating ice(유빙, 떠오른 얼음)"
살어름	sar-orum	(現韓)	"thin ice(살얼음)"
ざい	zai	(日方:仙台 Sendai)	"floating ice(유빙, 떠오른 얼음)"
ざえ	zae	(日方:岩手 Iwate、新潟 Niigata)	"floating ice(유빙)/thin ice(엷은 얼음)
ぜえ	zee	(日方:福島 Fukushima, 岩手 Iwate, 新潟 Niigata, 長野 Nagano)	"ice(얼음)"
	juhe	(夫余)	"ice(얼음)
	su-	(夫余)	"to freeze(얼다)"

/z, j, s/ 는 다 유사한 음들.

- 1C-16

샘치	saemchi	(韓方:평북, 함남)	"water spring(샘물)"
しゅうず	shuuzu	(日方:岡山 Okayama)	id.
しょうず	shoozu	(日方:富山 Toyama, 石川 Ishikawa, 福井 Fukui, 熊本 Kumamoto)	id.
すず	suzu	(日方:秋田 Akita, 山形 Yamagata)	id.
	sheri	(夫余)	id.

/-z-/와 /-r-/의 대조는 많지는 않지만 발음시의 혀의 위치가 비슷함.

- 1C-17

이슬	i-sur	(現韓)	"dew(이슬)".
しらつゆ	sira-tuyu	(現日)	id.
ついり	tuiri	(日方:愛知 Aichi, 岐阜 Gofi, 福井 Fukui, 三重 Mie, 奈良 Nara, 和歌山 Wakayama) id.	
つゆ	tuyu	(現日)	id.
	sile-ngi	(夫余)	id.

/-y-/와 /-l-/의 대조는 (3H-2)를 참조.

- 1C-18

동곳	tongko-s	(韓方:제주)	"icicle"
しんざい	sinzai	(日方:鳥取 Tottori, 島根 Shimane, 広島 Hiroshima) "icicle(고드름)" (음전)	
	sishana-	(夫余)	"icicle hangs down(고드름이 달리다)"(음전)

/-z-/와 /-sh-/의 대조는 (4L-2)를 참조.

- 1C-19

헌-	hon-	(韓方:전남)	"to freeze"
すが	suga	(日方:秋田 Akita, 岩手 Iwate, 山形 Yamagata, 宮城 Miyagi) "ice(얼음)"	
しがま	siga-ma	(日方:青森 Aomori, 秋田 Akita)	id.
しが	siga	(日方: 山形Yamagata, 新潟 Niigata) "ice on water(수면의 얼음)"	
しん	sin	(日方:隠岐 Oki)	"ice(얼음)"
	sohi-n	(夫余)	"ice on river(강 위의 얼음)"

- 1C-20

띤-	ttin-	(韓方:경남)	"to drop(떨어지다)"
すず	suzu	(日方:千葉 Chiba)	"drop(방울)"
	cacu-	(夫余)	"to drip(뚝뚝 떨어지다), to spill(엎지르다)"

/#s-/와 /#c-/의 대조는 (4I-1)를 참조. /-z-/와 /-c-/의 대조는 (4l-2)를 참조.

- 1C-21

돛	toch	(現韓)	"sail"
ちょろ	tyoro	(日方:香川 Kagawa)	"small boat(작은 배)"
	kotoli	(夫余)	"sail(돛)"

- 1C-22

つぶ	tubu	(現日)	"water drop(물 방울)"
	sab-dan	(夫余)	id.

/#t-/와 /#s-/의 대조는 (4K-1)를 참조.

- 1C-23

더엉봉	toong-pong	(韓方:경남)	"lake(연못)"
どう	doo	(日方:宮城 Miyagi, 福島 Fukushima)	"dam(저수지, 댐)"
どよ	doyo	(日方:山梨 Yamanashi, 長野 Nagano)	id.
どんどん	don-don	(日方:神奈川 Kanagawa, まなし Manashi, 岐阜 Gifu, 大阪 Osaka, 京都 Kyoto, 岡山 Okayama, 熊本 Kumamoto)	id.
	dai-han	(夫余)	"fish weir(물고기 댐)"
	dala-n	(夫余)	"dam(댐)"
	dala-nga	(夫余)	id.

/-la-/의 삭제는 많지 않다.

- 1C-24

도라	tora	(韓方:경상)	"drain(도랑)"
도랑	torang	(現韓)	id.
두리	turi	(韓方:평북)	"lake(연못)"
とろ	toro	(現日)	"pool(괸 물)"
	dala-n	(夫余)	"dam(댐), dike(제방)"
	dali-n	(夫余)	"dike(제방), bank(둑)"
	dala-nga	(夫余)	"dam(댐)"

- 1C-25

늣	nus	(韓方:경남)	"marsh(늪)".
どんざぁ	donzaa	(日方:群馬 Gunma)	id.
ぬた	nuta	(日方:長崎 Nagasaki)	id.
みとうってい	mi-toottei	(日方:南島 Minamijima)	id.
	detu	(夫余)	id.

- 1C-26

저들	cotu-r	(韓方:함남)	"rapid stream"
どんど	dondo	(日方:島根 Shimane)	id.
だぁ	daa	(日方:茨城 Ibaragi)	id.
	dolci-n	(夫余)	"waver of water(물의 흔들림)"

- 1C-27

모세	mose	(韓方:경북)	"pool(물웅덩이)"
방죽	pangcuk	(韓方:전라)	id.
ぼち	boti	(日方:愛知 Aaichi)	"pool(물웅덩이)"
ほり	hori	(現日)	"pool(물웅덩이), ditch(도랑)"
	bilte-n	(夫余)	"shallow lake(얕은 못)"

- 1C-28

더엉봉	toong-pong	(韓方:경남)	"lake"
늪	nuph	(現韓)	"marsh"
삽	sap	(韓方:평북)	id.
ぬま	numa	(現日)	"marsh(늪)"
とぶた	tobu-ta	(日方:鹿児島 Kagoshima)	id.
とべ	tobe	(日方:秋田 Akita, 石川 Ishikawa, 福岡 Fukuoka)	id.
とぼす	tobo-su	(日方:富山 Toyama)	id.
	lebe-ngi	(夫余)	"swampy(늪 같은)"

- 1C-29

버끔	pokku-m	(韓方:경북, 전라)	"foam(거품)"
ぶく	buku	(日方:宮城 Miyagi, 静岡 Shizuoka, 壱岐 Iki, 熊本 Kumamoto, 鹿児島 Kagoshima)	id.
	fuka	(夫余)	id.

- 1C-30

부글	pukur	(現韓)	"boiling over" =
ほけり	hoke-ri	(日方:島根 Shimane, 山口 Yamaguchi, 秋芳 Shuho)	"vapor(증기)" (음전)
ほけ	hoke	(日方:京都 Kyoto, 兵庫 Hyogo, 鳥取 Tottori, 岡山 Okayama, 山口 Yamaguchi, 四国 Shikoku, 九州 Kyushu)	id.
	melke-n	(夫余)	"vapor from earth(땅에서 나는 증기)"(음전)

- 1C-31

물	mur	(現韓)	"water(물)"
みず	mizu	(現日)	id.
みづ	midu	(古日)	id.
もひ	mohi	(古日)	"drinking water(음료수)"
	muke	(夫余)	"water(물), river(강)"
	misa-n	(夫余)	"vat(물통)"

1D. 산(9그룹)

- **1D-1**

울안	uran	(韓方:황해, 함경)	"entrance(입구)"
えり	eri	(日方:山形 Yamagata, 新潟 Niigata)	"heart of mountain (산 윗쪽 깊숙한 곳)"
おうりょう	ooryoo	(日方:三重 Mie, 奈良 Nara)	id.
あらと	ara-to	(日方:岐阜 Gifu, 愛知 Aichi)	"entrance of a hill(산의 입구)"
	ali-n	(夫余)	"mountain(산)"

/to/는 장소라는 말.

- **1D-2**

엉서리	ongsori	(韓方:경남)	"cliff(벼랑)"
おぜ	oze	(日方:隠岐 Oki)	"mountain pass(고개)"
	yenju	(夫余)	id.

/o/와 /y/가 대조하는데 /en/이 삽입됨.

- **1D-3**

언덕	onto-k	(現韓)	"slope(언덕)"
뒤	tuy	(現韓)	"behind(뒤)"
おて	ote	(日方:京都 Kyoto)	"hind side of a mountain(산 뒤쪽)"
	antu	(夫余)	"south side of a mountain(산의 남쪽)"

/n/이 교오도 방언에서 삭제되었는데 (6J)를 참조.

- **1D-4**

끝	kkuth	(現韓)	"tip(첨단, 끝)"
꼭대기	kkoktae-ki	(現韓)	"summit(정상)"
かっち	katti	(日方:新潟 Niigata)	"summit(정상)"
こつ	kotu	(日方:香川 Kagawa)	id.
ほつ	hotu	(日方:長野 Nagano, 静岡 Shizuoka, 愛知 Aichi)	id.
	gukdu-hun	(夫余)	"hill(언덕, 소산), high place(높은 곳)"
	gukdu-re-	(夫余)	"to tower(높이 솟다)"

/t = kd/는 음운대조(6G)를 참조.

- **1D-5**

둥개이	tung-kaei	(韓方:강원)	id.
다わ	tawa	(日方:佐渡 Sado, 岡山 Okayama, 鳥取 Tottri, 島根 Shimane, 徳島 Tokushima, 愛知 Aichi) "mountain pass(고개)"	
	daba-gan	(夫余)	id.

- **1D-6**

달뿌리	tarppuri	(韓方:경남)	"base of a mountain(산기슭)"
ちょんぼり	tyonbo-ri	(日方:福井 Fukui)	"mountain top(산정)" (음전)
とっぴね	toppi-ne	(日方:長野 Nagano)	id.
	colho	(夫余)	"towering(높이 솟은)" (음전)
	colho-n	(夫余)	"mountain peak(산정)" (음전)

- **1D-7**

둥거리	tungori	(韓方:강원)	"mountain pass(고개)"
동네	tongne	(韓方:경남)	id.
つるね	turu-ne	(日方:新潟 Niigata, 群馬 Gunma, 長野 Nagano, 山梨 Yamanashi, 香川 Kagawa) "mountain pass (고개)"	
たをり	tawori	(古日)	id.
	tala	(夫余)	"plateau(고원)"

- **1D-8**

덕	tok	(現韓)	id.
둥개이	tungkaei	(韓方:강원)	"mountain pass(고개)"
とうげ	tooge	(現日)	"mountain pass(고개)"
どおけ	dooke	(日方:愛知 Aichi, 福島 Fukushima, 長野 Nagano) "slope(언덕)"	
	dergi	(夫余)	"top(위)"

- **1D-9**

벌판	porphan	(現韓)	"wilderness(벌판)"
まぶ	mabu	(日方:岩手 Iwate, 奈良 Nara) "rough area of a mountain edge(산끝의 황지)"	
	meife-he	(夫余)	"slope of a hill(작은 산의 비탈)"

1E. 언덕, 비탈(11그룹)

- **1E-1**

엑우에	ekue	(韓方:경남)	"base of a mountain(산기슭)"
おか	oka	(現日)	"hill(언덕)"
をか	woka	(古日)	id.
あげ	age	(日方:富山 Toyama)	id.

| | uka-da | (夫余) | "grassy mound(풀이 있는 언덕)" |

• **1E-2**

깔끄막	kkarkku̲-mak	(韓方:전남)	"cliff(벼랑)"
からんがえ	karangae	(日方:千葉 Chiba)	"cliff(벼랑)"
からんびし	karan-bisi	(日方:新潟 Niigata)	"precipice(절벽)"
きりぎし	kirigi-si	(日方:鳥取 Tottri)	id.
	gulaku	(夫余)	id.

• **1E-3**

산기슭	sankisu̲-rk	(現韓)	"base of a mountain"
さか	saka	(現日)	"slope(비탈)"
さがし	sagas-i	(古日)	"steep(가파른)"
さがしい	sagasi-i	(日方:德島 Tokushima, 高知 Kochi, 山口 Yamaguchi, 福岡 Fukuoka, 対馬 Tsushima)	id.
	shoksho-hon	(夫余)	"sharp of a mountain top(산정의 비탈)"
	sehehu-n	(夫余)	"erect(곤추 선)"
	seheri	(夫余)	"precipitous(가파른)"

• **1E-4**

둑, 언덕	tuk, Ontok	(現韓)	"hill"
たき	taki	(日方:德島Tokushima, 高知Kochi, 島根 Shimane, 隱岐 Oki, 壱岐 Iki)	"cliff(벼랑)"
たき	taki	(日方:南島 Minamijima)	"mountain(산)"
だき	daki	(日方:愛媛 Ehime, 大分 Oita, 長崎 Nagasaki)	"cliff(벼랑)"
たかい	taka-i	(現일)	"be high(높다)"
たけ	take	(現일)	"high mountain(높은 산)"
つか	tuka	(現일)	"mound(흙둔덕)"
	deke	(夫余)	"height(높이), hillock(작은 언덕)"
	deke-n	(夫余)	"high place(높은 곳)"
	dek-derile-	(夫余)	"to rise high(높이 오르다)"

• **1E-5**

벼럭	pyo̲rak	(韓方:황해)	"cliff(벼랑)"
はけ	hake	(日方:埼玉 Saitama, 神奈川 Kanagawa, 山梨 Yamanashi, 富山 Toyama)	id.
ばっけ	bakke	(日方:茨城 Ibaragi, 千葉 Chiba)	id.
びゃく	byaku	(日方:千葉 Chiba, 伊豆大島 Izuooshima, 神奈川 Kanagawa, 山梨 Yamanashi)	id.
	hek-derhen	(夫余)	id.

• **1E-6**

| 뿐디 | pponti | (韓方:경남) | "cliff(벼랑)" |

ひし	hisi	(日方:長野 Nagano, 富山 Toyama)	"cliff(벼랑)"
	hise	(夫余)	"steep mountain cliff(가파른 산 벼랑)"
	heji-he	(夫余)	"mountain crecipice(산 벼랑)"

• 1E-7

비탈	pithar	(現韓)	"slope"
ひったら	hittara	(日方:奈良 Nara)	"slope(언덕)"
ぴさ	pisa	(日方:南島 Minamijima)	id.
はんた, ぱんた	hanta, panta	(日方: 南島Minamijima)	"high cliff(높은 벼랑)"
	hada	(夫余)	"small cliff(작은 벼랑)"

• 1E-8

벼링	pyorang	(現韓)	"cliff"
벼루	pyoru	(韓方:경남)	id.
ひら	hira	(日方:鹿児島 Kagoshima)	"cliff(벼랑)"
ひら, へら	hira, hera	(日方:静岡 Shizuoka, 新潟 Niigata, 大分 Oita)	"slope(언덕)"
ふら	hura	(日方:鳥取 Tottori)	id.
ぼら	bora	(日方:千葉 Chiba)	id.
	biyora-n	(夫余)	"red cliff(붉은 벼랑)"

• 1E-9

벼락	pyorak	(韓方:경남)	"cliff(벼랑)"
ひらこ	hirako	(日方:岩手 Iwate, 岐阜 Gifu)	id.
ぼらっこ	borakko	(日方:千葉 Chiba)	id.
ぼらっけ	borakke	(日方:千葉 Chiba)	id.
	feyeleku	(夫余)	id.

• 1E-10

방천	pang-chon	(韓方:충북, 전북)	"low hill(둔덕)"
ぼか	boka	(日方:栃木 Tochigi)	"place where water drops from a dam(댐에서 물이 떨어지는 곳)"
	faku	(夫余)	"stone dam in a river(강의 돌 댐)"

• 1E-11

마루	maru	(現韓)	"ridge"
들마루	tur-maru	(韓方:경북)	"top of the back of mountain(산 뒤의 정상부)"
멧부리	mes-puri	(韓方:평북)	"mountain top(산정)"
むり	muri	(日方:南島 Minamijima)	"hill(언덕, 소산)"
もり	mori	(日方:青森 Aomori, 秋田 Akita)	id.
みね	mine	(現日)	"mountain top(산정)"
みのう	minoo	(日方:熊本 Kumamoto)	id.
	mulu	(夫余)	"mountain ridge(산등)"

1F. 굴, 구멍(11그룹)

- **1F-1**

애개	aekae	(韓方:전남)	"crevice(틈)"
あざ	aza	(日方:三重 Mie)	"hole made by waves(물결이 만든 구멍)"
いじゃぁ	izyaa	(日方:南島 Minamijima)	"hole(구멍)
	yasa	(夫余)	"round hole(둥근 구멍)"

- **1F-2**

빵구	ppangku	(韓方:경북)	"hole(구멍)"
あぶ	abu	(日方: 南島 Minamijima)	"cave(굴)"
うっぽけ	uppo-ke	(日方:対馬 Tsushima)	id.
	uhu-yan	(夫余)	"gouged out hole(파낸 굴)"

- **1F-3**

여루	yoyu	(韓方:전남)	"crevice(틈)"
うろ	uro	(日方:茨城 Ibaragi, 栃木 Tochigi, 山梨 Yamanashi, 長野 Nagano, 富山 Toyama, 福井 Fukui, 新潟 Niigata, 若山 Wakayama, 宮崎 Miyazaki, 大分 Oita)	"hole(구멍)"
えら	era	(日方:京都 Kyoto, 山口 Yamaguchi)	id.
	yeru	(夫余)	id.

- **1F-4**

굴	kur	(現韓)	"hole"
오그리다	okuri-	(現韓)	"to curl up oneself"
えぐら	egura	(日方:秋田 Akita)	"hole in a beach(물가의 굴)"
うぐる	ugu-ru	(日方:佐賀 Saga, 熊本 Kumamoto)	"to become hollow inside(속이 비다)"
おげる	oge-ru	(日方:香川 Kagawa, 兵庫 Hyogo)	"hole is made(구멍이 낫다)"
うげ	uge	(日方:対馬 Tsushima)	"hole in a decayed tree(썩은 나무의 구멍)"
おがす	oga-su	(日方:兵庫 Hyogo)	"to make hollow(파내다)"
うがつ	ugat-u	(現日)	"to bore(뚜르다)"
おがまど	oga-mado	(日方:鹿児島 Kagoshima)	"cave(동굴)"
おごる	oge-ru	(日方:兵庫 Hyogo, 香川 Kagawa)	"to make a cave(굴을 내다)"
	unga-la	(夫余)	"hole(굴)"

- **1F-5**

구멍	kumo-ng	(現韓)	"hole(구멍)".
がま	gama	(日方:静岡 Shizuoka, 若山 Wakayama, 宮崎 Miyazaki, 鹿児島 Kagoshima, 南島 Minamijima)	id.
きめ	kime	(日方:秋田 Akita)	"space in between(빈 틈)"
	kum-du	(夫余)	"horrow(텅 빈)"

	kumdu-le-	(夫余)	"be empty(비었다)"
	kumu	(古韓)	"hole(구멍)"

● 1F-6

구덩이	kutongi	(現韓)	"pit"
궁재	kungchae	(韓方:함북)	"hole(굴)"
がんど	gando	(日方:秋田 Akita)	"empty cave(빈 굴)"
があと	gaato	(日方:島根 Shimane)	"emptiness(빈 것)"
ごとろ	goto-ro	(日方:大阪 Osaka, 福井 Fukui, 京都 Kyoto)	"hollow(텅 빈)"
	conto-ho	(夫余)	"hole in a wall or dike(벽이나 제방의 구멍)"

● 1F-7

굽-	kup-	(現韓)	"be curved(굽다)"
くぼ	kubo	(現日)	"sunken place(옴폭한 데)"
	kobi	(夫余)	id.

● 1F-8

굴	kur	(現韓)	"hole"
ごら	gora	(日方:宮城 Miyagi, 三重 Mie)	"hole(굴)"
ごうら	goora	(日方:岩手 Iwate, 福島 Fukushima)	id.
ごうろ	gooro	(日方:福島 Fukushima, 長野 Nagano)	id.
	juru-n	(夫余)	"rat-hole(쥐 굴)"

● 1F-9

새다구	saeta-ku	(韓方:전남)	"crevice(틈)"
さいど	saido	(日方:奈良 Nara)	"crevice(틈)"
すいど	suido	(日方:奈良 Nara)	"space(공간, 장소)"
	side-n	(夫余)	"space(공간, 장소), interval(간격)"

● 1F-10

새	say	(現韓)	"interstice(간격)"
すいかぜ	sui-kaze	(日方:九州 Kyushu)	"wind coming through a space(틈으로 들어오는 바람)"
すわい	suwa-i	(日方:滋賀 Shiga)	"interstice(간격)"
そわたる	sowa-taru	(日方:壱岐 Iki)	"there is space(공간이 있다)"
	sho-lo	(夫余)	"empty space(빈 자리)"

● 1F-11

허청게	hochongke	(韓方:전남)	"tunnel(구레)"	
ほたんこ	hotanko	(日方:三重 Mie)	"empty cave(빈 굴)"	(음전)
	funtuhu	(夫余)	"empty space(공간)"	(음전)
	bontoho-lo-	(夫余)	"be empty(비었다)"	(음전)

1G. 땅(12그룹)

• 1G-1

| いなご | inago | (日方:千葉 Chiba, 埼玉 Saitama) | "sand(모래)" (음전) |
| | yonga-n | (夫余) | id. (음전) |

• 1G-2

찔기-	ccir-ki-	(韓方:전남)	"be muddy(질다)"
じりくみ	ziri-kumi	(日方:大分 Oita)	"wet ground(습지)"
	shele-n	(夫余)	"wet area by a spring(샘 부근의 습지)"

• 1G-3

데	te	(現韓)	"place(곳)"
따	tta	(韓方:평북)	"ground(땅)"
ち	ti	(現日)	"land(땅), place(장소)"
と	to	(古日)	id.
ど	do	(古日)	"soil(흙)"
んちゃ	n-tya	(日方:南島 Minamijima)	id.
	da	(夫余)	"root(뿌리), base(기초, 기지)"
	ta, te	(夫余)	"place(곳)"
	te-n	(夫余)	id.

• 1G-4

듣글	tut-kur	(古韓)	"dust".
딘끌	tin-kkur	(韓方:평북)	"dust(먼지)"
ちり	tiri	(現日)	"dust(먼지)"
	toro-n	(夫余)	"flying dust(나는 먼지)"

• 1G-5

들	tur	(現韓)	"field"
다랑이	tarang'i	(現韓)	"tiny strip of rice field"
でら	dera	(日方:宮崎 Miyazaki, 鹿児島 Kagoshima)	"field(들)"
ぞおり	zoori	(日方:岡山 Okayama)	id.
のら	nora, noro	(現日)	id.
つる	turu	(古日)	"meaning of 「field」 that appears in many place names(여러 지명에 나오는 「들」이라는 말)"
	doora-n	(夫余)	"undeveloped land(미개척지)"
	tala	(夫余)	"plain(들), steppe(대초원)"

• 1G-6

질흙	cir-huK	(韓方:전남, 제주)	"mud(진흙)"
どろ	doro	(現日)	"mud(진흙)"
	dura-ngi	(夫余)	"muddy(진흙의)"

- **1G-7**

홀덩어리	hur-tongori	(韓方:경북)	"mud(진흙)"
なべどろ	nabe-doro	(日方:新潟 Niigata)	id.
	lifa-han	(夫余)	id.

- **1G-8**

논뚤	non-ttur	(韓方:강원)	"field(들)"
のごやま	nogo-yama	(日方:茨城 Ibaragi)	"pasture(목초지)" (음전)
	onko	(夫余)	id. 음전)

- **1G-9**

바듸-	pa-tuy-	(韓方:제주)	"be near(가깝다)"
ば	ba	(現日)	"place(곳), land(땅)"
べ, へ	be, he	(古日)	"vicinity(근처)"
	ba	(夫余)	"place(곳)"

- **1G-10**

벌	por	(현한)	"open field(들)"
부리	puri	(韓方:평북)	id.
はら	hara	(現日)	"plain(들)"
はる	haru	(日方:滋賀 Shiga, 鹿児島 Kagoshima, 佐渡 Sado, 対馬 Tsushima, 九州) id.	
ひら	hira	(現日)	"flat place(펴평한 곳), flat(평평한)"
ひらこじ	hira-kozi	(日方:愛知 Aichi)	"flat land(평지)"
ひらさら	hira-sara	(現日)	"flat dish(납작한 접시)"
ばる	baru	(日方:佐渡 Sado, 対馬 Tsushima, 九州 Kyushu) id.	
あぁら	aara	(日方:静岡 Shizuoka)	"wilderness(황야)"
	falu	(夫余)	id.
	feyel-fe	(夫余)	"flat area(평지)"
	huru, kuru	(夫余)	"plateau(고원)"
	hali	(夫余)	"untilled land(미경작지)"

- **1G-11**

홀	hur	(韓方:경상, 강원, 충청, 전북, 평북, 함북) "soil(흙)"	
びんどろ	bindoro	(日方:愛知 Aichi)	"river-bottom mud(강 바닥의 진흙)" (음전)
べろ	bero	(日方: 愛知 Aichi, 新潟 Niigata, 長野 Nagano, 静岡 Shizuoka, 三重 Mie) "mud(진흙)"	
べどろ	bedoro	(日方:神奈川 Kanagawa)	"muddy area(질은 지역)" (음전)
	farada-	(夫余)	"to get stuck in the mire(진흙에 빠지다)" (음전)

- **1G-12**

| 문덩 | muntong | (韓方:평북) | "soil(흙)" |

べた	beta	(日方:宮城 Miyagi, 長野 Nagano, 香川 Kagawa, 宮崎 Miyazaki)	"mud(진흙)"
べと	beto	(日方:富山 Toyama, 福井 Fukui, 石川 Ishikawa, 新潟 Niigata, 愛知 Aichi, 中部 Chubu, 三重 Mie)	id.
ぶった	butta	(日方:鹿児島 Kagoshima)	id.
	hisha-n	(夫余)	"dirt on an item(물품에 묻은 오물)"

1H. 광물, 암석(6그룹)

- **1H-1**

いわ	iwa	(現日)	"rock(바위)"
いは	iha	(古日)	id.
いわす	iwasu	(日方:長野 Nagano, 岐阜 Gifu)	id.
いわた	iwata	(日方:徳島 Tokushima, 愛媛 Ehime)	id.
ばい	bai	(日方:仙台 Sendai, 福島 Fukushima)	"thrown stone(던진 돌)"
	wehe	(夫余)	"stone(돌), rock(바위)"
	pawi	(現韓)	"rock(바위)"

- **1H-2**

ごら	gora	(日方:福井 Fukui, 奈良 Nara)	"small stone(작은 돌)"
がら	gara	(日方:山口 Yamaguchi, 三重 Mie, 京都 Kyoto)	"coal(석탄), small stone(작은 돌)"
きら	kira	(日方:山梨 Yamanashi)	"mica(운모)"
	goli-n	(夫余)	"copper(동), bronze(청동)"
	kkae-kar	(韓方:전남)	"pebble(자갈)"

- **1H-3**

さざれいし	sazare-isi	(現日)	"pebble(자갈)"
	jahari	(夫余)	id.
	cakar	(現韓)	id.

- **1H-4**

さび	sabi	(現日)	"rust(녹)"
さびる	sabi-ru	(現日)	"to rust(녹슬다)"
	seb-de-	(夫余)	id.
	seb-den	(夫余)	"rust(녹)"
	soepu-thi	(現韓)	"metal items(쇠붙이)"

- **1H-5**

ぞく	zoku	(日方:新潟 Niigata, 福井 Fukui,	

		富山 Toyama)	"pig iron(선철, 무쇠)"
	sele	(夫余)	"iron(쇠), steel(강철)"
	sele-me	(夫余)	"belt dagger(대검)"
	sholo-n	(夫余)	"fork(포크)"
	soy	(現韓)	"iron(쇠)"
	soekko-p	(韓方:충북, 강원)	id.
• 1H- 6			
たま	tama	(現日)	"precious stone(보석), ball(공)"
	tana	(夫余)	"jewel like a pearl(진주 같은 보석)"
	turpae	(韓方:경북)	"girth(둘레)"
	torma	(韓方:충남)	"stone(돌)"

2. 길, 원근, 방향(58그룹)

2A. 길(10그룹)

• **2A-1**

あな	ana	(日方:神奈川 Kanagawa)	"furrow road(고랑길)"
おな	ona	(日方:岩手 Iwate)	"furrow(고랑)"
おおな	oona	(日方:岩手 Iwate, 岐阜 Gifu, 茨城 Ibaragi, 千葉 Chiba)	id.
あぜ	aze	(現日)	id.
	ulan	(夫余)	id.
	irang	(現韓)	id.

• **2A-2**

かれ	kare	(日方:静岡 Shizuoka)	"small riverside road(작은 강가의 길)"
	giri-n	(夫余)	"road(길), row(줄, 열)"
	kir	(現韓)	"road(길)"
	kori	(韓方:경북)	id.

• **2A-3**

かんしょ	kansho	(日方:愛知 Aichi)	"side road(옆길)"
	kamni	(夫余)	"narrow road(좁은 길)"
	khen	(韓方:평북)	"side(옆)"

• **2A-4**

すんどう	sundoo	(日方:静岡 Shizuoka)	"passage(통로)"
すどう	sudoo	(日方:壱岐 Iki)	id.
した	sita	(日方:高知 Kochi)	"road(길)"
せど	sedo	(日方:大分 Oita, 熊本 Kumamoto)	"narrow pass(좁은 길)"
	junta	(夫余)	"animal road(동물의 길)"
	hanci-r	(韓方:경북)	"road(길)"

• **2A-5**

せこ	seko	(日方:茨城 Ibaragi, 愛知 Aichi, 岐阜 Gifu, 若山 Wakayama, 愛媛 Ehime)	"small road(작은 길)"
せご	sego	(日方:三重 Mie)	id.
さくば	saku-ba	(日方:千葉 Chiba)	id.
	jugu-n	(夫余)	"road(길)"
	saekormok	(韓方:경북)	"side road(골목 길)"

- **2A-6**

たどる	tado-ru	(現日)	"to follow a road(길을 딸아가다)"
つづく	tudu-ku	(現日)	"to follow(딸아가다), to continue(계속하다)"
	daha-	(夫余)	id.
	daha-la-	(夫余)	id.
	ttaru-	(現韓)	"to follow(따르다)"
	taeso-	(現韓)	"to stand behind(대서다)"

- **2A-7**

へつら	hetura	(日方:長野 Nagano)	"hill cliff road(산 벼랑 길)"
へつれ	heture	(日方:茨城 Ibaragi)	"road under a cliff(벼랑 아래 길)"
	bitur-me	(夫余)	"along or over a mountain(산을 따라 혹은 넘어서)"
	pithar	(現韓)	"slope(비탈)"
	haengcir	(韓方:경북)	"road(길)"

- **2A-8**

みち	miti	(現日)	"road(길)"
	niji	(夫余)	"path around a swamp(늪 주위의 길)"
	mothui	(韓方:충남)	"side road(골목)"

- **2A-9**

みちあえ	mitiae	(日方:岡山 Okayama)	"road or river fork(길이나 강의 분기점)"
みっちゃい	mittyai	(日方:兵庫 Hyogo, 徳島 Tokushima)	id.
まち	mati	(日方:長野 Nagano)	"river fork(강의 분기점)"
もじ(よつ-)	mozi(yotu-)	(日方:福島 Fukushima, 愛知 Aichi)	"crossroads(교차로)
もし(さん-)	mosi(san-)	(日方:鹿児島 Kagoshima)	"concourse of three streets(삼거리)"
	fise-	(夫余)	"to fork(분기하다)"
	fasi-lan	(夫余)	"fork(분기점), forking(분기)"
	motu-rum	(韓方:평북)	"inner corner of crossroads(교차로 안 쪽의 첨단부)"

- **2A-10**

むじりめ	muzi-rime	(日方:仙台 Sendau)	"road bends(길이 구부러진 곳)"
むじる	muzi-ru	(日方:宮城 Miyagi, 山形 Yamagata, 福井 Fukui)	"to turn the road(길을 돌아가다)"
ひじ	hizi	(日方:奈良 Nara)	"road bends(길구비)"
	muse-	(夫余)	"to bend(구불다, 구부리다)"
	muci-ru-	(現韓)	"to cut off(무지르다)"

2B. 멀다, 가깝다(8그룹)

- **2B-1**

うとい	uto-i	(現日)	"distant(먼), alienated(소외된)"
	ede-n	(夫余)	"defect(결함), defective(결함 있는)"
	atu-nha-	(現韓)	"be dull(아둔하다)"

- **2B-2**

ざかる(とう__)	zakar-u(too__)	(現日)	"to become distant(멀어지다)"
	gakara-	(夫余)	"to become mutually distant(서로 멀어지다)"
	sakura-ci-	(現韓)	"to subside(사르라지다)"

- **2B-3**

ちかい	tika-i	(現日)	"be near(가깝다)"
すぐじ	sugu-ji	(日方:神奈川 Kanagawa, 静岡 Shizuoka)	"shortcut(지름길)"
くけみち	kuke-miti	(日方:岡山 Okayama)	id.
	cingi-ya	(夫余)	"short(짧은), narrow(좁은), near(가까운)"
	cuku-lu	(夫余)	"near-sighted (근시의) "
	doko	(夫余)	"shortcut(지름길)"
	taku-	(現韓)	"to bring near(다그다)"

- **2B-4**

ちょうる	tyour-u	(日方:千葉 Chiba)	"to go close to(...에 가까이 가다)"
ちょうれ	tyoore	(日方:千葉 Chiba)	"marching against(...에 향해 전진)"
とうる	toor-u	(現日)	"to go through(통과하다)"
とほる	tohor-u	(古日)	id.
	dari-	(夫余)	"to stop by(들르다)"
	dule-	(夫余)	"to go by(...의 옆을 가다)"
	turru-	(現韓)	"to stop by(들르다)"

- **2B-5**

とおい	tooi	(現日)	"be far(멀다)"
とわい	towai	(日方:三重 Mie)	id.
	duye-n	(夫余)	"being distant between people(사람들 사이가 먼 것, 소원한 것)"
	ttu-	(現韓)	"be estranged(사람들 사이가 뜨다)"

- **2B-6**

はるか	haru-ka	(現日)	"far off(멀리)"
はるばる	haru-baru	(現日)	id.
みはらし	mi-hara-si	(現日)	"extensive view(전망)"
	foro-	(夫余)	"to turn toward(...쪽으로 돌다)"
	goro	(夫余)	"far(먼)"
	goro-mi-	(夫余)	"to go far(멀리 가다)"

	kara-	(夫余)	"to look into the distance(멀리를 보다)"
	mor-	(現韓)	"to be distant(멀다)"
	para-po-	(現韓)	"to take an extensive view(바라보다)"

- 2B-7

ぼぅち	booti	(日方:兵庫 Hyogo, 岡山 Okayama, 広島 Hiroshima, 島根 Shimane)	"great distance(먼 거리)"
	muda-n	(夫余)	"distant(먼)"
	monde	(現韓)	"distant place(먼 데)"
	morcci-ki	(現韓)	"distantly(멀찍이)"

- 2B-8

まぁら, ほうり	maara, hoori	(日方:南島 Minamijima)	"distant place(먼 곳)"
	malhu-n	(夫余)	"farther than it looks(보기보다 먼)"
	moor-	(韓方:강원, 경북, 충청)	"be far(멀다)"

2C. 방향(15그룹)

- 2C-1

あそんそば	aso-n soba	(日方:千葉 Chiba)	"there(저기)"
おじり	ozi-ri	(日方:徳島 Tokushima)	"side area of a house(집의 측면)"
	asha-n	(夫余)	"side(옆)"
	yokkuri	(韓方:강원, 경상, 충청, 전라)	id.

- 2C-2

いり	iri	(日方:南島 Minamijima)	"west(서쪽)"
	wala	(夫余)	"west side of the house(집의 서쪽)"
	arae	(現韓)	"south(남쪽)"

- 2C-3

えんたい	entai	(日方:仙台 Sendai)	"direction(방향)"
	aca-n	(夫余)	id.
	yoptaengi	(韓方:전남)	"flank(옆구리)"

- 2C-4

かせ, かて	kase, kate	(日方:若山 Wakayama, 大阪 Osaka)	"side(옆), edge(끝머리)"
こし	kosi	(日方:岐阜 Gifu, 三重 Mie)	"side(옆)"
かせ	kase	(日方:若山 Wakayama)	"riverside(강기슭)"
かた	kata	(現日)	"side(측면), direction(방향)"
	gusi-hiya	(夫余)	"border(경계)"
	kaici	(夫余)	id.
	kyoth	(現韓)	"side(옆)"
	kaci-ki	(韓方:경남)	id.

- 2C-5

しっちゃこっち	sittya-kotti	(日方:福岡 Fukuoka, 壱岐 Iki, 対馬 Tsushima)	"opposite(반대)"
ちっちゃこっち	tittya-kotti	(日方:壱岐 Iki, 熊本 Kumamoto)	id.
	sonjo-ku	(夫余)	"objectionable(반대할만한)"
	coccok-kuccok	(現韓)	"overthere and near there(저기-거기)"
	tathu-	(現韓)	"to argue(다투다)"
	taesson	(韓方:평북)	"opposing strength(반대하는 힘)"

표준일본어의 [거기]는 [sotti]이고 [여기]는 [kotti]인데 이 둘을 붙여서 [반대]라는 말로 쓰고 있다. 한국어에서는 [kuccok]은 [여기]가 아닌데 유사한 발음을 보여 [coccok-kuccok]을 위에 썼다.

- 2C-6

すいくる	suikur-u	(日方:対馬 Tsushima)	"drill goes sideways(송곳이 옆으로 가다)"(음전)
	shorgi-	(夫余)	"to drill(송곳을 쓰다)" (음전)
	shorgi-ku	(夫余)	"drill(송곳)" (음전)
	songkos	(現韓)	id.

- 2C-7

すぐに	sugu-ni	(現日)	"in a straight way(똑바로)"
まっすぐ	matsugu	(現日)	id.
	siji-hun	(夫余)	"straight(똑빠른), directly(직접)"
	shuwe	(夫余)	id.
	pan-tus-i	(現韓)	"straight(반듯이)"

- 2C-8

そっちさぁ	sotti-saa	(日方:青森 Aomori, 秋田 Akita, 山形 Yamagata, 宮城 Miyagi, 福島 Fukushima)	"toward(그 쪽으로)"
そっち	sotti	(現日)	"there(거기, 저기)"
	tuttu-si	(夫余)	"in that direction(그리, 저리)"
	tuttu	(夫余)	"like that(그렇게)"
	cocco-k	(現韓)	"there(저기)"
	cocca	(韓方:경남)	id.

- 2C-9

そで	sode	(日方:新潟 Niigata, 岐阜 Gifu, 徳島 Tokushima)	"hind side of a hill(산 뒤)"
そんで	sonde	(日方:静岡 Shizuoka, 愛知 Aichi, 長野 Nagano, 岐阜 Gifu)	id. (음전A) (음전B)
	jidun	(夫余)	id. (음전)
	judun	(夫余)	"mountain ridge(산등)" (음전A)

	cantung	(現韓)	"the back(등)"
	santui	(現韓)	"hind side of a hill(산 뒤)"
	tungsong'i	(現韓)	"mountain ridge(산등)" (음전B)
	tutong	(現韓)	"ridge(등)"

- 2C-10
  どじ

	dozi	(日方:隠岐 Oki)	"direction(방향)"
	dere	(夫余)	id.
	ccok	(現韓)	id.

- 2C-11
  ひだり

	hida-ri	(現日)	"left(왼쪽)"
	hashu	(夫余)	id.
	macu-n	(韓方:경북)	"of the right side(오른 쪽의)"

- 2C-12
  べっとう
  ひした
  まんず

	bet-too	(日方:愛知 Aichi)	"northeast(동북)"
	hisi-ta	(日方:兵庫 Hyogo)	"north(북), west(서)"
	manzu	(日方:鳥取 Tottori)	"direction(방향)"
	boso	(夫余)	"north side of a mountain(산의 북쪽)"

- 2C-13
  まっとうば

	mattoo-ba	(日方:南島 Minamijima)	"straight(똑빠른)"
	misha-n	(夫余)	"tool to draw straight lines(직선 긋는 기구)"
	mac-	(現韓)	"be right(옳다)"

- 2C-14
  まんろく
  まんのう

	manro-ku	(日方:岐阜 Gifu)	"straight(똑빠른)"
	mannoo	(日方:八丈島 Hachijoujima)	id.
	baru	(夫余)	"toward(...의 쪽으로)"
	paru-	(現韓)	"be straight(바르다)"

- 2C-15
  わんぐり

	wangu-ri	(日方:長野 Nagano)	"outside(밖)" (음전)
	erguw-e-	(夫余)	"to go around(빙 돌아서 가다)" (음전)
	halgi-	(夫余)	"to wrap around(둘둘 말다)" (음전)

2D. 아래, 위, 옆(25그룹)

- 2D-1
  あたり

	atari	(現日)	"vicinity(부근)"
	unduri	(夫余)	"along(...을 따라서)"(road＝길)
	itoro	(韓方:전남)	"neighborhood(이웃)"
	oncori	(現韓)	"fringe(언저리)"

- 2D-2
  ううるく

	uuru-ku	(日方:茨城 Ibaragi)	"surrounding(주위)"

| | aili- | (夫余) | "to detour(우회하다)" |
| | yokku-ri | (韓方:경상, 충청, 전라) | "flank(옆구리)" |

- **2D-3**

うえ	ue	(現日)	"upper side(상부), top(정상)"
うへ	uhe	(古日)	id.
いい	ii	(日方:南島 Minamijima)	"top(정상), upper side(상부)"
うういしば	uui-siba	(日方:南島 Minamijima)	"upper lip(웃 입술)"
ううご	uu-go	(日方:大分 Oita)	"oldest son(장남)"
	oyo-n	(夫余)	"peak(정상)"
	uhe-ri	(夫余)	"main(주된, 주요한), chief(상사)"
	wi	(現韓)	"upper side(상부), top(정상)"
	uke	(韓方:경남, 전남)	id.

- **2D-4**

うら	ura	(日方:福井 Fukui, 京都 Kyoto, 三重 Mie, 奈良 Nara)	"beneath(아래)"
	ala	(夫余)	"low(낮은), low hill(낮은 언덕)"
	ali-gan	(夫余)	"underlayer(하층), base(바닥)"
	ali-sun	(夫余)	"grains sprouted from abandoned seeds(버린 종자에서 난 곡물)"
	wala	(夫余)	"underneath(밑)"
	arae	(現韓)	id.

- **2D-5**

うら	ura	(日方:宮城 Miyagi, 富山 Toyama, 高知 Kochi)	"side(옆, 쪽)"
	oilo	(夫余)	"outside(밖)"
	arae	(現韓)	"next(다음)"

- **2D-6**

うりかぁ	urikaa	(日方: 南島 Minamijima)	"that area(그 지역)"
	ergi	(夫余)	"side(쪽), direction(방향)"
	-oki	(現韓)	"[place] of [this place], [thatlace], etc.([여기], [저기]등의 [어기])"

- **2D-7**

おうて	oote	(日方:愛媛 Aichi)	"surrounding(주위)"
	ada-	(夫余)	"to encircle(에워싸다)"
	ewossa-	(現韓)	id.

- **2D-8**

かずま	kazu-ma	(日方:新潟 Niigata)	"corner(구석, 모퉁이)"
かたくろ	kata-kuro	(日方:岐阜 Gifu)	id.
かど	kado	(現日)	id.
	hosho	(夫余)	id.

	koco, hosho	(夫余)	"corner in a house(집안의 구석)"
	kus_o-k	(現韓)	"inner corner(구석)"
	kuythungi	(現韓)	"outer corner(귀퉁이, 모퉁이)"
	kuthingi	(韓方:강원, 충북)	id.

● 2D-9

かばち	kabati	(日方:兵庫 Hyogo, 岡山 Okayama, 広島 Hiroshima, 徳島 Tokushima)	"edge(끝머리)"
かまち	kamati	(日方:福岡 Fukuoka, 愛媛 Ehime)	id.
こば	koba	(日方:長野 Nagano, 兵庫 Hyogo, 鳥取 Tottori, 徳島 Tokushima, 高知 Kochi)	id.
	kubci-n	(夫余)	"clothes hem(옷 깃)"
	kubu-	(夫余)	"to hem(깃을 달다)"
	kubuhe-n	(夫余)	"edge(끝머리), border(경계)"
	kk_uthm_ori	(現韓)	"edge(끝머리)"

● 2D-10

きり	kiri	(現日)	"limit(한계), bounds(경계, 범위)"
かぎり	ka-g_iri	(現日)	"limit(한계)"
	g_ili	(夫余)	"border(경계)"
	kkora-kci	(韓方:전남)	"edge(끝머리), border(경계)"

● 2D-11

さかい	sakai	(現日)	"border(경계)"
さかひ	sakahi	(古日)	id.
せっきる	sekki-ru	(日方:長崎 Nagasaki)	"to set up a border(경계를 정하다)"
	ciki-n	(夫余)	"border(경계), edge(끝머리)"
	cikhi-	(現韓)	"guard(지키다)"
	surk	(韓方:평북)	"edge(끝머리)"

● 2D-12

した	sita	(日方:青森 Aomori, 秋田 Akita, 仙台 Sendai)	"bottom(밑바닥), beneath(아래)"
しち	siti	(日方: 南島 Minamijima)	"bottom board(밑바닥의 판자)"
しった	sitta	(日方:山形 Yamagata, 新潟 Niigata, 栃木 Tochigi, 群馬 Gunma, 山梨 Yamanashi, 岩手 Iwate, 長野 Nagano, 埼玉 Saitama)	"bottom of a barrel(통의 밑바닥)"
しんた	sinta	(日方:岐阜 Gifu)	id.
	sida-n	(夫余)	"immature(미숙한)"
	sita-	(夫余)	"to fall behind(뒤 떨어지다)"
	sithaes	(韓方:경북)	"bottom(밑바닥), beneath(아래)"

● 2D-13

| じゅうぐり | zyuugu-r_i | (日方:秋田 Akita, | |

		南島 Minamijima)	"surrounding(주위)" (음전)
	torgi-	(夫余)	"to circle(돌다, 선회하다)" (음전)
	torkir	(現韓)	"detour(돌길)"

• 2D-14

ずっこ	zukko	(日方:三重 Mie, 広島 Hiroshima)	"top(정상, 맨위)"
ちょっけ	tyokke	(日方:大阪 Osaka, 若山 Wakayama)	id.
てっこふく	tekko-huku	(日方:新潟 Niigata)	id.
てっき	tekki	(日方:長野 Nagano)	id.
	cokco-hon	(夫余)	"vertical(수직의)"
	cokci-hiyan	(夫余)	id.
	cokco-ro-	(夫余)	"to rise up vertically(똑바로 위로 오르다)"
	kkok-taeki	(韓方:전남)	"top(정상, 맨위)"

• 2D-15

せり	seri	(日方: 長野 Nagano)	"end(끝), edge(끝머리)"
へり	heri	(現日)	"edge(끝머리)"
くろ	kuro	(日方:茨城 Ibaragi, 山梨 Yamanashi, 静岡 Shizuoka, 愛知 Aichi, 岐阜 Gifu, 熊本 Kumamoto, 三重 Mie)	id.
	shala	(夫余)	"hem(옷 깃)"
	jeri-n	(夫余)	"edge(끝머리), border(경계)"
	kkora-kci	(韓方:전남)	"end(끝), edge(끝머리)"

• 2D-16

そら	sora	(日方:石川 Ishikawa, 岐阜 Gifu, 滋賀 Shiga, 三重 Mie, 京都 Koyto, 兵庫 Hyogo, 岡山 Okayama, 広島 Hiroshima, 島根 Shimane, 大分 Oita)	"upper part(상부)"
うれ	ure	(日方: 長野 Nagano)	"high place(고지)"
	dele	(夫余)	"upper part(상부)"
	oru-	(現韓)	"to go up(오르다)"

• 2D-17

たまわり	tamawa-ri	(日方:京都 Kyoto)	"edge(끝머리)"
	dalbi-han	(夫余)	"edge of a bag(자루의 끝머리)"
	dalba	(夫余)	"side(옆)"
	delbi-n	(夫余)	"brim of a hat(모자의 깃)"
	defe	(夫余)	"edge(끝머리)"
	tarbi	(韓方:강원)	"chignon(뒷머리에 땋아 붙인 쪽)"

• 2D-18

| とっぱさき | toppa-saki | (日方:福岡 Fukuoka, 滋賀 Shiga, 長崎 Nagasaki, 熊本 Kumamoto) | "tip(첨단)" |
| とっぱな | toppa-na | (日方:高知 Kochi, 大分 Oita, |

		長崎 Nagasaki, 壱岐 Iki)　id.	
とんぴら	tonpi-ra	(日方:長崎 Nagasaki)	id.
とんぼ	tonbo	(日方:富山 Toyama, 石川 Ishikawa, 島根 Shimane) id.	
	dube	(夫余)	id.
	tomi-n	(夫余)	"end of animal hair(동물의 털끝)"
	kku-thumori	(現韓)	"edge(끝머리)"

- 2D-19

はし	hasi	(現日)	"edge(끝머리)"
はんざい	hanzai	(日方:奈良 Nara)	"woodlands border(산림지의 경계선)"
	heshe-n	(夫余)	"border(경계선)"
	hosho	(夫余)	"edge(끝머리)"

- 2D-20

はた	hata	(現日)	"edge(끝머리). side(옆)"
ふち	huti	(現日)	"edge(끝머리)"
へた	heta	(日方:熊本 Kumamoto, 壱岐 Iki) id.	
へち	heti	(日方:静岡 Shizuoka, 長野 Nagano, 滋賀 Shiga, 三重 Mie, 若山 Wakayama, 兵庫 Hyogo, 岡山 Okayama)　id.	
	betu-han	(夫余)	id.
	betu-	(夫余)	"to edge(테두리를 치다)"
	maci-ka	(大余)	"edge of a mat(돗자리의 끝머리)"
	hetu	(夫余)	"located at the side(옆에 있는)"
	hetu-ren	(夫余)	"horizontal beam(수평 들보)"
	hosho	(夫余)	"edge(끝머리)"
	pyontu-ri	(現韓)	"outskirts(변두리)"

- 2D-21

ひたや	hita-ya	(日方:若山 Wakayama)	"below the floor(바닥 아래)"
ぼだい	boda-i	(日方:仙台 Sendai)	"foundation(기초), base(기지)"
	bethe	(夫余)	"foot(발), part below(하부)"
	feji-le	(夫余)	"underneath(아래)"
	mothae	(韓方:평북)	"base(바탕)"
	pada-k	(現韓)	"bottom(밑바닥)"
	mithe	(韓方:강원, 충남)	id.

- 2D-22

へら	hera	(日方:愛媛 Ehime)	"exterior(겉), side(옆)"
	tule	(夫余)	"outside(외부, 문밖)"
	por	(現韓)	"field(벌)"

- 2D-23

ほて	hote	(日方:若山 Wakayama,	

		德島 Tokushima)	"rear bottom of a hill(산 뒤의 기슭)"
へだ	heda	(日方:茨城 Ibaragi, 千葉 Chiba) id.	
はた(やまの-)	hata(yama-no)	(日方:大阪 Osaka)	"foot of a mountain(기슭(산))"
	bute-n	(夫余)	id.
	pitha-r	(韓方:경상, 전남)	id.

● 2D-24

ぼんぼち	bonboti	(日方:埼玉 Saitama)	"top(정상)"
	humbur-seme	(夫余)	"in great quantity(매우 많이)"
	pong'uri	(現韓)	"peak(봉우리)"
	ponkuci	(韓方:평북)	id.

● 2D-25

よせ	yose	(日方:德島 Tokushima, 茨城 Ibaragi)	"side(곁), corner(구석, 모퉁이)"
よこ	yoko	(現日)	"side(옆)"
	eshe-	(夫余)	"to slant(기울다)"
	yoskku-ri	(韓方:경북)	"flank(옆, 옆구리)"
	yokku-ri	(韓方:강원, 경남, 전라, 충청) id.	
	yuchu-k	(韓方:평북)	"back alley(구석진 골목)"

3. 시일, 선후(50 그룹)

3A. 시일, 시간(22그룹)

- **3A-1**

いじゃるつき	i-zyaru-tuki	(日方:南島 Minamijima)	"last month(지난 달)"
	jule-ri	(夫余)	"front(앞), in front(앞의, 앞에)"
	jule-si	(夫余)	"toward the front(앞으로)"
	ocku-cokke	(現韓)	"a few days ago(엊그저께)"
	oce, ocokkee	(現韓)	"yesterday(어제)"
	cina-n	(現韓)	"previous(지난)"
	yocikkos	(現韓)	"until now(여지껏)"

- **3A-2**

いまし	imasi	(古日)	"just now(지금 곧)"
いましがた	imasi-gata	(現日)	id.
いま	ima	(現日)	"now(지금)"
	ebsi	(夫余)	"until now(지금까지)"
	aphae	(韓方:전남)	"beginning(처음)"
	icemak	(韓方:제주)	"now(지금)"
	apso	(現韓)	"previously(앞서)"

- **3A-3**

うっちゃきのうちち	uttya－kino-utiti	(일방:八丈島)	"three days before(사흘전)"
	ucu-gedur	(夫余)	"night(밤)"
	aeci-n	(韓方:평북)	"early evening(초저녁)"
	oce	(現韓)	"yesterday(어제)"
	yothaekkaci	(現韓)	"until now(여태까지)"

- **3A-4**

うそ	uso	(日方:岐阜 Gifu)	"time(때, 시간), occasion(기회, 경우)"
うと	uto	(日方:山梨 Yamanashi)	"while(...는 동안)"
えと	eto	(日方:群馬 Gunma, 長野 Nagano)	id.
	ucu-ri	(夫余)	"time(때), opportunity(기회, 경우)"
	ttae	(現韓)	id.
	stae	(古韓)	id.

- **3A-5**

えっとかめ	ettokame	(日方:愛知 Aichi, 岐阜 Gifu)	"after a long time(오래간만에)"
やっとかめ	yattokame	(日方:岐阜 Gifu, 滋賀 Shiga, 愛知 Aichi)	id.
えっと	etto	(日方:愛知 Aichi, 岐阜 Gifu, 德島 Tokushima)	

"for a long time(오래 동안)"

	enteheme	(夫余)	id.
	yot	(古韓)	"now(지금)"
	yothae	(現韓)	"till now(여태)"

● 3A-6

おり, をり	ori, wori	(現日)	"time(때, 시간), occasion(기회, 경우)"
をり	ori	(古日)	id.
	eri−n	(夫余)	"time(때), hour(시간), season(계절)"
	ir	(古韓)	"early(일찍이)"
	iru-	(現韓)	"be early(이르다)"
	ir	(現韓)	"circumstance(경우)"

● 3A-7

きぞ, きず	kizo, kizu	(古日)	"yesterday(어제)"
こず, こぞ	kozu, kozo	(日方:あわみ 大島 Awamiojima)	"last year(작년)"
けっさ	kessa	(日方:新潟 Niigata, 南島Minamijima)	"previous time(지난 번)"
こぞ	kozo	(古日)	"last year(작년)"
	sikse	(夫余)	"yesterday(어제)"
	kuce	(古韓)	"day before yesterday(그저께)"

● 3A-8

ぎり	giri	(日方:佐渡 Sado, 石川 Ishikawa, 福井 Fukui, 福島 Fukushima)	"time(때, 시간)"
ころ	koro	(現日)	"time(때, 시간), about the time(무렵)"
	geri	(夫余)	"time(때, 시간), number of times(도수)"
	kyorur	(現韓)	"spare time(겨를)"

● 3A-9

さぁしま	saasima	(日方:福井 Fukui, 兵庫 Hyogo)	"for some time(오래 동안)"
さしまって	sasima-tte	(日方:新潟 Niigata)	"after some time(오래간만에)"
	bajima	(夫余)	"a little while longer(조금 더 오래)"
	citem-ha-	(現韓)	"be long(길다)"

● 3A-10

さき	saki	(現日)	"previously(이전에)"
さきた	saki-ta	(日方:青森 Aomori, 秋田 Akita, 山形 Yamagata, 岩手 Iwate, 宮城 Miyagi)	id.
	cargi	(夫余)	"previously(이전에)"
	sseko	(韓方:경남)	"beforehand(먼저)"

● 3A-11

さらさって	sara-satte	(日方:秋田 Akita)	"two days after tomorrow(글피)"

さらいなさって	sarai-nasatte	(日方:秋田 Akita)	id.
	coro	(夫余)	"day after tomorrow(모레)"
	carae	(韓方:경남)	"day before yesterday(그저께)"

● 3A-12

じかに	zika-ni	(現日)	"directly(직접)
	jaka-n	(夫余)	"just now(바로 지금)"
	cigu-m	(現韓)	"now(지금)"
	ssake	(韓方:전남)	"right away(지금 곧)"

● 3A-13

| しけしけ | sike-sike | (日方:新潟 Niigata) | "dusk(어스름, 황혼)" |
| | sohi- | (夫余) | "be dimmed(어스름해지다)" |

● 3A-14

しして	sisite	(日方:山形 Yamagata, 福島 Fukushima, 長野 Nagano)	"all day(종일)"
ひして	hisite	(日方:岩手 Iwate, 宮城 Miyagi, 福島 Fukushima, 関東 Kanto, 北陸 Hokuriku, 香川 Kagawa, 九州 Kyushu)	id.
ひひて	hihite	(日方:福島 Fukushima, 愛知 Aichi, 岩手 Iwate, 宮城 Miyagi 山形 Yamagata, 岐阜 Gifu)	id.
	shuntu-hule	(夫余)	id.
	hangsi	(韓方:강원, 전라, 충남)	"always(늘)"

● 3A-15

しよてえ	shotee	(日方:愛知 Aichi, 滋賀 Shiga)	"formerly(이전에는)" (음전)
しだじ	sidazi	(日方:島根 Shimane, 岡山 Okayama)	id.
	daci	(夫余)	id. (음전)

● 3A-16

すったれ	suttare	(日方:対馬 Tsushima)	"vanguard(선봉, 선구자)
さきら	sakira	(日方:京都 Kyoto)	"future(장래)"
	jidere	(夫余)	id.

● 3A-17

たまひま	tama-hima	(古日)	"morning(아침)"
とんめて	tonme-te	(日方:八丈島 Hachijoujima)	"dawn(예명, 새벽)"
	cima-ri	(夫余)	"orning(아침), tomorrow(내일)"
	a-chim	(現韓)	"morning(아침)"

● 3A-18

と	to	(古日)	"time(때, 시간)"
てん	te-n	(日方:石川 Ishikawa, 若山 Wakayama)	id.
	te	(夫余)	"at present(지금)"
	de	(夫余)	id.

| | ttae | (現韓) | "time(때, 시기)" |
| | tong | (現韓) | id. |

- 3A-19

ひょかすか	hyoka-suka	(日方:德島 Tokushima)	"once in a while(때때로)"
はざこ	hazako	(日方:愛媛 Ehime)	"space of time(동안)"
	holko-n	(夫余)	"moment(순간)"
	holko-nde	(夫余)	"suddenly(돌연)"
	pyorangga-n	(現韓)	id.

- 3A-20

へん	hen	(現日)	"number of times(번, 도수)"
	fon	(夫余)	"time(때, 시간), season(계절)"
	pon	(現韓)	"number of times(번, 도수)" (番?)

- 3A-21

ほり, ほおり	hori, hoori	(日方:静岡 Shizuoka, 岐阜 Gifu, 山口 Yamaguchi)	"occasion(경우), time(때, 시간), "
ひょうり	hiyoori	(日方:千葉 Chiba)	"chance(기회, 가능성)"
ほり	hori	(日方:山口 Yamaguchi)	id.
	bila-gan	(夫余)	"period of time(기간), deadline(최종 기한)"
	bur-gin	(夫余)	"opportunity(기회)"
	mari	(夫余)	id.
	mar-kyor	(現韓)	"occasion(경우)"

/-yo-/의 삽입은 (6B)를 참조.

- 3A-22

ゆうまじみ	yuumazi-mi	(日方:若山 Wakayama)	"evening(저녁)"
ゆふべ	yuhube	(古日)	id.
ようまずめ	yoomazu-me	(일방:시스오까)	id.
よわざ	yowaza	(日方:德島 Tokushima)	id.
よべ, ようべ	yobe, yoobe	(古日)	"last night(지난 밤)"
ようま	yooma	(日方:茨城 Ibaragi, 新潟 Niigata, 福島 Fukushima, 群馬 Gunma, 千葉 Chiba, 埼玉 Saitama, 愛知 Aichi)	"night(밤)"
	yamji	(夫余)	id.
	yapam	(現韓)	id. ([夜밤] 아님)

3B. 선후, 시종(28그룹)

- 3B-1

| あがりはがに | a-gari-hagani | (日方:仙台 Sendai) | "thereafter(그 후)" |
| あがり | a-gari | (日方:福島 Fukushima, 埼玉 Saitama) | "also(또, …도)" |

- **3B-2**

  あらい

- **3B-3**

  いち
  うず

- **3B-4**

  いと
  うと
  うと

- **3B-5**

  うしぃまぁる
  うしろ

- **3B-6**

  うちあげ
  えちゃさける
  うちなゆん

- **3B-7**

  おさめ

- **3B-8**

  おしゃげ
  ずっきにけり

geli	(夫余)	id.
kuri-ko	(現韓)	id.
arai	(日方:新潟 Niigata)	"end(끝)"
ele-n	(夫余)	"goal(목표, 목적)"
lala	(夫余)	"end(끝)"
arae	(現韓)	"below(아래)"
iti	(古日)	"one(하나), first(최초)"
uzu	(日方:石川 Ishikawa, 富山 Toyama)	"new bud(새 싹)"
aji	(夫余)	"first-born(맏아이)"
ice	(現韓)	"now(이제)"
um	(韓方:경북, 전남)	"bud(싹)"
ito	(日方:長野 Nagano)	"inside(속), interstice(간격)"
uto	(日方:山形 Yamagata)	"inside(속)"
uto	(日方:山梨 Yamanashi)	"interstice(간격)"
alda-si	(夫余)	"halfway(중도;중도에)"
do	(夫余)	"internal organs(내장)"
ane	(韓方:경북, 충남)	"dusk(어스름, 황혼)"
usii-maaru	(日方:南島 Minamijima)	"to take turns(순번으로 하다)"
usi-ro	(古日)	"behind(뒤)"
ishu-n	(夫余)	"next(다음)"
is-	(韓方)	"to connect(잇다)"
inci	(韓方:전남)	"next(다음)"
utiage	(日方:徳島 Tokushima)	"finishing(끝냄)"
etya-sakeru	(日方:新潟 Niigata)	"to come to an end(끝이 되다)"
utina-yun	(日方:南島 Minamijima)	"to end(끝나다, 끝내다)"
wacihi-ya-	(夫余)	"to finish(끝내다)"
osa-me	(日方: 新潟 Niigata)	"end(끝)"
uja-n	(夫余)	id.
o-shage	(日方:京都 Kyoto)	"end(끝)"
zukki-nikeri	(日方:大阪 Osaka)	"no more than that(그것만으로)"
shanga-	(夫余)	"to come to an end(끝나다)"
cuk-	(現韓)	"to die(죽다)"

● 3B-9

おわる	owa-ru	(現日)	"to end(끝나다)"
	oyo	(夫余)	"almost done(거의 다된)"
	youy-	(現韓)	"be bereaved(사별하다)"
	yewu-	(韓方:평북)	id.

● 3B-10

かたぎ	kata-gi	(日方: 新潟 Niigata)	"finishing up(끝내는 것)"
かいしゃく	kaisha-ku	(日方: 佐渡 Sado)	"putting things in order(정리)"
かたす	kata-su	(日方:青森 Aomori, 栃木 Tochigi,	
		茨城 Ibaragi, 千葉 Chiba, 埼玉 Saitama)	"to tidy up(정리하다)"
	goci-	(夫余)	"to draw back(철회하다), to fall(떨어지다)"
	kotu-	(現韓)	"to tidy up(거두다)"
	kkutong'i	(韓方:평북)	"end or tip of hair or thread(끄덩이)"

● 3B-11

げら	gera	(日方: 栃木 Tochigi)	"rear(뒤), last(최후)"
げれっぽ	gere-ppo	(日方:千葉 Chiba, 福井 Fukui)	id.
げろ	gero	(日方:長野 Nagano)	id.
	karha-ma	(夫余)	"horse's rump(말 궁둥이)"
	kkor-cci	(現韓)	"last(꼴찌)"

● 3B-12

じっか	zikka	(日方:茨城 Ibaragi)	"one after another(차례로, 줄지어)"
しかしかと	sika-sikato	(日方:青森 Aomori)	id.
じんごなし	zingo-nasi	(日方:山口 Yamaguchi)	"endless(무한의)"
	sirke	(夫余)	id.
	chak-chak	(現韓)	"step by step(착착)" ([着着] 아님)

● 3B-13

しまう	sima-u	(現日)	"to finish(끝내다)"
さばくる	saba-kuru	(日方:佐賀 Saga)	"be finished(끝나다)"
しっぱらい	sippa-rai	(日方:福島 Fukushima, 群馬	
		Gunma, 対馬 Tsushima)	"end(최후)"
	dube-n	(夫余)	"end(최후)"
	duhe-	(夫余)	"to finish(끝내다)"
	chiu-	(現韓)	id.

● 3B-14

しょっきり	shok-kiri	(日方:京都 Kyoto)	"beginning(처음)"
	jok-son	(夫余)	id.
	sseko	(韓方:경남)	"beforehand(먼저)"

● 3B-15

| すてんに | sute-nni | (日方:群馬 Gunma) | "in the beginning(처음에)" |
| | sucu-nga | (夫余) | "beginning(처음), first(최초)" |

	chosttae	(韓方:전남)	id.
● 3B-16			
ちょうぐち	tyooguti	(日方:鳥取 Tottori)	"beginning(처음)"
てんがけ	tengake	(日方:埼玉 Saitama, 静岡	
		Shizuoka, 新潟 Niigata)	"first(최초)"
	dakda-ri	(夫余)	id.
	tukta-n	(夫余)	"at first(처음에)"
● 3B-17			
とっぱな	toppa-na	(日方:若山 Wakayama)	"first(최초)"
てんぱり	tenpari	(日方:千葉 Chiba)	id. (음전)
	deribu-n	(夫余)	id. (음전)
	deribu-	(夫余)	"to begin(시작하다)" (음전)
● 3B-18			
とまる	tomar-u	(現日)	"to stop(멈추다), to lodge(숙박하다)"(음전)
とめる	tome-ru	(現日)	"to stop(그만 두다)" (음전)
	tomo-	(夫余)	"to rest(쉬다), to stand still(가만이 서다)"
	cormi	(韓方:경남)	"sleep(잠)" (음전)
● 3B-19			
とり	tori	(日方:三重 Mie, 若山 Wakayama,	
		山口 Yamaguchi)	"end(끝)"
	tuli-	(夫余)	"to expire(만기가 되다)"
	tur-	(現韓)	"to stop(멎다)" (rain = 비)"
	tong	(現韓)	"end(끝)"
● 3B-20			
のち	noti	(現日)	"after(뒤, 후)"
	noku	(夫余)	id.
	nuc-	(現韓)	"be late(늦다)"
● 3B-21			
のっけ	nokke	(日方:大阪 Osaka)	"first(처음)"
	nende-n	(夫余)	"first(청음), beforehand(미리)"
● 3B-22			
はじめ	hazime	(現韓)	"first time(최초)"
はじめる	hazime-ru	(現韓)	"to begin(시작하다)"
あたま	atama	(現韓)	"beginning(처음), head(머리)"
あたまに	atama-ni	(日方: 南島 Minamijima)	"from the beginning(처음부터)"
	ajabu-me	(夫余)	id.
	huce	(韓方:경남)	"beginning(처음)"
	meanchoum	(現韓)	"the very first(맨처음)"
	moco	(韓方:전남)	"first of all(먼저)"

- **3B-23**

はつ	<u>hatu</u>	(現韓)	"first(최초), ahead(먼저)"
ほつ	<u>hotu</u>	(日方:福岡 Fukuoka)	"first crop(햇 추수)"
まず	mazu	(現韓)	"first of all(먼저)"
	aji	(夫余)	"first-born(맏아이)"
	haes	(現韓)	"of the first crop(햇)"
	maecae	(韓方:평북)	"beginning(처음)"

- **3B-24**

ふし	husi	(日方: 南島 Minamijima)	"rear(후방)"
	fisa	(夫余)	"the back(등)"
	fiyanji	(夫余)	"rear guard(후위)"
	h<u>o</u>ri	(現韓)	"waist(허리)"

- **3B-25**

| まい | mai | (日方:南島Minamijima) | "rear(뒤), end(끝)" |
| | ma-ngi | (夫余) | "after(후에)" |

- **3B-26**

までる	made-ru	(日方:福島 Fukushima, 茨城 Ibaragi, 千葉 Chiba)	"to finish up(끝내다)"
まてる	mate-ru	(日方:宮城, 栃木, 埼玉, 千葉)	id.
みてる	mite-ru	(日方:中国 Chugoku, 三重 Mie)	"to end(끝나다), to exhaust(다 없어지다)"
	mana-	(夫余)	"to end(끝나다)"
	waci-hiya-	(夫余)	"to finish(끝내다)"
	wasi-	(夫余)	"to die(죽다)"
	machi-	(現韓)	"to finish(끝내다)"
	meci	(現韓)	"pause(끝내기의 한 단락, 메지)"

- **3B-27**

まにする	mani-suru	(日方:德島 Tokushima, 愛媛 Ehime)	"to stop(멈추다), to cease(그만두다)"
まんする	man-suru	(日方:香川 Kagawa, 德島 Tokushima)	id.
まいする	mai-suru	(日方:三重 Mie, 若山 Wakayama)	id.
	mara-	(夫余)	"to reject(거절하다)"
	m<u>o</u>mchu-	(現韓)	"to stop(멈추다), to cease(그만두다)"
	mar-	(現韓)	"to do no more(말다)"
	m<u>o</u>cuk-ha-	(韓方:평북)	"to stop quietly(조용히 그치다)"
	marri-	(現韓)	"to stop someone from doing...(말리다)"
	marki-	(韓方:평북)	id.

- **3B-28**

むすぶ	musub-u	(現日)	"to finish(끝내다), to bind(묶다) "
	wajima	(夫余)	"end(끝)"
	m<u>o</u>c-	(現韓)	"to stop(멎다)"
	maej-	(現韓)	"to finish(끝내다)"
	makam	(現韓)	"finishing(끝내는 것)"

4. 꽃, 식물, 야채, 과실(101그룹)

4A. 꽃(14그룹)

- **4A-1**

あふひ	ahuhi	(古日)	"hollyhock(접시꽃), endive(꽃상치)"
あおい	aoi	(現日)	id.
	abuha	(夫余)	id.
	abuk	(韓方:경상, 함경)	"common mallow(아욱)"

- **4A-2**

うしこ	usi-ko	(日方:福島 Fukushima)	"willow flower(버들 꽃)"
さるやなぎ	saru-yanagi	(日方:東京 Tokyo)	"river willow(냇가의 버들)" (음전)
	ersu-len	(夫余)	"a kind of willow(버들의 일종)"(음전)

- **4A-3**

きぼ	kibo	(日方:千葉 Chiba)	"flower bud(꽃싹)
けぼ, けんぼ	kebo, kenbo	(日方:千葉 Chiba)	id.
	tubo-mi	(現日)	id.
	gub-su	(夫余)	id.

- **4A-4**

しょうびん	shoobi-n	(日方:愛知 Aichi, 三重 Mie)	"rose(장미)"
	jamu ilha	(夫余)	"wild rose(야생 장미)"
	cangmi	(現韓)	"rose(장미)"

- **4A-5**

ちょっぽ	tyoppo	(日方:大阪 Osaka, 奈良 Nara)	"onion flower(파꽃)"
	sumpa-maca	(夫余)	"wild leek(야생 부추)"
	sirpha	(韓方:경북)	"onion(파)"

- **4A-6**

どうれん, どれ	dooren, dore	(日方:富山 Toyama)	"lily(백합)"
どろ	doro	(日方:石川 Ishikawa)	"goldband lily(산백합)"
	tongalu ilha	(夫余)	"a kind of lily(백합의 일종)"
	nari	(現韓)	"lily(백합)"

- **4A-7**

ばら	bara	(現日)	"rose(장미)"
	biyala-ri ilha	(夫余)	"rose blooming monthly(매달 피는 장미)"

/-ya-/의 삭제는 (8B)를 참조.

- 4A-8
ぶじ	buzi	(日方:福島 Fukushima)	"new sprout(새 싹)
ふき	huki	(日方:南島 Minamijima)	"sprout(싹)"
もえず	moezu	(日方:山形 Yamagata, 福島 Fukushima, 福岡 Fukuoka)	id.
	fursu-n	(夫余)	id.

- 4A-9
べこ	beko	(日方:青森 Aomori)	"willow(버들), willow blossom(버들 꽃)"
べここ	beko-ko	(日方:秋田 Akita, 岩手 Iwate, 宮城 Miyagi, 山形 Yamagata)	id.
ととこ	toto-ko	(日方:山口 Yamaguchi)	"willow blossom(버들 꽃)"
	burga	(夫余)	"willow branch(버드나무 가지)"
	fodo	(夫余)	id.
	fodo-ho	(夫余)	"willow(버들)"
	podu-namu	(現韓)	id. (namu = tree(나무)"

- 4A-10
ぼたん	botan	(現日)	"peony(목단)" (牧丹?)
	modan ilha	(夫余)	id.
	moktan	(現韓)	id.

- 4A-11
ぼち	boti	(日方:千葉 Chiba)	"onion flower(파꽃)"
ぼんさん	bonsa-n	(日方:奈良 Nara)	id.
	maca	(夫余)	"chive(파의 일종)"
	phaku, phas	(韓方:경북)	"onion(파) "

- 4A-12
ほぼこ	hobo-ko	(日方:岩手 Iwate)	"bud(꽃봉오리)"
ぼんぼ	bonbo	(日方:千葉 Chiba)	id.
	hoho-no-	(夫余)	"to bud(싹트다)"
	bumbu-ku	(夫余)	"leaf bud(잎의 싹)"
	kko-p-pongci	(韓方:전남)	"bud(꽃봉오리)"

- 4A-13
ぼんこ	bonko	(日方:德島 Tokushima)	"bud(봉오리)"
ぼんぞ	bonzo	(日方:長崎 Nagasaki)	id.
	bongko	(夫余)	"flower bud(꽃봉오리)"
	pong'o-ri	(現韓)	"bud(봉오리)"

- 4A-14
まんだらげ	mandarage	(現日)	"mandala flower(만다라 꽃)"
	mandal-ilha	(夫余)	id.
	mantara	(現韓)	"mandala(만다라)"

4B. 과실(18그룹)

- **4B-1**

あおす	aos-u	(日方:熊本 Kumamoto)	"to take the sourness out of persim-mon(감의 시금한 맛을 빼다)"
ゆあわせ	yuawase	(日方:奈良 Nara)	id.
	ajisi	(夫余)	"fruit that tastes like persimmon(감과 같은 맛이 있는 과실)"
	as-	(現韓)	"to take away(앗다)"

- **4B-2**

あじうめ	azi-ume	(日方:北海道 Hokkaido, 青森 Aomori, 秋田 Akita)	"apricot(살구)"
	yeso-ro	(夫余)	id.
	waeci	(韓方:평안, 함경, 황해)	"plum(오얏)"

- **4B-3**

うれる	ure-ru, ur-u	(現日)	"to ripen(익다)"
うる	ur-u	(古日)	id.
うらす	ura-su	(日方:九州 Kyushu)	"to ripen it(익히다)"
いろむ	iro-mu	(日方:富山 Toyama, 長野 Nagano, 岐阜 Gifu, 愛知 Aichi)	"to ripen(익다)" (음전)
	ure-	(夫余)	id.
	ir-ku-	(現日:전남)	id.
	ara-m	(現韓)	"fully ripened nuts(아람)"
	yomur-	(現韓)	"to ripen(익다)" (음전)

- **4B-4**

かぁべ	kaabe	(日方:福島 Fukushima, 茨城 Ibaragi, 栃木 Tochigi)	"bark(목피), fruit skin(과실 껍질)"
かわ	kawa	(現日)	"hide(껍질)"
かは	kaha	(古日)	id.
	gihi	(夫余)	"deer hide(노루 가죽)"
	giba-gan	(夫余)	"crust(빵 껍질)"
	kuwa-la-	(夫余)	"to peel(껍질을 까다)"
	kkaphur	(現韓)	"outer layer(까풀)"

- **4B-5**

かしまめ	kasi-mame	(日方:岐阜 Gifu)	"hazelnut(개암나무의 열매)"
はしばみ	hasi-bami	(現日)	"hazel(개암)"
	sisi	(夫余)	id.
	kaeku-mi	(韓方:함남)	id.
	kkachi-pap	(韓方:전남)	"mulberry(오디)"

- **4B-6**

からうめ	kara-ume	(日方:青森 Aomori)	"apricot(살구)"
からもも	kara-momo	(日方:岩手 Iwate)	id.
	guile-he	(夫余)	id.
	kkur-pam	(韓方:경남)	"acorn(상수리)"

- **4B-7**

くまいちご	kumaitigo	(日方:青森 Aomori)	"bramble(검은 딸기)"
	gabtaku	(夫余)	id.
	komunttarki	(現韓)	id.

- **4B-8**

くり	kuri	(現日)	"chestnut(밤)"
くる	kuru	(古日)	id.
くるみ	kuru-mi	(現日)	"walnut(호두)"
こうくるび	kookuru-bi	(日方:新潟 Niigata)	id.
	huwala-ma usiha (夫余)		"wild walnut(야생의 호두)"
	kwiri	(現韓)	"oats(귀리)"

/-wa-/의 삭제는 **(8B)**를 참조.

- **4B-9**

さなずら	sanazu-ra	(日方:山形 Yamagaata, 福島 Fukushima, 岩手 Iwate)	"mountain grape(산포도)"
さなずら	sanazu-ra	(日方:福島 Fukushima)	"small seeds of black grape(흑포도의 작은 씨)"
	sirecu	(夫余)	"small grape-like fruit(포도 같은 작은 열매)"
	sangsuri	(現韓)	"oats(귀리)"

- **4B-10**

ざぼん	zabon	(現日)	"shaddock(왕귤 나무)"
ざんぼ	zanbo	(日方:九州 Kyushu)	id.
ざんぽう	zanpoo	(日方:愛媛 Ehime)	id.
	jofo-hon	(夫余)	id.
	jefo-hon	(夫余)	"fruit-like shaddock(열매 같은 왕귤 나무)"
	caempoa	(現韓)	"shaddock(왕귤 나무)"
	ccapu-rak	(韓方:경남)	"alang grass(띠[풀])"

- **4B-11**

ずもく	zumoku	(日方:福島 Fukushima, 長野 Nagano, 静岡 Shizuoka)	"fruit(과실)"
	tubihe	(夫余)	id.
	sanmorku	(韓方:경북)	"wild grapes(머루)"

- **4B-12**

なし	nasi	(現日)	"pear(배)"
	jushu-he	(夫余)	"a kind of plum(서양자두의 일종)"

	jushu-ri	(夫余)	id.
	nori	(韓方:함북)	"plum(오얏)"
• 4B-13			
なす	nasu	(現日)	"eggplant(가지)"
	hasi	(夫余)	id.
	kaci	(現韓)	id.
• 4B-14			
ひし	hisi	(現日)	"water chestnut(마름)" (a plant＝식물)
	bici	(夫余)	id.
	mar-pangsu	(韓方:경북)	id.
	pocci	(現韓)	"cherry(버찌)"
• 4B-15			
ぶす	busu	(日方:新潟 Niigata)	"persimmon fruit(감 열매)"
ふし	husi	(日方:熊本 Kumamoto)	"fruit of brushwood(잔나무 열매)"
みず, めぞ	mizu, mezo	(日方:長野 Nagano)	"mulberry fruit(뽕 열매)"
	fisha	(夫余)	"seed of a kind of tree(일종의 나무 열매)"
	maeari	(韓方:경북)	"fruit(열매)"
	mochi	(韓方:경북)	"wild pear(똘배)"
• 4B-16			
べっこ	bekko	(日方:福井 Fukui)	"plum(오얏)"
	foyero	(夫余)	id.
	phungkae	(韓方:경상)	id.
• 4B-17			
ほそいちご	hoso-itigo	(日方:滋賀 Shiga, 長崎 Nagasaki)	
			"respberry(나무딸기)"
	huwaise	(夫余)	"yellow-berry (노란 딸기) "
	ppos	(韓方:강원, 충북)	"cherry(버찌)"
• 4B-18			
ぼぼっか	bobokka	(日方:長野 Nagano)	"cherry fruit(벗나무 열매)"
へっぴりさくら	heppiri-sakura	(日方:埼玉 Saitama)	"mountain cherry(산 벗나무)"
	fafaha	(夫余)	"sour cherry fruit(신 벗나무 열매)"
	hohocu	(夫余)	"cherry fruit(벗나무 열매)"
	poc, pocci	(現韓)	"cherry tree(벗나무)"

4C. 나무(26그룹)

• 4C-1			
あたき	ataki	(日方:長野 Nagano)	"a kind of cedar(삼나무의 일종)"
	wantaha	(夫余)	id.
	acukkari	(現韓)	"castor oil plant(아주까리)"

- 4C-2

かぜ	kaze	(日方:長野 Nagano)	"mulberry branch(뽕나무 가지)"
くわぜ	kuwaze	(日方:群馬 Gunma, 神奈川 Kanagawa)	id.
ざか	zaka	(日方:茨城 Ibaragi)	"branch(나무 가지)" (음전)
	garga-n	(夫余)	id.
	kaci	(現韓)	id. (음전)

- 4C-3

かつら	katura	(現日)	"Japanese Judas tree(계수 나무)"
	kucura	(夫余)	"spruce(상록 교목)"
	kyesu	(現韓)	"Japanese Judas tree(계수 나무)"

- 4C-4

からたけ	kara-take	(日方:鹿児島 Kagoshima, 種子島 Tanegashima)	"Japanese bamboo(참대)"
からんぼう	kara-n-boo	(日方:南島 Minamijima)	"bamboo shoot(죽순)"
	guri-wa ilha (夫余)		"flower of an bamboo-like plant(참대 같은 식물의 꽃)" (ilha=flowe r [꽃])
	kocuk	(現韓)	"bamboo(참대)" (차자이며, [古竹] 아님)

- 4C-5

がんぎ	gangi	(日方:若山 Wakayama)	"fir(전나무)"
	ginci-ri moo	(夫余)	id. (moo=tree[나무])
	kaengi	(韓方:경남)	"pine knot(관솔)"

- 4C-6

くくたち	kukuta-ti	(日方:滋賀 Shiga)	"rising of a tree bud(나무싹이 트는 것)"
	cikja-la-	(夫余)	"to form a sprout under ground(땅속에 싹트다)"
	ssakthu-	(現韓)	"to sprout(싹트다)"

- 4C-7

| こうぞ | koozo | (現日) | "paper mulberry(제지용 뽕나무)" |
| | hoosha-ri moo | (夫余) | id. |

- 4C-8

こちこち	koti-koti	(日方:秋田 Akita)	"pushy willow(갯버들)"
こつこつ	kotu-kotu	(日方:青森 Aomori)	"willow leaf(버들 잎)"
	guki moo	(夫余)	"weepng willow(수양버들)"
	kaes-kaci	(韓方:충남)	"willow(버들)"

- 4C-9

ごよう	goyoo	(日方:三宅島 Miyakejima)	"plant with many branches(가지 많은 식물)"
	gar-gan	(夫余)	"branch(가지)"
	kar-kori	(現韓)	"hook(갈고랑이)"

- 4C-10

| さくら | sakura | (現日) | "cherry tree(벗나무), cherry flower(벗꽃)" |

	cakura-n	(夫余)	"sandalwood(백단향 나무)"
4C-11			
ざくろ	zakuro	(現日)	"pomegranate(석류)"
	sanjari ilha	(夫余)	"pomegranate flower(석류 꽃)"
	sokryu	(現韓)	"pomegranate(석류)" (石榴)
4C-12			
さで	sade	(日方:長野 Nagano, 島根 Shimane)	"fallen pine needle(떨어진 송엽)"
ざら	zara	(日方:福島 Fukushima)	id.
	sade	(夫余)	"pine needles(송엽)"
	cas	(現韓)	"pine-nuts(잣)"
	sor	(現韓)	"pine tree(솔, 소나무)"
4C-13			
じくし	zikusi	(日方:愛知 Aichi)	"leafstalk(잎꼭지)"
	sukji	(夫余)	"elm pods(느릅 꼬투리)"
	ttokttae-ki	(韓方:전남)	"stalk(꼭지)"
4C-14			
しばめ	siba-me	(日方:長野 Nagano)	"young oak bud(참나무의 새 이삭)"
すず	suzu	(日方:若山 Wakayama)	"plant ear(식물의 이삭)"
	suihe	(夫余)	"grain ear(곡물의 이삭)"
	saks	(古韓)	"bud(싹)"
4C-15			
しんとう	sintoo	(日方:静岡 Shizuoka)	"heart of a tree(나무 심)"
	cikte-n	(夫余)	"stem(줄기)"
	ccuktae-ki	(韓方:전남)	id.
4C-16			
すばえ	subae	(日方:高知 Kochi)	"small thin long tree(작은 가늘고 긴 나무)"
しぺ	sipe	(日方:仙台 Sendai)	"branch top(나무가지의 끝)"
そべら	sobe-ra	(日方:岡山 Okayama, 愛媛 Ehime)	"small wood scrap(작은 나무 조각)"
しんぽ	sinpo	(日方:新潟 Niigata, 富山 Toyama, 石川 Ishikawa)	id.
しんぽえ	sinpoe	(日方:山形 Yamagata, 福島 Fukushima)	id.
しんぶら	sinbu-ra	(日方:新潟 Niigata)	"tip of a tree or pole(나무 혹은 막대기의 끝)"
	sube-he	(夫余)	"end of a branch(가지의 끝)"
	sibi-ya	(夫余)	"tally stick(계산하는 막대기)"
	sihi-n	(夫余)	"tree top(나무 맨 꼭대기, 우듬지)"
	ciphaei	(韓方:전남)	"stick(막대기)"

- 4C-17

せんぼく	senboku	(日方:愛知 Aichi, 岐阜 Gifu)	
			"gardenia(치자 나무)"
さんびき	sanbiki	(日方:若山 Wakayama)	"mountain gardenia(산중의 치자 나무)"
	comari ilha	(夫余)	"gardenia flower(치자 나무 꽃)"
	ssumpakwi	(現韓)	"lettuce(씀바귀)"

- 4C-18

そぎりくい	sogi-ri-kui	(日方:山口 Yamaguchi)	"bamboo thorn(참대 가시)"
そげら	soge-ra	(日方:岐阜 Gifu, 愛媛 Ehime)	"thorn(가시)"
とげ	toge	(現日)	id.
	shoku	(夫余)	"currycomb(말빗)"
	sswaeki	(現韓)	"wedge(쐐기)"

- 4C-19

たけ	take	(現日)	"bamboo(참대)"
	cuse	(夫余)	id.
	tae	(現韓)	id.
	taessae	(韓方:평북)	id.

- 4C-20

つばき	tubaki	(現日)	"camellia(동백 나무)"
	tubik	(夫余)	"lotus flower(연꽃)"
	tongpaek	(現韓)	"camellia(동백 나무)"([冬栢] 아님)

- 4C-21

にれ	nire	(現日)	"elm(느릅 나무)"
	haila-n	(夫余)	id.
	nuru-p	(現韓)	id.

- 4C-22

ふし	husi	(現日)	"knot(마디)"
	forji-n	(夫余)	"small tree knot(작은 나무 마디)"
	mos	(現韓)	"callus(몸의 못)"
	maeti	(現韓)	"knot(마디)"

- 4C-23

ふつ	hutu	(日方:奈良 Nara)	"root(뿌리)"
ぼっか	bokka	(日方:千葉 Chiba)	"tree root(나무 뿌리)"
ぼっこ	bokko	(日方:栃木 Tochigi)	id.
	fulehe	(夫余)	"root(뿌리), basis(근거, 토대)"
	fuju-ri	(夫余)	"foundation(기초), origin(기원)"
	ppurkei	(韓方:경상)	"root(뿌리)"

- 4C-24

ぶっつう	buttuu	(日方:静岡 Shizuoka)	"decayed tree(썩은 나무)"

ぼくとう	bokutoo	(日方:茨城 Ibaragi, 神奈川 Kanagawa, 静岡 Shizuoka)	id.
	bando	(夫余)	"shrub(관목)"
	muk-	(現韓)	"to become stale(묵다)"

• 4C-25

また	mata	(現日)	"tree fork(나무 가랑이)"
	faju	(夫余)	"fork(포크)"
	mati	(現韓)	"knar or joint(마디)"

• 4C-26

まつ	matu	(現日)	"pine tree(소나무)"
	bahi-ya	(夫余)	"pine cone(솔방울)"
	muthu	(韓方:평북, 함남)	"tree(나무)"

4D. 숲, 덩굴, 우거지다(11그룹)

• 4D-1

いかる	ika-ru	(日方:南島 Minamijima)	"to grow thick(우거지다)" (음전)
さごる	sago-ru	(日方:山形 Yamagata)	id. (음전)
	luku	(夫余)	"grown thick(우거진)" (음전)
	uko-ci-	(現韓)	"to grow thick(우거지다)"
	orko-ngi	(韓方:평북)	"thicket(덤불)"

• 4D-2

うずそ	uzu-so	(日方:高知 Kochi)	"bush(숲)"
やんざ	yanza	(日方:愛媛 Ehime)	id.
わさわさ	wasa-wasa	(日方:滋賀 Shiga)	"growing thick(우거짐)"
	weji	(夫余)	"thick forest(밀림)"
	wasak	(現韓)	"rustling(와삭)"

• 4D-3

ふじ	huzi	(日方:三宅島 Mitakejima, 新潟 Niigata)	"kudzu vine(덩굴)"
うまぶし	uma-busi	(日方:茨城 Ibaragi, 長野 Nagano)	id.
くず	kuzu	(現日)	id.
	husha	(夫余)	id.
	mus	(現韓)	"wood bundle(뭇)"

• 4D-4

こぞる	kozor-u	(日方:大阪 Osaka)	"to grow thick(우거지다)"
おどら	odora	(日方:高知 Kochi)	"thicket(덤불)"
おどろ	odoro	(日方:山口 Yamaguchi, 兵庫 Hyogo,	

		高知 Kochi, 滋賀 Shiga, 愛媛 Ehinme)	id.
わごる	wagor-u	(日方:高知 Kochi)	"to grow very thick(매우 우거지다)"
	jajuri	(夫余)	"thicket(덤불, 잡목숲)"
	ukoci-	(現韓)	"to grow thick(우거지다)"

• 4D-5

しっぽろ	sipporo	(日方:大分 Oita)	"thicket(덤불), bush(숲)"
だば	daba	(日方:愛媛 Ehime)	"bush(숲)"
	shuwa	(夫余)	"dense forest behind a hill(산 뒤의 밀림)"
	suphur, suph	(現韓)	"thicket(덤불), bush(숲)"

• 4D-6

とんずる	tonzu-ru	(日方:長野 Nagano)	"vine(덩굴, 포도나무)"
とずらやま	dozura-yama	(日方:埼玉 Saitama)	"a mountain full of vines(덩굴 많은 산)"
	tengse	(夫余)	id.
	tongkur	(現韓)	"vine(덩굴)"

• 4D-7

ほうれん	hoore-n	(日方:大分 Oita)	"thicket(풀밭)"
	hara-na-	(夫余)	"to produce weeds(잡초가 나게 하다)"
	phur	(現韓)	"grass(풀)"

• 4D-8

ぼさっこ	bosa-kko	(日方:栃木 Tochigi)	"bush(숲), forest(삼림)"
ぼさら	bosa-ra	(日方:静岡 Shizuoka)	id.
	buja-n	(夫余)	id.
	pasu-rak	(現韓)	"noise produced by leaves(바스락)"

• 4D-9

ぼら	bora	(日方:茨城 Ibaragi, 栃木 Tochigi)	"thicket(숲)"
はる	har-u	(日方:高知 Kochi, 熊本 Kumamoto)	"to grow thick(우거지다)"
ほうれぇする	hooree-suru	(日方:長野 Nagano)	id.
	bula	(夫余)	"thorn(가시)"
	borho-to	(夫余)	"shrub(관목)"
	ful-dun	(夫余)	id.
	por-	(現韓)	"to become wide(벌다)"

• 4D-10

まさる	masa-ru	(日方:奈良 Nara)	"to grow thick(우거지다)"
まさる	masa-ru	(現日)	"be better(더 좋다)"
	busha	(夫余)	"more(더)"
	masi-la-	(夫余)	"be in abundance(풍부하다)"

	hopssi-n	(韓方:전남)	

• **4D-11**

やぶ	yabu	(現日)	"bush(숲)"
やぶから	yabu-kara	(日方:青森 Aomori, 岩手 Iwate, 秋田 Akita, 山形 Yamagata) id.	
やぶっかや	yabu-kkaya	(日方:長野 Nagano, 茨城 Ibaragi, 千葉 Chiba)	"bush(숲)"
	iba-kci	(夫余)	"thorny bush(가시 많은 숲)"
	ipha-rihi	(韓方:경상)	"leaf(잎)"
	upong	(韓方:강원, 경상, 전라, 함남)	"burdock(우엉-풀)"

4E. 야채(17그룹)

• **4E-1**

うり	uri	(現日)	"melon(참외, 참외류)"
	uli	(夫余)	"fruit of flowering cherry(꽃벚의 열매)"
	muroe	(韓方:강원, 충북)	"melon(참외, 참외류)"
	oi	(現韓)	"cucumber(오이)"

• **4E-2**

うんじゃに	unzya-ni	(日方:南島 Minamijima)	"melon seed(참외의 씨)"
	use	(夫余)	"seed(씨)
	usc-	(大余)	"to seed(씨를 뿌리나)"
	wicha-mi	(韓方:경북)	"melon(참외, 참외류)"

• **4E-3**

からし	karasi	(現日)	"mustard seed or flour(겨자씨 혹은 가루)"
	hargi	(夫余)	"mustard(겨자)"
	kyoca	(現韓)	id.

• **4E-4**

がんずり	ganzuri	(日方:山口 Yamaguchi)	"bracken(고사리)"
	kosihori	(夫余)	"a large exotic fruit(큰 색다른 과실)"
	kosari	(現韓)	"bracken(고사리)"

• **4E-5**

さとうまめ	satoo-mame	(日方:茨城 Ibaragi)	"field pea(꼬투리완두)"
さんどまめ	sando-mame	(日方:福島 Fukushima, 新潟 Niigata)	id.
	sedu	(夫余)	"bean meal(콩의 굵은 가루)"
	tongpu	(現韓)	"ripe cowpea(동부콩)"

• **4E-6**

さや	saya	(現日)	"pod(꼬투리), husk(껍질)"

	suya	(夫余)	"dry grass for fuel(연료용 마른 풀)"
	suya-ka	(夫余)	"dry leaf(마른 입사귀)"
	ip-sa	(韓方:충북)	"leaf(입사귀)"

● 4E-7

しろ	siro	(日方:青森 Aomori)	"onion(파)"
	sor-son	(夫余)	"onion flowers(파꽃)"
	sir-pha	(韓方:경북)	"onion(파)"

● 4E-8

すむな	sumu-na	(日方:南島 Minamijima)	"onion(파)"
	sungi-na	(夫余)	"wild onion(야생의 파)"
	ssam	(韓方:충남)	"leek(부추)"

● 4E-9

せんざい	senzai	(日方:群馬 Gunma, 長野 Nagano, 岐阜 Gifu, 新潟 Niigata, 富山 Toyama, 佐賀 Saga, 千葉 Chiba, 埼玉 Saitama, 岐阜 Gifu, 山梨 Yamanashi)	"vegetable garden(채원)/vegetable(야채)"
くさびら	kusa-bira	(古日)	"vegetable(야채), mushroom(버섯)"
	cise	(夫余)	"vegetable garden(채원), flower garden(화원)"
	kkochi	(韓方:함남)	"flower(꽃)"

● 4E-10

とりまめ	tori-mame	(日方:千葉 Chiba)	"pea(완두)"
つるぶんどう	turu-bundoo	(日方:広島 Hiroshima)	id.
つるまめ	turu-mame	(日方:新潟 Niigata, 富山 Toyama)	"kidney bean(강낭콩)"
	turi	(夫余)	"pea(완두), bean(콩)"
	tor-mar	(現韓)	"a kind of grass(풀의 일종)"

● 4E-11

なっぱ	nappa	(現日)	"vegetable(야채)"
	namu	(夫余)	"lettuce(생치)"
	namu-r	(現韓)	"vegetable(야채)"

● 4E-12

なんきん	nanki-n	(日方:大阪 Osaka, 奈良 Nara, 和歌山 Wakayama, 京都 Kyoto, 兵庫 Hyogo, 島根 Shimane, 大分 Oita, 広島 Hiroshima, 山口 Yamaaguchi, 四国 Shikoku)	"pumpkin(호박)"
	langu	(夫余)	id.
	nangkae	(韓方:경북)	id.

● 4E-13

にえず	niezu	(日方:三重 Mie)	"pea(완두)"

にどまめ	nido-mame	(日方:北海道 Hokkaido, 青森 Aomori, 秋田 Akita, 山形 Yamagata, 新潟 Niigata)	id.
	lidu	(夫余)	id.
	nuthi-namu	(現韓)	"zelkova tree(느티나무)"

● 4E-14

のらもの	nora-moro	(日方:奈良 Nara)	"vegetable(야채)" (음전)
なりぃ	narii	(日方:南島 Minamijima)	"fruit(과실)"
	niyarhu-n	(夫余)	"fresh(신선한), green(녹색)"
	nalu	(夫余)	"lettuce(생치)"
	niori	(夫余)	"green(녹색)"
	nari	(現韓)	"lily(백합)"
	namur	(現韓)	"vegetable(야채)" (음전)

● 4E-15

ひばぁじ	hibaazi	(日方: 南島 Minamijima)	"pepper(고추)"
	halhuri	(부여)	id.
	puchu	(現韓)	"leek(부추)"
	maepsiri	(韓方:평북)	"pepper(고추)"

● 4E-16

ひる	hiru	(日方:岩手 Iwate, 宮城 Miyagi)	"onion(파)"
ひる	hiru	(日方:東国 Togoku, 愛知 Aichi, 九州 Kyushu)	"garlic(마늘)"
ひるこ	hiru-ko	(日方:宮城 Miyagi)	"onion(파)"
びら	hira	(日方: 南島 Minamijima)	id.
	elu	(夫余)	id.
	moru	(現韓)	"wildgrapes(머루)"
	sor, cor	(韓方:전북, 충남)	"leek(부추)"
	puru	(韓方:평북)	"lettuce(상치)"

● 4E-17

ふすべ	husube	(日方:秋田 Akita)	"Japanese horseradish(고추냉이)"
わさび	wasabi	(現日)	id.
	beiguwe	(夫余)	"mustard root(겨자 뿌리)"
	posos	(現韓)	"mushroom(버섯)"
	posup	(韓方:평북)	id.

4F. 풀(15그룹)

● 4F-1

いさは	isaha	(日方:茨城 Ibaragi)	"spotted leaf(얼룩진 잎)" (음전)
えさば	esaba	(日方:福島 Fukushima)	id. (음전)
	absa-ha	(夫余)	"leaf(잎)" (음전)

| | iphsa-kui | (現韓) | "leaf(잎사귀)" (음전) |

- **4F-2**

えば	eba	(日方:岩手 Iwate, 宮城 Miyagi, 福島 Fukushima, 埼玉 Saitama, 島根 Shimane)	"fodder(사료, 가축먹이)"
えぼ	ebo	(日方:埼玉 Saitama, 岡山 Okayama, 広島 Hiroshima, 福岡 Hukuoka)	id.
	umu	(現韓)	"a kind of food(음식의 일종)"
	yomu-r	(韓方:평북)	"fodder(사료)"

- **4F-3**

しば	siba	(現日)	"weeds(잔디)"
しべ	sibe	(現日)	"pieces of straw(짚부스러기)"
	cifa-zan	(夫余)	"straw and loam mix(짚과 양토 섞음)"
	ciph	(現韓)	"straw(짚)"

- **4F-4**

しぼむ	sibo-mu	(現日)	"to wilt(시들다)"
しおれる	siore-ru	(現日)	id.
	shubure-	(夫余)	"to wilt in the sun(해 때문에 시들다)"
	situr-	(現韓)	"to wilt(시들다)"

- **4F-5**

しそ	siso	(現日)	"beefsteak plant(차조기)"
	coko ilha	(夫余)	"betony(꿀풀과의 다년초)" (ilha＝flower[꽃])
	chaco-ki	(現韓)	"beefsteak plant(차조기)"

- **4F-6**

すすき	susu-ki	(日方:三重 Mie)	"dried straw(마른 짚)"
	suse	(夫余)	"straw(짚)"
	soso-ro-	(夫余)	"to wither(시들다)"
	sasi-n	(韓方:함경)	"straw sandal(짚신)"
	titi-kae	(韓方:평북)	id.

- **4F-7**

だけ(よし_)	dake(yosi_)	(日方:奈良 Nara, 和歌山 Wakayama)	"reed(갈대)"
	darhu-wa	(夫余)	id.
	sae-ttaeki	(韓方:전북)	id.
	ttechang	(現韓:경상)	id.
	tok-sok	(韓方)	"straw rug for cattle(덕석)"

- **4F-8**

てぼ	te-bo	(日方:和歌山 Wakayama)	"bundle of cut grass(깎은 풀의 뭉치)"
	jo-	(夫余)	"to cut grass(풀을 깎다)"
	phu-cho	(韓方:경남)	"grass(풀)"
	tong	(現韓)	"bundle(동, 뭉치)"

- 4F-9

どけ	doke	(日方:大分 Oita)	"moss(이끼)"
	derhi orho	(夫余)	id. (orho＝grass[풀])
	tokko-mari	(現韓)	"a kind of grass(풀의 일종)"

- 4F-10

はっか	hakka	(現日)	"peppermint(박하)" (薄荷)
	farsa	(夫余)	id.
	pakha	(現韓)	id.

- 4F-11

はみ	ha-mi	(日方:香川 Kagawa, 徳島 Tokushima, 秋田 Akita, 山口 Yamaguchi, 高知 Kochi, 九州 Kyushu)	"fodder(사료)"
もの	mo-no	(日方:仙台 Sendai, 山形 Yamagata) id.	
	be	(夫余)	"food for birds(새 먹이)"
	moi	(現韓)	id.
	me	(現韓)	"food offered to a spirit(메)"
	mamma	(韓方:평북)	"food(음식물)"

- 4F-12

ひゆ	hiyu	(現日)	"pigweed(명아주)"
	fiye-len	(夫余)	"a kind of spinach(시금치의 일종)"
	myo̲-ngacu	(現韓)	"pigweed(명아주류의 잡초)"

- 4F-13

へた	heta	(現日)	"stem(줄기)"
	hethe	(夫余)	id.
	patae	(現韓)	"jacket lining(바대)"

- 4F-14

ぼうた	boota	(日方:島根 Shimane, 広島 Hiroshima)	"gourd(호리병박, 수세미)"
ぼんたん	bontan	(日方:佐賀 Saga)	id.
	hoto	(夫余)	id.
	ho-paktong	(韓方:제주)	"pumpkin(호박)"

- 4F-15

なす	nasu	(現日)	"egg-plant(가지 나무)"
	hasi	(夫余)	id.
	kaci	(現韓)	id.

5. 가축, 동물(71그룹)

5A. 가축(30그룹)

- **5A-1**

あぁほ, あほ	aaho, aho	(日方:岩手 Iwate)	"pony(작은 말)"
	un-<u>ahan</u>	(夫余)	id.

- **5A-2**

いななく	inana-ku	(現日)	"to neigh(말이 울다)"
いさる	isa-ru	(日方:富山 Toyama)	id.
	inca-	(夫余)	id.
	in<u>nun</u>-	(韓方:경남, 전남)	"to smile(웃다)"

- **5A-3**

<u>い</u>のこ	<u>wi</u>n-oko	(古日)	"pig(돼지)" (이/<u>ㄴ</u>는 고어의 /わ/줄의 /ㅂ/)
	un	(夫余)	"pig's sleeping place (돼지가 자는 곳) "
	oyyang-kan	(現韓)	"stable(외양간)"

- **5A-4**

うし	usi	(現日)	"cattle(소류, 축우)"
おしょこめ	osho-kome	(日方:八丈島 Hachijoujima)	id.
あこ	ako	(日方:静岡 Shizuoka)	"ox(수소)"
うどむ	udo-mu	(日方:九州 Kyushu)	"to moo(울다)" (ox＝수소)
	eje	(夫余)	"cattle(소류, 축우)"
	ite-n	(夫余)	"two year old cow(두살의 암소)"
	usi-si	(夫余)	"farmer(농민)"
	so	(現韓)	"cattle(소류, 축우)"

- **5A-5**

うな	una	(日方:大阪 Osaka, 岐阜 Gifu)	"cow(암소)"
うなめ	una-me	(日方:千葉 Chiba, 中部 Chubu, 奈良 Nara, 和歌山 Wakayama, 隠岐 Oki, 四国 Shikoku, 九州 Kyushu)	id.
うの	uno	(日方:大分 Oita, 長崎 Nagasaki, 佐賀 SAga, 福岡 Fukuoka)	id.
	uni-yen	(夫余)	"cow(암소), milk cow(젖소)"
	ung'chi	(韓方:평북)	"cattle(소류, 축우)"

- **5A-6**

うば	uba	(日方:伊豆大島 Izuojima)	"bull(황소)"

おぼちょうし	obo-tyoosi	(日方:鹿児島 Kagoshima)	id.
	iha-n	(夫余)	"bovine(소과의 동물)"
	ung'o-ci	(韓方:강원)	"cattle(소)"

● 5A-7

おす	osu	(現日)	"male(수컷, 남성)
	aji-rgan	(夫余)	"stallion(종마)
	su-s	(現韓)	"male(수컷, 남성)

● 5A-8

おとんま	oton-ma	(日方:千葉 Chiba)	"stallion(종마)"
	ujin dahan	(夫余)	"domestic colt(가정의 송아지)"
	cong-ma	(現韓)	"stallion(종마)" (種馬)

● 5A-9

がんが	ganga	(日方:静岡 Shizuoka, 長野 Nagano)	"dog(개)"
こんご	kongo	(日方:新潟 Niigata, 島根 Shimane)	id.
	garji-hun	(夫余)	"large fierce dog(크고 사나운 개)"
	kongkong-i	(韓方:평북, 함남)	"dog(개)"

● 5A-10

ころ	koro	(日方:茨城 Ibaragi, 千葉 Chiba, 神奈川 Kanagawa, 岐阜. Gifu, 三重 Mie, 奈良 Nara)	"pup(강아지)"
ころ	koro	(日方:高知 Kochi)	"dog(개)"
ころころ	koro-koro	(日方:島根 Shimane)	id.
	kuri	(夫余)	"dog striped like a tiger(호랑이 같은 줄 무늬 기 있는 개)"
	kahi	(古韓)	"dog(개)"

● 5A-11

ころうま	koro-uma	(日方:千葉 Chiba)	"pony(작은 말, 망아지)"
	kailu-	(夫余)	"brown horse(갈색 말)"
	keire	(夫余)	"dark-brown horse(검은 갈색 말)"
	ccorang-mar	(韓方:경남)	"pony(작은 말)"

● 5A-12

ざま	zama	(日方:大分 Oita)	"bull(황소)" (음전)
ぞうめ	zoome	(日方:八丈島 Hachijoujima)	id. (음전)
さんぶ	sanbu	(日方:兵庫 Hyogo)	"rough bull(거칠은 황소)" (음전)
	sobo-ri	(夫余)	"a kind of ox or horse(소나 말의 일종)"
	maso	(現韓)	"horse and cow(마소) (음전)

● 5A-13

じゃく	zyaku	(日方:秋田 Akita)	"mare(암말)"
ぞうやく	zooyaku	(日方:北海道 Hokkaido, 秋田 Akita, 山形 Yamagata, 新潟 Niigata, 富山 Toyama, 石川 Ishikawa, 群馬 Gunma, 長野 Nagano, 山梨 Yamanashi, 岐阜 Gifu, 愛知 Aichi, 愛媛 Ehime, 高知 Kochi,

対馬 Tsushima, 鹿児島 Kagoshima) id.

	cangka	(夫余)	"white horse(백마)"

● 5A-14

ちんころ	tinkoro	(日方:石川 Ishikawa)	"calf or pony(송아지나 망아지)"
じいっこっこ	ziiko-kko	(日方:福島 Fukushima)	"puppy(강아지)"
じょっくめ	zyokku-me	(日方:八丈島 Hachijoujima)	"big fat cow(비대한 소)"
	cikiri	(夫余)	"dog or horse with blue eyes(난색 눈의 개나 말)"
	saeangkki	(韓方:경남)	"calf(송아지)"
	saekkangi	(韓方:평북)	"calf or pony(송아지나 망아지)"
	a-cirke-ma.r (古韓)		"pony(망아지)"

● 5A-15

でっこ	dekko	(日方:石川 Ishikawa)	"bull(황소)"
たじし	tazi-si	(日方:岡山 Okayama)	"ox(수소)"
てんご	tengo	(日方:鳥取 Tottori)	"calf(송아지)"
	tuk-shan	(夫余)	"calf(송아지)"
	doki-ta	(夫余)	"wild boar(멧돼지)"

● 5A-16

どうやく	dooya-ku	(日方:静岡 Shizuoka, 長野 Nagano, 佐渡 Sado, 島根 Shimane)	"stallion(종마)"
とうざい	toozai	(日方:愛媛 Ehime, 愛知 Aichi, 千葉 Chiba)	"pony(망아지)"
	tahi	(夫余)	"wild horse(거친 말)"
	tuse-	(現韓)	"be wild(드세다)"

● 5A-17

とちべ	totibe	(日方:福井 Fukui)	"bull(황소)"
	talbi ihan	(夫余)	"cow that is not used(부리지 않은 암소)"

● 5A-18

ばっか	bakka	(日方:千葉 Chiba)	"horse's hoof(말의 발굽)"
	ferge	(夫余)	"fowl's back claw(조류의 갈고리 발톱)"
	parku-p	(現韓)	"hoof(소, 말 따위의 발굽)"
	marku-p	(現韓)	"horse's hoof(말의 발굽)"

● 5A-19

はんご	hango	(日方:新潟 Niigata)	"horse saddle(말의 안장)"
	engge-mu	(夫余)	"a kind of horse saddle(소 안장의 일종)"
	burgi-yen	(夫余)	"pommel(안장 머리)"

● 5A-20

ひいじゃ	hiizya	(日方:南島 Minamijima)	"ewe(암양)"
ひつじ	hitu-zi	(現日)	"sheep(양)"
	buca	(夫余)	"ewe(암양)"

• 5A-21

ぶうめ	buume	(日方:八丈島 Hachijoujima)	"pig(돼지)"
	miha-n	(夫余)	"young pig(돼지 새끼)"

• 5A-22

ぶた	buta	(現日)	"pig(돼지)"
ぼた	bota	(日方:石川 Ishikawa)	id.
	buldu	(夫余)	"small male pig(작은 수 돼지)"
	haita	(夫余)	"large wild pig(큰 들 돼지)"
	hente	(夫余)	"grown pig(성장한 돼지)"
	met-tos	(韓方:전남)	"pig(돼지)"
	met-tor	(韓方:평북)	id.

• 5A-23

べべこ	bebe-ko	(日方:兵庫 Hyogo, 香川 Kagawa, 熊本 Kumamoto, 長崎 Nagasaki)	"calf(송아지)"
べぶ	bebu!	(日方:宮崎 Miyazaki)	"ox(소)"
べえぼ	beebo	(日方:長野 Nagano, 長崎 Nagasaki) id.	
べえべえ	beebee	(日方:鳥取 Tottori, 広島 Hiroshima, 徳島 Tokushima, 兵庫 Hyogo, 大分 Oita, 壱岐 Iki) id.	
	muha-shan	(夫余)	"bull(황소)"
	marnaci	(韓方:평북)	"foal(망아지)"

• 5A-24

べんた	benta	(日方:鳥取 Tottori, 島根 Shimane)	"calf(송아지)"
へえた, ひいた	heeta, hiita	(日方:八丈島 Hachijoujima)	"thin cow(여윈 소)"
めんた	menta	(日方:兵庫 Hyogo, 香川 Kagawa, 徳島 Tokushima)	"cow(암소)
	fengtu	(夫余)	"a kind of cow(소의 일종)"
	maestos	(韓方:전남)	"wild boar(멧돼지)"

• 5A-25

ほろ	horo	(日方:愛媛 Ehime, 大分 Oita)	"horse(말), pony(망아지)"
ほろんこ	horo-nko	(日方:佐賀 Saga, 長崎 Nagasaki)	"pony(망아지)"
まる	maru	(日方:静岡 Shizuoka, 石川 Ishikawa)	"stallion(종마)"
まるうま	maru-uma	(日方:三重 Mie, 静岡 Shizuoka, 福井 Fukui)	id.
	foro-ntu-kara	(夫余)	"black horse with curly hair on the belly(배에 컬머리가 있는 검은 말)"
	buru-lu	(夫余)	"red-and-white hair horse(빨갛고 흰 털의 말)"
	fula-n	(夫余)	"light color horse(색이 엷은 말)"
	mori-n	(夫余)	id.
	puru-mar	(現韓)	"white horse(백마)"
	mar	(現韓)	"horse(말)"
	ma-pari	(現韓)	"pack horse(마바리)"

	pongmae	(韓方:평북)	"stallion(종마)"

• 5A-26

ほろた	horo-ta	(日方:三重 Mie)	"old cow or bull(늙은 소나 황소)"
ほうりぞく	hoori-zoku	(日方:八丈島 Hachijoujima)	"rough cow or bull(사나운 소)"
べらべら	bera-bera	(日方:高知 Kochi)	"yelling for a cow or bull(소나 황소를 부르는 소리)"
めら	mera	(日方:鹿児島 Kagoshima)	"cow(암소)"
	bula-han	(夫余)	"a kind of an ox(소의 일종)"
	mang'aci	(韓方:경상, 제주)	"foal(망아지)"

• 5A-27

めえなぁ	meenaa	(日方:南島 Minamijima)	"sheep(양)" (음전)
	nima-n	(夫余)	id. (음전)
	myon-yang	(現韓)	id. ([綿羊] 같지 않음)

• 5A-28

めっち	metti	(日方:新潟 Niigata)	"bitch(암캐)"
めた	meta	(日方:秋田 Akita, 新潟 Niigata, 熊本 Kumamoto)	id.
	balta	(夫余)	"white spotted dog(흰 반점이 있는 개)"
	matang-nour	(韓方:충남, 함남)	"dog(개)"

• 5A-29

よんま	yonma	(日方:隠岐 Oki)	"bull(황소)"
おろ	oro	(日方:福岡 Fukuoka, 鹿児島 Kagoshima)	"colt(수 망아지)"
おろんこ	oro-nko	(日方:宮崎 Miyazaki)	id.
	elmi-n	(夫余)	"unbroken horse(길들지 않은 말)"
	im	(韓方:충북)	"she-dog(암캐)"

• 5A-30

ろば	ro-ba	(現日)	"mule(노새)"
	lo-rin, lo-sa	(夫余)	id.
	no-sae	(現韓)	id.

5B. 원숭이, 여우(9그룹)

• 5B-1

えんた	enta	(日方:奈良 Nara)	"monkey(원숭이)"
おんつぁま	ontuaa-ma	(日方:福島 Fukushima)	id.
えんこ	en-ko	(日方:長野 Nagano, 岐阜 Gifu, 福井Fukui, 三重 Mie, 奈良 Nara)	id.
	el-intu	(夫余)	"large black ape(크고 검은 원숭이)"
	oonsi	(韓方:경남)	"monkey(원숭이)"

- **5B-2**

おぉしろ	oosiro	(日方:愛知 Aichi)	"fox(여우)"
	ijiri	(夫余)	"fox-like animal(여우 같은 동물)"
	y̱osi, yasi	(韓方:경상, 전라)	"fox(여우)"

- **5B-3**

きつ	kitu	(日方:新潟 Niigata, 愛知 Aichi)	
			"fox(여우)"
きゃつ	kyatu	(日方:愛知 Aichi)	id.
	kesi-ken	(夫余)	id.
	kesi-ke	(夫余)	"cat(고양이)"
	kaesi	(韓方:경남)	"fox(여우)"

- **5B-4**

きっき	kikki	(日方:奈良 Nara, 大阪 Osaka)	"monkey(원숭이)"
けご	kego	(日方:岐阜 Gifu)	"big monkey(큰 원숭이)"
	girgi-tu	(夫余)	"a kind of monkey(원숭이의 일종)"
	kaesi	(韓方:경남)	"fox(여우)"

- **5B-5**

さる	saru	(現日)	"monkey(원숭이)"
	jalha-ri monio	(夫余)	"monkey with long life(장수하는 원숭이)"
	jarhu	(夫余)	"red wolf(빨간 늑대)"
	sir-sing	(夫余)	"ape(꼬리 없는 큰 원숭이)"
	car-naepi	(韓方:강원, 경북, 전라, 충청)	"monkey(원숭이)"

- **5B-6**

さんべ	saṉbe	(日方:福井 Fukui)	"monkey(원숭이)" (음전)
	sofi̱n-tu	(夫余)	"a kind of monkey(원숭이의 일종)" (음전)
	caṉnapi	(韓方:강원, 경북, 전라, 충청)	"monkey(원숭이)" (음전)

- **5B-7**

とうめ	toome	(日方:三重 Mie)	"fox(여우)"
すぼ	subo	(日方:岩手 Iwate)	id.
	dobi	(夫余)	id.
	dobi-ri	(夫余)	"fox-like animal that climb trees(나무를 오르는 여우 같은 동물)"
	tibae-ki	(韓方:경북)	"half-breed(트기, 튀기)"

- **5B-8**

どんげつ	dongetu	(日方:兵庫 Hyogo)	"fox(여우)"
とうか	tooka	(日方:茨城 Ibaragi, 千葉 Chiba, 埼玉 Saitama)	id.
	degetu-kongoro	(夫余)	id. (kongoro=light brown[엷은 갈색])"
	thoski	(古韓)	"rabbit(토끼)"

- 5B-9

やえん	yaen	(日方:青森 Aomori, 岩手 Iwaate, 宮城 Miyagi, 福島 Fukushima, 関東 Kanto, 山梨 Yamanashi, 和歌山 Wakayama, 三重 Mie, 岡山 Okayama, 広島 Hiroshima, 熊本 Kumamoto, 宮崎 Miyazaki)	"monkey(원숭이)"
	yuwan	(夫余)	id. (猿?)
	eng-i	(韓方:평안)	id.
	you	(現韓)	id.
	yowi	(韓方:강원, 경기, 황해, 평남)	id.

5C. 기타 동물(32그룹)

- 5C-1

いたりねこ	itari-neko	(日方:東国 Togoku, 群馬 Gunma)	"wild cat(삵팽이)"
	ujirhi	(夫余)	"steppe cat(초원의 고양이)"
	oza.ri	(古韓)	"badger(오소리)"

- 5C-2

うな	una	(日方:長野 Nagano)	"male deer(수사슴)"
	ana-mi	(夫余)	"elk(큰사슴)"
	an	(韓方:경남)	"she-dog(암캐)"

- 5C-3

うば	uba	(日方:大分 Oita)	"frog(개구리)"
おおびき	oobi-ki	(日方:奈良 Nara, 和歌山 Wakayama, 兵庫 Hyogo, 広島 Hiroshima, 四国 Shikoku, 大分 Oita)	"toad(두꺼비)"
おんびき	onbi-ki	(日方:埼玉 Saitama, 神奈川 Kanagawa, 山梨 Yamanashi)	id.
	erhe	(夫余)	"toad(청개구리)"
	angmaku-ri	(韓方:경북)	id.

- 5C-4

うりこ	uri-ko	(日方:三重 Mie)	"baby boar(멧돼지 새끼)"
うりぼう	uri-boo	(日方:千葉 Tiba)	"baby wild boar(야생 멧돼지 새끼)"
	yelu	(夫余)	"boar(멧돼지)"
	iri	(現韓)	"wolf(이리)"

- 5C-5

おさこ	o-sako	(日方:愛媛 Ehime)	"weasel(족제비)"
	seke	(夫余)	"sable(아메리카 족제비)"
	cokce-pi	(現韓)	"weasel(족제비)"

- **5C-6**

おじょうさん	o-zyoosa-n	(日方:島根 Shimane)	"rat(쥐)"
じいじ	ziizi	(日方:島根 Shimane)	id.
	cuse-singeri	(夫余)	"small cat-like animal(작은 고양이 같은 동물)"
	cwi	(現韓)	"rat(쥐)"
	saengcuy	(現韓)	id.

- **5C-7**

かいかい	kaikai	(日方:茨城 Ibaragi)	"cat(고양이)"
	kesike	(夫余)	id.
	kaengku	(韓方:경남)	id.

- **5C-8**

かいろう	kairoo	(日方:奈良 Nara)	"deer's crying sound(노루의 우는 소리)"
かの	kano	(日方:岩手 Iwate, 宮城 Miyagi, 奈良 Nara)	"deer （노루)"
	gura-n	(夫余)	"roebuck(작은 노루)"
	joro	(夫余)	"female deer(암 노루)"
	kora-ni	(韓方:경남)	"deer(노루)"

- **5C-9**

がいこだま	gaiko-dama	(日方:奈良 Nara)	"tadpole(올챙이)"
ぎゃぁこ	gyaako	(日方:島根 Shimane)	id.
けえじ	keezi	(日方:大分 Oita)	id.
	koki	(大余)	id.
	o-kurchaei	(韓方:경상)	id.

- **5C-10**

かえる	kaeru	(現日)	"frog(개구리)"
かへる	kaheru	(古日)	id.
	juwali	(夫余)	"small green frog(작은 청개구리)"
	kae-kuri	(現韓)	"frog(개구리)"

- **5C-11**

かくら	kaku-ra	(日方:熊本 Kumamoto)	"place for hunting beasts(짐승 사냥하는 곳)" (음전)
けえけえ	keekee	(日方:福島 Fukushima)	"animals(동물의 총칭)"
	gurgu	(夫余)	"beast(짐승)" (음전)

- **5C-12**

かり	kari	(現日)	"hunting(사냥)"
かりこ	kari-ko	(日方:三重 Mie)	"hunter(사냥꾼)"
	guru-se-	(夫余)	"to hunt animals(짐승을 사냥하다)"
	gur-gushe-	(夫余)	"to hunt wild animals(짐승을 사냥하다)"
	kar-ki-	(現韓)	"to beat(갈기다)"

- 5C-13

かしかめ	kasika-me	(日方:島根 Shimane)	"wolf(늑대)"
	kuṯka	(夫余)	"cub bear(곰의 새끼)"
	kaesuṉgnangi	(韓方:평북)	"wolf(늑대)"

- 5C-14

かんちょ, かんぞ	kantyo, kanzo	(日方:長野 Nagano)	"deer(사슴)"
	kanda-han	(夫余)	"Manchurian moose(만주의 큰 사슴)"
	kwangci	(韓方:경북)	"cat(고양이)"

- 5C-15

くま	kuma	(現日)	"bear(곰)"
かべ	kabe	(日方:島根 Shimane, 広島 Hiroshima, 山口 Yamaguchi)	"cow(암소)"
	kuwa-tiki	(夫余)	"one-year old bear(한 살의 곰)"
	kuwa-tiri	(夫余)	"small animal looking like a bear(곰처럼 보이는 작은 동물)"
	kom	(現韓)	"bear(곰)"

- 5C-16

くらし	kurasi	(日方:大分 Oita)	"fawn(노루 새끼)"
	jursa-n gio	(夫余)	"one-year old roe(한살의 숫노루)"
	korani	(現韓)	"elk(고라니)"

- 5C-17

しか	sika	(現日)	"deer(노루)"
しし	sisi	(日方:岩手 Iwate, 対馬 Tsushima, 兵庫 Hyogo)	id.
さご	sago	(日方:静岡 Shizuoka, 愛知 Aichi, 長野 Nagano)	"roe deer(숫노루)"
	sirga	(夫余)	id.
	cangsa-ni	(韓方:평북, 함북)	"deer(노루)"

- 5C-18

じっと	zitto	(日方:富山 Toyama)	"weasel(족제비)"
ずっと	zutto	(日方:長野 Nagano)	id.
	cokce-pi	(現韓)	id.

- 5C-19

じゃばたい	zyabatai	(日方:宮崎 Miyazaki)	"snake(뱀)"
じゃむし	zyamusi	(日方:三重 Mie)	id.
じゃばみ	zyabami	(日方:島根 Shimane)	"big snake(큰 뱀)"
	jabjan	(夫余)	"snake(뱀)"
	cintaei	(韓方:함남)	id.
	taemae	(韓方:경상)	id.

- 5C-20

  | じょめんま | zyome-nma | (日方:山形 Yamagata) | "rat(쥐)" |

	juma-ra	(夫余)	"rat-like animal(쥐 같은 동물)"
	saeang-cuy	(韓方:경남)	"rat(쥐) "

• 5C-21

ずわい	zuwai	(日方:奈良 Nara, 和歌山 Wakayama)	
			"deer when the horn does not grow(뿌리가 커지지 않을 때의 노루)"
	suwa	(夫余)	"spotted deer(얼룩진 노루)"
	cang-sani	(韓方:평북, 함북)	"deer(노루)"

• 5C-22

てっぺのあねさま	teppe-no anesama	(日方:福島 Fukushima)	"rat(쥐)"
	duhan-singeri	(夫余)	"a kind of rat(쥐의 일종)"

• 5C-23

とら	tora	(現日)	"tiger(호랑이)"
	tar-fu	(夫余)	"a kind of tiger(호랑이의 일종)"
	horangi	(現韓)	"tiger(호랑이)"

• 5C-24

とりがみ	tori-gami	(日方:岩手 Iwate)	"mane(갈기)"
おぼとれ	obo-tore	(古日)	"unkempt hair(흐트러진 머리)"_
	delu-n	(夫余)	"mane(갈기)"
	thari	(現韓)	id.

• 5C-25

のろ, のる	noro, noru	(現日)	"deer(노루)"
	jolo	(夫余)	"doe(암 노루)"
	noru	(現韓)	"deer(노루)"

• 5C-26

のんの	nonno	(日方:群馬 Gunma)	"wolf(늑대)"
	niohe	(夫余)	id.
	nuktae	(現韓)	id.

• 5C-27

まへび	mahe-bi	(日方:福島 Fukushima, 宮城 Miyagi, 熊本 Kumamoto, 鹿児島 Kagoshima)	"viper(독사)"
はんび	hanbi	(日方:三重 Mie, 和歌山 Wakayama, 奈良 Nara)	id.
はび/はぶ	habi/habu	(日方:千葉 Chiba, 三重 Mie, 和歌山 Wakayama, 大阪 Osaka, 高知 Kochi, 大分 Oita)	id.
	meihe	(夫余)	"snake(뱀)"
	paem	(現韓)	id.

• 5C-28

まみ	ma-mi	(現日)	"badger(오소리)"

		man-gisu	(夫余)	id.
		ma-kaci	(韓方:전북)	"pony(망아지)"
• 5C-29				
もぐら		mogura	(現日)	"mole(두더지)"
		muktun	(夫余)	id.
		mokuri	(古韓)	"frog(개구리)"
		miiku	(韓方:경북)	"fox(여우)"
• 5C-30				
よたか		yotaka	(日方:岩手 Iwate)	"bat(박쥐)"
		ashanga singeri	(夫余)	id. (winged rat(날개 있는 쥐))
		yozu	(古韓)	"fox(여우)"
• 5C-31				
らっこ		rakko	(現日)	"otter(수달)"
		leke-rhi	(夫余)	id.
• 5C-32				
わくどぅ		wakudoo	(日方:九州 Kyushu)	"frog(개구리), toad(두꺼비)"
わくひき		wakuhi-ki	(日方:九州 Kyushu)	"toad(두꺼비)"
ばくど		bakudo	(日方:大分 Oita)	"frog(개구리)"
		waksha-n	(夫余)	id.
		mekcaku	(韓方:평북)	id.

6. 조 류(74그룹)

6A. 닭(8그룹)

- **6A-1**

おんか	onka	(日方:静岡 Shizuoka)	"cock(수닭)" (음전)
おんご	ongo	(日方:三重 Mie)	id. (음전)
おじょ	ozyo	(日方:青森 Aomori)	id.
	iki-ri coko	(夫余)	"chicken(닭)" (음전)
	uginge	(夫余)	id.　　　(음전)
	kuy-aeki	(韓方:평북)	id.

- **6A-2**

かけ	kake	(古日)	"chicken(닭)"
けけ	keke	(日方:愛媛 Ehime)	id.
けけろ	keke-ro	(日方:佐渡 Sado)	id.
ぐぐ	gugu	(日方:南島 Minamijima)	id.
	koko	(夫余)	"sound made by chickens(닭이 내는 소리)"
	kkeki	(韓方:함남)	"chicken(닭)"

- **6A-3**

けむしゃ	kemu-sha	(日方:高知 Kochi)	"chicken(닭)"
けんもの	kenmo-no	(日方:埼玉 Saitama)	id.
	kemu-ri coko	(夫余)	id. (coko＝chicken(닭))

- **6A-4**

ととこ	to-toko	(日方:宮城 Miyagi, 長野 Nagano)	"chicken(닭)"
	coko	(夫余)	id.
	tak	(韓方:강원, 전남, 충청)	id.

- **6A-5**

とり	tori	(現日)	"chicken(닭), bird(새)"
	tura-ki	(夫余)	"jackdaw(까마귀의 일종)"
	tar-k	(現韓)	"chicken(닭)"

- **6A-6**

はいんさ	hainsa	(日方:南島 Minamijima)	"hawk(매)"

	furushun-tashari	(夫余)	"eagle(수리)" (tashari＝eagle(수리))
	hukshe-n	(夫余)	"domestic falcon(가정의 매)"
	hwangsae	(韓方:강원, 경북, 충북)	"swan(고니)"

- 6A-7

ひよこ	hiyoko	(現日)	"chick(병아리)"
ひよす	hiyosu	(日方:広島 Hiroshima, 宮崎 Miyazaki, 南島 Minamijima)	id.
ひな	hina	(現日)	id.
ひひな	hihina	(古日)	id.
	fioha	(夫余)	id.
	piaeki	(韓方:제주)	id.

- 6A-8

ほうほう	hoohoo	(日方:島根 Shimane)	"chicken(닭)"
ほうほ/ほほ	hooho/hoho	(日方:兵庫 Hyogo, 鳥取 Tottori, 岡山 Okayama, 京都 Kyoto)	id.
	hoiho	(夫余)	"tailless chicken(꼬리 없는 닭)"
	puhwong-i	(古韓)	"owl(부엉이)"
	puhii	(韓方:경상)	id.

6B. 부엉이, 두견이, 딱다구리(11그룹)

- 6B-1

あちゃとたて	atyato-tate	(日方:岩手 Iwate)	"cuckoo(두견)"
おとたかちょう	otota-ka-tyoo	(日方:仙台 Sendai)	id.
	ituri, ituri-kekuhe	(夫余)	id.
	tukyon	(現韓)	id.

- 6B-2

いぶろ	iburo	(日方:千葉 Chiba)	"owl(부엉이)" (음전)
おほ, おおほ	oho, ooho	(日方:岐阜 Gifu, 岩手 Iwate)	id.
	yabula-n	(夫余)	id.
	ulhuri-guwara	(夫余)	"eared owl(귀 있는 부엉이)"
	oppa-m	(韓方:제주)	"owl(부엉이)"
	orppi	(韓方:경북)	id. (음전)

- 6B-3

かこのとり	kako-no tori	(日方:兵庫 Hyogo)	"cuckoo(뻐꾸기)"
かっかぁどり	kakkaa-dori	(日方:三宅島 Miyakejima)	id.
ここじょ	koko-zyo	(日方:京都 Kyoto, 兵庫 Hyogo)	id.
	keku-he	(夫余)	"Asiatic cuckoo(아시아 두견)"
	kkurkku-ki	(韓方:경남)	id.

- **6B-4**

きろく	kiroku	(日方:愛知 Aichi, 岐阜 Gifu)	"owl(부엉이)
ごろくど	goroku-do	(日方:鳥取 Tottori)	id.
ごろっちょ	gorottyo	(日方:山梨 Yamanashi, 静岡 Shizuoka)	id.
	garuki-yari	(夫余)	"small green parrot(작고 파란 앵무새)"
	kiroki	(現韓)	"wild goose(기러기)"

- **6B-5**

くつどり	kutu-dori	(日方:徳島 Tokushima)	"cuckoo(두견 새)" (음전)
こってどり	kotte-dori	(日方:松島 Matsushima)	id.
	tukyo-n	(現韓)	id. (음전)

- **6B-6**

けら	kera	(日方:青森 Aomori, 福島 Fukushima, 岩手 Iwate, 栃木 Tochigi, 群馬 Gunma, 神奈川 Kanagawa, 長野 Nagano, 静岡 Shizuoka, 島根 Shimane)	"woodpecker(딱다구리)"
けらっとう	kera-ttoo	(日方:静岡 Shizuoka, 島根 Shimane)	id.
けらほつき	kera-hotuki	(日方:秋田 Akita, 宮城 Miyagi, 神奈川 Kanagawa, 静岡 Shizuoka, 山梨 Yamanashi)	id.
	corho-n	(夫余)	"a kind of woodpecker(딱다구리의 일종)"
	kure-hu	(夫余)	"big black woo d pecker(크고 검은 딱다구리)"
	ttakta-kuri	(現韓)	"woodpecker(딱다구리)"

- **6B-7**

どっぱどり	doppo-dori	(日方:長崎 Nagasaki)	"owl(부엉이)"
どうこ	dooko	(日方:佐賀 Saga)	id.
とっくお	tokkuo	(日方:宮崎 Miyazaki, 鹿児島 Kagoshima)	id.
こっぽどり	koppo-dori	(日方:大分 Oita)	id.
こうほう	koohoo	(日方:南島 Minamijima)	id.
	cobo-lan	(夫余)	id.
	dob-ke	(夫余)	"screech owl(올빼미류의 부엉이)"
	ttumping'i	(韓方:경남)	"water cock(뜸부기)"

- **6B-8**

ふくろう	hukurou	(現日)	"owl(부엉이)"
	fuguwara	(夫余)	"eared owl(귀가 있는 부엉이)"
	mechuri	(現韓)	"quail(메추라기)"

- **6B-9**

ほうず	hoozu	(日方:大分 Oita)	"owl(부엉이)"
ほうずけ	hoozu-ke	(日方:岐阜 Gifu)	id.
ぼうずっこ	boozu-kko	(日方:山梨 Yamanashi)	id.
ほすけす	hosu-kesu	(日方:静岡 Shizuoka)	id.

へぇすけとり	heesu-ke tori	(日方:三重 Mie)	id.
	fusha-hu	(夫余)	"scops owl(소쩍새)"
	husha-hu	(夫余)	id.
	huje-nge gasha	(夫余)	"a name for owl(부엉이의 일명)"
	humshe	(夫余)	"wood owl(나무 부엉이)"
	puongsae	(韓方:강원, 경북, 충청)	"owl(부엉이)"

- 6B-10

ほたくじい	hota-kuzii	(日方:鹿児島 Kagoshima)	"woodpecker(딱다구리)"
ほたつつき	hota-tutuki	(日方：島根 Shimane)	id.
ばんじょうどり	banzyoo-dori	(日方:千葉 Chiba)	id.
	fada-rhun	(夫余)	id.
	piturki	(現韓)	"dove(비둘기)"

- 6B-11

ぼっぽ	boppo	(日方:愛知 Aichi, 島根 Shimane)	"owl(부엉이)"
ほほ/ほほう	hoho/hohoo	(日方:兵庫 Hyogo, 山口 Yamaguchi)	id.
ほほどり	hoho-dori	(日方:宮崎 Miyazaki)	id.
	huhu-li	(夫余)	"a kind of owl(붕엉이의 일종)"
	puhong-i	(韓方:강원, 경북)	"owl(부엉이)"

6C. 왜가리, 수리, 까마귀(10그룹)

- 6C-1

かささぎ	kasa-sagi	(現日)	"magpie(까치)"
かちがらす	kati-garasu	(日方:佐賀 Saga, 長崎 Nagasaki, 福岡 Fukuoka)	id.
	kaksa-ha	(夫余)	id.
	kkachi	(現韓)	id.

- 6C-2

からす	karasu	(現日)	"crow(까마귀)"
	karaki, turaki	(夫余)	id.
	karasu, garici	(夫余)	"cormorant(가마우지 새)"
	kharsae	(現韓)	"a kind of swallow(제비 같은 새)"

- 6C-3

かり	kari	(現日)	"wild goose(박새기러기)"
がり	gari	(日方:山形 Yamagata)	"bird(새)"
くるまどり	kuru-ma dori	(日方:静岡 Shizuoka)	"starling(찌르레기 새)"
	garu	(夫余)	"swan(백조)"
	kila-hun	(夫余)	"gull(갈매기)"
	kiro-ki	(現韓)	id.

- 6C-4
  かろかろ　　karo-karo　　(日方:秋田 Akita)　　"crow(까마귀)"
  　　　　　　keru　　　　　(夫余)　　　　　　"young crow(어린 까마귀)"
  　　　　　　gari-　　　　 (夫余)　　　　　　"to caw(까마귀가 울다)"
  　　　　　　kkoekori　　　(現韓)　　　　　　"oriole(꾀꼬리)"

- 6C-5
  くち　　　　 kuti　　　　 (古日)　　　　　　"falcon(매)"
  　　　　　　gasha　　　　 (夫余)　　　　　　"large bird(큰 새)"
  　　　　　　kachi　　　　 (古韓)　　　　　　"magpie(까치)"

- 6C-6
  さぎ　　　　 sagi　　　　 (現日)　　　　　　"heron(왜가리)"
  　　　　　　singe-ri-fisa　(夫余)　　　　　　"a kind of egret(백로의 일종)"
  　　　　　　ssukku-ki　　 (韓方:경남)　　　　"cuckoo(뻐꾸기)"

- 6C-7
  たか　　　　 taka　　　　 (現日)　　　　　　"hawk(매)"
  　　　　　　tasha-ri　　　(夫余)　　　　　　"eagle(독수리)"
  　　　　　　tok-suri　　　(現韓)　　　　　　id.

- 6C-8
  つぐ　　　　 tugu　　　　 (日方:仙台 Sendai, 栃木 Tochigi,
  　　　　　　　　　　　　　福島 Fukushima)　"thrush(물까마귀)"
  つぐみ　　　 tugu-mi　　　(現日)　　　　　　id.
  つぎめ　　　 tugi-me　　　(日方:静岡 Shizuoka)　id.
  　　　　　　caku-lun　　　(夫余)　　　　　　"crow with white neck(흰 목의 까마귀)"
  　　　　　　ttaekau　　　 (韓方:전남)　　　　"goose(거위)"

- 6C-9
  つる　　　　 turu　　　　 (現日)　　　　　　"crane(두루미)"
  　　　　　　sile-hen　　　(夫余)　　　　　　"a name for crane(왜가리의 일명)"
  　　　　　　turu-mi　　　 (現韓)　　　　　　"crane(두루미)"

- 6C-10
  わし　　　　 wasi　　　　 (現日)　　　　　　"eagle(독수리)"
  　　　　　　isu-ka, yasu-ka (夫余)　　　　　"golden eagle(금독수리)"
  　　　　　　waksae　　　 (韓方:평북)　　　　"crane(두루미)"

6D. 참새, 제비, 종달새(16그룹)

- 6D-1
  いたくら　　 itaku-ra　　　(日方:三重 Mie, 奈良 Nara, 徳島 Tokushima,
  　　　　　　　　　　　　　和歌山 Wakayama)　"sparrow(제비)"
  　　　　　　edunge gasha　(夫余)　　　　　　"a type of sparrow-hawk(새매 같은 큰 새)"
  　　　　　　yonca　　　　 (韓方:경상)　　　　"sparrow(제비)"

- 6D-2

いっこくすずめ	ikko-ku suzume	(日方:鹿児島 Kagoshima)	"a kind of sparrow(제비의 일종)"
	uka-n cecike	(夫余)	id. (cecike＝small bird(작은 새))

- 6D-3

いんちろ	intiro	(日方:岡山 Okayama)	"lark(종다리)" (음전)
うどり	udori	(日方:茨城 Ibaragi)	id. (음전)
	aisuri	(夫余)	"bird looking a lark(종다리 같은 새)"
	elde-dei	(夫余)	"lark(종다리)" (음전)
	ulderhe-n	(夫余)	id. (음전)

- 6D-4

いんどぅら	indoora	(日方:南島 Minamijima)	"sparrow(참새)"
	antarhan cecike	(夫余)	"a name for sparrow(참새의 일명)"

- 6D-5

じじぐろ	zizi-guro	(日方:千葉 Chiba)	"sparrow(참새)"
じっちくら	zitti-kura	(日方:千葉 Chiba)	id.
しゅいた	shui-ta	(日方:長崎 Nagasaki)	id.
	saisha cecike	(夫余)	"a kind of sparrow(참새의 일종)"
	cham-sae	(現韓)	"sparrow(참새)"

- 6D-6

すずめ	suzu-me	(現日)	"sparrow(참새)"
	ceci-ke	(夫余)	"small bird(작은 새))
	saechi-ki	(韓方:전남)	"black-eared kite(소리개)"

- 6D-7

しょくり	shokuri	(日方:鹿児島)	"skylark(종달새)"
	jorgirhe-n	(夫余)	"lesser skylark(작은 종달새)"
	no-kokuri	(韓方:경남)	"skylark(종달새)"

- 6D-8

ちちぼろ	titi-boro	(日方:大分 Oita)	"skylark(종달새)"
じっち	zitti	(日方:南島 Minamijima)	id.
	side-rhen	(夫余)	"rice-colored skylark(쌀색의 종달새)"
	chongte-ki	(韓方:제주)	"skylark(종달새)"

- 6D-9

ちんちん	tinti-n	(日方:茨城 Ibaragi, 長崎 Nagasaki)	"sparrow(참새)"
ちんちめ	tinti-me	(日方:福島 Fukushima, 栃木 Tochigi)	id.
ちんちろ	tintiro	(日方:岡山 Okayama)	"skylark(종달새)"
ちんちんろ	tinti n -ro	(日方:あわ身大島 Awamiojima)	id.
ちんちなぁ	tinti-naa	(日方:南島 Minamijima)	id.
	conci-yanli	(夫余)	"a kind of lark(종달새의 일종)"
	cinjiri	(夫余)	"minah birds(제비와 참새등의 조류)"
	jingjara	(夫余)	"sparrow(참새)"

	congtar-sae	(現韓)	"lark(종달새)"

● 6D-10

つばめ	tuba-me	(現日)	"swallow(제비)"
つばさ	tuba-sa	(日方:広島 Hiroshima, 長崎 Nagasaki)	id.
とば	toba	(日方:三重 Mie)	id.
すばほろ	suba-horo	(日方:伊豆大島 Izuojim)	id.
じまったれ	zima-ttare	(日方:南島 Minamijima)	id.
	cibi-n	(夫余)	id.
	cibi-rgan	(夫余)	"swallow-like small bird(제비 같은 작은 새)"
	sibi-rgan	(夫余)	"spotted swallow(반점 있는 제비)"
	suwabi-rgan	(夫余)	"yellow swallow(노란 제비)"
	cepi	(現韓)	"swallow(제비)"

● 6D-11

ばどうや	badooya	(日方:南島 minamijima)	"sparrow(참새)"
ぼっとすずめ	botto-suzume	(日方:富山 Toyama)	id.
	fodo-ba	(夫余)	"light green sparrow(연한 파란 색 참새)"
	papcu-ri	(韓方:제주)	"sparrow(참새)"

● 6D-12

ばんちく	bantiku	(日方:富山 Toyama)	"sparrow(참새)"
	bunjiha	(夫余)	"a kind of sparrow(참새의 일종)"
	pamcuri	(韓方:제주)	"sparrow(참새)"

● 6D-13

ひばり	hibari	(現日)	"lark(종달새)"
	bile-rhen	(夫余)	id.
	ehurhe-n	(夫余)	"a kind of lark(종달새의 일종)"

● 6D-14

ひゅうご	hyuugo	(日方:兵庫 Hyogo, 島根 Shimane, 鳥取 Tootori) "swallow(제비)"	
ひいこ	hiiko	(日方:兵庫 Hyogo, 奈良 Nara, 京都 Kyoto, 岡山 Okayama, 鳥取 Tottori, 島根 Shimane)	id.
ひご	higo	(日方:兵庫 Hyogo)	id.
	bangu-he	(夫余)	"minah birds(제비와 참새등의 조류)"
	harsa	(夫余)	"yellow-throated swallow(목이 노란 제비)"
	peci	(韓方:평북)	"swallow(제비)"

● 6D-15

へそくろ	heso-kuro	(日方:千葉 Chiba)	"sparrow(참새)"
	fiyasha cecike	(夫余)	id. (cecike＝small bird(작은 새))

● 6D-16

またがらす	mata-garasu	(日方:南島 Minamijima)	"swallow(제비)"
まったらぁ	matta-raa	(日方:南島 Minamijima)	id.

| butuha-cibin | (夫余) | "a kind of swallow(제비의 일종)" |
| cepi | (現韓) | "swallow(제비)" |

6E. 기타 조류(29그룹)

- **6E-1**

うずら	u̱zu̱ra	(現日)	"quail(메추라기)" (음전)
うづら	u̱du̱ra	(古日)	id.
	arshu	(夫余)	id. (음전)
	shuru-n	(夫余)	"baby quail(새끼 메추라기)"
	m-echuri	(韓方:강원, 경상, 전라, 충청)	"quail(메추라기)"

- **6E-2**

| うんたみぃ | unta-mii | (日方:南島 Minamijima) | "partridge(산 메추라기)" |
| | itu | (夫余) | id. |

- **6E-3**

おながどり	onaga-dori	(日方:千葉 Chiba)	"Japanese jay(어치류의 새)"
	ongo-ro cecike	(夫余)	id. (cecike=small bird[작은 새])
	nokaeng	(韓方:평북, 함경)	"crow(까마귀)"

- **6E-4**

| がぁとり | gaatori | (日方:南島 Minamijima) | "duck(오리)" |
| | kaltara niyehe | (夫余) | "mallard(천둥오리)" (niyehe=duck[오리]) |

- **6E-5**

かんかん	kanka-n	(日方:青森 Aomori, 秋田 Akita)	
			"corn-crake(흰눈썹뜸부기)"
	gunga-la coko	(夫余)	"a kind of pheasant(꿩의 일종)"

- **6E-6**

かんがん	kanga-n	(日方:南島 Minamijima)	"crest(새의 관모, 볏)"
けん	ken	(日方:岩手 Iwate, 宮城 Miyagi, 佐渡 Sado)	id.
	kuku-le	(夫余)	id.
	gungu-lu	(夫余)	id.

- **6E-7**

がんがんみつくち	gangan-mitukuti	(日方:東京 Tokyo)	"goose(거위)"
がんがんやさぶろう	gangan-yasaburoo	(日方:仙台 Sendai, 茨城 Ibaragi)	id.
	gungari-niongniyaha	(夫余)	"wild goose(박새기러기)"
	ko̱uk	(韓方:전북)	"goose(거위)"
	kangkkamakuy	(韓方:전남)	"jackdaw(갈가마귀)"

- **6E-8**

かんじゅやぁ	ka̱nzyu-yaa	(日方:南島 Minamijima)	"kingfisher(물총새)" (음전)
かじかとり	ka̱zi-ka tori	(日方:青森 Aomori)	id. (음전)
とんじょとり	to̱nzyo tori	(日方:岩手 Iwate)	id. (음전)

	congai	(夫余)	id. (음전)

- **6E-9**

きんきち	kinki-ti	(日方:茨城 Ibaragi)	"grebe(농병아리 새)"
けぇつぐろぅ	kee-tuguroo	(日方:福岡 Fukuoka, 佐賀 Saga)	id.
	cungu-r niyehe	(夫余)	id. (niyehe＝duck[오리])

- **6E-10**

けんけん	kenke-n	(日方:神奈川 Kanagawa, 長野 Nagano)	"pheasant(꿩)"
	jungi-tu	(夫余)	"old name for pheasant(꿩의 고명)"
	kkwong	(現韓)	"pheasant(꿩)"

- **6E-11**

さが	saga	(日方:千葉 Chiba)	"crest(새의 관모, 볏)"
しゃか	shaka!	(日方:茨城 Ibaragi)	id.
	senge-le	(夫余)	id.

- **6E-12**

じぇっちゃぁ	ziettyaa	(日方:種子島 Tanegashima)	"bush warbler(휘파람새)"
ちゃっちゃあ	tyattya	(日方:千葉 Chiba, 伊豆大島 Izuojima, 神奈川 Kanagawa, 兵庫 Hyogo, 高知 Kochi)	id.
つぁっつあ	tuattua	(日方:南島 Minamijima)	id.
	ceci-ke	(夫余)	"small bird(작은 새)"
	ccaek-ccaek	(現韓)	"chirping(쩩쩩거리는 세 소리)"

- **6E-13**

しばこぐり	sibako-guri	(日方:鹿児島 Kagoshima)	"wren(굴뚝새)"
	sibirga-n	(夫余)	"speckled swallow(반점 있는 제비)"

- **6E-14**

じょな	zyona	(日方:千葉 Chiba, 茨城 Ibaragi)	"kingfisher(물총새)"
そな	sona	(日方:仙台 Sendai, 宮城 Miyagi, 福島 Fukushima)	id.
	cunu gasha	(夫余)	id.

- **6E-15**

ずぅ, どぅ	zuu, doo	(日方:南島 Minamijima)	"tail of fowls and beasts(새와 짐승의 꼬리)"
	soi-ho	(夫余)	"end of bird's tail(새 꼬리의 끝)"

- **6E-16**

そびな	sobi-na	(日方:山梨 Yamanashi)	"kingfisher(물총새)"
しょうび	shoobi	(日方:三重 Mie, 島根 Shimane)	id.
しょうびん	shoobi-n	(日方:新潟 Niigata, 長野 Nagano, 愛知 Aichi, 鳥取 Tottori, 愛媛 Ehime, 大分 Oita)	id.
ちゅうびん	tyuubi-n	(日方:大分 Oita)	id.
	curbi-gasha	(夫余)	id.
	shofo-ro cecike	(夫余)	id.

- 6E-17

ちどり	tidori	(現日)	"snipe(도요새)"
	cocari	(夫余)	id.
	chor-sae	(現韓)	id.
	coptong-sae	(韓方:경북)	"cockoo(두견새)"

- 6E-18

ててっぽっぽ	tete-ppoppo	(日方:岩手 Iwate, 福島 Fukushima, 石川 Ishikawa)	"turtledove(산비둘기)"
どてっぽっぽ	dote-ppoppo	(日方:岐阜 Gifu)	"dove's crying noise(비둘기 우는 소리)"
	dudu	(夫余)	"turtledove(산 비둘기)"
	ttu-mpu-ki	(現韓)	"water cock(뜸부기)"

- 6E-19

とき	toki	(現日)	"crested ibis(관모가 있는 따오기)"
つき	tuki	(古日)	id.
とっきん	tokki-n	(日方:新潟 Niigata, 山梨 Yamanashi)	"crest(볏관모, 볏)"
とっけし	tokkesi	(日方:福島 Fukushima)	id.
	toji-n	(夫余)	"peacock(숫 공작)"
	cooga-n	(夫余)	"little heron(작은 왜가리)"
	ttaoki	(現韓)	"ibis(따오기)"
	ttaoki	(現韓)	"crested ibis(관모가 있는 따오기)"
	tak-pesir	(韓方:경남)	"crest(볏관모, 볏)"
	tarku-pesir	(韓方:경북)	"crest(볏관모, 볏)"

- 6E-20

| とさか, さか | tosaka | (現日) | "crest(새의 관모, 볏)" |
| | tosi | (夫余) | "white spot on the forehead of an animal(동물 이마의 흰 반점)" |

- 6E-21

にお	nio	(現日)	"grebe(농병아리류)"
にゆう	niyuu	(日方:仙台 Sendai)	id.
にっこべ	nikko-be	(日方:三重 Mie)	id.
	nio-jan-niyehe	(夫余)	"little grebe(작은 농병아리)"
	nung-pyongari	(現韓)	"grebe(농병아리류)"

- 6E-22

| はね | hane | (現日) | "wing(날개)" |
| | hana | (夫余) | "part of the inner wing(속 날개 일부)" |

- 6E-23

びぃとり	biitori	(日方:南島 Minamijima)	"fighting cock(싸우는 수탉)"
けとり	ketori	(日方:長崎 Nagasaki)	id.
	husuri coko	(夫余)	"chicken with bristly feathers(센털의 닭)"

| | hinturu-mi | (韓方:전남) | "wagtail(노랑할미새)" |

- **6E-24**

ひたき	hitaki	(現日)	"flycatcher(딱새과의 작은 새)"
ひんこつ	hinko-tu	(日方:岡山 Okayama, 福岡 Fukuoka)	id.
	hijinga-baibula	(夫余)	id.
	chongteki	(韓方:제주)	"lark(종달새)"

- **6E-25**

ひんこどり	hinko-dori	(日方:岡山 Okayama)	"wagtail(노랑할미새)"
ひんくた	hinku-ta	(日方:千葉 Chiba)	id.
ひんこつ	hinko-tu	(日方:宮崎 Miyazaki)	id.
	inga-li	(夫余)	id.
	hansae	(韓方:경남)	id.

- **6E-26**

| ほいだ | hoida | (日方:南島 Minamijima) | "thrush(백설조)" |
| | fakdang cecike | (夫余) | id. |

- **6E-27**

まぁじろ	maaziro	(日方:種子島 Tanegashima)	"bunting(멧새)"
	mushurhu	(夫余)	"fish that will become a quail(메추라기로 되는 물고기)"
	mes-sae	(現韓)	"bunting(멧새)"

- **6E-28**

ましっかみ	masikka-mi	(日方:隠岐 Oki)	"kingfisher(물총새)"
	mucungai	(夫余)	id.
	murchongsae	(現韓)	id.
	paramkaepi	(韓方:강월, 경남)	"kite bird(소리개)"

- **6E-29**

むぐり	muguri	(日方:石川 Ishikawa)	"little kingfisher(작은 물총새)"
	buhere	(夫余)	id.
	mekkuri	(韓方:충남)	"quail(메추라기)"

7. 곤충, 어류, 게(50그룹)

7A. 곤충(22그룹)

• 7A-1

あまのじゃく	amano-zyaku	(日方:群馬 Gunma, 茨城 Ibaragi, 静岡 Shizuoka)	"pupa(번데기)"
あまびき	amabiki	(日方:九州 Kyushu)	"tree toad(청개구리)"
あんびき	anbiki	(日方:和歌山 Wakayama, 兵庫 Hyogo, 広島 Hiroshima, 四国 Shikoku, 大分 Oita)	id.
おおびき	oobiki	(日方:九州 Kyushu, 山口 Yamaguti, 岡山 Okayama, 徳島 Tokushima, 高知 Kochi)	id.
	umiyaha	(夫余)	"insect(벌레)"
	mecuaeki	(韓方:전북)	"tadpole(올챙이)"

• 7A-2

あり	ari	(現日)	"ant(개미)"
いら	ira	(日方:静岡 Shizuoka, 山口 Yamaguti)	id.
いやり	iyari	(日方:宮崎 Miyazaki)	id.
	yerhu-we	(夫余)	id.
	in	(韓方:경남)	"earthworm(지렁이)"

• 7A-3

いっときばい	ittoki-bai	(日方:秋芳 Shuho, 山口 Yamaguchi)	"winged ant(날개미)"
	yecuhe	(夫余)	id.
	wangttangke	(韓方:충남)	"long-horned grasshopper(베짱이)"

• 7A-4

いなご	inago	(現日)	"locust(메뚜기)"
いなぎぃす	inagii-su	(日方:山口 Yamaguchi)	id.
	unika	(夫余)	"young locust(메뚜기 새끼)"
	yonchi	(韓方:경남)	"locust(메뚜기)"

• 7A-5

うしいばい	usii-bai	(日方:南島 Minamijima)	"gadfly(말파리, 소파리)"
	ija	(夫余)	id.
	sae-phari	(韓方:전북)	"fly(파리)"

• 7A-6

おんぼぅ	onboo	(日方:伊豆大島 Izuojima)	"dragonfly(잠자리)
えんば	enba	(日方:四国 Shikoku, 茨城 Ibaragi,	

		大分 Oita, 長崎 Nagasaki)　id.	
えぼ	ebo	(日方:長崎 Nagasaki)	id.
	ulme-hulhatu	(夫余)	id. (ulme＝kneedle(바늘)
	wangpor	(現韓)	"wasp(왕벌)"

• 7A-7

かべる	kabe-ru	(日方:静岡 Shizuoka)	"butterfly(나비)"
	gefe-he	(夫余)	id.
	kkopuri	(韓方:전북)	"dragonfly(잠자리)"

• 7A-8

きらじ	kira-zi	(日方:石川 Ishikawa)	"louse egg(이의 알)"
きらず	kira-zu	(日方:茨城 Ibaragi, 福島 Fukushima)　id.	
けらじ	kera-zi	(日方:石川 Ishikawa)	id.
けれ	kere	(日方:宮崎 Miyazaki)	"small loouse(작은 이)"
ごら	gora	(日方:鹿児島 Kagoshima) "louse(이)"	
しらみ	sira-mi	(現日)	id.
	sura, sura-n	(夫余)	"flea(벼룩)"
	karang-ni	(韓方:경북)　·	"louse(이)"
	ssurori	(韓方:평북)	id.

• 7A-9

くも	kumo	(現日)	"spider(거미)"
こぶ	kobu!	(日方:九州 Kyushu)	id.
くぅばぁ	kuubaa	(日方:南島 Minamijima)	id.
くぼな	kubo-na	(日方:八丈島 Hachijoujima)	id
	galma-n	(夫余)	"mosquite(모기)"
	helme-hen	(夫余)	"spider(거미)"
	komi	(現韓)	id.

• 7A-10

こぉろぎ	koorogi	(現日)	"cricket(귀뚜라미)"
きりぎりす	kirigi-risu	(現日)	id.
きりご	kirigo	(日方:鳥取 Tottori, 島根 Shimane, 岡山 Okayama, 広島 Hiroshima)	id.
きりつつ	kiritu-tu	(日方:山口 Yamaguchi)	id.
くろと	kuroto	(日方:兵庫 Hyogo, 鳥取 Tootori)	id.
	gerge-n	(夫余)	"yellow tree cricket(노란 귀뚜라미)"
	gurje-n	(夫余)	id.
	kkurttu-rami	(韓方:전남)	"cricket(귀뚜라미)"

• 7A-11

| さし | sasi | (日方:三重 Mie, 宮崎 Miyazaki, 対馬 Tsushima) | "worm(벌레)" |
| さす | sasu | (日方:神奈川 Kanagawa) | id. |

	sisha-	(夫余)	"worms get into(벌레가 들다)"
	ssusi-	(現韓)	"to poke(쑤시다)"

● 7A-12

さるうじ	saru-uzi	(日方:新潟)	"maggot(구더기)"
	sere	(夫余)	id.
	suy	(韓方:전북)	id.

● 7A-13

しがり	sigari	(日方 : 青森 Aomori, 岩手 Iwate)	
			"bee(벌)" (음전)
すがりばち	sugari-bati	(日方:隠岐 Oki)	"a kind of bee(벌의 일종)" (음전)
	soroki-ya	(夫余)	"wasp(말벌)" (음전)
	sikkari	(韓方:경남)	"flyblow(파리 알)"

● 7A-14

じぼ	zibo	(日方:長野 Nagano)	"firefly(개똥벌레)"
	ju-ciba	(夫余)	id.
	suyphari	(現韓)	"blue bottle fly(쉬파리)"

● 7A-15

しろむし	siro-musi	(日方:大分 Oita)	"baby bee(벌 새끼)"
	suila-n	(夫余)	"hornet(말벌)"

● 7A-16

だに	dani	(現日)	"tick(진드기)"
だじ	dazi	(日方:香川 Kagawa)	id.
だんにゃま	dannya-ma	(日方:鹿児島 Kagoshima)	id.
	doha	(夫余)	id.
	cin-tuki	(現韓)	id.

● 7A-17

ちょうちんご	tyooti-ngo	(日方:香川 Kagawa)	"bee larva(벌의 유충)"
	dondo-ba	(夫余)	"wasp(말벌)"
	ciscoraeki	(韓方:경남)	"cricket(귀뚜라미)"

● 7A-18

ちんくら	tinku-ra	(日方:富山 Toyama)	"cricket(귀뚜라미)"
ちんころ	tinko-ro	(日方:福島 Fukushima, 栃木 Tochigi, 和歌山 Wakayama, 大阪 Osaka)	id.
ちんちろ	tinti-ro	(日方:群馬 Gunma, 愛知 Aichi, 奈良 Nara, 和歌山 Wakayama, 宮崎 Miyazaki)	id.
	tongo-midaha	(夫余)	"thin crickdet(가늘게 생긴 귀뚜라미)"
	kongcung-i	(韓方:제주)	"cricket(귀뚜라미)"

● 7A-19

とんじ	tonzi	(日方:三重 Mie)	"locust(메뚜기)"
とんばす	tonbasu	(日方:岐阜 Gifu)	id.

とんぶん	tonbu-n	(日方:福井 Fukui)	id.
	tebse-he	(夫余)	"a type of locust(메뚜기의 일종)"
	ttangkkaepi	(韓方:전남)	"locust(메뚜기)"
	ttettaepi	(韓方:경북)	id.

● 7A-20

ほうえんつく	hooentuku	(日方:千葉 Chiba)	"cicada(매미)"
ほうしんちょこ	hoosintyoko	(日方:千葉 Chiba)	id.
	biyangsiku	(夫余)	id.
	bingsiku	(夫余)	"autumn cicada(가을매미)"
	puttuk-maemi	(韓方:경남)	"cricket(귀뚜라미)"

● 7A-21

むし	musi	(現日)	"insect(곤충)"
べそ	beso	(日方:静岡 Shizuoka)	"ant lion(명주잠자리)"
	bisi	(夫余)	"tick(진드기)"
	putu-nci	(韓方:경남)	id.

● 7A-22

やた	yata	(日方:나라)	"blue fly(파란 파리)"
うしこ	usi-ko	(日方:千葉 Chiba, 茨城 Ibaragi)	
			"ant lion(명주잠자리)"
いちいち	iti-iti	(日方:岡山 Okayama)	id.
あじのす	azi-no-su	(日方:兵庫 Hyogo)	id.
	yecu-he	(夫余)	"small black fly(작고 검은 파리)"
	yochi	(韓方:강원, 경상, 전라, 충북)	"blowfly(쉬파리)"
	ichi	(韓方:경북)	id.

7B. 어류, 게(28그룹)

● 7B-1

あいもの	ai-mono	(日方:新潟 Niigata, 対馬 Tsushima)	
			"salted fish(모든 절인 생선)"
あえもの	ae-mono	(日方:新潟 Niigata, 岡山 Okayama)	id.
	uye-	(夫余)	"to salt(절이다)"
	omur	(現韓)	"dried fish(어물)" (漁物)
	haamae	(韓方:경북)	"snail(달팽이)"

● 7B-2

あじ	azi	(日方:和歌山 Wakayama)	"fish(물고기, 생선)"
	atu	(夫余)	"female fish(암 물고기)"
	atu-ha	(夫余)	"male fish(숫 물고기)"
	aeri	(韓方:평북, 함남)	"meat(고기), fish(물고기, 생선)"
	ongci	(韓方:평북)	"beast's mother(짐승의 어미)"

- 7B-3

いしぼとけ	isi-botoke	(日方:神奈川 Kanagawa)	"shark(상어)"
	aji-n	(夫余)	"sturgeon(철갑상어)"
	sanghae	(韓方:전북)	"shark(상어)"

- 7B-4

いっこん	ikkon	(日方:石川 Ishikawa, 福井 Fukui, 島根 Shimane,	
		山口 Yamaguchi, 德島 Tokushima,	
		九州 Kyushu)	"one fish(물고기 하나)"
いっこんさんこん	ikkon-sankon	(日方:奈良 Nara)	"to finish all at once(한꺼번에 다하다)"
	emke	(夫余)	"one(하나)"
	emken	(日方)	id.
	hangkae	(韓方:강원, 경남, 충청)	id.

- 7B-5

いら	ira	(日方:大分 oita, 鹿児島 Kagoshima, 種子島 Tanegashima)	
			"meat(고기), fish(물고기)"
いろくづ	iro-kudu	(古日)	"fish(물고기), fish-scale(비늘)"
いろ	iro	(日方:香川 Kagawa, 長崎 Nagasaki)	
			"school of fish(물고기 떼)"
いりち	iri-ti	(日方:南島 Minamijima)	"fish scale(비늘)"
うろこ	uro-ko	(現日)	id.
ゆら	yura	(日方:大分 Oita)	id.
	yaru	(日方)	"type of frog soup(개구리 수프의 일종)"
	yaru	(日方)	"brook char(개울의 담수어)"
	aeri	(韓方:평북, 함남)	"meat(식육), fish(물고기, 생선)"
	ero	(韓方:평북)	"fish(물고기)"

- 7B-6

いりがら	irigara	(日方:大阪 Osaka)	"dried whale meat(마른 고래 고기)"
	kali-mu	(日方)	id.
	korae	(現韓)	"whale(고래)"

- 7B-7

おうな	oona	(日方:京都 Kyoto, 埼玉 Saitama,	
		神奈川 Kanagawa)	"7-8 year old perch(7, 8세의 농어)"
	ooha	(日方)	"river perch(개울 농어)"
	anwa-n	(日方)	"sea perch(바다 농어)"
	nong-o	(現韓)	"perch(농어)" (o = fish[물고기])

- 7B-8

かに	kani	(現日)	"crab(게)"
かひ	kahi	(고일)	id.
かんた	kan-ta	(日方:香川 Kagawa, 岡山 Okayama)	id.

かんもん	kan-mon	(日方:広島 Hiroshima)	id.
	kai-kari	(日方)	"white mother-of-pearl(백진주)"
	kengi	(韓方:제주)	"crab(게)"

- 7B-9

かれい	karei	(現日)	"flatfish(넙치, 광어)"
	kalfi-ni	(日方)	id.
	kar-chi	(現韓)	"hairtail(갈치)"

- 7B-10

がんぞう	ganzoo	(日方:福井 Fukui)	"small carp(작은 잉어)"
	kurce	(日方)	"a kind of carp(잉어의 일종)"
	kkongchi	(現韓)	"mackerel pike(꽁치)"
	kungcaang	(韓方:경남)	"eel(뱀장어)"

- 7B-11

がんた	ganta	(日方:香川 Kagawa, 岡山Okayama)	"crab(게)"
がんちん	ganti-n	(日方:香川 Kagawa)	id.
がんつ	gantu	(日方:岡山 Okayama, 広島 Hiroshima, 香川 Kagawa, 愛媛 Ehime)	id.
	katu-ri	(夫余)	id.
	kongchi	(韓方:충북)	"mackerel pike(꽁치)"

- 7B-12

こじろ	koziro	(日方:千葉 Chiba)	"young carp(잉어 새끼)"
	siri	(夫余)	id.
	koturi	(韓方:경남)	"mackerel(고등어)"

- 7B-13

さえび	saebi	(日方:高知 Kochi, 宮崎 Miyazaki)	"river shrimp(개울의 작은 새우)"
さやまき	sayama-ki	(日方:和歌山 Wakayama, 徳島 Tokushima)	"coiled shrimp(사린 작은 새우)"
	sampa	(夫余)	"lobster(왕새우)"
	saepi	(韓方:경북, 전북)	"shrimp(새우)"

- 7B-14

さが	saga	(日方:茨城 Ibaragi)	"sturgeon(철갑상어)"
さがぼう	saga-boo	(日方:栃木 Toshigi)	"a kind of shark(상어의 일종)"
	secu	(夫余)	"a kind of sturgeon(철갑상어의 일종)"
	sanghae	(韓方:전북)	"shark(상어)"

- 7B-15

さかな	sakana	(現日)	"fish(물고기)"
	sohoco	(夫余)	id.
	ccikae	(韓方:충남)	"meat(고기)"

- 7B-16

さけ	sake	(現日)	"salmon(연어)"
すけ	suke	(日方:茨城 Ibaragi)	id.
	sargan-nimaha	(夫余)	id. (nimaha＝fish[물고기])
	cuk-sangae	(韓方:전남)	"shark(상어)"

- 7B-17

ささがれい	sasaga-rei	(日方:仙台 Sendai)	"halibut(큰넙치)"
くちげ	kutige	(日方:岡山 Okayama)	"a kind of flounder(큰넙치의 일종)"
	jajigi	(夫余)	"turbot(가자미류의 물고기)"
	kaca-mi	(現韓)	"flounder(넙치)"

- 7B-18

さめ	same	(現日)	"shark(상어)"
	cime	(夫余)	"mackerel pike(꽁치)"
	sanghae	(韓方:전북)	"shark(상어)"
	tomi	(現韓)	"sea-bream(도미)"

- 7B-19

しらこ	sirako	(現日)	"roe(물고기의 알)"
	cergu-we	(夫余)	id.
	sorang	(韓方:전남)	"conch(소라)"

- 7B-20

たい	tai	(現日)	"seabream(도미)"
たひ	tahi	(古日)	id.
	tai-huwa	(夫余)	id.
	tai-yun	(夫余)	id.
	tayu-nga nimaha (夫余)		"fish resembling carp(잉어 같은 물고기)"
	tomi	(現韓)	"seabream(도미)"

- 7B-21

たこ	tako	(現日)	"octopus(문어)"
	taku	(夫余)	"a kind of carp(잉어의 일종)"
	coki	(現韓)	"croaker(조기)"

- 7B-22

なまず	namazu	(現日)	"catfish(메기)"
なまだ	namada	(日方:千葉 Chiba)	id.
	laha	(夫余)	id.
	mesa-ku	(韓方:평안, 황해)	id.

- 7B-23

はりうなぎ	hari-unagi	(日方:高知 Kochi, 静岡 Shizuoka, 島根 Shimane)
			"young eel(뱀장어 새끼)"
はりこ	hari-ko	(日方:長野 Nagano)	id.
びり	biri	(日方:静岡 Shizuoka, 愛知 Aichi, 岡山 Okayama,

		島根 Shimane)	id.
	horo, huwara	(夫余)	"eel(뱀장어)"
	mer	(韓方:제주)	"anchovy(멸치)"
	pharae	(韓方:전남)	"jellyfish(해파리)"

• 7B-24

ばんこ	banko	(日方:静岡 Shizuoka)	"flatfish(넙치, 광어)"
	bongci-hili	(夫余)	"a kind of fish from the Eastern Sea(동해 물고기의 일종)"
	paengo	(現韓)	"whitebait(정어리 따위의 새끼)"

• 7B-25

ひえん, ふえん	hien, huen	(日方:鳥取 Tottori, 島根 Shimane)	
			"school of fish(물고기 떼)"
	hin-ge	(夫余)	id.
	hin-ge	(夫余)	id.
	ha-	(古韓)	"be many or much(많다)"

• 7B-26

ぶんしろ	bunsiro	(日方:東京 Tokyo, 神奈川 Kanagawa, 埼玉 Saitama)	
			"baby carp(잉어 새끼)"
ぶんしょう	bunshoo	(日方:福島 Fukushima)	id.
	fuseli	(夫余)	"fish like the black carp(검은 잉어 같은 물고기)"
	mujuhu	(夫余)	"carp(잉어)"
	paemca	(韓方:경북)	"eel(뱀장어)"
	paengchi	(韓方:경남, 전남)	"whitebait(정어리 따위의 새끼)"

• 7B-27

ほしか	hosika	(日方:奈良 Nara)	"miscellaneous fish(잡종 물고기)"
	honika	(夫余)	"small fish(작은 물고기)"
	posusu-ri	(韓方:평북, 함남)	"meat(고기, 물고기)"

• 7B-28

めせ	mese	(日方:静岡 Shizuoka)	"young eel(뱀장어 새끼)"
めそ	meso	(日方:愛知 Aichi, 千葉 Chiba, 茨城 Ibaragi, 群馬 Gunma, 埼玉 Saitama, 静岡 Shizuoka, 岐阜 Gifu)	id.
	meihe-tu	(夫余)	"mud eel(진흙 뱀장어)"
	puongci	(韓方:전북)	"eel(뱀장어)"

8. 경작, 곡물(26그룹)

8A. 경작, 경작지(9그룹)

- **8A-1**

うね	une	(現日)	"furrow ridge(고랑의 두렁)"
うねる	une-ru	(日方:高知 Kochi)	"to make furrow ridge(고랑의 두렁을 만들다)"
そこいら	sokoira	(日方:香川 Kagawa)	"ridge between rice paddies(논 사이의 두렁)"
	iru-n	(夫余)	"rows between furruws(고랑 사이의 줄)"
	irang	(現韓)	"furrow ridge(고랑의 두렁)"

- **8A-2**

うら	ura	(日方:宮城 Miyagi)	"cultivated field(밭)"
はる	haru	(日方:南島 Minamijima)	id.
	iri	(夫余)	"vegetable garden(야채 밭)"
	por	(現韓)	"field(벌)"

- **8A-3**

えしゃぐら	esha-gura	(日方:新潟 Niigata, 長野 Nagano)	
			"pile of stones collected while till-ing(밭 갈 때에 모은 돌 더미)"
おじぼ	ozi-bo	(日方:岩手 Iwate)	"farmland around the house(집 주위의 밭)"
あぞ	azo	(日方:伊豆大島 Izuojima, 三宅島 Miyakejima)	
			"boundary of cultivated fields(경작지의 경계)"
	usi-n	(夫余)	"cultivated field(밭)"
	su-kurong	(韓方:전북)	"swamp(늪)"

- **8A-4**

しえぇきん	sieek-in	(日方:南島 Minamijima)	"to bring under cultivation(개간하다)"
	suk-san	(夫余)	"land newly opened for cultivation(신개간지)"
	suykung	(古韓)	"ditch or sewer(시궁)"

- **8A-5**

しろ	siro	(日方:壱岐 Iki)	"tilling the paddy before seeding(모를 심기 전에 논을 가는 것)"
つる	turu	(日方:福岡 Fukuoka)	"cultivated field(밭)"
	tari-	(夫余)	"to cultivate the land(땅을 갈다)"
	cire	(現韓)	"beforehand(지레)"

- **8A-6**

せっし	sessi	(日方:岡山 Okayama)	"winnowing(키질)"
	suksu-	(夫余)	"to winnow(키질하다)"

| | khicca-k | (韓方:황해) | "winnow(키)" |

• 8A-7

ふせる	huse-ru	(日方:秋田 Akita, 宮城 Miyagi, 奈良 Nara, 愛媛 Ehime, 山口 Yamaguchi, 壱岐 Iki) "to seed(씨뿌리다)"
	use-	(夫余)	"to plant(심다), to seed(씨뿌리다)"
	hochi-	(韓方:전남)	"to sprinkle(뿌리다)"

• 8A-8

ぼうとう	bootoo	(日方:高知 Kochi)	"scarecrow(허수아비)"
	beihuwe	(夫余)	id.
	hose	(韓方:경북)	id.
	hocae-pi	(韓方:강원, 경북, 제주, 충북)	id.

• 8A-9

まち	mati	(日方:埼玉 Saitama, 京都 Kyoto, 岡山 Okayama, 島根 Shimane) "rice paddy(논)"
はた, はたけ	hata, hata-ke	(現日)	id.
	buta	(夫余)	"cultivated field(경작지)"
	path	(現韓)	id.
	puchi-	(現韓)	"to cultivate(부치다)"
	putaeki	(韓方:평북)	"slash and burn field(화전)"

8B. 곡물(17그룹)

• 8B-1

あら	ara	(日方:青森 Somori, 秋田 Akita, 宮城 Miyagi, 栃木 Tochigi, 埼玉 Saitama, 奈良 Nara, 和歌山 Wakayama, 壱岐 Iki, 南島 Minamijima) "chaff among rice grains(쌀에 섞인 왕겨)"
あらぬか	ara-nuka	(日方:千葉 Chiba)	"chaff(왕겨)" (음전)
あらもと	ara-moto	(日方:岩手 Iwate, 和歌山 Wakayama, 山口 Yamaguchi, 鹿児島 Kagoshima) id. (음전)
	ara	(夫余)	id.
	yomur	(現韓)	"chaff(왕겨)" (음전)

• 8B-2

うふついじやぁ	uhutuizyaa	(日方:南島 Minamijima)	"soy bean(콩, 대두)"
	afiya	(夫余)	"bean plant(콩나무)"
	aihashushu	(夫余)	"corn(옥수수)"
	oksusu	(現韓)	id.
	okcosi	(韓方:전남)	id.

• 8B-3

| うらけ, ほんけ | ura-ke, honke | (日方:奈良 Nara) | "barley(보리)" |

	arfa	(夫余)	"barley(보리), grain(곡물)"
	bele	(夫余)	"hulled rice(정미한 쌀)"
	pori	(現韓)	"barley(보리)"

● 8B-4

しゃく	shaku	(日方:鹿児島 Kagoshima)	"unpolished rice(현미)"
しゃち	shati	(日方:鹿児島 Kagoshima)	"nonglutinous rice(멥쌀)"
しゃんご	shango	(日方:千葉 Chiba)	"white rice(백미)"
	soca	(夫余)	"strewn offering rice(흐터진 봉납미)"
	ssar	(現韓)	"rice(쌀)"

● 8B-5

すずむぎ	suzu-mugi	(日方:千葉 Chiba, 神奈川 Kanagawa) "oats(메귀리)"
しじんこ	sizi-nko	(日方:愛媛 Ehime)	id.
	size-nko	(日方:香川 Kagawa)	id
	sacu	(夫余)	"buckwheat(메밀)"
	shushu	(夫余)	"kaoliang(고량, 만주 옥수수)"
	ccikki	(韓方:강원, 충북)	"leftover buckwheat after winnowing(키질 후에 남은 메밀)"

● 8B-6

せえろう	seeroo	(日方:岐阜 Gifu, 岩手 Iwate) "granary(곡창)"
せこ	seko	(日方:壱岐 Iki)	"grain box(곡물 상자)"
	calu	(夫余)	"granary(곡창)"
	calu-nga	(夫余)	"concerning granary(곡창에 관한)"
	sakae	(韓方:평북)	"a kind of box(상자의 일종)"

● 8B-7

とうわ	too-wa	(日方:滋賀 Shiga)	"corn(옥수수)"
すのば	su-noba	(日方:千葉 Chiba)	"threshing place(탈곡장)"
	je	(夫余)	"millet(조의 일종), grains(곡물)"
	co	(現韓)	"millet(조의 일종)"
	tang-swi	(韓方:함북)	"corn(옥수수)"

● 8B-8

のうめえ	noo-mee	(日方:南島 Minamijima)	"unpolished rice(현미)"
	lo-mi	(夫余)	"long-kept rice(오래동안 두어둔 쌀)"
	nuy	(現韓)	"unhulled grain of rice(뉘)"

● 8B-9

のし	nosi	(日方:福岡 Fukuoka)	"bran(겨)"
	niji-he	(夫余)	id.
	misi-skaru	(現韓)	"unhulled roasted grain(미숫가루)"

● 8B-10

| ばんでん | bande-n | (夫余:佐賀 Saga) | "late maturing rice plant(늦벼, 만도)" |

	handu bele	(夫余)	id.　(bele＝edible grain(식용곡물)
	handu	(夫余)	"rice plant(벼)"
	manto	(現韓)	"late maturing rice plant(늦벼)" (晚稻)

• 8B-11

はんまい

	hanmai	(日方:岐阜 Gifu)	"a kind of barly(보리의 일종)"
	fulmai ilha	(夫余)	"flower whose plant resembles wheat(밀 같은 식물의 꽃)"
	phima-ca	(現韓)	"castor-oil plant(아주까리, 피마자)"

• 8B-12

ひぃはぁ

	hiihaa	(日方:南島 Minamijima)	"straw bag for grains(짚의 곡물 부대)"
	fulhu	(夫余)	"bag(부대, 주머니)"
	kaehang	(韓方:강원)	id.
	horang	(韓方:전남, 충남)	id.

• 8B-13

ひえ
ぶろ
ばんばら

	hie	(現日)	"barnyard grass(헛간 마당의 풀), millet(조)"
	buro	(日方:滋賀 Shiga)	id.
	banbara	(日方:広島 Hiroshima)	"millet(조)"
	hife-bele	(夫余)	"a type of millet(조의 일종)"
	phi	(現韓)	"millet(조)"
	phima-ca	(現韓)	"caster-oil plant(피마자, 아주까리)"

• 8B-14

ひる
ちりっぱ

	hir-u	(現日)	"to winnow(키질하다)"
	tiri-ppo	(日方:群馬 Gunma)	"winnowing(키질)"
	sara-	(夫余)	"to fan(부채질하다)
	kka-puru-	(現韓)	"to winnow(키질하다)"
	horrang-kori-	(韓方:전남)	id.

• 8B-15

ぼうずむぎ

	boozu-mugi	(日方:愛知 Aichi)	"wheat(밀)"
	maise	(夫余)	id.
	possar	(韓方:경북)	"barley(보리)"

• 8B-16

ほや

	hoya	(日方:熊本 Kumamoto)	"unhulled rice(정미 안한 쌀)"
	muya	(夫余)	"chaff(겨)"

• 8B-17

むじ

	muzi	(日方:南島 Minamijima)	"taro stem(토란의 줄기)"
	mursa	(夫余)	"radish(무)"
	musi	(韓方:경상, 전라, 충청)	id.

9. 목재, 건물, 선박(64그룹)

9A. 목재(14그룹)

- **9A-1**

いたびっこ	ita-bikko	(日方:山梨 Mamanashi, 静岡 Shizuoka, 三宅島 Miyakejima)	"piece of plank(판자의 일편)"
いた	ita	(現日)	"plank(판자)"
	unde-hen	(夫余)	id.
	yo̱r	(韓方:경북)	id.

- **9A-2**

かや	kaya	(日方:千葉 Chiba)	"firewood(땔 나무)"
ごえら	goera	(日方:大阪 Osaka)	id.
こりき	kori-ki	(日方:隠岐 Oki, 高知 Kochi, 壱岐 Iki, 和歌山 Wakayama)	id.
	giyara-moo	(夫余)	id.
	katakuy	(現韓)	id.

- **9A-3**

きざむ	kizam-u	(日方:壱岐 Iki)	"to cut in small pieces(잘게 자르다)"
	garmi-	(夫余)	id.
	khaeso̱-	(韓方:경북)	"to dig up(캐다)"

- **9A-4**

くるた	kuruta	(日方:茨城 Ibaragi, 埼玉 Saitama)	"log(통나무)"
ころた	korota	(日方:宮城 Miyagi, 群馬 Gunma, 栃木 Totigi, 千葉 Chiba, 鹿児島 Kagoshima, 富山 Toyama)	id.
	gilaja-n	(夫余)	"old tree without bark(껍질 없는 고목)"

- **9A-5**

さお	sa-o	(現日)	"pole(장대)"
さを	sawo	(古日)	id.
	da	(夫余)	"trunk of a tree(나무 줄기)"
	tae	(現韓)	"stalk(대)"

- **9A-6**

だいそく	daisoku	(日方:島根 Shimane, 広島 Hiroshima, 長崎 Nagasaki)	

			"firewood(땔 나무)"
たきぎ	takigi	(現韓)	id.
てつけ	tekke	(日方:鹿児島 Kagoshima)	"fuel(연료)"
	deiji-	(夫余)	"to burn(타다)"
	deijiku	(夫余)	"firewood(땔 나무)"
	cangcak	(現韓)	id.

● 9A-7

ちぎれ	tigire	(現日)	"broken pieces(파편)"
つうぎり	tuugiri	(日方:大分 Oita)	"wood pieces(나무 조각)"
ちんがら	tingara	(日方:島根 Shimane, 大分 Oita)	
			"broken pottery piece(깨진 토기 조각)"
	cikiri	(夫余)	"wood scraps(나무 조각)"
	tungk_o_r	(現韓)	"stump(등걸, 그루)"
	ttu_-_tikae	(韓方:평북)	"broken pieces(파편)"
	tongkiae	(韓方:평북)	"wood piece for roofing(나무 기와)"

● 9A-8

ちぬ	tinu	(日方:南島 Minamijima)	"knob(나무 마디)"
	tono	(夫余)	"bump(부딪치기, 타박상), top knob of a tent (텐트 위의 둥근 장식)"

● 9A-9

つまで	tumade	(日方:三重 Mie)	"wood shreds(잘은 나무 조각)"
きっぷし	kippusi	(日方:群馬 Gunma)	id.
きびちっこ	kibiti-kko	(日方:埼玉 Saitama, 神奈川 Kanagawa)	id.
	cobto	(夫余)	"shreds(잘은 파편)"
	caepak	(韓方:평북)	"broken pieces(파편)"

● 9A-10

ほせんぎら	hosen-gira	(日方:愛知 Aichi)	"wood scraps(나무의 작은 조각)"
ほっぷじ	ho-ppuji	(日方:栃木 Tochigi)	id.
びれ	bire	(日方방:対馬 Tsushima)	"scraps(짜른 조각)"
	farsi	(夫余)	"small piece(작은 조각)"
	buya	(夫余)	"fragmentary(단편적)"

● 9A-11

ほた	hota	(日方:鹿児島 Kagoshima)	"tree trunk(나무 줄기)"
ほた	hota	(日方:島根 Shimane, 広島 Hiroshima, 兵庫 Hyogo, 高知 Kochi, 長崎 Nagasaki, 鹿児島 Kagoshima)	
			"decayed tree(썩은 나무)"
	mooiju-n	(夫余)	"lumber(목재)"
	mod, modon	(中蒙古)	"tree(나무)"
	muthu	(韓方:평북, 함남)	id.

- **9A-12**

ぼっくし	bokku-si	(日方:千葉 Chiba)	"stick(막대기)"
ぼくとう	boku-too	(日方:長野 Nagano, 福井 Fukui, 三重 Mie, 奈良 Nara, 和歌山 Wakayama, 愛媛 Ehime, 宮崎 Miyazaki, 高知 Kochi, 大分 Oita, 壱岐 Iki)	"a piece of a broken stick(막대기 자른 것)"
ぼきなぎ	boki-nagi	(日方:秋田 Akita)	id.
	faka	(夫余)	"pole with a hook(갈고리 있는 막대기)"
	maktae	(韓方:경북, 충청)	"stick(막대기)"
	maktae-ki	(現韓)	id.

- **9A-13**

ぼさいこ	bosaiko	(日方:奈良 Nara)	"stick(막대기)" (음전)
ぼうさい	boosai	(日方:三重 Mie, 奈良 Nara, 愛媛 Ehime)	"a piece of a stick(막대기 조각)"
ぼうさっぱ	boosa-ppa	(日方:仙台 Sendai)	id.
	feksiku	(夫余)	"pole with a hook for snare(올가미 고리를 붙인 막대기)" (음전)
	huwaksha-han	(夫余)	"wooden fence stave(울타리 막대기)" (음전)
	mukshan	(夫余)	"stick(막대기)" (음전)
	maisi-ri	(夫余)	"one-hand club(한 손으로 쥐는 막대기)"
	pucikkaengi	(現韓)	"poker(부지깽이)"
	pusus-ttaeng'i	(韓方:경남)	"stick(막대기)"

- **9A-14**

まきり	makiri	(日方:山口 Yamaguchi, 愛媛 Ehime)	"bamboo peg(참대 마개)" (음전)
	muriku	(夫余)	"peg(말뚝)" (음전)
	makuri	(現韓)	"end pieces(마구리)"

9B. 집(19그룹)

- **9B-1**

あだ	ada	(日方:静岡 Shizuoka)	"hall(빌딩의 복도, 현관)"
	onco	(夫余)	"wide(넓은)"
	utha-ri	(韓方:경남, 전남)	"enclosure(구내), fence(울타리)"
	ur	(現韓)	id.

- **9B-2**

うち	uti	(現日)	"inside(속), enclosure(구내), house(집)"
	uce	(夫余)	"gate(대문, 살문), house entrance(집의 입구)"
	uttar	(韓方:경북)	"enclosure(구내), fence(울타리)"

- **9B-3**

| うらざ | ura-za | (日方:奈良 Nara) | "seat of honor near the heater in the floor |

			(방바닥 노(爐) 옆의 상석)"
よりざ	yori-za	(日方:鳥取 Tottori)	"guest's seat by the floor hearth(방바닥 노 옆의 객석)"
	wala	(夫余)	"place of honor(존대 좌석)"
	uro-ru-	(現韓)	"to respect(우러르다)"

• 9B-4

えさ	esa	(日方:山梨 Yamanashi, 長野 Nagano)	"house(집)"
おろし	orosi	(日方:宮崎 Miyazaki)	"storage in the house(집에 붙인 광)"
	leose	(夫余)	"multistoried building(고층건물)"
	us-ttari	(韓方:경남)	"enclosure(구내), fence(울타리)"

• 9B-5

かかり	kakari	(日方:兵庫 Hyogo, 島根 Shimane, 鳥取 Tottori)	"house structure(집 구조)"
さしおろし	sasioro-si	(日方:壱岐 Iki)	"added section of the house(집의 증축한 부분)"
	cacari	(夫余)	"tent(천막)"
	cacari-boo	(夫余)	"square cloth tent(사각 직물 텐트)"
	kisura-k	(現韓)	"edge of eaves(기스락)"
	kokhura-k	(韓方:충북)	"furnace(아궁이)"

• 9B-6

かぎ	kagi	(日方:佐渡 Sado, 新潟 Niigata, 長野 Nagano, 三重 Mie)	"eaves(집 처마)"
くぎ	kugi	(日方:若松 Wakamatsu)	"staircase(계단)"
くきぼう	kuki-boo	(日方:長野 Nagano)	"post(기둥, 지주)"
かき	kaki	(現日)	"railings(난간)"
	kuke-n	(夫余)	"horizontal piece of wood for window(창의 횡목) horizontal wood across the bottom of a window (창 밑을 가로 지른 나무)"
	kokkan	(韓方:강원, 경남)	"shed(곳간)"
	kihwa	(韓方:경북)	"roofing tile(기와)"
	cesu	(韓方:제주)	id.

• 9B-7

しつらい	siturai	(日方:山口 Yamaguchi)	"indoor decoration(실내 장식물)"
	sidere-ku	(夫余)	"iron decoration on a bridle(말굴레의 철제 장식물)"
	chari-	(現韓)	"to dress up(차리다)"

• 9B-8

はんどぐち	hando-guti	(日方:福島 Fukushima)	"house entrance(집 입구)"
はんどまい	hando-mai	(日方:岩手 Iwate, 秋田 Akita)	id.
	furda-n	(夫余)	"gateway(출입구)"
	munthok	(現韓)	"threshold(문턱)"

- 9B-9

へ	he	(古日)	"house(집)"
おめぇ	omee	(日方:長野 Nagano)	id.
いへ	ihe	(古日)	id.
えべ	ebe	(日方:岐阜 Gifu)	id.
	boo	(夫余)	id.'
	baa	(韓方:경북)	"room(방)"
	oma-k	(現韓)	"grass hut(오막[사리])"
	ophong-makari	(韓方:평북)	id.

- 9B-10

ほせり	hoseri	(日方:茨城 Ibaragi)	"kitchen(부엌)"
ほど	hodo	(日方:青森 Aomori, 秋田 Akita, 宮城 Miyagi, 神奈川 Kanagawa)	"furnace(노, 화덕)"
はんずじま	hanzu-zima	(日方:宮崎 Miyazaki)	"kitchen(부엌)"
	fushu	(夫余)	"stand for cooking pot(취사대)
	puzo-k	(古韓)	"kitchen(부엌)"
	puso-k	(韓方:경상, 전북, 충남)	id.

- 9B-11

まろ	maro	(古日)	"plastered place in the house(집 안의 회반죽을 바른 데), house(집), cave(굴)"
むろ	muro	(現日)	"room(방), house(집), cave(굴)"
	fala-n	(夫余)	"floor(바닥)"
	mulu	(夫余)	"beam(들보), support pole of a yurt(유어트 텐트의 받침 기둥)"
	te-mari	(韓方:경북)	"beam(들보)"

- 9B-12

さしおろし	sasi-orosi	(日方:香川 Kagawa)	"eaves(처마)"
さしか	sasi-ka	(日方:南島 Minamijima)	id.
さしかけ	sasi-kake	(日方:香川 Kagawa, 愛媛 Ehime)	id.
すすな	susu-na	(日方:福井 Fukui, 京都 Kyoto)	id.
	sihi-n	(夫余)	id.
	cisu-rak	(韓方:전남)	id.

- 9B-13

さま	sama	(日方:千葉 Chiba, 茨城 Ibaragi)	"window lattice(창살)"
さまぐち	sama-guti	(日方:千葉 Chiba)	"protruding lattice(돌출한 창살)"
	sihi-yan	(夫余)	"porch(집 앞에 붙은 현관)"
	changmu-n	(現韓)	"window(창문)" (窓門)

- 9B-14

しょうこくばしら	shookoku-basira	(日方:群馬 Gunma)	"big black post at the back of the house(집 뒤의

			크고 검은 기둥)"
ちごはしら	tigo-hasira	(日方:愛知 Aichi)	"front post of warehouse(광 앞쪽의 기둥)"
	cirku-moo	(夫余)	"wooden support on both sides of threshold(건물 입구 양쪽의 나무 기둥)"
	ssaekku-r	(韓方:경남)	"edge of eaves(소스락)"

• 9B-15

たな	tana	(現日)	"shelf(선반)"
	tehe	(夫余)	id.
	tehe	(夫余)	id.
	tang-pan	(韓方:경북, 함남)	id.

• 9B-16

つぶし	tubu-si	(日方:長野 Nagano)	"grain storage(곡물 광)"
いちぶ	itibu	(日方:愛媛 Ehime)	id.
	cahi-n	(夫余)	"grain storage room(곡물보관실)"
	daha-si	(夫余)	"granary attendant(곡창고 계원)"
	cip	(現韓)	"house(집)"

• 9B-17

てかけ	teka-ke	(現日)	"door handle(문 손잡이)"
	duka	(夫余)	"gate(앞문), door(문)"
	ttukkong	(現韓)	"lid(뚜껑)"

• 9B-18

ふろ	huro	(日方:青森 Aomori, 秋田 Akita, 福島 Fukushima, 岩手 Iwate, 福井 Fukui, 新潟 Niigata) "closet(벽장)"	
ほろ	horo	(日方:秋田 Akita, 新潟 Niigata, 岐阜 Gifu) "cupboard(찬장)"	
	horho	(夫余)	"clothes rack(옷걸이)"
	gol-bon	(夫余)	id.
	kori	(現韓)	"rack(걸이)"
	pyorum-ssak	(韓方:강원, 충남)	"wall closet(벽장)"

• 9B-19

まんど	mando	(日方:三重 Mie)	"window(창)"
まど	mado	(現日)	id.
	mengde	(夫余)	"window that does not open(안 열리는 창)"
	muntho-pang	(韓方:경남)	"threshold(문턱)"

9C. 기타 건축에 관한 말(20그룹)

• 9C-1

いらき	ira-ki	(日方:鹿児島 Kagoshima) "wood for fence(울타리에 쓸 나무)"	

おり	ori	(現日)	"cage(새장, 동물의 우리)"
をり	wori	(古日)	id.
おり	ori	(日方:八丈島 Hachijojima)	"hedge(울타리)"
おろがき	oro-gaki	(日方:愛媛 Ehime)	"bamboo fence(참대 울타리)"
	eli-n	(夫余)	"ceiling shelf(천정의 선반)"
	here-n	(夫余)	"corral(가축의 우리)"
	hori-	(夫余)	"to fence in(울타리 안에 넣다)"
	hori-n	(夫余)	"cage(우리, 새장)"
	uri	(現韓)	id.

● 9C-2

がけえ	gakee	(日方:福島 Fukushima)	"supporting post(지주, 받침 기둥)"
かけさお	kake-sao	(日方:静岡 Shisuoka, 長野 Nagano)	"pole for drying items(빨래를 너는 장대)"
	guwaige	(夫余)	"support(받침)"
	kancis-tae	(現韓)	"long pole(간짓대)"

● 9C-3

くど	kudo	(古日)	"very low chimney(아주 낮은 굴뚝)"
	guldu-n	(夫余)	"arch(아아치, 홍예)"
	guldu-ri	(夫余)	"aqueduct below a bank(제방 밑의 수로)"
	kettu-k	(韓方:경남)	"chimney(굴뚝)"

● 9C-4

じょうや	zyoo-ya	(日方:茨城 Ibaragi)	"post(기둥)"
さす	sa-su	(日方:壱岐 Iki, 長野 Nagano)	"rafter(서까레)"
	so-n	(夫余)	id.
	cisu-k	(韓方:경남)	"edge of eaves(기스락)"

● 9C-5

しらす	sirasu	(日方:高知 Kochi)	"garden(정원)"
ちゃあろ	tyaaro	(日方:八丈島 Hachijojima)	"courtyard(안마당), garden(정원)"
	celehe-n	(夫余)	"bricked courtyard(벽돌을 깐 안마당)"
	deleje-n	(夫余)	"courtyard without trees or moats(나무나 호(濠)가 없는 마당)"
	ttur	(現韓)	"garden(정원)"

● 9C-6

しんざし	sinza-si	(日方:愛知 Aichi, 岐阜 Gifu)	"crossbar(가로장, 빗장)"
せんざし	senza-si	(日方:岐阜 Gifu, 千葉 Chiba)	id.
	shosi-n	(夫余)	"door catch(문 고리)"
	sosur-tarmun	(現韓)	"tall gate(솟을대문)"
	cungchon-cang	(韓方:전남)	"crossbeam(들보)"

- **9C-7**

だんげ	dange	(日方:兵庫 Hyogo)	"staircase(계단)"
	terki-n	(夫余)	id.
	chungchung-tari	(現韓)	id.

- **9C-8**

ちょこ	tyoko	(日方:群馬 Gunma)	"electric pole insulator(전주의 애자)"
	talki-yan	(夫余)	"lightning(번개)"
	cueki	(韓方:제주)	"neap tide(조금)"

- **9C-9**

ついじ	tuizi	(日方:群馬 Gunma, 岐阜 Gifu)	
			"stone fence(돌 울타리)"
そうじがち	soozi-gati	(日方:南島 Minamijima)	"a kind of plant fence(식물 울타리의 일종)"
	daifa-ha	(夫余)	"willow fence(버들 울타리)"
	tancang	(韓方:경남, 충청)	"fence(담)"

- **9C-10**

ついばり	tuibari	(日方:岐阜 Gifu)	"supporting pole(지주, 받침기둥)" (음전)
つんばり	tunbari	(日方:岐阜 Gifu, Fukui, Iwate, 福岡 Fukuoka, 壱岐 Iki, 熊本 Kumamoto)	id. (음전)
	teben-moo	(夫余)	"support timber on a ship(배의 지주)"
	turpo	(現韓)	"crossbeam(들보)" (음전)

- **9C-11**

とかた	toka-ta	(日方:山形 Yamagata)	"outside of a building(건물 밖)"
とは	toha	(日方:福島 Fukushima, 宮城 Miyagi)	(밖, 겉)
	tuku	(夫余)	id.
	cothe	(韓方:강원, 경상, 전남, 충북)	"side(겉)"

- **9C-12**

とげ	doge	(日方:愛知 Aichi)	"lowest step of a staircase(계단의 최저단)"
	tafuku	(夫余)	"flight of stairs(계단)"
	tok	(現韓)	"drying rack(덕)"

- **9C-13**

とじょ	tozyo	(日方:鹿児島 Kagoshima)	"two-story building(이층 건물)"
	taktu	(夫余)	"a storied building(이층 이상의 건물)"
	thaek	(韓方:경북)	"building(건물)"

- **9C-14**

とりい	torii	(現日)	"shrine gate(성당 문, 신사 문)"
はり	hari	(現日)	"beam(들보, 도리), rafter(서까래)"
ささら	sasara	(日方:奈良 Nara)	"cut-wood that crosses the beam(들뽀의 횡목)"
	tura	(夫余)	"tent pole(천막 기둥), pillar(기둥)"

	tori	(現韓)	"beam(들보, 도리)"

- **9C-15**

にわ	niwa	(現日)	"courtyard(안마당)"
には	niha	(古日)	id.
	huwa	(夫余)	id.
	niir	(韓方:제주)	id.
	na-nam	(韓方:전북)	"fence(울타리)"

- **9C-16**

はしら	hasira	(現日)	"pillar(기둥)"
	hafira-n	(夫余)	"seam on a boot(장화의 솔기)"
	posuro-k	(韓方:강원)	"edge of eaves(기스락)"

- **9C-17**

はんど	ha-ndo	(日方:千葉 Chiba)	"window(창)"
	fa, faa	(夫余)	id.

- **9C-18**

ふる, ふろ	huru, huro	(日方:南島 Minamijima)	"pig sty(돼지 우리)"
やぁぶぅる	yaabuuru	(日方:南島 Minamijima)	id.
	helen	(夫余)	"corral(축사)"
	uri	(現韓)	"cage(우리)"

- **9C-19**

へぇかべ	heeka-be	(日方:鳥取 Torrotori, 広島 Hiroshima, 山口 Yamaguchi, 長野 Nagano, 徳島 Tokushima, 島根 Shimane)	"wall(벽), wall-like item(벽 같은 것)"
	faisha	(夫余)	"palisade(말뚝, 울타리)"
	fiyasha	(夫余)	"house wall(집 벽)"
	husu-mak	(韓方:경남)	"wall closet(벽장)"

- **9C-20**

へきり	hekiri	(日方:京都 Kyoto)	"partition(칸막이)"
へっきり	hekkiri	(日方:京都 Kyoto, 大阪 Osaka)	id.
	bokita	(夫余)	"fringe(끝머리)"
	mak-	(現韓)	"to partition off(막다)"
	makun-	(韓方:전남)	"to block(막다)"

9D. 선박(11그룹)

- **9D-1**

うば	uba	(日方:南島 Minamijima)	"log boat(통나무 배)"
	weihu	(夫余)	"boat made from a single tree(한 나무로 만든 배)"
	pae	(現韓)	"boat(배)"

- 9D-2

うわん	uwa-n	(日方:南島 Minamijima)	"mother ship(모선)"
おや	oya	(現日)	"parents(부모)"
	uya-n	(日方)	"keel(선골, 킬), ship(배)"
	opoi	(現韓)	"parents(부모)"

- 9D-3

かわら	kawara	(日方:秋芳 Shuho, 愛媛 Ehime, 宮崎 Miyazaki, 壱岐 Iki)	
			"boat's bottom board(배의 밑 판자)"
かいろ	kairo	(日方:鹿児島 Kagoshima)	"a kind of oar(노의 일종)"
	guwafu	(夫余)	"oar(노)"
	karae	(現韓)	"spade(가래)"

- 9D-4

さっけ	sakke	(日方:青森 Aomori)	"oar used by one person(일인용 노)"
しょっこ	shokko	(日方:石川 Ishikawa)	"boat plug(배의 마개)"
	joliku	(夫余)	"oar(노)"
	shurukﾍ	(夫余)	"punting pole(작은 배를 움직이는 삿대)"
	sattae	(現韓)	"boatman's pole(삿대), oar(노)"
	sakong	(現韓)	"boatman(사공)"

- 9D-5

ちんこふね	tinko-hune	(日方:茨城 Ibaragi)	"small boat(작은 배)"
ちんこ	tinko	(現日)	"small person(작은 사람)"
	temci-ku	(夫余)	"sampan(목소 평저선)"
	cak-	(現韓)	"be small(작다)"
	ttang-ton	(現韓:평북)	"small amount of money(적은 돈)"

- 9D-6

ねぼし	nebosi	(日方:隠岐 Oki)	"bow(뱃머리)"
	nimasha-ku	(夫余)	"two-man wooden boat(이인용의 목조선)"
	ne	(現韓:전남)	"head(머리)"

- 9D-7

ふね	hune	(現日)	"ship(배)"
ぼたぶね	bota-bune	(日方:壱岐 Iki)	"old big ship(오래된 큰배)"
まとうむ	matoo-mu	(日方:南島 Minamijima)	"stern of a ship(선미, 배의 후부)"
	hude	(夫余)	id.
	paessam	(現韓)	"boat's bow or both sides(배쌈)"

- 9D-8

さぶた	sabuta	(日方:和歌山 Wakayama)	"ferry boat(거룻배)" (음전)
さばに	sabani	(日方:南島 Minamijima)	"log boat(통나무 배)" (음전)
すぷに	supuni	(日方:あわみ大島 Awamiojima)	id. (음전)
	jahﾍdai	(夫余)	"boat(배)"

	m̲aeṣangi	(現韓:평북)	"ferry boat(거룻배)" (음전)

● 9D-9

ちゅうれん	tyuuren	(日方:岡山 Okayama)	"crossing(횡단로)"
	dalin	(夫余)	"shore(물가)"
	daru-n	(夫余)	"canoe landing spot(통나무 배의 닿는 곳)"
	doorin	(夫余)	"gangplank(건널판)"
	tari	(現韓)	"bridge(다리)"

● 9D-10

なむ	namu	(日方:南島 Minamijima)	"harbor(항구)"
	namu-anga	(夫余)	id.

● 9D-11

もじ	mozi	(日方:奈良 Nara)	"string to connect raft's bottom boards (뗏목의 아래의 목판을 매는 줄)"
	fase	(夫余)	"raft(뗏목)"
	mith-chang	(韓方:평북)	"bottom(밑)"

10. 인간, 사회(164그룹)

10A. 가족(18그룹)

• **10A-1**

あじ	azi	(日方:南島 Minamijima)	"grandfather(할아버지)"
あじゃ	azya	(日方:秋田 Akita, 山形 Yamagata, 高知 Kochi)	"older brother(형)"
あじゃ	azya	(日方:青森 Aomori, 秋田 Akita, 南島 Minamijima)	"father(아버지)"
あせぇ	asee	(日方:南島 Minamijima)	"lord(상감)"
あちや	atya	(日方:青森 Aomori)	"older brother(형)"
	eshe-n	(夫余)	"husband's younger brother(시동생)"
	eci-ke	(夫余)	id.
	eje-n	(夫余)	"lord(상감), master(주인, 우두머리)"
	acae, ace	(現韓)	"uncle(아재, 아저씨)"

• **10A-2**

あじゃ	azya	(日方:秋田 Akita, 青森 Aomori)	"mother(어머니), wife(부인)"
おたさん	ota-san	(日方:新潟 Niigata, 長野 Nagano)	"mother of monk's child(중 아이 엄마)"
あちゃ	atya	(日方:青森 Aomori, 三重 Mie)	"mother(어머니)"
あせぇ	asee	(日方:八丈島 Hachijojima)	"older brother(형님, 오빠)"
えせ	ese	(日方:横浜 Yokohama)	"older brother(형)"
	asee	(日方:南島 Minamijima)	"older sister(누님)"
	anttei	(韓方:경북)	"wife(아내)"

• **10A-3**

あひぃ, あふいぃ	ahii, ahuii	(日方:南島 Minamijima)	"older brother(형)"
あっぴぃ	appii	(日方:南島 Minamijima)	id.
あぼ	abo	(日方:九州 Kyushu)	id.
	ahu̱-n	(夫余)	"older brother(형)"
	efu	(夫余)	"brother-in-law(의형제)"
	aha	(夫余)	"boy(사내아이), servant(종)"
	uhu-me	(夫余)	"father's younger brother's wife(숙모)"
	uhen	(夫余)	"younger brother's wife(제수)"

	iya	(韓方:경남)	"older brother(형)"
	hei	(韓方:경남)	id.

- 10A-4

あま	ama	(日方:山形 Yamagata, 長崎 Nagasaki)	
			"father(부친)/boy(사내아이)"
いいべ	iibe	(日方:三重 Mie)	"father(아버지)"
うま	uma	(日方:山形 Yamagata)	id.
おもうさま	omoo-sama	(日方:京都 Kyoto)	id.
えまてて	ema-tete	(日方:秋田 Akita)	"stepfather(계부)"
うばき	uba-ki	(日方:九州 Kyushu)	"father's brother(백부, 숙부)
	amha	(夫余)	"wife's father(장인)"
	aba	(夫余)	id.
	ama	(夫余)	"father(부친), head of household(가장)"
	ama-ka	(夫余)	"father-in-law(시아버지)"
	apa	(韓方:경남)	"father(아버지)"
	appa	(現韓)	id.

- 10A-5

あま, あんま	ama, amma	(日方:南島 Minamijima)	"mother(어머니)"
あも, おも	amo, omo	(古日)	id.
あみ	ami	(日方:南島 Minamijima)	"aunt(백모, 숙모)"
うんまぁ	unmaa	(日方:南島 Minamijima)	id.
うま	uma	(日方:山形 Yamagata, 三重 Mie, 南島 Minamijima)	
			"mother(모친)"
やまさま	yama-sama	(日方:茨城 Ibaragi)	id.
	eme-ke	(夫余)	"husband's mother(시어머지)"
	eme	(夫余)	id.
	ambu	(夫余)	"mother's older sister(큰 이모)"
	amu	(夫余)	"father's older brother's wife(백모)"
	omi	(現韓)	"mother(어머니)"
	omo-ni	(現韓)	id.

- 10A-6

いね	ine	(日方:新潟 Niigata, 石川 Ishikawa, 福井 Fukui)	
			"mother(어머니)"
いね	ine	(日方:福井 Fukui)	"middle-aged woman(중년 부인)"
いね, うね	ine, une	(日方:和歌山 Wakayama, 三重 Mie)	
			"older sister(누님), maid(하녀)"
あね	ane	(現日)	"older sister(누님)"
	eni-ye	(夫余)	"mother(어머니)"
	anae	(現韓)	id.
	onni	(現韓)	"girl's older sister(언니)"

	onui	(現韓)	"brother and sister(오누이)"
	yenu	(韓方:평북)	"woman(여자)"

- **10A-7**

いや, いぃやぁ	iya, iiya	(日方:大分 Oita, 福岡 Fukuoka)	"older sister(누님)"
あや	aya	(日方:秋田 Akita, 山形 Yamagata, 高知 Kochi)	"older brother(형)"
うぅや	uuya	(日方:南島 Minamijima)	id.
	eyu-n	(夫余)	"older sister(누님)"
	iya	(韓方:경남)	"older brother(형)"

- **10A-8**

うんつあぁ	untuaa	(日方:茨城 Ibaragi)	"father's brother(백부, 숙부)"
うんちゅう	untyuu	(日方:南島 Minamijima)	"father's older brother(백부)"
	amji	(夫余)	id.
	acae	(現韓)	"uncle(아저씨)"
	aissi	(韓方:강원)	id.

- **10A-9**

おいかっつぁん	oika-ttuan	(日方:島根 Shimane)	"husband(남편)"
おぅじ	oozi	(日方:奈良 Nara)	id.
	eige-n	(夫余)	id.
	iyok	(韓方:경남)	id.

- **10A-10**

おじぃ/おじ	ozii/ozi	(日方:茨城 Ibaragi, 千葉 Chiba 東北 Tohoku)	"younger brother(동생)"
えじ, おじ	ezi, ozi	(日方:長野 nagano)	id.
	asi-ha	(夫余)	"young(젊은), small(작은)"
	asi-han	(夫余)	"youth(청년)"
	aesongi	(現韓)	"greenhorn(애송이)"
	aes-toy-	(現韓)	"be young(앳되다)"
	ace	(韓方:경남)	"husband's brother(아재)"

- **10A-11**

かか	kaka	(現日)	"mother(어머니)"
かかぁ	kakaa	(現日)	"wife(부인)"
くかあ	kukaa	(日方:埼玉 Saitama)	id.
	keke	(夫余)	"sister-in-law(의자매)"
	cokha	(現韓)	"nephew or niece(조카)"
	kak-si	(現韓)	"bride or newly-wed woman(각시)"

- **10A-12**

かかさ	kakasa	(日方:岩手 Iwate, 山形 Yamagata, 三重 Mie, 新潟 Niigata, 大阪 Osaka, 東北 Tohoku)	"mother(어머니)"
かくさん	kakusa-n	(日方:中国 Chugoku, 九州 Kyushu)	id.

かけしょ	kakesho	(日方:岐阜 Gifu)	"wife(처)"
	gaksi	(夫余)	"partner(동료)"
	kaksi	(現韓)	"young woman(각시)"

- 10A-13

ちち	titi	(現日)	"father(아버지)"
	jeje	(夫余)	id.
	sisu-k	(韓方:경상)	"husband's brother(남편의 형제)"
	cici-p	(韓方:전남)	"girl(계집)"

- 10A-14

なあさん	naasa-n	(日方:千葉 Chiba)	"older brother(형)"
なんせ	nanse	(日方:八丈島 Hachijojima) id.	
	naca	(夫余)	"wife's older brother(큰처남)"
	naesei	(韓方:함북)	"older brother(형)"

- 10A-15

なな	nana	(日方:山形 Yamagata, 高知 Kochi)	"mother(모친), wife(처)"
なに	nani	(日方:三重 Mie)	"older brother(형), older sister(누님)"
なね/なんな	nane/nanna	(日方:三重 Mie, 千葉 Chiba)	"older sister(누님)/older brother(형)"
	non	(夫余)	"younger sister(작은 누이)"
	nuna	(現韓)	"older sister(누님)"

- 10A-16

| はは | haha | (現日) | "mother(어머니)" |
| | hehe | (夫余) | "woman(여자)" |

- 10A-17

もも	momo	(日方:滋賀 Shiga, 三重 Mie)	"mother(어머니)"
まいまい	mai-mai	(日方:千葉 Chiba)	id.
めめ	meme	(日方:千葉 Chiba, 隠岐 Oki)	"wife(처, 부인)"
まんま	manma	(日方:岩手 Iwate)	"grandfather(할아버지)"
	mama	(夫余)	"grandmother(할머니), old lady(노녀)"
	mafa	(夫余)	"grandfather(할아버지), ancestor(조상)"
	mama	(現韓)	"mother(어머니)" (child's = 아이의)

- 10A-18

やか, やっき	yaka, yakki	(日方:南島 Minamijima)	"older brother(형)"
やくみ	yaku-mi	(日方:あわみ大島 Awamiojima)	id.
おやかた	oyakata	(日方:九州 Kyushu, 岡山 Okayama, 仙台 Senda, 四国 shikoku)	"older brother(형)"
	age	(夫余)	"prince(왕자), sir(귀하)"
	ahun	(夫余)	"older brother(형)"
	akki	(韓方:함경)	"younger brother(아우)"

10B. 결혼, 장례식(9그룹)

- **10B-1**

うさぁれぇ	usaaree	(日方:南島 Minamijima)	"groom's side takes care of bride welcoming procession(신랑쪽이 신부의 행렬을 돌보다)"
	sola-	(夫余)	"to give daughter in marriage(딸을 시집보내다)"
	youn-	(韓方:전라)	id.

- **10B-2**

おちゃ	otya	(日方:佐賀 Saga)	"exchanging matrimonial goods(결혼품 교환)"
おちつき	oti-tuki	(日方:千葉 Chiba)	"cake given first after the wedding(결혼 후 처음 내놓는 떡)"
うちあげ	uti-age	(日方:岐阜 Gifu, 富山 Toyama, 石川 Ishikawa, 福井 Fukui)	"groom being invited by the bride's family first time(신랑이 처음 신부의 집에 초대를 받음)"
	atu-hun	(夫余)	"dowry(신부의 지참금품)"
	aco-o-	(韓方:제주)	"to bring(가져오다)"

- **10B-3**

ころびあい	korobi-ai	(日方:広島 Hiroshima, 滋賀 Shiga)	"unwed couple(결혼 안한 부부)"
	holbo-	(夫余)	"to pair(쌍을 짓다), to connect(잇다)"
	karrae	(韓方:전남)	"woman(여자)"
	karra	(韓方:함남)	id.
	mar-kwarryang'i	(現韓)	"fussy woman, hussy(말괄량이)"

- **10B-4**

ざいしょ	zaisho	(日方:静岡 Shizuoka, 愛知 Aichi)	"married woman's parents' home(친정)"
しゅせき	shuse-ki	(日方:高知 Kochi)	"genealogy(족보)"
	susu	(夫余)	"home(가정), birthplace(출생지)"
	tesu-ba	(夫余)	"native place(고향)"
	cipchae	(現韓)	"house(집)"

- **10B-5**

さんぼ	sanbo	(日方:栃木 Tochigi)	"funeral(장례식)"
じゃんぼん	zyanbo-n	(日方:秋田 Akita, 福島 Fukushima, 関東 Kanto, 静岡 Shizuoka, 愛媛 Ehime)	id.
	jabo-lon	(夫余)	id.
	jobo-	(夫余)	"to suffer(고생하다)"
	ssamae-	(現韓)	"to tie up(싸매다)"

- **10B-6**

| たちめぇ | tati-mee | (日方:南島 Minamijima) | "before wedding(혼례 이전에)" |
| たちうぅい | tati-uui | (日方:南島 Minamijima) | "time for wedding(혼기)" |

とうじかみ	toozi-kami	(日方:あわみ大島 Awamiojima)	
			"wedding(혼례)"
	tusu-	(夫余)	"to give a girl in marriage(딸을 시집보내다), to get married(결혼하다)"
	chaen-ta	(韓方:경남)	id.

- 10B-7

| とむらい | tomu-rai | (現日) | "funeral(장례식)" |
| | tomo-n | (夫余) | "nest(보금자리), grave site(묘지)" |

- 10B-8

まちのおぼこ	matino-oboko	(日方:秋田 Akita)	"small children who are next to the bride at a wedding(혼례식에서 신부 옆에 있는 동남동녀)"
	bucihi	(夫余)	"engaged as a child(아이로서 약혼한)"
	haetonna	(韓方:강원)	"child(아이)"

- 10B-9

むしょ	musho	(日方:岐阜 Gifu, 和歌山 Wakayama, 愛知 Aichi, 隠岐 Oki)	
			"grave(묘지)"
むじょうど	mujoo-do	(日方:富山)	id.
	fete-	(夫余)	id.
	muto-m	(現韓)	id.

10C. 나다, 살다, 죽다(10그룹)

- 10C-1

きしむ	kisi-mu	(日方:鹿児島 Kagoshima)	"to die(죽다)"
	gisa-	(夫余)	"to defend to the last man(사수하다)"
	kasai-	(古韓)	"to disappear(사라지다), to go(가다)"

- 10C-2

こらす	kora-su	(現日)	"to punish(벌주다)"
ころす	koro-su	(現日)	"to kill(죽이다)"
	kiyari-	(夫余)	"to chop(베다), to kill(죽이다)"
	horo-ngo	(夫余)	"poisonous(독이 있는)"
	koro	(夫余)	"injury(부상), damage(손상)"
	korhri-	(現韓)	"to torment(곯이다)"

- 10C-3

さつく	satu-ku	(日方:熊本 Kumamoto)	"to become pregnant(임신하다)"
しょの	shono	(日方:高知 Kochi)	"becoming pregnant while a small child is still sucking mother's milk(작은 아이가 아직 어미 젖을 먹는데 임신함)"
	suci-le-	(夫余)	"to become pregnant(임신하다)"

	sọr-	(韓方:평북)	id.
• 10C-4			
しぬ	sin-u	(現日)	"to die(죽다)"
	sina-gan	(夫余)	"mourning(애도, 죽은 자에 대한 슬픔)"
	sina-hi	(夫余)	"sackcloth mourning-garment(부대 상복)"
	sum-	(現韓)	"to hide oneself(숨다)"
• 10C-5			
ずえる	zuer-u	(日方:千葉 Chiba)	"to fade slowly(서서히 사라지다)"
ちる	tir-u	(現日)	"to fade(약해지다, 사라지다)"
	se-	(夫余)	"to melt(녹다)"
	shori-	(夫余)	"to oppress heat(열을 약하게 하다)"
• 10C-6			
たぎる	tagir-u	(日方:鹿児島 Kagoshima)	"to die(죽다)"
てこねる	tekone-	(日方:大阪 Osaka, 奈良 Nara, 和歌山 Wakayama, 兵庫 Hyogo)	id.
	tekde-	(夫余)	id.
	cuk-	(現韓)	id.
	tuyeci-	(現韓)	id.
• 10C-7			
とてらす	tote-ras-u	(日方:徳島 Tokushima)	"to kill(죽이다)"
	dasi-hi-	(夫余)	"to immolate(희생물로 죽이다)"
• 10c-8			
はんじょう	hanzyoo	(日方:対馬 Tsushima, 宮崎 Iki, 鹿児島 Kagoshima)	"giving birth(출산)"
	banji-	(夫余)	"be born(태어나다)"
	haesan	(現韓)	"childbirth(해산)" (解産)
• 10C-9			
ほてる	hoter-u	(日方:香川 Kagawa, 静岡 Shizuoka, 岡山 Okayama, 徳島 Tokushima)	"to die(죽다)"
みてる	miter-u	(日方: 岡山 Okayama, 徳島 Tokushima, 高知 Kochi)	id.
はしる	hasir-u	(日方:長崎 Nagasaki, 壱岐 Iki)	id.
	bedere-	(夫余)	"to retreat(물러서다), to die (죽다) "
	bethele-	(夫余)	"to sleep with two legs joined(두 다리를 붙이고 자다)"
	bude-	(夫余)	"to die(죽다)"
	ptọrọ-ci-	(古韓)	"to fall(떨어지다), to finiah(끝내다)"
• 10C-10			
ほてれん	hotere-n	(日方:栃木 Tochigi, 長野 Nagano, 広島 Hiroshima)	"pregnancy(임신)"

fejile-baha	(夫余)		"became pregnant(임신하다)"
fejile-bi	(夫余)		"be pregnant(임신했다)"
haetunna	(韓方:강원)		"child(아이)"

10D. 마을, 나라(8그룹)

- **10D-1**

うれ	ure	(日方:岐阜 Gifu)	"inner part of a village(마을 안)"
わら	wara	(日方:長崎 Nagasaki, 熊本 Kumamoto)	
			"village(마을)"
	fal-ga	(夫余)	"ward of a town(시의 구(區), clan(씨족)"
	hala-nga	(夫余)	"same village dweller(같은 마을의 주민)"
	uri	(現韓)	"enclosure(우리)"

- **10D-2**

かいと	kaito	(日方:岐阜 Gifu)	"village surrounding(마을의 주위)"
こうち	kooti	(日方:群馬 Gunma)	"village(마을)"
	gasha-n	(夫余)	id.
	kaci-ki	(韓方:경남)	"side(곁)"

- **10D-3**

から	kara	(現日)	"Tang(당나라), other nation(타국)"
ぐる/くるわ	guru/kuruwa	(日方:山口 Yamaguchi, 群馬 Gunma)	
			"village(마을)"
こおり	koori	(現日)	"county(군[郡])"
くに	kuni	(現日)	"country(나라)"
	golo	(夫余)	"province(현, 성, 도), district(지구)"
	guru-n	(夫余)	"country(나라), tribe(씨족), people(사람들)"
	kour	(現韓)	"county(군[郡])"

- **10D-4**

ちけ	tike	(日方:福井 Fukui)	"one's village(자기 마을)"
じげ	zige	(日方:石川 Ishikawa, 兵庫 Hyogo, 島根 Shimane, 福岡 Fukuoka, 愛知 Aichi, 高知 Kochi)id.	
じげ	zige	(日方:愛知 Aichi, 岐阜 Gifu, 奈良 Nara, 和歌山 Yakayama, 京都 Kyoto, 鳥取 Tottori, 隠岐 Oki, 島根 Shimane, 広島 Hiroshima, 山口 Yamaguchi, 大分 Oita)	"village(마을)"
	tok-so	(夫余)	id.
	siko-r	(現韓)	"country village(시골)"

- **10D-5**

に、な	ni、na	(古日)	"earth(토지), country(나라)"
ねえ	nee	(日方:九州 Kyushu)	id.
	na	(夫余)	"earth(토지)"

- **10D-6**

むら	mura	(現日)	"group of people(사람들 모임), village(마을)"
	borho-n	(夫余)	"conglomeration(집단)"
	maru	(夫余)	"school of fish(어군, 물고기 떼)"
	maur	(現韓)	"village(마을)"
	morri-	(現韓)	"to come together(몰리다)"

- **10D-7**

むれ	mure	(現日)	"group(그룹)"
	maru	(夫余)	"school of fish(물고기 떼)"
	morri-	(現韓)	"to come together(몰리다)"

- **10D-8**

われ	ware	(現日)	"self(자기)"
われら	ware-ra	(現日)	"we(우리)"
	hala	(夫余)	"clan(씨족), surname(성[姓])"
	uri	(現韓)	"we(우리)"

10E. 바보(14그룹)

- **10E-1**

あとなし	ato-nasi	(日方:島根 Shimane)	"fool(바보)"
うとさく	uto-saku	(日方:三重 Mie, 奈良 Nara)	id.
うとい	uto-i	(現日)	"to know little of(거의 아무것도 모르다)"
	yoto	(夫余)	"fool(바보)"
	ede-kiraku	(夫余)	"incorrigible person(고칠 수 없는 사람)"
	orttu-ki	(現韓)	"fool(바보)"

- **10E- 2**

あほう	ahoo	(現日)	"fool(바보)"
あっぱぁ	appaa	(日方:福島 Fukushima, 静岡 Shizuoka)	id.
	eihu-n	(夫余)	"stupid(어리석은)"
	oifo	(夫余)	"frivolous(경박한, 경솔한)"
	orphu-s	(韓方:경북)	"not bright(밝지 않은)"

- **10E- 3**

あんだら	andara	(日方:京都 Kyoto, 大阪 Osaka, 滋賀 Shiga)	"fool(바보)"
うんたろぅ	untaroo	(日方:徳島 Tokushima)	id.
あほんだら	ahondara	(日方:奈良 Nara, 和歌山 Wakayama, 大阪 Osaka)	id.
ぼんたら	bontara	(日方:奈良 Nara)	id.
	ongtori	(夫余)	"boorish(야비한), ignorant(무지한)"

| | ongthori | (現韓) | "fake or groundless(엉터리)" |

• 10E- 4

あんつく	antuku	(日方:三重 Mie, 岡山 Okayama)	
			"fool(바보)"
あんけつ	anketu	(日方:大阪 osaka, 静岡 Shizuoka, 岐阜 Gifu, 福井 Fukui, 兵庫 Hyougo, 香川 Kagawa) id.	
うんつく	untuku	(日方:愛知 Aichi, 和歌山 Wakayama, 徳島 Tokushima, 愛媛 Ehime, 大分, Oita) id.	
	yongsiku	(夫余)	"person talking foolishly(바보처럼 말하는 사람)"
	orisok-	(現韓)	"be foolish(바보 같다)"

• 10E- 5

あっかり	akkari	(日方:長崎 Nagasaki)	"fool(바보)"
よんぼり	yonbori	(日方:奈良 Nara, 和歌山 Wakayama, 愛媛 Ehime	
			"kind of absent-mindedness(얼뜬 모양)"
	oihori	(夫余)	"careless(부주의한)"
	orkani	(現韓)	"fool(바보)"
	oorkangi	(韓方:강원, 경남, 전남)	"careless person(부주의한 사람)"
	utukhoni	(現韓)	"absent-mindedly(우두커니)

• 10E- 6

くみしんだしゅい	kumisinda-shui	(日方:南島 Minamijima)	
			"to make a fool of others(사람을 바보취급하다)"
	kubsita	(夫余)	"to talk foolishly(바보 같은 말을 하다)"
	kupsir	(現韓)	"fawningly(굽실)"

• 10E- 7

とうろく	tooro-ku	(日方:三重 Mie, 高知 Kochi)	
			"fool(바보)"
とりもの	tori-mono	(日方:南島 Minamijima) id.	
しらは	sira-ha	(日方:伊豆大島 Izuojima) id.	
しれもの	sire-mono	(現日)	id.
	dul-ba	(夫余)	"foolish(바보 같은)"
	sirops-	(現韓)	"be foolish(바보 같다)" (not 實)

• 10E-8

どんだく	dondaku	(日方:広島 Hiroshima)	"stupid person(바보)"
とんてき	tonteki	(日方:新潟 Niigata)	id.
どだわけ	dodawake	(日方:愛知 Aichi, 岐阜 Gifu) id.	
	cendeku-she-	(夫余)	"to verify by pretending ignorance(모르는 척하며 확인하다)"
	chondokku-ni	(韓方:강원)	"stupid person(바보)"
	chongthongku-ri	(韓方:전남)	id.
	ttokthungi	(韓方:평북)	"stupid person(멍텅이)"

- **10E- 9**

べらぼう	bera-boo	(現日)	"fool(바보)"
ふらいかり	hurai-kari	(日方:長崎 Nagasaki)	id.
ほろすけ	horo-suke	(日方:福島 Fukushima)	id.
ほれ	hore	(日方:徳島 Tokushima)	id.
ひられ	hira-re	(日方:秋田 Akita)	id.
	beli	(夫余)	id.
	beli-yen	(夫余)	"foolish(바보 같은)"
	beli-yeken	(夫余)	"somewhat foolish(좀 어리석은)"
	ari	(夫余)	"fool(바보), evil spirit(악령)"
	miry<u>o</u>n-ha-	(現韓)	"be stupid(미련하다)"
	morong-i	(韓方:평북)	"stupid person(멍텅이)"
	perchi	(韓方:평북)	"queer person(별사람)"

- **10E-10**

ぼうた	boota	(日方:福岡 Fukuoka)	"fool(바보)"
ぼうだら	boodara	(日方:新潟 Niigata)	id.
ふんちゅう	hun-tyuu	(日方:京都 Kyoto)	id.
	fuhete	(夫余)	"stupid(바보인)"
	modo	(夫余)	"dull(우둔한), bored(지루한)"
	mongtong-ku	(韓方:전남)	"stupid person(멍텅이)"
	mongthong-kuri	(現韓)	"fool(멍텅구리)"
	maengchu	(現韓)	id.

- **10E-11**

ほっぱ	hoppa	(日方:高知 Kochi)	"fool(바보)"
	babi	(夫余)	"in vain(헛되게)"
	baibi	(夫余)	id.
	papo	(現韓)	"fool(바보)"
	panphy<u>o</u>n	(現韓)	id.

- **10E-12**

ぼぶら	bobura	(日方:石川 Ishikawa)	"fool(바보), absent-minded person(멍하고 있는 사람)"
ぼうぶら	boobura	(日方:大分 Oita, 福岡 Fukuoka, 鹿児島 Kagoshima)	id.
ほほら	hoho-ra	(日方:青森 Aomori)	id.
	fihali	(夫余)	"foolish(바보의)"
	mumurh<u>u</u>-n	(夫余)	"vague(애매한)"
	mongmong-ha-	(現韓)	"be vague or absent-minded(멍멍하다)"
	pamphingi	(韓方:경남)	"stupid person(멍청이)"
	kho-<u>phu</u>rongi	(現韓)	id.

- **10E-13**

ほれもの	hore-mono	(日方:京都 Kyoto)	"stupid person(바보, 멍청이,)"
	farhu-n	(夫余)	"unclear(애매한), confused(혼란한)"
	phar-phuni	(韓方:경남)	"stupid person(바보, 멍청이)"
	oripo-ki	(現韓)	id.

- **10E-14**

ぼんとく	bontoku	(日方:宮城 Miyagi)	"fool(바보)"
ぼんとこ	bontoko	(日方:兵庫 Hyogo)	id.
	bongjongi	(夫余)	"lout(얼간이)"
	mentuhu-n	(夫余)	"stupid(어리석은)"
	morthong-ha-	(韓方:전남)	"be stupid(얼뜨다)"
	pyontok	(現韓)	"caprice(변덕)" (not 變德)
	mongchongi	(現韓)	"fool(바보)"
	maengchu	(現韓)	"stupid person(바보, 멍청이)"

10F. 빈부, 빚(18그룹)

- **10F-1**

うええき	ueeki	(日方:南島 Minamijima)	"rich person(부자)"
おおやけ	ooyake	(日方:青森 Aomori, 富山 Toyama, 石川 Ishikawa, 福井 Fukui, 奈良 Nara)	id.
うくせ	uku-se	(日方:高知 Kochi)	"tide of success(출세의 물결)"
おんか	onka	(日方:愛媛 Ehime)	"very prosperous(매우 번영하는)"
	elgi-yen	(夫余)	"rich(부유한)"
	elgi-yeken	(夫余)	"somewhat rich(좀 부유한)"
	elgi-yenge	(夫余)	"lavish(사치스러운)"
	ongku-	(現韓)	"to prepare for success(엉구다)"

- **10F-2**

おしわいとり	osiwai tori	(日方:岩手 Iwate)	"getting a bribe(뇌물을 받는 것)"
すあい	suai	(日方:奈良 Nara)	"commission(주선료)"
	si-	(夫余)	"to bribe(뇌물로 매수하다)"

- **10F-3**

さっぱい	sappai	(日方:仙台 Sendai)	"clearing up of one's debts(빚청산)"
さんみん	san-min	(日方:南島 Minamijima)	"acounting(계산)"
さんによう	san-nyoo	(日方:岐阜 Gifu, 三重 Mie, 富山 Toyama, 福井 Fukui, 京都 Kyoto, 大阪 Osaka, 兵庫 Hyogo, 鳥取 Tottori, 高知 Kochi, 大分 Oita, 熊本 Kumamoto, 南島 Minamijima) id.
	sabiya	(夫余)	"counter(계산기)"
	seu-ta, se-ta	(現韓)	"to count(세다)"

- 10F-4

さらげる	sara-geru	(日方:新潟 Niigata)	"to rake in(긁어 모으다)"
さらばえる	sara-baeru	(日方:鳥取 Tottori, 広島 Hiroshima, 山口 Yamaguchi, 高知 Kochi)	id.
	sheole-	(夫余)	"to collect(모으다)"
	shule-	(夫余)	"to collect taxes(세금을 징수하다)"
	shule-hen	(夫余)	"collection(수금), taxation(과세)"
	sorkoc-	(現韓)	"to wash dishes(설겆다)"

- 10F-5

しい	sii	(日方:南島 Minamijima)	"debt(부채, 빚)"
	use-n	(夫余)	id.
	ju-wen	(夫余)	"loan(대부금, 대여물)"
	chi-	(韓方:전남)	"to borrow(꾸다)"

- 10F-6

ぜに	zeni	(現日)	"coin(경화)"
おだいもの	odai-mono	(日方:青森 Aomori, 岩手 Iwate)	id.
だら	dara	(日方:青森 Aomori, 神奈川 Kanagawa, 和歌山 Wakayama)	id.
	ton	(夫余)	"counting(세는 것), number(수)"
	ton	(現韓)	"money(돈)"

- 10F-7

でもの	demono	(日方:愛知 Aichi)	"tax(세금)"
	cifun	(夫余)	id.
	tom	(現韓)	"extra(덤)"

- 10F-8

| てんぼう | tenboo | (日方:山梨 Yamanashi, 福島 Fukushima) | "not economizing(애끼지 않음)" |
| | daba-bu- | (夫余) | "to waste(낭비하다)" |

- 10F-9

とくせぇ	tokusee	(日方:群馬 Gunma)	"abundance(풍부)"
	dekji-	(夫余)	"to prosper(번영하다)"
	ttaekssi-khu-	(韓方:경남)	"be big(크다)"

- 10F-10

ふくしい	hukusi-i	(日方:宮城 Miyagi, 山形 Yamagata , 福島 Fukushima)	"be rich(부유하다)"
ふっき	hukki	(日方:岩手 Iwate)	"abandant(풍부)"
	fik(-seme)	(夫余)	"in profusion(풍부히)"
	hankoasu-	(韓方:경남)	"be abandant(많다)"
	hokkom	(韓方:전북)	"much(많은)"

- **10F-11**

ふぃんすぅ	huinsuu	(日方:南島 Minamijima)	"poor(가난한)"
ひんじゃごろ	hinzya-goro	(日方:鹿児島 Kagoshima)	"poor person(빈곤한 자)"
	funsa-n	(夫余)	"impoverished(아주 빈곤한)"
	kungsaek	(現韓)	"destitute(빈궁한)"

- **10F-12**

はつく	hatuk-u	(日方:山口 Yamaguchi)	"to flourish(번창하다)" (음전)
	mukde-	(夫余)	id. (음전)
	ppochi-	(韓方:경남)	"to expand(번지다)"
	purkhu-	(韓方:평북)	"to increase(불리다)"

- **10F-13**

ひぜん	hize-n	(日方:新潟 Niigata)	"daily pay(일급)"
	basa	(夫余)	"salary(봉급)"
	phumsaks	(現韓)	"wage(삯)"

- **10F-14**

ぶげんしゃ	bugen-sha	(日方:滋賀 Shiga, 奈良 Nara, 京都 Kyoto, 兵庫 Hyogo, 中国 Chugoku, 徳島 Tokushima, 愛媛 Ehime, 高知 Kochi, 九州 Kyushu)	
			"man of a lot of property(재산가)"
	boigon	(夫余)	"property(재산, 가치가 있는 소유물)"
	phugun-ha-	(現韓)	"푸근하다(be comfortable)"

- **10F-15**

ほうらく	hoo-raku	(日方:兵庫 Hyogo, 愛媛 Ehime, 熊本 Kumamoto)	
			"for nothing(무료로)"
	bai	(夫余)	id.
	pirongi	(韓方:충청)	"beggar(거지)"

- **10F-16**

ほたえる	hotae-ru	(日方:長野 Nagano)	"money situation gets better(돈 형편이 좋아 지다)"
ふだやか	huda-yaka	(日方:山梨 Yamanashi)	"abundant(풍부한)"
ひじえる	hizie-ru	(日方:鹿児島 Kagoshima)	"to enjoy prosperity(번영를 즐기다)"
	wenje-hun	(夫余)	"prosperous(번영하는)"
	yende-	(夫余)	"to flourish(번영하다)"
	put-	(現韓)	"to swell(붇다), to increase(늘다)"
	matang	(韓方:평북)	"situation(형편)"

- **10F-17**

まどうしゅい	madoo-shui	(日方:南島 Minamijima)	"to waste(낭비하다)"
もちゃぼい	motya-boi	(日方:千葉 Chiba)	id.
もちゃぺない	motya-penai	(日方:青森 Aomori, 宮城 Miyagi, 福島 Fukushima, 茨城 Ibaragi)	"to waste(낭비하다, 허비하다)"
	bada	(夫余)	"waste(낭비)"
	bada-la-	(夫余)	"to waste(낭비하다)"

| | moco-ri | (現韓) | "entirely(모조리)" |

- **10F-18**

ものけ	monoke	(日方:三重 Mie)	"money(돈)"
	benca-n	(夫余)	"funds(자본)" (Chinese 本錢?)
	murkos	(現韓)	"paying to be done(물 것)

10G. 아이들(12그룹)

- **10G-1**

あち	ati	(日方:新潟 Niigata, 石川 Ishikawa)	
			"baby(갓난아니), child(아이)"
いて	ite	(日方:新潟 Niigata)	"child(아이)"
うす	usu	(日方:長野 Nagano)	id.
	aji	(夫余)	"first-born(맏아이, 장자)"
	aji-ge	(夫余)	"young(젊은)"
	aki	(現韓)	"baby(갓난아니), child(아이)"
	aetong-taetong-ha-	(現韓)	"be very young(애동대동하다)"

- **10G-2**

おごう	ogoo	(日方:中国 Chugoku, 福島 Fukushima, 宮城 Miyagi, 岩手 Iwate, 青森 Aomori)	"girl(소녀)"
おごいさあ	ogoisaa	(日方:鹿児島 Kagoshima) id.	
おこいさん	okoi-san	(日方:香川 Kagawa)	id.
	okc	(夫余)	"wife of father's younger brother(숙모)"
	aki	(現韓)	"child(아이)"
	akassi	(現韓)	id.
	aekissi	(韓方:함남)	"girl(소녀)"

- **10G-3**

おす	os-u	(日方:熊本 Kumamoto)	"to raise(키우다)"
こおし	ko-os-i	(日方:熊本 Kumamoto)	"child raising(육아)"
おやす	oyas-u	(日方:鹿児島 Kagoshima)	"to raise(키우다)"
	uji-	(夫余)	id.
	aesae-kki	(現韓)	"baby(애새끼)"

- **10G-4**

おぼこ	oboko	(日方:東北 Tohoku, 山梨 Yamanashi, 徳島 Tokushima)	"baby(갓난아이)"
よさご	yosago	(日方:三重 Mie)	id.
	orhoco	(夫余)	"small new-born baby(작은 갓난아이)"
	aesaekki	(現韓)	"child(아이)"
	ahae	(現韓)	id. (not 兒孩)
	aha.i	(古韓)	id.

- 10G-5

おんご	ongo	(日方:福岡 Fukuoka)	"girl(계집아이)"
あんこ	anko	(日方:伊豆大島 Izuojima, 八丈島 Hachiojima)	
			"older sister(누님), girl(소녀)"
	anga-si	(夫余)	"widow(과부)"
	eyunge	(夫余)	"older sister(누님)"
	ankkan	(韓方:함경)	"girl(계집아이)"

- 10G-6

がきされ	gaki-sare	(日方:埼玉 Saitama)	"child(아이)"
ごく	goku	(日方:愛知 Aichi)	id.
きこ	kiko	(日方:静岡 Aomori)	"small child(작은 아이)"
	koko-li	(夫余)	"baby clothing(유아의 옷)"
	kkok-ci	(韓方:경남)	"youngest brother(막내남동생)"

/ki-kaga-ri/의 /ki/는 /ki-mono/의 /ki/ 같음.

- 10G-7

こせ	kose	(日方:京都 Kyoto)	"precocious child(조숙한 아이)"
こうし	koosi	(日方:徳島 Tokushima)	"being precocious(조숙한 것)"
こうしゃ	koosha	(日方:鹿児島 Kagoshima)	id.
	garsa	(夫余)	"precocious(조숙한)"
	khoso-	(韓方:경상, 충북)	"be big(크다)"

- 10G-8

| しちゅらぁしゃん | sityuraa-shan | (日方:南島 Minamijima) | "child is heavy(아이가 무겁다)" |
| | shuru | (夫余) | id. |

- 10G-9

じょうろっこ	zyoorok-ko	(日方:伊豆大島 Izuojima) "girl(소녀)"	
じょんこ	zyonko	(日方:徳島 Tokushima, 愛媛 Ehime, 兵庫 Hyogo)	
			"young lady(젊은 낭자)"
ちぃこ	tiiko	(日方:石川 Ishikawa, 福井 Fukui) id.	
	sarga-n	(夫余)	"wife(처, 부인)"
	sarga-n jui	(夫余)	"daughter(딸), girl(소녀)"
	saek-si	(現韓)	"girl(소녀)"
	ci-sika	(韓方:경북)	"young man(사나이)"

- 10G-10

ちっさ	tissa	(日方:大阪)	"child(아이)"
たぁた	taata	(日方:石川 Ishikawa)	id.
	dasu	(夫余)	"children(아이들)"
	sonso-na	(韓方:평북)	"boy(사내아이)"
	ttartta-ni	(韓方:경남)	"daughter(딸)"

- **10G-11**

つきよご	tukiyo-go	(日方:滋賀 Shiga)	"bastard(사생아)"
だごのこ	dago-no-ko	(日方:石川 Ishikawa)	id.
	tuksa-ka	(夫余)	id.
	ssung-num	(韓方:경북)	"young man(사나이)"

- **10G-12**

ほち	hoti	(日方:愛知 Aichi)	"boy at a tile shop(기와 가게의 아이)"
	feise	(夫余)	"tile(기와)"
	masu-makutor	(韓方:전남)	"child(아이)"

10H. 친척(11그룹)

- **10H-1**

うすば	usuba	(日方:南島 Minamijima)	"noble's concubine(귀인의 첩)"
あしかけ	asika-ke	(日方:島根 Shimane)	"concubine(첩)"
	asiha-n sargan	(夫余)	id. (sargan = wife[처, 죵인])
	yosika	(韓方:경북)	"girl(소녀)"

- **10H-2**

うし	usi	(日方:千葉 Shiba)	"wine serving woman(접대부)"
	asha	(夫余)	"old brother's wife(형수)"
	yosi-ke	(韓方:경남)	"girl(소녀)"
	sii	(韓方:경북)	"old brother(형)"

- **10H-3**

うがら, やから	ukara, yakara	(古日)	"relative(친척)" (음전)
ゆかり	yukari	(現日)	id. (음전)
おやく	oyaku	(日方:青森 Aomori, 秋田 Akita, 山形 Yamagata)	
			id.
いっきょ	ikkyo	(日方:石川 Ishikawa)	id.
いっけしょ	ikke-sho	(日方:新潟 Niigata)	id.
おこ	oko	(日方:広島 Hiroshima, 島根 Shimane)	
			"person(사람)"
	irge-n	(夫余)	"people(사람들)" (음전)
	kyore	(現韓)	"relatives(친족), nationals(민족)"

- **10H-4**

うじ	uzi	(現日)	"relative(친척, 인척), clan(씨족)"
うぢ	udi	(古日)	id.
いろ	iro	(古日)	"maternal sibling(모친의 형제)"
	ur-se	(夫余)	"people(사람들)"
	asa.-m	(古韓)	"relative(친척, 인척), clan(씨족)"
	pucu	(韓方:평북)	"clansman(친족)"

- **10H-5**

えんつり	enturi	(日方:宮城 Miyagi)	"relative(친척)"
えどす	edosu	(日方:岩手 Iwate, 岐阜 Gufu)	id.
	h-<u>u</u>ncihi-n	(夫余)	id.
	y<u>o</u>ncur	(現韓)	id.

- **10H-6**

おばこ	<u>obako</u>	(日方:青森 Aomori)	"wife of the second son and the ones below(차남의 혹은 그 아래 아들의 처)"
	basha	(夫余)	"wife's younger sister(처제)"
	oppa	(現韓)	"girl's older brother(오빠)"
	p<u>o</u>k<u>u</u>m	(現韓)	"second(둘째), next(다음)"

- **10H-7**

くにちょうでぇ	kuni-tyoodee	(日方:南島 Minamijima)	"looking like brothers(형제처럼 보이는 것)"
けないうち	kenai-uti	(日方:鹿児島 Kagoshima)	"whole clan(온 친척들)"
	keni-nga	(夫余)	"related(친척의, 인척의)"
	kanae	(現韓)	"family(가내)" (家內)

- **10H-8**

そうでんつぁ	sooden-tuaa	(日方:南島 Minamijima)	"relative(친척)"
	sadun	(夫余)	"inlaws(인척)"
	satun	(現韓)	id.

- **10H-9**

ちずる	tizuru	(日方:八丈島 Hachijojima)	"blood line(혈통)"
	suduri	(夫余)	"history(역사)"
	ccukuri	(韓方:경남)	"stalk(줄거리)"

- **10H-10**

とべっつい	tobettui	(日方:滋賀 Shiga)	"woman who adopts a child(양자 받는 여자)"
	tebeliye-	(夫余)	"to adopt a child(양자로 삼다)"
	tomath-	(現韓)	"to take responsibility for(島맡다)"

- **10H-11**

つじ	tuzi	(日方:大分 Oita)	"boss(우두머리), chieftain(두목)"
	tusi	(夫余)	"chieftain of a tribe(족장)"
	ccok-pak	(韓方:전북)	"head(머리)"
	tungs<u>o</u>i	(韓方:충남)	"ridge(고개)"

10I. 다른 인물(44그룹)

- **10I-1**

いくたいにんじゅ	ikutai-ninzyu	(日方:南島 Minamijima)	"several talented people(재능 있는 몇 사람)"
	ekter-she-	(夫余)	"to excel(능가하다, 탁월하다)"
	ik-ta	(現韓)	"be skilled(익다, 숙련하다)"

- **10I-2**

うふじむぅ	uhuzi-muu	(日方:南島 Minamijima)	"person who gives generously(인심 좋게 주는 사람)"
	onco	(夫余)	"generous(인심 좋은, 관대한)"
	hopsin	(韓方:전남)	"much(많은)"

- **10I-3**

おいぼれ	oibore	(現日)	"senile man(노쇄한 사람)"
おいぼれる	oibore-ru	(現日)	"to age(늙다)"
	oibo-	(夫余)	"to become decrepit(노쇄하다)"
	bem<u>bere</u>-	(夫余)	"to talk foolishly because of senility(노쇄해서 조리 없는 말을 하다)"
	harmang-ku	(韓方:전남)	"old lady(노부인)"

- **10I-4**

おぐせんぼぅ	oguse-nboo	(日方:和歌山 Wakayama)	"shy person(부끄럼쟁이)
おすば	osu-ba	(日方:愛知 Aichi)	id.
	aksa-	(夫余)	"be shy(부끄럽다)"
	aes<u>o</u>-rop-	(韓方:전남)	id.

- **10I-5**

おげへんど	ogehen-do	(日方:愛媛 Ehime)	"beggar(거지)"
	gah<u>u</u>-sha-	(夫余)	"to beg for food(먹을 것을 구걸하다)"
	gioha-	(夫余)	"to beg for alms(구호금품을 구걸하다)"
	gioho-sho-	(夫余)	"to beg persistently(집요하게 구걸하다)"
	yug<u>o</u>r	(韓方:함남)	"beggar(거지)"

- **10I-6**

おさない	osa-nai	(現日)	"be very young(퍽 어리다)"
あさあい	asa-ai	(古日)	"small child(어린아이)"
	eshe	(夫余)	"husband's younger brother(시동생)"
	asi	(韓方:강원, 경상, 전라, 제주, 충남)	
			"younger brother(아우)"
	as<u>u</u>	(韓方:함북)	id.

- **10I-7**

おじ	ozi	(日方:佐渡 Sado, 山口 Yamaguchi)	
			"bachelor(미혼 남자)"
おじろく	ozi-roku	(日方:和歌山 Wakayama)	id.
	usi-nga	(夫余)	"alone(혼자의, 독신의)"
	haoza	(古韓)	id.
	acae	(現韓)	"uncle(아재)"

- **10I-8**

| おなべ | on<u>a</u>be | (日方:兵庫 Hyogo) | "woman(여자)" (음전) |
| おなばす | on<u>a</u>ba-su | (日方:仙台 Sendai) | id. (음전) |

	eṇihe-n	(夫余)	"bitch(단정치 않은 여자)" (음전)
	yophyo-ṇne	(現韓)	"woman(여편네)" (음전)
	anak	(現韓	id.

• 10I-9

おみな	omina	(古日)	"woman(여자)"
やもめ	yamome	(現日)	"single woman(독신 여자)"
	emile	(夫余)	"female bird(암 새)"
	enime	(韓方:함남)	"girl(소녀)"
	emina	(韓方:평북, 함남)	"girl(소녀)"

• 10I-10

おんば	onba	(日方:埼玉 Saitama)	"single woman(독신의 여자)"
おんばぁ	onbaa	(日方:神奈川 Kanagawa)	id.
	emhu-n	(夫余)	"alone(혼자서)"
	hom-ca	(韓方:경기)	id.

• 10I-11

おんぼ	onbo	(日方:山口 Yamaguchi)	"blind person(맹인)"
	efe-	(夫余)	"be blind(눈이 멀다)"
	aph-mospo-	(現韓)	id.

• 10I-12

かがんぼ	kagan-bo	(日方:長野 Nagano, 福井 Fukui)	
			"thin person(여윈 사람)"
がたぎ	gatagi	(日方:三重 Mie)	"skinny(여윈)" (음전)
こつける	kotuke-ru	(日方:対馬 Tsushima)	"to get thin(여위다)" (음전)
	gekde-hun	(夫余)	"skinny(여윈)" (음전)
	kkaekkae	(現韓)	"skinny appearance(여윈 모양)"
	kkum-	(韓方:경남)	"to hunger(굶주리다)"

• 10I-13

かた	kata	(現日)	"one of the pair(쌍의 한쪽), single(독신)"
	gakda	(夫余)	"single(혼자, 독신)"
	kathae-ki	(韓方:경상)	"widow(홀어미)"

• 10I-14

かぼちゃ	kabo-tya	(日方:奈良 Nara, 大阪 Osaka, 岐阜 Gifu)	
			"short person(키 작은 사람)"
こびす	kobi-su	(日方:高知 Kochi)	id.
こもすけ	komo-suke	(日方:徳島 Tokushima)	id.
	kapa-huṇ	(夫余)	"of short stature(키가 작은)"
	kopchu	(韓方:충북)	"hunchback(곱사등이)"
	kopsae	(韓方:경남, 제주)	id.

• 10I-15

かんせぇもん	kansee-mon	(日方:対馬 Tsushima)	"slightly smart person(좀 영리한 사람)"

かっさい	kassa-i	(日方:山口 Yamaguchi)	"be clever(영리하다)"
こすい	kosu-i	(現日)	"be cunning(꾀빠르다)"
	garsa	(夫余)	"smart(영리한)"
	kansa	(現韓)	"cunning(간사)" (not 奸詐)

/zero, n/ = r

- **10I-16**

ぎっとう	gittoo	(日方:山梨 Yamanashi)	"lame person(절름발이)"
がっちょ	kattyo	(日方:滋賀 Shiga)	id.
	gakda	(夫余)	"crippled in one leg(한다리를 못쓰는)"
	ccoktuk-pari	(韓方:전북)	"lame person(절름발이)"
	ccintta	(韓方:전북)	id.

/tt/ = /kd/

- **10I-17**

くろきっつ	kuroki-ttu	(日方:長崎 Nagasaki)	"craving person(욕심쟁이)"
かあきゆい	kaaki-yui	(日方:南島 Minamijima)	"craving(욕심냄)"
	kengke-she-	(夫余)	"to crave(크게 욕심내다)"
	koraengki	(韓方:경북, 전북, 충북, 평안)	"begger(거지)"

- **10I-18**

こじき	kozi-ki	(現日)	"begger(거지)"
くわんじん	kuwanzi-n	(日方:新潟 Niigata, 静岡 Shizuoka, 島根 Shimane, 九州 Kyuushuu)	id.
こんじ	konzi	(日方:静岡 Shizuoka, 愛知 Aichi, 奈良 Nara, 和歌山 Wakayama)	id.
かんじゅ	kanzyu	(日方:島根 Shimane)	id.
	gihusha-	(夫余)	"to beg(구걸하다)"
	koci	(現韓)	"begger(거지)"

/wa, n/의 삽입; /hu/의 생략.

- **10I-19**

こまて	koma-te	(日方:壱岐 Iki)	"frugal man(검소한 사람)"
くめえきゃぁ	kumee-kyaa	(日方:南島 Minamijima)	id.
つましい	tuma-sii	(現日)	"be frugal(검소하다)"
	kemne-	(夫余)	id.
	kemu-nge	(夫余)	"frugal(검소한)"
	kom-so	(現韓)	"frugality(검소)" (儉素?)

- 10I-20

じゃく	zyaku	(日方:岩手 Iwate, 新潟 Niigata)	
			"woman(여자)"
しびれ	sibi-re	(日方:島根 Shimane)	id.
しぶたれ	sibu-tare	(日方:島根 Shimane)	id.
じょこ	zyoko	(日方:滋賀 Shiga)	"girl(소녀)"
	cahu̲	(夫余)	"shrewd woman(약싹빠른 여자)
	saeka	(韓方:함북)	"girl(소녀)"

- 10I-21

じゃくい	zyaku-i	(日方:高知 Kochi)	"be young(젊다)"
	ajige	(夫余)	"small(작은), young(젊은)"
	caha	(夫余)	"young boy(소년), servant boy(아이종)"
	sok-o̲p-	(韓方:전남)	"be very young(어리다)"
	ccaekkan-ho̲-	(韓方:전남)	id.

- 10I-22

しゃんす	syansu	(日方:長崎 Nagasaki, 佐賀 Saga, 壱岐 Iki)	
			"female lover(여자 연인)"
ちょんこ	tyonko	(日方:滋賀 Shiga)	"most loved child(제일 귀여움 받는 아이)"
といち	toiti	(日方:高知 Kochi, 和歌山 Wakayama, 福岡 Fukuoka)	
			"lover(연인)"
	dosho-n	(夫余)	"love(사랑), favor(호의)"
	saeaksi	(韓方:함북)	"girl(색시)"

- 10I-23

しょ	sho	(日方:山形 Yamagata)	"group of people(사람의 무리)"
じょ	zyo	(日方:大分 Oita, 宮崎 Miyazaki)	
			"person(사람)"
っちゅ	ttyu	(日方:南島 Minamijima)	"person(사람)"
	ci, si	(夫余)	"agent suffix(동작 주어의 후치사)"
	ta	(現韓)	"all(다)"

- 10I-24

しんかみそ	sinka-miso	(日方:愛知 Aichi)	"thin and poor-looking person(여위어서 초라 하게 보이는 사람)"
ぞくなえ	zoku̲-n̲ae	(日方:新潟 Niigata)	id. (음전)
そげそげ	soge-soge	(日方:宮城 Miyagi, 福井 Fukui)	
			"feeble condition(허약한 상태)"
そげる	soge-ru	(日方:福井 Fukui)	"to become emaciated(쇠약해지다)"
	sun̲ge-	(夫余)	id. (음전)
	sungi-	(夫余)	id. (음전)
	song-sari	(現韓)	"poor-looking person(초라하게 보이는 사람)"

- **10I-25**

すぐなし	sugu-nasi	(日方:山形 Yamagata, 新潟 Niigata)	
			"untalented person(솜씨 없는 사람)"
	sekse-saksa	(夫余)	"untalented(솜씨 없는)"

- **10I-26**

せし	sesi	(日方:壱岐 Iki, 熊本 Kumamoto)	
			"responsible person(책임자)"
	salhe-n	(夫余)	"responsibility(책임)"
	sos-chi-	(現韓)	"to raise(올리다)"

- **10I-27**

せんど	sendo	(日方:隠岐 Oki)	"manager of a mushroom firm(버섯 농장 책임자)"
	sence	(夫余)	"mushroom(버섯)"
	tupsae	(韓方:평북)	id.

- **10I-28**

でで	dede	(日方:兵庫 Hyogo)	"dumb person(벙어리)"
どどくる	dodo-kuru	(日方:島根 Shimane, 山口 Yamaguchi, 佐渡 Sado)	
			"to stutter(말을 더듬다)"
どまつく	domatu-ku	(日方:宮城 Miyagi)	id.
	tanja-	(夫余)	id.
	totu-m-	(現韓)	id.
	totho-ri	(韓方:평북)	"stutterer(말더듬이)"

- **10I-29**

とちびっこ	toti-bikko	(日方:神奈川 Kanagawa)	"lame(절름발이의)"
	dadu-n	(夫余)	id.
	doho-so-	(夫余)	"to limp(발을 절다)"
	ttukpa-ri	(韓方:경북)	"lame(절름발이의)"
	ccintta	(韓方:전북)	id.
	totu-m-	(現韓)	"to fumble(더듬다)"

- **10I-30**

どろぼう	doro-boo	(現日)	"thief(도둑)"
かれど	kare-do	(日方:熊本 Kumamoto)	id.
じら	zira	(日方:大阪 Osaka, 東海道 Tokaido) id.	
せりょう	seryoo	(日方:関東 Kanto, 千葉 Chiba, 茨城 Ibaragi)	id.
	hulha	(夫余)	"bandit(강도)"
	tturok-kun	(韓方:충남)	"thief(도둑)"
	korai	(韓方:경남)	"beggar(거지)"
	koro-ci	(韓方:강원, 경남, 전남, 충북) id.	

- **10I-31**

にょうぼ	nyoobo	(日方:石川 Ishkawa)	"maid(하녀)"
ねよし	neyosi	(日方:三重 Mie)	id.

なな	nana	(日方:三重 Mie, 德島 Tokushima)	id.
	nehu, nehuji	(夫余)	id.
	nyon	(現韓)	"girl(소녀)"

- 10I-32

ねんこう	nengkoo	(日方:対馬 Tsushima)	"elder(손윗 사람)"
	unga	(夫余)	id.
	uke	(韓方:경남, 전남)	"above(위)"

- 10I-33

ひきちび	hiki-tibi	(日方:三重 Mie)	"stingy person(인색한 자)"
びりすけ	biri-suke	(日方:山形 Yamagata)	id.
	burgi-yen	(夫余)	"stingy(인색한)"
	akki-	(現韓)	"be frugal(절약하다)"

- 10I-34

びんねえ	bin-nee	(日方:千葉 Chiba)	"invalid person(쟁애자)"
	men-en	(夫余)	"disabled(불구의)"
	panno-mi	(韓方:평북)	"half-disabled(반병신)"

- 10I-35

ぶかぁ	bukaa	(日方:南島 Minamijima)	"weak Japanese wrestler(약한 스모 씨름꾼)"
	buku	(夫余)	"wrestler(씨름꾼)"
	hokko-	(韓方:충북)	"to spoil(망치다)"

- 10I-36

ふすっぽう	husu-ppoo	(日方:熊本 Kumamoto)	"stingy person(인색한 사람)"
ぴじがぁげ	pizi-gaage	(日方:南島 Minamijima)	id.
ひすい	hisui	(日方:静岡 Shizuoka)	id.
へそくそ	heso-kuso	(日方:茨城 Ibaragi)	"stinginess(인색한 것)"
	bushu-hun	(夫余)	"stingy(인색한)"
	path-	(現韓)	"be stingy(인생하다)"

- 10I-37

ふりい	hurii	(日方:南 島Minamijima)	"crazy person(미친 사람)"
ふりもん	huri-mon	(日方:南 島Minamijima)	id.
きぃふら	kii-hura	(日方:群馬 Gunma)	id.
	bala-ma	(夫余)	"crazy(미친)"
	bel-ci	(夫余)	"crazy person(미친 사람)"
	michi-	(現韓)	"to become crazy(미치다)"

- 10I-38

ぼうさま	boosa-ma	(日方:青森 Aomori)	"blind person(맹인)"
めしい	mesii	(日方)	id.
めっちゃ	mettya	(日方:福島 Fukushima)	id.
	busa-ja-	(夫余)	"be blind by injury(부상해서 눈이 멀다)"
	pongsa	(現韓)	"blind person(맹인)"

- **10I-39**

ほべさん	ho<u>be</u>-<u>s</u>an	(日方:鳥取 Tottori)	"senior man(손위의 남자)" (음전)
ほんべぇ	honbee	(日方:高知 Kochi)	"good family's male(좋은 집안의 사나이)
	fiyang<u>u</u>	(夫余)	"smallest(제일 작은), youngest(최연소의)"
	fiyang<u>u</u>-simhun	(夫余)	"little fingeer(새끼손가락)"(simhun＝손가락)"
	haha	(夫余)	"male(남자)"
	mo<u>su</u>ma	(韓方:강원, 경상, 전라, 충청) id. (음전)

- **10I-40**

まぁむんが	maamu-nga	(日方:南島 Minamijima)	"person from where(어디서 온 사람)"
	em<u>emu</u>-nge	(夫余)	"someone(그 누구), something(그 무엇)"
	mu<u>o</u>s	(現韓)	"what(무엇)"

- **10I-41**

めっぽ	meppo	(日方:千葉 Chiba, 茨城 Ibaragi)	
			"one-eyed(한쪽 눈이 먼)"
	balba	(夫余)	"having poor eyesight(시력 나쁜)"
	m<u>o</u>r-	(現韓)	"be blind(눈멀다)"

- **10I-42**

やみすけ	yami-suke	(日方:宮城 Miyagi)	"idle person(게으른 자)"
	ab-gari	(夫余)	"idle(태만한)"
	<u>o</u>mur-	(現韓)	"be immature(어물다)"

- **10I-43**

よせらもの	yosera-mono	(日方:伊豆大島 Izuojima) "ordinary person(보통 사람)"
	arsari	(夫余)	"ordinary(보통의)"
	<u>o</u>suruk-ha-	(現韓)	"be simple-minded(어수룩하다)"

- **10I-44**

よかし	yoka-si	(日方:壱岐 Iki, 対馬 Tsushima, 熊本 Kumamoto,
		鹿児島 Kagoshima)	"man with status(신분 좋은 사람)"
	yeke-nge	(夫余)	"grand(당당한), noble(고상한)"
	<u>o</u>kku-suha-	(現韓)	"be nice and agreeable(어꾸수하다)"

10J. 인칭, 기타 대명사(20그룹)

- **10J-1**

あが	aga	(日方:高知 Kochi, 佐賀 Saga, 鹿児島 Kagoshima)
			"you(너)"
あこ, おかん	ako, okan	(日方:高知 Kochi, 奈良 Nara) id.
	age	(夫余)	id.
	ak	(現韓)	"Boo to you(악!)"

- **10J-2**

| あちら | atira | (現日) | "there(저기)" |

	ederi	(夫余)	"here(여기)"
	cargi	(夫余)	"over there(저기)"
	cala	(夫余)	id.
	cori	(現韓)	id.
	icca-k	(韓方:경남)	"here(여기)"

● 10J-3

あちらこちら	atira-kotira	(現日)	"here and there(여기저기)" (일어는 "저기여기")
	ederi-tederi	(夫余)	"this way and that way이리저리)"
	yoso	(韓方:경남)	"here(여기)"

● 10J-4

あま	ama	(日方:南島 Minamijima)	"there(저기)"
くま	kuma	(日方:南島 Minamijima)	"here(여기)"
	uba	(夫余)	id.
	ebe-le	(夫余)	"this side(이쪽)"
	yokume	(現韓)	"here(여기)"
	aph	(現韓)	"front(앞)"

● 10J-5

あれ	a-re	(現日)	"that thing(저것)"
	e-re	(夫余)	"this(이것)"
	i-ri	(現韓)	"this way(이리)"

● 10J-6

あんだ	anda	(日方:関東 Kanto, 千葉 Chiba)	
			"What is it?(그것이 무엇이냐?)" (음전)
	aici	(夫余)	"what kind of(어떤 종류의)"
	otton	(現韓)	id. (음전)

● 10J-7

あんた, あなた	anta, anata	(現日)	"you(너)"
	anda	(夫余)	"very close friend(아주 가까운 친구)"
	anta-ha	(夫余)	"guest(손님)"
	yessta	(現韓)	"It is for you!(옛다!)"

● 10J-8

い	i	(古日)	"you(너)"
お	o	(日方:新潟 Niigata)	"I(나), we(우리들)"
あい	a-i	(日方:三重 Mie, 和歌山 Wakayama, 香川 Kagawa, 佐賀 Saga, 鹿児島 Kagoshima)	"he(그 남자)"
おい	oi	(日方:鹿児島 Kagoshima, 三重 Mie)	id.
やつ	ya-tu	(現日)	"chap(녀석)"
やろう	ya-roo	(現日)	id.
	i	(夫余)	"he(그 남자), she(그 여자)"

	i	(現韓)	"person(사람)"

• 10J-9

いくつ	iku-tu	(現日)	"how many(몇 개), how much(얼마만큼)"
	udu	(夫余)	"how many(몇 개)"
	udu-te	(夫余)	"how many each(몇 개씩)"
	ottae	(現韓)	"how(어떻게)"
	otto-n	(現韓)	"what kind of(어떤)"

• 10J-10

いくら	ikura	(現日)	"about how much(얼마만큼)"
いずれ	izure	(現日)	"anyhow(여하간), where(어디)"
	adara-me	(夫余)	"how(어떻게), why(왜), What is to be done?(무엇을 해야 하나?)"
	oturo	(古韓)	"whereto(어디로)"
	oturi	(古韓)	"how(어떻게)"

• 10J-11

いづ, いづこ	idu, idu-ko	(古日)	"where(어디)"
いづち	idu-ti	(古日)	"where(어디), whereto(어디로)"
	aide	(夫余)	"where(어디), why(왜)"
	yade	(夫余)	"where(어디), whereto(어디로)"
	odi	(現韓)	"where(어디)"

• 10J-12

ぎら	gira	(日方:石川 Ishikawa)	"I(나)"
	gula-beye	(夫余)	"oneself(자신)"
	kkiri	(現韓)	"among ourselves or themselves(끼리)"

• 10J-13

そこ	so-ko	(現日)	"there(저기)"
	ca-rgi	(夫余)	id.
	ca-si	(夫余)	"to that place(저기로)"
	co-ki	(現韓)	"there(저기)"

• 10J-14

そなた	so-nata	(現日)	"you(너), there(저기)"
すなた	su-nata	(日方:南島 Minamijima)	"you(너)"
	si	(夫余)	id.
	su-we	(夫余)	"you all(당신들)"
	ca-ne	(現韓)	"you(너)"

• 10J-15

その	so-no	(現日)	"its(그것의)"
	ce-ni	(夫余)	"their(그들의)"
	si-ni	(夫余)	"your(당신의)"
	ku-ni	(韓方:평북)	"he(그이)"

| | c<u>o</u> | (現韓) | "that(저)" |

● 10J-16

それ	so-re	(現日)	"that thing(저것), it(그것)"
そうらんまぁし	sooran-maasi	(日方:千葉 Chiba)	"near there(그 가까이)"
	te-re	(夫余)	"it(그것), he(그 남자), she(그 여자)"
	c<u>o</u>-ri	(現韓)	"toward there(저리)"

● 10J-17

な, の	na, no	(古日)	"you(너)"
なあ	naa	(日方:南島 Minamijima, 青森 Aomori, 新潟 Niigata)	id.
など	na-do	(日方:青森 Aomori)	"you all(당신들)"
なみ	na-mi	(日方:あわみ 大島 Awamiojima)	"you(너)"
	no-fi	(夫余)	"people(사람들)"
	n<u>o</u>	(現韓)	"you(너)"
	n<u>o</u>-m<u>o</u>	(韓方:강원)	id.

● 10J-18

なり	nari	(日方:新潟 Niigata, 南島 Minamijima)	"you all(여러분)"
ねら	nera	(日方:山形 Yamagata, 新潟 Niigata)	id.
	niyal-ma	(夫余)	"person(사람)"
	nire	(夫余)	"female(여자)"
	nari	(現韓)	"your honor(나리)"

● 10J-19

| ぼう | boo | (日方:石川 Ishikawa, 福井 Fukui, 京都 Kyoto) | "I(나)" (woman＝여자) |
| | bi | (夫余) | "I(나), me(나에게, 나를)" |

● 10J-20

わい	wai	(日方:奈良 Nara, 和歌山 Wakayama, 大阪 Osaka, 京都 Kyoto)	"I(나)"
わいら	wai-ra	(日方:兵庫 Hyogo, 隠岐 Oki)	"we(우리)"
	be	(夫余)	id.
	u-ri	(現韓)	id.

11. 신체의 부분(86그룹)

11A. 머리, 얼굴(29그룹)

- **11A-1**

えじ	ezi	(日方:長野 Nagano)	"head(머리)"
	uju	(夫余)	id.
	utu-mori	(現韓)	"boss(우두머리)"

- **11A-2**

がんけあたま	ganke-atama	(日方:仙台 Sendai)	"flat back of the head(머리 뒤의 평평한 데)"
	gungu	(夫余)	"back of the head(머리 뒤)"
	korchi	(現韓)	"head(머리), brain(골치)"
	kongku-ru-	(韓方:평북)	"to make it level(평평하게 하다)"

- **11A-3**

がんこ	ganko	(日方:岩手 Iwate, 山形 Yamagata)	"head(머리)"
がんた	ganta	(日方:岩手 Iwate, 宮城 Miyagi, 長野 Nagano, 静岡 Shizuoka)	id.
がんつ	gantu	(日方:壱岐 Iki)	id.
	kalka	(夫余)	"scalp(머리가죽)"
	kanta-kae	(現韓)	"bridle headstall(간다개)"

- **11A-4**

ぎりぎり	giri-giri	(日方:愛媛 Ehime)	"crown of the head(머리의 정상부)"
からじ	kara-zi	(日方:南島 Minammijima)	"head(머리)"
ごうら	goora	(日方:熊本 Kumamoto)	id.
	giyolo	(夫余)	"crown of the head(머리의 정상부)"
	kur-ku	(夫余)	id.
	kor-chi	(現韓)	"brain or head(골치)"
	kor-carae	(韓方:평북)	"head(머리)"

- **11A-5**

くつずす	kutu-zusu	(日方:群馬 Gunma)	"to close eyes(눈을 감다)"
くちゃぐる	kutya-guru	(日方:栃木 Tochigi)	id.
	gida-	(夫余)	id.
	ccakuri-	(韓方:강원, 경기)	"to doze(졸다)"

- **11A-6**

けば	keba	(日方:群馬 Gunma, 埼玉 Saitama, 茨城 Ibaragi, 千葉 Chiba, 神奈川 Kanagawa, 山梨 Yamanashi)	"hair(머리털)"

さばく	saba-ku	(日方:長崎, 対馬, 佐賀, 熊本)	
			"to comb the hair(머리를 빗다)"
うんちょうび	<u>untyoobi</u>	(日方:南島 Minamijima)	id.
	cabi	(夫余)	"hair on horse's stomach(말 배의 털)"
	tubar	(韓方:경북)	"hair(머리털)" (頭髮?)

● 11A-7

こんぞばな	gonzo-bana	(日方:長野 Nagano, 福岡 Fukuoka)	
			"snot(콧물)"
	kangsi-ri	(夫余)	"nose ridge(콧등)"
	khos-mur	(現韓)	"snot(콧물)"
	khon-mur	(韓方:강원, 경상, 충청)	id.

● 11A-8

さんくび	san-kubi	(日方:鳥取 Tottori)	"back of head(머리 뒤)"
	sil-da	(夫余)	"of the neck(목의)"
	thong-taekari	(韓方:경북)	"head(머리)"

● 11A-9

じじぼけ	zizi-boke	(日方:奈良 Nara)	"burning of the hair(머리가 타는 것)"
しじれる	sizi-reru	(日方:島根 Shimane)	"the hair burns(머리가 타다)"
さいそくまげ	saiso-ku mage	(日方:伊豆大島 Izuojima)	"unwed person's hairdo(미혼녀의 머리 모양)"
	sise-hen	(夫余)	"braid(땋아 느린 머리)
	ccok-pak	(韓方:전북)	"hair on one's head(머리털)"

● 11A-10

しゃっぺた	sha-ppeta	(日方:静岡 Shizuoka)	"cheek(뺨)"
ちゃい, ちゃん	tyai, tyan	(日方:鹿児島 Kagoshima)	"jaw(턱)"
	shak-shaha	(夫余)	"cheek(뺨)"
	spam	(古韓)	id.
	ssata-ku	(韓方:전북, 충북)	id.

● 11A-11

じゃばぐち	zyaba-guti	(日方:千葉 Chiba)	"big mouth(큰 입)"
	corbo-	(夫余)	"to pry the mouth open(입을 억지로 열다)"
	corbo-<u>ku</u>	(夫余)	"device to pry the mouth open(입을 억지로 여는 기구)"
	ipakuci	(韓方:경북)	"mouth(입)"

● 11A-12

しぼる	sibor-u	(現日)	"to squint(눈을 가늘게 뜨다)"
すばれる	subare-ru	(日方:愛媛 Ehime, 滋賀 Shiga)	
			"to wilt(위축하다)"
	jibere-	(夫余)	"to squint(눈을 가늘게 뜨다)"
	ccoman-ha-	(韓方:충북)	"be small(작다)"

- **11A-13**

じらめ	zira-me	(日方:奈良 Nara)	"squinting(눈을 가늘게 뜨고 보는 것)"
じろめ	ziro-me	(日方:佐賀 SAga)	id.
からすめ	kara-su-me	(日方:富山 Toyama, 福井 Fukui, 三重 Mie)	
			id.
	shari-nja-	(夫余)	"to squint(눈을 가늘게 뜨다)"
	hira-	(夫余)	id.
	car-	(現韓)	"be fine(잘다)"

- **11A-14**

すこたん	suko-tan	(日方:愛知 Aichi, 滋賀 Shiga, 三重 Mie, 和歌山 Wakayama, 大阪 Osaka, 京都 Kyoto, 兵庫 Hyogo)	
			"head(머리)"
さいこん	saiko-n	(日方:大分 Oita, 長崎 Nagasaki)	
			"forehead(이마)"
	shengi-n	(夫余)	id.
	mor-kutang	(現韓)	"hair on the head(머리털)"

- **11A-15**

すば	suba	(日方:宮崎 Miyazaki, 鹿児島 Kagoshima, 南島 Minamijima)	"lip(입술)"
つば	tuba	(日方:九州 Kyushu)	id.
つべ	tube	(日方:長崎 Nagasaki)	id.
	feme-n	(夫余)	id.
	jerpe	(夫余)	"growth on the lip(입술의 종기)"
	iph-ssum	(韓方:경남)	"lip(입술)"
	chim	(現韓)	"saliva(침, 타액)"
	ip-subu-ri	(韓方:경상)	"lip(입술)"

- **11A-16**

たぶ(みみ＿)	tabumimi-)	(現日)	"earlobe(귓불)"
たぶら	tabura	(日方:大分 Oita)	id. (음전)
	delbi	(夫余)	"back of ear(귓등)" (음전)
	tormi	(現韓)	"nape(덜미)" (음전)

- **11A-17**

つば, つばき	tuba, tubaki	(現日)	"saliva(침, 타액)"
つは, つ	tuha, tu	(古日)	id.
つべ	tube	(日方:三重 Mie)	id.
	cife-ngu	(夫余)	id.
	cifele-	(夫余)	"to spit(뱉다)"
	chim	(現韓)	"saliva(입침)"

- **11A-18**

つら	tura	(現日)	"face(얼굴)"
	dere	(夫余)	id.
	cira	(夫余)	"face(얼굴), complexion(얼굴 색)"

- **11A-19**

どろ(め-)	doro(me-)	(日方:群馬 Gunma)	"person with dim eyes(눈이 흐린 사람)"
つら(め-)	tura(me-)	(日方:島根 Shimane)	"eye(눈)"
	deri-	(夫余)	"be dim in the eye(눈이 흐리다)"
	nun-<u>turong</u>	(韓方:강원, 경남)	"protruding part of upper eyelid(눈두덩)"

- **11A-20**

はげ	hage	(現日)	"being bald headed(대머리된 것)"
はげあたま	hage-atama	(現日)	"bald head(대머리)"
	fusi-	(夫余)	"to shave(깎다, 면도하다)"
	pksa-	(古韓)	"to peel(벗기다)"
	po<u>ko</u>-ci	(韓方:경상, 전라)	"bald head(대머리)"

- **11A-21**

はな	hana	(現日)	"nose(코)"
	o<u>foro</u>	(夫余)	id.
	pi	(韓方:평북)	id.

- **11A-22**

| はぶ | habu | (日方:高知 Kochi) | "toothless(치아가 없는)" |
| | mumu-ri | (夫余) | id. |

- **11A-23**

ひたい	hita-i	(現日)	"forehead(이마)"
ふでい	hudei	(日方:南島 Minamijima)	"bald head(대머리)"
びす	bisu	(日方:高知 Kochi, 山口 Yamaguchi, 愛媛 Ehime) id.	
	hoto	(夫余)	"rear of the head(머리 뒤)"
	mui-	(現韓)	"to become bald(대머리가 되다)"
	imtaei	(韓方:제주)	"forehead(이마)"

- **11A-24**

びんた	binta	(日方:山梨 Yamanashi, 南島 Minamijima) "baldness(대머리)"	
びんた	binta	(日方:愛知 Aichi, 対馬 Tsushima, 熊本 Kumamoto, 宮崎 Miyagi, 鹿児島 Kagoshima) "head(머리)"	
ほんたく	honta-ku	(日方:鳥取 Tottori, 島根 Shimane) "rear of the head(머리 뒤)"	
	biyanta-ha	(夫余)	"head scar(머리의 상처)"
	ppontae	(韓方:경남, 평북)	"bald head(대머리)"

- **11A-25**

へったりまみげ	hettari-mamige	(일방:群馬 Gunma)	"slanting eyebrow(비스듬한 눈썹)"
	faita-n	(夫余)	"eyebrow(눈썹)"
	pisutu-mhi	(現韓)	"slanting(비스듬히)"
	pantur-kae	(韓方:평북)	"eye(눈)"

- **11A-26**

ほお, ほほ	hoo, hoho	(現日)	"cheek(볼)"
ほうたん	hoota-n	(日方:大分 Oita, 佐賀 Saga, 長崎 Nagasaki)	
			id.
ほた	hota	(日方:秋田 Akita, 鳥取 Tottori, 島根 Shimane)	
			id.
ふるたぼ	huruta-bo	(日方:新潟 Niigata)	id.
	fulci-n	(夫余)	"cheek(볼), cheekbone(광대뼈)"
	hoho	(夫余)	"earlobe(귓불)"
	por	(現韓)	"cheek(볼)"
	por-ttaeki	(現韓)	id.

- **11A-27**

もとくび	moto-kubi	(日方:佐賀 Saga)	"nape(목덜미)"
ぬぶい	nubu-i	(日方:南島 Minamijima)	"neck(목)"
	meife-n	(夫余)	id.
	meihe-re-	(夫余)	"to shoulder(어깨에 지다)"
	moktor-mi	(現韓)	"nape(목덜미)"

- **11A-28**

ひげ	hige	(現日)	"mustache(수염)"
ふきげ	huki-ge	(日方:壱岐 Iki)	"down around head and neck(머리와 목의 솜털)"
ふくだけ	huku-dake	(日方:青森 Aomori, 秋田 Akita, 岩手 Iwate, 宮城 Miyagi, 仙台 Sendai)	"down(솜털)"
	funga-ha	(夫余)	"down(솜털), feather(털) "
	nar-kuchi	(韓方:경남)	"mustache(수염)"

- **11A-29**

ぴじいに	pizi-ini	(日方:南島 Minamijima)	"beard(턱수염)"
	huse	(夫余)	id.
	houn-toki	(韓方:제주)	"hair(털)"
	pin	(韓方:평북)	"sideburns(살쩍)"

11B. 배(몸)(8그룹)

- **11B-1**

くうばぁ	kuubaa	(日方:南島 Minamijima)	"abdomen(배)"
	kalbi-n	(夫余)	"lower belly(아랫배)"

| | karbi | (現韓) | "ribs(갈비)" |

- **11B-2**

	ごじょわた	gozyo-wata	(日方:青森 Aomori)	"intestine(대장, 소장)"
	ごんじょ	gonzyo	(日方:岩手 Iwate)	"belly(배), intestine(대장, 소장)"
	ごぞうわた	gozoo-wata	(日方:宮城 Miyagi)	id.
		kongjo-su	(夫余)	"end of large intestine(대장의 끝머리)"
		guha	(夫余)	id.
		kkongci	(現韓)	"bird's tail(꽁지)"

- **11B-3**

	しゅばら	shuba-ra	(日方:山梨 Yamanashi)	"abdomen(배)"
	しゃくわたぁ	shaku-wataa	(日方:南島 Minamijima)	"stomach ache(위의 통증)"
	せく	seku	(日方:島根 Shimane, 九州 Kyushu, 山口 Yamaguchi, 愛媛 Ehime) "belly aches (배가 아프다)"
		cehu-n	(夫余)	"flatulent(배가 가득 찬, 고장의)"
		pae-ttaeki	(現韓)	"abdomen(배)"

- **11B-4**

	しりこだま	siri-kodama	(日方:長野 Nagano)	"rectum(직장)" (배의)
		teru	(夫余)	id.
		kutongi	(韓方:강원)	"hole(구멍)"

- **11B-5**

	はら	hara	(現日)	"abdomen(배)"
	はらむ	hara-mu	(現日)	"to conceive(아이를 배다)"
	はらわた	hara-wata	(現日)	"guts(내장)"
	ほろ	horo	(古日)	"stomach(위, 배)"
		hefeli	(夫余)	"abdomen(배)"
		paer	(現韓)	"intestines(배알, 밸)"

- **11B-6**

	ひゃくたんぐり	hyakutangu-ri	(日方:奈良 Nara)	"intestines(대장, 소장)"
		baktaku	(夫余)	"internal organs(내장)"
		papthong	(韓方:경상, 전남)	"stomach(위, 배)"
		morttokuni	(現韓)	"bird's stomach(새의 위, 배)"

- **11B-7**

	ひゃくひろ	hyaku-hiro	(日方:岩手 Iwate, 秋田 Akita, 新潟 Niigata, 愛知 Aichi, 和歌山 Yakayama, 京都 Kyoto, 岡山 Okayama, 広島 Hiroshima, 愛媛 Ehime) "abdomen(배)" (body＝몸)
		fika-na-	(夫余)	"to have a bulging belly(배가 나왔다)"
		paekko-mari	(韓方:전남)	"navel(배꼽)"

- **11B-8**

| | わた | wata | (現日) | "intestines(대장과 소장)" |
| | | usi | (夫余) | id. |

| paetti | (韓方:경북) | "abdomen(배) |
| paeci | (韓方:평북) | id. |

11C. 성기(5그룹)

- **11C-1**

けぶり	keburi	(日方:八丈島 Hachijojima)	"pubic hair(음모)"
つぶり	tuburi	(日方:茨城 Ibaragi, 八丈島 Hachijojima)	"hair(털)"
	sabula	(夫余)	"pubic hair(음모)"
	kous	(現韓)	id.

- **11C-2**

しじ	sizi	(日方:盛岡 Morioka, 兵庫 Hyogo)	"penis(남근, 남자의 성기)"
しじこ	sizi-ko	(日方:仙台 Sendai, 佐渡 Sado, 盛岡 Morioka, 茨城 Ibaragi, 三重 Mie)	id.
	coco	(夫余)	id.
	coc	(現韓)	id.
	caci	(現韓)	id.

- **11C-3**

つび	tubi	(日方:埼玉 Saitama, 神奈川 Kanagawa, 長崎 Nagasaki, 鳥取 Tottori, 徳島 Tokushima, 奈良 Nara, 愛知 Aichi, 岡山 Okayama, 広島 Hiroshima, 岐阜 Gifu, 島根 Shimane, 南島 Minamijima)	"vagina(여음)"
ちび	tibi	(日方:南島 Minamijima, 福井 Fukui, 広島 Hiroshima, 島根 Shimane)	id.
	duhe-n	(夫余)	"scrotum(음낭)"
	ssip	(現韓)	"vulva(음문), intercourse(성교)"
	pur-cumoni	(現韓)	id.

- **11C-4**

へへ, べべ	hehe, bebe	(古日)	"vagina(여음)"
ぼぼ	bobo	(日方:宮城 Miyagi, 山形 Yamagata, 神奈川 Kanagawa, 静岡 Shizuoka, 愛知 Aichi, 大阪 Osaka, 岡山 Okayama, 広島 Hiroshima)	id.
	fefe	(夫余)	id.

- **11C-5**

ほと	hoto	(古日)	"vulva(여음)"
へこ	heko	(日方:秋田 Akita)	"pubic area(여음)"
	beku	(夫余)	id.
	boco	(夫余)	"sex(성, 성욕, 성교)"

| | poci | (現韓) | "vulva(음문)" |

11D. 수족(18그룹)

- **11D-1**

あじゃら	a-zyara	(日方:岩手 Iwate)	"finger crotch(손가락 가랑이)"
	shuru	(夫余)	"distance from the thumb to the index finger(엄지손가락과 집게손가락의 거리)"
	k-acirang	(韓方:전북)	"crotch(가랑이)"

- **11D-2**

おいび	oibi	(日方:和歌山 Wakayama)	"thumb(엄지손가락)"
	emu	(夫余)	"one(하나)"
	emu-ci	(夫余)	"first(처음)"
	omi-sonkkarak	(韓方:강원, 경북, 충청)	"thumb(엄지손가락)"

- **11D-3**

こうさぁ	koosaa	(日方:南島 Minamijima)	"to bend a finger and hit(손가락을 구부리고 치다)"
かんし	kansi	(日方:島根 Shimane, 大分 Oita)	"little finger(새끼손가락)"
かんしろ	kansi-ro	(日方:大分 Oita)	id.
	goji	(夫余)	"bent finger(구부러진 손가락)"
	kkaengkkurak	(韓方:전남)	"little finger(새끼 손가락)"

- **11D-4**

しちべ	sitibe	(日方:富山 Toyama)	"thigh(넙적다리)"
しちべた	sitibe-ta	(日方:石川 Ishikawa)	id.
	suksaha	(夫余)	id.
	suyntari	(古韓)	id.

- **11D-5**

ずか	zuka	(日方:山梨 Yamanashi, 長野 Nagano)	"foot(발)"
そうくる	sooku-ru	(日方:大分 Oita)	"to walk around searching(찾아다니다)"
	songko	(夫余)	"trace(자국, 발자국)"
	caku	(韓方:평북)	id.
	caku-k	(現韓)	id.
	ssongkun-tari	(韓方:전남)	

- **11D-6**

すね	sune	(現日)	"shin(앞 정강이)"
	sudu	(夫余)	id.
	song-muni	(韓方:제주)	id.

- 11D-7

せんご	sengo	(日方:奈良 Nara)	"arm(팔), hand(손)"
	sorko	(夫余)	"thimble(골무)"
	semke-n	(夫余)	"bracelet(팔찌)"
	son	(現韓)	"hand(손)"
	capkae	(韓方:평북)	id.
	sonka-rak	(現韓)	"finger(손가락)"

- 11D-8

つめ	tume	(現日)	"finger nail(손톱), toe nail(발톱)"
	o-shoho	(夫余)	"claw(갈고리 발톱)"
	thop	(古韓)	"finger nail(손톱), toe nail(발톱)"

- 11D-9

てぶし	tebusi	(日方:長野 Nagano, 岐阜 Gifu, 奈良 Nara) "arm(팔)"
うでぶし	u-debusi	(日方:熊本 Kumamoto) "upper arm(윗팔)"
	dabsi	(夫余)	id.
	cumuksi	(韓方:경북)	"fist(주먹)"

- 11D-10

てぶし	tebusi	(日方:奄美大島 Amamiojima) "knee(무릎)"
ちゃんこ	tyanko	(日方:茨城 Ibaragi)	"kneecap(무릎 씌우개)"
ちゅぶし	tyubusi	(日方:鹿児島 Kagoshima) "knee(무릎)"
	tobgi-ya	(夫余)	id.
	tongmuro-p	(韓方:제주)	id.
	congci-ppae	(韓方:경남)	id.

- 11D-11

| にしこ | nisi-ko | (日方:山口 Yamaguchi) | "fist(주먹)" |
| | nuja-n | (夫余) | id. |

- 11D-12

ひこゆび	hiko-yubi	(日方:茨城 Ibaragi, 埼玉 Saitama, 山梨 Yamanachi) "little finger(새끼손가락)"
かんこゆび	kanko-yubi	(日方:青森 Aomori)	id.
	fiyangu	(夫余)	"smallest(제일 작은), youngest(제일 어린)"
	fiyangu-simhun	(夫余)	"little fingeer(새끼손가락)"
	kkaengkku-rak	(韓方:전남)	id.

- 11D-13

ぴさっつ	pisa-ttu	(日方:南島 Minamijima)	"index finger(집게손가락)"
	moco simhun	(夫余)	id. (simhun＝손가락)
	paksu	(韓方:경남)	"palm(손바닥)"

- 11D-14

ひら(ての-)	hira(teno-)	(現日)	"palm of the hand(손바닥)
はら(ての-)	hara(teno-)	(日方:岩手 Iwate, 広島 Hiroshima, 山口 Yamaguchi, 高知 Kochi, 九州 Kyushu)	id.
	fala-ngu	(夫余)	id.
	arae	(韓方:전북, 충청)	"floor(바닥)

- 11D-15

ひるますぼ	hiruma-subo	(日方:中国 Chugoku, 山口 Yamaguchi)	"calf(장딴지)"
ひるまもち	hiruma-moti	(日方: 高知 Kochi)	id.
	holho-n	(夫余)	"lower part of the leg(아랫다리)"
	hopok-ci	(韓方)	"inner thigh(허벅지)"
	hopuk-ci	(韓方:경남)	"calf(장딴지)"

- 11D-16

ぼういび	booibi	(日方:八丈島 Hachijojima)	"thumb(엄지), big toe(엄지발가락)"
	ferhe	(夫余)	id.

- 11D-17

ほだ	hoda	(日方:大阪 Osaka, 新潟 Niigata, 長野 Nagano, 島根 Shimane, 和歌山 Wakayama, 四国 Shikoku)	"foot(발), leg(다리)"
ぼち	boti	(日方:伊豆大島Izuojima)	"animal foot(동물의 발)"
ほど	hodo	(日方:大阪 Osaka, 新潟 Niigata, 長野 Nagano, 石川 Ishikawa, 和歌山 Wakayama, 兵庫 Hyogo, 四国 Shikoku)	"leg(다리)"
ひしゃ	hisha	(日方:兵庫 Hyogo, 南島 Minaminjima)	"foot(발), leg(다리)"
	bethe	(夫余)	"foot(발), lower leg(다리의 하부)
	fata-n	(夫余)	"sole of the foot(발바닥)"
	fatha	(夫余)	"hoof(소, 말의 발굽), claw(짐승의 갈고리)"
	pothengi	(韓方:평북)	"leg(다리)"
	par-pata-k	(現韓)	"sole of the foot(발바닥)"

- 11D-18

ますね	masu-ne	(日方:京都 Kyoto)	"knee(무릎)"
また	mata	(現日)	"thigh(넙적다리), groin(허벅다리 윗 부분)"
	mose-lame	(夫余)	"crossing legs(다리를 포갬)"
	ho-pukci	(韓方:경상)	"thigh(허벅다리)"

11E. 항문, 궁둥이(8그룹)

- **11E-1**

いど	ido	(日方:岡山 Okayama, 広島 Hiroshima, 島根 Shimane, 香川 Kagawa, 愛媛 Ehime, 大分 Oita) "hip(궁둥이)"	
おいど	oido	(日方:東京 Tokyo, 石川 Ishikawa, 福井 Fukui, 岐阜 Gifu, 愛知 Aichi, 鳥取 Tottori, 大分 Oita, 岡山 Okayama, 四国 Shikoku)	id.
いどす	ido-su	(日方:香川 Kagawa, 愛媛 Aichi, 高知 Kochi)	"anus(항문)"
いどんす	ido-nsu	(日方:大分 Oita)	id.
おじ	ozi	(日方:富山 Toyama)	id.
	uca	(夫余)	"tailbone(미골)"
	ot-ho	(夫余)	"drake's tail(수오리의 꼬리)"
	optho-kci	(韓方:전남)	"hip(궁둥이)"

- **11E-2**

うら	ura	(現日)	"back side(뒤쪽)"
	ura	(夫余)	"buttock(궁둥이)"
	huru	(夫余)	"back of the hand(손등)"
	arae	(古韓)	"yesterday(어제)"

- **11E-3**

おんどべ	ondo-be	(日方:石川 Ishikawa)	"anus(항문)"
	unce-hen	(夫余)	"tail(꼬리)"
	ongtongi	(垻韓)	"rump(엉덩이)"

- **11E-4**

けんぞ	kenzo	(日方:秋田 Akita)	"anus(항문)"
きんが	kingga	(日方:三重 Mie)	"buttock(궁둥이)"
げしょ	gesho	(日方:石川 Ishikawa)	id.
	kongsu-n	(夫余)	"hemmorroidal swelling(치질의 종기)"
	kongkos	(韓方:전남)	"swelling(종기)"
	kkongci	(韓方:강원, 경상, 전라, 충청, 평안, 함남)	"tail(꼬리)"

- **11E-5**

しっぽ	sippo	(現日)	"buttock(궁둥이)"
	siha-li	(夫余)	"just above the buttock(궁둥이 바로 위)"
	soiho	(夫余)	"tip of bird's tail(새 꼬리의 끝머리)"
	hiphu	(韓方:충북)	"buttock(궁둥이)"

- **11E-6**

しり	siri	(現日)	"buttock(궁둥이)"
しりお	siri-o	(日方:京都 Kyoto, 兵庫 Hyogo)	

			"tail(꼬리)"
	sari-n	(夫余)	"skin from horse's hind part(말 후부 가죽)"
	kkori	(現韓)	"tail(꼬리)"

- **11E-7**

ひたびら	hita-bira	(日方:鹿児島 Kagoshima)	"buttock(궁둥이)"
ひちべ	hiti-be	(日方:鳥取 Tottori)	id.
ひちべた	hiti-beta	(日方:石川 Ishikawa)	id.
	faju-hu	(夫余)	"anus(항문)"
	hedei	(夫余)	"bunghole(통의 따르는 구멍)"
	pangtingi	(韓方:경북, 전북, 충북)	"buttock(궁둥이)"

- **11E-8**

ぶっか	bukka	(日方:奄美大島 Amamiojima)	
			"anus(항문)"
いばくろ	i-baku-ro	(日方:福岡 Fukuoka)	id. (음전)
	buk-su	(夫余)	"loin(허리)"
	pangchi	(韓方:경남)	"buttock(궁둥이)"
	porki	(現韓)	id. (음전)

11F. 기타 신체 부분에 관한 말(18그룹)

- **11F-1**

あばらぼね	abara-bone	(現日)	"rib(늑골, 갈빗대)" (음전)
	ebci	(夫余)	id.
	halba	(夫余)	"shoulder blade(견갑골)" (음전)
	k-albi	(現韓)	"rib(늑골, 갈빗대)" (음전)

- **11F-2**

から	kara	(日方:奈良 Nara, 和歌山 Wakayama, 京都 Kyoto, 大阪 Osaka, 兵庫 Hyogo, 愛媛 Ehime, 高知 Kochi)	
			"body(몸)"
から	kara	(現日)	"stem(줄기)"
	gala	(夫余)	"hand(손), arm(팔)"
	cur-kori	(現韓)	"stalk(줄거리)"

- **11F-3**

けぶこ	kebu-ko	(日方:岩手 Iwate, 宮城 Miyagi)	
			"down(솜털)"
	in-gaha	(夫余)	id.
	houn-toki	(韓方:제주)	"wool(털)"

- **11F-4**

けんごろ	kengoro	(日方:熊本 Kumamoto)	"bone(뼈)"
	kengeri	(夫余)	"clavicle of a bird(새의 쇄골)"

	kkwang	(韓方:제주)	"bone(뼈)"
• 11F-5			
こしぐるま	kosi-<u>guruma</u>	(日方:群馬 Gunma)	"waist(허리)"
	darama	(夫余)	"lower back(등의 하부), waist(허리)"
• 11F-6			
こんごう	kongoo	(日方:yamaguchi)	"hunchback(곱사등)"
こうごう	koogoo	(日方:岡山 Okayama, 島根 Shimane)	id.
こうぐう	kooguu	(日方:南島 Minamijima)	"man like a hunchback(꼽추 같은 사람)"
	genge-re-	(夫余)	"to become weak and stoop(약해서 앞으로 구부러지다)"
	kkopsa	(韓方:경상, 전라, 충청)	"hunchback(곱사등)"
• 11F-7			
さんぶに	sanbuni	(日方:南島 Minamijima)	"rib(늑골)"
	sibehe	(夫余)	"shortribs(갈비 살)"
	sihere-ebci	(夫余)	"floating rib(유리늑골)"
• 11F-8			
しこら	sikora	(日方:南島 Minamijima)	"waist(허리)"
えびら	e-<u>bira</u>	(日方:福岡 Fukuoka)	id.
	sihali	(夫余)	"area where the waist and buttocks join(허리와 궁둥이가 접하는 곳)"
	h<u>o</u>ri	(現韓)	"waist(허리)"
• 11F-9			
すべ	sube	(日方:岐阜 Gifu)	"mole(사마귀)"
そばかす	soba-kasu	(日方:静岡 Shizuoka, 島根 Shimane)	id.
	samha	(夫余)	id.
	samha	(夫余)	"mole(사마귀), birthmark(모반)"
	saibi-gan	(夫余)	"birthmark(모반)"
	samakwi	(現韓)	"mole(사마귀)"
• 11F-10			
ちち	titi	(現日)	"breast(가슴, 유방), milk(젖)"
	cejen	(夫余)	"upper chest(윗쪽 가슴)"
	c<u>o</u>ci	(韓方:강원)	"milk(젖)"
	c<u>o</u>c	(現韓)	id.
• 11F-11			
ねえぐ	neegu	(日方:南島 Minamijima)	"lame(절름발이)"
	nike-she-	(夫余)	"to limp slightly(발을 좀 절다)"
• 11F-12			
ねずけ	nezu-ke	(日方:長野 Nagano)	"down(솜털)"

	nunga-ri	(夫余)	id.

- 11F-13

はこ	hako	(日方:高知 Kochi)	"hunchback(곱사등)"
はこおい	hako-oi	(日方:広島 Hiroshima, 徳島 Tokushima)	
			id.
	bok-to	(夫余)	id.
	buk-tu	(夫余)	id.
	bungja-n	(夫余)	id.
	kkopccu	(韓方:강원, 전남)	id.

- 11F-14

ひしね	hisi-ne	(日方:島根 Shimane)	"wart(사마귀)"
ふすべ	husu-be	(日方:新潟 Niigata, 群馬 Gunma, 長野 Nagano, 岐阜 Gifu, 静岡 Shizuoka, 愛知 Aichi)	id.
くすび	kusu-bi	(日方:静岡 Shizuoka)	id.
くすべ	kusu-be	(日方:静岡 Shizuoka, 山梨 Yamanashi, 長野 Nagano, 愛知 Aichi)	id.
	fuhu	(夫余)	id.

- 11F-15

びんた(はな-)	binta(hana-)	(日方:鹿児島 Kagoshima)	"nose tip(코끝)"
	ferte-n	(夫余)	"vomer(서골, 비중격을 이루는 뼈)"
	khostti	(韓方:경북)	"nose ridge(콧등)"

- 11F-16

ふくふくし	huku-huku-si (古日)		"lung(폐)".
ふか╱ふく	huka/huku	(日方:南島 Minamijima, 鹿児島 Kagoshima)	id.
	fahu-n	(夫余)	"liver(간)"
	u-fuhu	(夫余)	"lung(폐)"
	hokor	(韓方:경남)	id.

- 11F-17

みんくぅ	minkuu	(日方:南島 Minamijima)	"deaf(벙어리)"
びっこ	bikko	(日方:宮城 Miyagi)	id.
	maigu	(夫余)	id.
	mokcho	(韓方:평북)	id.
	moruki	(韓方:제주)	id.

- 11F-18

むね, むな	mune, muna	(現日)	"chest(가슴), mind(마음)" (음전)
めめ, みめ	me, mime	(現日:新潟 Niigata, 鹿児島 Kagoshima, 福岡 Fukuoka)	"goodheartedness(마음 좋은 것)"
	nama-n	(夫余)	"mind(마음)" (음전)
	maum	(現韓)	id.

12. 신체와 관련있는 말(124그룹)

12A. 건강(8그룹)

- **12A-1**

あたる	atar-u	(現日)	"be poisoned(독의 피해를 보다)"
	edule-	(夫余)	"to have apoplexy(졸중에 걸리다)"
	tur-	(現韓)	"to fall ill(병들다)"

- **12A-2**

いしこい	isi-koi	(日方:岩手 Iwate, 秋田 Aikta)	
			"healthy(건강한)"
いそしい	iso-sii	(日方:奈良 Nara)	id.
いじ/いじゃあ	izi/izyaa	(日方:南島 Minamijima)	"energy(정력)/energetic person(정력가)"
	etu-hun	(夫余)	"strong(강한)"
	secha-	(現韓)	"be strong(세차다)"

- **12A-3**

おぜい	oze-i	(日方:静岡 Shizuoka)	"be weak(약하다)"(body＝몸)
やじょうな	yazyoo-na	(日方:愛媛 Ehime)	id.
よせい	yose-i	(日方:群馬 Gunma)	id.
びすかん	bisu-kan	(日方:大分 Oita)	id.
	isu-hun	(夫余)	id.
	yooso-	(韓方:경남)	"to die(죽다)"

- **12A-4**

ぎろ, ぎら	giro, gira	(日方:鹿児島 Kagoshima)	"energy(정력)"
きろく	kiro-ku	(日方:静岡 Shizuoka)	id.
いきり	i-kiri	(日方:石川 Ishikawa)	"energetic(정력적)"
	kulu	(夫余)	"healthy(건강한), strong(강한)"
	cira	(夫余)	"strong(강한)"
	kiryok	(現韓)	"energy(정력)" (氣力)

- **12A-5**

けぇがれ	keega-re	(日方:福岡 Fukuoka)	"weakling(약한 자)"
かがしい	kaga-sii	(日方:岩手 Iwate)	"be weak(약하다)"
けけしない	keke-sinai	(日方:宮城 Miyagi)	id.
こうがれ	kooga-re	(日方:新潟 Niigata)	"weak person(약한 자)"
	geige-hun	(夫余)	"weakly(약한)"
	geige-re-	(夫余)	"be weak(약하다)"
	kkaenaru-n	(現韓)	"languid(노곤한)"

- **12A-6**

のたばる	nota-baru	(日方:和歌山 Wakayama)	"to become weak(약해지다)"
にんじゃく	ninzya-ku	(日方:対馬 Tsushima)	"be weak(약하다)"
にすい	nisu-i	(日方:和歌山 Wakayama)	"bad(나쁜)"
	nita-n	(夫余)	"weak(약한), dulled(둔해진)"
	nusun-ha-	(現韓)	"be loose(느슨하다)"

- **12A-7**

やぐい	yagu-i	(日方:静岡 Shizuoka, 長野 Nagano, 岐阜 Gifu, 愛知 Aichi, 三重 Mie, 福井 Fukui)	"be weak(약하다)"
よかんべぇ	yoka-nbee	(日方:千葉 Chiba)	"weak person(약한 사람)"
ぐずい	kuzu-i	(日方:愛知 Aichi)	"be weak(약하다), be brittle(깨지기 쉽다)"
	akju-hiyan	(夫余)	"brittle(깨지기 쉬운)"
	yak-ha-	(現韓)	"be weak(약하다)"(弱)

- **12A-8**

よわい	yowai	(現日)	"be weak(약하다)"
	uya-n	(夫余)	"weak(약한), thin(여윈)"
	yowi-	(現韓)	"to lose weight(여위다)"

12B. 대변, 소변(6그룹)

- **12B-1**

あっぱ	appa	(日方:埼玉 Saitama, 長野 Nagano, 新潟 Niigata, 石川 Ishikawa, 福井 Fukui)	"dung(대변)"
あぼ	abo	(日方:福岡 Fukuoka, 佐賀 Saga)	id.
いばり	iba-ri	(日方:福島 Fukushima, 岩手 Iwate, 徳島 Tokushima, 鹿児島 Kagoshima)	"urine(소변)"
	amu	(夫余)	"excrement(배설물)"
	ma.r	(古韓)	id.

- **12B-2**

かか	kaka	(現日)	"dung(대변)"
	kaka	(夫余)	"child's feces(아이의 대변)"
	kaka-	(夫余)	"to defecate(대변을 보다)"

- **12B-3**

しがづく	siga-duku	(日方:高知 Kochi)	"to relieve onself carelessly(막 변을 보다)"
かけばり	kake-bari	(日方:岡山 Okayama)	"dog urinates(개가 오줌을 누는 것)"
	sike	(夫余)	"urine(오줌)"

- **12B-4**

はこ	hako	(日方:兵庫 Hyogo, 対馬 Tsushima, 三河 Mikawa, 山口 Yamaguchi, 鹿児島 Kagoshima, 隠岐 Oki)	"stool(대변)"
はとうち	hato-uti	(日方:壱岐 Iki)	"to relieve oneself in the field(들에서 변을 보다)"

	faja-	(夫余)	"to defecate(대변을 보다)"
	faja-n	(夫余)	"defecating(대변 보는 것)"
	hap-su	(韓方:전남)	"dung(대변)"

• 12B-5

むぐす	mugu-su	(日方:秋田 Akita, 岩手 Iwate, 宮城 Miyagi, 山形 Yamagata, 福島 Fukushima)	"to urge defecating(대변을 보게 재촉하다)"
ひかえる	hikaer-u	(日方:仙台 Sendai, 秋田 Akita)	"to hold a child for defecating(배변하게 아이를 안다)"
	bagiya-	(夫余)	id.
	pokk-	(現韓)	"to annoy(볶아대다)"

• 12B-6

むぐす	mugus-u	(日方:宮城 Miyagi, 山形 Yamagata, 福島 Fukushima)	"to leak urine(지리다)"
ひょうぐる	hyoogu-ru	(日方:千葉 Chiba)	"to urinate(소변을 보다)"
	funshu-n	(夫余)	"smelling of urine(소변 냄새)"
	maku-	(韓方:강원, 경북)	"be smoky(냅다)"

12C. 자다(7그룹)

• 12C-1

うんねる	unne-ru	(日方:千葉 Chiba, 神奈川 Kanagawa, 伊豆大島 Izuojima, 長野 Nagano)	"to sleep(자다)"
いなつむ	ina-tumu	(日方:岡山 Okayama, 広島 Hiroshima)	id.
	eniye-niye-	(夫余)	"to hibernate(동면하다)" (snake＝뱀)
	nao-ssun-	(韓方:전남)	"to lie down(눕다)"

• 12C-2

おたくら	ota-kura	(日方:静岡 Shizuoka)	"pretending to be asleep(자는척 함)"
	butu-	(夫余)	"to hibernate(동면하다)"
	butu-n	(夫余)	"hibernation(동면)"
	oto-tut-	(現韓)	"to hear by chance(얻어듣다)"

• 12C-3

おどかる	o-doka-ru	(日方:青森 Aomori, 秋田 Akita)	"to wake up(잠에서 깨다)"
	dekde-	(夫余)	"to rise(일어서다)"
	ttongki-	(現韓)	"to awaken(깨우다)"

• 12C-4

とっくら	tokkura	(日方:愛媛 Ehime)	"appearance of sleeping (자는 모양)" (음전)
とんがる	tongar-u	(日方:長野 Nagano)	"to lie down(눕다)" (음전)

tolgi-	(夫余)	"to dream(꿈꾸다)" (음전)
darang-seme	(夫余)	"stretched out(뻗어진)" (음전)
tunnu-	(韓方:강원, 충북)	"to lie down(눕다)"
ssingkir-	(韓方:평북)	"to sleep(자다)"

● 12C-5

どぶさる	dobusa-ru	(日方:千葉 Chiba, 愛知 Aichi, 長野 Nagano, 岐阜 Gifu , 石川 Ishikawa)	"to lie(눕다)"(음전)
	darba-hun	(夫余)	"lying on the back(등지고 눕는 것)"
	debse-hun	(夫余)	"looking sleepy(졸려 보이는 것)"
	copuraso	(韓方:경남)	"be doze(졸리는)" (음전)

● 12C-6

ふせる	huse-ru	(現日)	"to lie down(눕다)"
ふさる	husa-ru	(日方:静岡 Shizuoka, 宮城 Miyagi, 福島 Fukushima, 奈良 Nara, 岡山 Okayama)	id.
	basu-ngiya-	(夫余)	"to talk in sleep(잠꼬대하다)"
	nuossu-	(韓方:전남)	"to lie down(눕다)"

● 12C-7

やどる	yado-ru	(現日)	"to lodge(숙박하다)"
	inde-	(夫余)	id.
	tur-	(現韓)	id.

12D. 질환(25그룹)

● 12D-1

あばくる	aba-kuru	(日方:九州 Kyushu)	"swollen spot opens up(종기가 터지다)"
いばる	ibar-u	(日方:岡山 Okayama)	"swelling hurts(종기가 아프다)" (음전)
うばる	ubaru	(日方:島根 Shimane)	id. (음전)
おびる	obir-u	(日方:島根 Shimane, 山口 Yamaguchi)	"feeling of tumor growing(종기가 커지는 느낌)" (음전)
	aibi-	(夫余)	"to swell(부풀다)"
	erpe	(夫余)	"growth on the lip(입술의 종양)" (음전)
	aphu-	(現韓)	"to ache(아프다)"

● 12D-2

いたい	ita-i	(現日)	"to ache(아프다)"
いら, えらり	ira, erari	(日方:新潟 Niigata)	"aches due to the splinter in the skin(피부의 가시 때문에 아픈 것)"
	idara-	(夫余)	"to feel pain while breathing(호흡할 때에 통증을 느끼다)"
	idar-sa-	(夫余)	"to have a chest pain(가슴에 통증이 있다)"

	aetar-	(韓方:강원)	"be sad(애달다)"

• 12D-3

いぼう	ibo-u	(日方:山梨 Yamanashi, 長野 Nagano)	"to infect(균으로 곪다)"
いろいぼ	iṛo-ibo	(日方:福島 Fukushima)	"pimple(여드름)" (음전)
うむべぇゆん	umbee-yun	(日方:南島 Minamijima)	"swelling gets worse(종기가 나빠지다)"
	eifu-n	(夫余)	"pimple(여드름), swelling(부풀음)"
	pụṛọm	(韓方:전라)	"swelling or tumor(부스럼)" (음전)

• 12D-4

うき	uḳi	(日方:大阪 Osaka, 佐渡 Sado)	"dropsy(수종증)"
	ku-	(夫余)	"to swell(붓다)"
	khụ-	(現韓)	"to grow(커지다)"

• 12D-5

えずく	eẓuḳ-u	(日方:宮城 Miyagi, 京都 Kyoto, 鹿児島 Kagoshima)	"to vomit(토하다)"(음전)
うだく	uḍaḳ-u	(日方:富山 Toyama)	id. (음전)
おたく	oṭaḳ-u	(日方:静岡 Shizuoka, 長野 Nagano, 岐阜 Gifu)	id. (음전)
	okṣi-	(夫余)	id. (음전)
	obaithu-ha-	(韓方:충북)	id.

• 12D-6

かさ	kasa	(日方:南島 Minamijima)	"scabies(옴, 개선)"
ひぜんがさ	hize-ngasa	(日方:熊本 Kumamoto)	id.
ひつ	hitu	(日方:熊本 Kumamoto)	id.
	hasa-n	(夫余)	id.
	hedu	(夫余)	"itch(가려움), scabies(옴, 개선)"
	koṇci-rabi	(韓方:경남)	"scabies(옴, 개선)"

• 12D-7

きず	kizu	(現日)	"wound(상처)"
	gaci-la-	(夫余)	"to injure(부상하다)"
	kasi	(現韓)	"splinter(가시)"

• 12D-8

げぇかやす	gee-ḳayas-u	(日方:富山 Toyama)	"to vomit(토하다)"
	kengsi-	(夫余)	"to cough up(기침하고 토하다)"
	keu-	(現韓)	"to vomit(토하다)"

• 12D-9

こじれる	kozi-reru	(現日)	"sickness gets worse(병이 나빠지다)"
こぜる	koze-ru	(日方:岩手 Iwate)	id.
こつける	kotu-keru	(日方:仙台 Sendai)	id.

	gongja-	(夫余)	id.
	toci-	(現韓)	"to have a relapse(도지다)"

● 12D-10

こずく	kozuk-u	(日方:德島 Tokushima, 岡山 Okayama, 広島 Hiroshima, 佐賀 Saga, 福岡 Fukuoka, 長崎 nagasaki, 熊本 Kumamoto) "to cough(기침하다)" (음전)
こせ	kose	(日方:德島 Tokushima, 群馬 Gunma, 茨城 Ibaragi, 広島 Hiroshima) "cough(기침)"
こつ	kotu	(日方:島根 Shimane) id.
	kaksi-	(夫余) "to cough up(기침해서 토하다)" (음전)
	kichi-m	(現韓) "cough(기침)"

● 12D-11

こわだ	kowa-da	(日方:八丈島 Hachijojima) "chap(피부의 튼 자리)"
	giya-lu	(夫余) id.
	kum	(現韓) id.

● 12D-12

さかだつ	saka-datu	(日方:九州 Kyushu, 対馬 Tsushima) "to get well(나아지다)"
	jaka-ra-	(夫余) "illness gets better(병이 낫다)"
	sebki-	(夫余) "to regain strength(기운을 회복하다)"
	saku-	(韓方:경상) "be alleviated(고통이 나아지다)"
	sak-	(現韓) id.

● 12D-13

しろしい	siro-sii	(日方:福岡 Fukuoka) "be painful(아프다, 괴롭다)"
つらめしい	tura-mesii	(日方:長野 Nagano) "be really sad(매우 슬프다)"
	suila-	(夫余) "to suffer(고생하다, 고통을 받다)"
	surphu-	(現韓) "be sad(슬프다)"
	sorop-	(現韓) id.

● 12D-14

せき	seki	(現日) "cough(기침)" (음전)
せくり	seku-ri	(日方:静岡 Shizuoka) id. (음전)
せえへ	seehe	(日方:奄美大島 Amamiojima) id.
	fuci-hiya-	(夫余) "to cough(기침을 하다)"
	kichi-m	(現韓) "cough(기침)" (음전)

● 12D-15

だむん	damu-n	(日方:南島 Minamijima) "to ache(아프다)"
つめる	tume-ru	(日方:山口 Yamaguchi) "to ache a lot(매우 아프다)"
	dabu-	(夫余) "be injured(부상하다)"
	ta-chopun-	(韓方:전남) id.

- 12D-16

はしか	hasika	(現日)	"measles(홍역)"
じか	zika	(日方:長崎 Nagasaki, 熊本 Kumamoto)	
			id.
	ajige-mama	(夫余)	id.
	kakae	(韓方:경남)	id.
	hongcin	(韓方:강원, 경상, 충난, 전라, 함북)	
			id.

- 12D-17

ひでる	hide-ru	(日方:九州 Kyushu, 壱岐 Iki, 対馬 Tsushima)	
			"to ache(아프다)"
ひでくる	hide-kur-u	(日方:壱岐 Iki)	id.
ひちひち	hiti-hiti	(日方:群馬 Gunma)	"aching and itching(아프고 가려운 것)"
	finta-	(夫余)	"to ache(아프다)"
	machi-	(現韓)	id.

- 12D-18

びんずぅ	binzuu	(日方:長野 Nagano)	"blister(화상)"
はた	hata	(日方:兵庫 Hyogo, 徳島 Tokushima)	
			id.
	bushe-ne-	(夫余)	"to blister(물집이 생기다)"
	puruthu-	(現韓)	id.

- 12D-19

へんぐる	hengur-u	(日方:鹿児島 Kagoshima)	"to have a relapse(병이 재발하다)"
へんげる	henger-u	(日方:埼玉 Saitama, 愛媛 Aichi)	
			"to worsen(악화하다)"
	fekdere-	(夫余)	"to have a relapse(병이 재발하다)"
	ponci-	(現韓)	"to spread(번지다)" (sickness = 병)
	momsar	(現韓)	"illness caused by fatigue(몸살)"

- 12D-20

ぼぅじる	boozir-u	(日方:岐阜 Gifu)	"to produce pus(곪다)" (음전)
あえる	aer-u	(日方:鳥取 Tottori)	"pus comes out(고름이 나다)"
	fulha-	(夫余)	id. (음전)
	pusuro-m	(現韓)	"abscess(부스럼)"

- 12D-21

ぼぅちょう	bootyoo	(日方:千葉 Chiba)	"scab(상처의 딱지)"
	huthe	(夫余)	id.
	hinti	(韓方:강원, 경상)	"abscess(부스럼)"

- 12D-22

ほほくれる	hoho-bukure	(日方:岐阜 Gifu)	"to blister from a burn(화상으로 부풀다)"
	fiha-yoo	(夫余)	"blister(물집)"

| | puphur- | (現韓) | "to become nappy(보풀다)" |

● 12D-23

ほろし	horosi	(日方:仙台 Sendai, 三重 Mie, 奈良 Nara, 和歌山 Wakayama)	"epilepsy(간질)"(음전)
ほろせ	horose	(日方:兵庫 Hyogo, 香川 Kagawa, 愛媛 Ehime, 山口 Yamaguchi 島根 Tokushima, 熊本 Kumamoto, 大分 Oita)	id. (음전)
	buturi	(夫余)	"small pustules(작은 부스럼)"
	pporoci	(韓方:전북)	id.

● 12D-24

もの	mono	(日方:新潟 Niigata, 奈良 Nara, 兵庫 Hyogo, 鳥取 Tottori, 島根 Shimane, 德島 Tokushima, 高知 Kochi, 鹿児島 Kagoshima)	"rash(발진)"
	mama	(夫余)	"pox(두창 따위), rash(발진)"
	mama	(現韓)	"smallpox(천연두)"

● 12D-25

やじめ	yazime	(日方:德島 Tokushima)	"eye disease(눈병)"
やんめ	yan-me	(日方:群馬 Gunma)	"acute conjuctivitis(급성결막염)"
えじい	ezii	(日方:青森 Aomori, 秋田 Akita, 岩手 Iwate, 宮城 Miyagi)	"feeling uncomfort-able in the eye(눈이 불안함)"
	yasa	(夫余)	"eye(눈)"
	aengkkar	(韓方:충남)	id.

12E. 체격(9그룹)

● 12E-1

がぁりき	gaariki	(日方:種子島 Tanegashima)	"capacity(역량)"
げぇりき	geeriki	(日方:鹿児島 kagoshima)	id.
	kalcu-n	(夫余)	"energy(정력), spirit(정신)"
	kunryok	(現韓)	"physical strength(근력)" (筋力?)
	kurryok	(韓方:충남)	id.

● 12E-2

かせる	kase-ru	(日方:德島 Tokushima, 高知 Kochi, 大分 Oita)	"to become very thin(퍽 여위다)"
かつれる	katu-reru	(日方:長崎 Nagasaki)	id.
こんしり	konsi-ri	(日方:千葉 Chiba)	"thin person(여윈 사람)"
	goci-	(夫余)	"to become skinny(여위다)"
	gebse-hun	(夫余)	"very skinny(아주 여윈)"
	gebse-re-	(夫余)	"to become very skinny(퍽 여위다)"
	kansoro-mha-	(韓方:경북, 전북)	"be thin(가늘다)"

- **12E-3**

がんぎ	gangi	(日方:長崎 Nagasaki)	"emaciated body(쇠약한 몸)"
かぎれる	kagire-ru	(日方:岩手 Iwate, 岐阜. Gifu)	
			"plants grow thin(초목이 가늘게 자라다)"
きょんきょん	kyon-kyon	(日方:新潟 Niigata)	"very emaciated appearance(퍽 여윈 모양)"
かんちょろ	kantyoro	(日方:大阪 Osaka)	id.
	ganga-hun	(夫余)	"tall and skinny(키가 크고 여윈)"
	kangil-i	(夫余)	"skinny(여윈)"
	kangil-ja-	(夫余)	"to become slim(여위다)"
	kenge-hun	(夫余)	"emaciated(쇠약한)"
	caca-ha-	(韓方:충북)	"be thin(가늘다)"

- **12E-4**

こせる	kose-ru	(日方:山形 Yamagata, 山梨 Yamanashi)	
			"to not grow well(잘 안 자라다)"
こぜえる	kozee-ru	(日方:山梨)	id.
	gushe-	(夫余)	"to develop into(...으로 발전하다)"
	ssuk-	(韓方:강원, 경북)	"be small(작다)"

- **12E-5**

しこ	siko	(日方:三重 Mie, 広島 Hiroshima, 徳島 Tokushiam)	
			"power(힘)"
しこ	siko	(古日)	"ferocity(잔인성)"
	sheke-	(夫余)	"to become stiff(굳게 되다)"
	suko	(現韓)	"exertion(수고)"

- **12E-6**

すばれる	subare-ru	(日方:愛媛 Ehime)	"to become thin(여위다)"
すびる	subir-u	(日方:兵庫 Hyogo)	id.
	shuwai-seme	(夫余)	"lank(여윈, 껑쭝한)
	shuwara-ng-seme	(부여)	"long and thin(길고 잘은)"
	ccap-	(韓方:강원, 경상, 전라, 함경)	
			"be short(짧다)"

- **12E-7**

ほこ	hoko	(日方:長野 Nagano)	"strength(힘)"
ひず	hizu	(日方:愛知 Aichi, 岐阜. Gifu)	
			"energy(정력)"
ひい	hii	(日方:愛知 Aichi, 山口 Yamaguchi, 高知 Kochi, 静岡 Shizuoka)	"physical power(체력)"
	husu-nge	(夫余)	"mighty(강대한)"
	husu-n	(夫余)	"strength(힘)"
	horo-n	(夫余)	id.
	him	(現韓)	id.

- **12E-8**
りき	<u>r</u>iki	(日方:滋賀 Shiga)	"tenacity(저력)" (力？) (음전)
	<u>e</u>rke	(夫余)	"powerful(힘센)" (음전)
	kir-ry<u>o</u>k	(韓方:전남)	"strength(힘)"

- **12E-9**
まげな	mage-na	(日方:島根 Shimane)	"sturdy(강건한)"
	beki	(夫余)	"hard(굳은)"
	ppaek-ppaek-ha-	(現韓)	"be tight(빽빽하다)"

12F. 풍채(30그룹)

- **12F-1**
いたましい	itama-sii	(現日)	"be very pitiful(측은한)"
おとましい	otoma-sii	(日方:静岡 Shizuoka, 愛知 Aichi, 鹿児島 Kagoshima)	id.
うんじゃみる	unzyami-ru	(日方:秋田 Akita)	"be in dire straits(곤경에 처하다)"
	oitobu-	(夫余)	id.
	<u>o</u>tup-	(現韓)	"be dismal(구슬픈)"

- **12F-2**
いんぐい	ingu-i	(日方:伊豆大島 Izuojima)	"be small(작다)"
えんこい	enko-i	(日方:石川 Ishikawa)	id.
いにきさ	iniki-sa	(日方:南島 Minamijima)	"being young(젊음)"
	ajige	(夫余)	"small(작은), young(젊은), small(작은)"
	ajige-n	(夫余)	"youth(청년), smallness(작음)"
	ajiga-n	(夫余)	id.
	<u>o</u>cikan-hi	(現韓)	"to a tolerable degree(語지간히)"
	anikko-wa	(現韓)	"disgusting and(아니꼬와)"

- **12F-3**
うたてい	uta-tei	(日方:福島 Fukushima, 宮城 Miyagi, 岩手 Iwate, 青森 Aomori)	"wretched(가엾은)"
おたてい	ota-tei	(日方:京都 Kyoto)	id.
	yada-	(夫余)	"be poor(가난하다), be weak(약하다)"
	yada-hun	(夫余)	"poor(가난한), wretched(가엾은)"
	antaes-	(韓方:경남)	"be pitiful(가엾다)"
	antoe-	(現韓)	"to feel sorry for(안되다)"

- **12F-4**
えずい	ezu-i	(日方:山口 Yamaguchi)	"be noble(고귀하다)"
	yeke-nge	(夫余)	"noble(고귀한)"
	uychu-k	(韓方:충남)	"upside(위)"

- **12F-5**

えべせい	ebese-i	(日方:広島Hiroshima, 島根 Shimane)	
			"be frightful(무섭다)"
いびせい	ibise-i	(日方:島根 Shimane, 広島 Hiroshima,	
		山口 Yamaguchi)	id.
おぶける	obuke-ru	(日方:広島 Hiroshima)	id.
	emeke-i!	(夫余)	"How frightful!(아이구, 무섭다!)"
	musop-	(現韓)	"be frightful(무섭다)"

- **12F-6**

えらい	era-i	(現日)	"grand(대단한, 훌륭한)"
	elu-ri	(夫余)	"prodigy(천재)"
	eru	(夫余)	"intrepid(용맹있는)"
	oru-	(現韓)	"to ascend(오르다), be promoted(진급하다)"

- **12F-7**

ぎろぎろ	giro-giro	(日方:長野 Nagano)	"looks of exposed bones(뼈가 노출된 모양)"
	gira-ngi	(夫余)	id.
	kor	(現韓)	"bone(골, 뼈)" (骨)

- **12F-8**

くで	kude	(現韓:群馬 Gunma)	"a style of woman's hairdo(여자 머리 스타일
			의 일종)"
	gida-ku	(夫余)	"woman's headband(여자의 머리띠)"
	korthong	(現韓)	"head(머리)"

- **12F-9**

じゃか	zyaka	(日方:秋田 Akita, 山形 Yamagata)	
			"pockmark(마마 자국)"
じゃぎ	zyagi	(日方:兵庫 Hyogo, 鳥取 Tottori, 島根 Shimane, 岡山 Okayama,	
		広島 Hiroshima, 愛媛 Ehime, 山口 Yamaguchi, 大分 Oita)	
			id.
じゃんか	zyanka	(日方:茨城 Ibaragi, 秋田 Akita, 新潟 Niigata, 福島 Fukushima, 関東	
		Kanto, 山梨 Yamanashi) id.	
じゃんか	zyanka	(日方:群馬 Gunma)	"bald spot on the head(머리의 대머리 된 곳)"
せんきゅう	senkyuu	(日方:長崎 Nagasaki, 福岡 fukuoka, 佐賀 Saga, 熊本 Kumamoto,	
		対馬 Tsushima, 鹿児島 Kagoshima) id.	
	sogi-ya	(夫余)	"pockmark(마마 자국)"
	caku-k	(現韓)	"trace(자국)"

- **12F-10**

すばろぉしい	suba-roosii	(日方:岡山 Okayama, 愛媛 Ehime)	
			"poor-looking(궁해 보이는)"
すばる	suba-ru	(日方:滋賀 Shiga)	"to say gloomily(우울하게 말하다)"
	jobo-	(夫余)	"to suffer(고생하다), to worry(근심하다)"

	jobo-sho-	(夫余)	"to suffer(고생하다)"
	jobo-shun	(夫余)	"worry(근심), affliction(고생)"
	copa-sim	(現韓)	"uneasy feeling(조바심)"

● 12F-11

そべそべ	sobe-sobe	(日方:滋賀 Shiga)	"sloppy appearance(조잡한 모양)"
しびつけない	sibi-tukenai	(日方:青森 Aomori)	"be sloppy(조잡하다)"
しみたれとる	simi-taretoru	(日方:岐阜 Gifu)	id.
	defe	(夫余)	"dissolute(조잡한)"
	sapsap-ha-	(現韓)	"be uneven or crabbed(삽삽하다)"

● 12F-12

だらしない	dara-si-nai	(現日)	"be sloppy(조잡하다)" (manner=태도)
だらく	dara-ku	(日方:栃木 Tochigi)	id.
だらくさい	dara-kusai	(日方:福井 Fukui)	id.
だれさ	dare-sa	(日方:千葉 Chiba)	"careless person(부주의한 사람)"
	talhu-n	(夫余)	"vacillating(흔들리는, 정해지지 않은)"
	torop-	(現韓)	"be sloppy(조잡하다)"

● 12F-13

ちぢれげ	tidi-rege	(現日)	"curly hair(곱슬 머리)"
ちんじゅう	tinzyuu	(日方:長野 Nagano, 静岡 Shizuoka, 愛知 Aichi, 長崎 Nagasaki, 壱岐 Iki, 佐賀 Saga)	id.
ちゅんじゅ	tyunzyu	(日方:熊本 Kumamoto)	id.
	suda-n	(夫余)	id.
	tusang	(韓方:경상)	"head(머리)"

● 12F-14

なさな	nasa-na	(日方:福井 Fukui)	"be shabby(초라하다)"
ねっそり, ねそ	nesso-ri, neso	(古日)	"loose person(단정치 못한 사람)"
	laju	(夫余)	"clumsy(손재주 없는)"
	longse-ki	(夫余)	id.
	nosuru-ru-ha-	(現韓)	"be shabby(초라하다)"

● 12F-15

なり	nari	(現日)	"shape(형체), one's apperance(풍채)"
	duru-n	(夫余)	"shape(형체)"
	turre	(現韓)	"girth(둘레)"

● 12F-16

はだか	hadaka	(韓方)	"nakedness(나체)"
へだか	hedaka	(日方:八丈島 Hachijojima)	"back(등)"
	bontoho	(夫余)	"bareback(말등에 안장이 없는)"
	porko-sungi	(現韓)	"naked person(벌거 벗은 사람)"

● 12F-17

| つき | tuki | (日方:奈良 Nara, 大阪 Osaka, 和歌山 Wakayama, 兵庫 Hyogo, |

		徳島 Tokushima, 高知 Kochi)	
			"appearance(용모, 풍채)" (음전)
	tuwak<u>u</u>	(夫余)	id.
	<u>kothe</u>	(韓方:강원, 충북)	"outward show(겉모양)" (음전)

- 12F-18

ぺっぺ	peppe	(日方:埼玉 Saitama, 神奈川 Kanagawa)	
			"nakedness(벌거숭이)"
つぶらこ	tu-<u>burako</u>	(日方:三重 Mie)	id.
	fulah<u>u</u>-n	(夫余)	"naked(벌거벗은)"
	p<u>o</u>r<u>k</u>o-p<u>o</u>s-	(現韓)	"to undress everything(벌거벗다)"

- 12F-19

ひとなる	hitona-ru	(日方:長野 Nagano, 岐阜 Gifu, 愛知 Aichi)	
			"to g r ow(자라다)"
ふとなる	hutona-ru	(日方:愛知 Aichi, 奈良 Nara, 宮崎 Miyazaki, 鹿児島 Kagoshima)	
			id.
ほてる	hote-ru	(日方:徳島 Tokushima)	id.
	mandu-	(夫余)	id.
	mutu-	(夫余)	id.
	mutu-n	(夫余)	"growth(성장)"
	ppeti-	(韓方:평북)	"to protrude(튀어나오다)"
	mant<u>u</u>r-	(現韓)	"to make as(-으로 만들다)"????

- 12F-20

ひひらし	h-<u>ihira</u>-si	(日方:鹿児島 Kagoshima) "be weak(약하다)"	
	eberi	(夫余)	"weak(약한)"
	horcco-k	(現韓)	"thin and lank(홀쭉)"

- 12F-21

ぽうど	poodo	(日方:香川 Kagawa)	"pockmark(마마 자국)"
ぽっちょう	pottyoo	(日方:青森 Aomori, 岩手 Iwate) id.	
びんか	binka	(日方:静岡 Shizuoka)	"scar(상처의 자국)"
	handa	(夫余)	"pockmark(마마 자국), scar(상처의 자국)"
	hede	(夫余)	"scar of a boil(종기 자국)"
	hanti	(韓方:강원, 경상)	"abscess(부스럼)"

- 12F-22

ほる	hor-u	(古日)	"to become very old(아주 늙어진다)"
ぼれる	bore-ru	(日方:富山 Toyama, 兵庫 Hyogo) id.	
	fere-	(夫余)	"to age(늙다)"
	har-ap<u>o</u>ci	(現韓)	"grandfather(할아버지)"
	har-m<u>o</u>ni	(現韓)	"grandmother(할머니)"
	har-pe	(韓方:경상)	"old person(늙은이)"

- **12F-23**

ほろける	horoke-ru	(日方:青森 Aomori, 新潟 Niigata)	"to become senile(노망하다)"
	horoki	(夫余)	"being senile(노망함)"
	hari-mangmang	(現韓)	"vague about long ago(오래 전 일을 기억 못한다)"
	morkho-ni	(韓方:평북)	"person(사람), man(남자)"

- **12F-24**

まだら	madara	(現日)	"spots(반점)"
	bederi	(夫余)	"spots on animals or birds(동물이나 새의 반점)"
	yoturu-m	(現韓)	"pimple(여드름), spots(반점)"

- **12F-25**

まんごう	mango	(日方:岡山 Okayama)	"disabled person(신체장애자)"
	meke-re-	(夫余)	"to become disabled(장애자가 되다)"
	mangku-ro-ci-	(現韓)	"be wrecked(망그러지다)"

- **12F-26**

もうほれる	moohore-ru	(日方:群馬 Gunma)	"to become senile(노망하다)"
もぼれる	mobore-ru	(日方:福島 Fukushima, 新潟 Niigata, 群馬 Gunma, 埼玉 Saitama)	id.
もんぼれ	monbore	(日方:山形 Yamagata)	"senile person(노망한 사람)"
	membere-	(夫余)	"be old and talk funny(늙어 우섭게 말하다)"
	hepere-	(夫余)	"to become decrepit(노쇠하다)"
	mangryong	(現韓)	"senility(망령)"

- **12F-27**

もしゃ/もじゃ	mosha/mozya	(日方:徳島 Tokushima, 大分 Oita、静岡 Shizuoka)	"pockmark(마마 자국)"
もんぞう	monzoo	(日方:新潟 Niigata, 群馬 Gunma)	id.
むっちゃ	muttya	(日方:奈良 Nara, 兵庫 Hyogo)	id.
ぶしぶし	busi-busi	(日方:大分 Oita)	id.
	mase	(夫余)	"pock-marked person(마마 자국 있는 사람)"
	mama	(現韓)	"smallpox(천연두)"
	pesur	(韓方:평북)	id.

- **12F-28**

やせる	yase-ru	(現日)	"to become thin(여위다)"
ようがりん	yooga-rin	(日方:南島 Minamijima)	id.
ほそねぶか	hoso-nebuka	(日方:長野 Nagano)	"slim person(홀쭉한 사람)"
	wasi-	(夫余)	"to become thin(여위다)"
	yakhae-ci-	(韓方:강원)	id.

- **12F-29**

ゆっぱさい	yuppasa-i	(日方:南島 Minamijima)	"be weak(약하다)"
	absa-	(夫余)	"to become emaciated(수척해지다)"

| | yopiso- | (韓方:경남) | "to become thin(여위다)" |

- **12F-30**

よろしい	yorosi-i	(日方:山口 Yamaguchi, 福岡 Fukuoka)	
			"be weak(약하다)"
よろくそ	yoroku-so	(日方:富山 Toyama, 島根 Shimane, 広島 Hiroshima, 宮崎 Miyazaki, 熊本 Kumamoto, 長崎 Nagasaki)	
			"weak person(약한 士람)"
よろけ	yoroke	(日方:秋田 Akita, 宮崎 Miyazaki, 大分 Oita, 長崎 Nagasaki)	
			id.
	lalaha	(夫余)	"weak(약한)"
	ioro-pori-	(韓方:강원)	"to become thin(여위다)"

12G. 기타 몸과 관련있는 말(39그룹)

- **12G-1**

あびる	abi-ru	(現日)	"to take a bath(목욕하다)"
あむ	amu-u	(古日)	id.
ういいじゅん	uiizyu-n	(日方:南島 Minamijima)	"to swim(헤엄치다)"
	ebishe-	(夫余)	"to take a bath(목욕하다), to swim(헤엄치다)"
	himi-cir	(韓方:경북)	"swimming(수영)"

- **12G-2**

いき	iki	(現日)	"breath(호흡)"
	erge-n	(夫余)	id.
	aku	(韓方:강원, 경북, 충북)	"mouth(입)"

- **12G-3**

いちじらさん	iti-zirasan	(日方:南島 Minamijima)	"be hard to breathe(숨차다)"
いいちまでぇ	iiti-madee	(日方:南島 Minamijima)	"being hard to breathe(숨찬 것)"
	ida-ra-	(夫余)	"be hard to breathe(숨차다)"
	sumciritae-	(韓方:경남)	id.

- **12G-4**

うがい	uga-i	(現日)	"gargling(물로 입안을 가셔 냄)"
うがひ	uga-hi	(古日)	id.
	uga-	(夫余)	"to wash(씻다)"
	hengu-	(韓方:강원, 충북)	id.

- **12G-5**

うんま	unma	(日方:山梨 Yamanashi, 八丈島 Hachijojima)	"milk(젖)"
	oromu	(夫余)	"cream(크림)"
	ipang	(韓方:충북)	"nipple(젖꼭지)"

- **12G-6**

かがむ	kaga-mu	(現日)	"to bend(굽히다), to squat(주저앉다)"
かごむ	kago-mu	(日方:新潟 Niigata, 広島 Hiroshima)	"to bow(절하다)"
	gengu-	(夫余)	"to stand with a slight bow(머리를 좀 수구리고 서다)"
	gugu-re-	(夫余)	"to stoop(허리를 굽히다)"
	kkupu-cong	(現韓)	"bent(구부러진)"

- **12G-7**

かんご	kango	(日方:長崎 Nagasaki)	"stooping(허리 굽힘)"
こごなる	kogo-naru	(日方:新潟 Niigata, 群馬 Gunma)	"to stoop(허리를 굽히다)"
このがる	konoga-ru	(日方:山梨 Yamanashi, 長野 Nagano)	id.
	genge-hun	(夫余)	"stooped(허리를 굽힌), bent forward(앞으로 구부러진)"
	genge-de-	(夫余)	"to walk unsteadily(비슬비슬 걷다)"
	kkokkun-	(韓方:전남)	"to bend or cut(꺾다)"

- **12G-8**

くたばる	kuta-baru	(日方:鳥取 Tottori)	"to stoop(허리를 굽히다)"
くんずく	kunzu-ku	(日方:大分 Oita)	id.
	kungte-hen	(夫余)	"stooped(허리를 굽힌)"
	katura-tturi-	(韓方:평북)	"to stoop(허리를 굽히다)"

- **12G-9**

こちょばす	kotyo-basu	(日方:新潟Niigata, 山形 Yamagata)	"to tickle(간지럽다)"(음전)
こちょぼしい	kotyo-bosii	(日方:長野Nagano, 新潟 Niigata, 富山 Toyama, 石川 Ishikawa)	"ticklish(간지러운)" (음전)
こちょぼしか	ktyo-bosika	(日方:長崎 Nagasaki)	id. (음전)
くすぐる	kutu-guru	(現日)	"to tickle(간지럽다) (음전)
	geji-lo-	(夫余)	id.
	geji-heshe-	(夫余)	"to tickle under the arm(팔 아래가 간지럽다)"
	cakap-	(韓方:경남)	"to tickle(간지럽다) (음전)
	kucirop-	(韓方:전남)	id.

- **12G-10**

こっか	kokka	(日方:熊本 Kumamoto)	"opponent's vital spot(상대의 급소)"
かかしろう	kaka-sirou	(日方:長野 Nagano, 新潟 Niigata)	"to become an opponent(상대로 되다)"
	galgi	(夫余)	"opponent(상대)"
	ciika	(韓方:경북)	"you(당신)"

- **12G-11**

さでくる	sade-kuru	(日方:熊本 Kumamoto)	"to trip(곱드러지다)"
さでこける	sade-kokeru	(日方:愛媛 Ehime)	"to roll over(굴다)"
	side-re-	(夫余)	"to trip(곱드러지다)"

- **12G-12**

しぃる	siir-u	(日方:岩手 Iwate)	"to become hoarse(목소리가 쉬다)"
	jil-gan	(夫余)	"sound(음, 소리), voice(목소리)"
	sui-	(現韓)	"to become hoarse(목소리가 쉬다)"

- **12G-13**

しこう	sikoo	(日方:名古屋 Nagoya)	"breathing on items(물건에 입김을 부는 것)"
しんどい	sindo-i	(日方:福井 Fukui, 岡山 Okayama)	"be hard of breathing(숨차다)"
	sukdu-n	(夫余)	"breath(숨)"
	sumcha-	(現韓)	"be hard of breathing(숨차다)"

- **12G-14**

ししぶりぃ	sisi-burii	(日方:南島 Minamijima)	"quivering(떠는 것)"
	seshe-	(夫余)	"to shiver(떨다)"
	susu-kiye-	(夫余)	"to shiver from the cold(추어서 떨다)"
	sersen-seme	(夫余)	"trembling(떠는 것)"

- **12G-15**

すくむ	suku-mu	(現日)	"to cower(웅크리다)"
さげる	sage-ru	(現日)	"to lower(내리다)"
	suha-ra-	(夫余)	"to bow(머리를 숙이다), to droop(아래로 느러지다)"
	gugu-re-	(夫余)	"to stoop(허리를 굽히다)"
	suki-	(現韓)	"to lower the head(숙이다)"
	sukuri-	(現韓)	id.

- **12G-16**

すくれる	suku-reru	(日方:鹿児島 Kagoshima)	"a foot becomes numb(발이 저리다)"
	singi-ya-	(夫余)	"to become numb(저려지다, 감각을 잃다)"
	cekin-	(韓方:강원, 경북)	id.
	sukuro-ci-	(現韓)	"to become low or decrease(수그러지다)"

- **12G-17**

すわる	suwar-u	(現日)	"to sit(앉다)"
いずる	i-zur-u	(日方:福岡 Fukuoka)	id.
いどる	i-dor-u	(日方:九州 Kyushu, 対馬 Tsushima)	id.
	soori-n	(夫余)	"throne(왕좌, 왕위)"
	te-	(夫余)	"to sit(앉다), to live(살다)"
	teye-	(夫余)	"to relax(편히 쉬다), to rest(쉬다)"
	anc-	(現韓)	"to sit(앉다)"

- **12G-18**

せる	ser-u	(日方:岡山 Okayama)	"to blow the nose(코를 풀다)"
	siri-	(夫余)	id.
	phur-	(現韓)	id.

- **12G-19**

ちかる	tika-ru	(日方:栃木 Tochigi, 茨城 IbaraGI)	
			"to sit down(앉다)"
さがる	saga-ru	(現日)	"to go down(내려가)"
	shuku-	(夫余)	"to sit with legs stretched(다리 뻗고 앉다)"
	ccokuri-	(現韓)	"to squat(쪼그리다)"

- **12G-20**

ちちこばる	titi-kobaru	(日方:秋田 Akita)	"squat(웅크리다)"
ちょちょこばる	tyotyo-kobaru	(日方:大阪 Osaka, 京都 Kyoto)	id.
ちょうずくなる	tyoozu-ku-naru	(日方:愛知 Aichi)	id.
つつくぼる	tutu-kuboru	(日方:岐阜 Gifu, 滋賀 Shiga)	id.
	dodo-	(夫余)	id.
	ccokuri-	(現韓)	id.

- **12G-21**

ちょこなむ	tyoko-namu	(日方:兵庫 Hyogo)	"to bend the knee(무릎을 꿇다)"
つぐめ	tugu-me	(日方:八丈島 Hachijojima)	"knee cap(무릎받이)"
	taki-ya	(夫余)	"animal's knee(동물의 무릎)"
	tongmu-rop	(韓方:제주)	"knee(무릎)"

- **12G-22**

つむ	tum-u	(日方:愛知 Aichi, 高知 Kochi)	
			"to chew with front teeth(앞니로 씹다)"
	simi-	(夫余)	"to suck(빨다, 흡수하다)"
	ssip-	(現韓)	"to chew(씹다)"
	ssim-nun-	(韓方:강원, 경상, 전라, 충청)	id.

- **12G-23**

ねねぶる	nene-buru	(日方:福岡 Fukuoka)	"to close the eye(눈을 감다)"
	nicu-	(夫余)	id.
	nun-mor-	(現韓)	"to lose one's sight(눈멀다)"

- **12G-24**

のざいる	nozair-u	(日方:千葉 Chiba)	"to gag(목에 걸리다)"
	niolo-	(夫余)	id.

- **12G-25**

はちのこ	hati-noko	(日方:群馬 Gunma)	"earwax(귀에지)"
	hoso-ri	(夫余)	id.
	kwi-haca-kae	(韓方:전북)	"earpick(귀이개)"

- **12G-26**

はばける	habake-ru	(日方:岩手 Iwate, 岐阜 Gifu, 秋田 Akita, 山形 Yamagata, 新潟 Niigata)	"be stuck in the throat목에 걸리다)"
	fihasha-	(夫余)	"be stuck for words(말이 막히다)"
	mak-hi-	(現韓)	"be blocked(막히다)"

- **12G-27**

ひずらしい	hizu-rasii	(日方:岡山 Okayama)	"be dazzling(눈부시다)"
	beshe-hun	(夫余)	"dazzled(눈부신)"
	pusi-	(現韓)	"be dazzling(눈부시다)"
	pusi-n-	(韓方:경상)	id.

- **12G-28**

ひょこぞれる	hyoko-zoreru	(日方:和歌山 Wakayama)	"to reel(비틀거리다)"
ひょこる	hyoko-ru	(日方:岡山 Okayama)	id.
よじける	yozike-ru	(日方:埼玉 Saitama, 長野 Nagano)	id.
	haijung-seme	(夫余)	"reeling under a heavy load(무거운 짐을 지고 비틀거림)"
	hesite-	(夫余)	"to stumble along(비틀거리며 가다)"
	pikkoi-	(現韓)	"be twisted(비꼬이다)"

- **12G-29**

ひょろどう	hiyorodo-u	(日方:岡山 Okayama)	"to stagger(비틀거리는 것)" (음전)
	felinta-	(夫余)	id.
	pithur-kori-	(現韓)	id. (음전)

- **12G-30**

ひょろひょろ	hyoro-hyoro	(現日)	"staggeringly(비틀거리며)"
	far-far-seme	(夫余)	id.
	por-por	(現韓)	"tremblingly(벌벌)"
	pir-pir	(韓方:강원)	"staggeringly(비틀거리며)"

- **12G-31**

ふけ	huke	(現日)	"dandruff(머리 비듬)"
ふける	huke-ru	(日方:長野 Nagano)	"to get moldy(곰팡나다)"
かび	kabi	(現日)	"mold(곰팡이)"??????
	fuhen	(夫余)	"a kind of mold(곰팡이의 일종)"
	komphai	(韓方:강원, 경상, 충북)	"mold(곰팡이)" ??????

- **12G-32**

ふさぐ	husa-gu	(日方:仙台 SDendai, 和歌山 Wakayama, 高知 Kochi, 長崎 Nagasaki)	"to faint(실신하다)"
もざる	mozar-u	(日方:香川 Kagawa)	"to suffer a lot(극히 고통받다)"
	feshe-	(夫余)	"to suffer(고통받다)"
	hotoki-	(現韓)	"to struggle(허덕이다)"

- 12G-33

へ	he	(現日)	"fart(방귀)"
へえり	hee-ri	(日方:八丈島 Hachijojima)	id.
	fiyo, fio-ta	(夫余)	id.
	fiyo-to-	(夫余)	"to fart(방귀뀌다)"
	fu-nshun	(夫余)	"fart(방귀)"
	pang-kwi	(現韓)	id.

- 12G-34

べっこう	bekkoo	(日方:大分 Oita, 福岡 Fukuoka)	"vomiting(토하는 것)"
へんきゃく	henkyaku	(日方:仙台 Sendai)	id.
	fuyakiya-	(夫余)	"to become nauseous(구역질이 나다)"
	paes-	(韓方:강원, 경상, 전라, 충북, 평안)	"to spit(뱉다)"

- 12G-35

ぽっぽ	poppo	(日方:福島 Fukuoka)	"stuttering(말더듬기), stutterer(말더듬이)"
ままなき	mamana-ki	(日方:仙台 Sendai, 秋田 Alota, 岩手 Iwate, 山形 Yamagata, 新潟 Niigata, 群馬 Gunma)	id.
ままやく	mamaya-ku	(日方:長野 Nagano)	"to stutter(말더듬다)"
	hempe	(夫余)	"stuttering(말더듬), stutterer(말더듬이)"
	popori	(韓方:경북, 전남, 충북)	"stuttering(말더듬기), stutterer(말 더듬이)"

- 12G-36

めばやしい	me-bayasi-i	(日方:神奈川 Kanagawa, 富山 Toyama)	"be dazzling(눈부시다)"
まぶしい	ma-busi-i	(現日)	id.
まばそい	ma-baso-i	(日方:中国 Chugoku)	id.
	biyarisha-	(夫余)	id.
	nun-pusi-	(現韓)	id.

- 12G-37

もどくる	modo-kuru	(日方:静岡 Shizuoka)	"to stutter(말더듬다)"
もんずくる	monzu-kuru	(日方:山形 Yamagata)	id.
	mende-re-	(夫余)	id.
	martotum-	(現韓)	id.
	marsosum-	(韓方:경북)	id.

- 12G-38

もどす	modo-su	(現日)	"to vomit(토하다)"
	fuda-	(夫余)	id.
	paeth-	(現韓)	id.
	paethaso-	(韓方:경남)	id.

● 12G-39

ももじり	momo-ziri	(日方:山梨 Yamanashi, 和歌山 Wakayama)
		"sitting uneasily(차분하게 앉음)"
ねまる	nema-ru	(日方:北国 Hokkoku, 岐阜 Gifu, 島根 Shimane)
		"to sit(앉다)"
	momo-ro-	(夫余)	"to sit straight(바로 앉다)"
	momu-ru-	(現韓)	"to stay(머무르다)"

13. 성격, 태도(92그룹)

13A. 공포, 경악, 혼동(16그룹)

• **13A-1**

あずる	azu-ru	(日方:広島 Hiroshima, 兵庫 Hyogo, 四国 Shikoku, 中国 Chugoku)	"to suffer(고생하다)"
	ise-ku	(夫余)	"worried(근심되는)"
	asur-asur	(現韓)	"dangerous(아슬아슬)"
	osuro-ci-	(現韓)	"to become abnormal(변태로 되다)"

• **13A-2**

あちゃつく	atya-tuku	(日方:長野 Nagano, 群馬 Gunma)	"be confused(혼동하다)"
いちゃつく	itya-tuku	(日方:長野 Nagano, 岐阜 Gifu)	id.
あどえる	adoe-ru	(日方:愛媛 Ehime)	id.
	aji-rka	(夫余)	"confused about friend s (친구에 관해서 당황해서)"
	acu-n	(夫余)	"confused(당황해서)"
	facu-hun	(夫余)	"confusion(혼란)"
	ocir-ocir	(現韓)	"in a whirl(어질어질)"
	ocirop-	(現韓)	"be dizzy(어지럽다)"
	ancor-pucor-mos-ha-	(現韓)	"be nervous(안절부절못하다)"

• **13A-3**

いびつ	ibitu	(日方:山形 Yamagata, 宮城 Miyagi)	"obstinate(완고한)"
おんばく	onbaku	(日方:石川 Ishikawa)	"impudent(뻔뻔스러운)"
おおはばこく	oohabako-ku	(日方:青森 Aomori)	"to brag(허풍떨다)"
	ohaku	(夫余)	"disobedient(순종하지 않는)"
	yamur-	(韓方:경상)	"be tough(굳다)"
	yamuci-	(現韓)	"be shrewd(야무지다)"

• **13A-4**

いらいらする	ira-ira-su-ru	(現日)	"be irritated(안달나다)"
いらう	ira-u	(日方:うじやまだ Ujiyamada)	id.
	hirhu-	(夫余)	"to irritate(약올리다)
	orri-	(現韓)	"to arouse one's spirit(올리다)

• **13A-5**

おずがる	ozu-garu	(日方:宮崎 Miyazaki)	"to fear(무서워하다)"
おじる	ozi-ru	(日方:香川 Kagawa)	id.

おすがい	osu-gai	(日方:佐渡 Sado, 岐阜 Gifu)	
			"be frightening(무섭다)"
おそがい	oso-gai	(日方:岐阜 Gifu, 静岡 Shizuoka, 愛知 Aochj, 佐渡 Sado, 滋賀 Shiga, 福井 Fukui)	id.
おそれる	oso-reru	(現日)	"to fear(무서워하다)"
おぞむ	ozo-mu	(日方:愛知 Aichi, 富山 Toyama)	id.
	ise-	(夫余)	"to fear(무서워하다)"
	ise-ku	(夫余)	"frightened(깜짝 놀란)"
	ise-cun	(夫余)	id.
	sengu-we-	(夫余)	"to fear(무서워하다)"
	m-usop-	(現韓)	"be frightening(무섭다)"

- **13A-6**

おどろく	o-dorok-u	(現日)	"be surprised(놀라다)"
	dargi-	(夫余)	"to tremble(떨다)"
	tar-seme	(夫余)	"statled(놀라서, 놀랐다)"
	ttorri-	(韓方:전남)	"to tremble(떨다)"
	ttor-	(現韓)	id.

- **13A-7**

おびえる	obier-u	(現日)	"be frightened(겁먹다)"
おぶれる	obure-ru	(日方:岐阜 Gifu)	id.
	ahura-	(夫余)	"to frighten an animal(동물을 놀라게 하다)"
	appur-ssa	(現韓)	"Gosh!(아뿔싸!)"

- **13A-8**

おべる	o-ber-u	(日方:新潟 Niigata, 島根 Shimane, 鳥取 Tottori)	
			"be surprised(놀라다)"
	bere-	(夫余)	"be dumbfounded by fright or anger(경악이나 분노로 아연해지다)"
	buling-seme	(夫余)	"startled(놀라서, 놀랐다)"

- **13A-9**

おらえる	ora-eru	(日方:香川 Kagawa)	"to endure(참다, 견디다)"
	ali-	(夫余)	id.
	orri-	(韓方:강원)	"be soothe(달래다)"

- **13A-10**

きらう	kira-u	(現日)	"to dislike(싫어하다)"
	gel-hun	(夫余)	"timid(겁많은)"
	gele-	(夫余)	"be afraid of(…을 무서워하다)"
	golo-	(夫余)	"be scared(겁먹다)"
	kkori-	(現韓)	"to dislike and avoid(꺼리다)"

- **13A-I1**

ぐしあぁうっちぇゆん gushaauttye-yun (日方:南島 Minamijima) "to startle(놀라다)"

| | guwaci-hiya | (夫余) | "with a start(놀라서)" |
| | kkamccak | (現韓) | id. |

- **13A-12**

くるしむ	kuru-simu	(現日)	"to suffer(고생하다)"
	kiri-	(夫余)	id.
	koero-p-	(現韓)	"be agonizing(괴롭다)"

- **13A-13**

ぞぶる	zobu-ru	(日方:高知 Kochi)	"be confused in talking(말이 혼란해지다)"
つんぼけん	tunbo-ken	(日方:大阪 Osaka)	id.
	jube-n	(夫余)	"story(담화, 이야기)"
	cupyon	(現韓)	"resourcefulness(주변)"
	ccumuri-ha-	(韓方:경상)	"be vague(흐릿하다)"

- **13A-I4**

ちちぎれる	titi-gireru	(日方:島根 Shimane)	"be dismayed(당황하다)"
ちちれる	titi-reru	(日方:鳥取 Tottori)	id.
ちちれる	titi-reru	(日方:岡山 Okayama)	"to fear(겁내다)"
	cici-goci	(夫余)	"fearfully(무섭게, 굉장히)"
	ccorccor-mae-	(現韓)	"be completely puzzled(쩔쩔매다)"

- **13A-I5**

びくあたがる	bikuta-garu	(日方:青森 Aomori)	"to startle(크게 놀라다)"
ひったんぐわる	hitta-nguwar-u	(日方:鹿児島 Kagoshima)	id.
びっちぃする	bittii-suru	(日方:青森 Aomori)	id.
	hukucu-	(夫余)	"to surprise(놀라게 하다)"
	finta-	(夫余)	id.
	musou-n	(現韓)	"fearsome(무서운)"

- **13A-16**

まがう	maga-u	(現日)	"to become confused(혼란되다)"
まがふ	maga-hu	(古日)	id.
	maka-	(夫余)	id.
	mak-mak-ha-	(現韓)	"be forlorn(막막하다)"

13B. 나쁜 태도(35그룹)

- **13B-1**

あてんなる	aten-naru	(日方:佐賀 Saga, 長野 Nagano)	
			"be in the way(방해가 되다)"
ねっちょう	nettyoo	(日方:茨城 Ibaragi, 千葉 Chiba, 山梨 Yamanashi, 新潟 zNiigata)	"interference(방해)"
	latun-ga	(夫余)	"fond of interfering(간섭을 좋아하다)"

- **13B-2**

いかる	ikar-u	(現日)	"to anger(노하다)" (음전)
おこる	okor-u	(現日)	id. (음전)
	irki-	(夫余)	"to make one angry(화나게 하다)" (음전)
	kor	(現韓)	"anger(골)"

- **13B-3**

いきのる	ikino-ru	(日方:千葉 Chiba)	"to get angry(노하다)"
やっきりこく	yakki-rikoku	(日方:埼玉 Saitama, 愛知 Aichi)	id.
おっかない	okka-nai	(現日)	"be uneasy(불안하다)"
	akju-hiyan	(夫余)	"to get angry easily(잘 노하다)"
	yak-oru-	(現韓)	"to get angry(노하다)"
	kor-nae-	(現韓)	id.

- **13B-4**

いせる	ise-ru	(日方:岩手 Iwate, 岐阜 Gifu)	"to become angry(노하다)"
いじゃける	izya-keru	(日方:千葉 Chiba)	id.
	usha-	(夫余)	id.
	usha-du-	(夫余)	"to get angry together(서로 노하다)"
	ssung-kkar	(韓方:강원, 충북)	"anger(성, 分怒)"

- **13B-5**

おけそく	okeso-ku	(日方:富山 Toyama)	"slander(비방)"
	akshu-n	(夫余)	"slanderous(비방적), rough mouthed(입 나쁜)"
	akshu-la-	(夫余)	"to slander(비방하다)"
	yokha-	(現韓)	id.
	akssu-	(現韓)	"to cry in protest(악쓰다)"
	akcaeki	(韓方:평북)	"mouth(입)"

- **13B-6akita**

おばく	obaku	(日方:秋田)	"slander(비방)"
	ehecu-	(夫余)	"to slander(비방하다)"
	ehecu-n	(夫余)	"slander(비방)"
	mak-	(現韓)	"to block(막다)"

- **13B-7**

がさつ	gasa-tu	(現日)	"coarse(조잡한)"(manner＝품행)
がた	gata	(日方:新潟 Niigata)	"being very rough(매우 험한 것)"
こそっぱい	koso-ppai	(日方:関東 Kanto, 山梨 Yamanashi)	id.
たつろい	tatu-roi	(日方:和歌山 Wakayama)	"very rugged(아주 험한)"
	kaca-r-seme	(夫余)	"coarse and hard(조잡하고 굳은)"
	kochuops-	(現韓)	"be unbecoming(거추없다)"
	kochir-	(現韓)	"be coarse(거칠다)"

- 13B-8

かてぇ	katee	(日方:栃木 Tochigi)	"unreasonableness(불합리함)"
きしゅうさん	kishuu-san	(日方:三重 Mie)	"one who demands strongly(강요하는 자)"
くじこねる	kuzi-koneru	(日方:佐渡 Sado)	"to say unreasonable thing(무리한 말 하다)"
	gida-	(夫余)	"to force it on(강요하다)"
	gida-sha-	(夫余)	"to take unfair advantage of(부당하게 이용 하다)"
	kangcca	(現韓)	"unreasonable jelousy(강짜)"
	kangsaeam	(現韓)	id.
	kkangta-ku	(韓方:강원, 경북, 충북)	id.
	konco	(韓方:경북)	id.

- 13B-9

きじばる	gizi-baru	(日方:山口 Yamaguchi)	"be modest(겸손하다)"
きあつい	kiatu-i	(日方:奈良 Nara)	id.
	goci-shun	(夫余)	"humble(겸손한)"
	kicuk-	(現韓)	"to feel small(기죽다)"

- 13B-10

くらっつぉばいる	kura-ttuobairu	(日方:茨城 Ibaragi)	"be frivolous(실없다)"
げらつく	gera-tuk-u	(日方:富山 Toyama)	id.
くるう	kuru-u	(日方:東京 Tokyo, 静岡 Shizuoka, 岐阜 Gifu, 岡山 Okayama, 香川 Kagawa)	id.
	kulin-calin	(夫余)	"frivolous(실없는)"
	karraci-	(現韓)	"to part company(갈라지다)"

- 13B-11

けしきして	kesiki-site	(日方:三重 Mie)	"very assiduously(매우 근면하게)"
くしくりって	kusikuri-tte	(日方:熊本 Kumamoto)	"assiduously(열심히)"
がせぇに	gasee-ni	(日方:岐阜 Gifu)	id.
こんずめ	konzu-me	(日方:愛媛 Ehime)	id.
	kuskun-seme	(夫余)	id.
	kucung-seme	(夫余)	"diligent(근면한)"
	kkucun-hi	(現韓)	"assiduously(꾸준히)"

- 13B-12

くんじゃく	kunzyaku	(日方:栃木 Tochigi)	"arrogant(거만한)"
けんけん	kenke-n	(日方:岡山 Okayama)	"arrogant behavior(거만한 행동)"
がいじん	gaizi-n	(日方:長崎 Nagasaki)	"stubborn person(완고한 사람)"
きずく	kizuk-u	(日方:茨城 Ibaragi)	"stubbornness(완고함)"
	kaska-n	(夫余)	"arrogance(거만한 것)"
	kangsangi	(夫余)	"arrogant person(거만한 사람)"
	karsi-ha-	(韓方:경북)	"to despise(업신여기다)"

- 13B-13

こうちくな	kootiku-na	(日方:奈良 Nara)	"stubborn(완고한)"
	goicuka	(夫余)	"hindering(방해하는 것)"
	kangcik	(現韓)	"stubborn(완고한)"(强直)

- 13B-14

じれる	zire-ru	(現日)	"to fret(애태우다)"
つらい	tura-i	(現日)	"be hard to bear(견딜 수 없다)"
	jili	(夫余)	"anger(노여움)"
	ssur-ssur-ha-	(韓方:충북)	"be troublesome(괴롭다)"

- 13B-15

じまげる	zima-geru	(日方:愛知 Aichi)	"to boast(자랑하다)"
だます	dama-su	(現日)	"to cheat(속이다)"
	deme-si	(夫余)	"braggart(말로 크게 뻐기는 사람)"
	ccin-	(現日:강원, 충북)	"be deceived(속다)"

- 13B-16

すうけつつら	suuke-ttura	(日方:群馬 Gunma)	"cold look(차가운 눈치)"
しかんだかお	sika-nda kao	(日方:滋賀 Shiga)	"sullen look(시무룩한 얼굴)"
けしき	ke-siki	(日方:山口 Yamaguchi)	"angry look(화난 얼굴)"
	sok-sohon	(夫余)	"pouting(뿌루퉁한)"
	chakau-n	(現韓)	"cold(차가운)"

- 13B-17

すねる	sune-ru	(現日)	"to pout(비쭉거리디, 앵도라지다)"
すねし	sune-si	(古日)	"be sulky(부었다)" (temper=기질)
	shune-	(夫余)	"to go wild(사나워지다)"
	simu-ruk-ha-	(現韓)	"be sullen(시무룩하다)"

- 13B-18

せらう	sera-u	(日方:大阪 Osaka, 岡山 Okayama, 香川 Kagawa, 德島 Tokushima, 大分 Oita)	"to envy(샘내다)"
せる	ser-u	(日方:山口 Yamaguchi)	id.
えせらう	esera-u	(日方:愛媛 Ehime)	id.
	silhi	(夫余)	"envy(샘)"
	silhi-nga	(夫余)	"strong jealousy(강한 질투)"
	silhi-da-	(夫余)	"be jealous(질투하다), to envy(샘내다)"
	saeu-	(現韓)	id.
	saer-ccuk	(現韓)	"sullenly(샐쭉)"

- 13B-19

ぜんき	zenki	(日方:島根 Shimane, 山口 Yamaguchi)	"asserting oneself(자기 주장)"
じくねる	ziku-ne-ru	(日方:静岡 Shizuoka)	"be sulky(실쭉하다)"
しこって	siko-tte	(日方:長野 Nagano)	"obstinacy(집요한 것)"

	cak-seme	(夫余)	"inflexible(강직한, 구부릴 수 없는)"
	cangkai	(夫余)	"being stubborn(강직한 것)"
	cikus-cikus-ha-	(現韓)	"be disgustful(지긋지긋하다)"

• 13B-20

そら	sora	(日方:愛媛)	"laziness(태만)"
ずるい	zuru-i	(日方:山形 Yamagata, 佐渡 Sado, 島根 Shimane, 山口 Yamaguchi)	
			"lazy(게으른)"
ずるんぼ	zuru-nbo	(日方:宮崎 Miyazaki)	"lazy person(게으른 자)"
	sula	(夫余)	"idle(게으른, 일이 없는)"
	sula-	(夫余)	"be idle(게으름 피우다, 할 일이 없다)"
	keru-, keuru-	(現韓)	"be lazy(게으르다)"

• 13B-21

たかぶる	takabur-u	(夫余)	"to act haughtily(까불다)"
とんだべ	tondabe	(日方:三重 Mie)	"haughty person(건방진 자)"
	takda-	(夫余)	"to act haughtily(까불다)"
	kkapur-	(現韓)	id.

• 13B-22

たたりゆん	tatari-yun	(日方:奄美大島 Amamiojima)	
			"to anger(화내다)"
だんばら	danbara	(日方:青森 Aomori, 岩手 Iwate, 宮城 Miyagi, 福島 Fukushima, Tochigi栃木)	"short temper (단기, 성급한 것)"
	dabduri	(夫余)	"quick-tempered(성급한)"
	ttarmak-ha-	(韓方:평북)	"be short(짧다)"

• 13B-23

てぼっけなし	tebokke-nasi	(日方:群馬 Sunma, 長崎 Nagasaki)	
			"poor money manager(미숙한 돈 관리인)"
ざっぱ	zappa	(日方:山口 Yamaguchi, 愛媛 Ehime, 高知 Kochi)	
			"wasteful(낭비적)"
	dabashaku	(日方)	"extravagant(남비하는)"
	suypsa-ri	(現韓)	"very readily(쉽사리)"

• 13B-24

でんき	den-ki	(日方:山口 Yamaguchi, 秋芳 Chuho)	
			"stubbornness(완고함)"
どんこつ	don-kotu	(日方:長崎 Nagasaki)	id.
じょうがま	zyoo-gama	(日方:奈良 Nara)	"stubborn(완고한)"
	deyen	(夫余)	id.
	ttanso-ha-	(韓方:경북)	"be tough(굳다)"
	ttok-sim	(現韓)	"stubbornness(떡심)"

• 13B-25

| はごむく | hago-muk-u | (日方:石川 Ishikawa, 和歌山 Wakayama) | |

			"to get angry showing teeth(치아를 보이며 화를 내다)"
はこや	hako-ya	(日方:大阪 Osaka)	"getting angry easily(성 잘 내는 것)"
ほこてんにたつ	hokoten-ni tat-u	(日方:壱岐 Iki)	"very angry appearance(매우 노한 표정)"
	hakci-n	(夫余)	"quick tempered(성미가 급한)"
	hwakku-n	(現韓)	"feeling hot suddenly(화끈)"

● 13B-26

はぶてる	habu-teru	(日方:島根 Shimane, 広島 Hiroshima, 山口 Yamaguchi, 愛媛 Ehime, 対馬 Tsushima)	"to pout(비쭉 거리다)"
	fuhiye-	(夫余)	"to get angry(노하다)"
	pistae-	(現韓)	"to perjure(빗대다)"
	puhwa-na-	(韓方:평북)	"to get angry(노하다)"

● 13B-27

ぶすける	busuker-u	(日方:広島 Hiroshima, 山口 Yamaguchi)	"to get angry(노하다)"
ふすくる	husukur-u	(日方:群馬 Gunma)	"to pout(비쭉거리다, 앵도라지다)"
ぶすくれる	busukure-ru	(日方:仙台 Sendai, 福島 Fukushima, 岩手 Iwate, 大分 Oita)	"to get angry(노하다)"
むつかる	mutukar-u	(現日)	id.
	bujihila-	(夫余)	id.
	fosokiya-	(夫余)	"to get angry out of impatience(참을 수 없어 화를 내다)"
	sungkkar-nae-	(韓方:충북)	"to get angry(화를 내다)"

● 13B-28

へだらく	heda-raku	(日方:京都 Kyoto, 隠岐 Oki)	"slovenly(단정치 못한)"
へえだらく	heeda-raku	(日方:隠岐 Oki)	id.
びったれ	bitta-re	(日方:島根 Shimane, 広島 Hiroshima, 山口 zYamaguchi)	"sloppy person(조잡한 사람)"
	fuda-nga	(夫余)	"unkempt(단정치 못한)"
	kochi-r-	(現韓)	"be coarse(거칠다)"

● 13B-29

へちる	hetir-u	(日方:三重 Mie, 愛知 Aichi)	"to pout(비쭉거리다, 앵도라지다)"
むじれる	muzire-ru	(日方:福島 Fukushima, 宮城 Miyagi)	id.
もどく	modok-u	(日方:和歌山 Wakayama)	"to oppose(반항하다)"
	fudara-	(夫余)	id.
	picuk-ha-	(現韓)	"to pout(비쭉거리다, 앵도라지다)"
	pottae-	(現韓)	"to hold out against(벋대다)"

- **13B-30**

| ほうよく | hooyoku | (日方:高知 Kochi) | "avarice(탐욕)" |
| | buyecu-n | (夫余) | "desire(욕망)" |

- **13B-31**

ほっとする hotto-suru (日方:和歌山 Wakayama, 兵庫 Hyogo, 徳島 Tokushima, 鹿児島 Kagoshima) "to hate(미워하다)"

やだくせぇ	yada-kusee	(日方:千葉 Chiba)	"hateful thing(미워하는 것)"
べっとくえ	betto-kue	(日方:岐阜 Gifu)	"to dislike(싫어하다)"
ふれる	hure-ru	(日方:山口 Yamaguchi)	id.
	hata-	(夫余)	"to hate(미워하다)"
	hata-cuka	(夫余)	"hateful thing(미운 것)"
	mip-ta	(現韓)	"be ugly(추하다), be hateful(밉다)"
	mom-puri-m	(現韓)	"to dislike(몸부림)"
	murri-	(現韓)	"to hand over or remove(물리다)"

- **13B-32**

ほてむく	hote-muku	(日方:富山 Toyama)	"to get angry(노하다)"
うたらす	utara-su	(日方:千葉 Chiba)	id.
ほてたてる	hote-tateru	(日方:富山 Toyama, 石川 Ishkawa)	id.
	fortor	(夫余)	"very angrily(매우 노하며)"
	fuda-sihula-	(夫余)	"to get angry(노하다)"
	phitaes-na-	(韓方:강원)	id.

- **13B-33**

みじく	miziku	(日方:神奈川 Kanagawa)	"indolence(빈둥거리는 것)"
ひじきり	hiziki-ri	(日方:山梨 Yamanashi, 静岡 Shizuoka)	"indolent person(빈둥거리는 사람)"
	fecuhu-n	(夫余)	"indolent(빈둥거리는), vulgar(상스러운)"
	pintungko-ri-	(現韓)	"to loaf(빈둥거리다)"

- **13B-34**

むしむし	musi-musi	(日方:佐渡 Sado, 和歌山 Wakayama)	"be angry inside(속으로 노하다)"
	fuce-	(夫余)	id.
	fanca-	(夫余)	id.
	foshor-seme	(夫余)	"to get angry and(화가 나서)"
	musi-musi-ha-	(現韓)	"be terrible(무시무시하다)"

- **13B-35**

よせらかす	yo-sera-kas-	(日方:京都 Kyoto)	"to mistreat(학대하다)"
せせる	se-ser-u	(日方:島根 Shimane, 宮崎 Miyazaki)	"to blame the bride(신부를 책하다)"
	shulu-	(夫余)	"to mistreat(학대하다)"
	ssur-ssur-ha-	(韓方:충북)	"be troublesome(괴롭다)"

13C. 성격(22그룹)

- **13C-1**

あげこげ	age-koge	(日方:和歌山 Esksysms)	"opposite(반대)"
えぐる	egu-ru	(日方:岡山 Okayama)	"to oppose(반대하다)" (음전)
	urge-de-	(夫余)	"to turn back on(등을 돌리다)" (음전)
	oki-	(現韓)	"to oppose(반대하다)"

- **13C-2**

いすい	isui	(日方:岐阜 Gifu)	"sensative(민감한)"
いさどい	isa-doi	(日方:山口 Yamaguchi)	"clever(영리한)"
えっさに	essa-ni	(日方:隠岐 Oki)	"very promptly(즉각)"
	ulhisu	(夫余)	"sensative(민감한)"
	usso-k	(現韓)	"very promptly(즉각)"

- **13C-3**

えりこうな	erikoona	(日方:滋賀 Shiga)	"covetous(너무 탐내는)"
	elecun-aku	(夫余)	id.
	arangkos	(現韓)	"concern(아랑곳)"

- **13C-4**

おしい	osi-i	(日方:秋田 Akita, 長野 Nagano, 愛知 Aichi, 和歌山 Wakayama, 兵庫 Hyogo)	"to want(원하다)"
	isha	(夫余)	"covetous person(너무 탐내는 사람)"
	as-	(現韓)	"to takc away(잇다)"

- **13C-5**

おとましい	oto-masii	(日方:三重 Mie)	"be ashamed(부끄럽다)"
	yerte-	(夫余)	id.
	atam-ha-	(現韓)	"be graceful(아담하다)"

- **13C-6**

がしん	gasi-n	(日方:静岡 Shizuoka, 長野 Nagano)	"striving(힘쓰는 것)"
がっしん	gassi-n	(日方:千葉 Chiba)	id.
こずく	kozu-ku	(日方:長野 Nagano)	"to work hard(일 잘 하다)"
がんじょう	ganzyoo	(日方:鳥取 Tottori, 岡山 Okayama, 広島 Hiroshima)	"diligence(근면함)"
	kice-n	(夫余)	"deligence(근면)"
	kice-be	(夫余)	"diligent(근면한)"
	o-kse-	(現韓)	"be tough(억세다)"

- **13C-7**

| がせぇ | gasee | (日方:青森 Aomori, 山形 Yamagata, 静岡 Shizuoka) | "strength(힘)" |
| がへ | gasee | (日方: 青森 Aomori, 山形 Yamagata, 静岡 Shizuoka, 新潟 Niigata, |

		宮城 Miyagi)	id.
かさい	kasai	(日方:京都 Kyoto)	"be tough(거칠다)"
きじ	kizi	(日方:秋田 Akita)	"short-temper(단기, 성급함)"
きっそ	kisso	(日方:三重 Mie)	"steepness(가파른 것)"
	kecu	(夫余)	"fierce(사나운), cruel(잔혹한)"
	kecu-de-	(夫余)	"to act fiercely(사납게 굴다)"
	husu-n	(夫余)	"strength(힘)"
	kochir-	(現韓)	"be tough(거칠다)"

• 13C-8

かたしく	kata-siku	(日方:宮城 Miyagi, 仙台 Sendai)	
			"precisely(정확히)"
かたしく	kata-siku	(日方:仙台 Sendai)	"honesty(정직)"
げた	geta	(日方:青森 Aomori, 茨城 Ibaragi)	
			"honesty(정직), straight(똑바른)"
	godo-hon	(夫余)	"tall and straight(키가 크고 곧은)"
	kot-	(現韓)	"be upright(곧다, 똑바르다)"

• 13C-9

がちがち	gati-gati	(現日)	"appearance of impatience(성급한 모양)"
がちがちもの	gati-gati-mono	(日方:千葉 Chiba)	"impatient person(성급한 사람)"
	kaki	(夫余)	"impatient(성급한)"
	kut-	(現韓)	"appearance of toughness(굳은 표정)"

• 13C-10

きらす	kira-su	(日方:熊本 Kumamoto)	"be lazy(게으르다)"
ぐらす	gura-su	(日方:山形 Yamagata, 静岡 Shizuoka)	id.
ぐれる	gure-ru	(日方:長野 Nagano)	id.
	gure-he	(夫余)	"lazy and crafty(게으르고 교활한)"
	keuru-	(現韓)	"be lazy(게으르다)"

• 13C-11

さが	saga	(古日)	"mind(마음), character(성질)"
そこ	soko	(現日)	"bottom(속), one's mind(사람의 마음)"
	doko	(夫余)	"inside(속, 가운데)"
	dorgi	(夫余)	id.
	sok	(현한)	id.
	sok	(韓方:전남)	"mind(마음)"

• 13C-12

しゅみけん	shumike-n	(日方:大阪 Osaka)	"stingy(인색한)"
しぶっかき	sibukka-ki	(日方:栃木 Tochigi, 群馬 Gunma, 埼玉 Saitama)	
			"stingy person(인색한 자)"
ちみきり	timiki-ri	(日方:徳島 Tokushima)	id.
	jibge	(夫余)	id.

	jibge-she-	(夫余)	"be stingy(인색하다)"
	samka-	(現韓)	"be cautious(삼가다)"

• 13C-13

しょうたれ	shoota-re	(日方:香川 Kagawa)	"idle person(태만한 자)"
つうたん	tuuta-n	(日方:長崎 Nagasaki, 佐賀 Saga, 宮崎 Miyazaki)	"fool(바보)"
せぇずる	seezu-ru	(日方:神奈川 Kanagawa)	"to try not to work(일을 안하려고 하다)"
	sarta-	(夫余)	"to idle(게으름 피우다), to delay(지연시키다)"
	sita-	(夫余)	"be slow(느리다), be late(늦었다)"
	sar-sar	(現韓)	"slowly(살살)"
	stu̱-	(古韓)	"be slow(느리다), be late(늦었다)"

• 13C-14

ずるい	zuru-i	(現日)	"be crafty(꾀바르다)"
	sure	(夫余)	"clever(영리한)"
	sure-ken	(夫余)	"intelligent(총명한)"
	turyo̱s-i	(現韓)	"clearly(뚜렷이)"

• 13C-15

せぇばる	seeba-ru	(日方:対馬 Tsushima)	"to exert oneself(힘쓰다)"
せぇぶる	seebu-ru	(日方:秋田 Akita)	id.
せんけん	senke-n	(日方:福島 Fukushima)	"exerting hard(퍽 힘쓰는 것)"
	ciha-n	(夫余)	"desire(욕망)"
	ciha-nga	(夫余)	"willing(자발적)"
	sim	(韓方:강원, 경기, 전북, 충청, 함경)	"strength(힘)"

• 13C-16

せじない	sezi-nai	(日方:岐阜 Gifu)	"acting small(좀스럽게 구는 것)"
せちべん	seti-ben	(日方:仙台 Sendai, 和歌山 Wakayama, 大阪 Osaka, 兵庫 Hyogo)	id.
	juju-ra-	(夫余)	"to act small(좀스럽게 굴다)"
	soo-ta	(韓方:경북)	"be narrow(좁다)"

• 13C-17

ひゅうなし	hyuunasi	(日方:長崎 Nagasaki)	"lazy person(게으름뱅이)"
ほねしん	honesi-n	(日方:大分 Oita)	id.
	banuhu̱-n	(夫余)	"lazy(태만한)"
	benihu-sha-	(夫余)	"be lazy(게으르다)"
	nu̱su̱n-ha-	(現韓)	"lax(느슨하다)"

• 13C-18

ぶらぼう	bura-boo	(日方:宮崎 Miyazaki, 大分 Oita)	"lazy man(게으름뱅이)"
	bul-ca-	(夫余)	"to avoid work(일을 피하다)"

| | heole-n | (夫余) | "be lazy(게으르다)" |
| | murrae- | (韓方:평북) | "to avoid(피하다)" |

- 13C-19

へどろい	hedoro-i	(日方:三重 Mie, 岡山 Okayama)	
			"be dull(둔하다)"
ほどくれ	hodokure	(日方:熊本 Kumamoto)	"sluggard(둔한 자)"
もくらもっけ	mokura-mokke	(日方:青森 Aomori)	"slow person(느린 사람)"
まてえ	matee	(日方:新潟 Niigata)	"dull(둔한)"
	moco	(夫余)	"incompetent(무능한), stupid(바보의)"
	modo	(夫余)	"dull(둔한)"
	miuk-ha-	(現韓)	"be dull(둔하다)"
	mocori	(現韓)	"stupid person(머저리)"

- 13C-20

へりとり	heri-tori	(日方:岐阜 Gifu)	"person acting gracious(상냥하게 구는 사람)"
	fule-hunge	(夫余)	"gracious(상냥한)"
	puturop-	(現韓)	"tender(부드럽다)"

- 13C-21

まだるい	madarui	(現日)	"be tedious(지루하다)"
	modo	(夫余)	"tedious(지루한)"
	patuk-patuk	(現韓)	"persistently(바득바득)"

- 13C-22

もぞ, もうぞう	mozo, moozoo	(日方:滋賀 Shiga)	"dull person(둔한 사람), slow man(느린 사람)"
びしょ	bisho	(日方:富山 Toyama)	"stupid woman(바보여자), unclean man(불결한 남자)"
ぶしょうな	bushoo-na	(現日)	"indolent(게으른)"
	fishur-seme	(夫余)	"slowly(서서히), sluggishly(둔하게, 느리게)"
	fisi-ku	(夫余)	"slow(느린), negligent(태만한)"
	maengchu	(現韓)	"stupid person(바보)"

13D. 기타 품행, 태도(19그룹)

- 13D-1

こっちょうしい	kottyoo-si	(日方:仙台 Sendai, 青森 Aomori)	"to feel ashamed(수줍어하다)"
ごじうしない	gozyuusi-nai	(日方:佐渡 Sado)	id.
	gicu-ke	(夫余)	"shameful(챙피스러운)"

- 13D-2

こらえる	korae-ru	(現日)	"to endure(참다)"
こらえしょう	korae-shoo	(現日)	"endurance(인내)"
こらえじょう	korae-zyoo	(日方:和歌山 Wakayama, 愛媛 Ehime)	id.
	kiri-	(夫余)	"to endure(참다, 견디다)"

	kyonti-	(現韓)	id.

• 13D-3

さおう	sao-u	(日方:滋賀 Shiga)	"be disappointed(실망하다)"
	u-sa-	(夫余)	"be without any hope(아무 희망도 없다)"
	soun-ha-	(現韓)	"be regrettable(서운하다)"

• 13D-4

さる	sar-u	(古日/日方:大阪 Oasaka, 岐阜 Gifu, 奈良 Nara)	
		"to evade(피하다)"	
へる	her-u	(日方:大阪 Osaka, 岐阜 Gifu, 奈良 Nara) id.	
	sil-ta-	(夫余)	"to shirk(회피하다)"(responsibility=책임)"
	sara-ci-	(現韓)	"to disappear(사라지다)"
	sari-	(韓方:평북)	id.

• 13D-5

したりがお	sitari-gao	(現日)	"triumphant face(의기양양한 얼굴)"
	shetere-	(夫余)	"to come to life after rain(비온 후에 생기를 띠다)"

• 13D-6

じっちばる	zittibar-u	(日方:茨城 Ibaragi)	"to hesitate(주저하다)"
	jecuhuri	(夫余)	"hesitant(주저하는)"
	sosum-	(現韓)	"to hesitate(주저하다)"

• 13D-7

しらしんけんに	sira-sinken-ni	(日方:壱岐 Iki)	"seriously(진지하게)"
	cira-n	(大余)	"seriousness(진지함)"
	cinci-hake	(現韓)	"seriously(진지하게)"

• 13D-8

しんぼう	sinboo	(現日)	"patience(참음)"
	jempi	(夫余)	"patient(참을성 있는)"
	cham-	(現韓)	"be patient(참다)"

• 13D-9

そくう	soku-u	(現日)	"to harmonize(조화시키다)"
そける	soke-ru	(日方:千葉 Tiba)	"to let one in group(그룹에 들다)"
さくい	saku-i	(現日)	"be gracious(자비로운)"
さっくり	sakku-ri	(日方:茨城 Ibaragi)	"gently(상냥하게)"
	sengi-	(夫余)	"be friendly(친절하다)"
	sengi-me	(夫余)	"friendly(친절한)"
	ssak-ssak-ha-	(現韓)	"be affable(싹싹하다)"

• 13D-10

せえせえ	seesee	(日方:山梨 Yamanashi)	"being tired of(...에 물린)"
	seshe-	(夫余)	"be tired of(...에 물렸다)"
	sisi-ha-	(現韓)	"be trifling(시시하다)"

- 13D-11

せって	sette	(日方:長野 Nagano)	"diligently(근면히)"
せえだい	seedai	(日方:奈良 Nara, 大阪 Osaka) id.	
	sithu-	(夫余)	"to apply oneself(노력하다)"
	s<u>o</u>tu-<u>ru</u>-	(現韓)	"to hurry up(서두르다)"

- 13D-12

たえる	taer-u	(現日)	"to endure(참다, 견디다)"
	daru-	(夫余)	"to last （오래 가다） "
	taara-ci-	(現韓)	"be daring(다아라지다)"

- 13D-13

ちょらかす	tyora-kasu	(日方:山形 Yamagata, 福島 Fukushima, 和歌山 Wakayama, 三重 Mie)	"to tease(놀리다)"
ちょろかす	tyoro-kasu	(日方:仙台 Sendai, 岩手 Iwata, 宮城 Miyagi, 新潟 Niigata, 和歌山 Wakayama)	id.
とりあう	tori-au	(日方:山口 Yamaguchi)	id.
	dara-, dari-	(夫余)	id.
	tarkae-	(韓方:경상, 전라, 충북)	"to pacify(달래다)

- 13D-14

とげる	toge-<u>ru</u>	(日方:南島 Minamijima)	"to avoid(피하다)" (음전)
	tar<u>ge</u>-	(夫余)	"to abstain(삼가다)" (음전)
	taekan-ha-	(韓方:전북, 충청)	"be tired out(고달프다)

- 13D-15

なやむ	nayam-u	(日方:千葉 Chiba)	"to admonish(훈계하다)"
よんまあれる	yo-<u>nmaare</u>-ru	(日方:長野 Nagano, 千葉 Chiba)	"be admonished(훈계받다)"
	namara-	(夫余)	"to quarrel again(다시 다투다)"
	namura-	(現韓)	"to rebuke(꾸짖다)

- 13D-16

はばんとする	habanto-suru	(日方:滋賀 Shiga)	"be discouraged(실망하다)"
へきとする	hekito-suru	(日方:大分 Oita)	id.
	fathasha-	(夫余)	id.
	paeki-	(現韓)	"to endure(배기다)"

- 13D-17

ふれる	hurer-u	(日方:南島 Minamijima)	"to endure(참다, 견디다)"
	fili	(夫余)	"persevering(꾸준한)"

- 13D-18

へどりまう	hedori-ma-u	(日方:長崎 Nagasaki)	"to hesitate(주저하다)"
むじりむじり	muziri-muziri	(日方:熊本 Kumamoto)	"hesitating manner(주저하는 모양)"
	beder-cuku	(夫余)	"hesitant(주저하는)"
	heoshe-	(夫余)	"to hesitate(주저하다)"

| | mangsori- | (現韓) | id. |

• 13D-19

もじょる	mozyor-u	(日方:青森 Aomori, 秋田 Akita, 岩手 Iwate)	"to avoid(피하다)"
	misha-	(夫余)	id.
	paesur-kori-	(現韓)	"to dawdle(배슬거리다)"

14. 언행, 지각, 학습(83그룹)

14A. 말하다(28그룹)

- **14A-1**

いらふ	irah-u	(古日)	"to reply(대답하다)"
うらいる	ura-iru	(日方:隱岐 Oki)	"to tell(이르다, 알리다)"
やいれ	yaire	(日方:大阪 Osaka)	"oral application(구두신청)"
	ala-	(夫余)	"to tell(이르다), to report(보고하다)"
	iru-	(現韓)	"to inform(이르다)"

- **14A-2**

うげる	uge-ru	(日方:愛知 Aichi)	"to scold(꾸짖다)"
おぐる	ogu-ru	(日方:熊本 Kumamoto)	"be scolded(꾸지람 받다)"
えがむ	ega-mu	(日方:秋田 Akita)	"to scold(꾸짖다), to cry(울다)"
おごく	ogo-ku	(日方:香川 Kagawa, 德島 Tokushima, 愛媛 Ehime) .	
			"to scold(꾸짖다)"_
	waka-la-	(夫余)	"to blame(책하다)"
	arkuy-	(韓方:평북)	"to inform(고하다)"
	akar-capi	(現韓)	"to stop someone to talk by closing up his mouth with something(아갈잡이)"
	ok-ssarri-	(韓方:평북)	"to scold hard(막 꾸짖다)"

- **14A-3**

うざつく	uza-tuku	(日方:三重 Mie, 奈良 Nara, 和歌山 Wakayama)	
			"to joke(농담하다)"
うだつく	uda-tuku	(日方:京都 Kyoto)	id.
いやす	iyas-u	(日方:長崎 Nagasaki)	"to smile(미소를 짓다)"
	inje-	(夫余)	"to laugh(웃다)"
	inje-ku	(夫余)	"joke(농담)"
	inje-cuke	(夫余)	"funny(우서운)"
	us-	(現韓)	"to laugh(웃다)"

- **14A-4**

うろいる	uro-iru	(日方:隱岐 Oki)	"to inform(이르다, 고하다)"
うたう	uta-u	(日方:茨城 Ibaragi)	"to talk(말하다)"
	yarhu-dan	(夫余)	"introduction(소개)"
	urong-urong	(現韓)	"with a ringing sound(우렁우렁)"
	aroe-	(現韓)	"to tell a superior(아뢰다)"

- **14A-5**
  かたらふ　katara-hu　(古日)　"to try to persuade(설득해보다)"
  　　　　　kadura-　(夫余)　"to dispute(논쟁하다)"
  　　　　　kkataro-p-　(現韓)　"be critical(까다롭다)"
- **14A-6**
  くちごうしょう　kutigooshoo　(日方:群馬 Gunma)　"talking back(말대꾸)"
  　　　　　kabkasha-　(夫余)　"to talk back(말대꾸하다)"
  　　　　　karkuchi-　(韓方:경북)　"to oppose(반대하다)
- **14A-7**
  ぐどる　gudor-u　(日方:山口 Yamaguchi)　"to scold(꾸중하다)
  くたす　kuta-su　(日方:茨城 Ibaragi)　"to scold hard(세게 꾸중하다)
  　　　　　kuder-she-　(夫余)　"to hurt with harsh words(엄한 말로 마음을 아프게 하다)"
  　　　　　kkucira-m　(現韓)　"scolding(꾸지람)"
  　　　　　kusuru-　(韓方:평북)　"to threaten(으르다)"
- **14A-8**
  こうせき　kooseki　(日方:京都 Kyoto, 兵庫 Hyogo)　"verbal message(구두 보고, 전갈)"
  こやす　koyas-u　(日方:鹿児島 Kagoshima)　"to say(말하다)"
  ことば　koto-ba　(鉉日)　"word(낱말, 단어)"
  くち　kuti　(日方:長崎 Nagasaki, 南島 Minamijima) id.
  　　　　　gisu-n　(夫余)　id.
  　　　　　kka-ta　(現韓)　"to talk glibly(까다)"
  　　　　　kotup　(現韓)　"repeatedly(거듭)"
  　　　　　kopchae-　(韓方:평북)　"to repeat oneself(되풀이하다)
- **14A-9**
  じれ　zire　(日方:秋田 Akita)　"slander(비방)"
  　　　　　shude-　(夫余)　"to slander(비방하다)"
  　　　　　sar　(現韓)　"evil spirit(악령), bad bloodline(살)"
- **14A-10**
  かたる　katar-u　(現日)　"to talk(말하다)"
  　　　　　gadar-seme　(夫余)　"talking long(길게 말하는 것)"
  　　　　　gisure-　(夫余)　"to talk together(같이 말하다)"
  　　　　　kkataro-p-　(現韓)　"be faltfinding(까다롭다)"
- **14A-11**
  くぜくる　kuze-kuru　(日方:青森 Aomori)　"to grumble(투덜거리다)"
  こせつく　kose-tuku　(日方:和歌山 Wakayama) id.
  けちけち　keti-keti　(日方:佐渡 Sado)　"mumbling appearance(중얼거리는 모양)"
  　　　　　gasa-　(夫余)　"to hold a grudge(원한을 품다)"
  　　　　　gasa-cun　(夫余)　"grudge(원한)"

| | gejing-seme | (夫余) | "obnoxious(역겨운)" |
| | kucong-kori- | (韓方:경북) | "to grumble(중얼거리다)" |

● 14A-12

こんちゃれる	kontya-reru	(日方:茨城 Ibaaragi, 千葉 Chiba)	
			"be scolded(꾸중듣다)"
きちがう	kiti-gau	(日方:京都 Kyoto)	"to scold(꾸중하다)"
きじゃす	kizya-su	(日方:福島 Fukushima)	id.
きずく	kizu-ku	(日方:長野 Nagano, 茨城 Ibaragi)	id.
	gerci-le-	(夫余)	"to accuse(책하다)"
	gingsi-	(夫余)	"to mumble(중얼거리다)"
	kkucira-m	(現韓)	"scolding(꾸지람)"

● 14A-13

ささやく	sasa-yaku	(現日)	"to whisper(속삭이다)" (음전)
そそやく	soso-yaku	(古日)	id. (음전)
そそかう	soso-kau	(日方:京都 Kyoto, 兵庫 Hyogo)	id.
	shushu-shasha	(夫余)	"whispering(속삭임)"
	shushu-ngiya-	(夫余)	"to whisper(속삭이다)" (음전)
	soksa-ki-	(現韓)	"scolding(꾸지람)"

● 14A-14

しげる	sige-ru	(日方:山口 Yamaguchi)	"talk gets lively(이야기가 활기 띠다)"(음전)
やちゃくる	ya-tyaku-ru	(日方:埼玉 Saitama)	id. (음전)
	curgi-	(夫余)	"to chatter(지저귀다)" (음전)
	jirge-	(夫余)	"to chirp(쩍쩍 울다)" (음전)
	ucic-	(現韓)	id.
	sikku-rop-	(現韓)	"be noisy(시끄럽다)"

● 14A-15

ししる	sisi-ru	(日方:三重 Mie, 和歌山 Wakayama)	
			"to shout(소리 지르다)" (음전)
ししくる	si-siku-ru	(日方:三重 Mie)	"to shriek(비명을 지르다)" (음전)
	carca-n-seme	(夫余)	"screamingly(비명지르는)" (음전)
	sosori-phae	(現韓)	"frivolous youngsters(소소리패)"
	saesar-kori-	(現韓)	"to chat amusingly(새살거리다)"

● 14A-16

ぞうげる	zooger-u	(日方:岐阜 Gifu)	"to tell(고하다)" (음전)
じょうげる	zyooger-u	(日方:長野 Nagano)	"to appeal(호소하다)" (음전)
じいくする	ziiku-suru	(日方:茨城 Ibaragi)	"to do like dictating(명하는 것처럼 하다)"
さくまえる	saku-maeru	(日方:山口 Yamaguchi)	"to direct(지휘하다)"
	selgiye-	(夫余)	"to annouonce(선언하다)" (음전)
	selgiye-n	(夫余)	"command(명령)" (음전)
	selgiye-si	(夫余)	"announcer(통보자, 아나운서)" (음전)

| | sikhi- | (現韓) | "to make someone do(시키다)" |

- **14A-17**

そそくる	soso-kuru	(日方:仙台 Sendai)	"to incite(선동하다)"
そやす	soyas-u	(日方:佐渡 Sado, 岐阜 Gifu, 兵庫 Hyogo)	id.
すやす	suyas-u	(日方:富山 Toyama)	id.
	shusi-hiye-	(夫余)	id.
	skoy	(古韓)	"trick(꾀)"

- **14A-18**

でんずく	denzu-ku	(日方:岩手 Iwate, 宮城 Miyagi)	"to strongly reprimand(세게 책하다)"
おだされる	o-dasa-reru	(日方:千葉 Chiba)	"be scolded(꾸중듣다)
	dangsi-	(夫余)	"to reprove(책하다)"
	thaengkko	(韓方:경남)	"scolding(꾸중)
	yatan	(現韓)	id.

- **14A-19**

とがめる	toga-meru	(現日)	"to blame(책하다), to scold(꾸중하다)"
とが	toga	(古日)	"blame(비난), scolding(꾸지람)"
	targa-bu-	(夫余)	"to admonish(훈계하다)"
	cukkae-	(韓方:경북)	"scolding(꾸중)

- **14A-20**

とっぱす	toppas-	(日方:熊本 Kumamoto)	"to be instigated(부추김을 받다)"
どぼやかす	doboyakas-u	(日方:対馬 Tsushima)	"to instigate(선동하다)"
	dabdali	(夫余)	"agitated(흥분된)"
	top-	(現韓)	"to urge(조장하다)"

- **14A-21**

にやう	niya-u	(日方:三重 Mie, 和歌山 Wakayama)	"to groan(신음하다)"
におう	nio-u	(日方:静岡 Shizuoka, 愛知 Aichi, 岡山 Okayama, 徳島 Tokushima, 山口 Yamaguchi)	id.
	ni-tu-	(夫余)	id.

- **14A-22**

はなす	hanas-u	(現日)	"to talk(이야기하다)"
へちゃる	hetya-ru	(日方:仙台 Sendai, 宮城 Miyagi)	"to say(말하다)"
	hendu-	(夫余)	"to say(말하다)"
	yonsu-r	(韓方:경북)	"word(말)"

- **14A-23**

ひずめる	hizu-meru	(日方:仙台 Sendai)	"to scold hard(극히 책하다)"
ぶちなやむ	buti-nayamu	(日方:千葉 Chiba)	"to scold(책하다)"
ほこる	hoko-ru	(日方:長崎 Nagasaki)	id.
ほざく	hoza-ku	(現日)	"to grumble(불평하다)"

まじく	mazi-ku	(日方:茨城 Ibaragi, 福島 Fukushima)	
			"to curse(저주하다)"
	bece-	(夫余)	"to scold(꾸짖다)"
	bece-n	(夫余)	"scolding(꾸짖음)"
	becu-nu-	(夫余)	"to quarrel(싸우다)"
	fusi-husha-	(夫余)	"to despise(경멸하다)"
	pusan-ttor-	(現韓)	"to act frivolously(부산떨다)"
	puchu-ki-	(現韓)	"to instigate(부추기다)"
	posu-tae-	(韓方:평북)	"to make troubles(말썽부리다)"

● 14A-24

ふける	huker-u	(日方:青森 Asomori, 岐阜 Gifu, 秋田 Akita, 滋賀 Shiga,	
		対馬 Tsushima)	"to twitter(지저귀다)" (음전)
ほける	hoker-u	(日方:奈良 Nara, 和歌山 Wakayama, 壱岐 Iki) id. (음전)	
	jorki-	(夫余)	id. (음전)
	puk-sae	(現韓)	"bustling up(법석)"

● 14A-25

へす	hes-u	(日方:長崎 Nagasaki, 壱岐 Iki) "to curse(저주하다)"	
	firu-	(夫余)	id.
	hor-ttu-	(現韓)	"to revile(헐뜯다)"
	hos-karri-	(現韓)	"be confused(헷갈리다)"

● 14A-26

ほとほる	hotohor-u	(日方:愛知 Aichi)	"to interrogate(신문하다)"
はたきり	hata-kiri	(日方:群馬 Tsushima)	"judgment(판결, 판정)"
	beide-	(夫余)	"to examine(심문하다), to judge(판정하다)"
	parkhi-	(現韓)	"to clarify(밝히다)"
	pata.rap-	(古韓)	"be dangerous(위험하다)"
	putaekki-	(現韓)	"be pestered(부대끼다)"

● 14A-27

やからきる	yakara-kir-u (日方:三重 Mie)		"to say nasty things(품위없는 말을 하다)"
	ergule	(夫余)	"self-willed(방자한)"
	akari	(現韓)	"mouth(아가리)" (pejorative=비방어)

● 14A-28

やめく	yame-ku	(日方:富山 Toyama, 京都 Kyoto)	
			"to scold(꾸짖다)"
いばる	iba-ru	(日方:埼玉 Saitama)	id.
えむる	emu-ru	(日方:大分 Oita)	id.
やます	yama-su	(日方:長野 Nagano, 山形 Yamagata)	
			"to beat(치다)"
	afa-	(夫余)	"to attack(공격하다, 책하다), to argue(말싸움 을 하다)"

| | n-amura- | (現韓) | "to rebuke(나무라다)" |

14B. 비웃다, 속이다(11그룹)

- **14B-1**

あえくる	aekur-u	(日方:鳥取 Tottori, 徳島 Tokushima, 大分 Oita, 福岡 Fukuoka)	"to ridicule(비웃다)"
あやかす	ayaka-su	(日方:愛知 Aocjo, 岐阜 Gifu, 三重 Mie, 和歌山 Wakayama, 大阪 Osaka)	id.
およくる	oyokur-u	(日方:愛知s Aichi)	id.
	yangila-	(夫余)	id.
	yeker-she-	(夫余)	id.
	akuy-tathum	(現韓)	"argument(말다툼)"
	pi-angkkara-k	(韓方:평북)	"kidding(놀리는 것)"

- **14B-2**

あじゃる	azyar-u	(日方:和歌山 Wakayama, 島根 Shimane, 高知 Kochi)	"to ridicule(비웃다)"
あざける	aza-keru	(現日)	id.
	wancara-	(夫余)	id.
	usukae	(現韓)	"making fun(우스개)"

- **14B-3**

いかれる	ikare-ru	(日方:京都 Kyoto, 大阪 Osaka)	"be deceived(속히다)" (음전)
はかる	hakar-u	(現日)	"to scheme(계획하다, 음모하다)" (음전)
	arga	(夫余)	"stratagem(책략), method(방법)" (음전)

- **14B-4**

うぅすらごと	uusura-goto	(日方:長崎、Nagasaki)	"lie(거짓말)"
うすらっぺぇ	usura-ppee	(日方:栃木 Tochigi, 埼玉 Saitama)	id.
てれん	teren	(日方:八丈島 Hachijojima)	id.
	eitere-	(夫余)	"to deceive(속이다)"
	ocirop-	(現韓)	"be disturbed(어지럽다)"

- **14B-5**

ちょうらがす	tyoora-gasu	(日方:愛知 Aichi, 三重 Mie, 石川 Ishikawa, 島根 Shimane)	"to mock(비웃다)"
	dari-	(夫余)	id.
	corong-ha	(現韓)	"to mock(조롱하다)" (嘲弄)

- **14B-6**

| ちょろかす | tyoro-kasu | (日方:岐阜 Gifu) | "to deceive(속이다)" |
| たらかす | tara-kasu | (日方:滋賀 Shiga) | id. |

ちゃら	tyara	(日方:岡山 Okayama)	"deceit(사기)"
	jal-da-	(夫余)	"to deceive(속이다)"
	ssokkun-	(韓方:강원)	"be deceived(속다)"

- 14B-7

ばし	basi	(日方:秋田 Akita)	"lie(거짓말)"
ぼつ	botu	(日方:福島 Fukushima)	id.
まっせ	masse	(日方:青森 Aomori)	"if(가령)"
	mosi-hon	(夫余)	"false(틀린)"
	pikki-	(韓方:전남)	"to go amiss(어긋나다)"

- 14B-8

はんなた	hanna-ta	(日方:仙台 Sendai)	"lie(거짓말)"
	fangna-	(夫余)	"to lie(거짓말하다), to deny(부정하다)"
	paekno	(韓方:평북)	"lie(거짓말)"

- 14B-9

はらかす	haraka-su	(日方 : 新潟 Niigata)	"to deceive(속이다)"
はりぬく	harinu-ku	(日方:仙台 Semdao)	id.
	bilurja-	(夫余)	"to swindle(속여서 취하다)"
	hulhi-bun	(夫余)	"cunning scheme(교활한 책동)"
	horki-	(韓方:경상, 전라)	"to fascinate(호리다)"
	huri-	(現韓)	"to bewitch(후리다)"

- 14B-10

ほら	hora	(現日)	"big talk(허풍)"
ふろばち	huro-bati	(日方:長崎 Nagasaki)	"lie(거짓말)"
	fiyolor-seme	(夫余)	"untruthfully(거짓으로)"
	hori-	(現韓)	"to fascinate(호리다)"

- 14B-11

わざ	waza	(日方:淡路 Awaji)	"trick(계교, 계략)"
いれくる	ire-kuru	(日方:大分 Oita, 福岡 Fukuoka, 熊本 Kumamoto	
			"to cheat(속이다)"
	wali	(夫余)	"trick(계교)"

14C. 소동, 장난(21그룹)

- 14C-1

あばれる	abare-ru	(現日)	"to act violently(난폭하게 굴다)"
おめる	omer-u	(日防:島根 Shimane)	id.
	abura-	(夫余)	"to fight wildly(난투하다)"

- 14C-2

| いじめる | izime-ru | (現日) | "to vex(괴롭히다)" |
| | ijume-darime | (夫余) | "sarcastically(비꼬면서)" |

| | ucip- | (現韓) | "to despise(우집다, 멸시하다)" |

• 14C-3

うだつく	uda-tuku	(日方:奈良 Nara)	"to fool around(장난치다)"
うつける	utu-keru	(日方:山形 Yamagata)	id.
	ondo-	(夫余)	id.
	ortor	(韓方:평북)	"appearance of fooling around(이럭저럭 하는 모양)"

• 14C-4

おだてる	odate-ru	(日方:広島 Hiroshima)	"to threaten(위협하다)"
おどす	odos-u	(現日)	id.
おだす	odas-u	(日方:千葉 Chiba)	"to scold(꾸짖다)"
	asursha-	(夫余)	"to threaten each other(서로 위협하다)"
	aethaeu-	(現韓)	"to bother a lot(애태우다)"

• 14C-5

おらぶ	orab-u	(古日)	"to cry and shout(울고 소리 지르다)"
おらぶ	ora-bu	(日方:四国 Shikoku, 中国 Chugoku, 九州 Kyushu)	"to shout(외치다)"
ひらむ	hira-mu	(日方:九州 Kyushu)	"to cry(울다, 소리 지르다)"
よばる	yobar-u	(日方:千葉 Chiba)	id. (음전)
	hulabu-	(夫余)	"to have someone call a person(누구에게 한 사람을 부르라고 하다)" (음전)
	elbi-	(大余)	"to summon(소환하다)" (음전)
	urph-	(現韓)	"to recite(읊다)"
	urum	(現韓)	"crying(울음)"
	urum-cang	(現韓)	"threat(으름장)"
	urpo	(韓方:평북)	"cry baby(우지)"

• 14C-6

おろける	oroker-u	(日方:青森 Aomori)	"to make a commotion(소동을 벌이다)"
うげる	uger-u	(日方:高知 Kochi)	id. (음전)
	urkila-	(夫余)	id. (음전)
	urkho-k	(現韓)	"suddenly getting angry(울컥)"(음전)
	warkha-k	(現韓)	"suddenly(왈칵)" (음전)

• 14C-7

がせろう	gase-rou	(日方:富山 Toyama, 石川 Ishikawa)	"to quarrel(다투다)"
いこつく	i-kotu-ku	(日方:香川 Kagawa)	id.
こぜる	koze-ru	(日方:福井 Fukui, 兵庫 Hyogo, 高知 Kochi)	"to oppose(반대하다)"
こてる	kote-ru	(日方:愛知 Aichi)	id.
かっせき	kasse-ki	(日方:大分 Oita)	"competition(경쟁)"

ぎしゃい	gisha-i	(日方:石川 Ishikawa)	id.
	guci-hi	(夫余)	"woman rival(여자 경쟁상대)"
	guci-hiyere-	(夫余)	"be a rival(경장상대가 되다)"
	kyoncu-	(韓方:경남)	"to aim at(겨누다)"

● 14C-8

きばる	kibar-u	(日方:長野 Nagano, 新潟 Niigata)	
			"to argue(말싸움하다)"
きぼる	kibor-u	(日方:新潟 niigata)	id.
	gohosho-	(夫余)	"be entangled in arguments(말싸움에 얽히다)"
	or-komae-	(現韓)	"to bind up(얽어매다)"

● 14C-9

げんかいな	genkai-na	(日方:大阪 Osaka)	"violent(난폭한, 거칠은)"
	kaki	(夫余)	"short-tempered(성급한)"
	kkorkkurop-	(現韓)	"be rough(껄끄럽다)"
	kaekor	(現韓)	"short temper(개골, 성급함)"

● 14C-10

こせる	koser-u	(日方:宮城 Miyagi)	"to interfere on purpose(고의로 방해하다)"
	goicu-ka	(夫余)	"hindering(방해)"
	kosirang-kori-	(現韓)	"to grumble(고시랑거리다)"

● 14C-11

さえる	saer-u	(日方:熊本 Kumamoto)	"to twitter(지저귀다)"
さゆる	sayur-u	(日方:壱岐 Iki, 熊本 Kumamoto)	
			id.
	sure-	(夫余)	"to twitter(지저귀다), to yell(소리지르다)"
	shuli-	(夫余)	id.
	sori	(現韓)	"noise(소리)"
	ciru-	(現韓)	"to yell(소리 지르다)"

● 14C-12

ざらける	zarake-ru	(日方:石川 Ishikawa)	"to make a commotion(소동을 피우다)"
さるく	saruk-u	(日方:高知 Kochi)	id.
	carki-	(夫余)	"to create dissonance(귀에 거슬리는 소리를 내다)"
	curgi-ndu-	(夫余)	"to make a commotion(소동을 피우다)"
	cikkori-	(現韓)	"to talk loud(지껄이다)"
	curki-	(現韓)	"to amuse oneself(즐기다)"

● 14C-13

しこる	sikor-u	(日方:徳島 Tokushima)	"being unreasonable and cry(무리하게 굴며 울다)"
しゃぎる	shagir-u	(日方:長野 Nagano)	"to cry annoyingly(시끄럽게 울다)"
	soksi-	(夫余)	"to sob(흐느끼다)"
	sikkurop-	(現韓)	"be noisy(시끄럽다)"

- 14C-14
  じなる　　　　zinar-u　　　　（日方:青森 Aomori, 群馬 Gunma, 福島 Fukushima)
  　　　　　　　　　　　　　　　　"to shout(외치다)"
  　　　　　　　jil-gan　　　　（夫余)　　　　　　　"sound(소리), voice(목소리)"
  　　　　　　　cirar　　　　　（現韓)　　　　　　　"outrageous behavior(지랄)"
- 14C-15
  そばえる　　　sobae-ru　　　（日方:茨城 Ibaragi, ちば Chiba, 埼玉 Saitama, 山梨 Yamanashi,
  　　　　　　　　　　　　　　神奈川 Kanagawa, 静岡 Shizuoka, 長野 Nagano, 富山 Toyama,
  　　　　　　　　　　　　　　石川 Ishikawa, 広島 Hiroshima, 島根 Shimane, 高知 Kochi, 滋賀 Shiga,
  　　　　　　　　　　　　　　山口 Yamaguchi)　　　"to romp around(장난치며 뛰놀다)"
  じゃばける　　zyaba-keru　　（日方:宮城 Miyagi, 岩手 Iwate)   id.
  　　　　　　　sihe-she-　　　（夫余)　　　　　　　"to act frisky(까불거리다)"
  　　　　　　　ttuympak-cir　（現韓)　　　　　　　"running match(뜀박질)"

- 14C-16
  てっぱる　　　teppa-ru　　　（日方:福井 Fukui, 兵庫 Hyogo, 岡山 Okayama,
  　　　　　　　　　　　　　　島根 Shimane)　　　　"to quarrel(말싸움하다)"
  　　　　　　　toonu-　　　　（夫余)　　　　　　　id.
- 14C-17
  はける　　　　hake-ru　　　　（日方:八丈島 Hachijojima)　"to impede(방해하다)"
  　　　　　　　hanga-bu-　　　（夫余)　　　　　　　id.
  　　　　　　　haesar　　　　　（現韓)　　　　　　　"disparaging(훼방)"
- 14C-18
  ぶっかい　　　bukka-i　　　　（日方:静岡 Shizuoka)　　"violent(사나운)"
  いばしい　　　i-basi-i　　　　（日方:熊本 Kumamoto)　id.
  　　　　　　　bigan　　　　　（夫余)　　　　　　　"wild(거칠은) ; wilderness(황야)"
  　　　　　　　faksa　　　　　（夫余)　　　　　　　"violently(사납게)"
- 14C-19
  ほいしる　　　hoisir-u　　　　（日方:島根 Shimane)　　"to cry(울다)"
  ひいする　　　hiisu-ru　　　　（日方:千葉 Chiba)　　　id.
  ひせる　　　　hiser-u　　　　（日方:高知 Kochi)　　　id.
  ひしる　　　　hisir-u　　　　（日方:三重 Mie, 和歌山 Wakayama, 高知 Kochi)
  　　　　　　　　　　　　　　　　"to cry and shout(울고 소리를 지르다)"
  　　　　　　　muji-　　　　　（夫余)　　　　　　　"to cry(울다), to moan(신음하다)"
- 14C-20
  ほざく　　　　hoza-ku　　　　（古日)　　　　　　　"to prattle(지절거리다)"
  まぜる　　　　maze-ru　　　　（日方:岡山 Okayama)　　"to make noises(소동을 벌이다)"
  　　　　　　　hungsi-　　　　（夫余)　　　　　　　"to talk wildly(난폭하게 말하다)"
- 14C-21
  わろ　　　　　waro　　　　　（日方:滋賀 Shiga)　　　"playful person(장난꾸러기)"

ari	(夫余)	"very mischievous one(장난꾸러기)"
wali	(夫余)	"trick(장난)"
<u>o</u>ri-kwang	(現韓)	"child's winning ways(어리광)"

14D. 아첨하다, 놀리다, 뻐기다(13그룹)

- **14D-1**

いばる	ibar-u	(現日)	"to boast(뻐기다)"
	yebele-	(夫余)	"to respect(존경하다)"
	yuby<u>o</u>r-na-	(現韓)	"be distinct(유별나다)"

- **14D- 2**

おこつる	oko-turu	(日方:滋賀 Shiga, 大分 Oita, 佐賀 Saga)	"to tease(놀리다)"
おちょくる	ot-<u>yokur</u>-u	(日方:奈良 Nara, 大阪 Osaka, 香川 Kagawa, 徳島 Tokushima, 兵庫 Hyogo)	id.
	yeker-she-	(夫余)	id.

- **14D-3**

おちゃばやし	otyaba-yasi	(日方:石川 Ishikawa)	"flattering(아첨)"
おちゅばい	otyuba-i	(日方:山梨 Yamanashi, 静岡 Shizuoka)	id.
おちゃもうし	otyamoo-si	(日方:福島 Fukushima)	"kow-tow(굽실굽실하는 것)"
おちょうばい	otyooba-i	(日方:静岡 Shizuoka, 福井 Fukui, 滋賀 Shiga, 京都 Kyoto, 徳島 Tokushima)	id.
	acabu-ki	(夫余)	"flatterer(아첨하는 자)"
	atangha.-	(古韓)	" to flatter(아첨하다)"

- **14D-4**

ぎっさめる	gissa-meru	(日方:福島 Fukushima)	"to boast(뻐기다)"
ぎしめく	gisi-meku	(日方:大分 Oita)	id.
ぎしゃばる	gisha-baru	(日方:佐渡 Sado, 富山 Toyama, 石川 Ishikawa, 鹿児島 Kagoshima)	id.
	kangsa-ngi	(夫余)	"arrogant person(거만한 자)"

- **14D-5**

けぼうなす	keboo-nasu	(日方:神奈川 Kanagawa)	"to treat with disrespect(소홀히 하다)"
おかめ	o-<u>kame</u>	(日方:山口 Yamaguchi)	"using up money and items(돈과 물품을 다 써 버리는 것)"
	kem-ne-	(夫余)	"to use temperately(적당히 쓰다)"

- **14D-6**

さとべん	sado-ben	(日方:青森 Aomori)	"flattery(아첨)"
	saisha-buku	(夫余)	id.

- **14D-7**

| ちゅうべぇ | tyuubee | (日方:大分 Oita, 壱岐 Iki, 対馬 Tsushima) | "flattering(아첨)" |
| | sahiba | (夫余) | id. |

- **14D-8**

はちげん	hatige-n	(日方:長崎 Nagasaki, 熊本 Kumamoto)	"bragging(허풍떠는 것)"
ぼてはる	boteha-ru	(日方:兵庫)	"to brag(허풍을 떨다)"
	badangi	(夫余)	"bragging(허풍을 떠는 것)"

- **14D-9**

ひじる	hizi-ru	(日方:岩手 Iwate, 宮城 Miyagi, 福島 Fukushima)	"to make fun of(놀리다)
ひょうす	hyoos-u	(日方:山口 Yamaguchi)	id.
もぞかす	mozo-kasu	(日方:鹿児島 Kagoshima)	id.
ふせる	huse-ru	(日方:岩手 Iwate)	"to speak evil of someone out of envy(어느 사람을 질투해서 욕하다)"
	basu-	(夫余)	"to deride(조소하다)"

- **14D-10**

ひちべら	hitibe-ra	(日方:大分 Oita)	"flattery(아첨)"
おでばい	odeba-i	(日方:仙台 Sendai)	id.
	haldaba	(夫余)	"flatterer(아첨하는 사람)"
	haldaba-sha-	(夫余)	"be obsequious(아부하다)"

- **14D-11**

| へつらう | hetura-u | (現日) | "to flatter(아첨하다)" (음전) |
| | halda-ba | (夫余) | "flatterer(아첨하는 자)" (음전) |

- **14D-12**

| へんざい | henzai | (日方:愛媛 Ehime) | "flatterer(아첨하는 자)" |
| | fahisha- | (夫余) | "to flatter(아첨하다)" |

- **14D-13**

ほらつく	horatu-ku	(現日)	"to brag(허풍떨다, 말로 뻐기다)"
	holto-	(夫余)	"to deceive(속이다), to lie(거짓말하다)"
	oruchu-	(韓方:평북)	"to flatter(아첨하다)"

14E. 지각, 기억(10그룹)

- **14E-1**

| あずだす | a-zuda-su | (日方:宮城 Miyagi) | "to remember(생각나다)" |
| | jondo- | (夫余) | id. |

- **14E-2**

| いりいっとる | iri-ittoru | (日方:香川 Kagawa) | "to know well(잘 알다)" |

	al-gi-	(夫余)	"to become famous(유명해지다)"
	ilhu	(夫余)	"appropriate(적절한, 맞는)"
	ulhi-	(夫余)	"to understand(이해하다)"
	uru	(夫余)	"be right(바르다), correct(옳은)"
	uru-she-	(夫余)	"to deem right(좋다고 생각하다)"
	al-mac-	(現韓)	"be just right(알맞다)"
	oru-n	(現韓)	"of the right(바른)"

● 14E-3

かんがえ	kanga-e	(現日)	"thinking(생각)"
かんこう	kankoo	(日方:岐阜 Gifu)	id.
きげん	kige-n	(現日)	"feeling(느낌, 기분)"
	guniga-n	(夫余)	"thought(생각), feeling(느낌, 기분)"

● 14E-4

かんがえる	kangae-ru	(日方:岐阜 Gifu)	"to take caution(주의하다)"
	guweke	(夫余)	"careful(주의 깊은)"
	kangku-	(韓方:평북)	"to tell the difference(분간하다)"

● 14E-5

きずく	kizu-ku	(日方:長野 Nagano)	"to pay attention(주의하다)"
	kice-	(夫余)	"to concentrate on(...에 집중하다)"

● 14E-6

さとる	sato-ru	(現日)	"to understand(이해하다)"
	getu-hun	(夫余)	"awake(잠이 깬)"
	getu-ken	(夫余)	"clear(분명한, 맑은)"

● 14E-7

しる	sir-u	(現日)	"to know(알다)"
しらす	siras-u	(現日)	"to inform(통고하다)"
さらんてい	sara-ntei	(日方:高知 Kochi)	"appearance of ignorance(모르는 모양)"
しろって	siro-tto	(日方:京都 Kyoto)	"pretending not to know(모르는 체함)"
	sara-	(夫余)	"to know(알다)"
	sara-su	(夫余)	"knowledge(지식)"
	sere-	(夫余)	"to perceive(지각하다)"

● 14E-8

ためる	tame-ru	(日方:長野 Nagano)	"to guess(추측하다)"
	tuwabu-	(夫余)	"to divine(점치다)"

● 14E-9

ならう	nara-u	(現日)	"to learn(배우다)"
ならふ	nara-hu	(古日)	
	neile-	(夫余)	"to elucidate(해명하다)"
	niyele-	(夫余)	"to read aloud(소리 높여 읽다)"
	nir-k-	(古韓)	"to read(읽다)"

- 14E-10

ほぅだいない	hoodai-nai	(日方:仙台 Sendai, 秋田 Akita, 山形 Yamagata, 岩手 Iwate, 宮城 Miyagi, 福島 Fukushima, 新潟 Niigata)	"cannot remember(생각이 안 나다)"
ほだいない	hodai-nai	(日方:秋田 Akita, 岩手 Iwate, 宮城 Miyagi)	id.
ほんだぇねぇ	hondae-nee	(日方:山形 Yamagata)	id.
	hekte-re-	(夫余)	"to lose consciousness(의식을 잃다)"

15. 교제, 음악, 종교(59그룹)

15A. 교제(34그룹)

• **15A-1**

| あぁち | aati | (日方:南島 Minamijima) | "at the same time(동시에)" |
| | ada- | (夫余) | "to accompany(동반하다)" |

• **15A-2**

あいさつ	aisa-tu	(現日)	"greeting(인사), compliments(찬사)"
あいそ	aiso	(現日)	"compliments(경의표현), amiability(붙임성)"
	aisi-	(夫余)	"to bless(축복하다)"

• **15A-3**

| あぐ | agu | (日方:南島 Minamijima) | "close friend(가까운 친구)" |
| | agu | (夫余) | "sir선생님) "(to a man＝남자에게) |

• **15A-4**

あそぶ	asob-u	(現日)	"to play(놀다)"
	isabu-	(夫余)	"to assemble(모이다)"
	usu-su	(現韓)	"in great numbers(우수수)"

• **15A-5**

あっぱじきもの	appa-ziki mono	(日方:群馬 Gunma)	"odd man out(동료 축에 끼지 못하는 사람)"
えぐる	egur-u	(日方:岐阜 Gifu)	"to lose interest in(...에 물리다)"
	ehere-	(夫余)	"be on bad terms(사이가 나쁘다)"
	okuro-ci-	(現韓)	"to deviate from(어그러지다)"
	oporcong-ha-	(現韓)	"to cajole(어벌정하다)"

• **15A-6**

あつまる	atuma-ru	(現日)	"to asemble(모이다)"
あつめる	atume-ru	(現日)	"to collect(모으다)"
よつめる	yotume-ru	(日方:対馬 Tsushima)	id.
	acabu-	(夫余)	"to get together(모이다)"
	acam-ja-	(夫余)	id.

• **15A-7**

いせる	ise-ru	(日方:千葉 Chiba)	"to allow to join the group(동료에에 끼우다)"
いええじゅう	ieezyuu	(日方:南島 Minamijima)	"comrade(동료)"
	yase	(夫余)	"middleman(중개자)"

• **15A-8**

| いっそら | isso-ra | (日方:群馬 Gunma) | "all together(다 같이)" |
| いっしょに | issho-ni | (現日) | "together with(...와 함께)" |

| | aca-la- | (夫余) | "to act together(같이 하다)" |

● 15A-9

いとこ	ito-ko	(日方:千葉 Chiba, 愛媛 Ehime)	
			"friend(친구)"
やどうない	yadoo-nai	(日方:南島 Minamijima)	"neighbor(이웃 사람)"
	ada-ki	(夫余)	id.

● 15A-10

うぐなぁゆん	ugunaa-yun	(日方:南島 Minamijima)	"to gather around(모이다)"
	uku-	(夫余)	id.
	ukunu	(夫余)	"surrounding crowd(포위하는 무리)"
	ukur-ukur	(現韓)	"in swarms(우글우글)"

● 15A-11

うじゃる	uzya-ru	(日方:福井 Fukui, 京都 Kyoto)	"to crowd(군집하다)"
うざうざ	uza-uza	(日方:壱岐 Iki)	"crowded condition(군집한 상태)"
えぞい	ezo-i	(日方:群馬 Gunma)	"small animals crowding(작은 동물들이 떼지어 모이는 것)"
	adu-n	(夫余)	"herd(동물의 떼)"

● 15A-12

ぎし	gisi	(日方:南島 Minamijima)	"companion(동반자)"
こんごう	kongoo	(日方:兵庫 Hyogo)	id.
ぐち	guti	(日方:大阪 Osaka, 愛知 Aichi, 滋賀 Shiga, 三重 Mie, 奈良 Nara)	"together with(...와 함께)"
	gucu	(夫余)	id.
	gucu-le-	(夫余)	"to make friends(친구가 되다, 친구로 삼다)"
	kathi	(現韓)	"together with(같이)"

● 15A-13

くりいん	kuri-in	(日方:南島 Minamijima)	"to crave for sex(성교를 퍽 원함)"
つるぐ	turu-gu	(日方:大分 Oita, 鹿児島 Kagoshima)	"to copulate(성교하다)"
つるむ	turu-mu	(現日)	id.
	kura-	(夫余)	id.
	huru-	(現韓)	id.

● 15A-14

くわえる	kuwaer-u	(現日)	"to add(가하다)"
	huwali-yan	(夫余)	"union(결합)"
	huwali-yasun	(夫余)	id.
	kki-	(現韓)	"to join or insert(끼다)"

● 15A-15

| こんまい | konma-i | (日方:滋賀 Shiga) | "association(교제, 연합)" |
| | kam-ci- | (夫余) | "be together(같이 있다)" |

	kam-cime	(夫余)	"to combine and(결합해서)"

● 15A-16

さっさば	sassa-ba	(日方:福岡 Fukuoka)	"two going together(둘이 같이 가는 것)"
	sasa, sasa-ri	(夫余)	"together(같이)"

● 15A-17

しきゃる	si-<u>kyar</u>-u	(日方:青森 Aomori)	"to exchange(교환하다)"
しける	si-<u>ker</u>-u	(日方:秋田 Akita)	id.
すかえる	su-<u>kaer</u>-u	(日方:山形 Yamagata)	id.
	hala-	(夫余)	"to exchange(교환하다)"
	hala-n	(夫余)	"exchange(교환)"
	kar-	(現韓)	"to replace(갈다)"

● 15A-18

ため	tame	(日方:滋賀 Shiga, 三重 Mie, 奈良 Nara, 兵庫 Hyogo, 香川 Kagawa) "token of thanks(답례품)"
とみ	tomi	(日方:徳島 Tokushima)　id.
とび	tobi	(日方:鳥取 Tottori, 島根 Shimane, 広島 Hiroshima, 山口 Yamaguchi, 愛媛 Ehime)　id.
おとみ	o-<u>tomi</u>	(日方:四国 Shikoku)　id.
	dobo-n	(夫余)　"offering(봉납품)"

● 15A-19

ちき	tiki	(日方:香川 Kagawa, 高知 Kochi) "friend(친구)"
	tece-	(夫余)　"to sit together(같이 앉다)"
	chinku	(現韓)　"friend(친구)" (親舊는 차자)
	ccak	(現韓)　"pair(짝)"

● 15A-20

つれ	ture	(現日)	"traveling companion(여행 동반자)"
つれる	ture-ru	(現日)	"to take one along(사람을 데리고 가다)"
つる	tur-u	(古日)	id.
つろう	turo-u	(日方:島根 Shimane)	"to accompany(같이 가다)"
	dela-	(夫余)	"be at the head(상사로 있다)"
	juru	(夫余)	"pair(쌍), even number(우수)"
	juwe	(夫余)	"two(둘)"
	teri-	(現韓)	"to take someone along(데리다)"
	tur	(現韓)	"two(둘)"

● 15A-21

ともに	tomo-ni	(現日)	"together(같이)"
とも	tomo	(現日)	"friend(친구)"
つま	tuma	(現日)	"wife(부인), spouse(배우자)"
つま	tuma	(古日)	"spouse(배우자)"

	tebe-liye-	(夫余)	"to embrace(껴안다)"
	koma	(古韓)	"concubine or step mother(첩, 계모)"
	taepir-	(韓方:평북)	"to accompany(같이 가다)"

- **15A-22**

なごやか

	nago-yaka	(現日)	"friendly(친하게)"
	nongi-bure gucu	(夫余)	"intimate friend(아주 친한 친구)"
	noku-rop-	(現韓)	"be very gracious(너그럽다)"

- **15A-23**

ばんぞう
ばぞう
ばんずう

	banzoo	(日方:茨城 Ibaragi, 広島 Hiroshima)	"mediation(중개, 중재)"
	bazoo	(日方:三重 Mie)	id.
	banzuu	(日方:福島 Fukushima)	id.
	boji	(夫余)	id.
	paraci	(現韓)	"aid(바라지)"

- **15A-24**

ひっきゃけ
ええげえし

	hikkyake	(日方:千葉 Chiba)	"labor exchange(노동 교환)"
	eegeesi	(日方:群馬 Gunma)	id.
	fiyaganja-	(夫余)	"to exchange mutually(서로 교환하다)"
	pakku-	(現韓)	"to exchange(바꾸다)"

- **15A-25**

べんけえ

	benkee	(日方:香川 Kagawa)	"eating free as a companion(친구로서 돈 안 내고 먹는 것)"
	hoki	(夫余)	"comrade(동료)"
	chinku	(現韓)	"friend(친구)"

- **15A-26**

ほうらつい

	hoora-tui	(日方:大分 Oita, 熊本 Kumamoto)	"abundant(풍부한)"
	fulu	(夫余)	"extra(여분), surpassing(초과하는)"
	purutung	(現韓)	"swollen condition(부루퉁)"

- **15A-27**

まめる

	mamer-u	(日方:壱岐 Iki)	"to join(결합하다)"
	neme-	(夫余)	"to add(가하다)"
	hum-ppok	(現韓)	"fully or sufficiently(흠뻑)"

- **15A-28**

まるける
はるげぇやく

	maruke-ru	(日方:和歌山 Wakayama)	"to collect(모으다)"
	harugee-yaku	(日方:群馬 Gunma)	"young people's spring meeting(청년들의 봄의 모임)"
	bargiya-	(夫余)	"to collect(모으다)"
	patkot-i	(現韓)	"to collect debts(빚을 모으다)"

- **15A-29**

むらがる

| | mura-ga-ru | (現日) | "to crowd(몰리다, 떼짓다)" |

| | fal-ga | (夫余) | "people living in the same street(같은 거리에 사는 사람들)" |
| | murryo-ka- | (現韓) | "all go in a group(몰려가다)" |

● 15A-30

もろ	moro	(古日)	"many(많은), together(같이), two(둘)"
もろもろ	moro−moro	(현일)	"many(많은), various(여러가지의)"
むる	muru	(일방:南島 Minamijima)	"entirely(일체, 전적으로)"
	bar-bir	(夫余)	"very many (아주 많이)"
	bire-me	(夫余)	"all(전부)"
	muri	(現韓)	"throng(무리)"

● 15A-31

ゆい	yui	(日方:北海道 Hokkaido, 秋田 Akita, 岩手 Iwate, 宮城 Miyagi, 福島 Fukushima, 茨城 Ibaragi, 静岡 Shizuoka, 伊豆大島 Izuojima, 長野 Nagano, 富山 Toyama, 滋賀 Shiga, 三重 Mie, 鹿児島 Kagoshima 奈良 Nara, 南島 Minamijima) "labor exchange(노동교환)"
いい	ii	(日方:千葉 Chiba, 茨城 Ibaragi, 静岡 Shizuoka, 愛知 Aichi, 長野 Nagano, 富山 Toyama, 石川 Ishikawa.福井 Fukui, 新潟 Niigata, 滋賀 Shiga, 山口 Yamaguchi, 徳島 Tokushima, 高知 Kochi, 九州 Kyushu) id.
ええ	ee	(日方:関東 Kanto, 長野 Nagano, 富山 Toyama, 福井 Fukui, 石川 Ishikawa, 新潟 Niigata, 千葉 Chiba, 埼玉 Saitama, 神奈川 Kanagawa, 京都 Kyoto) id.
	wehi-ye-	(夫余)	"to aid(돕다), to support(지지하다)"

● 15A-32

よこす	yoko-su	(日方:南島 Minamijima)	"to lure(꾀다)"
おこつる	oko-turu	(日方:高知 Kochi, 大分 Oita)	id.
おこずらるる	oko-zuraruru	(日方:愛知 Aichi)	"be enticed and go(유혹돼서 가다)"
	yarki-ya-	(夫余)	"to lure(꾀다)"
	kusurri-	(現韓)	id.

● 15A-33

よさる	yosar-u	(日方:千葉 Chiba)	"to congrigate(모이다)"
よっちゃばる	yottya-baru	(日方:千葉 Chiba)	id.
よせる	yose-ru	(日方:岐阜 Gifu, 三重 Mie, 和歌山 Wakayama, 京都 Kyoto, 愛媛 Ehime, 島根 Shimane) "to add (가하다)"
おざ	oza	(日方:新潟 Niigata, 滋賀 Shiga) "people's gathering(사람들의 모임)"
	isa-	(夫余)	"to assemble(모이다)"
	isa-n	(夫余)	"gathering(모임)"
	p-othae-	(韓方:전남)	"to collect(모으다)"

- **15A-34**

よじむる	yozimu-ru	(日方:和歌山 Wakayama, 福岡 Fukuoka)	"to gather together(모이다)"(음전)
	emgi	(夫余)	"together with(…와 함께)" (음전)
	ongku-	(現韓)	"to arrange(엉구다)" (음전)

15B. 음악(4그룹)

- **15B-1**

うた	uta	(現日)	"song(노래)"
うたう	uta-u	(現日)	"to sing(노래 부르다)"
うたふ	uta-hu	(古日)	id.
	ucu-n	(夫余)	"song(노래)"
	ucu-le-	(夫余)	"to sing(노래 부르다)"

- **15B-2**

つまごと	tuma-goto	(古日)	"Korean harp(조선 수금)"
	kumu-n	(夫余)	"music(음악)"
	komun-ko	(現韓)	"Korean lute(거문고)"

- **15B-3**

ひさず	hisazu	(日方:茨城 Ibaragi)	"harp(수금)"
ひゃんそ	hyanso	(日方:南島 Minamijima)	"flute(피리, 풀루트)"
ふえ	liue	(現韓)	id.
	bileri	(夫余)	"wind instrument(관악기)"
	fica-	(夫余)	"to play flute(피리불다)"
	fifari, fifan	(夫余)	"stringed musical instrument(현악기)"
	hotiki	(韓方:충북)	"flute(피리)"

- **15B-4**

ふり	huri	(古日)	"musical rhythm(음악 리듬)"
	jari-	(夫余)	"to chant(노래하다)"
	phiri	(現韓)	"flute(피리)"
	puru-	(現韓)	"to sing('노래'부르다)"

15C. 종교, 미신(21그룹)

- **15C-1**

あざり	azari	(古日)	"Buddhist monk(불교의 중)"
	asuri	(夫余)	"demi-god who fights evil spirits in the (하늘에서 악령과 싸우는 반신반인)"
	asari	(現韓)	"Buddhist monk(불교의 중)"

- **15C-2**

あぶく	abuku	(日方:岐阜 Gifu, 愛知 Aichi, 大分 Oita)	
			"meal for Buddha(부처에게 바치는 밥)"
	oboku-efen	(夫余)	"a kind of rice cake(떡의 일종)"
	apuk	(漢方:경상, 함경)	"marsh mallow(아욱)"

- **15C-3**

あもこ	amo-ko	(日方:岩手 Iwate, 岐阜 Gifu)	
			"ghost(귀신)"
	ubi-yaburu	(夫余)	id.
	<u>o</u>kppae-ki	(韓方:전북, 충남)	"pockmarked person(얽은 사람)"

- **15C-4**

| うさんでえ | usan-dee | (日方:南島 Minamijima) | "taken-down offering(내린 봉헌물)" |
| | wecen | (夫余) | "offering(봉헌물)" |

- **15C-5**

おしら	osira	(日方:東京 Tokyo, 神奈川 Kanagawa, 埼玉 Saitama)	
			"a kind of god(신의 일종)"
あったいさま	attai-sama	(日方:秋田 Akita)	"spiritual being(영적 존재)"
あとさん	ato-san	(日方:秋田 Akita, 山形 Yamagata, 新潟 Niigata, 長野 Nagano, 三重 Mie, 奈良 Nara 和歌山 Wakayama, 九州 Kyushu)	
			"god or monk(신 혹은 중)"
	enduri	(夫余)	"god(신)"

- **15C-6**

| さんじんそう | sanzin-soo | (日方:南島 MInamijima) | "fortuneteller(점쟁이)" |
| | shengsin | (夫余) | "geomancer(흙 점쟁이)" |

- **15C-7**

| しいらねんぶつ | siira-nenbutu | (日方:山口 Yamaguchi) | "Buddhist chant(염불)" |
| | jari | (夫余) | "to chant(염불하다)" |

- **15C-8**

しゃあまん	shaaman	(現日)	"shaman(무당)"
しゃあもんじ	shaamon-zi	(古日)	"low class fortune teller(하급 점쟁이)"
	saman	(夫余)	"shaman(무당)"
	shaaman	(現韓)	id.

- **15C-9**

| そず | sozu | (日方:熊本 Kumamoto) | "rice or vegetables offered to a god(신령에게 바치는 쌀 혹은 야채)" |
| | soca | (夫余) | "rice strewn for a deity(영에게 던진 쌀)" |

- **15C-10**

| ていしば | teisiba | (日方:八丈島 Hachijojima) | "one's quardian deity(자기 지키는 신령)" |
| | tuwakiya-k<u>u</u> | (夫余) | "guard(보호자), watchman경비원)" |

- **15C-11**

てずりあげ	tezuri-age	(日方:南島 Minamijima)	"praying with palms pressed together(합장하고 기도하는 것)"
	tanjura-	(夫余)	"to pray(기도하다)"

- **15C-12**

とつび	totu-bi	(日方:宮崎 MIyazaki)	"resting for festivals(축제로 쉬는 것)"
どんたく	donta-ku	(日方:岩手 Iwate, 福島 Fukushima, 茨城 Ibaragi, 神奈川 Kanagawa, 大阪 Osaka, 高知 Kochi, 福岡 Fukuoka, 長崎 Nagasaki, 熊本 Kumamoto)	"holiday(휴일)"
	tata-	(夫余)	"to rest(쉬다)"
	taemok	(現韓)	"big days before holidays(대목)"

- **15C-13**

ばけもの	bake-mono	(現日)	"ghost(유령)"
おばけ	obake	(現日)	id.
ばける	bake-ru	(現日)	"be transformed(바뀌다)"
	ibagan, ibahan	(夫余)	"ghost(유령)"
	pakkuy-	(現韓)	"be transformed(바뀌다)"

- **15C-14**

はらう	hara-u	(古日)	"to pray(기도하다)"
はらい	hara-i	(現日)	"exorcism(귀신 쫓아내기)"
	bilha-	(夫余)	"to pray(기도하다)"
	firu	(夫余)	"to pray(기도하다), to curse(저주하다)"
	firu-re	(夫余)	"shaman(무당)"
	pir-	(現韓)	"to pray(기도하다)"

- **15C-15**

ほさ	hosa	(日方:壱岐 Iki, 鹿児島 Kagoshima)	"sorcerer(마법사)"
	fengsi	(夫余)	id. (Chinese 風水?)
	hose-mi	(現韓)	"female shaman(무당)"

- **15C-16**

ませる	maser-u	(日方:石川 Ishikawa, 島根 Shimane, 山口 Yamaguchi)	"to give(주다)"
めえす	mees-u	(日方:対馬 Tsushima)	id.
	mete-	(夫余)	"to offer animal sacrifice to heaven(하늘에 희생동물을 올리다)"
	pachi-	(現韓)	"to present(바치다)"
	mosi-	(現韓)	"to serve(모시다)"

- **15C-17**

まどぅ	madoo	(日方:群馬 Gunma)	"ghost(도깨비)"
	buce-li	(夫余)	id.

		hutu	(夫余)		id.
		hechii	(韓方:경남)		
•	15C-18				
	まらする	mara-suru	(日方:鹿児島 Kagoshima)		"to offer(올리다, 주다)"
		balha-	(夫余)		"to make an offering to god(신에게 봉납품을 올리다)"
		pori-	(現韓)		"to throw away(버리다)"
•	15C-19				
	みや	miya	(現日)		"shrine(사당, 신사)"
		miyoo	(夫余)		"temple(절), shrine(사당, 신사)"
		myo	(現韓)		"mausoleum(묘, 종묘)"
•	15C-20				
	もっか	mokka	(日方:新潟 Niigata)		"monster(괴물)"
	もこ	moko	(日方:北海度 Hokkaido, 青森 Aomori)		"phantom(도깨비)"
		bushuku	(夫余)		"evil spirit that harms children(아이들을 해하는 악령)"
		mokku	(韓方:평북)		"wooden vessel used offering food for a wedding or a deity table(결혼이나 천제에게 올리는 목기)"
•	15C-21				
	やまちち	yamati-ti	(日方:高知 Kochi)		"a ghost(도깨비의 일종)"
		yemji	(夫余)		id.

16. 음식물(85그룹)

16A. 떡(13그룹)

• **16A-1**

あさぎ	a-sagi	(日方:長野 Nagano, 宮崎 Miyazaki)	
			"cake boiled with vegetables(야채와 삶은 떡)"
	cuku	(夫余)	"gelatinous dessert(제라틴의 디저트)"
	shugi	(夫余)	"clear juice(맑은 주스)"
	serki	(韓方:평북)	"a kind of rice cake(떡의 일종)"

• **16A-2**

あたたき	ata-taki	(日方:石川 Ishikawa, 滋賀 Shiga)	
			"a kind of rice cake(떡의 일종)"
おたがね	ota-gane	(日方:愛知 Aichi)	id.
	uta	(夫余)	id.

• **16A-3**

あも	amo	(日方:関西 Kansai, 大阪 Osaka)	
			"cake(떡, 케이크)"
	ufu-hu efen	(夫余)	"rice cake(쌀떡)" (efen＝cake[떡])
	phen	(韓方:경상)	id.

• **16A-4**

あんぴん	anpin	(日方:群馬 Gunma, 千葉 Chiba)	
			"cake with jam(잼이 든 떡)"
あぶ	abu	(日方:千葉 Chiba)	"rice cake(떡)"
あっぽ	appo	(日方:栃木 Tochigi, 岐阜 Gifu, 福井 Fukui) id.
	efen	(夫余)	"bread(빵), cake(케이크)"
	umhan durun	(夫余)	"egg cake(계란 떡)" (umhan ＝'egg계란')
	apaci	(韓方:경북)	"banquet(잔치)"

• **16A-5**

おちゃのこ	otya-noko	(日方:岐阜 Gifu、南島 Minamijima)	
			"rice cake(쌀떡)"
おしもち	osi-moti	(日方:富山 Toyama, 広島 Hiroshima)	
			"flat rice cake(평평한 떡)"
よせ	yose	(日方:茨城 Ibaragi)	"square rice cake(사각형의 떡)

	eji-he	(夫余)	"a kind of rice cake(쌀떡의 일종)"

• 16A-6

いちりたま	itiri-tama	(日方:岩手 Iwate, 宮城 Miyagi, 山梨 Yamanashi, 愛知 Aichi, 鳥取 Tottori)	"toffees(타피, 과자의 일종)"
	uta	(夫余)	"a kind of cake(떡의 일종)"
	siru-ttok	(現韓)	"steamed rice cake(市루떡)"

• 16A-7

しじゅち	sizyu-ti	(日方:南島 Minamijima)	"rice cake(쌀떡)"
せちもち	seti-moti	(日方:茨城 Ibaragi, 埼玉 Saitama, 長野 Nagano)	id.
ぐしもち	gusi-moti	(日方:岩手 Iwate, 福島 Fukushima, 長野 Nagano, 宮城 Miyagi)	id.
	caise	(夫余)	"vermicelli cake(스파게디보다 가는 것으로 만든 떡)"

• 16A-8

どやもち	doyamoti	(日方:兵庫 Hyogo, 奈良 Nara)	"a kind of rice cake(쌀떡의 일종)"
	debse	(夫余)	"a fruit cake(과실이 든 떡의 일종)"

• 16A-9

とりぐるみ	torigu-rumi	(日方:岩手 Iwate)	"bean cake(팥 떡)"
とりつけ	tori-tuke	(日方:岡山 Okayama, 島根 Shimane, 兵庫 Hyogo)	"sweet rice cake(단 쌀떡)"
つきいれ	tukiir-e	(日方:岩手 Iwate)	"red bean soup cake(팥죽 떡)" (음전)
	turga-efen	(夫余)	"round cake(둥근 떡)" (음전)
	turucori	(韓方:평북, 함남)	"hite cake(흰 떡)"
	turchok-cikun	(現韓)	"slightly sweet(들척지근)"
	turkhu-m	(現韓)	id.

• 16A-10

のしもち	nosi-moti	(現日)	"flattened rice cake(납작한 떡)"
	tasi-ma efen	(夫余)	"large flat cake(크고 납작한 떡)"

• 16A-11

ばんけもち	banke-moti	(日方:長崎 Nagasaki)	"cake covered with jam(잼으로 덮은 떡)"
	biyanga efen	(夫余)	"small round cake(작고 둥근 떡)"

• 16A-12

むしぐわし	musi-guwasi	(日方:京都 Kyoto, 大阪 Osaka)	"rice cake candy(떡사탕)"
	mata-n	(夫余)	"candy(사탕)"
	porkku-r	(現韓)	"bee honey(벌꿀)"

• 16A-13

もち	moti	(現日)	"cake(떡)"

もちひ	miti-hi	(古日)	id.
ぽち, ぽち	boti	(日方:岩手 Iwate, 大分 Oita, 対馬 Tsushima)	id.
	bilca	(夫余)	"bean and millet flour cake(콩과 조가루로 만든 떡)"
	mothae	(韓方:평북)	"a kind of cake(떡의 일종)"

16B. 먹기, 취사(18그룹)

- **16B-1**

あぶる	a-bur-u	(現日)	"to roast(굽다, 구슬리다)"
いびる	i-bir-u	(日方:東北 Tohoku, 山口 Yamaguchi, 九州 Kyushu)	id.
	bola-	(夫余)	id.

- **16B-2**

| うえる | uer-u | (現日) | "to hunger(굶주리다)" |
| | uru- | (夫余) | id. |

- **16B-3**

おもくれる	omo-kureru	(日方:長野 Nagano)	"be full after eating(식후 배가 부르다)"
あまる	ama-ru	(現日)	"be over(남다)"
	ebi-	(夫余)	"be full after eating(식후 배가 부르다)"
	amma-n	(現韓)	"a certain amount of money(암만)"
	ima-n	(現韓)	"this much(이만, 이만큼)"

- **16B-4**

| がし | gasi | (日方:岩手 Iwate, 宮城 Miyagi, 滋賀 Shiga, 京都 Kyoto, 島根 Shimane) | "famine(기근)" |
| | haji | (夫余) | id. |

- **16B-5**

かじる	kazir-u	(現日)	"to gnaw(갉아먹다)"
かじく	kazik-u	(日方:長野 Nagano)	id.
きしる	kisir-u	(日方:三重 Mie)	id.
	kaja-	(夫余)	"to cut with the teeth(이로 자르다)"
	kaca-rki-car	(夫余)	"sound of gnawing(갉아먹는 소리)"

- **16B-6**

かむ	kam-u	(現日)	"to bite(깨물다)"
かむん	kamu-n	(日方:南島 MInamijima)	"to eat(먹다)"
かんばる	kanba-ru	(日方:富山 Toyama)	"to bite(깨물다)"
かぶる	kabur-u	(日方:山梨 Yamanashi, 静岡 Shizuoka, 岐阜 Gifu, 和歌山 Wakayama, 兵庫 Hyogo, 愛媛 Ehime, 鳥取 Tottori, 徳島 Tokushima, 島根 Shimane, 山口 Yamaguchi)	id.
	kab-seme	(夫余)	"symbolism for biting('씹다'의 상징어)"

	kem-ki-	(夫余)	"to chase and bite(쫓아가서 물다)"
	kab-kib-seme	(夫余)	"snapping at each other(서로 물어뜯다)"
	kkaemu-r-	(現韓)	"to bite(깨물다)"

- **16B-7**

くう/くふ	ku-u/ku-hu	(現日/古日)	"to eat(먹다)
すう/すふ	su-u/su-hu	(現日/古日)	"to inhale(들어마시다)"
	je-	(夫余)	"to eat(먹다)"
	je-fu!	(夫余)	"Eat!(먹어라!)"
	koi-	(韓方:평북)	"to eat(먹다)

- **16B-8**

| くだはる | kuda-haru | (日方:青森 Aomori) | "to eat(먹다)" |
| | gedu- | (夫余) | "to gnaw(갉아먹다)" |

- **16B-9**

さぁらい	saara-i	(日方:茨城 Ibargi)	"eating after a feast(연회후의 식사)"
せえりばち	seeri-bati	(日方:新潟 Niigata)	"to force food to guests(손님에게 음식을강요하다)"
おさえる	o-<u>saer</u>-u	(日方:対馬 Tsushima)	"to give food to a guest with chopsticks(손님에게 음식을 젓까락으로 주다)"
	sari-n	(夫余)	"feast(잔치), banquet(연회)"
	sari-la-	(夫余)	"to feast(잔치에 참석하다), to have a banquet (연회를 열다)"

- **16B-10**

すわぶる	suwa-bur-u	(日方:福岡 Fukuoka, 新潟 Niigata, 岡山 Okayama, 島根 Shimane, 福岡 Fukuoka, 山口 Yamaguchi, 大分 Oita, 対馬 Tsushima, 鹿児島 Kagoshima, 熊本 Kumamoto) "to lick(핥다)"
	shufa-	(夫余)	"to bite(씹다)"
	ssibun-	(韓方:전남)	id.

- **16B-11**

せせる	sese-ru	(日方:宮城 Miyagi)	"to devour(탐식하아)"
	sisi-	(夫余)	"to insert(끼어 넣다)"
	sisi-n	(夫余)	"intake(섭취, 섭취량)"
	sisi-nga	(夫余)	"glutton(폭식사, 대식가)"
	ssu<u>r</u>-	(韓方:평북)	"to eat(먹다)"
	sos-	(韓方:평북)	"to insert(끼어 넣다)"

- **16B-12**

| ぞうし | zoosi | (日方:千葉 Chiba, 静岡 Shizuoka, 愛知 Aichi, 香川 Kagawa, 京都 Kyoto) "cooking(취사)" |
| じょうしち | zyoosi-ti | (日方:南島 Minamijima) id. |

	cuse	(夫余)	"cook(요리하다)"

• 16B-13

ぞうじ	zoozi	(日方:新潟 Niigata, 島根 Shimane)	
			"vegetables for soup(스푸용 채소)"
	shash-an	(夫余)	"sour vegetable soup(쓴 채소국)"
	suce-pi	(現韓)	"dumpling soup(수제비)"

• 16B-14

のみこむ	nomiko-mu	(現日)	"to swallow(삼키다)"
	nunge-	(夫余)	id.
	nomki-	(韓方:강원, 충북)	id.

• 16B-15

のむ	n-om-u	(現日)	"to drink(마시다)"
もむ	m-om-u	(日方:岡山 Okayama)	id.
	omi-	(夫余)	"to drink(마시다), to smoke(담배 피다)"

• 16B-16

まくらう	maku-rau	(日方:宮城 Miyagi, 山形 Yamagata, 青森 Aommori, 秋田 Akita, 福島 Fukushima, 埼玉 Saitama) "to eat(먹다)"
まぐらう	magu-rau	(日方:青森 Aomori, 秋田 Akita) id.
ももぐ	mo-mog-u	(日方:愛媛 Ehime, 高知 Kochi) id.
	muku-	(夫余)	"to hold liquid in the mouth(액체를 입에 물다)"
	mokum-	(古韓)	"to hold in the mouth(머금다)"

• 16B-17

むす	mus-u	(現日)	"to steam(찌다)"
	feshen efen	(夫余)	"steamed cake(찐 떡)" (efen＝떡)
	psi-	(古韓)	"to steam(찌다)"

• 16B-18

ゆうわさり	yuu-wasari	(日方:奄美大島 Amamiojima)	
			"be hungry(배가 고프다)"
やぁさん	yaa-san	(日方:南島 Minamijima) id.	
	yuyu-	(夫余)	"to starve(굶다)"
	yuyu-n	(夫余)	"hunger(배가 고픔)"
	yowi-	(韓方)	"to become thin(여위다)"

16C. 미각, 냄새(11그룹)

• 16C-1

| あじ | azi | (現日) | "taste(맛)" |
| | ica-nga | (夫余) | "good tasting(맛이 좋은)" |

• 16C-2

| あまい | ama-i | (現日) | "be sweet(달다)" |

| | am-tan | (夫余) | "taste(맛)" |

- **16C-3**

あまさい	amasai	(日方:南島 Minamijima)	"be less salty(소금기가 적은)"
またい	matai	(日方:兵庫 Hyogo, 岡山 Okayama, 德島 Tplisjo, a)	
			"less tasty(맛이 덜한)"
まずい	mazui	(現日)	"tasteless(맛없는)"
	obdo-	(夫余)	"to become tasteless(맛이 없어지다)"
	mas-ops-	(韓方)	"be tasteless(맛없다)"

- **16C-4**

えんか	enka	(日方:秋田 Akita, 島根 Shimane)	
			"smell(냄새)"
	wanga	(夫余)	"fragrant(향기로운)"
	hyangki	(韓方)	"fragrance(향기)" (香氣)

- **16C-5**

おてのこ	ote-noko	(日方:新潟 Niigata)	"taste testing material(맛 시험용의 식품)"
	amta-n	(夫余)	"taste(맛)"
	amta-la-	(夫余)	"to taste(맛보다, 맛이 나다)"
	amta-nga	(夫余)	"tasty(맛 좋은)"

- **16C-6**

くどい	kudo-i	(日方:富山 Toyama, 石川 Ishikawa, 福井 Fukui)	
			"be salty(짜다)"
	gida-	(夫余)	"to salt(절이다)"
	kan-ta	(韓方:전북)	id.

- **16C-7**

さびなか	sabi-naka	(日方:佐賀 Saga)	"tasteless(맛없는)"
しょむない	shomu-nai	(日方:石川 Ishikawa, 福井 Fukui) id.	
	ceb-ke cab-ka	(부여)	"without appetite(식욕 없이)"
	thop-thop-ha-	(韓方)	"be tasteless(맛이 없다)"

- **16C-8**

すい	sus-i	(現日)	"be sour(쓰다)" (taste＝맛)
さはしがき	sahasi gaki	(古日)	"sour persimmon(쓴 감)" (fruit＝과실)
すゆ	suy-u	(古日)	"to produce sour taste(쓴 맛을 내다)"
	jushe-	(夫余)	"to sour(써지다)"
	jushe-hun	(夫余)	"sour(쓴)"
	ssu-	(韓方)	"be sour(쓰다)"
	ssup-	(韓方:전남, 함북)	id.

- **16C-9**

| におい | nioi | (現日) | "smell(냄새)" |
| | niowa-ncihiyan | (夫余) | "smelling of mown grass(자른 풀의 냄새)" |

	nae, naem-sae	(韓方)	"smell(냄새)"

• 16C-10

ほほらがらえ	ho-<u>horaga</u>-rae	(日方:新潟 Niigata)	"somewhat spicy(좀 매운)"
	furgi-	(夫余)	"be spicy(맵다)"
	maepa-	(韓方:경상, 전남, 함경)	id.

• 16C-11

むつこい	mutuko-i	(日方:四国 Shikoku, 山口 Yamaguchi)	
			"oily(기름끼 있는)"
	ni-<u>mengi</u>	(夫余)	"oil(기름), fat(지방, 비계)"
	marangku	(韓方:평북)	id.

16D. 주류, 음주(14그룹)

• 16D-1

あから	akara	(古日)	"wine(술)" (음전)
あか	aka	(日方:中国 Chugoku, 大分 Oita) id.	
	<u>arki</u>	(夫余)	"brandy(부란디), vodka(보드카)" (음전)
	o<u>rukwang</u>-i	(韓方:평북)	"wine(술)" (음전)

• 16D-2

さかな	saka-na	(現日)	"wine relish(안주)"
しおけ	sioke	(日方:鹿児島 Kagoshima)	"pickled vegetable(절인 야채)"
せぇんしゅうきぃ	seen-<u>shuukii</u>	(日方:南島 Minamijima)	"wine relish(안주)"
	saiku	(夫余)	id.
	saka	(夫余)	"fish or meat cut up finely and marinated (잘게 썰어서 담근 고기)"
	ccikae	(韓方)	"stew(찌개)"

• 16D-3

ささ	sasa	(日方:群馬 Gunma, 和歌山 Wakayama, 大分 Oita)	
			"wine(술)"
さけ	sake	(現日)	id.
	sisha-arki	(夫余)	"last of kumis liquor(마지막 젖술)"
	sur	(韓方)	"wine(술)"
	co̠ci	(韓方:강원)	"milk(젖)"

• 16D-4

しずうたれ	si-<u>zuuta</u>-re	(日方:福岡 Fukuoka)	"inebriation(취하는 것)"
ずだい	zudai	(日方:大阪 Osaka)	id.
しげち	sigeti	(日方:南島 Minamijima)	"wine(술)"
さかめいる	saka-meir-u	(日方:奈良 Nara, 和歌山 Wakayama)	
			"to become wild from wine(술에 아주 취하다)"
	sokto-	(夫余)	"to get drunk(취하다)"

- **16D-5**

さぁふぅふぅ	saahuu-huu	(日方:南島 Minamijima)	"slightly drunk(좀 취한)"
ずぶ	zubu	(日方:愛知 Aichi, 東京 Tokyo, 名古屋 Nagoya)	
			"drunken man(취한 사람)"
	suihu-tu	(夫余)	"rowdy drunk(난폭한 취객)"

- **16D-6**

さめる	same-ru	(現日)	"to sober up(술이 깨다)"
さま	sama	(日方:南島 Minamijima)	"not drinking(마시지 않는)"
	sebi-	(夫余)	"to come around(정신이 들다)"
	subu-	(夫余)	"to sober up(술이 깨다)"
	caemi	(韓方:경남, 전남)	"sleep(잠)"

- **16D-7**

すめん	sume-n	(日方:大阪 Osaka)	"time when not drinking(술 안 마실 때)"
	subu-hun	(夫余)	"sober(술에 취하지 않은)"
	somyon	(韓方)	"face without any makeup(소면)" (素面)

- **16D-8**

どろんけん	doronke-n	(日方:茨城 Ibaragi, 長野 Nagano, 福岡 Fukuoka)	
			"dead drunk(곤드레 만드레 취한), drunkard(취객)"
どろくへろく	doroku-heroku	(日方:山口 Yamaguchi, 福岡 Fukuoka)	
			"dead drunk and senseless(곤드레 만드레 취해서 정신을 잃다)"
とれる	tore-ru	(日方:青森 Aomori)	"be dead drunk(곤드레만드레 취하다)"
	durangi-la-	(夫余)	"to drink excessively(너무 마시다)"
	ttar-ttar		(韓方:평북) "drunk a little(좀 취한 상태)"

- **16D-9**

ねりざけ	neri-zake	(日方:香川 Kagawa)	"white wine(백주)"
	nure	(夫余)	"undistilled liquor(증유 안한 술)"
	nure	(古韓)	"rice wine(쌀 술)"
	nuruk	(韓方)	"malt or leaven(누룩)"

- **16D-10**

へべれけ	hebereke	(現日)	"dead drunk(곤드레만드레 취함)"
	hepere-	(夫余)	"to drink excessively(너무 마시다), to rake in greedily(욕심내서 긁어모으다)"
	hepere-	(夫余)	"to drunk too much(술을 너무 馬시다)"
	hepereke	(夫余)	"dead drunk(곤드레만드레 취함), reeling(비틀거리는 것)
	hepereke-bi	(夫余)	id.
	humuroci-	(韓方)	"be overripe(너무 익다), to crumble(흐므러지다)"

- **16D-11**

ほやかす	hoya-kasu	(日方:茨城 Ibaragi)	"to ferment(발효 시키다)"

| | huhu | (夫余) | "leaven for makig wine(술의 발효소)" |

- **16D-12**

ほろよい

| | horo-yoi | (現日) | "tipsy(얼근히 취한)" |
| | hur-seme | (夫余) | "became a bit tipsy(얼근히 취했다)" |

- **16D-13**

みず

	mizu	(日方:三重 Mie)	"wine(술)"
	baju	(夫余)	"wine dregs(술의 잔재)"
	musur	(古韓)	"water(물)"

- **16D-14**

みそ	miso	(現日)	"soybean malt(콩의 엿기름, 콩 맥아)"
むし	musi	(日方:滋賀 Shiga)	id.
おもし	o-<u>mosi</u>	(日方:三重 Mie, 石川 Ishikawa)	id.
おむし	o-<u>musi</u>	(日方:岐阜 Gifu, 近畿 Kinki, 福井 Fukui, 岡山 Okayama, 四国 Shikoku)	id.
	misu-n	(夫余)	"fermented bean paste(발효한 된장), jam(잼)"
	misi	(韓方)	"honeyed water with roasted rice powder(미시)"

16E. 기타 음식물(29그룹)

- **16E-1**

がり	garl	(日方:福岡 Fukuoka)	"tea powder(차 가루)"
ころころ	koro-koro	(日方:福井 Fukui)	"potato flour cake(감자 가루 떡)"
	halu	(夫余)	"fine flour(고운 가루)"
	karu	(韓方)	"powder(가루)"

- **16E-2**

かんこ	kanko	(日方:福井 Fukui)	"pickled radish(무 절임)"
つける	tuke-ru	(現日)	"to pickle(절이다)"
	jangu-wan	(夫余)	"pickled vegetables(절인 야채)"
	kimchi	(韓方)	"pickled vegetables(김치)"

- **16E-3**

| きりだし | kiridasi | (現日) | "cut meat(자른 고기)" |
| | kercihe-yali | (夫余) | id. (yali＝meat[육류]) |

- **16E-4**

くしこ	kusi-ko	(日方:九州 Kyushu)	"dried sea slug(마른 해삼)"
	kiji-mi	(夫余)	"sea slug(해삼)"
	kacami	(韓方)	"a flatfish(가자미)"

- **16E-5**

| ごま | goma | (現日) | "sesame(참깨)" |
| うごま | u-<u>goma</u> | (古日) | id. |

	jima	(夫余)	id.
	koma-ri	(韓方)	"Korean persicary(고마리)"
	kkuyae	(韓方:전남)	"sesame seed(참깨의 씨)"

- 16E-6

しおず	siozu	(日方:熊本 Kumamoto)	"brine(소금물)"
	dabsu-n	(夫余)	"salt(소금)"
	tapsu̱-ng	(韓方:함경)	id.

- 16E-7

しし	sisi	(日方:鹿児島 Kagoshima, 南島 Minamijima)	"meat for food(식육)"
じじ	zizi	(日方:熊本 Kumamoto)	"broiled fish(생선구이)"
	shashu-n	(夫余)	"meat or fish cut fine(고기나 생선을 잘게 쓴 것)"

- 16E-8

しみさ	simi-sa	(日方:秋田 Akita)	"soup stock(국거리)"
すまし	suma-si	(日方:京都 Kyoto, 大阪 Osaka)	"soup(국)"
	sime-n	(夫余)	"juice(주스)"

- 16E-9

しる	siru	(現日)	"soup(국), juice(주스)"
しる	siru	(古日)	"soup(국), juice(주스), wine(술)"
	sari-n	(夫余)	"wine party(주연, 술 파티)"
	sur	(現韓)	"wine(술)"

- 16E-10

するめ	surume	(現日)	"dried cuttle-fish(마른 오징어)"
	shulme-n	(夫余)	"rolled strips of meat(마른 고기 조각)"
	suraemi	(韓方:충북)	"cuttle-fish(오징어)"

- 16E-11

ぞうすい	zoo-sui	(日方:兵庫 Hyogo)	"red bean broth(팥죽 국물)"
せんちゃ	se-ntya	(日方:奈良 Nara)	"broth(국물)"
	su-musu	(夫余)	"rice broth(쌀죽 국물)"

- 16E-12

ぞろ	zoro	(日方:鹿児島 Kagoshima)	"broth(고기국 국물), gruel(엷은 죽)"
	shula	(夫余)	"fruit juice(과실의 즙)"
	sile	(夫余)	"meat soup(고기 국물)"
	sure	(夫余)	"chilled fruit juice(식힌 과실즙)"
	sil-ja	(夫余)	"broth(고기국 국물)"
	sar	(現韓)	"meat(살)"
	sal-co̱m	(現韓)	"a piece of meat(살점)"

- **16E-13**

たいず	taizu	(現日)	"soybean(콩, 대두)"
ただまめ	tada-mame	(日方:岐阜 Gifu, 三重 Mie)	id.
	caidu	(夫余)	"bean used when drinking tea(차 마실 때에 쓰는 콩)"

- **16E-14**

たけ	take	(現日)	"mushroom(버섯)"
こけ	koke	(日方:石川 Ishikawa, 長野 Nagano, 富山 Toyama, 福井 Fukui, 新潟 Niigata)	id.
	coko-megu	(夫余)	id.

- **16E-15**

どろず	dorozu	(日方:滋賀 Shiga)	"vinegared bean paste(초를 넣은 된장)"
しらと	sirato	(日方:神戸 Kobe, 大分 Oita)	"soy sauce's mold(간장의 곰팡이)"
ちろ, しろかび	tiro, siro-kabi	(日方:隠岐 Oki)	id.
	turi-tu	(夫余)	"soy bean paste(된장)"

- **16E-16**

なちもの	nati-mono	(日方:佐渡 Sado)	"salted fish guts(물고기의 내장 절임)"
	nasa-n	(夫余)	"salted vegetable(야채 절임)"

- **16E-17**

はざけもん	haza-ke mon	(日方:滋賀 Shiga)	"leftover food(남은 음식)"
おとし	o-tos-i	(日方:滋賀 Shiga)	id.
	hede	(夫余)	"leftover(남은 것)"

- **16E-18**

はばのり	haba-nori	(日方:千葉 Chiba)	"edible seaweed(식용 해초)"
ひばのり	hiba-nori	(日方:群馬 Gunma)	id.
はんば	hanba	(日方:静岡 Shizuoka)	id.
	beihe	(夫余)	id.
	ubi-yoo	(夫余)	id.

- **16E-19**

ひや	hiya	(現日)	"cold water(냉수)"
ひやす	hiya-su	(現日)	"to cool(식히다)"
ひやい	hiya-i	(日方:九州 Kyushu)	"cold(찬)"
	beye-	(夫余)	"to freeze(얼다)"
	cha-	(現韓)	"be chilly(차다)"

- **16E-20**

ひる	hiro	(日方:大阪 Osaka, 京都 Kyoto)	"duck meat(오리 고기)"
	sarin	(夫余)	"skin of hind part of horse(말 뒤의 껍질)"

| | sar | (現韓) | "meat or flesh(살)" |

- 16E-21

ほうとう	hootoo	(日方:山梨 Yamanashi, 長野 Nagano)	
			"noodles with meat(고기우동)"
ほうちょう	hootyoo	(日方:千葉 Chiba)	"noodles offering on the Festival of the Weaver (칠석제에 올리는 우동)
	hangse	(夫余)	"noodle(국수, 우동)"
	buda	(夫余)	"broth made of meat and rice(고기와 쌀의 죽)"
	pyonsi	(古韓)	"noodle(국수, 우동)"

- 16E-22

ほっこり	hokkori	(日方:岡山 Okayama, 壱岐 Iki)	
			"baked potato(구운 감자)"
	husaju	(夫余)	"taro(토란의 일종)"

- 16E-23

ぼり	bori	(日方:三重 Mie)	"boiled rice(끄린 쌀)"
まず	mazu	(日方:南島 Minamijima)	"rice(쌀)"
	bele	(夫余)	"unhulled rice(겨가 있는 쌀), grain(곡물)"
	morae-mi	(韓方:평북)	"rice(쌀)"

- 16E-24

まんじょ	manzyo	(日方:富山 Toyama)	"first crop of mushrooms(햇버섯)"
もたせ	motase	(日方:北関東 Kita kanto, 富山 Toyama)	"mushroom(버섯)"
	megu	(夫余)	id.
	posos	(現韓)	id.
	tu-psae	(韓方:평북)	id.

- 16E-25

めし	mesi	(現日)	"food(식품, 음식물)"
	buda	(夫余)	"cooked rice(삶은 쌀)"
	buju-	(夫余)	"to boil(끄리다), to cook(삶다)"
	moki	(現韓)	"food(식품, 음식물)"
	mas	(現韓)	"taste(맛)"

- 16E-26

| ゆきのり | yu-kinori | (日方:石川 Ishikawa) | "a kind of seaweed(해초의 일종) |
| | kanin | (夫余) | id. |

- 16E-27

ゆるこ	yuru-ko	(日方:群馬 Gunma, 静岡 Shizuoka)	
			"sweet bean soup(단 콩국)"
ゆるいこ	yurui-ko	(日方:九州 Kyushu)	id.
	yaru	(夫余)	"a kind of soup(스프의 일종)"

- 16E-28

| ゆるご | yuru-go | (日方:岐阜 gifu, 京都 Kyoto) | |

| | | | "mashed rice(짓이긴 쌀)" |
| ira | (夫余) | | "glutinous millet(찰조, 아교질의 조)" |

● 16E-29

わりめし	wari-mesi	(日方:栃木 Tochigi, 岐阜. Gifu)	
			"barley meal(보리밥)"
	bele	(夫余)	"hulled rice(껍질 벗긴 쌀), edible grains(먹는 곡물)"
	bohori	(夫余)	"pea(완두 콩)"
	mere	(夫余)	"buckwheat(메밀)"
	morae-mi	(韓方:평북)	"meal(밥), rice(쌀)"

17. 직물, 의복(71그룹)

17A. 실, 끈, 새끼(26그룹)

* **17A-1**

いと	ito	(日方:青森 Aomori, 岩手 Iwate)	
			"thread(실)"
	h-<u>uta</u>	(夫余)	id.

* **17A-2**

かずな	kazu-na	(日方:秋田 Akita)	"rope for carrying(짐을 지는 밧줄)"
かがす	ka-<u>gasu</u>	(日方:茨城 Ibaragi, 愛知 Aichi, 壱岐 Iki, 隠岐 Oki)	"boat rope(배의 밧줄)"
ごうど	goodo	(日方:長野 Nagano)	"stern line(배매는 밧줄)"
かちんなわ	<u>kati</u>-n-nawa	(日方:群馬 Gunma)	"rope for putting load on the back(짐을 지는 밧줄)"
	ganju-han	(夫余)	"saddle thongs(안장 끈)"
	<u>gu</u>su	(夫余)	"thick heavy rope(두텁고 무거운 밧줄)"
	kkun-naeki	(韓方)	"string(가는 줄)

* **17A-3**

がらなわ	gara-nawa	(日方:石川 Ishikawa)	"straw rope(볏짚 밧줄)"
がりまた	gari-mata	(日方:愛媛 Ehime)	"tying tight(꽉 묶다)"
	<u>gu</u>ra-n	(夫余)	"bundle cord(묶음 끈, 다발 끈)"
	kor<u>u</u>-m	(現韓)	"coat string(겉옷의 줄)"

* **17A-4**

ぎり	giri	(日方:山形 Yamagata, 和歌山 Wakayama)	
			"line(줄)"
	kuri	(夫余)	"striped(줄이 있는)"
	k<u>o</u>ri	(現韓)	"street(거리)"

* **17A-5**

くむ	kum-u	(現日)	"to plait(깃을 내다), to braid(끈을 꼬다)"
	gubu-le-	(夫余)	"be intertwined(서로 얽히다)"
	kam-	(現韓)	"to coil(감다)"

- **17A-6**

さびそ	sabi-so	(日方:青森 Aomori)	"hemp(삼)"
さびいと	sabi-ito	(日方:秋田 Akita)	"silk thread(명주 실)"
おじぼ	o-zibo	(日方:秋田 Akita)	"hemp patch(삼밭)"
さびちょいと	sabi-tyo ito	(日方:青森 Aomori)	"hemp thread(대마 실)"
	sube-liyen	(夫余)	"silk fiber(명주 섬유)"
	cam-ci	(夫余)	"slip(여자의 내의)"
	sam-su	(夫余)	"thin blue linen(엷은 푸른 아마포)"
	sam-pe	(現韓)	"hemp cloth(삼베)"

- **17A-7**

じゃばらいと	zyabara ito	(日方:香川 Kagawa)	"thick cotton yarn(두터운 면사)"
	subehe	(夫余)	"cord(끈)"
	sathpho-k	(現韓)	"long narrow cloth(샅폭)"
	supo-kci	(韓方:평북)	"a piece of cloth(헝겊 조각)"

- **17A-8**

しらが	sira-ga	(日方:鹿児島 Kagoshima, 南島 Minamijima) "thread(실)"
しろそ	siro-so	(日方:岐阜 Gifu)	id.
さんしる	san-siru	(日方:九州 Kyushu)	"three string musical instrument(삼현악기)"
	sire-n	(夫余)	"string(끈), thread(실)"
	sir-ge	(夫余)	"silk thread(명주 실)"
	sir-kkuri	(韓方:전남)	"thread(실)"

- **17A-9**

すが	suga	(日方:新潟Niigata, 岡山 Okayama) "silk(명주)"
すがいと	suga-ito	(日方:秋田 Akita, 岡山 Okayama) id.
さぁが	saaga	(日方:南島 Minamijima) id.
	cece	(夫余)	"silk gauge(견사, 명주 실)"
	sokae	(韓方:평북)	"cotton(솜)"

- **17A-10**

すがい	sugai	(日方:福島 Fukushima, 岐阜 Gifu, 三重 Mie) "straw rope for bundling(뭉칠 때에 쓰는 짚 줄)"
すげ, すげぇ	suge, sugee	(日方:神奈川 Kanagawa, 山梨 Yamanashi, 長野 Nagano) id.
	sengke-n	(夫余)	"a kind of rope(밧줄의 일종)"
	ccurkaei	(韓方:경북)	"string(끈)"

- **17A-11**

すじ	suzi	(現日)	"line(선), string(끈)"
すぢ	sudi	(古日)	id.
	siji-n, jiju-n	(夫余)	id.

	cur	(現韓)	id.

- 17A-12

そ	so	(古日)	"thread(실), hemp(삼)"
そ	so	(日方:佐賀 Saga)	"hemp skin(삼 껍질)"
	se	(夫余)	"raw silk(생견, 생사)
	sa	(夫余)	"a kind of grass(풀의 일종)"
	ssi	(現韓)	"a kind of thread(실의 일종)"

- 17A-13

ちりこ	tiri-ko	(日方:壱岐 Iki)	"entangled by very strong twisting(퍽 세게 꽈서 얽히다)"
	sire-	(夫余)	"to twist(꼬다)"
	ccirru-	(韓方:전남)	"to insert(꽂다)"
	horkha-mae-	(韓方:경남)	"to bind(얽다)"

- 17A-14

つぐ	tug-u	(日方:愛知 Aichi)	"to weave(실을 잣다)"
	jodo-	(夫余)	id.
	caz-	(古韓)	id.

- 17A-15

つな	tuna	(現日)	"rope(바, 줄), string(끈)"
	suna	(夫余)	"leather leash for dogs(개 가죽 뱃줄)"
	tonga-cur	(現韓)	"thick and durable rope(동아줄)"

- 17A-16

つる	turu	(現日)	"string(끈), vine(덩굴), bowstring(활시위)"
つら	tura	(古日)	"line(열, 줄)"
ゆつら	yu-tura	(日方:埼玉 Saitama)	"strings for binding(묶는 끈)"
よつら	yo-tura	(日方:群馬 Gunma)	"ropes for crops(곡물의 밧줄)"
	jer-gi	(夫余)	"row(열), line(줄), column(종대)"
	jur-gan	(夫余)	"line(줄)"
	sira-	(夫余)	"to connect(잇다)"
	sor	(現韓)	"seam(솔, 솔기)"
	ka-tari	(韓方:평북)	"strand(가닥)"
	turu-m	(現韓)	"a string of fish or vegetables(두름)"

- 17A-17

ならぶ	nara-bu	(現日)	"to line up(줄짓다, 정렬하다)"
	nurhu-	(夫余)	"be connected(이어지다)"
	leli	(夫余)	"broad(넓은)"
	norpu-	(韓方:경남, 전남)	"be broad(넓다)"

- 17A-18

つんぐり	tungu-ri	(日方:対馬 Tsushima)	"roll of thread(실 만 것)"
てがる	tega-ru	(日方:宮崎 Miyazaki)	"to bind(묶다)"

	tongo	(夫余)	"thread(실)"
	sirkku-ri	(韓方:전남)	id.

- **17A-19**

ひず	hizu	(日方:栃木 Tochigi, 群馬 gunma)	
			"line(줄)"
	faida-n	(夫余)	"row(열, 대열)"
	haer-tti	(韓方:충북)	"rope(바)"

- **17A-20**

ひも	himo	(現日)	"string(줄)"
	huha	(夫余)	"cotton rope(무명 끈)"
	pa	(現韓)	"rope(바)"

- **17A-21**

ぼうせきいと	boose-ki ito	(日方:島根 Shimane)	"weaving thread(짜는 실)"
ほんいと	hon-ito	(日方:広島 Hiroshima)	"silk thread(명주 실)
	fangse	(夫余)	"raw silk(생견, 생사)"
	mengti-sir	(韓方:평북)	"silk thread(명주실)"

- **17A-22**

まそ	maso	(日方:壱岐 Iki)	"hemp string(삼 끈)"
もとち	moto-ti	(日方:岩手 Iwate, 福島 Fukushima)	
			"rope(바, 굵은 끈)"
もどつ	modo-tu	(日方:宮城 Miyagi)	id.
	futa	(夫余)	id.
	pakta-wi	(現韓)	"rope for carrying items(문건을 옮기는 밧줄)"
	puktu	(韓方:평북)	"a kind of rope(얽어매는 줄의 일종)"

- **17A-23**

もじる	mozi-ru	(現日)	"to twist(꼬다)"
もじゃくる	mozya-kuru	(日方:仙台 Sendai, 宮城 Miyagi, 山形 Yamagata, 新潟 Niigata, 栃木 Tochigi, 福島 Fukushima, 滋賀 Shiga, 兵庫 Hyogo, 高知 Kochi)	
			"to rub with a hand(손으로 문지르다)"
もじゃぐる	mozya-guru	(日方:和歌山 Wakayama, 愛媛 Ehime) id.	
	monji-	(夫余)	"to rub(문지르다), to knead(이기다)"
	monji-ra-	(夫余)	"to rub with hand(손으로 문지르다)"
	monji-sha-	(夫余)	"to massage(안마하다)"
	munci-ru-	(現韓)	id.
	pancu-k	(現韓)	"kneading(반죽)"

- **17A-24**

やぁま	yaama	(日方:南島 Minamijima)	"spinning wheel(물레)"
	ilma-hu	(夫余)	"shuttle for weaving(직물짜는 북)"

- **17A-25**

ゆずは	yuzuha	(日方:茨城 Ibaragi)	"cord made of straw(짚끈)"

やま	yama	(日方:石川 Ishikawa, 三重 Mie, 德島 Tokushima, 高知 Kochi)	
			"cord(끈, 바)"
よま	yoma	(日方:九州 Kyushu)	id.
	yarfu-n	(夫余)	"string for the bit(재갈 끈)

• 17A-26

より	yori	(現日)	"strand(꼰 실, 꼰 밧줄), ply(바줄 같은 가닥)"
おな	ona	(日方:千葉 Chiba)	"hemp string(삼 끈)"
	alha	(夫余)	"satin of different warp and woof colors(각색 종횡 실의 새틴)"
	olo	(夫余)	"flax(아마, 아마섬유)"
	ule-	(夫余)	"to sew(깁다)"
	or	(現韓)	"strand(꼰 실, 꼰 밧줄)"
	ora	(現韓)	"rope for binding criminals(오라)"
	ora-ki	(現韓)	"piece of thread or cloth(오라기)"

17B. 직물, 의복(22그룹)

• 17B-1

えしょ	esho	(日方:千葉 Chiba)	"clothes(옷)"
うちゃぁしゅん	utyaa-shun	(日方:南島 Minamijima)	"to put clothes on(옷을 입다)"
おいしょ	oisho	(日方:茨城 Ibaragi)	id.
おすい	osui	(古日)	"man's long outer gown(남자의 긴 두루마기)"
おんぞ	onzo	(日方:德島 Tokushima, 隱岐 Oki)	
			"clothes(옷)"
	adu	(夫余)	id.
	etu-	(夫余)	"to dress(입다)"
	etu-ku	(夫余)	"clothes(옷)"
	oji-n	(夫余)	"woman's long garment(여자의 긴 겉옷)"
	os	(現韓)	"clothes(옷)"
	uthuy	(韓方:평북, 함경)	"clothes(옷)"

• 17B-2

おひえ	ohie	(日方:東京 Tokyo)	"cotton clothes(무명 옷)"
うええ	uee	(日方:鹿兒島 Kagoshima)	"flossy cotton(풀솜 같은 무명)"
	yoha-n	(夫余)	"cotton(무명)"
	has	(古韓)	"a prefix meaning cotton(무명이라고 하는 전치사(前置詞))"

• 17B-3

かがり	kagari	(日方:岩手 Iwate)	"clothes(옷)"
きかがり	ki-kaga-ri	(日方:岐阜 Gifu, 岩手 Iwate)	
			"clothes(옷)"

	kokoli	(夫余)	"garment without lapels(외부에 깃이 없는 옷)"
	o-<u>kkorae</u>-ki	(韓方:충북)	"breast tie(옷고름)"

• 17B-4

かずき	kazuki	(現日)	"overcoat(외투)"
	kaciki	(夫余)	"deer pelt coat(노루 모피의 상의)"
	kacuk	(現韓)	"leather(가죽)"

• 17B-5

こそで	koso-de	(日方:三重 Mie)	"silk clothes(명주 옷)"
けす	kes-u	(古日)	"to dress(입다)"
	cuse	(夫余)	"silk(명주)"
	kis	(現韓)	"unbleached clothes(바래지 않은 옷)"

• 17B-6

じぶ	zibu	(日方:岩手 Iwate)	"rag(누더기)"
どぼう	doboo	(日方:福島 Fukushima)	id.
	cob-to	(夫余)	id.
	<u>sumbu</u>-r-seme (夫余)		"tattered(넝마의, 누더기를 입은)"
	<u>sumbu</u>-r <u>sambar</u>-seme (夫余)		id.

• 17B-7

しま	sima	(日方:德島 Tokushima, 高知 Kochi)	
			"cloth(천)"
しも	simo	(日方:大阪 Osaka)	id.
	kima	(夫余)	"a kind of hemp(삼의 일종)"
	somae	(現韓)	"sleeve(소매)"

• 17B-8

ずぶり	zubu-ri	(日方:岩手 Iwate, 岐阜 Gifu)	
			"jacket(짧은 웃옷, 자켓)"
	jib-ca	(夫余)	"short fur jacket(짧게 만든 털의 웃옷)"

• 17B-9

そぶつ	sobu-tu	(日方:山梨 Yamanashi, 広島 Hiroshima, 静岡 Shizuoka)	
			"clothes(옷)"
おそぶつ	o-sobu-tu	(日方:山梨 Yamanashi)	"winter clothes(겨울 옷)"
	subke-ri	(夫余)	"mourning garment(상복)"
	cuba	(夫余)	"lady's sleeveless garment(소매 없는 여자 의복)"
	chima	(現韓)	"skirt(치마)"

• 17B-10

たんご	tango	(日方:岐阜 Gifu, 八丈島 Hachijojima)	
			"silk clothes(명주 옷)"
	tango-suri	(夫余)	"silk woven from yarn(꼰 실로 짠 명주)"
	<u>tu</u>ngk<u>o</u>-ri	(韓方:전북)	"summer jacket(적삼)"

- **17B-11**

ちょっき	tyokki	(現日)	"vest(조끼)"
	ceke	(夫余)	"short jacket(짧은 자켓)"
	cokki	(現韓)	"vest(조끼)"
	ttark-	(韓方:평북)	"be short(짧다)"

- **17B-12**

ちんちふわだ	tinti-huwada	(日方:南島 Minamijima)	"clothes(옷)"
ちんちら	tinti-ra	(日方:宮崎 Miyazaki)	"short clothes(짧은 옷)"
	camci	(夫余)	"slip(여자의 속옷)"
	samsu	(夫余)	"thin blue linen(엷은 푸른 아마포)"
	cungchi-mak	(現韓)	"man's outer coat(중치막)"

- **17B-13**

ちんねる	tinneru	(日方:岐阜 Gifu)	"knitwear(손으로 뜬 옷)"
	dehelen	(夫余)	"short sleeveless jacket(소매없는 상의)"
	tongcon	(韓方:경북)	id.

- **17B-14**

つずり	tu-zuri	(日方:岐阜 Gifu)	"cloth(직물, 천)"
	ceri	(夫余)	"gauze(얇은 천)"
	chon	(現韓)	"cloth(직물, 천)"

- **17B-15**

つま	tuma	(現日)	"skirt(치마)"
つま	tuma	(古日)	"a part of clothes(옷의 일부)"
	cuba	(夫余)	"lady's sleeveless garment(소매 없는 여자옷)"
	kima	(夫余)	"a kind of hemp(삼의 일종)"
	chima	(現韓)	"skirt(치마)"

- **17B-16**

ててら	tetera	(日方:東国 Tokoku, 福島 Fukushima, 岩手 Iwate, 青森 Aomori)	"undergarment(속옷)"
ててこ	tete-ko	(日方:岡山 Okayama)	"tight sleeve(빡빡한 소매)"
	cejele-ku	(夫余)	"shirt with collar(깃있는 와이샤쓰)"
	os-ccarae-ki	(韓方:경남)	"cloth(직물, 천)"

- **17B-17**

とじる	tozi-ru	(日方:八丈島 Hachijojima)	"to sew(깁다)"
とじくる	tozi-kuru	(日方:仙台 Sendai)	id.
	siji-	(夫余)	"to sew with fine stitches(잘게 깁다)"
	sise-	(夫余)	"to baste(가봉하다, 시치다)"
	tungsorki	(現韓)	"seam on the back of a coat(등솔기)"
	taengchi-	(韓方:평북)	"to sew(깁다)"

- **17B-18**

ばおり	baori	(日方:青森 Aomori)	"outer clothing(외의, 겉옷)"
わんばり	wan-<u>bari</u>	(日方：青森 Aomori, 仙台 Sendai, 岩手 Iwate, 宮城 Miyazaki)	"daily clothes(평복)"
	hara	(夫余)	"autumn sable coat(가을에 입는 검은 담비 옷)"

- **17B-19**

ふともの	huto-mono	(現日)	"cloth with thick threads(굵은 실의 직물)"
ぼっこ	bokko	(日方:北海道 Hokkaido)	"toeless footwear(발가락 없는 신)"
	boso	(夫余)	"cloth(직물, 천)"
	foji	(夫余)	"a kind of stocking(긴 양말의 일종)"
	pacing-kh<u>u</u>	(韓方:평북)	"man's summer clothes(고의)"

- **17B-20**

まかない	makana-i	(日方:岩手 Iwate, 岐阜 Gifu)	"jacket(웃옷, 상의)"
	fokto	(夫余)	"grass linen jacket(식물 아마포의 상위)"
	makoca	(現韓)	"Korean style jacket(마고자)"
	marki	(韓方:평북)	"skirt(치마)"

- **17B-21**

むし	musi	(現日)	"ramie fabric(래미 직물)"
むしわた	musi-wata	(日方:埼玉)	"floss(고치실, 풀솜)"
	mice-o	(夫余)	"a type of fine cotton(고운 솜의 일종)"
	moci-n	(夫余)	"good smooth cotten(좋고 매끈한 솜)"
	mosi	(現韓)	"ramie(모시), ramie fabric(래미 직물)"

- **17B-22**

もっぱ/もんぱ	moppa/monpa	(日方:三重 Mie, 和歌山 Wakwyama)	"tattered clothes(누더기 옷)"
	mabu	(夫余)	"wiping cloth(훔치는 걸레)"
	minphae	(現韓)	"plain thing(민패, 보통 것)"
	pem	(韓方:평북)	"clothes(옷)"

17C. 기타 입고, 신고, 끼는 것(24그룹)

- **17C-1**

えり	eri	(現日)	"collar(깃, 칼라)"
	ali-han	(夫余)	"garment hem(긴 윗도리의 깃)"
	ulhu-n	(夫余)	"collar of a jacket(자켓의 깃)"

- **17C-2**

おび	obi	(現日)	"belt(띠)"
ひるび	hiru-bi	(日方:淡路大島 Awajiojima) id.	

	umi-yesun	(夫余)	id.
	umu-ri	(夫余)	"string for closing of a bag(자루를 매는 끈)"
	oro-n, ora-ng	(古韓)	"sash, belt"
	hori-ppang	(韓方:경북, 전북, 충청)	"belt(띠)"

• 17C-3

おびたな	obi-tana	(日方:秋田 Akita)	"belt for carrying child(아이 업는 띠)"
	heb-tehe	(夫余)	"women's belt(여자 띠)"
	op-	(現韓)	"to give a piggyback(업다)"

• 17C-4

かぶと	kabuto	(現日)	"helmet(헬멧, 철모)"
かまち	kamati	(日方:南島 Minamijima)	"head(머리, 고개), hair(머리털, 털)"
	kamtu	(夫余)	"felt hat(펠트모자)"
	kamtu-n	(夫余)	"cloth for tying the hair(머리를 잇는 두건)"
	kamthu	(現韓)	"horse-hair hat(감투)"

• 17C-5

くしろ	kusiro	(古日)	"bracelet made of metal(금속 팔찌)"
	cusile	(夫余)	"crystal(수정)"
	kusur	(現韓)	id.

• 17C-6

くるめん	kurume-n	(日方:青森 Aomori)	"combination hood and veil(두건과 베일의 결합)"
	kurume	(夫余)	"top coat(오버코트)"
	karum-os	(韓方:평북)	"clean clothes(깨끗한 옷)"

• 17C-7

けり	keri	(日方:青森 Aomori, 秋田 Akita, 山形 Yamagata, 岩手 Iwate) "shoe(구두)"
けりぐつ	keri-gutu	(日方:滋賀 Shigastern)	"shoe(서양구두)"
	gulha	(夫余)	"boot(장화, 부트)"
	kkaekku-hwa	(韓方:전북)	"shoe(ㅁ두)"

• 17C-8

さじ	sazi	(日方:南島 Minamijima)	
さいで	saide	(古日)	"making a cloth belt(직물띠 만들기)"
	cada-	(夫余)	"to tie around(돌려매다)"
	shentu	(夫余)	"wide cloth belt(넓은 직물 띠)"
	deisu-n	(夫余)	"waist band(허리띠)"
	tahuy	(古韓)	"belt(띠)"

• 17C-9

さば	saba	(日方:南島 Minamijima	"짚신)"
しょぼけ	shobo-ke	(日方:長野 Nagano	id.
しべ	sibe	(日方:秋田 Akita)	"snow sandal(눈 샌들)"
じんべ	zinbe	(日方:青森 Aomori, 宮城 Miyagi, 山形 Yamagata, 福島 Fukushima,

		新潟 Niigata)	id.
たび	tabi	(現日)	"Japanese socks(일본식 버선)"
	sabu	(夫余)	"shoe(구두)"
	sinba-l	(現韓)	"footwear(신발)"
	ciph-sin	(現韓)	"straw sandal(짚신)"
	ttapae-ki	(韓方:평북)"	id.

• 17C-10

さんざ	sanza	(日方:群馬 Gunma)	"a kind of hairdo(머리꾸림의 일종)"
	caise	(夫余)	"hairpin(머리핀)"

• 17C-11

さんようでいす	sanyoo-deisu	(日方:山口 Yamaguchi)	"snow shoe(눈 신)"
	suyen	(夫余)	"shoe strings(구두 끈)"

• 17C-12

しわ	siwa	(現日)	"fold(주름, 접힌데)"
しかむ	sika-mu	(日方:岡山 Okayama, 德島 Tokushima, 愛媛 Ehime)	"be wrinkled(주름지다)"
	shufa-n	(夫余)	"wrinkle(주름)"
	shufa-n	(夫余)	"wrinkle(주름)"

• 17C-13

しんちょうちょ	sintyootyo	(日方:和歌山 Wakayama)	"butterfly-shaped hairdo(나비형의 머리차림)"
しなずける	sinazu-keru	(日方:山口 Yamaguchi)	"to stroke hair(머리를 어루만지다)"
	soncoho	(夫余)	"braid(변발)"

• 17C-14

せんちょ	sentyo	(日方:熊本 Kumamoto)	"ring(가락지, 고리)"
	sengse	(夫余)	"finger wringer(손가락 트는 기구)"

• 17C-15

ちょっぺえ	tyoppe-e	(日方:埼玉 Saitama, 神奈川 Kanagawa, 東京 Tokyo)	"child's headcover(아이의두건)"
	shufa-ri	(夫余)	"women's headcover(여자의 두건)"
	tuysos-	(韓方:평북)	"to put on the head(뒤집어쓰다)"

• 17C-16

ぬう, ぬふ	nu-u, nuh-u	(現日)	"to sew(깁다)"
	ifi-	(夫余)	"to sew(깁다), to stretch(뻗치다)"
	panu-cir	(現韓)	"sewing(바느질)"

• 17C-17

はばき	haba-ki	(現日)	"legging(각반)"
	buhi	(夫余)	"thigh(넓적다리)"
	hobok	(現韓)	id.

- 17C-18

ひだ	hida	(現日)	"pleat(주름)"
ぴだ	pida	(日方:南島 Minamijima)	id.
きだ	kida	(日方:仙台 Sendai、愛知 Aichi)	id.
	judu-ran	(夫余)	"line(줄), stripe(줄무늬)"
	bute-n	(夫余)	"garment hem(옷단)"
	bute-re-	(夫余)	"to make hem(옷단을 만들다)"
	hute-re-	(夫余)	"to wrinkle(주름지다)"
	patchi-	(現韓)	"to underpin(받치다)"

- 17C-19

| ひらっか | hira-kka | (日方:静岡 Shizuoka, 長野 Nagano, 愛媛 Ehime, 広島 Hiroshima) | "flat wooden shoes(한 나무로 깎아낸 일본 나막신)" |
| | taro-ki | (夫余) | "shoe(구두)" |

- 17C-20

ぶうし	buusi	(日方:千葉 Chiba)	"a kind of belt(띠의 일종)"
ぶし	busi	(日方:千葉 Chiba)	"three foot waistband(삼척의 띠)"
ほそぐり	hoso-guri	(日方 : 石川 Ishikawa)	"a kind of belt(띠의 일종)"
	basa-n	(夫余)	"girth(허리 둘레)"

- 17C-21

へってんぼう	hetten-boo	(日方:香川 Kagawa)	"sports cap(스포쓰캡)"
ふた	huta	(現日)	"cover(뚜껑)"
	huwejen	(夫余)	"cooking pot cover(요리 냄비의 뚜껑)"
	utaeson-i	(韓方:평북)	"horse-hair cap(감투)"

- 17C-22

ぼうし	boosi	(日方:北国 Hookoku, 宮城 Miyagi, 岡山 Okayama)	"combination hood and veil(두건과 베일을 결합한 것)"
ぼうぞう	boozoo	(日方:九州 Kyushu)	"waist bag(허리에 다는 주머니)"
	hose	(夫余)	"package(꾸러미), box(상자)"
	ocaeng'i	(現韓)	"small straw bag(오쟁이)"

- 17C-23

ぼろ	boro	(現日)	"rag(누더기)"
	bolo-	(夫余)	"be used up(다 써버리다)"
	horang	(韓方:경상, 전남, 충남)	"purse(귀주머니)"

- 17C-24

よだつ	yoda-tu	(日方:南島 Minamijima)	"woman's belly cover(여자의 복대)"
	etu-	(夫余)	"to wear clothes or shoes(옷을 입거나 구두를 신다)"
	etu-ku	(夫余)	"clothing(옷, 옷가지)"
	os	(現韓)	id.

18. 일, 직업(34그룹)

18A. 상점, 매매, 등(7그룹)

- **18A-1**

いいだ	iida	(日方:中国 Chugoku, 愛媛 Ehime, 大分 Oita, 長崎 Nagasaki)	
			"tub seller(통을파는 상인)
	oto-n	(夫余)	"wooden tub(나무통)"

- **18A-2**

あちねぇ	ati-nee	(日方:南島 MInamijima)	"shopping(물건 사기, 쇼핑)"
	uda-	(夫余)	"to buy(사다)"

- **18A-3**

おいちょ	oityo	(日方:奈良 Nara)	"calling a high price(값을 높이 부르다)"
	uje-n	(夫余)	"valuable(귀중한)"
	tiu-	(韓方:평북)	"to mark the price(값을 매기다)"

- **18A-4**

ぞぅじ	zoozi	(日方:広島 Hiroshima)	"vegetable shop(야채 가게)"
つじ	tuzi	(日方:石川 Ishikawa)	"market(시장)"
	sogi	(夫余)	"vegetable(야채)"
	coca	(古韓)	"shop(상점)"

- **18A-5**

ひびる	hibiru	(日方:鳥取 Tottori)	"note pinned to pawned item at the pawnshop (전당포에서 전당물에 다는 표)"
	bojila-	(夫余)	"to pawn(전당 잡히다)"

- **18A-6**

みせ	mise	(現日)	"shop(상점)"
	mise-ya	(現日)	id.
	puse-li	(夫余)	id.
	mak	(古韓)"	id.

- **18A-7**

まち	mati	(日方:岩手 Iwate, 秋田 Akita, 南島 Minamijima) "store(가개)"	
	hudai-ba	(夫余)	id.
	phuca	(古韓)	id.

18B. 일(9그룹)

- **18B-1**

いきずむ	ikizum-u	(日方:和歌山 Wakayama, 四国 shikoku, 広島 Hiroshima, 壱岐 Iki, 熊本 Kumamoto)	"to work hard (힘껏 일하다)"
	akubu-	(夫余)	"to endeavor(노력하다)"
	kosihi-	(夫余)	id.

- **18B-2**

おうずく	oozuk-u	(日方:長野 Nagano)	"slow work progress(느린 일의 진척)"
おそい	oso-i	(現日)	"be slow(느리다), be late(늦다)"
	acingi-ya	(夫余)	"to move slightly(조금 움직이다)"
	acangko-ri-	(現韓)	"to ramble(아장거리다)"

- **18B-3**

しだま 마) "work(일)"	sida-ma	(日方:南島 Minamijima)	
	sita	(夫余)	"affair(할일, 관심사)"

- **18B-4**

はつめぇな	hatu-meena	(日方:島根 Shimane)	"hard-working(근면한)"
まちょう	matyoo	(日方:和歌山 Wakayama)	id.
むつむつ	mutu-mutu	(日方:新潟 Niigata)	"appearance of working hard(일 잘하는 모양)"
	fede!	(夫余)	"Work hard!(일을 열심히 해!)"

- **18B-5**

ほどき	hodo-ki	(日方:九州 Kyushu)	"work(일)"
	huda	(夫余)	"business(장사, 실무, 할일)"
	jethe	(夫余)	id.

- **18B-6**

ひたる	hitar-u	(日方:宮城 Miyagi)	"to devote oneself to(전념하다)"
へぇと	heeto	(日方:滋賀 Shiga)	"to the best of one's ability(힘껏)"
むたむた	muta-muta	(日方:青森 Aomori)	"appearance of working hard(일 잘하는 모양)"
むったと	mutta-to	(日方:青森 Aomori, 秋田 Akita)	"devotedly(헌신적으로)"
	fatar-seme	(夫余)	"to the best of one's ability(힘껏)"
	maenturi	(現韓)	"workmanship(맵드리)"

- **18B-7**

みだましい	midamasi-i	(日方:静岡 Shizuoka)	"to do outstandingly(훌륭히 하다)"
みじょう	mizyoo	(日方:徳島 Tokushima)	"successfully(성공적으로)"
みじょと	mizyo-to	(日方:香川 Kagawa)	id.
	mute-	(夫余)	"to accomplish(완수하다)"
	mute-n	(夫余)	"capability(가능성)"

- **18B-8**

やる	yar-u	(現日)	"to do(하다)"
	ara-	(夫余)	"to do(하다), to make(만들다)"
	weile-	(夫余)	"to work(일하다), to construct(짓다)"
	weile-n	(夫余)	"work(일), construction(건축, 구조)"
	ir-	(古韓)	"to become(되다)"
	ir	(現韓)	"work(일)"

- **18B-9**

わっぱか	wappa-ka	(日方:秋田 Akita, 岩手 Iwate)	
			"allocation of work(일의 할당)"
わっぱく	wappa-ku	(日方:青森 Aomori, 宮城 Miyagi, 新潟 Niigata)	id.
	ubu	(夫余)	"share(몫)"
	ufe-hi	(夫余)	id.
	ufu-hi	(夫余)	id.

18C. 직업(18그룹)

- **18C-1**

あば	aba	(日方:新潟 Niigata, 石川 Ishikawa)	"maid(하녀)"
うば	uba	(日方:福島 Fukushima, 岩手 Iwate)	id.
うんば	unba	(日方:福島 Fukushima)	id.
おば	oba	(日方:福島 Fukushima, 新潟 Niigata)	id.
	aha	(夫余)	"slave(노예)"
	omo-m	(現韓)	"maid(하녀)"

- **18C-2**

うし	usi	(古日)	"chief(두목), big man(큰 남자)"
をさ	wosa	(古日)	"chief(두목)"
あて	ate	(日方:長野 Nagano, 静岡 Shizuoka)	"above(위, 위에), top(정상)"
	uda	(夫余)	"superior(상사)"
	utu-mori	(現韓)	"chief(두목)"
	uttu-m	(現韓)	"top(정상), first(첫째)"

- **18C-3**

おじ	ozi	(日方:隠岐 Oki)	"household slave(하남, 하녀)"
いと	ito	(日方:徳島 Tokushima)	"household maid(하녀)"
	uji-n	(夫余)	"child of a household slave(하녀나 하남의 아이)"
	assi	(現韓)	"young lady(아씨)"

- 18C-4

けいせい	keisei	(日方:長崎 Nagasaki, 畿內 Kinai)	
			"geisha girl(기생)"
げんさい	gensai	(日方:石川 Ishikawa)	"prostitute(창부)"
おきせん	o-<u>kise</u>-n	(日方:香川 Kagawa, 宮崎 Miyagi)	
			"woman's lover(여자의 애인)"
おきせん	o-<u>kise</u>-n	(日方:愛媛 Ehime, 大分 Oita)	
			"man's lover(남자의 애인)"
おきせん	o-<u>kise</u>-n	(日方:奈良 Nara)	"concubine(첩)"
けとはり	keto-hari	(日方:山口 Yamaguchi)	"lewd woman(음란한 여자)"
	gise	(夫余)	"prostitute(창녀)"
	kacang-manni	(韓方:평북)	"girl(소녀)"

- 18C-5

しょうや	shooya	(日方:東京 Tokyo)	"overseer of river hunting(하천사냥의 감독)"
さんぎょう	sangyoo	(日方:栃木 Tochigi)	"mountain hunting(산 사냥)"
せっしょにん	sessho-nin	(日方:兵庫 Hyogo)	"hunter(사냥꾼)"
	saha	(夫余)	"hunting(사냥)"

- 18C-6

| そろいな | soro-ina | (日方:石川 Ishikawa) | "job of thinning out(솎아 내는 일)" |
| | sar-giyan | (夫余) | "sparse(드믄드믄한)" |

- 18C-7

| たんびむん | tanbi-mun | (日方:南島 Minamijima) | "man servant(하남)" |
| | daha-lji | (夫余) | "life manservant(종신 하남)" |

- 18C-8

でくわん	dekuwan	(日方:鹿児島 Kagoshima)	"house servant(하남)"
てっちょん	tettyon	(日方:佐賀 Saga)	id.
	dangkan	(夫余)	id.
	Tongsin	(韓方:경남)	"stupid person(바보)"

- 18C-9

にふんぞう	nihunzoo	(日方:佐賀 Saga, 長崎 Nagasaki)	
			"prostitute(창부)"
にふんど	nihundo	(日方:長崎 Nagasaki)	id.
	lahele	(夫余)	id.

- 18C-10

のら	nora	(現日)	"fooling around without a job(무직으로 빈들 거리는 것)"
	noro-	(夫余)	"to remain at home(집에 머물다)"
	nor-	(現韓)	"be without a job(놀다)"

- 18C-11

| そま | soma | (日方:長野 Nagano, 岐阜 Gifu, 愛知 Aichi, | |

		和歌山 Wakayama)	"woodcutter(나무꾼)"
さめる	same-ru	(日方:伊豆大島 Izuojima, 対馬 Tsushima)	
			"to shave a tree(나무를 깎다)"
	com-li-	(夫余)	"to make an incision(베다, 사기다)"
	cap-	(現韓)	"to butcher(잡다)"

● 18C-12

どうしん	doosi-n	(日方:佐渡 Sado, 長野 Nagano)	"beggar(거지)"
どうしんぼう	doosi-nboo	(日方:千葉 Chiba)	id.
	tohi-sha-	(夫余)	"to beg obtrusively(주제넘게 구걸하다)"
	tongnae-chi	(韓方:경남, 전북)	"beggar(거지)"

● 18C-13

ぼてかえ	bote-kae	(日方:福井 Fukui)	"ragman(폐품회수원)"
ぼてうり	bote-uri	(日方:長野 Angano, 愛知 Aichi, 福井 Fukui)	id.
	bada	(夫余)	"wastes(폐물)"

● 18C-14

ばんどう	bandoo	(日方:千葉 Chiba)	"beggar(거지)"
へんど	hendo	(日方:四国 Shikoku, 広島 Hiroshima)	id.
ほいた	hoita	(日方:東北 Tohoku, 中国 Chugoku, 四国 Shikoku, 九州 Kyushu)	id.
	herde-	(夫余)	"to wander and beg(돌아다니며 구걸하다)"

● 18C-15

ばんどし	bandosi	(日方:千葉 Chiba)	"cooking maid(밥짓는 하녀)"
ふっとり	huttori	(日方:宮崎 Miyazaki)	"manservant(하남)"
	baitanga	(夫余)	"errand boy(심부름하는 소년), handyman(잡역부)"
	futahi	(夫余)	"first-generation bondsman(초대 하남)"

● 18C-16

ひかた	hikata	(日方:京都 Kyoto, 大阪 Osaka)	"worker(근로자)"
	faksi	(夫余)	"craftsman(직공)"
	-pachi	(現韓)	"maker(바치)"

● 18C-17

| まぁまん, まぁ | maaman, maa | (日方:山梨 Yamanashi, 福井 Fukui) | "dry nurse(아이보는 여자)" |
| | meme-ama | (夫余) | "wet nurse(유모)" |

● 18C-18

もうと	mooto	(日方:高知 Kochi)	"merchant(상인, 무역 상인)"
	hudai niyalma	(夫余)	id. (niyalma＝man'사람')
	murtang-si	(韓方:평북)	"water dealer(물장수)"

19. 기구(147그룹)

19A. 덫, 미끼(6그룹)

- **19A-1**

おし/おせ	osi/ose	(日方:岐阜 Gifu, 奈良 Nara, 和歌山 Wakayama,	
			"trap for birds(조류의 덫)"
おす, おそ	osu, oso	(日方:徳島 Tokushima, 福島 Fukushima)	
			"trap for beasts(짐승 덫)"
おすば	osu-ba	(日方:愛知 Aichi)	"place where trap is laid(덫 놓는 곳)"
おっつ	ottu	(日方:群馬 Gunma)	"trap(덫, 올가미)"
あじ	azi	(日方:埼玉 Saota, a, 神奈川 Kanagawa, 八丈島 Hachijojima)	
			"spiderweb(거미 줄)"
えず	ezu	(日方:仙台 Sendai)	id.
	asu	(夫余)	"trap net(덫의 그물)"
	ofi	(夫余)	"pheasant trap(꿩의 덫)"
	sae	(韓方:함남)	"trap(덫, 올가미)"
	chi	(韓方:제주, 전남)	id.

- **19A-2**

おどらかし	odo-rakasi	(日方:長崎 Nagasaki)	"fake bait(가짜 미끼)"
うら	ura	(日方:千葉 Chiba, 静岡 Shizuoka)	
			"tip of fishhook(낚시 끝머리)"
	ata-n	(夫余)	id.
	or-kho	(韓方:평북)	"trap(덫, 올가미)"

- **19A-3**

こぶち	kobuti	(日方:静岡 Shizuoka, 岐阜 Gifu, 三重 Mie, 和歌山 Wakayama,	
		徳島 Tokushjma)	"trap(덫)"
こぼち	koboti	(日方:三重 Mie)	id.
くぶち	kubuti	(日方:栃木 Tichigi, 静岡 Shizuoka)	id.
	gofoho	(夫余)	"snare for small birds(작은 새의 덫)"
	kumur	(韓方:전남)	"trap(덫, 올가미)"

- **19A-4**

だな	dana	(日方:三重 Mie)	"trap(덫)"
たかばっちょう	taka-battyoo	(日方:福岡 Fukuoka)	"setting up a trap on a tree-top(나무 끝에 덫을 놓음)"
	tuhe	(夫余)	"trap for weasels(족제비 덫)"
	toch	(現韓)	"trap(덫)"

- **19A-5**

ひら	h̲i̲ra	(日方:秋田 Akita, 岩手 Iwate, 静岡 Shizuoka, 山梨 Yamanashi)	"bird's trap(새덫)" (음전)
べろり	b̲e̲ro-ri	(日方:群馬 Gunma)	"snare wood piece(덫에 쓰는 목편)"(음전)
	hur̲-ka	(夫余)	"snare for birds(새덫)"
	ul̲h̲i-asu	(夫余)	"fishing net(생선 그물)" (음전)
	or-kami	(現韓)	"trap(덫)"

- **19A-6**

ぶっちめ	butti-me	(日方:茨城 Ibaragi, 栃木 Tochigi, 群馬 Gunma)	"snare(덫의 일종)"
ぶちめ	buti-me	(日方:千葉 Chiba)	"trap for small birds(작은새의 덫)"
	fangsha-ku̲	(夫余)	"trap for small animals(작은 동물의 덫)"
	h-ubisha-	(夫余)	"to trap(덫으로 잡다)"
	fejile-n	(夫余)	"snare for wild fowl(들새의 덫)"
	mushu-algan	(夫余)	"snare for quail(메추라기 덫)"
	muscir	(韓方:평북)	"a fishing method(고기잡이의 한 가지)"

19B. 신변기구와 물품(33그룹)

- **19B-1**

あらよせ	ara-yose	(日方:奈良 Nara, 和歌山 Wakayama)	"bamboo broom(참대 비)"
	eri-ku	(夫余)	"broom(비)"

- **19B-2**

いんび	inbi	(日方:香川 Kagawa)	"porcelain(도자기, 자기 제품)"
	uhe-re	(夫余)	id.
	aiha, yehe-re	(夫余)	id.

- **19B-3**

うちぼうき	utibooki	(日方:岩手 Iwate, 島根 Shimane)	"duster(먼지터는 것)"
おちぼうき	otibooki	(日方:島根 Shimane)	id.
	arfuku̲	(夫余)	"fly swatter(파리채)"

- **19B-4**

ええじゃあ	eezyaa	(日方:南島 Minamijima)	"tatami's joint(다다미 합치는 데)"
	aca-n	(夫余)	"juncture(접합점)"

- **19B-5**

おいね	oine	(日方:奈良 Nara, 岐阜 Gifu)	"tool to carry on the back(짊어지는 기구)"
おいねる	oine-ru	(日方:愛知 Aichi, 滋賀 Shiga, 三重 Mie, 奈良 Nara)	"to carry on the back(짊어지다)"

おねる	one-ru	(日方:岐阜 Gifu)	id.
	unu-	(夫余)	id.

- 19B-6

かかり	kakar-i	(現日)	"catch(고리)" (음전)
かける	kaker-u	(現日)	"belt buckle(혁대쇠)" (음전)
	gurgi	(夫余)	"clasp(고리, 걸쇠)" (음전)
	kaktt-i	(韓方:평북)	"belt(띠)"

- 19B-7

かぎ	kagi	(現日)	"hook(갈고리), lock(자물쇠)"
かぎじょう	kagi-zyoo	(日方:岩手 Iwate)	"furnace hook(난로의 고리)"
	kaku	(夫余)	"lock(자물쇠)"

- 19B-8

がし	gasi	(日方:壱岐 Iki)	"thing(물품)"
がそ	gaso	(日方:山口 Yamaguchi)	id.
がつ, がと	gatu, gato	(日方:熊本 Kumamoto)	"possession(소유품)"
がん	gan	(日方:新潟 Niigata, 大分 Oita)	
			"thing(물품)"
こつ	kotu	(日方:九州 Kyushu)	id.
	jaka	(부여)	"thing(물품)"
	(-)inge	(夫余)	"thing of(...의 것)"
	kos	(現韓)	"thing(것, 물품)"

- 19B-9

ごうさん	goosan	(日方:南島 Minamijima)	"cane(지팡이)"
がさん	gasan	(日方:奄美大島 Amamiojima)	id.
	guwaige	(夫余)	"crutches(목발, 협장)"

- 19B-10

こま	koma	(日方:大阪 Osaka)	"ring(둥근 것), circle(원, 둘레)"
	guifu-n	(夫余)	"ring(반지)"
	kasaeng'i	(韓方:충북)	"girth(둘레)"

- 19B-11

さい	sai	(現日)	"dice(주사위, 다이스)"
さや	saya	(日方:愛媛 Ehime)	id.
	se-se	(夫余)	id.
	sa-za.	(古韓)	id.

- 19B-12

さし	sasi	(日方:奄美大島 Amamiojima)	
			"lock(자물쇠)"
さしぬくわ	sasi-nukuwa	(日方:南島 Minamijima)	id.
じょうのこ	zyoo-no-ko	(日方:石川 Ishikawa)	id.
	cosho	(夫余)	"iron hook(쇠 고리)"

| | saes-tae | (韓方:전남) | "lock(자물쇠)" |

- **19B-13**

さてこみ

	sate-komi	(日方:福岡 Fukuoka)	"purse(지갑)"
	santa	(夫余)	"very small bag(아주 작은 봉지)"
	kaec-cima	(韓方:전남)	"purse(지갑)"

- **19B-14**

じぐり
つんぐり

	ziguri	(日方:北海道 Hokkaido)	"play top(팽이)" (음전)
	tunguri	(日方:富山 Toyama)	id. (음전)
	torgi-ku	(夫余)	id. (음전)
	seru	(韓方:평북)	id.

- **19B-15**

じゃこがさ

	zyako-gasa	(日方:和歌山 Wakayama)	"bamboo hat(참대 갓)"
	seki-yeku	(夫余)	"straw hat(짚 갓)"
	sas-kas	(現韓)	"bamboo rain hat(삿갓)"
	sakka-ti	(韓方:평북)	id.

- **19B-16**

じゅうり
さな

	zyuuri	日方:三重 Mie, 大分 Oita)	"umbrella(우산)"
	sana	(日方:南島 Minamijima)	id.
	sara	(夫余)	id.
	u-san	(現韓)	id.

- **19B-17**

そ

	so	(古日;日方:島根 Shimane, 山口 Yamaguchi)	"item(물품)"
	hi	(夫余)	id.
	hae	(現韓)	"item belonging to someone(해)"

- **19B-18**

だいせん

	daise-n	(日方:京都 Kyoto, 兵庫 Hyogo)	"fan(부채)"
	debsi-ku	(夫余)	"fan(부채), to fan(부채질 하다)"
	debsi-	(夫余)	"to fan(부채질 하다)"

- **19B-19**

ちぎり

| | tigiri | (日方:関東 Kanto, 福島 Fukushima, 岩手 Iwate, 大分 Oita) | "scale(저울)" |

とっぷん
とびちん

	toppun	(日方:埼玉 Saitama)	"weight of a balance(분동, 저울추)"
	tobitin	(日方:愛知 Aichi)	id.
	tehere-buku	(夫余)	"scale(저울)"
	chimching	(韓方:충남)	id.

- **19B-20**

ちまめ

| | timame | (日方:香川 Kagawa, 広島 hiroshima, 島根 Shimane, 大分 Oita) | "pacifier(갓난 아이가 빠는 장난감)" |

ちちまめ	ti-<u>tima</u>-me	(日方:島根 Shimane)	id.
	cimi-k<u>u</u>	(夫余)	id.

- 19B-21

つえ	tue	(現日)	"cane(지팡이)"
てぼ	<u>te</u><u>bo</u>	(日方:石川 Ishikawa)	id. (음전)
	teifun	(夫余)	id.
	ciphang'i	(現韓)	id.
	<u>ma</u><u>ta</u>e	(韓方:평북)	id. (음전)

- 19B-22

てぞうけ	tezooke	(日方:山口 Yamaguchi)	"bamboo dust pan(참대 쓰레받기)"
てだかみ	tedaka-mi	(日方:奈良 Nara)	"dust pan(쓰레받기)"
ちちみ	titimi	(日方:三重 Mie)	id.
	dasihi	(夫余)	"dust(먼지)"
	dasihi-ya-	(夫余)	"to dust with a feather duster(털의 먼지 터는 것으로 먼지를 털다)"
	dasihi-yak<u>u</u>	(夫余)	"feather duster(털 먼지터는 것)"

- 19B-23

てんぐばた	tengu-bata	(日方:和歌山 Wakayama, 福島 Fukushima, 宮城 Miyagi, 岩手 Iwate, 青森 Aomori)	"kite(연)"
	deyengu	(夫余)	id.

- 19B-24

はた	hata	(現日)	"loom(베틀)"
はたし	hata-si	(日方:岩手 Iwate, 栃木 Tochigi, 群馬 Gunma, 埼玉 Saitama, 神奈川 Kanagawa, 千葉 Chiba, 長野 Nagano) id.	
	fata-n	(夫余)	"tool fo the loom(베틀의 기구)"
	peth<u>u</u>-r	(現韓)	"loom(베틀)"

- 19B-25

はたき	hatak-i	(現日)	"duster(먼지 터는 것)"
はたく	hatak-u	(現日)	"to dust(먼지 털다), to beat(치다)"
はつる	hatu-ru	(日方:鳥取 Tottori)	"to slap(찰싹 치다)"
	basha-k<u>u</u>	(夫余)	"whisk(작은 비)"
	fithe-	(夫余)	"to pluck(잡아뜯다)"
	pongtang'i	(韓方:평북)	"dust(먼지)"
	mongtang	(韓方:평북)	id.

- 19B-26

はっすんがみ	hassun-gami	(日方:栃木 Tochigi, 富山 Toyama)	"Japanese writing paper(글을 쓰는 일본종이)"
はんぜき	hanzeki	(日方:長野 Nagano)	"place where paper is dried(건지장)"
はんし	hansi	(現日)	id.
	hooshan	(夫余)	"paper(종이)"

- **19B-27**

| はんき | hanki | (日方:山口 Yamaguchi) | "writing paper(글 쓰는 종이) |
| | herge- | (夫余) | "to make paper(종이를 만들다)" |

- **19B-28**

| ひのし | hinosi | (現日) | "iron(다리미)" |
| | huweshe- | (夫余) | "to iron(다리미질 하다)" |

- **19B-29**

| ひばち | hiba-ti | (現日) | "brazier(화로)" |
| | hope-n | (夫余) | id. |

- **19B-30**

| ぶんこ, ばん | bunko, ban | (日方:福島 Fukushima) | "table(책상) |
| | fenihi-yen | (夫余) | "small table for incense offering(향을 올리는 작은 책상)" |

- **19B-31**

べっかずみ	bekka-zumi	(日方:茨城 Ibaragi)	"india ink(먹, 먹물)"
	behe	(夫余)	"ink(잉크), ink-stick(먹)"
	mok	(現韓)	id.

- **19B-32**

めいけい	meikei	(日方:茨城 Ibaragi)	"mirror(거울)"
	buleku	(夫余)	id.
	buleku-she-	(夫余)	"to look in the mirrow(거울을 보다)"
	menkyong	(韓方:제주)	"mirror(거울)"
	myonkyong	(韓方:경상, 전라)	id.

- **19B-33**

| やいとばば | yaito-baba | (日方:島根 Shimane) | "lion's mask for dancing(무용용 사자면)" |
| | yaisa-ntu | (夫余) | "lion-like beast(사자 같은 짐승)" |

19C. 음식과 취사의 기구(24그룹)

- **19C-1**

けんぐり	kenguri	(日方:長野 Nagano)	"teacup(차잔)"
くいごき	kuigoki	(日方:愛媛 Ehime)	"rice and tea cup(밥과 차의 잔)"
ごき	goki	(日方:秋田 Akita, 岩手 Iwate, 八丈島 Hachijojima, 長崎 Nagasaki)	"teacup(차잔), rice bowl(밥통)"
	kukuri	(夫余)	"small flat vessel(작은 평평한 그릇)"

- **19C-2**

| さいとう | saitoo | (日方:高知 Kochi) | "vegetable knife(야채칼)" (菜刀?) |
| | jaida | (夫余) | "kitchen knife(취사장의 칼)" |

- 19C-3

さはち	saha-ti	(日方:仙台 Sendai, 鳥取 Tottori, 島根 Shimane)	
			"large bowl(큰 주발)"
	sama-ra	(夫余)	"large wooden bowl(큰 목제 주발)"
	sapa-r	(現韓)	"bowl(사발)"

- 19C-4

さら	sara	(現日)	"plate(사발)"
すうりい	suurii	(日方:南島 Minamijima)	"medium-size dish(중형의 사발)"
	cara	(夫余)	"pewter(백랍, 백랍의 제물)"
	solha	(夫余여)	"food vessel with cover(뚜껑 있는 식기)"
	sarhu	(夫余)	"cupboard(찬장)、 dish rack(접시 선반)"
	fila	(夫余)	"plate(접시)"
	sorang'i	(韓方:평북)	"washbowl(대야)"

- 19C-5

しっけ	sikke	(日方:南島 Minamijima)	"spoon(숟가락)"
せっかい	sekkai	(日方:兵庫 Hyogo)	id.
	sabka	(夫余)	"chopstick(젓가락)"
	shaka	(夫余)	"fork(포크)"
	shaka-ri	(夫余)	"fruit fork(과실 포크)"
	sukka-r	(韓方:강원, 경기, 경북, 전라, 제주, 충청, 황해)	
			"spoon(숟가락)"

- 19C-6

しらか	siraka	(日方:岩手 Iwate, 宮崎 Miyazaki)	
			"earthenware mortar(도자기 절구)"
しらじ	sirazi	(日方:関東 Kanto, 長野 Nagano) id.	
すりこばち	suriko-bati	(日方:九州 Kyushu, 大阪 Osaka) id.	
	cirge-	(부여)	"to ram(쳐서 넣다), to pound(계속 세게 치다)"
	cirge-ku	(夫余)	"wooden implement to pound earth(땅을 세게 찍는 기구)"
	corku	(現韓)	"mortar(절구)"

- 19C-7

しんずい	sinzu-i	(日方:三重 Mie)	"box-like caldron base(큰 상자 같은 솥대)"
せとがま	seto-gama	(日方:静岡 Shizuoka)	"clay caldron(점토의 큰 솥)"
	saya	(夫余)	"small cooking pot(작은 조리 솥)"
	soth	(現韓)	"caldron(솥)"

- 19C-8

そげ	soge	(日方:山形 Yamagata)	"crude chopsticks(투박한 젓가락)"
てこ	teko	(日方:三重 Mie, 奈良 Nara) id.	
さじ	sazi	(現日)	"spoon(숟가락)"

	joksi	(夫余)	"wooden ladle without a handle(손잡이 없는 나무 주걱)"
	suc<u>o</u>	(現韓)	"spoon and chopsticks(숟가락과 젓가락)"

● 19C-9

ちょろけん	tyoroke-n	(日方:千葉 Chiba)	"small pestle(작은 절구 공이)"
いちろく	<u>itiroku</u>	(日方:千葉 Chiba)	"big pounder(큰 공이)"
	dar<u>gu</u>-wan	(夫余)	"wooden hoe(나무 호미)"
	c<u>o</u>rku	(現韓)	"mortar(절구)"
	tarku	(現韓)	"rammer(달구)"

● 19C-10

でえわ	deewa	(日方:群馬 Gunma)	"kettle hanger(주전자를 올려 거는 고리)"
	juma-n	(夫余)	"level place on fireplace(난로 위의 평한 곳)"
	put-<u>tuma</u>-k	(現韓)	"level place above the kitchen oven(부뚜막)"

● 19C-11

てき	teki	(日方:岡山 Okayama, 島根 Shimane, 山口 Yamaguchi)	
		"toasting net(석쇠)"	
てっき	tekki	(日方:千葉 Chiba, 岡山 Okayama, 島根 shimane) id.	
かんてき	kan-<u>teki</u>	(日方:広島 Hiroshima) id.	
	tungku	(夫余)	"small dragnet(작은 포위망)"
	teki-yeku	(夫余)	"a kind of net(그물의 일종)"
	sok-soe	(現韓)	"toasting net(석쇠)"

● 19C-12

どんこ	donko	(日方:岡山 Okayama)	"fish basket(물고기 바구니)"
ちっこべ	tikko-be	(日方:神戸 Kobe, 岩手 Iwate)	
		"deep-bottom basket(밑 깊은 바구니)"	
ですけじょうけ	desuke-zyooke	(日方:熊本 Kumamoto)	"basket with a handle(손잡이 있는 바구니)"
	dangsaha	(夫余)	"open-top basket(위가 열린 바구니)"
	tungceki	(韓方:평북)	"basket(바구니)"
	tuku-mi	(韓方:평북)	id.

● 19C-13

どんび	donbi	(日方:京都 Kyoto)	"ladle(국자)"
	dongmo	(夫余)	"teapot(차 단지)"
	tuyungpa-k	(現韓)	"dug-out gourd(파낸 호박)"

● 19C-14

とんぶり	tonburi	(現日)	"bowl(주발)"
	tomoro-n	(夫余)	"sacrificial bowl(제물의 주발)"
	congpari	(韓方:경북, 전남)	"bowl(주발)"
	ttukpari	(韓方:평북)	id.

- 19C-15

はっぷい	happui	(日方:三重 Mie)	"winnowing fan(풍구)"
	boho-mi	(夫余)	id.
	phurmu	(現韓)	id.

- 19C-16

はんぞう	banzoo	(日方:鳥取 Tottori, 山形 Yamagata, 福島 Fukushima, 岩手 Iwate, 新潟 Niigata, 長野 Nagano, 愛知 Aichi, 山梨 Yamanashi, 岐阜 Gifu, 富山 Toyama, 石川 Ishikawa, 山口 Yamaguchi, 香川 Kagawa)	"basin(대야)"
はんじょう	hanzyoo	(日方:山口 Yamaguchi)	"fish-washing tub(생선 씻는 대야)"
ばんじょう	banzyoo	(日方:滋賀 Shiga)	"wooden bowl(나무 주발)"
はんじり	hanziri	(日方:j南島 Minamijima)	id.
	fengse	(夫余)	"pan(납작한 냄비)"
	huwenji	(夫余)	"wooden bowl with handle(손잡이 있는 나무 주발)"
	hamci	(現韓)	"large wooden bowl(함지)"
	pochi	(現韓)	"big bowl(큰 주발)"

- 19C-17

ひしゃく	hishaku	(現日)	"ladle(국자)" (음전)
	hece-	(夫余)	"to ladle out(퍼내다)"
	hereku	(夫余)	"ladle(국자)"
	herge-	(夫余)	"to skim the top of a liquid(액체의 위를 걷어 내다)"
	hishaku	(夫余)	"brush(솔)"
	pakcu-k	(韓方:전남)	"rice spatula(밥주걱)" (음전)

- 19C-18

ふいきん	huikin	(日方:山梨 Yamanashi, 石川 Ishikawa, 三重 Mie, 九州 Kyushu)	"wiping cloth(훔치는 행주)" (음전)
ふきの	hukino	(日方:青森 Aomori, 愛知 Aichi, 岐阜 Gifu, 壱岐 Iki, 熊本 Kumamoto, 鹿児島 Kagoshima)	id. (음전)
ふきん	hukin	(現日)	id. (음전)
	fungku	(夫余)	id. (음전)
	haengki-kkun	(韓方:전북)	id. (음전)

- 19C-19

へら	hera	(現日)	"ladle(국자), rice scoop(밥 주걱)"
	here-ku	(夫余)	"ladle(국자)"
	here-	(夫余)	"to ladle out(퍼내다)"
	jooli	(夫余)	"bamboo ladle(참대 국자)"
	joli	(夫余)	"straining ladle(걸러내는 국자)"
	cori	(現韓)	"bamboo strainer(조리)"

- **19C-20**
  ほうろく | hooroku | (日方:長野 Nagano, 岐阜 Gifu, 徳島 Tokushima, 高知 Kochi) "pottery teapot(도기 차단지)"

| | hurse | (夫余) | "earthenware cooking pot(도기의 조리용 냄비)" |
| | paraki | (現韓) | "small dish(작은 접시)" |

- **19C-21**
  まあり
  まり

maari, makari	(日方:南島 MInamijima)	"rice bowl(쌀 주발)"
mari	(古日)	"tea or rice bowl(차나 밥 주발)"
moro	(夫余)	"bowl(주발)"
pari	(韓方:평북)	id.
moraeng'i	(韓方:평북)	"small vessel(작은 목기)"

- **19C-22**
  ます

masu	(現日)	"Japanese bushel(일본의 재는 말)"
malin	(夫余)	"dry measure for grain(곡물의 건량)"
mar	(現韓)	"Korean bushel(말)"

- **19C-23**
  まなべいた
  まないた

manabe-ita	(日方:長野 Angano)	"chopping board(도마)"
mana-ita	(現日)	id.
fanihi-yan	(夫余)	id.
pen-	(韓方:전남)	"to cut(베다)"

- **19C-24**
  みしげぇ
  めしがい
  めしげ

misi-gee	(日方:南島 Minamijima)	"food ladle(음식 국자)"
mesi-gai	(日方:熊本 Kumamoto)	id.
mesi-ge	(日方:宮崎 Miyazaki, 鹿児島 Kagoshima)	id.
musi-hi	(夫余)	"wooden ladle(나무 국자)"
masha	(夫余)	"ladle(국자)"
ppak-ccuk	(韓方:강원, 경북)	id.

19D. 침구(5그룹)

- **19D-1**
  すがき
  すが

sugaki	(日方:滋賀 Shiga)	"bamboo bed(참대로 만든 침상)"
suga	(日方:山形 Yamagata)	"a kind of mat(돗자리의 일종)"
cikeku	(夫余)	"reeds or rice stalks mat(갈대와 벼줄기의 침상)"
chosiki	(韓方:경남)	"rush mat(돗자리)"

- **19D-2**
  つぎまくら

tugi-makura	(日方:岐阜 Gifu)	"man's pillow(남자 베개)"
cirku	(夫余)	"pillow(베개)"
pekae	(現韓)	id.

- **19D-3**

ねざ	neza	(日方:香川 Kagawa, 徳島 Tokushima, 島根 Shimane)
		"bed(침상)"
ねま	nema	(日方:京都 Kyoto, 大阪 Osaka, 神戸 Kobe, 広島 Horoshima) id.
ねや	neya	(日方:三重 Mie, 神戸 Kobe, 岡山 Okayama, 徳島 Tokushima, 高知 Kochi) id.
ねま	nema	(現日) "bedroom(침실)"
	naha-n	(夫余) "oven-bed(화덕 침상)"
	nuca-n-	(韓方:경남) "to doze(졸다)"
	nupu-ca-	(韓方:경상) id.

- **19D-4**

ふとぎ	hutogi	(日方:石川 Ishikawa, 福井 Fukui)
		"bedding(침구류)"
ねじき	neziki	(日方:秋田 Akita, 徳島 Tokushima) id.
	beserge-n	(夫余) "bed(침대)"
	photeki	(韓方:강원, 충북) "overquilt(이불)"
	muthuci-n	(韓方:평북) "wooden pillow(나무 베개)"

- **19D-5**

まくら	makura	(現日) "pillow(베개)"
かんむり	kan-muri	(現日) "long head band(긴 두건)"
	mahala	(夫余) "hat(모자), round winter cap(둥근 겨울 모자)"
	peke	(現韓) "pillow(베개)"

19E. 톱, 도끼, 송곳(17그룹)

- **19E-1**

いり	iri	(日方:南九州 Minami Kyushu, 南島 Minamijima)
		"drill(송곳)"
	eru-wen	(夫余) id.

- **19E-2**

おが	oga	(日方:長崎 Nagasaki) "big saw(큰 톱)"
おがのこ	oga-no-ko	(日方:熊本 Kumamoto) id.
	arga-	(夫余) "to form a sickle shape(낫형으로 만들다)"
	arga-n	(夫余) "teeth of a saw(톱니)"
	angko-ri	(韓方:평북) "sickle(낫)"

- **19E-3**

かがら	kagara	(日方:福島 Fukushima, 茨城 Ibaragi)
		"hoe's handle(호미의 손잡이)"
	gokci	(夫余) "handle of a plow(쟁기의 손잡이)"

	kokori	(古韓)	"handle(손잡이)"

• **19E-4**

がんでがら	gandegara	(日方:青森 Aomori)	"hoe grip(호미의 손잡이)"
かんだいがら	kandaigara	(日方:岩手 Iwate)	id.
かんがら	kangara	(日方:長野 Nagano)	id.
	guljarha-n	(夫余)	"grip of a whip(매질하는 매의 손잡이)"
	kkokci	(現韓)	"handle(손잡이)"

• **19E-5**

さぁふんゆうち	saahu-nyuuti	(日方:南島 Minamijima)	"big ax(큰 도끼)"
じゅまぁ	zyumaa	(日方:南島 Minamijima)	id.
	suhe	(夫余)	"ax(도끼)"

• **19E-6**

さがら	sagara	(日方:群馬 Gunma)	"hoe(괭이)"
しゃくし	shaku̱s̱i	(日方:茨城 Ibaragi, 埼玉 Saitama)	"instrument(기구)" (음전)
すき	suki	(現日)	"plow(쟁기)"
さぜかき	saze-kaki	(日方:長野 Nagano)	"bamboo rake(참대 갈퀴)"
さで	sade	(日方:長野 Nagano, 広島 Hiroshima)	"rake(갈퀴)"
せんぞく	senzo-ku	(日方:福岡 Fukuoka, 壱岐 Iki)	"wedge for hoe handle(괭이 손삽이)"
	shaka	(夫余)	"spear with fork head(끝이 포크형의 창)"
	sac̱i̱ku̱	(夫余)	"plow(쟁기), spade(가래, 삽)" (음전)
	sanci	(韓方:평북)	"shavel(삽)"
	caengki	(現韓)	"plow(쟁기)"

• **19E-7**

さひ, さへ	sahi, sahe	(古日)	"spade(가래)"
	saifi	(夫余)	"spoon(숟가락)"
	sarphu	(韓方:평북)	id.

• **19E-8**

つるぎ	tu̱ru̱-g̱i	(現日)	"sword(검, 큰칼)" (음전)
	gida	(夫余)	"spear(창)"
	turu	(夫余)	"sword belt(검 벨트)"
	kar	(古韓)	"knife(칼)"
	sikha̱ṟ	(韓方:전남)	id. (음전)

• **19E-9**

ておき	teoki	(日方:広島 Hiroshima, 大分 Oita)	"small ax(작은 도끼)"
てよき	teyoki	(日方:奈良 Nara, 兵庫 Hyogo)	id.
てをき	tewoki	(古日)	id.

	joku̲	(夫余)	"fodder knife(사료 칼)"
	toksiku̲	(夫余)	"small hammer(작은 망치)"
	cakuy	(現韓)	"adze(자귀)"
	tongcae	(韓方:함북)	"knife(칼)"

● 19E-10

とんこずち	tonko-zuti	(日方:千葉 Chiba)	"mallet(나무 망치)"
	tuku	(夫余)	id.
	tooki	(韓方:강원, 경북, 충북)	"adze(도끼)"

● 19E-11

はさみ	hasa-mi	(現日)	"scissors(가위)"
はさむ	hasa-mu	(現日)	"to insert(끼우다)"
	foso-mi-	(부여)	"to tuck in(시쳐넣다, 접어넣다)"
	hasa-ha	(부여)	"scissors(가위)"
	hasa-la-	(夫余)	"to cut with scissors(가위로 자르다)"
	kasi-kae	(韓方:경북)	"scissors(가위)"

● 19E-12

はばた	haba-ta	(日方:埼玉 Saitama)	"wide hoe(넓은 팽이)"
はびろ	habi-ro	(日方:德島 Tokushima)	"hoe(팽이)"
	homi-n	(夫余)	id.
	homi-la-	(夫余)	"to weed(잡초를 자르다)"
	homi	(現韓)	"weeding hoe(濠미)"

● 19E-13

| ばんじ, ばんち | banzi, banti | (日方:岡山 Okayama) | "rake(갈퀴)" |
| | pase | (夫余) | id. |

● 19E-14

ひじ	hizi	(日方:熊本 Aomori)	"hook(갈고리)"
	fina	(夫余)	"anglehook(낚시 고리)"
	puso-n	(現韓)	"small fire shovel(부손)"

● 19E-15

びぶら	bibura	(日方:石川 Ishikawa, 福井 Fukui)	"rake(갈퀴)"
びびら	bibira	(日方:新潟 Niigata)	"bamboo rake(참대 갈퀴)"
	hedere-	(夫余)	"to rake in(긁어 모으다)"
	hedere-ku	(夫余)	"rake(갈퀴)"

● 19E-16

ぼた	bota	(日方:愛媛 Ehime)	"adze(손 도끼)"
	bontu	(夫余)	id.
	putu̲ng-kari	(現韓)	"a kind of shovel(부등가리)"

● 19E-17

| まえご | maego | (日方:三重 Mie) | "toggle for ax(도끼 빗장)" |

| ほせぎ | hosegi | (日方:兵庫 Hyogo) | "toggle for the stable(마구간 빗장)" |
| | berge | (夫余) | "latch(걸쇠), toggle(빗장)" |

19F. 통, 바구니, 단지(29그룹)

- **19F-1**

| えつけ | etuke | (日方:佐賀 Saga) | "pail for one hand(한손 잡이 통)" |
| | ucika | (夫余) | "a kind of bow case(활집의 일종)" |

- **19F-2**

| えりき | eri-ki | (日方:新潟 Niigata) | "empty gasoline can(빈 석유통)" |
| | iole- | (夫余) | "to oil(기름을 치다)" |

- **19F-3**

おび	obi	(日方:鹿児島 Kagoshima, 種子島 Tanegashima)	
			"pot belt(단지 벨트)"
えぇぱ	eepa	(日方:南島 Minamijima)	"basin(대야)"
	obo-ku	(夫余)	"basin for face washing(세면 대야)"

- **19F-4**

がぁまき	gaama-ki	(日方:南島 Minamijima)	"straw basket(짚 바구니)"
くもんかご	kumo-n kago	(日方:滋賀 Shiga)	"hand basket(손 바구니)"
げば	geba	(日方:佐渡 Saga)	"fish container(생선 그릇)"
ざま/ずぶ	zama/zubu	(日方:栃木 Tochigi, 茨城 Ibaragi)	
			"fish basket(생선 바구니)"
	kapi	(夫余)	"sewing basket with a cover(뚜껑이 있는 재봉 바구니)"
	kapang(<-kapasne) (現韓)		"briefcase(가방)"

- **19F-5**

かちご	kaci-go	(日方:京都 Kyoto)	"basket(바구니)"
かたみ	kata-mi	(日方:奈良 Nara)	"bamboo basket(참대 바구니)"
きゅうてぇ	kyuutee	(日方:千葉 Chiba)	"fish basket(생선 바구니)"
こざ	koza	(日方:岐阜 Gifu)	"big hemp basket(큰 삼 바구니)"
	kude	(夫余)	"braided basket for feeding cows(엮은 소먹이 바구니)"

- **19F-6**

がいじばら	gaizi-bara	(日方:南島 Minamijima)	"straw basket(짚 바구니)"
こいため	koita-me	(日方:大分 Oita)	"basket(바구니)"
かがり	kagari	(日方:三重 Mie, 和歌山 Wakayama, 大分 Oita, 福岡 Fukuoka, 熊本 Kumamoto)	"basket(바구니)"
かんがり	kangari	(日方:鳥取 Tottori)	"straw basket(짚 바구니)"
	kaiciri	(夫余)	"box hanging from the belt(띠에 다는 주머니)"
	kaica	(夫余)	"birch bark basket(자작나무 껍질의 바구니)"

	kaici-ri	(夫余)	"belt bag(띠 자루)"
	kori	(古韓)	"wicker basket(짚 바구니)"
	kokori	(古韓)	"handle(꼭지)"

- **19F-7**

がら	gara	(日方:熊本 Kumamoto)	"pot for Japanese spirit(소주 단지)"
ぐり	guri	(日方:壱岐 Iki)	"pot(단지)"
ちゃぐり	tya-guri	(日方:埼玉 Saitama, 愛知 Ehime)	
			"tea pot(차 단지)"
はんぎり	han-giri	(日方:仙台 Sendai)	"flat tub(평평한 통)"
	a-gura	(부여)	"vessel(그릇)"
	tu-kari	(韓方:평북)	"pot(단지)"

- **19F-8**

| こうじうた | koozi-uta | (日方:奈良 Nara) | "a kind of box(상자의 일종)" |
| | guise | (夫余) | "cabinet(찬장)" |

- **19F-9**

こうり, こり	koori, kori	(現日)	"wicker basket(잔 가지 바구니)"
	hori-n	(夫余)	"cage(우리)" (animal's＝동물의)
	horho	(夫余)	id.
	kore-mu	(夫余)	id.
	kuwara-	(夫余)	"to encircle(…에워싸다)"
	kuwara-n	(夫余)	"enclosure(울, 포위, 구내)"
	kori	(現韓)	"wicker basket(잔 가지 바구니)"

- **19F-10**

| こっぽけ | koppo-ke | (日方:滋賀 Shiga) | "bamboo tube(참대통)" |
| | corho | (夫余) | "iron or wood tube(철이나 나무 통)" |

- **19F-11**

こんつみ	kontumi	(日方:佐賀 Saga, 鹿児島 Kagoshima)	
			"bag(봉지, 자루, 주머니)"
	fintaha	(夫余)	id.

- **19F-12**

さげ	sage	(日方:愛媛 Ehime)	"hand pail(손 동이)"
そうばち	sooba-ti	(日方:愛媛 Ehime)	"fish pail(생선 동이)"
	siha-n	(夫余)	"pail(통, 동이)"

- **19F-13**

したみ	sita-mi	(日方:鹿児島 Kagoshima)	"fish basket(생선 바구니)"
さいと	saito	(日方:三重 Mie)	"a kind of basket(바구니의 일종)"
しんど	sindo	(日方:京都 Kyoto)	"big basket(큰 바구니)"
ちゅうて	tyuute	(日方:千葉 Chiba)	"fish basket(생선 바구니)"
	sithe-n	(夫余)	"box(상자)"
	samthae-ki	(現韓)	"basket for carrying dirt(삼태기)"

- **19F-14**

じょうれん	zyooren	(日方:香川 Kagawa)	"bamboo basket(참대 바구니)"
ざら	zara	(日方:和歌山 Wakayama)	"bamboo basket for fish(참대 생선 바구니)"
ざる	zaru	(現日)	"bamboo basket(참대 바구니)"
てぇる	teeru	(日方:南島 Minamijima, 奄美大島 Amamiojima)	id.
	shori	(夫余)	"straw container for rice(쌀의 짚그릇)"
	shoro	(夫余)	"small bamboo basket(작은 참대 바구니)"

- **19F-15**

せご　　　sego　　(日方:岡山 Okayama) "basket(바구니)"

しょうけ　shooke　(日方:島根 Shimane, 岐阜 Gifu, 三重 Mie, 奈良 Nara, 滋賀 Shiga, 京都 Kyoto, 九州 Kyushu) id.

そうき　　sooki　　(日方:兵庫 Hyogo, 鳥取 Tottori, 島根 Shimane, 岡山 Okayama, 広島 Hiroshima)　id.

すかり　　sukari　(日方:対馬 Tsushima)　"back basket(등에 메는 바구니)"

あじか　　azika　　(日方:静岡 Shizuoka, 愛媛 Ehime, 岐阜 Gifu, 愛知 Aichi) "bamboo basket(대 바구니)"

	saksu	(夫余)	"a kid of basket(바구니의 일종)"
	saishan	(夫余)	"hand basket(손 바구니)"
	shulu	(夫余)	id.
	sokuri	(韓方:강원, 경상, 충청)	"basket(바구니)"
	sorki	(現韓)	"wicker basket(잔 가지 바구니)"

- **19F-16**

せんぐり	senguri	(日方:長野 Nagano)	"teacup(찻잔)"
	cekceri	(夫余)	"brass cooking pot(동제의 요리 단지)"

- **19F-17**

たす	tasu	(日方:岐阜 Gifu, 山形 Yamagata)	"a kind of bag(자루의 일종)"
だつ	datu	(日方:島根 Shimane)	"straw bag(가마니)"
	daha-ta	(夫余)	"a kind of leather bag(가죽 자루의 일종)"
	tuti-ki	(韓方:경남)	"sack(자루)"

- **19F-18**

だらくおけ	daraku-oke	(日方:茨城 Ibaragi)	"steaming tub(삶는 통)"
	teli-ye-	(夫余)	"to steam(삶다)"

- **19F-19**

ちゃぼち	tyaboti	(日方:茨城 Ibaragi, 千葉 Chiba)	"tea pot(차 단지)"
とんばち	tonbati	(日方:鳥取 Tottori, 島根 Shimane)	id.
	dabta	(夫余)	"gluepot(풀 단지)"

- 19F-20

つぼ	tubo	(現日)	"crock(단지)"
つんぼこ	tunbo-ko	(日方:和歌山 Wakayama)	"water jar(물 단지)"
ちょぼ	tyobo	(日方:石川 Ishikawa)	"bowl(주발)"
	tomo-ro	(夫余)	"rather big bowl(좀 큰 주발)"
	como, coma-n	(夫余)	"wine cup(술잔)"
	cupa-r	(現韓)	"bowl(주발)"
	si-top	(韓方:평북)	"soup bowl(대접)"
	tumong	(現韓)	"water tub(두멍, 큰동이)"

- 19F-21

つまぶくろ	tuma-bukuro	(日方:対馬 Tsushima)	"cloth bag(부대)"
ぜんぶぞ	zenbu-zo	(日方:宮城 Miyagi, 鹿児島 Kagoshima)	"purse(돈주머니)"
つつみ	tu-tumi	(現日)	"package(꾸러미)"
つつみ	tu-tumi	(日方:和歌山 Wakayama)	"bag(부대)"
	daba-rgan	(夫余)	"bag hung on the body(몸에 다는 부대)"
	juma-ngi	(夫余)	"small cloth bag(작은 직물 부대)"
	suma-la	(夫余)	"small bag(작은 부대)"
	tulum	(夫余)	"leather bag for river-crossing(강을 건널 때에 쓰는 가죽 부대)"
	ssamci	(現韓)	"small pouch(쌈지)"

- 19F-22

てたご	tetago	(日方:山口 Yamaguchi, 広島 Hiroshima)	"hand pail(손 동이)"
てつけ	tetuke	(日方:広島 Hiroshima, 島根 Shimane)	"one-hand bucket(한 손 바께쓰)"
	tataku	(夫余)	"wodden bucket(나무 통)"

- 19F-23

てっぽ	teppo	(日方:茨城 Ibaragi)	"oil pot(기름 통)"
	tampi-n	(夫余)	"vessel(그릇)"

- 19F-24

とぶかし	tobu-kasi	(日方:長野 Nagano)	"steaming basket(찜통, 시루)"
どうふかし	doohu-kasi	(日方:群馬 Gunma, 長野 Nagano)	id.
	tebu-	(夫余)	"to distill(증류하다)"
	ttum	(現韓)	"being well-steamed or cooked(뜸)"

- 19F-25

はこ	hako	(現日)	"box(상자)"
ばぁけ	baake	(日方:南島 Minamijima)	"bamboo basket(참대 바구니)"
ふご	hugo	(日方:仙台 Sendai, 宮崎 Miyazaki)	"fish basket(생선 바구니)"

ひご, へご	higo, hego	(日方:岐阜 Gifu)	"small basket(작은 바구니)"
ほご	hogo	(日方:宮崎 Miyazaki, 島根 Shimane, 広島 Hiroshima)	
			"bamboo basket(참대 바구니)"
	hose, hose-ri	(夫余)	"box(상자)"
	fuka	(夫余)	"animal cage(동물 우리)"
	paku-ni	(現韓)	"basket(바구니)"
	myok-sori	(現韓)	"straw bag(멱서리, 짚바구니)"

- 19F-26

ひずみ	hizu-mi	(日方:群馬 Gunma)	"pail(한손 동이)"
	huju	(夫余)	"trough(물통)
	mise-n	(夫余)	"jar with a large mouth(여는 데가 큰 단지)"

- 19F-27

ぼち	boti	(日方:千葉 Chiba, 茨城 Ibaragi)	
			"jar(단지)"
びんたらい	bintarai	(日方:宮崎 Miyazaki)	"washbowl(세면 대야)"
	badar	(夫余)	"monk's alms bowl(중의 의연물 주발)"
	butun	(夫余)	"crock(도제의 항아리)"

- 19F-28

| やがら | yaga-ra | (日方:群馬 Gunma) | "writing brush case(붓집)" |
| | yaki | (夫余) | "case for quivers(화살통)" |

- 19F-29

ゆたん	yutan	(日方:岡山 Okayama, 広島 Hiroshima)	
			"cloth bag(천으로 만든 자루)"
ゆたん	yutan	(日方:山梨 Yamanashi, 富山 Toyama)	
			"big bag(큰 자루)"
うど, うず	udo, uzu	(日方:南島 Minamijima)	"bed cover(이불)"
	wadan	(夫余)	"cloth wrapper(천 포장), bedding(이불)"

19G. 기외 기구(31그룹)

- 19G-1

| あい | ai | (日方:広島 Hiroshima) | "a kind of charcoal(숯의 일종)" |
| | yaha | (夫余) | "charcoal(숯), coal(석탄)" |

- 19G-2

| あうち | auti | (日方:愛知 Aichi) | "winnowing fan(풍구)" |
| | edun-giye- | (夫余) | "to winnow(키질하다)"(edun=wind[바람]) |

- 19G-3

| あぶりこ | a-buriko | (日方:盛岡 Morioka, 宮城 Miyagi, 佐渡 Sado, 和歌山 Wakayama, 隠岐 Oki, 鹿児島 Kagoshima) "net with rice cake as a bait(떡미끼의 망)" |

	berge	(夫余)	"latch(걸쇠, 빗장)"
	hu̱rga, hu̱rha	(夫余)	"fish net(어망)"

● 19G-4

	いぎ, いげ	igi, ige	(日方:京都 Kyoto)	"spiderweb(거미줄)"
		uku	(夫余)	"a kind of falcon trap(매 덫의 일종)"

● 19G-5

かず	kazu	(古日)	"many items(많은 물품)"
くさ	kusa	(古日)	"sort(종류)"
かずかず	kazu-kazu	(現日)	"various items(여러가지 물품)"
	haci-n	(夫余)	"sort(종류)"
	kacu̱-n	(現韓)	"various(여러가지의)"
	kak-so̱k	(韓方:평북)	id.

● 19G-6

かんがら	kangara	(日方:香川 Kagawa)	"clapper(딸랑이, 새쫓는 기구)"
かんがらん	kangara-n	(日方:群馬 Gunnma)	id.
がらんがらん	garang-garang	(日方:鳥取 Tottori, 香川 Kagawa)	id.
がらがら	gara-gara	(日方:千葉 Chiba, 三重 Mie, 奈良 Nara)	id.
	ungalan-ga moo (夫余)		"wooden clapper(나무 딸랑이)"(moo=나무)

● 19G-7

ぎり	giri	(日方:名古屋 Nagoya)	"bamboo at the top of a banner(작은 기(旗) 위에 있는 참대)"
	kiru	(夫余)	"small banner(작은 기(旗)드림)"

● 19G-8

くるま	kuru-ma	(現日)	"vehicle(차량)"
	gor-da	(夫余)	"cart(짐수레)"
	kurre-mi	(現韓)	"wooden wheel(나무로 만든 수레 바퀴)"

● 19G-9

	けえじゃ	keezya	(日方:南島 Minamijima)	"hanging hook(거는 고리)"
		cosho	(夫余)	id.

● 19G-10

さつゆみ	satu-yumi	(古日)	"bow that hits beasts(맹수를 쏘는 활)"
さち	sati, satu	(古日)	"hunting instrument(사냥 기구)"
さつを	satu-wo	(古日)	"hunter(사냥꾼)"
	sirda-n	(夫余)	"military arrow(군대 활)"
	sar	(現韓)	"arrow(화살)"

● 19G-11

そり	sori	(現日)	"sled(썰매)"
	sherhe	(夫余)	"dog sled(개 썰매)"
	fara	(夫余)	"oxen sled(소 썰매)"

| | ssor-mae | (現韓) | "sled(썰매)" |

• 19G-12

たく	taku	(日方:大分 Oita)	"wooden clapper(나무 딱다기)"
てぎ	tegi	(日方:青森 Aomori, 秋田 Akita, 岩手 Iwate, 岡山 Okayama)	
			"vehicle shafts(수레의 끌채)" (수레의 끌채)"
	tuku	(夫余)	"wooden stick(막대기)"
	ttak-taki	(現韓)	"clapper(딱다기)"

• 19G-13

たらいﾉたらひ	tara-i/tara-hi	(現日/古日) "tub(대야)"	
	taili	(夫余)	"saucer(받침 접시)"
	tarae-kki	(現韓)	"hand basket(다래끼)"

• 19G-14

たんびょうく	tanbyoo-ku	(日方:三重 Mie)	"rod(막대기)"
	darhu-wan	(夫余)	id.
	tuha-n	(夫余)	"long pole(긴 장대)"

• 19G-15

| つか | tuka | (現日) | "handle(손잡이)" |
| | jafaku | (夫余) | id. |

• 19G-16

つくまい	tuku-mai	(日方:千葉 Chiba)	"swing(그네)"
さんぎょぶら	sangyo-bura	(日方:福岡 Fukuoka)	id.
	ceku	(夫余)	id.

• 19G-17

つずみ	tuzu-mi	(日方:群馬 Gunma、岐阜 Gifu)	
			"ownership sign(소유 표지)"
つつだて	tutu-date	(日方:群馬 Gunma)	id.
つつむ	tutu-mu	(日方:福井 Fukui)	"to post the ownership sign(소유 표지를 세우다)"
	shusi-ge	(夫余)	"sign(서명하는 것, 표지)"

• 19G-18

つべ	tube	(日方:岩手 Iwate)	"fish pole(낚싯대)"
ついんぶく	tuinbuku	(日方:南島 Minamijima)	id.
そびく	sobik-u	(日方:岡山 Okayama)	"to move a fish pole up and down(낚싯대를 아래위로 움직이다)"
	cabiha-n	(夫余)	"fish pole float(낚싯대의 부표)"
	ccici	(現韓)	"tag(찌지)"

• 19G-19

つめ	tume	(日方:三重 Mie, 岐阜 Gifu)	"wedge(쐐기)"
	daba-ku	(夫余)	id.
	soeyami	(古韓)	id.

● 19G-20

ばいた	baita	(日方:岐阜 Gifu, 富山 Toyama, 石川 Ishikawa, 滋賀 Shiga, 京都 Kyoto, 岡山 Okayama)	"club(곤봉)"
ぶっとう	buttoo	(日方:南島 Minamijima)	id.
ぼうてぎ	boote-gi	(日方:茨城 Ibaragi)	id.
	biyantu	(夫余)	id.
	foritu	(夫余)	"stick with a small bell(작은 종(鐘)이 붙은 막대기)"
	maitu	(夫余)	"pole heavier at one end(한 쪽이 더 무거운 막대기)"
	matae	(韓方:평북)	"cane(지팡이)"
	mangtuki	(韓方:평북)	"stick(막대기)"
	mus	(現韓)	"fishing pole(뭇, 물고기 잡이 작살)"

● 19G-21

ばいばい	baibai	(日方:奈良 Nara)	"lantern(랜턴, 제등)"
ぼんぼり	bonbo-ri	(日方:茨城 Ibaragi)	id.
	hiyabu-n	(夫余)	id.

● 19G-22

はま	hama	(日方:栃木 Tochigi, 埼玉 Saitama, 兵庫 Hyogo)	"wheel(바퀴)"
	fina	(夫余)	"ring at the end of a crupper(말 궁둥이 끝의 고리)"

● 19G-23

はんで	hande	(日方:京都 Kyoto, 埼玉 Saitama, 神奈川 Kanagawa)	"pole for drying rice plants(벼 줄기를 말리는 막대기)"
	fandi	(夫余)	"horizontal pole on top of a sail(돛대 위의 횡목)"

● 19G-24

ばんば	banba	(日方:奈良 Nara)	"saw scraps(톱 조각)"
ほいうち	hoiu-ti	(日方:福井 Fukui)	"saw(톱)"
はんずま	hanzu-ma	(日方:広島 Hiroshima)	"broadaxe(큰 도끼)"
	fufu-	(夫余)	"to saw(톱으로 자르다)"
	fufu-n	(夫余)	"saw(톱)"
	pap	(現韓)	"scraps(조각)"

● 19G-25

びしゃご	bishago	(日方:高知 Kochi, 対馬 Tsushima)	"swing(그네)"
ぶっさん	bussan	(日方:壱岐 Iki)	id.
ゆっさんこ	yussanko	(日方:熊本 Kumamoto, 鹿児島 Kagoshima)	id.
	masaku	(夫余)	id.

- 19G-26

ふいご	huigo	(現日)		"bellows(풀무)"
ふき	huki			(日方:岩手 Iwate, 鹿児島 Kagoshima) id.
	hujuku	(夫余)		id.

- 19G-27

へら	hera	(現日)		"plowshare(가래의 끝머리)"
へら	hera	(日方:群馬 Gunma)		"plow(가래)"
	halha-n	(夫余)		"plowshare(가래의 끝머리)"
	paroe	(古韓)		"plow(가래)"

- 19G-28

ほうれんもの	hooren-mono	(日方:鳥取 Tottori)	"badly made item(나쁘게 만든 것)"
	elen-gi	(夫余)	"badly clothed(나쁘게 입은), lazy(게으른)"
	horon	(夫余)	"poison(독)"
	horum-ha-	(現韓)	"be shabby(허름하다)"

- 19G-29

ほし	hosi	(日方:埼玉 Saitama)	"plug(마개)"
ほぞ	hozo	(日方:新潟 Niigata, 長野 Nagano)	id.
ぼっち	botti	(日方:埼玉 Saitama, 山梨 Yamanashi)	id.
	hadai	(夫余)	id.
	makae	(現韓)	id.

- 19G-30

まんりき	manriki	(日方:三重Mie, 島根 Shimane)	
			"pulley(활차, 도르래)"
	bireku	(夫余)	"roller(굴리는 것)"
	puruko-t-	(現韓)	"to roll up(부르걷다)"

- 19G-31

わんごろ	wan-goro	(日方:奈良 Nara, 愛媛 Ehime) "ring(반지, 둥근 것, wheel(바퀴)"
わさ	wasa	(日方:和歌山 Wakayama, 鳥取 Tottori, 徳島 Tokushima, 愛媛 Ehime, 高知 Kochi) "round item(둥근 것)"
	fahu-n	(夫余)	"wheel rim(차량의 테)"
	kan-giri	(夫余)	"box clasp catch(상자 걸쇠의 고리)"
	pakhuy	(現韓)	"wheel(바퀴)"

20. 그 외 각종 명사(115그룹)

20A. 대인 명사(15그룹)

• **20A-1**

あだ	ada	(現日)	"enemy(적)"
あた	ata	(古日)	id.
	bata	(夫余)	id.

• **20A-2**

あて	ate	(現日)	"expectation(기대), reliance(의뢰)"
	ertu-	(夫余)	"to rely(기대다)"
	ertu-n	(夫余)	"reliance(의뢰)"

• **20A-3**

あらしぐい	arasi-gui	(日方:南島 Minamijima)	"reporting of misfortune(불운의 통보)"
	aliyasu-nga	(夫余)	"long suffering(참을성 있는)"
	elci-n	(夫余)	"messenger(전달사, 전령)"

• **20A-4**

いりふい	irihu-i	(日方:南島 Minamijima)	"complaint(불평)"
	lehe-	(夫余)	"to complain(불평하다)"
	yungorha-	(韓方:평북)	id.

• **20A-5**

ぎじょう	gizyoo	(日方:熊本 Kumamoto)	"good personal appearance(좋은 풍채)"
きちんと	kitin-to	(現日)	"neatly(단정히)"
	kisan	(夫余)	"neat(단정한)"
	kacuki	(古韓)	"neatly(단정히)"

• **20A-6**

| ぎみあい | gimi-ai | (日方:石川 Ishikawa) | "opposition(대항)" |
| | kimu-n | (夫余) | "enmity(적의, 적대 의사)" |

• **20A-7**

ぎろ	giro	(日方:広島 Hiroshima)	"boasting(자만, 뽐내는 것)"
おぎら	o-gira	(日方:鹿児島 Kagoshima)	"boasting tale(자랑하는 이야기)"
	kiyolo-rjo-	(夫余)	"to put on airs(점잔빼다)"

• **20A-8**

さこと	sako-to	(日方:茨城 Ibaragi)	"laughing matter(우슴꺼리)"
ちょこべこ	tyoko-beko	(日方:宮崎 Miyazaki)	"dimple(보조개)"
	shak-shahun	(夫余)	"with the teeth showing(치아을 보이며)"
	shak-shari	(夫余)	"smiling while showing teeth(이를 보이며 미

			소함)"
	shak-sharja-	(夫余)	id.
	sangku̱s	(現韓)	"smiling manner(상긋)"

● 20A-9

しぜん	size-n	(日方:京都 Kyoto)	"secret(비밀)"
	cisu	(夫余)	"private(사적, 개인적)"
	cisu-i	(夫余)	"privately(사적으로)"

● 20A-10

しめ	sime	(日方:岐阜 Gifu)	"owner's sign(소유자의 표지)"
しめぼし	sime-bosi	(日方:壱岐 Iki)	id.
	sabi	(夫余)	"sign(표지), omen(전조)"
	chaphae	(韓方:전남)	id.

● 20A-11

たちゆう	tati-yuu	(日方:壱岐 Iki)	"one's peer(동료), same age person(동년배)"
ちゆとぉし	tiyu-toosi	(日方:南島 Minamijima)	"one with the same age(동년배)"
	tunga-mi	(夫余)	"of the same age(같은 나이의)"
	tto-rae	(現韓)	id.

● 20A-12

てぇち	teeti	(日方:南島 Minamijima)	"proverb(이언, 속담)"
	tokto-ho gisun	(夫余)	id. (gisun = word[말씀])

● 20A-13

とぅひ	toohi	(日方:岐阜 Gifu)	"rumor(소문)"
とよむ	toyo-mu	(日方:奄美大島 Amamiojima)	
			"to become widely known(널리 알려지다)"
	dere	(夫余)	"reputation(평판)"

● 20A-14

ひがめ	higame	(現日)	"prejudice(편견)"
ひがむ	higam-u	(現日)	"be prejudiced(편견이 있다)"
ひずむ	hizum-u	(現日)	"to warp(휘다)"
	fiseme	(夫余)	"obliquely(간접적으로.비스듬하게)"
	pispo-	(現韓)	"to misjudge(빗보다)"

● 20A-15

みどとり	mido-tori	(日方:青森 Aomori)	"watch(감시)"
みどとり	mido-tori	(日方:岩手 Iwate)	"nursing(간호)"
	matu-n	(夫余)	"watch station(감시소)"

20B. 인적 명사(19그룹)

• 20B-1

| あししろ | asi-siro | (日方:愛知 Aichi) | "preliminary arrangement(사전 준비)" |

よす	yos-u	(日方:青森 Aomori, 秋田 Akita)	
			"to prepare(준비하다)"
	ici-hiya-	(夫余)	"to get oneself ready(채비하다)"

• 20B-2

| おきょうそ | o-kiyooso | (日方:長野 Nagano) | "carelessness(부주의)" |
| | kese-masa | (夫余) | "careless(부주의한)" |

• 20B-3

ぐん	gun	(日方:岩手 Iwate, 秋田 Akita, 広島 Hiroshima, 島根 Shimane)	
			"idea(생각), plan(계획)"
ぎん	gin	(日方:香川 Kagawa)	"feeling(느낌, 기분)"
	guni-n	(夫余)	"thought(생각), feeling(느낌, 기분)"
	kung-ri	(現韓)	"thinking over(궁리)"

• 20B-4

こし	kosi	(日方:和歌山 Wakayama)	"intention(의향), idea(의견)"
	kengse	(夫余)	"determined(결심한, 결연한)"
	suchi-	(古韓)	"to think(번거러운)"

• 20B-5

| こっちょうたま | kottyoo-tama | (日方:山形 Yamagata) | "getting tired of food after eating a lot(많이 먹어서 지루해지는 것)" |
| | geje-ngi | (夫余) | "irksome(번거러운)" |

• 20B-6

さすらい	sasu-rai	(日方:福岡 Fukuoka, 熊本 Kumamoto)	
			"disaster(재난)"
	susu-ngiya-	(夫余)	"to meet disaster(재난을 당하다)"
	susu	(夫余)	"desolate(황폐한)"
	susu-	(夫余)	"to become desolate(황폐하게 되다)"

• 20B-7

しつ	situ	(日方:高知 Kochi)	"sprinkling of water(물뿌림)"
しと	sito	(日方:山形 Yamagata, 福島 Fukushima, 新潟 Niigata, 高知 Kochi, 壱岐 Iki)	id.
	cali-n	(夫余)	"water that flows on top of ice in the spring(봄에 얼음 위를 흐르는 물)"

• 20B-8

| しょうぶ | shoobu | (日方:秋田 Akita, 石川 Ishikawa, 広島 Hiroshima) | |
| | | | "propitiousness(행운)" |

	sabi	(夫余)	id.

● 20B-9

すくれる	suku-reru	(日方:島根 Shimsne, 山口 Yamaguchi, 愛媛 Ehime, 長崎 Nagasaki)	"to get cold(추워지다)" (음전)
すくれ	suku-re	(日方:島根 Shimane, 山口 Yamaguchi, 大分 Oita)	"person who feels cold(추위를 타는 사람)" (음전)
	seruke-n	(夫余)	"cool(좀 추운, 좀 찬)" (음전)
	singke-yen	(夫余)	"cloudy and cold(흐리고 추운)"
	sik-	(現韓)	"to cool down(식다)"

● 20B-10

そりうつ	sori-utu	(日方:青森 Aomori)	"to feel real cold(퍽 춥게 느끼다)"
	ser-guwen	(夫余)	"cool(선선한)"
	siri-	(現韓)	"to be chilly(시리다)"

● 20B-11

ちゃれ	tyare	(日方:千葉 Chiba)	"retreat(후퇴)"
	soro-	(夫余)	"to avoid(피하다)"
	tor-	(現韓)	"to turn around(돌다)"

● 20B-12

ていぐみ	teigu-mi	(日方:南島 MInamijima)	"preparation(준비)"
こじむ	kozi-mu	(日方:岩手 Iwate)	"to prepare(준비하다)"
かったつ	kat-tatu	(日方:岩手 Iwate)	"to dress to prepare for work(일 준비 옷 차림을 하다)"
	toso-	(夫余)	"to prepare in advance(미리 준비하다)"
	cizi	(古韓)	"making(만드는 것)"

● 20B-13

てまざえ	temaza-e	(日方:新潟 Niigata)	"spending leisure(심심풀이)"
てまだぁり	temadaa-ri	(日方:南島 Minamijima)	id.
てまだれ	temada-re	(日方:青森 Aomori, 秋田 Akita)	id.
しまたれ	simata-re	(日方:山形 Yamagata)	id.
ひまち	himati	(日方:千葉 Chiba)	id.
	jabdu-gan	(夫余)	"free time(여가)"
	jabdu-	(夫余)	"be at leisure(여가가 있다)"
	pantur-kori-	(現韓)	"to loaf(반들거리다, 빈들거리다)"

● 20B-14

てんどぅする	tendoo-suru	(日方:三重 Mie)	"to startle(놀라다)"
どぅてんする	doote-n-suru	(日方:岐阜 Gifu, 岩手 Iwate, 仙台 Sendai, 山形 Yamagata, 福島 Fukushima)	id.
どでんする	dode-n-suru	(日方:青森 Aomori, 秋田 Akita, 岩手 Iwate)	id.
	dokdo-la-	(夫余)	id.
	totori-chi-	(古韓)	"to jump by surprise(놀라서 뛰어오르다)"

- 20B-15

| とっぱずか | toppazu-ka | (日方:新潟 Niigata) | "good fortune(행운)" |
| | jabsha-n | (夫余) | id. |

- 20B-16

| なさけ | nasa-ke | (現日) | "sympathy(동정)" |
| | nasa- | (夫余) | "to lament(한탄하다), to regret(후회하다)" |

- 20B-17

まわし	mawasi	(日方:愛知 Aichi, 岐阜 Gifu, 三重 Mie)	"preparation(준비)"
まわり	mawari	(日方:三重 Mie, 奈良 Nara) id.	
	belhe-	(夫余)	"to prepare(준비하다)"

- 20B-18

むり	muri	(現日)	"unreasonableness(무리)" (無理)
	balai	(夫余)	"blindly(맹목적으로)"
	muri-	(夫余)	"be stubborn(완고하다), be persistent(집요하다)"
	muri	(現韓)	"unreasonableness(무리)"

- 20B-19

めいめい	meimei	(現日)	"each one(각자)"
めえめえがちがち	meemee-gatigati	(日方:熊本 Kumamoto)	id.
めんめんこ	menmen-ko	(日方:奈良 Nara)	id.
	meni-meni	(夫余)	id.

20C. 선악, 진부(13그룹)

- 20C-1

あかん	aka-n	(日方:関西 Kansai)	"no good(나쁜)"
あきる	aki-ru	(現日)	"to grow tired of(차차 지루해지다)"
あく	ak-u	(古日)	id.
いかん	ika-n	(現日)	"Don't!(하지 말아!) ; no good(나쁜)"
	aka-	(夫余)	"to lament(한탄하다), be sad(슬프다)"
	akkae	(現韓)	"Look, you botched!(그것봐, 망쳤지!)"
	aso!	(現韓)	"Don't!(하지 말아!)"

- 20C-2

あし	as-i	(古日)	"be bad(나쁘다)"
いしい	isi-i	(日方:群馬 Gunma, 栃木 Tochigi, 山梨 Yamanashi, 千葉 Chiba)	"bad(나쁜)"
やさん	yasa-n	(日方:南島 Minamijima)	id.
	ehe	(夫余)	id.
	ehe-re-	(夫余)	"to become evil(기질이 나빠지다)"

	eshu-re-	(夫余)	"to become bad(나빠지다), to wilt(시들다)"
	aso!	(古韓)	"Don't!(하지 말아!)"

● 20C-3

おろい	oro-i	(日方:九州 Kyushu)	"be bad(나쁘다)"
おろおろ	oro-oro	(現日)	"uneasy(불안한), tearful (눈물겨운) "
わるい	waru-i	(現日)	"be bad(나쁘다)"
わるい	waru-i	(日方:伊豆大島 Izuojima)	"be difficult(어렵다)"
	eru-n	(夫余)	"pain(통증, 고통), punishment(벌)"
	eru-le-	(夫余)	"to punish(벌주다)"
	olho-	(夫余)	"to fear(무서워하다)"
	waru-	(夫余)	"to have a bad odor(악취가 있다)"
	oryo-p-	(現韓)	"be difficult(어렵다)"
	oyur-	(韓方:평북)	"be inconvenient to use(쓰기 불편하다)"

● 20C-4

きじ	kizi	(日方:広島 Hiroshima, 山口 Yamaguchi)	"pure item(순수한 것)"
	gulu	(夫余)	"pure(순수한)"

● 20C-5

さるごうた	saru-goota	(日方:高知 Kochi)	"mistaken(틀린)"
	cala-	(夫余)	"to err(틀리다)"
	thurri-	(現韓)	id.

● 20O-6

しじゃくる	sizya-kuru	(日方:島根 Shimane)	"to spoil(망치다)"
ちゃちゃむちゃ	tyatyamutya	(日方:仙台 Sendai)	"heedlessly(무리하게, 난폭하게)"
	coca-ra-	(夫余)	"to act carelessly(경솔히 굴다)"
	coci-ru-	(現韓)	"to make a mistake(저지르다)"

● 20B-7

てっぱずれ	teppazure	(日方:山形 Yamagata, 新潟 Niigata)	"unwitting mistake(의도않은 실수)"
てんば	tenba	(日方:大阪 Osaka)	"blunder(실책)"
とっぱずして	toppazu-site	(日方:山形 Yamagata)	"by mistake(실수로)"
	tabara-	(夫余)	"to err(틀리다)"

● 20C-8

ばさん	basan	(日方:三重 Mie)	"be no good(좋지 않다.)"
	heshe-ne-	(夫余)	"to wear dirty clothes(더러운 옷을 입다)"
	hosur-ha-	(現韓)	"be crude(허슬하다)"

● 20C-9

へげん	hege-n	(日方:熊本 Kumamoto, 福岡 Fukuoka, 宮崎 Miyazaki)	"no good(허사;나쁜)"
	hanga-bu-	(夫余)	"to spoil(망치다)"

- **20C-10**

へこ	heko	(日方:大阪 Osaka)	"error(틀림, 잘못)"
へち	heti	(日方:高知 Kochi)	id.
ばらいた	bara-ita	(日方:石川 Ishikawa)	"erred(틀린, 잘못된)"
	holo-kon	(夫余)	"rather false(좀 틀린)"

- **20C-11**

へごなげな	hegona-gena	(日方:岡山 Okayama)	"unpleasant(불쾌한)"
ぶさぬ	busanu	(日方:福井 Fukui)	"be bad(나쁘다)"
	fejun	(夫余)	"vile(품없는)"

- **20C-12**

ま, まつ	ma, mat	(現日)	"pure(순수한), perfect(완전한)"
	meng-gun	(夫余)	"pure silver(순은)"
	maen	(現韓)	"just or simply(맨)"

- **20C-13**

よし	yosi	(現日)	"be good(좋다)"
えし	esi	(古日)	id.
	isi-	(夫余)	"be as good as(...처럼 좋다)"
	it-	(古韓)	"be good-natured(착하다)"

20D. 희락, 비애(6그룹)

- **20D-1**

いげちない	igeti-nai	(日方:大阪 Osaka)	"be pitiable(불쌍하다)"
いげつない	igetu-nai	(日方:福井 Fukui, 兵庫 Hyogo, 鳥取 Tottori, 山口 Yamaguchi, 大分 Oita)	id.
	aka-	(夫余)	"to grieve(슬퍼하다)"
	akacu-n	(夫余)	"sadness(슬픔)"
	aechoro-p-	(現韓)	"be pitiable(불쌍하다)"

- **20D-2**

うれしい	uresi-i	(現日)	"be glad(기쁘다)"
	elecu-n	(夫余)	"pleased(기쁜)"
	orssa!	(現韓)	"Goody-goody(얼싸)!"

- **20D-3**

うれふ	ure-hu	(古日)	"to lament(한탄하다)"
	ure-	(夫余)	"be sad(슬프다)"
	ur-	(現韓)	"to cry(울다)!"

- **20D-4**

おやげない	oyage-nai	(日方:山形 Yamagata, 新潟 Niigata)	
			"be sad(슬프다)"

	uk-tu	(夫余)	"sad(슬픈)"

- **20D-5**

ほうらはん	hoora-han	(日方:南島 MInamijima)	"be glad(기쁘다)"
	bayala-	(夫余)	id.

- **20D-6**

よろこぶ	yoroko-bu	(現日)	"to rejoice(기뻐하다)"
	urgu-nje-	(夫余)	id.
	urgu-nje-bu-	(夫余)	"to make one happy(기쁘게 하다)"
	urgu-nge	(夫余)	"joyous(기쁜)"
	urgu-ntu	(夫余)	id.
	curko-p-	(現韓)	"be merry(즐겁다)!"

20E. 기타 인적 명사(40그룹)

- **20E-1**

ありょう	aryoo	(日方:岐阜 Gifu, 滋賀 Shiga)	
			"reality(실제, 현실성)"
	oori	(夫余)	"essence(본질)"
	ar-cca	(現韓)	"most important one(알짜)"

- **20E-2**

いわてがみ	iwate-gami	(日方:福岡 Fukuoka)	"strong Japanese paper(미농지)"
	yebihe-n	(夫余)	"ceiling-cover paper(천정 덮는 종이)"

- **20E-3**

うっちり	utti-ri	(日方:南島 MInamijima)	"leftover after selling(팔고 남은 것)"
	unca-	(夫余)	"to sell(팔다)"
	c-athori	(古韓)	"extra cloth(여분의 천)"

- **20E-4**

うば	uba	(日方:和歌山 Wakayama)	"oil, etc. on water surface(물 위의 기름 같은 것)"
あぶら	abura	(現日)	"oil(기름)"
	ime-ngi	(夫余)	"vegetable oil(채소 기름)"
	mira-ngu	(韓方:평북)	"oil(기름)"

- **20E-5**

うるさい	urusa-i	(日方:島根 Shimane)	"soggy feeling(흠뻑 젖은 기분)"
いやしい	iyasi-i	(日方:山口 Yamaguchi)	id.
	larse-n	(夫余)	"soggy(흠뻑 젖은)"

- **20E-6**

えんちょほか	entyo-hoka	(日方:島根 Shimane)	"entirely different(아주 다른)"
	encu	(夫余)	"different(다른)"

- **20E-7**

があ	gaa	(日方:伊豆大島 Izuojima)	"extra(여분)"

よころ	yo-<u>koro</u>	(日方:福岡 Fukuoka, 愛媛 Ehime, 大分 Oita, 長崎 Nagasaki, 熊本 Kumamoto)	id.
よこれ	yo-<u>kore</u>	(日方:佐賀 Saga)	"for extra(여분으로)"
	gari-n	(夫余)	"extra(여분)"

● 20E-8

かいしき	kaisi-ki	(日方:山形 Yamagata, 島根 Shimane)	"all(전부)"
きっさり	kissa-ri	(日方:静岡 Shizuoka)	id.
ぐすよう	gusu-yoo	(日方:南島 Minamijima)	"you all(여러분 다)"
こぞって	kozo-tte	(現日)	"all together(다 같이)"
こっしり	kossi-ri	(日方:三重 Mie)	"almost(거의)"
	ganji	(夫余)	"completely(완전히), all(다)"
	goji-me	(夫余)	"only(...뿐, ...만)"
	k<u>o</u>cin	(現韓)	"almost(거의)"

● 20E-9

かさね	kasane	(現日)	"doubling(이중, 배가), pile(더미)"
	jacin	(夫余)	"second(둘째), other(다른)"

● 20E-10

かざり	kazari	(現日)	"ornament(장식)"
かざりつけ	kazari-tuke	(現日)	id.
	gida-can	(夫余)	id.
	k<u>uthu</u>ri	(夫余)	"a kind of decoration(장식의 하나)"

● 20E-11

かんば	kanba	(日方:愛知 Aichi)	"thorn(가시)"
	gab-tama	(夫余)	"thorny grass(가시 있는 풀)"

● 20E-12

きり	kiri	(現日)	"cut piece(자른 도막)"
	kiri-	(夫余)	"to cut a strip(한 도막을 자르다)"
	kiri-n	(夫余)	"strip(길고 가는 것)"
	ma-<u>kuri</u>	(現韓)	"end piece(마구리)"

● 20E-13

くず	kuzu	(現日)	"rubbish(쓰레기)"
こず	kozu	(日方:長野 Nagano)	id.
こんず	konzu	(日方:岡山 Okayama)	"small pieces(작은 조각들)"
こんぞ	konzo	(日方:富山 Toyama)	"rubbish(쓰레기)"
くで	kude	(日方:神奈川 Kanagawa, 静岡 Shizuoka, 山口 Yamaguchi, 高知 Kochi, 壱岐 Iki)	id.
	gija-n	(夫余)	"meat fragments after slicing(자른 고기 조각)"
	gasa-n	(夫余)	"pieces of meat left by birds of prey(육식 조류가 남긴 고기 조각)"

| | kachi | (韓方:평북) | "small wooden pieces(작은 조각들)" |

• 20E-14

| けんざり | kenza-ri | (日方:富山 Toyama) | "splendour(화려한 것)" |
| | ginci-hiyan | (夫余) | "beautiful(아름다운), bright(밝은)" |

• 20E-15

こごり	ko-gori	(日方:青森 Aomori, 岩手 Iwate, 山形 Yamagata, 茨城 Ibaragi, 千葉 Chiba)	"lump (덩어리)"
ころた	koro-ta	(日方:山形 Yamagata, 茨城 Ibaragi, 鹿児島 Kagoshima)	id.
	gulhu-n	(夫余)	"entire(전부의), complete(완전한)"

• 20E-16

さっさくさ	sassa-kusa	(日方:対馬 Tsushima)	"confused situation(혼란한 상태)"
	shasha-	(夫余)	"to make a mess(엉망으로 만들다)"
	sak-karri-	(現韓)	"be confused(헛갈리다)"
	somso-ki	(韓方:평북)	"confused situation(혼란한 상태)"

• 20E-17

さま	sama	(現日)	"sight(시력, 광경), condition(상태)"
ざま	zama	(古日)	id.
さぶ	sabu	(古日)	"like(…와 같은)" (후치사)
	seme	(夫余)	id.
	siph-	(現韓)	"to appear to be(싶다)"

• 20E-18

| さや | saya | (日方:奈良 Nara) | "disorder(난잡한 것)" |
| | so- | (夫余) | "to strew(흩뜨리다)" |

• 20E-19

ざんとう	zantoo	(日方:熊本 Kumamoto, 対馬 Tsushima)	"disarray(난잡한 것)"
	sota-	(夫余)	"to scatter around(흩뜨리다)"
	sot-kuri-	(古韓)	"to get mixed up(섯그리다)"

• 20E-20

しょっけら	shokke-ra	(日方:八丈島 Hachijojima)	"shark skin(상어 껍질)"
くそかわ	kuso-kawa	(日方:青森 Aomori, 新潟 Niigata)	"top skin(피부 표면)" (음전)
	suku	(夫余)	"skin(피부), hide(동물의 껍질)" (음전)

• 20E-21

しるべ	sirube	(現日)	"road sign(도로표지), guiding(안내)"
	jalbari-	(夫余)	"to pray(기도하다, 간청하다)"
	sarphi-	(現韓)	"to pay attention(살피다)"

• 20E-22

| しろ | siro | (古日) | "price(값)" |

	sali-	(夫余)	"be worth of(...의 가치가 있다)"
	ccari	(現韓)	"an item worth...(짜리)"

● 20E-23

すくざ	suku-za	(日方:岐阜 Gifu)	"straw scrap(짚 부스러기)"
	sek-ji	(夫余)	"straw(짚), straw bed(짚 잠자리)"
	saekki	(現韓)	"straw rope(새끼)"

● 20E-24

ちょうばん	tyoo-ban	(日方:岩手 Iwate, 宮城 Miyagi, 南島 Minamijima)	
			"measure of capacity, ca. 1.5 quarts(용적 단위: 약1.5 쿼트)"
ちょばん	tyo-ban	(日方:北海道 Hokkaido)	id.
つう	tuu	(日方:佐賀 Saga)	"ca. 4 gallons(약4 가론)"
とぼう	to-boo	(日方:北海道 Hokkaido, 石川 Ishikawa, 愛媛 Ehime)	
			"ca. 1.5quarts(약1.5쿼트)"
	to	(夫余)	"dry measure of half peck(반펙의 건량)"
	toe	(現韓)	"ca. 1.5 gallons(약1.5 가론)"

● 20E-25

どぅろぐ	dooro-gu	(日方:青森 Aomori)	"same kind(같은 종류)"
つれ	ture	(日方:岡山 Okayama, 高知 Kochi, 長崎 Nagasaki)	id.
	duwali	(夫余)	"sort(종류)"
	thye	(古韓)	id.

● 20E-26

はた	hata	(現日)	"flag(기)"
	hata	(夫余)	"cloth strip(천 조각)"
	wada-n	(夫余)	"flag(기)"

● 20E-27

ひきもの	hiki-mono	(日方:滋賀 Shiga)	"memorabilia(기념품)"
	buk-dari	(夫余)	"a kind of memorial(기념품의 일종)"

● 20E-28

びしょくわん	bishoku-wan	(日方:愛媛 Ehime)	"soaking(흠뻑 젖는 것)"
ぶたこん	butako-n	(日方:鹿児島 Kagoshima)	id.
	beseke-bi	(夫余)	"saturated with(...으로 흠뻑 젖은)"

● 20E-29

ひび	hibi	(現日)	"crack(갈라진 금)"
ひわるる	hiwa-ruru	(日方:佐賀 Saga, 熊本 Kumamoto, 鹿児島 Kagoshima)	"to crack(갈라지다)"
	fo-	(夫余)	"to chap(금이 생기다)"
	por-	(現韓)	"to make a crack(갈라진 틈을 만들다)"

- **20E-30**

ひれ	hire	(日方:秋田 Akita)	"shell(조가비, 조개 껍데기)"
	huru	(夫余)	"turtle shell(거북 껍데기)"
	sora	(現韓)	"top shell(소라)"

- **20E-31**

ひろ	hiro	(現日)	"length of 1.8 meters(1.8미터의 길이)"
	curhu-n	(夫余)	"length(길이)"
	gol-min	(夫余)	"long(긴…)"
	par	(現韓)	"span of outstretched arms(두팔 벌린 거리)"

- **20E-32**

ぶあかん	buaka-n	(日方:南島 Minamijima)	"disarray(난잡한 것)
ほげる	hoge-ru	(日方:伊豆大島 Izuojima, 八丈島 Hachijojima)	
			"to scatter around(분산하다)"
ひきさがす	hiki-sagasu	(日方:和歌山 Wakayama, 愛媛 Ehime, 高知 Kochi)	id.
	burgi-	(夫余)	"be in disarray(난잡하다)"

- **20E-33**

ふじ	huzi	(日方:兵庫 Hyogo)	"extra(여분)"
まちょう	matyoo	(日方:壱岐 Iki)	id.
	funce-n	(夫余)	id.

- **20E-34**

ぶらぁぐ	buraagu	(日方:南島 Minamijima)	"shell(조가비)"
	bule-ri	(夫余)	"horn(뿔, 뿔피리)"
	bure-n	(夫余)	"shell horn(조가비 피리)"
	melke-tu	(夫余)	"clam(대합)"
	ppa.ra	(古韓)	"top shell(조가비 겉)"

- **20E-35**

ほこり	hokori	(現日)	"dust(먼지)" (음전)
	buraki	(夫余)	"dust(먼지)" (음전)
	huku-n	(夫余)	"dirt(오물, 쓰러기)"
	hurk	(現韓)	"soil(흙)" (음전)

- **20E-36**

ほだつ	hodat-u	(日方:埼玉 Saitama, 徳島 Tokushima)	"dirt is raised(먼지가 나다)"
ぼっちめく	botti-meku	(日方:秋田 Akita)	id.
	berte-	(夫余)	"to dirty(더럽게 하다)"
	berte-n	(夫余)	"dirt(오물, 쓰레기)"
	mes	(韓方:평북)	"powder-like dirt(가루 같은 흙)"
	piru	(現韓)	"mind being dirty(비루, 마음이 더러움)"

- **20E-37**

ほのお	honoo	(現日)	"flame(불꽃)"
ほのほ	honoho	(古日)	id.
ぼんぼん	bon-bon	(日方:壱岐 Iki)	"burning condition(타는 모양)"
	fenehe	(夫余)	"kindling(점화), tinder(부싯깃)"
	purhe-	(韓方:평북)	"to light(불을 켜다)"

- **20E-38**

めげ	mege	(日方:島根 Shimane, 山口 Yamaguchi) id.	
もく	moku	(日方:山梨 Yamanashi)	"broken pieces of pottery(도자기 파편)"
	biha	(夫余)	"crumb(부스러기)"
	maku-ri	(現韓)	"end piece(마구리)"

- **20E-39**

| もんじゃく | mon-zyaku | (古日) | "book(책)" (文籍?) |
| | caga-n | (夫余) | id. |

- **20E-40**

| よでん | yode-n | (日方:岐阜 Gifu) | "leftover(남은 것)" |
| | ihida | (夫余) | "pieces of meat leftover(남은 고기 조각)" |

20F. 색채(22그룹)

- **20F-1**

あお	ao	(日方:新潟 Niigata)	"yellow(황색)"
あおい	aoi	(日方:岩手 Iwate)	"orange yellow(오렌지 색)"
	eihe-n-boco	(夫余)	"brown(갈색)"

- **20F-2**

| あしじ | a-sizi | (日方:南島 Minamijima) | "dark blue(곤색, 감색)" |
| | jusha | (夫余) | "cinnabar(주색)" |

- **20F-3**

いろ	iro	(現日)	"color(색)"
いろいろ	iro-iro	(現日)	"various(여러)"
	alha	(夫余)	"varicolored(여러가지 색의)"
	alha-bulha	(夫余)	id.
	ilha	(夫余)	"colored(색채있는)"
	or-ruk	(現韓)	"color spot(얼룩)"

- **20F-4**

うるびいろ	urubi-iro	(日方:滋賀 Shiga)	"dark purple color(진한 자줏빛)"
	fulahu-kan	(夫余)	"light pink(연한 핑크색)"
	fulahu-n	(夫余)	"pinkish(핑크 같은), reddish(불그스름한)"
	fulahu-ri	(夫余)	"deep red(진한 빨강)"
	porkoh-	(現韓)	"reddish(불그스름한)"

- **20F-5**
  おこんこい | o-<u>kongko</u>-i | (日方:宮城 Miyagi) | "yellow(황색)"
  | kongo-lo | (夫余) | "isabella colored(황갈색의), isabella horse(황갈색의 말)"
  | kongor-mar | (現韓) | "yellow horse(누른 말)"

- **20F-6**
  おりいろ | ori-iro | (日方:岩手 Iwate, 長野 Nagano, 秋田 Akita)
  | | | "blue color(푸른 색, 남색)"
  | f-<u>ula</u>-buru | (夫余) | "light blue(연한 남색)"
  | ph-<u>uru</u>- | (現韓) | "be blue or green(푸르다)"

- **20F-7**
  かきいろ | kaki-iro | (日方:千葉 Chiba) | "orange color(오랜지 색)"
  | kuku | (夫余) | "grey color(회색, 잿빛)"

- **20F-8**
  きいろ | kiiro | (現日) | "yellow(황색)"
  | k<u>u</u>wala | (夫余) | "light yellow(연한 황색)"

- **20F-9**
  くろ, くろい | kuro, kuro-i | (現日) | "black(흑색), be black(까맣다)"
  くろ | kuro | (古日) | "black horse(까만 말)"
  | kara | (夫余) | "black(까만)" (animal＝동물)
  | kure-n | (夫余) | "dark brown(진한 갈색)"
  | kara-mar | (現韓) | "all dark horse(가라말)"

- **20F-10**
  ぐんじ | gunzi | (日方:南島 Minamijima) | "dark blue(곤색, 감색)"
  | guweci-heri | (夫余) | "bluish gray(푸른 회색)"

- **20F-11**
  さばける | saba-keru | (日方:千葉 Chiba) | "to whiten(희게 되다)"
  | shah<u>u</u>-kan | (夫余) | "whitish(좀 하얀)"
  | shah<u>u</u>-n | (夫余) | id.

- **20F-12**
  さらす | sara-su | (現日) | "to bleach(표백하다)"
  | shara- | (夫余) | "to become white(희여지다)"
  | shali-bu- | (夫余) | "to become pale(창백해지다)"

- **20F-13**
  されかえる | sare-kaeru | (日方:青森 Aomori) | "color fades(색이 바래다)"
  | cira-nga | (夫余) | "colored(물들다)"
  | saraci- | (現韓) | "to fade(사라지다)"

- **20F-14**
  しゃくどう | shaku-doo | (日方:仙台 Senda) | "black(까만)"
  | saha-h<u>u</u>n | (夫余) | id.

	saha-hu̱ri	(夫余)	"jet black(새까만)"
	saha-liya-n	(夫余)	"black(까망, 까만)"
	saha-liya-kan	(夫余)	"rather black(좀 검은)"
	saekka-mah-	(現韓)	"be jet black(새까맣다)"

• 20F-15

しろ, しろい	siro, siro-i	(現日)	"white(하얀), be white(하얗다)"
	cara-na-	(夫余)	"to have a white spot(흰 반점이 있다)"
	shara-	(夫余)	"to become white(하얗게 되다)"
	shere-	(夫余)	"be white(하얗다)"
	suru	(夫余)	"white(하얀)"(horse＝말)

• 20F-16

| ちゃいろ | tyairo | (日方:沖縄 Okinawa) | "yellow(노랑)" |
| | sira | (夫余) | "yellow(노랑)" |

• 20F-17

| ちゃいろ | tya-iro | (現日) | "light brown다색, 갈색) " (茶色) |
| | cia-can | (夫余) | "light yellow(엷은 황색)" |

• 20F-18

ぼら	bora	(現日)	"grey mullet(회색 물고기의 일종)"
びりんべぇ	birin-bee	(日方:神奈川 Kanagawa)	"hot ashes(뜨거운 재)"
ほどあく	hodo-aku	(日方:岩手 Iwate)	id.
	boro	(夫余)	"gray(회색)"
	boro-	(夫余)	"to become grey(회색이 되다)"
	fule-ngi	(夫余)	"ashes(재)"

• 20F-19

| びんろうじ | binroozi | (日方:九州 Kyushu) | "black dye(까만 염료)" |
| | hara | (夫余) | "black(까망)" |

• 20F-20

| ぶすいろ | busuiro | (日方:仙台 Sendai, 山形 Yamagata) | "muddy color(흐린 색)" |
| | hasiri | (夫余) | "dark purple(진한 자색)" |

• 20F-21

まっか	makka	(現日)	"red(빨강)"
まっかち	makka-ti	(日方:千葉 Chiba)	"deep red(진한 홍색)"
まっきん	makki-n	(日方:茨城 Ibaragi, 千葉 Chiba)	id.
	fulgi-yan	(夫余)	"red(빨강), purple(자색)"

• 20F-22

| むらさき | mura-saki | (現日) | "purple(자색)" |
| | fula-buru | (夫余) | "dark blue(진한 남색)" |

21. 각종 동사(386그룹)

21A. 가다, 걷다, 밟다, 뛰다(40그룹)

- **21A-1**

あいぶ	aib-u	(日方:仙台 Sendai, 宮城 Miyagi, 福島 Fukushima, 群馬 Gunma, 静岡 Shizuoka, 和歌山 Wakayama) "to walk(걷다)"

あいぶ　　　　aib-u　　　(日方:仙台 Sendai, 宮城 Miyagi, 福島 Fukushima, 群馬 Gunma,
　　　　　　　　　　　　　静岡 Shizuoka, 和歌山 Wakayama)
　　　　　　　　　　　　　　　　　　　　"to walk(걷다)"

あいべ!　　　aibe!　　　(日方:静岡 Shizuoka, 秋田 Akita, 山梨 Yamanashi, 長野 Nagano)
　　　　　　　　　　　　　　　　　　　　"Walk!(걸어!)"

あいべあい　　aibe-ai　　(日方:仙台 Sendai)　　　"Go together on foot!(같이 걸어!)"

あゆむ　　　　ayum-u　　(現日)　　　　　　　　　"to walk(걷다), to go(가다)"

あよぶ　　　　ayub-u　　(古日)　　　　　　　　　id.

ええぶ　　　　eeb-u　　　(日方:群馬 Gunma, 神奈川 Kanagawa)
　　　　　　　　　　　　　　　　　　　　"to walk(걷다)"

やあぶ　　　　yaab-u　　(日方:新潟 Niigata, 群馬 Gunma, 埼玉 Saitama, 神奈川 Kanagawa,
　　　　　　　　　　　　　山口 Yamaguchi, 茨城 Ibaragi, 栃木 Tochigi,
　　　　　　　　　　　　　静岡 Shizuoka)　　　　id.

やべ!　　　　yab-e!　　(日方:福島 Fukushima, 栃木 Tochigi, 群馬 Gunma,
　　　　　　　　　　　　　山口 Yamaguchi, 千葉 Chiba, 埼玉 Saitama)
　　　　　　　　　　　　　　　　　　　　"Go!(가!)"

　　　　　　　　ibe-　　　(夫余)　　　　　　　　　"to advance(전진하다)"

　　　　　　　　yabu-　　(夫余)　　　　　　　　　"to walk(걷다), to go(가다)"

　　　　　　　　po-cangi　(韓方:평북)　　　　　　"step(행보)"

　　　　　　　　ye-　　　(古韓)　　　　　　　　　"to walk(걷다), to go(가다)"

- **21A-2**

あおれ!　　　aor-e!　　(日方:仙台 Senda)　　　"Run!(뛰어라!)"

よじる　　　　yozir-u　　(日方:岐阜 Gifu)　　　"to run(뛰다)"

　　　　　　　　aihada-　(夫余)　　　　　　　　　"to leap(뛰어오르다)"

- **21A-3**

あがる　　　　agar-u　　(現日)　　　　　　　　　"to go up(오르다)"

　　　　　　　　engele-　(夫余)　　　　　　　　　"to go up(오르다), to jut(돌출하다)"

- 21A-4

あぐ	agu	(日方:岩手 Iwate, 宮城 Miyagi, 福島 Fukushima)	
			"step(한걸음)"
あご	ago	(日方:山形 Yamagata)	id.
	ok-son	(夫余)	id.

- 21A-5

あっちゅん	attyun	(日方:南島 Minamijima)	"to walk(걷다)"
うつる	utu-ru	(日方:富山 Toyama, 福井 fukui)	
			"to step into snow(눈에 걸어 들어가다)"
	acing-giya-	(夫余)	"to move slightly(조금 움직이다)"
	acang-kori-	(現韓)	"to toddle about(아장거리다)"

- 21A-6

あるく	aruk-u	(現日)	"to walk(걷다)"
	alku-n	(夫余)	"gait of livestock(가축의 걸음걸이)"
	feliye-	(夫余)	id.
	ori-	(夫余)	"to sleepwalk(몽중보행하다)"

- 21A-7

いたる	ita-ru	(現日)	"to reach(닿다)"
いちゃぁん	itya-an	(日方:南島 MInamijima)	"to not reach(닿지 않다)" (an = not)
いしく	isi-ku	(古日)	"to catch up with(딸아잡다)"
いしいし	isi-isi	(古日)	"one after another(잇딸아)"
	isi-	(夫余)	"to reach(닿다)"
	is-	(現韓)	"to connect(잇다)"

- 21A-8

いんでくる	inde-kuru	(日方:滋賀 Shiga)	"to return(귀환하다)"
	idu	(夫余)	"turn at duty(책무교체)"

- 21A-9

うさる	usar-u	(日方:伊豆大島 Izuojima, 神奈川 Kanagawa, 山梨 Yamanashi, 長野 Nagano)	
			"to go(가다)"
うせる	user-u	(日方:中部 Chubu)	id.
うせずく	usezu-ku	(日方:新潟 Niigata)	id.
	uksala-	(夫余)	"to depart(떠나다)"

- 21A-10

おじゃ!	o-zya!	(日方:滋賀 Shiga)	"Come!(오너라!)"
おじゃる	o-jya-ru	(日方:八丈島 Hachijojima)	"to come(오다)"
うさる	u-sa-ru	(日方:神奈川 Kanagawa, 静岡 Shizuoka, 長野 Nagano) id.	
	ji-	(夫余)	id.
	o-nora!	(現韓)	id.

- 21A-11

かえる	kaer-u	(現日)	"to return(귀환하다)"

かる	kar-u	(現日)	"to dash(돌진하다)"
くる	kur-u	(日方:長野 Nagano, 富山 Toyama, 石川 Ishikawa, 鳥取 Tottori, 長崎 Nagasaki, 熊本 Kumamoto, 岐阜 Gifu, 宮崎 Miyazaki)	
			"to go(가다)"
こしけ!	kosi-ke!	(日方:鳥取 Tottori)	"Go!(가라!)"
	gene-	(夫余)	"to go(가다)"
	ka-	(現韓)	id.

● 21A-12

さらう	sara-u	(日方:秋田 Akita)	"to run(뛰다)"
せぇくる	see-kur-u	(日方:広島 Hiroshima)	id.
そる, ちる	sor-u, tir-u	(日方:三重 Mie)	id.
	sur-te-	(夫余)	id.

● 21A-13

さらく	sara-ku	(日方:長崎 Nagasaki, 壱岐 Iki, 鹿児島 Kagoshima)	
			"to walk(걷다)"
さるく	saru-ku	(日方:福岡 Fukuoka, 熊本 Kumamoto)	
			"to walk around(걸어다니다)"
さろく	saro-ku	(日方:長崎 Nagasaki, 宮崎 Miyagi, 熊本 Kumamoto, 鹿児島 Kagoshima)	id.
しゃるく	sharu-ku	(日方:和歌山 Wakayama, 長崎 Nagasaki, 熊本 Kumamoto, 種子島 Tanegashima)	id.
	jora-n	(夫余)	"ambling of a horse(말이 천천히 걸음)"
	sara-sha-	(夫余)	id.
	sangkhum	(現韓)	"with a long step(상큼)"

● 21A-14

さる	sar-u	(現日)	"to leave(떠나다)"
される	sare-ru	(日方:三重 Mie)	"to go(가다)"
	shulhu-	(夫余)	"to escape from a net(그물에서 도망하다)"
	saeri-	(韓方:평북)	"to flee(도망하다)"
	sa.r-	(古韓)	"to make it disappear(사라지게 하다)"

● 21A-15

さわたる	sawata-ru	(日方: 鹿児島 Kagoshima)	"to stroll(걸어다니다)" (음전)
さつく	satu-ku	(日方:長崎 Nagasaki)	id.
そうつく	sootu-ku	(日方:高知 Kochi, 愛媛 Ehime, 大分 Oita, 福岡 Fukuoka)	id.
	sarasha-	(夫余)	id. (음전)
	shodo-	(夫余)	id.
	shurde-	(夫余)	"to go around(주위를 돌아다니다)" (음전)
	ssata-ni-	(現韓)	"to gad about(싸다니다)"

- **21A-16**

しさる	sisar-u	(古日)	"to retreat(후퇴하다)"
じじろく	ziziro-ku	(日方:愛媛 Ehime)	id.
しろく	siro-ku	(日方:香川 Kagawa)	id.
	sosoro-	(夫余)	id.
	sosorco-	(夫余)	id.

- **21A-17**

| しまぁる | simaar-u | (日方:南島 Minamijima) | "to run around(뛰어 돌아다니다)" |
| | saiburu | (夫余) | "gallop(급속도로 달림)" (horse=말) |

- **21A-18**

そぎる	shogi-ru	(日方:三宅島 Miyakejima)	"to run diagonally(대각선으로 뛰다)"
せえくる	seeku-ru	(日方:広島 HIroshima)	"to run(뛰다)"
	sok-so sak-sa	(夫余)	"galloping wildly(사납게 뛰는 것)"

- **21A-19**

じんじりまい	zin-ziri-mai	(日方:壱岐 Iki, 島根 Shimane)	"circling at one point(한 지점에서 돌다)"
	shur-de-	(夫余)	"to rotate(선회하다)"
	shuru-	(夫余)	"to spin(회전하다, 질주하다)"
	sire-	(夫余)	id.

- **21A-20**

ちゅうる	tyuur-u	(日方:長崎 Nagasaki)	"to run(뛰다)"
ちる	tir-u	(日方:三重 Mie)	id.
ちりきる	tiri-kir-u	(日方:三重 Mie)	"to dash(질주하다)"
	dali-	(夫余)	"to drive(몰다)" (wagon=짐차)"
	dori-	(夫余)	"to gallop(급속도로 뛰다)"
	tuila-	(夫余)	"to run wildly(막 뛰다)"

- **21A-21**

| つく | tuk-u | (現日) | "to reach(닿다)" |
| | sika- | (夫余) | "to get near(가까이 가다)" |

- **21A-22**

つんぐりがえし	tunguri-kaesi	(日方:福岡 Fukuoka, 熊本 Kumamoto)	"returning right after arriving(도착하자 귀환함)"
とばしあるく	tobasi-aruku	(日方:伊豆大島 Izuojima)	"to dart away(돌진해 가다)"
	cumcura-	(夫余)	"to pass by quickly(빨리 지나가다)"

- **21A-23**

| でる | de-ru | (現日) | "to go out(나가다)" |
| | te-ne- | (夫余) | "to go to sit(앉으러 가다), to go to live(살러 가다)" |

- **21A-24**

| とちとち | toti-toti | (日方:新潟 Niigata, 山口 Yamaguchi, 徳島 Tokushima) | "to walk wobbly(불안정하게 걷다)" |
| | tashu- | (夫余) | "to keep going back and forth(계속해서 왔다 갔다하다)" |

- **21A-25**

とちばち	toti-bati	(日方:愛媛 Ehime)	"to run around(여기저기 뛰어다니다)"
たちまわる	tati-mawaru	(現日)	id.
	daici-la-	(夫余)	"to run at an angle(비스듬이 뛰다)"

- **21A-26**

| とつけ! | totu-ke! | (日方:石川 Ishikawa) | "Go!(가라!), Go away!(가버려!)" |
| | tuci- | (夫余) | "to come out(나가다), to let out(내보내다)" |

- **21A-27**

とぶ	tob-u	(現日)	"to jump(뛰어오르다), to run fast(속히 뛰다)"
	daba-	(夫余)	"to cross(건너다)"
	tab-seme	(夫余)	"right over(바로 위를)"(jump=뛰어오름)
	deb-si-	(夫余)	"to climb(오르다), to exceed(초과하다)"
	tom	(現韓)	"premium(덤)"

- **21A-28**

| にたぐる | nitagur-u | (日方:長崎 Nagsaki) | "to stamp(짓밟다)" (음전) |
| | nikte- | (夫余) | "to stamp earth with hoof(흙을 발굽으로 짓 밟다)" (음전) |

- **21A-29**

| のす | nos-u | (日方:長野 Nagano, 群馬 Gunma, 埼玉 Saitama) | "to run(뛰다)" |
| | lesu- | (夫余) | "to run fast(빨리 뛰다)" |

- **21A-30**

| はぁしる | haasir-u | (日方:千葉 Chiba) | "to flee(도망하다)" |
| | boiholo- | (夫余) | "to get free(벗어나다)" |

- **21A-31**

はしる	hasi-ru	(現日)	"to run(뛰다)"
はける	hake-ru	(日方:青森 Aomori)	id.
はせる	hase-ru	(現日)	"to dash(돌진하다)"
	hasa-	(夫余)	"to rush(서두르다)"
	hasa-la	(夫余)	"fast running cow(빨리 뛰는 소)"
	hasihi-	(夫余)	"to strive for(...을 위해서 노력하다)"
	hasi-henshe-	(夫余)	"to saunter along(산책하다)"
	pocae	(韓方:함남)	"walking(걷기)"

- **21A-32**

| はねる | hane-ru | (現日) | "to jump(뛰어오르다)" |

	fala-bu-	(夫余)	"to expel(쫓아내다)"
	furi-	(夫余)	"to plunge into(…의 속에 잠기다, …의 속에 뛰어들다)"
	pomnur-	(古韓)	"to jump around for fun(뛰놀다)"

● 21A-33

はふる	hahu-ru	(古日)	"to wander(방황하다)"
さまよう	sama-you	(現日)	id.
	fama-	(부여)	"to lose one's way(길을 잃다)"
	fambu-	(부여)	id.
	hemhi-	(夫余)	"to grope one's way along(손더듬어 가다)"
	hemae-	(現韓)	"to wander(방황하다)"
	ssamae-	(現韓)	"to roam(싸매다)"

● 21A-34

ふむ	hum-u	(現日)	"to step on(밟다)"
	fehu-	(夫余)	id.
	pom-nun-	(韓方:경남, 전라)	id.
	pap-	(韓方:강원, 전라, 충청)	id.

● 21A-35

ふちびる	huti-biru	(日方:青森 Aomori)	"to trample down(짓밟다)"
	bosho-	(夫余)	"to press(밀다), to expel(쫓아내다)"
	hungsi-	(夫余)	"to throw away(버리다)"
	phalmae	(現韓)	"pebble throwing(팔매)"

● 21A-36

まきちゃあるん	makityaa-run	(日方:南島 Minamijima)	"to run(뛰다)
	fekce-	(夫余)	"to jump(뛰어오르다)"
	feksi-	(夫余)	"to run(뛰다)"

● 21A-37

もどる	modor-u	(現日)	"to return(귀환하다)"
	bedere-	(夫余)	id.
	muda-	(夫余)	id.
	mudari	(夫余)	"there and right back(도착하자 돌아가다)"
	meamtor-	(現韓)	"to circle(맴돌다)"
	moc-	(現韓)	"to stop(멎다)"

● 21A-38

もんる	monr-u	(日方:滋賀 Shiga)	"to return(귀환하다)"
まわる	mawar-u	(現日)	"to turn around(돌아서다)"
まう	ma-u	(日方:岐阜 Gifu)	id.
	mari-	(夫余)	id.
	muru-	(現韓)	"to cancel a purchase(무르다)"

- **21A-39**

ゆく, いく	yu-ku, i-ku	(現日)	"to go(가다)"
あいじゃ!	ai-zya	(日方:仙台 Sendai)	"Go!(가라!)"
いじゃ!	i-zya!	(日方:長野 Nagano)	"Let's go!(가자!)"
いゆく	i-yuk-u	(古日)	"to go(가다)"
	yo-	(夫余)	"to go(가다), to walk(걷다)"
	ye-	(古韓)	id.

- **21A-40**

わたる	watar-u	(現日)	"to cross(넘다)" (음전)
	fide-	(夫余)	"to dispatch(파견하다)"
	futu-	(夫余)	"to cross river(강을 넘다)"
	hetu-	(夫余)	"to cross(넘다)"
	warda-	(夫余)	"to cross water(물을 넘다)" (음전)
	pot-	(現韓)	"to spread(벋다)"

21B. 구부리다, 기울다(8그룹)

- **21B-1**

かぶく	kabu-ku	(日方:京都 Kyoto)	"to lean(굽히다)"
かやぶる	kayabu-ru	(日方:兵庫 Hyogo)	id.
かたむく	kata-muku	(現日)	id.
	gehu-	(夫余)	"to bend the body forward a little(몸을 앞으로 좀 구부리다)"
	kupu-ri-	(現韓)	"to bend(구부리다)"
	kkapu-r-	(韓方:전라)	"to lean(굽히다)"

- **21B-2**

かやる	kayar-u	(日方:愛媛 Ehime)	"to bend(구부리다)"
かいごまわる	kaigo-mawaru	(日方:和歌山 Wakayama)	"to turn the corner(모퉁이를 돌다)"
	kaika-ra-	(夫余)	"be crooked(구부러졌다)"

- **21B-3**

そる	sor-u	(現日)	"to bend backward(뒤로 구부러지다)"
それる	sore-ru	(現日)	"to miss the mark(표적을 잃다)"
へれる	here-ru	(日方:愛媛 Ehime, 高知 Kochi)	id.
	solo-	(夫余)	"to go against the stream(흐름을 역행하다)"
	ssorri-	(現韓)	"to lean(기울다)"

- **21B-4**

なじける	nazi-keru	(日方:新潟 Niigata)	"to lean(기울다)"
	naihu-	(夫余)	id.
	e-neshu-n	(夫余)	"gradually sloping(서서히 기우는)"
	e-neshu-ken	(夫余)	"somewhat sloping(좀 기운)"

- **21B-5**

まぐたねる	magutane-ru (日方:岐阜 Gifu)	"to bend(구부리다)"
	mekcere- (夫余)	"to bend forward(앞으로 구부리다)"

- **21B-6**

まげる, まぐ	mage-ru, mag-u (現日)	"to bend(구부리다)"
	buk-da- (夫余)	id.
	buk-da-n (夫余)	"bend(구분 것, 구분 곳)"
	mukk- (現韓)	"to bind(묶다)"

- **21B-7**

もじる	mozir-u (日方:三宅島 Miyakejima)	"to bend(구부리다)"
ひじる	hizir-u (日方:九州 Kyushu, 対馬 Tsushima)	id.
	mioshoro- (夫余)	id.
	muse-n (夫余)	"bend(굽이)"
	pithur- (現韓)	"to twist(비틀다)"
	pis- (古韓)	id.

- **21B-8**

わぐなる	wagu-naru (日方:岡山 Okayama)	"to become crooked(구부러지다)"
わごむ	wago-mu (日方:長野 Nagano, 山口 Yamaguchi)	id.
	waiku (夫余)	"crooked(구부러진)"

21C. 넣다, 채우다(19그룹)

- **21C-1**

いやる	iyar-u (日方:高知 Kochi)	"be filled in(채워 지다)"
	oro-lo- (夫余)	"to fill in(채워 넣다), to substitute(대치 하다, 대리로 하다)"

- **21C-2**

うらあきゅん	uraaki-yun (日方:南島 MInamijima)	"to soak dishes(그릇을 담그다)"
	ulga- (夫余)	"to wet(적시다), to dip in liquid(액체에 넣다)"
	uri- (現韓)	"to soak [it] out(우리다)"

- **21C-3**

かく	kak-u (現日)	"to write(쓰다)" (letters＝문자)
かぎかけ	kagi-kake (日方:岐阜 Gifu)	"sign for field ownership(들 소유자의 표지)"
こっくい	kokku-i (日方:愛知 Aichi, 三重 Mie)	"stamp(도장)"
	gerge-n (夫余)	"letter(문자)"
	kuk- (韓方:강원, 경상, 전라, 제주)	
		"to scratch(긁다)"

- **21C-4**

くるずく	kuruzu-ku (日方:鳥取 Tottori, 岡山 Okayama, 大分 Oita,

	鹿児島 Kagoshima)		"to stoop(허리를굽히다)"
くるぶく	kurubu-ku	(日方:九州 Kyushu, 京都 Kyoto, 兵庫 Hyogo, 愛媛 Ehime)	id.
	jolaca-	(夫余)	id.

• 21C-5

しえる	sier-u	(日方:秋田 Akita, 岩手 Iwate)	"to put in(넣다)"
せえる	seer-u	(日方:仙台 Sendai, 茨城 Ibaragi, 福島 Fukushima, 栃木 Tochigi, 埼玉 Saitama)	id.
せる	ser-u	(日方:秋田 Akita, 岩手 Iwate, 宮城 Miyagi, 福島 Fukushima)	id.
	deri-	(夫余)	"to enter(들어가다)"
	tur-	(現韓)	id.

• 21C-6

せこつむ	seko-tumu	(日方:島根 Shimane)	"to stuff fully(꽉 채우다)"
	cinka-	(夫余)	id.
	cinka-sha-	(夫余)	id.

• 21C-7

たす	tas-u	(現日)	"to add(가하다)"
せえさい	seesa-i	(日方:三重 MIe, 静岡 Shizuoka)	"sufficiently(충분히)"
	tesu-	(夫余)	"be enough(충분하다)"
	sangssa-e	(韓方:평북)	"at most(고작)"

• 21C-8

たっぷり	tappu-ri	(現日)	"fully(잔뜩)"
どんぶりみち	dombu-ri miti	(日方:愛知 Aichi)	"being filled with water(물로 채워짐)"
	dembei	(夫余)	"greatly(크게, 대단히)"
	tama-	(夫余)	"to fill a container(그릇을 채우다)"
	tumppu-k	(現韓)	"fully(잔뜩)"

• 21C-9

たばふ	taba-u	(古日)	"to store(저장하다)"
	tama-	(夫余)	"to fill a container(그릇을 채우다)"
	tam-	(現韓)	"to put in(담다)"

• 21C-10

つける	tuker-u -	(現日)	"to write in(써넣다)" (음전)
	sarki-ya-	(夫余)	"to copy(복사하다)" (음전)
	cok-	(現韓)	""to record(적다)"

- **21C-11**

つける	tu-ke-ru	(現日)	"to stick on(...에 붙이다)"
つける	tu-ke-ru	(日方:宮城 MIyagi)	"to load(싣다)"
つっける	tukke-ru	(日方:栃木 Tochigi, 茨城 Ibaragi)	
			"to put in(...에넣다)"
	jaka-	(夫余)	"to attach onto(...에 붙이다)"
	suku-	(夫余)	id.
	juki-	(夫余)	"to fill in(메우다)"
	chikhi-	(現韓)	"to lift(치키다)"

- **21C-12**

つめる	tume-ru	(現日)	"to fill(채우다)"
	tebu-	(夫余)	id.
	tama-	(夫余)	"to put in(넣다), to fill(채우다)"
	tam-	(現韓)	"to fill(채우다)"

- **21C-13**

ねばす	nebas-u	(日方:宮城 Miyagi)	"to paste(풀로 붙이다)"
	niyanca-	(夫余)	"to starch(풀을 먹이다)"

- **21C-14**

ふくむ	huku-mu	(現日)	"to contain(포함하다, 들어있다)"
ぼっかさ	bokka-sa	(日方:新潟 Niigata)	"capacity(용적)"
ほっこむ	hokko-mu	(日方:千葉 Chiba)	"to pu in(넣다)"
	bakta-	(夫余)	"to contain(포함하다, 들어있다)"
	bukta-n	(夫余)	"pile(더미)"
	phokae-	(現韓)	"to pu one upon another(포개다)"

- **21C-15**

へさえる	hesae-ru	(日方:静岡 Shizuoka, 岐阜 Gifu, 福井 Fukui, 滋賀 Shiga, 三重 Mie, 和歌山 Wakayama, 京都 Kyoto, 岡山 Okayama, 鳥取 Tottori)	"to push in(밀어넣다)"
ぼしこむ	bosi-komu	(日方:岡山 Okayama)	id.
	meshe-	(夫余)	id.

- **21C-16**

へす	hes-u	(日方:中部 Chubu, 静岡 Shizuoka, 愛知 Aichi, 長野 Nagano, 岐阜 Gifu, 富山 Toyama, 島根 Shimane)	"to push(밀다)"
おす	os-u	(現日)	id.
	basha-	(夫余)	"to push(밀다)" (cart＝차량)

- **21C-17**

まぶる	mabu-ru	(日方:鹿児島 Kagoshima)	"to keep well(잘 보관하다)"
	baibu-	(夫余)	"to need(필요하다)"

- **21C-18**

みたす	mit-asu	(現日)	"to fill(채우다)
みちる	miti-ru	(現日)	"be filled(채워지다)"
みつ	mit-u	(古日)	id.
	mutu-	(夫余)	"to increase(늘다)"
	mutu-n	(夫余)	"increase(증가)"
	michi-	(現韓)	"to amount to(미치다)

- **21C-19**

もぶる	mobur-u	(日方:四国 Shikoku, 岡山 Okayama, 島根 Shimane, 山口 Yamaguchi)	"to paste(풀로 붙이다)"
	hubala-	(夫余)	id.

21D. 대인 동사(27그룹)

- **21D-1**

あごすむ	agosu-mu	(日方:富山 Toyama)	"expectation goes wrong(예기가 어긋나다)"
あごてんかく	agote-n-kaku	(日方:富山 Toyama)	id.
	akda-	(夫余)	"to trust(신용하다)"
	akda-cuka	(夫余)	"dependable(의지할 수 있는)"
	okus-na-	(現韓)	"to go amiss(어긋나다)"

- **21D-2**

いちゃぁん	itya-an	(日方:南島 Minamijima)	"to not meet(만나지 않는다)"
	aca-n	(夫余)	"meeting(만남, 집회)"

- **21D-3**

うちかつ	uti-katu	(現日)	"to win(이기다)" (battle＝투쟁)
	ete-	(夫余)	"to win(이기다), to accomplish(성취하다)"
	iki-	(現韓)	"to win(이기다)"

- **21D-4**

うてあう	utea-u	(日方:佐賀 Saga)	"be implicated(연루되다)"
	usha-	(夫余)	id.
	usha-bun	(夫余)	"implication(연루)"
	ot-	(現韓)	"to get sick(얻다, 병에 걸리다)"

- **21D-5**

かつ	kat-u	(現日)	"to win(이기다, 승리하다)"
	gida-	(夫余)	id.

- **21D-6**

かどう	kado-u	(現日)	"to kidnap(유괴하다)"
かどわれる	kado-wareru	(日方:仙台 Sendai, 茨城 Ibaragi)	"be kidnapped and hidden(유괴돼서 숨겨지다)"
	gida-	(夫余)	"to hide(감추다, 숨기다)"

| | katu- | (現韓) | "to lock in(가두다)" |

● 21D-7

かとる	kator-u	(古日)	"to manage(관리하다)"
	kadala-	(夫余)	"to control(지배하다), to manage(관리하다)"
	kutule-	(夫余)	"to lead(이끌다)"
	kotur-	(現韓)	"to lend a hand(거들다)"

● 21D-8

| かりる | kari-ru | (日方:宮城 Miyagi) | "to employ(채용하다)" |
| | guile- | (夫余) | "to invite(초대하다)" |

● 21D-9

きじゅん	kizyun	(日方:南島 Minamijima)	"to mistreat(학대하다)"
ごする	gosur-u	(日方:奈良 Nara)	id.
おこずく	o-kozu-ku	(日方:長崎 Nagasaki)	id.
	gejure-	(夫余)	id.
	kichanh-	(漢方:전남)	"be troublesome(괴롭다)"

● 21D-10

くすげる	kusuge-ru	(日方:長野 Nagano)	"to steal(훔치다)"
がせ	gase	(日方:長崎 Nagano)	"stealing(도둑질)"
がっちょうけん	gattyooke-n	(日方:山梨 Yamanashi)	"children steal from each other(아이들이 서로 훔치다)"
	gasihi-ya-	(夫余)	"to rob(약탈하다)"
	kopchi-	(韓方:제주)	"to steal(훔치다)"

● 21D-11

けなぶる	kena-buru	(日方:長野 Nagano, 愛知 Aichi, 鹿児島 Kagoshima)	"to despise(경멸하다)"
けんなぶる	kenna-buru	(日方:鹿児島 Kagoshima)	id.
	kinu-	(夫余)	id.
	kkani-po-	(韓方:충북)	id.

● 21D-12

こらえる	korae-ru	(日方:石川 Ishikawa, 岐阜 Gifu, 愛知 Aichi, 三重 Mie, 和歌山 Wakayama, 大阪 Osaka, 徳島 Tokushima, 宮崎 Miyagi, 熊本 Kumamoto)	"to pardon(용서하다)"
こらえたる	korae-taru	(日方:滋賀 Shiga)	id.
	gil-ja-	(夫余)	id.
	gil-ja-n	(夫余)	"pardon(용서)"
	kori-	(現韓)	"be narrowminded(고리다, 마음이 좁다)"

● 21D-13

さんうつ	sanut-u	(日方:奈良 Nara)	"to criticize(비난하다)"
	sonjo-ku	(夫余)	"criticizable(비난할만한)"
	sangsu-rop-	(現韓)	"be vulgar(상스럽다)"

| | capci- | (韓方:경남) | "to scold(꾸짖다)" |

• 21D-14

すばる	subar-u	(日方:岡山 Okayama)	"to complain(불평하다)" (음전)
	cib-si-	(夫余)	"to lament(슬퍼하다)"
	surphu-	(現韓)	"be sad(슬프다)" (음전)

• 21D-15

ずんもぐる	zunmo-guru	(日方:福島 Fukushima)	"to hide oneself(숨다)"
こもる	komo-ru	(古日)	id.
ひむ	him-u	(古日)	"to make it secret(비밀로 하다)"
	somi-	(夫余)	id.
	somi-ta-	(夫余)	"to stay hidden(계속 숨어 있다)"
	sum-ki-	(現韓)	"to hide it(숨기다)"

• 21D-16

たたかう	tata-kau	(現日)	"to fight(싸우다)"
	tadu−ra-	(夫余)	"to scuffle(난투하다)"
	tathu-	(現韓)	"to quarrel(싸우다)"
	ttutu-rki-	(現韓)	"to knock hard(뚜드리다)"
	a-tutung-kori-	(現韓)	"to snarl at each other(아드등거리다)"

• 21D-17

ただす	tadas-u	(現日)	"to righten(고치다), to judge(판정하다)"
たしなめる	tasi-nameru	(現日)	"to reprove(야단치다)"
たしなむ	tasi-namu	(古日)	"be prudent(언동을 조심하다)"
	dasa-	(夫余)	"to govern(통치하다)"
	toose-la-	(夫余)	"to exercise authority(권력을 발휘하다)"
	tasuri-	(現韓)	"to govern(통치하다)"
	ttos-ttos-ha-	(現韓)	"be just(떳떳하다)"

• 21D-18

たよる	tayo-ru	(現日)	"to lean on(기대다), to depend on(의지하다)"
	daya-	(夫余)	"to rely(의지하다)"
	tae-	(現韓)	"to make them touch(대다)"

• 21D-19

ちょうす	tyoo-su	(日方:愛知 Aichi, 岐阜 Gifu)	"to give(주다)"
ちわう	tiwa-u	(日方:長崎 Nagasaki)	"to distribute(분배하다)"
だす	da-su	(現日)	"to hand out(내주다)"
たぁす	taa-su	(日方:石川 Ishikawa)	id.
	jafa-	(夫余)	"to give(주다)"
	cu-	(現韓)	id.

• 21D-20

| ちわる | tiwar-u | (日方:長野 Nagano, 富山 Toyama, 徳島 Tokushima) |

			"to distribute(분배하다)"
	sala-	(夫余)	id.
	torri-	(現韓)	"to pass round(돌리다)"

● 21D-21

つかう	tuka-u	(現日)	"to use(쓰다), to employ(채용하다)"
つかふ	tukah-u	(古日)	id.
	takur-sha-	(夫余)	"to employ as a servant(종으로 채용하다)"
	sikhi-	(現韓)	"to make a person do(시키다)"

● 21D-22

とつける	totu-keru	(日方:仙台 Sendai)	"to win a lotto(로토에 당첨되다)"
	teisu-nge	(夫余)	"corresponding(해당되는)"
	teisu-n	(夫余)	"correspondence(해당됨)"

● 21D-23

のこる	noko-ru	(現日)	"to remain(남다)"
	nongi-	(夫余)	"to add(가하다)"
	nangki-	(韓方:경남)	"to leave(남기다)" (as extra=여분으로)

● 21D-24

はたらく	hatara-ku	(日方:岩手 Iwate, 岐阜 Gifu)	"to act wild(난폭하게 굴다)"
ばてる	bater-u	(日方:静岡 Shizuoka)	"to struggle under heavy items(무거운 짐 밑에서 버둥거리다)"
	batala-	(夫余)	"to oppose(대항하다)"
	poturo-ci-	(現韓)	"to stiffen and die(버드러지다)"

● 21D-25

ばやかす	bayakas-u	(日方:香川 Kagawa)	"to fondle(쓰다듬다)" (음전)
あばかす	abakas-u	(日方:山形 Yamagata)	id. (음전)
	fiyangusha-	(夫余)	"to act like a spoiled brat(너무 귀여워해 나빠진 아이처럼 굴다)" (음전)

● 21D-26

ばれる	bare-ru	(日方:鳥取 Tottori, 岡山 Okayama)	"to act violentLY(세차게 굴다)"
	furu	(夫余)	"violent(강폭한)"
	pori-	(現韓)	"to spoil(망치다)"

● 21D-27

むく	muk-u	(現日)	"to subjugate(정복하다), to strip(벗기다)"
もげる	moge-ru	(日方:山口 Yamaguchi)	"to fall(떨어지다)"
	muki-ye-	(夫余)	"to go out(나가다), to ruin(멸하다)"
	pekki-	(韓方:경남, 전남)	"to strip(벗기다)"

21E. 던지자, 버리다, 뿌리다, 치우다(20그룹)

• 21E-1

あだかす	a-<u>daka</u>-su	(日方:京都 Kyoto, 兵庫 Hyogo)	
			"to drop(떨어뜨리다, 떨어지다)"
おとらかす	o-<u>tora</u>-kasu	(日方:岐阜 Gifu)	id.
	tengki-	(夫余)	"to throw down(아래로 던지다)"
	t<u>o</u>ngki-	(韓方:전남)	"to throw(던지다)"
	tt<u>o</u>rku-	(韓方:경남, 평북)	"to drop(떨어뜨리다)"

• 21E-2

あどめる	adome-ru	(日方:福井 Fukui, 京都 Kyoto, 対馬 Tsushima)	
			"to put away(치우다)"
よちめる	yotime-ru	(日方:徳島 Tokushima, 高知 Kochi)	
			"to put in order(정리하다)"
	icihi-ya-	(夫余)	id.

• 21E-3

いっかやる	ikka-yaru	(日方:宮崎 Miyazaki)	"to turn over(전복하다, 엎어지다)"
いっかやす	ikka-yasu	(日方:大分 Oita, 長崎 Nagasaki, 鹿児島 Kagoshima)	
			"to spill(엎지르다)
	yangka-	(夫余)	"to throw the opponent to the ground in wrestling (씨름에서 상대를 바닥에 던지다)"
	ungke-	(夫余)	"to turn over(전복하다)"

• 21E-4

| きゃくる | kiyak<u>u</u>r-u | (日方:仙台 Sendai) | "to exclude(제외하다)" (음전) |
| | giyal<u>ga</u>- | (夫余) | id.   (음전) |

• 21E-5

さがす	saga-su	(日方:埼玉 Saitama, 愛媛 Ehime, 滋賀 Shiga, 奈良 Nara)	"to scatter(뿌리다)"
さんこ	sanko	(日方:京都 Kyoto, 兵庫 Hyogo)	
			"disarrayed(난잡한)"
じゅうげえ	zyuugee	(日方:千葉 Chiba)	id.
	sargi-yan	(夫余)	"sparse(드문드문한)"

• 21E-6

さばける	saba-keru	(日方:富山 Toyama, 佐渡 Sado, 岐阜 Gifu, 三重 Mie)	
			"to scatter(뿌리다)"
さぼす	sabo-su	(日方:島根 Shimane)	id.
	saba-ra-	(夫余)	id.
	c<u>o</u>pun-c<u>o</u>pun	(古韓)	"scattered about(지저분)"

• 21E-7

| さんじらかす | sanzi-rakasu | (日方:静岡 Shizuoka, 和歌山 Wakayama) | |

			"to scatter(뿌리다)"
しじぇらかすゅん	sizye-rakashun	(日方:南島 Minamijima)	id.
しっちらける	sitti-rakeru	(日方:千葉 Chiba)	id.
	sisa-	(夫余)	"to sprinkle(물을 뿌리다)"
	so-	(夫余)	"to scatter(흩뿌리다)"
	sota-	(夫余)	id.
	cechi-	(現韓)	"to get rid of(제치다)"

• 21E-8

しょうやく	shoo-yaku	(日方:岐阜 Gifu, 岡山 Okayama)	
			"clearning away(치우기)"
	su-	(夫余)	"to remove(삭제하다)"
	chiu-	(現韓)	"to put away(치우다)"

• 21E-9

| しらける | sirake-ru | (日方:隠岐 Oki) | "to clean(청소하다)" |
| | sharingi-ya- | (夫余) | id. |

• 21E-10

| すてる | sute-ru | (現日) | "to cast away(버리다)" |
| | sunte- | (夫余) | "to wipe out(일소하다)" |

• 21E-11

ちゃる	tyar-u	(日方:千葉 Chiba, 茨城 Ibaragi)	
			"to throw away(버리다)"
ちゃぁる	tiyaar-u	(日方:千葉 Chiba)	id.
うだる	u-dar-u	(日方:秋田 Akita, 新潟 Niigata, 山形 Yamagata)	id.
	shele-	(夫余)	id.
	curi-	(現韓)	"to reduce(줄이다)"

• 21E-12

ちらかす	tiraka-su	(現日)	"to scatter things around(살포하다)"
しろく	kurok-u	(日方:岡山 Okayama, 広島 Hiroshima)	id.
ぞらす	zoras-u	(日方:奈良 Nara)	id.
	calga-ri	(夫余)	"unorderly(난잡한)"
	o-ciru-	(現韓)	"to scatter things around(살포하다)"

• 21E-13

どける	doker-u	(現日)	"to remove(제하다)" (음전)
どける	doker-u	(日方:南島 Minamijima)	"to avoid(피하다)" (음전)
さける	saker-u	(現日)	id. (음전)
	targa-	(夫余)	id. (음전)

• 21E-14

| はく | ha-ku | (現日) | "to sweep(쓸다)" |

	fu-	(夫余)	"to wipe(훔치다)" (걸레로)
	pi	(現韓)	"broom(비)"

● 21E-15

はじく	hazi-ku	(現日)	"to flip(튀기다), to let fly(날리다)"
	faca-	(夫余)	"to scatter(살포하다)"
	facu-hun	(夫余)	"disorderly(무질서한)"
	hechi-	(現韓)	"to disperse(헤치다)"
	ptha-	(古韓)	"to flip(튀기다)"

● 21E-16

ばやす	bayas-u	(日方:宮城 Miyagi)	"to throw items to a crowd(군중에게 물품을 던지다)"
	fusu-	(夫余)	"to sprinkle(뿌리다)"

● 21E-17

ばらく	bara-ku	(日方:広島 Hiroshima, 山口 Yamaguchi, 大分 Oita) "to sprinkle(뿌리다)"
はる	har-u	(日方:青森 Aomori, 岩手 Iwate)　id.
	bura-	(夫余)　id.
	ppuri-	(現韓)　id.

● 21E-18

ほうる	hoor-u	(現日)	"to hurl(세게 던지다)"
	faha-	(夫余)	id.
	pori-	(現韓)	"to throw away(버리다)"

● 21E-19

ほうくる	hooku-ru	(日方:岐阜 Gifu, 広島 Hiroshima, 山口 Yamaguchi) "to throw(던지다)"
ほかす	hoka-su	(日方:群馬 Gunma, 山梨 Yamanashi, 静岡 Shizuoka, 長野 Nagano)　id.
ほこる	hoko-ru	(日方:佐渡 Sado, 滋賀 Shiga)　id.
	fangka-	(夫余)　id.
	phaengkae-chi-	(現韓)　"to cast away(팽개치다)"

● 21E-20

ほうる	hour-u	(現日)	"to throw away(버리다)"
はふる	hahu-ru	(古日)	id.
はらう	hara-u	(現日)	"to clear away(치우다)"
ふらふ	hura-hu	(古日)	"to remove(삭제하다, 옮기다)"
ほらくる	hora-kuru	(日方:千葉 Chiba, 三重 Mie, 和歌山 Wakayama, 徳島 Tokushima)　id.
	bele-	(夫余)	"to harm an innocent person(죄 없는 사람을 해치다)"
	bolo-	(夫余)	"be used up(다 써버리다)"

waliya-	(夫余)	"to throw away(버리다)"	
murro	(現韓)	"backward(물러, 뒤로)"	
pori-	(現韓)	id.	
phar-mae	(現韓)	"throwing(팔매)"	

21F. 돌보다(10그룹)

- **21F-1**

あしらう	asira-u	(日方:和歌山 Wakayama, 四国 Shikoku)
		"to take care of sickness(보양하다)"
よじらかす	yozira-kasu	(日方:壱岐 Iki) id.
	yangshara-	(夫余) "be sickly(병적이다)"

- **21F-2**

かだせる	kada-seru	(日方:北海道 Hokkaido)	"to attend on(돌보다)"
かたる	kata-ru	(日方:青森 Aomori, 秋田 Akita)	
			"to rely on(의지하다), to look after(돌보다)"
	kutule	(夫余)	"horse herder(말을 돌보는 사람)"
	kotur-	(現韓)	"to lend a hand(거들다)"

- **21F-3**

きもいる	kimo-iru	(日方:長野 Nagano)	"to mediate(중개하다)"
きもせ	kimo-se	(日方:大阪 Osaka)	"assistance(도움)"
	gama-	(夫余)	"to look after(돌보다)"

- **21F-4**

ここしゅうする	ko-kshuu-suru	(日方:熊本 Kumamoto)	"to take good care(잘 돌보다)"
ここしる	ko-kosi-ru	(日方:山口 Yamaguchi, 愛媛 Ehime)	
			"to fondle(애무하다)"
	gosi-	(夫余)	"to love(사랑하다)"

- **21F-5**

せえべえ	seebee	(日方:南島 Minamijima)	"taking care(돌보기)"
	shabu-ra-	(夫余)	"to look after(돌보다)"

- **21F-6**

せわする	sewasu-ru	(現日)	"to take care of(돌보다)"
	tuwasha-	(夫余)	"to watch(잘 보다), to guard(보호하다)"
	tuwasha-ta-	(夫余)	"to take care of(돕다, 돌보다)"

- **21F-7**

てなご	tena-go	(日方:埼玉 Saitama)	"painstaking care(힘드는 보살핌)"
てま	tema	(日方:和歌山 Wakayama)	"exchange of labor(노동교환)"
	dana-	(夫余)	"to go to take care of(돌보러 가다)"
	danu-	(夫余)	"to care for one another(서로 돌보다)"
	top-	(現韓)	"to help(돕다)"

- **21F-8**

とりなす	tori-nasu	(現日)	"to mediate(중재하다)"
	dara-	(夫余여)	"to tame(길들이다)"

- **21F-9**

とる	tor-u	(現日)	"to manage(관리하다), to handle(취급하다)"
	dara-	(夫余)	"to tame(길들이다)"
	taru-	(現韓)	"to manage(관리하다), to handle(취급하다)"

- **21F-10**

まもる	mamor-u	(現日)	"to guard(지키다)"
	memere-	(夫余)	"to adhere(고수하다, 고집하다)"
	momuru-	(現韓)	"to stay(머무르다)"
	mamur-se	(韓方:전라)	"lock(자물쇠)"

21G. 떨어지다, 미끄러지다, 내리다(15그룹)

- **21G-1**

あらける	ara-ker-u	(日方:宮城 Miyagi, 京都 Kyoto)	"to fall down(떨어지다)" (음전)
	lai-fara- (음전)	(夫余)	"to collapse from fatigue(지쳐서 쓰러지다)"
	arae	(現韓)	"lower part(아래)"

- **21G-2**

おちる	oti-ru	(現日)	"to fall(떨어지다)"
おつ	ot-u	(古日)	id.
うちゃゆる	utya-yuru	(日方:長崎 Nagasaki, 佐賀 Saga)	id.
	wasi-	(夫余)	"to descend(내리다)"
	optu-ri-	(韓方:강원, 경상, 전북, 충북)	"to prostrate(엎드리다)"

- **21G-3**

おりる	ori-ru	(現日)	"to get down(내리다)"
おろす	oro-su	(現日)	"to lower(낮추다)"
	ula-	(夫余)	"to hand down(내려주다, 집어내리다)"
	ulu-	(夫余)	"to fall down(떨어지다)"
	arae	現韓)	"lower part(아래)"

- **21G-4**

かえさらおちる	kaesara-otiru	(日方:新潟 Niigata)	"to fall upside down(거꾸로 떨어지다)"
けんたりい	kentarii	(日方:栃木 Tochigi)	"hanging item about to fall(달려있는 물품이 떨어질 것 같은)"
	kaltara-	(夫余)	"to slip and fall(미끄러져 떨어지다)"

| | kontur-kontur | (現韓) | "dangle-dangle(건들건들)" |

- **21G-5**

こぼれる	kobore-ru	(現日)	"to drip(뚝뚝 떨어지다)"
こぼる	kobo-ru	(古日)	id.
こぼす	kobo-su	(現日)	"to spill(엎지르다)"
	gobo-lo-	(夫余)	"to miss(간과하다, 기회를 잃다)"

- **21G-6**

したたる	sita-taru	(現日)	"to drip(뚝뚝 떨어지다)"
したる	sita-ru	(日方:岐阜 Gifu, 島根 Shimane, 徳島 Tokushima) "to leak(새다)"
	suita-	(夫余)	"to spill(엎지르다)"
	sik-	(古韓)	"to leak(새다)"

- **21G-7**

したむ	sitam-u	(日方:和歌山 Wakayama, 千葉 Chiba, 福島 Fukushima) "to remove liquid(액체를제하다)" (음전)
	sobda-	(夫余)	"to drip(뚝뚝 떨어지다)" (음전)
	ssot-	(現韓)	"to pour out(쏟다)"

- **21G-8**

すべる	suber-u	(現日)	"to slip(미끄러지다)"
すべくる	subeku-ru	(日方:鳥取 Tottori)	id.
	sibca-	(夫余)	"to slide down(미끄러 떨어지다)"
	cappa-ci-	(韓方:강원, 충북)	"to slip(미끄러지다)"

- **21G-9**

ぞれる	zore-ru	(日方:茨城 Ibaragi, 千葉 Chiba, 愛知 Aichi, 奈良 Nara, 和歌山 Wakayama) "to collapse(붕괴하다)"
へれる	here-ru	(日方:愛媛 Ehime, 高知 Kchi) "be separated(분리되다)"
	dele-re-	(夫余)	"to come apart(분리되다)"
	delhe-	(夫余)	"to divide(짜개다, 분할하다)"
	ssuro-ci-	(現韓)	"to fall(쓰러지다)"

- **21G-10**

どやる	doya-ru	(日方:徳島 Tokushima, 愛媛 Ehime) "to fall(떨어지다)"
ちゃゆる	tyayu-ru	(日方:鹿児島 Kagoshima) "to fall down(넘어지다)"
ちゃんぱ	tyanpa	(日方:長野 Nagano) "fallen leaves(낙엽)"
	siha-	(夫余)	"to fall(떨어지다)" (leave=잎)
	tuhe-	(夫余)	id.
	ttoro-ci-	(現韓)	"to fall(떨어지다)"

- 21G-11

とんがらかす	tongara-kasu	(日方:愛知 Aichi)	"to make (it) fall(떨어지게 하다)"
てんごろめる	tengoro-meru	(日方:新潟 Niigata)	id.
てっくりかえる	tekkuri-kaeru	(日方:石川 Ishikawa, 富山 Toyama)	"to fall(떨어지다)"
	donger-u	(日方:愛知 Aichi)	"to roll(굴다)"
	tongoli-	(夫余)	"to roll over(전복하다)"
	tongoli-ku	(夫余)	"rolling over(뒤집힘, 典ㅂ복)"
	tehe-	(夫余)	id.
	ttaekura-k	(現韓)	"rolling(ly)(때그락)"

- 21G-12

なめっこい	namekko-i	(日方:福島 Fukushima, 栃木 Tochigi, 千葉 Chiba)	"be slippery(미끄럽다)"
のめっこい	nomekko-i	(日方:栃木 Tochigi, 群馬 Gunma, 埼玉 Saitama, 神奈川 Kanagawa, 山梨 Yamanashi)	id.
ねぼこい	neboko-i	(日方:岩手 Iwaqte)	id.
	niluka-n	(夫余)	id.
	mikkun-ha-	(現韓)	"be slippery(미끄럽다)"

- 21G-13

へぇる	heer-u	(日方:高知 Kochi)	"to slide(미끄러지다)"
へら	hera	(日方:群馬 Gunma, 長野 Nagano, 新潟 Niigata, 石川 Ishkawa)	"tongue(혀)"
	ile-	(夫余)	"to lick(핥다)"
	hal-	(韓方:강원, 경북)	id.
	hal-th-	(現韓)	id.

- 21G-14

へだれる	hedare-ru	(日方:徳島 Tokushima)	"to collapse(무너지다)"
みてる	miter-u	(日方:広島 Hiroshima, 島根 Shimane, 山口 Yamaguchi, 愛媛 Ehime, 高知 Kochi, 大分 Oita)	"to exhaust(다 없어지디, 다 써버리다)"
	e-bdere-	(夫余)	"to destroy(파괴하아)"
	o-ptur-	(古韓)	"to prostrate(엎드리다)"

- 21G-15

ぼてる	bote-ru	(日方:香川 Kagawa)	"to fall(떨어지다)"
ほたりおつる	hota-ri-oturu	(日方:宮崎 Miyazaki)	"to fall off(아래로 떨어지다)"
ひたや	hita-ya	(日方:和歌山 WAkayama, 三重 Mie)	"floor(바닥)"
	pata-k	(夫余)	"with a thud(털석, 쿵하고)"
	pata-k	(現韓)	"floor(바닥)"

21H. 매다, 묶다, 달다(8그룹)

- **21H-1**

おびねる	obi-neru	(日方:福島 Fukushima)	"to bundle(뭉치다)"
	uhu-	(夫余)	id.
	uhu-n	(夫余)	"bundle(뭉치)"

- **21H-2**

ごろごろ	goro-goro	(現日)	"sound of rolling(구는 소리)"
ころがる	koro-garu	(現日)	"to roll(굴다)"
	gula-	(부여)	"to roll down(굴어 떨어지다)"
	kung-kurri-	(한방:경북)	"to roll around(굴러 다니다)"

- **21H-3**

ころぶ	korob-u	(現日)	"to roll(굴다)" (음전)
	kurbu-	(夫余)	"to turn over(뒤집히다)"
	kur-	(現韓)	"to roll(굴다)" (intr. verb(자동사))
	kuburi-	(韓方:경상)	"to roll(굴리다)" (음전)

- **21H-4**

たれる	tare-ru	(現日)	"to hang down(매달리다)"
たらす	tara-su	(現日)	id.
つる	tur-u	(現日)	"to hang(매달다)"
	cele-	(夫余)	"to measure(재다)"
	turiu-	(現韓)	"to suspend(매달다)"

- **21H-5**

つるべる	turuberu	(日方:群馬 Gunma)	"to tie persimmon on a string and hang up (감 같은 것을 끈으로 매서 달다)"
	cilburi	(부여)	"tether(매은 밧줄)"
	turme-	(現韓)	"to tie sandals to one's feet(들메다)"

- **21H-6**

ばいぶる	baibu-ru	(日方:福井 Fukui)	"to roll(굴다)"
	fuhe-she-	(夫余)	id.

- **21H-7**

ぶらさがる	bura-sagaru	(現日)	"to hang down loosely(느슨하데 달리다)"
ぶらぶら	bura-bura	(現日)	"loosely hanging(느슨하게 달려 있는)"
	bir-seme	(夫余)	id.

- **21H-8**

ぶるくる	burukur-u	(日方:長野 Nagano, 愛知 Aichi)	"to hang(달아매다)" (음전)
	bukule-	(夫余)	"to put down a cap flap(모자 플랩을 내리다)" (음전)
	marka-cha-	(韓方:평북)	"to hang (it) on a belt(꿰차다)"

21I. 보다(見)(11그룹)

- **21I-1**

あおむく	ao-muku	(現日)	"to look up(우러러보다)"
	oi-lo	(夫余)	"senior(윗사람)"
	uy-po-	(現韓)	"to look up(우러러보다)"

- **21I-2**

うちゃぎぃん	utyagi-in	(日方:南島 Minamijima)	"to look up(위를 보다)"
	oncoho-n	(夫余)	"lying on one's back(등지고 눕는 것)"
	uyccok	(現韓)	"topside(위쪽)"

- **21I-3**

ごらんず	gora-nzu	(古日)	"to look(보다)" (honorific＝경어)
	hara-	(夫余)	"to see(보다), to watch(잘 보다)"
	kara-	(夫余)	"to look far(멀리 보다)"
	chera-po-	(韓方:경북)	id.

- **21I-4**

すかす	suka-su	(日方:宮崎 Miyazaki)	"to babysit(아이를 보다)"
	jaja-	(夫余)	"to carry on the back(등에 지고가다)"
	cacang-ka	(現韓)	"lulluby(자장가)"

- **21I-5**

すくぬん	suku-nun	(日方:南島 Minamijima)	"to cower(응쿠리다)"
すくばる	suku-baru	(日方:和歌山 Wakayama, 愛媛 Ehime, 大分 Oita, 対馬 Tsushima)	id.
	cuku-	(夫余)	"to look down(아래를 보다), to bow(절하다)"
	soko-sha-	(現韓)	"be slightly bowed(소곳하다)"

- **21I-6**

せらう	sera-u	(日方:島根 Shimane)	"to stare(응시하다)"
	har-gasha-	(夫余)	"to look up(쳐다보다)"
	hira-	(夫余)	"to look askance(곁눈질하다)"
	cirup-ttu-	(現韓)	"to stare(응시하다)"

- **21I-7**

そっかいふく	sokkai-huku	(日方:岩手 Iwate)	"to look up(쳐다보다)"
	tukeye-shun	(夫余)	"looking up(쳐다보는 것)"

- **21I-8**

そらはる	sora-har-u	(日方:和歌山 Wakayama)	"to look up(쳐다보다)
そらふく	sora-huk-u	(日方:青森 Aomori, 福井 Fukui, 兵庫 Hyogo)	id.
	sar-bahun	(夫余)	"lying spread-eagled on the back(두 다리를 벌리고 등지고 눕는 것)"

- 21I-9

ねらう	nera-u	(現日)	"to aim(겨누다)"
にらむ	nira-mu	(現日)	"to glare(노려보다), to watch(잘 보다)"
	jori-	(夫余)	"to aim(노리다), to point(지적하다)"
	jori-n	(夫余)	"aim(목적)"
	jori-ku	(夫余)	"indicater(표지), index finger(집계손가락)"
	nori-	(現韓)	"to aim at(노리다)"

- 21I-10

やしべる	yasiber-u	(日方:高知 Kochi)	"to despise(경멸하다)"
やしめる	yasimer-u	(日方:秋田 Akita, 岩手 Iwate, 山梨 Yamanashi, 愛知 Aichi, 富山 Toyama)	id.
	fusihula-	(夫余)	id.
	yathpo-	(現韓)	id.
	yospo-	(現韓)	"to look furtively at(얕보다)"

- 21I-11

| よすけむく | yosu-ke muk-u | (日方:岐阜 Gifu, 富山 Toyama) | "to look aside(곁을 보다)" |
| | asha-n | (夫余) | "side(옆)" |

21J. 서두르다(7그룹)

- 21J-1

あがく	agak-u	(日方:長野 Nagano, 石川 Ishikawa)	"to hurry(서두르다)"
	oyok-i	(夫余)	"hasty(급한)"
	ek-she-	(夫余)	"to hurry(서두르다)"

- 21J-2

いそぐ	isog-u	(現日)	"to hurry(서두르다)"
いそふ	isoh-u	(古日)	id.
うしう, うしゅう	usi-u, ushuu	(日方:新潟 Niigata)	"hurriedly(급히), early(일찍)"
やぜに	yaze-ni	(日方:大分 Oita)	id.
	asaha-fasaha	(夫余)	"rushed(서두른)"
	osun-tus	(古韓)	"quickly(속히)"
	oso	(現韓)	id.
	wassak	(現韓)	"rapidly(와싹)"

- 21J-3

| いらつ | iratu | (日方:岐阜 Gifu, 福井 Fukui, 滋賀 Shiga, 三重 Mie, 和歌山 Wakayama, 岡山 Okayama, 徳島 Tokushima, 大阪) | "to hasten(서두르다, 재촉하다)" |
| いれる | irer-u | (日方:仙台 Sendai, 名古屋 Nagoya) | id. |

erde	(夫余)	"early(이른, 일찍)"
iru̲-	(現韓)	"be early(이르다)"
ircci-k	(現韓)	"early(일찍)"

• 21J-4

さわぐ	sawag-u	(日方:岐阜 Gifu)	"to hurry(서두르다)"
てばてば	teba-teba	(日方:千葉 Chiba)	"hurriedly(급히)"
	cahi	(夫余)	"hasty(급한)"

• 21J-5

せく	sek-u	(現日)	"to hurry(서두르다)"
ちゃと	tya-to	(日方:奈良 Nara, 静岡 Shizuoka)	
			"quickly(속히)"
	suju-	(夫余)	id.
	ssok	(現韓)	"quickly(속히)"
	oso̲	(現韓)	id.

• 21J-6

せる	ser-u	(日方:岡山 Okayama)	"to hurry(서두르다)"
ちょろり	tyoro-ri	(日方:千葉 Chiba)	"quickly(속히)"
ちらちら	tira-tira	日方:長崎 Nagasaki)	id.
	cir-seme	(夫余)	id.
	sar-sir	(夫余)	"without delay(즉각)"
	shofor-seme	(夫余)	"in great haste(퍽 급히)"
	tu̲r-ttori	(韓方:경북)	"items sold quickly(빨리 팔리는 것)"

• 21J-7

ほたえる	hotae-ru	(日方: 岡山 Okayama, 広島 Hiroshima, 島根 Shimane, 愛媛 Ehime)	"be flurried(허둥거리다)"
ほたつく	hota-tuku	(日方:愛媛 Ehime)	id.
とったばった	totta-batta	(日方:群馬 Gunma)	"quickly(속히)"
	hudu̲-n	(夫余)	"quick(속한, 빠른)"
	hudu̲-la-	(夫余)	"to hurry(서두르다)"
	hotung-kori-	(現韓)	"be flurried(허둥거리다)"

21K. 소리지르다, 떠들다(8그룹)

• 21K-1

うざぁし	uzaa-si	(日方:鹿児島 Kagoshima)	"be noisy(떠들썩하다)"
あせる	ase-ru	(日方:福井 Fukui)	"to make noises(떠들다)"
えせらとる	ese-ratoru	(日方:壱岐 Iki)	"to laugh and make noises(웃고 떠들다)"
	yangsha-n	(夫余)	"noisy(시끄러운)"
	pusan-ha-	(現韓)	"be noisy(떠들썩하다)"
	sor-	(現韓)	"be very noisy(퍽 떠들썩하다)"

| | ungsong-kori- | (現韓) | | id. |

- **21K-2**

うどむ	udo-mu	(日方:高知 Kochi)	"to make noises(떠들다)"
うっとしい	utto-sii	(日方:茨城 Ibaragi, 千葉 Chiba, 山梨 Yamanashi, 長野 Nagano)	"very noisy(아주 떠들썩하다)"
よだけい	yoda-kei	(日方:広島 Hiroshima)	"be annoying(귀찮다)"
	ata-ra-	(夫余)	"to make a commotion(소동을 벌이다)"

- **21K-3**

おたえる	otaer-u	(日方:島根 Shimane)	"to yell(소리지르다)"
おたく	otak-u	(日方:岡山 Okayama, 鳥取 Tottori, 島根 Shimane)	id.
おとなう	otona-u	(日方:奈良 Nara)	id.
	abtara-	(夫余)	id.
	wechi-	(現韓)	id.

- **21K-4**

おらがる	ora-garu	(日方:高知 Kochi)	"to call(부르다)"
おえる	oer-u	(日方:兵庫 Hyogo	"to cry(울다, 소리지르다)"
ひいる	hiir-u	(日方:八丈島 Hachijojima, 愛知 Aichi)	"to shout(소리지르다)"
ひいる	hiir-u	(日方:愛知 Aichi)	"to cry hard(많이 울다)"
	hula-	(夫余)	"to call a person(사람을 부르다)"
	ura-n	(夫余)	"echo(메아리), resonance(반향, 울림)"
	ur-	(現韓)	"to cry(울다)"

- **21K-5**

がめく	game-ku	(日方:新潟 Niigata)	"to yell(소리지르다)"
きゃめく	kyame-ku	(日方:岐阜 Gifu)	id.
	gebu-le-	(夫余)	"to call by name(이름을 부르다)"

- **21K-6**

さけぶ	sake-bu	(現日)	"to shout(소리 지르다)"
しこる	siko-ru	(日方:奈良 Nara, 大阪 Osaka, 隠岐 Oki)	"to make commotion(소동을 일으키다)"
せからしい	seka-rasii	(日方:九州 Kyushu)	id.
そがらし	soga-rasi	(日方:鹿児島 Kagoshima)	"too noisy(너무 소란한)"
	e-suki-ye-	(夫余)	"to shout(소리 지르다)"
	songo-	(夫余)	"to cry(울다, 소리 지르다)"
	sikkuro-p-	(現韓)	"be noisy(시끄럽다)"

- **21K-7**

| たける | take-ru | (現日) | "to rave(소리지르다)" |
| とごえる | dogoe-ru | (日方:小倉 Kokura, 大分 Oita, 福岡 Fukuoka, 佐賀 Saga, 熊本 Kumamoto | id. |

あだける	a-<u>dake</u>-ru	(日方:東北 Tohoku, 茨城 Ibaragi, 千葉 Chiba, 北陸 Hokuriku)	id.
	daisha-	(夫余)	id.

- **21K-8**

どめく	dome-ku	(日方:山口 Yamaguchi, 高知 Kochi, 壱岐 Iki, 種子島 Tangashima)	"to talk loud and make a commotion(떠들고 장난치다)"
つばたたき	tuba-tatak-u	(日方:熊本 Kumamoto)	"rattler(수다쟁이)"
つばぬる	tuba-nur-u	(日方:壱岐 Iki)	"to make an uproar(떠들다)"
	tab-sita-	(夫余)	"to talk foolishly(바보처럼 말하다)"
	tab-tasha-	(夫余)	"to speak coarsely(천하게 말하다)"
	tt<u>obo</u>-ri	(現韓)	"chattering(떠버리)"

21L. 썩다, 낡다(9그룹)

- **21L-1**

あざるる	aza-ruru	(日方:熊本 Kumamoto)	"to decay(썩다)"
うざれる	uza-reru	(日方:福島 Fukushima)	id.
	ede-	(夫余)	id.
	sor-	(現韓)	id.

- **21L-2**

あめる	amer-u	(日方:北海道 Hokkaido, 岩手 Iwate, 青森 Aomori, 秋田 Akita, 三重 Mie)	"to rot(썩다)"
あまぐら	ama-gura	(日方:高知 Kochi)	"a kind of mold(곰팡이의 일종)"
あまご	ama-go	(日方:愛媛 Ehime)	"soya's mold(간장 곰팡이)"
	uba-	(夫余)	"to go bad(나빠지다), to get moldy(곰팡이가 슬다)"

- **21L-3**

いくす	ikus-u	(日方:富山 Toyama, 石川 Ishikawa)	"to begin to rot(썩기 시작하다)"
いきる	ikir-u	(日方:奈良 Nara)	"to ferment(발효하다)"
	aksha-	(夫余)	"to spoil(썩다)"
	ik-	(現韓)	"to ripen(익다)"

- **21L-4**

うつ	utu-	(日方:三重 Mie, 大阪 Osaka)	"to stink(악취가 나다)"
	wada-	(夫余)	"to smell(냄새나다, 냄새맡다)"

- **21L-5**

うせる	use-ru	(現日)	"to fade(퇴색하다, 지다)"
うす	us-u	(古日)	id.

ちゃぁゆん	tyaayu-n	(日方:南島 Minamijima)	"to die out(지다)" (fire＝불)
	tuhe-	(夫余)	"to set(지다)" (sun＝해)
	as-	(現韓)	"to take away(앗다)"

- 21L-6

くさる	kusa-ru	(現日)	"to rot(썩다)"
くしてる	kusi-teru	(日方:滋賀 Shiga)	"to begin to rot(썩기 시작하다)"
	guwasha-	(夫余)	"to spoil(망치다)"
	sakura-ci-	(現韓)	"to decompose(사그라지다)"

- 21L-7

ねぐさる	negusa-ru	(日方:新潟 Niigata, 愛知 Aichi, 岐阜 Gifu, 三重 Mie, 奈良 Nara)	"to rot(썩다)"
ねがる	nega-ru	(日方:長野 Nagano, 静岡 Shizuoka, 愛知 Aichi)	id. (음전)
	niyek-de-	(夫余)	id.
	nark-	(現韓)	"to wear out(낡다)" (음전)

- 21L-8

| ねる | ne-ru | (日方:島根 Shimane, 徳島 Tokushima, 高知 Kochi) | "to mildew(곰팡이가 나다)" |
| | niya- | (夫余) | "to rot(썩다)" |

- 21L-9

ふるぼけた	huru-boketa	(現日)	"worn out(써서 낡은)"
ふるぶ	huru-bu	(古日)	"to wear out(써서 낡게 하다)"
	hece-	(夫余)	id.
	horum-ha-	(現韓)	"be shabby(허름하다)"

21M. 얻다, 잃다, 주다, 찾다(25그룹)

- 21M-1

あげる	age-ru	(現日)	"to present(바치다)"
あぐ	ag-u	(古日)	id.
	b-ungi-	(夫余)	"to give a present(선물을 주다)"

- 21M-2

あずける	azuke-ru	(日方:宮城 Miyagi, 福島 Fukushima, 新潟 Niigata)	"to offer(제공하다)"
あつける	atuke-ru	(日方:仙台 Senndai, 新潟 Niigata) id.	
	juge-	(夫余)	"to offer sacrifice(희생물을 바치다)"

- 21M-3

あなずる	anazur-u	(日方:長崎 Nagasaki)	"to search(찾다)"
あなぐゆん	anagu-yun	(日方:南島 Minamijima)	id.
	wereshe-	(夫余)	"to investigate(조사하다)"

- 21M-4

あやす	a-<u>yas</u>-u	(日方:岡山 Okayama)	"to lose(잃다)"
うだる	uda-ru	(日方:秋田 Akita, 新潟 Niigata)	id.
	yongso-	(夫余)	"to lose(지다)" (gambling＝도박)
	irh-	(現韓)	"to lose(잃다)"

- 21M-5

いじる	izir-u	(現日)	"to fumble(손으로 더듬으며 찾다)"
	iji-	(夫余)	"to regulate(통제하다, 규정하다)"
	ijila-	(夫余)	"to become used to each other(서로 가까워 지다)"

- 21M-6

うさる	usar-u	(日方:奈良 Nara.大阪 Osaka, 愛媛 Ehime, 高知 Kochi) "to lose(잃다)"	
うせる	user-u	(日方:島根 Shimane, 徳島 Tokushima)	id.
うっせる	usser-u	(日方:鹿児島 Kagoshima)	id.
うしなう	usina-u	(現日)	id.
	asara-	(夫余)	"to put away for safe keeping(잘 두기 위해 치우다)"

- 21M-7

うしゃぎゅん	u<u>s</u>hagiyu-n	(日方:南島 Minamijima)	"to present(바치다)" (음전)
しんぜる	sinze-ru	(日方:富山 Toyama, 岐阜 Iki, 福井 Fukui, 鳥根 Shimane)	id.
	su<u>k</u>ji-	(夫余)	id. (음전)

- 21M-8

うる	ur-u	(現日)	"to get(얻다)"
える	er-u	(古日)	id.
	ali-	(夫余)	"to receive(받다)"
	ali-bu-	(夫余)	"to offer(제공하다)"
	<u>o</u>t-	(現韓)	"to get(얻다)"

- 21M-9

おっぽろく	oppo<u>ro</u>-ku	(日方:宮城 Miyagi)	"to lose(잃다)" (음전)
おはる	o<u>har</u>-u	(古日)	"to end(끝나다)" (음전)
	ufa<u>ra</u>-	(夫余)	"to perish(무너지다), to die(죽다)" (음전)
	<u>irh</u>-	(現韓)	"to lose(잃다)" (음전)

- 21M-10

ごせる, ごす	gose-ru, gos-u	(日方:鳥取 Tottori)	"to take(취하다), to receive(받다)"
かする	kasu-ru	(日方:茨城 Ibaragi)	"to snatch(잡아채다)"
	gaji-	(夫余)	"to bring(가져오다)"
	gaju!	(夫余)	"Bring it!(그것을 가져오너라!)"
	kaci-	(現韓)	"to possess(가지다)"

* 21M-11

  ごせる, ごす　　　　gose-ru, gos-u　(日方:鳥取 Tottori, 島根 Shimane)

  　　　　　　　　　　　　　　　　　　　　　　　　　　　"to give(주다)"

  　　　　　　　　　kesi　　　　　(夫余)　　　　　　"favor(호의)"

  　　　　　　　　　kesi-nge　　　(夫余)　　　　　　"blessed(축복된)"

  　　　　　　　　　kesi-tu　　　　(夫余)　　　　　　id.

* 21M-12

  さがす　　　　　　sagas-u　　　(現日)　　　　　　"to look for(찾다)"

  せがす　　　　　　segas-u　　　(日方:岩手 Iwate)　　id.

  せぐる　　　　　　segu-ru　　　(日方:千葉 Chiba)　　id.

  せだく　　　　　　sadak-u　　　(日方:対馬 Tsushima)　id.

  　　　　　　　　　shaksha-　　　(夫余)　　　　　　"to ask strongly(힐문하다)"

  　　　　　　　　　chac-　　　　　(現韓)　　　　　　"to look for(찾다)"

* 21M-13

  さく　　　　　　　sak-u　　　　(日方:鳥取 Tottori)　"to inquire(알아보다)"

  　　　　　　　　　jaka-　　　　　(夫余)　　　　　　"to look for someone's fault(남의 흠을 찾다)"

* 21M-14

  さんぜぇる　　　　sanzeer-u　　(日方:埼玉 Saitama)　"to look for(찾다)"

  さなげる　　　　　sanager-u　　(日方:長野 Nagano, 石川 Ishikawa)　id.

  さなする　　　　　sanasur-u　　(日方:千葉 Chiba, 和歌山 Wakayama,

  　　　　　　　　　　　　　　　高知 Kochi)　　　　id.

  　　　　　　　　　cincila-　　　(夫余)　　　　　　"to watch(잘 보다), to examine(조사하다)"

* 21M-15

  しまえる　　　　　sima-eru　　(日方:滋賀 Shiga, 岐阜 Gifu)

  　　　　　　　　　　　　　　　　　　　　　　　　　　　"to disappear(없어지다)"

  　　　　　　　　　cum-cura-　　(夫余)　　　　　　id.

* 21M-16

  しらべる　　　　　sirabe-ru　　(現日)　　　　　　"to examine(조사하다)"

  　　　　　　　　　salibu-　　　(夫余)　　　　　　"to estimate(견적하다)"

  　　　　　　　　　salphi-　　　(現韓)　　　　　　"to examine(조사하다)"

* 21M-17

  せぇらく　　　　　seera-ku　　(日方:大阪 Osaka, 和歌山 Wakayama, 兵庫 Hyogo,

  　　　　　　　　　　　　　　　対馬 Tsushima)　　"to search(찾다)"

  　　　　　　　　　suwele-　　　(夫余)　　　　　　id.

* 21M-18

  せせぐる　　　　　sese-gur-　　(日方:栃木 Tochigi)　"to search(찾다)"

  　　　　　　　　　shushe-　　　(夫余)　　　　　　id.

* 21M-19

  たずねる　　　　　tazune-ru　　(現日)　　　　　　"to seek(찾다), to ask(묻다)"

  ただす　　　　　　tada-su　　　(現日)　　　　　　"to inquire(알아보다)"

ちちぐん	titi-gun	(日方:南島 Minamijima)	"just listening(듣기만하는 것)"
とじめる	tozi-mer-u	(日方:仙台 Senda, 長野 Nagano, 岐阜 Gifu,	
		石川 Ishikawa)	"to inquire(알아보다)"
	dacila-	(夫余)	id.
	taci-	(夫余)	"to learn(배우다)"
	tuycyọnae-	(現韓)	"to seek out(뒤져내다)"
	tụtcap-	(現韓)	"to hear(들으시다)" (honorific=경어)

• 21M-20

たらす	tara-su	(日方:石川 Ishikawa)	"to give(주다)"
あつらえる	a-turae-ru	(日方:青森 Aomori, 秋田 Akita, 山形 Yamagata)	
			"to entrust(맡기다)"
	sala-	(夫余)	"to distribute(분배하다)"
	turi-	(夫余)	"to rent(세놓다, 빌리다)"
	tụri-	(現韓)	"to give(주다)"

• 21M-21

とめる	tomer-u	(日方:岡山 Okayama, 島根 Shimane, 徳島 Tokushima, 愛媛 Ehime,	
		高知 Kochi)	"to se다(찾다)"
	dehure-	(夫余)	"to search everywhere(각처를 찾아보다)"
	tuwa-	(夫余)	"to examine(조사하다)"
	tuymak-cir	(韓方:평북)	"to search(찾다)"

• 21M-22

ひたる	hitar-u	(日方:岡山 Okayama, 島根 Shimane, 山口 Yamaguchi,	
		愛媛 Ehime)	"to lose(잃다)"
まじれる	mazi-reru	(日方:八丈島 Hachijojima) id.	
	fusha-	(夫余)	"to lose everything(다 잃다)"
	mithci-	(現韓)	"to lose money in a deal(밑지다)"

• 21M-23

へずる	hezu-ru	(日方:新潟 Niigata)	"to fight to take(싸워서 빼앗다)"
へつる	hetu-ru	(日方:新潟 Niigata, 大阪 Osaka, 和歌山 Wakayama, 対馬 Tsushima,	
		兵庫 Hyogo, 岡山 Okayama, 鳥取 Tottori)	
			"to pluck(잡아뜯다)"
ほじく	hozi-ku	(日方:香川 Kagawa)	id.
	fithe-	(夫余)	id.

• 21M-24

ほろく	horok-u	(日方:仙台 Sendai, 宮城 Miyagi, 福島 Fukushima)	
			"to lose(잃다)"
ほうろく	hoorok-u	(日方:福島 Fukushima, 茨城 Ibaragi)	id.
	burubu-	(夫余)	"to disappear without a trace(흔적없이 없어지다)"
	maka-	(夫余)	id.

- 21M-25

みしくる	misiku-ru	(日方:大分 Oita, 鹿児島 Kagoshima)	"to look for(찾다)"
	busangi-ya-	(夫余)	"to search urgently for a lost item(잃은 것을 급히 찾다)"
	psku-	(古韓)	"to borrow(빌리다)"

21N. 열다, 닫다, 덮다, 벌리다(18그룹)

- 21N-1

あける	ake-ru	(現日)	"to open(열다), be opened(열리다)"
あく	ak-u	(古日)	id.
	anga	(夫余)	"mouth(입), gate(문), opening(틈)"

- 21N-2

いえる	ier-u	(日方:山口 Yamaguchi)	"be blocked(막히다)"
	eye	(夫余)	"pitfall(함정)"
	el-be-	(夫余)	"to cover(덮다)"

- 21N-3

うめる	ume-ru	(現日)	"to bury(묻다)"
おぼる	obo-ru	(日方:京都 Kyoto)	id.
おもる	omo-ru	(日方:大阪 Osaka)	id.
	umbu-	(夫余)	id.
	um	(現韓)	"dugout(움)"

- 21N-4

かぶる	kabu-ru	(現日)	"to cover(뒤집어쓰다)"
はめる	hame-ru	(日方:石川 Ishikawa)	id.
	kabu-	(夫余)	"be surrounded(포위되다)"
	komu-r	(現韓)	"cover for rice cake(고물)"

- 21N-5

くう	ku-u	(日方:宮城 Miyagi, 山形 Yamagata, 対馬 Tsushima)	"to shut(닫다)"
くる	kur-u	(日方:対馬 Tsushima)	id.
	ju-ye-	(夫余)	"be difficult to open(열기 어렵다)"

- 21N-6

さらす	sara-su	(現日)	"to expose widely(널리 노출하다)"
	sara-	(夫余)	"to open out(널리 열다)"
	tur-thi-	(韓方:평북)	"to expose(적발하다)"

- 21N-7

しく	sik-u	(現日)	"to spread on the ground(땅에 널다)"

| | sek-te- | (夫余) | id. |

• **21N-8**

| くえる | kue-ru | (日方:東北 Tohoku, 新潟 Niigata, 八丈島 Hachijojima) | "to block(막다)" |
| | ka- | (夫余) | "to obstruct(방해하다)" |

• **21N-9**

すき	suki	(現日)	"opening(열린 곳)"
すけき	suke-ki	(古日)	id.
すけら	suke-ra	(日方:静岡 Shizuoka)	id.
	sanga	(夫余)	"opening(틈새, 열린 곳), hole(굴)"
	sanga-ta	(夫余)	"having a hole or opening(굴이나 틈새 있음)"

• **21N-10**

たてる	tate-ru	(日方:島根 Shimane, 四国 Shikoku)	"to shut(닫다)"
とじる	tozi-ru	(現日)	id.
	dasi-	(부여)	id.
	tata-	(부여)	"to pull(끌다)"
	tat-	(現韓)	"to shut(닫다)"

• **21N-11**

たばふ	tabah-u	(古日)	"to cover up(덮다)"
	dob-ton	(夫余)	"cover(덮개, 뚜껑)"
	tebu-	(夫余)	"to put in(담다, 넣다)"
	toph-	(現韓)	"to cover up(덮다)"

• **21N-12**

つまえる	tumae-ru	(日方:群馬 Gunma, 奈良 Nara, 兵庫 Hyogo)	"to close up(막아버리다)"
つむ	tum-u	(日方:三重 Mie, 和歌山 Wakayama)	"be closed up(꽉 막히다)"
	dob-ton	(夫余)	"cover(뚜껑)"
	camur-soe	(現韓)	"lock(자물쇠)"
	tamur-	(現韓)	"to close the mouth(다물다)"

• **21N-13**

くへる	kuher-u	(日方:青森 Aomori, 岩手 Iwate, 宮城 Miyagi, 山形 Yamagata, 新潟 Niigata)	"to close(닫다)"
	gula-	(夫余)	id.
	kamur-	(韓方:강원)	"to close eyes(눈을 감다)"

• **21N-14**

はじける	hazi-keru	(現日)	"to burst open(활짝 벌어지다)"
はしる	hasi-ru	(日方:佐賀 Saga, 壱岐 Iki, 鹿児島 Kagoshima)	id.
はしれる	hasi-reru	(日方:岡山 Okayama, 鳥取 Tottori)	id.
ひすく	hisu-ku	(日方:和歌山 Wakayama)	"to produce crevise(틈이 생기다)"

	fushu-	(夫余)	id.
	posongki-	(現韓)	id.

- **21N-15**

はだてる	hadater-u	(日方:岐阜 Gifu)	"to spread(퍼뜨리다)"
	badara-	(夫余)	"to expand(넓히다)"
	photturi-	(現韓)	"to spread(퍼뜨리다)"
	ponti-	(韓方:평북)	"to expand(확장하다)"

- **21N-16**

はる	har-u	(現日)	"to spread(펼치다, 펼쳐지다)"
ひらく	hira-ku	(現日)	"to open(열다)"
ひろい	hiro-i	(現日)	"be wide(넓다)"
	fara-	(夫余)	"to spread grains(곡물을 널다)"
	buri-	(夫余)	"to stretch over(위를 다 덮다), to cover(덮다)"
	hari-	(夫余)	"to iron(다리미질 하다)"
	por-	(現韓)	"to become wider(벌다)"

- **21N-17**

ふたぐ	hutag-u	(日方:京都 Kyoto)	"to cover up(덮다)"
ふさぐ	husag-u	(現日)	"to block(막다)"
くはる	kuhar-u	(日方:仙台 Sendai)	id.
	butule-	(夫余)	id.
	huthu-	(夫余)	"to tie up(단단히 묶다)"
	mungkku-	(韓方:경북)	id.
	mut-	(現韓)	"to bury(묻다)"

- **21N-18**

むきだす	mukida-su	(現日)	"to bare(노출하다)"
	mukto	(夫余)	"bare(노출된)"
	pongthu	(韓方:평북)	"confession(자백)"

21O. 올리다, 짓다, 싣다(15그룹)

- **21O-1**

おがす	oga-su	(日方:仙台 Sendai, 秋田 Akita, 山形 Yamagata, 岩手 Iwate, 宮城 Miyagi) "to enlarge(확대하다)"
おがる	ogar-u	(日方:仙台 Sendai, 東北 Tohoku) id. (음전)
	urge-n	(夫余) "length(길이), extension(연장)" (음전)

- **21O-2**

からう	kara-u	(日方:長崎 Nagasaki, 佐賀 Saga, 熊本 Kumamoto) "to shoulder(메다)"
かるう	karu-u	(日方:九州 Kyushu, 四国 Shikoku, 島根 Shimane, 山口 Yamaguchi, 愛媛 Ehime, 高知 Kochi) id.

	goholo-	(夫余)	"to put on a hook(고리에 걸다)"
	k<u>o</u>r-	(現韓)	id.

● 210-3

おたす	ota-su	(日方:兵庫 Hyogo)	"to carry on the back(등에 지고 가다)"
おっとり	otto-ri	(日方:山口 Yamaguchi)	"to shoulder fast(속히 등에 지다)"
うつ	ut-u	(日方:九州 Kyushu)	"to change shouldering(지는 등을 갈다)"
	yoda-	(夫余)	"to carry suspended(달아매서 옮기다)"
	ci-	(現韓)	"to carry on shoulder(어깨에 지다)"

● 210-4

きずく	kizu-ku	(現日)	"to build up(올려 짓다)"
	jaji-	(夫余)	"to pile up(올려 쌓다)"

● 210-5

こずみ	<u>kozu-mi</u>	(日方:熊本 Kumamoto)	"items piled up(쌓여있는 물품)"
そえる	soe-ru	(現日)	"to add(가하다), to do more(더하다)"
	jaji-	(夫余)	"to pile up(쌓아 올리다)"
	saha-	(夫余)	id.
	kemi-	(韓方:전남)	"to pile up(쌓다)"

● 210-6

ささえる	sa-<u>saer</u>-u	(現日)	"to support(받치다)"
	ciru-	(夫余)	id.
	cici-ha	(現韓)	"to support(지지하다)"

● 210-7

さす	sa-su	(現日)	"to hold up(높이 올리다), to pitch a tent (천막을 치다), to build(짓다)"
たつ	ta-tu	(現日)	"be built(지어지다)"
	ca-	(夫余)	id. (bridge＝다리)"
	chi-	(現韓)	"to hold up(높이 올리다), to pitch a tent(천막을 치다)"
	cis-	(現韓)	"to hold up(높이 올리다), to build(짓다)"
	ssah-	(現韓)	"to pile up(쌓다)"

● 210-8

すけ	suke	(日方:島根 Shimane)	"wooden support(버팀목)"
つか	tuka	(日方:愛知 Aichi, 徳島 Tokushima, 高知 Kochi)	id.
	suja-	(夫余)	"to prop up(받치다)"

● 210-9

たたまゆん	ta-<u>tama</u>-yun	(日方:南島 Minamijima)	"to pile up(쌓아 올리다)"(음전)
たたくなる	ta-taku-naru	(日方:隠岐 Oki)	"be bent and piled up(구부러서 쌓이다)"
	dab<u>ta</u>-	(夫余)	id. (음전)
	tob<u>ci</u>-la-	(夫余)	"to plait(엮다)" (음전)

| | tuyke-noh- | (韓方:평북) | "be piled(쌓이다)" |
| | tuyki- | (韓方:평북) | "to pile up(쌓다)" |

● 210-10

| たてる | tate-ru | (日方:広島 Hiroshima, 石川 Ishikawa, 京都 Kyoto, 兵庫 Hyogo, 愛媛 Ehime, 高知 Kochi) | "to erect(세우다)" |
| | tura- | (夫余) | "to stand firm(꿋꿋이 서다)" |

● 210-11

ちける	tike-ru	(日方:茨城 Ibaragi, 栃木 Tochigi, 埼玉Saitama, 山梨 Yamanashi)	"to load(싣다)"
ちっける	tikke-ru	(日方:茨城 Ibaragi, 埼玉 Saitama, 静岡 Shizuoka)	id.
つこえる	tukoe-ru	(日方:宮城 Miyagi)	id.
	tukiye-	(夫余)	"to raise(위로 올리다)"
	dargi-ya-	(夫余)	"to lift a fist(주먹을 올리다)"
	dek-de-	(夫余)	"to rise(올라가다)"
	dek-derile-	(夫余)	"to rise high(높이 오르다)"
	tuyki-	(韓方:평북)	"to pile up(쌓다)"
	chikhi-	(現韓)	"to raise(위로 올리다)"
	tokum-tokum	(現韓)	"appearance of piling up(더금더금)"

● 210-12

まぐたねる	maguta-neru	(日方:岐阜 Gifu)	"to pile up(쌓아 올리다)"
ぼっち	botti	(日方:福島 Fukushima, 埼玉 Saitama)	"counter for piles(더미 수)"
ぼっち	botti	(日方:東京 Tokyo)	"pile(더미)"
	bukta-n	(夫余)	"pile(더미)"
	mungchi-	(現韓)	"to bind together(뭉치다)"
	hapchi-	(韓方:전남)	id.

● 210-13

もうける	mooke-ru	(現日)	"to set up(설치하다)"(음전)
	belhe-	(夫余)	id. (음전)
	maryon-ha-	(現韓)	id.

● 210-14

もめる	mome-ru	(日方:岐阜 Gifu, 富山 Toyama)	"to present(바치다, 주다)"
	fime-	(夫余)	id.
	pephur-	(現韓)	"to bestow(베풀다)"

● 210-15

ゆける	yu-keru	(日方:岡山 Okayama)	"to pile up(쌓아 올리다)"
	yalu-	(夫余)	"to ride(타다)" (horse＝말)
	kari	(現韓)	"pile(더미)"

21P. 자르다, 깎다, 부수다(34그룹)

- **21P-1**

がぁたれる	gaata-reru	(日方:静岡 Shizuoka)	"to break(깨다, 깨지다)"
こちゃす	kotya-su	(日方:茨城 Ibaragi)	id.
	gete-re-	(夫余)	"to root out(근절시키다), to clean(청소하다)"
	kengce-	(夫余)	"to break(깨다, 째지다)"
	kkaeci-	(現韓)	"be broken(째지다)"

- **21P-2**

かぐる	kagur̲-u	(日方:岡山 Okayama, 山口 Yamaguchi)	
			"to scratch(긁다)" (음전)
こうげる	kooger̲-u	(日方:新潟 Niigata)	"to cut(자르다)" (음전)
こぎる	kogir̲-u	(日方:宮城 Miyagi, 神奈川 Kanagawa, 岡山 Okayama,	
		山口 Yamaguchi, 大分 Oita) id. (음전)	
こくる	kokur̲-u	(日方:岐阜 Gifu、青森 Aomori, 秋田 Akita, 山形 Yamagata,	
		新潟 Niigata.静岡 Shizuoka) id. (음전)	
	karka-	(夫余)	"to scrape with a stick(막대기로 긁다)" (음전)
	kur̲k-	(現韓)	"to scratch(긁다)"(음전)

- **21P-3**

かじく	kazi-ku	(日方:福岡 Fukuoka)	"to split(째다)"
きさく	kisa-ku	(日方:三重 Mie)	id.
	garja-	(夫余)	"to split(째다), to break(깨다)"
	kut̲-	(古韓)	"to cut(자르다)"

- **21P-4**

きる	kir-u	(現日)	"to cut(자르다)"
かる	kar-u	(現日)	"to mow(풀을 깎다)"
	garla-	(夫余)	"to break(부수다)"
	giri-	(夫余)	"to trim(가지을 좀 잘라내다)"
	guru-	(夫余)	"to dig and take(파내고 잡다)"
	giri-ku̲	(夫余)	"small knife(작은 칼)"
	hirha-	(夫余)	"to cut off(잘라버리다)"
	karu̲-	(現韓)	"to split(가르다)"

- **21P-5**

くだく	kudak-u	(現日)	"to crush(눌러 부수다)"
くずれる	kuzure-ru	(現日)	"to crumble(부서지다)"(음전)
	hujure-	(夫余)	"to grind(빻다, 갈다)"
	karza-	(夫余)	"be crushed(눌러 부수다)" (음전)
	posur̲o-ci-	(現韓)	"to crumble(버스러지다)"

- **21P-6**

けずる	kezu-ru	(現日)	"to shave(깎다)"

こそぐ	koso-gu	(日方:滋賀 Shiga)	id. (음전)
	kangsa-	(夫余)	"to shave the hair off a pelt(모피의 털을 깎다)" (음전)
	kusur-	(現韓)	"to burn the skin a little(그슬다)"

● 21P-7

こげる	koge-ru	(日方:鳥取 Tottori, 島根 Shimane, 山口 Yamaguchi, 福岡 Fukuoka, 愛媛 Ehime)	"to break (깨다)"
こわく	kowak-u	(日方:岐阜 Gifu, 福井 Fukui)	id.
	guku-	(夫余)	"to perish(멸망하다)"
	kkakk-	(現韓)	"to slice(깎다)"
	kkaethuri-	(現韓)	"to break(깨다)"

● 21P-8

こだくる	koda-kuru	(日方:山口 Yamaguchi)	"to cut fine(잘게 썰다)"
つだむ	tuda-mu	(日方:岐阜 Gifu, 長野 Nagano)	id.
	hadu-	(夫余)	"to cut with a sickle(낫으로 자르다)"

● 21P-9

こたぐる	kota-guru	(日方:和歌山 Wakayama, 三重 Mie)	"to stick it up(찔러 올리다)"
	gida	(夫余)	"spear(창)"
	gida-la-	(夫余)	"to stab with a spear(창으로 찌르다)"
	kacik-	(韓方:전남)	"to stick(찌르다)"

● 21P-10

こぶる	kobur-u	(日方:京都 Kyoto)	"to crush(부수다)"
こまげる	koma-geru	(日方:愛知 Aichi)	id.
	kufu-yen	(夫余)	"brittle(깨지기 쉬운)"

● 21P-11

こわす	kowas-u	(現日)	"to break(깨다, 깨지다)"
こわれる	koware-ru	(現日)	"be demolished(붕괴되다)"
	huwaja-	(夫余)	"to break(깨다, 깨지다), to rip(찢다)"
	kas-	(古韓)	"to shave(깎다)"

● 21P-12

さける	sake-ru	(現日)	"to split(짜개다)"
さくい	saku-i	(日方:福島 Fukusima, 岩手 AIwate, 愛知 Aichi, 滋賀 Shiga, 奈良 Nara, 和歌山 Wakayama, 大阪 Osak, 鳥取 Tottori, 広島 Hiroshima, 山口 Yamaguchi)	"be fragile(깨지기 쉬운)"
すく	suk-u	(古日)	"to cut thin(얇게 자르다)"
	jaka	(夫余)	"crack(갈라진 틈, 금)"
	jaka-ra-	(夫余)	"to split(짜개다)"
	seke-je-	(夫余)	"be ripped here and there(여기저기 째지다)"

	shaka-la-	(夫余)	"to fork(갈퀴로 긁다), to cut off the enemy(적을 차단하다)"
	shaka-na-	(夫余)	"to break(깨다, 깨지다)"
	gaka-ra-	(夫余)	"to crack open(갈라 벌리다)"
	gaka-hun	(夫余)	"with a gaping mouth(딱 벌린 입으로)"
	ccokae-	(現韓)	"to split(쪼개다)"
	u-cikku-n	(現韓)	"with a crack(우지끈)"

- 21P-13

さぶる	sabu-ru	(日方:静岡 Fukuoka)	"to break(깨다, 깨지다)"
	comli-	(夫余)	"to make an incision(베다, 사기다)"
	sampak	(現韓)	"appearance of cutting with one stroke(삼박)"

- 21P-14

せんぞ	senzo	(日方:長野 Nagano, 山梨 Yamanashi)	"cutting fine(잘게 자르는 것)"
せんずこんず	sinzu-konzu	(日方:壱岐 Iki)	"fragmentary(단편적, 도막도막)"
	jisu-	(夫余)	"to cut leather, etc. straight(가죽 같은 것을 직선으로 자르다)"
	saci-	(夫余)	"to clip(가위로 자르다), to chisel(끌로 파다)"

- 21P-15

そじる	sozir-u	(日方:島根 Shimane)	"to shave(깎다)"
そずる	sozur-u	(口方:岡山 Okayama)	id.
	shusile-	(夫余)	"to chisel(끌로 파다)"
	ssusi-	(現韓)	"to poke(쑤시다)"

- 21P-16

そる	so-ru	(現日)	"to shave(깎다), to cut hair(머리 깎다)"
	cahi-	(夫余)	"to divide(나누다, 가르다)"
	sho-	(夫余)	"to shave(깎다)"
	ssor-	(現韓)	"to chop(썰다)"

- 21P-17

つく	tuk-u	(現日)	"to prick(찌르다), to thrust(밀어넣다)"
つつく	tutuk-u	(現日)	id.
	shuki-la-	(夫余)	"to beat(지나), to gore(뿔로 받다)"
	shuki-sha-	(夫余)	"to butt one another(서로 뿔로 받다)"
	toko-	(夫余)	"to cut(자르다), to slash(썩베다)"
	ccaeki-	(韓方:강원)	"to split(째다)"

- 21P-18

つくじる	tukuzi-ru	(日方:熊本 Kumamoto, 鹿児島 Kagoshima)	"to poke around(여기저기 찌르다)"
つっくすむ	tukkusu-mu	(日方:群馬 Gunma)	"to poke (it) down(찔러 떨어뜨리다)"
つっこくる	tukkoku-ru	(日方:群馬 Gunma)	"to poke(찌르다)"

	cungusha-	(夫余)	"to butt(뿔로 받다)"
	tokosho-	(夫余)	"to prick(찌르다)"
	ccik-	(現韓)	id.

● 21P-19

| てしゃぐ | teshag-u | (日方:福井 Fukui) | "to destroy(파괴하다)" |
| | dashura- | (부여) | id. |

● 21P-20

ぱいるん	pairu-n	(日方:南島 MInamijima)	"to cut a tree in a few pieces(나무를 몇 개로 자르다)"
	furu-	(夫余)	"to cut into pieces(조각 조각 자르다)"
	huwala-	(夫余)	"to cut up(잘라버리다)"
	meile-	(夫余)	"to cut into a few pieces(몇 개로 자르다)"
	maru-	(現韓)	"to cut cloth or wood(마르다)"

● 21P-21

はぎる	hagir-u	(日方:千葉 Chiba)	"to take a part off(일부를 자르다)"
はける	haker-u	(現日)	"to strip(벗기다)"
	fahara-	(夫余)	"to peel(벗기다)"
	poski-	(現韓)	id.

● 21P-22

はぎる	hagi-ru	(日方:神奈川 Kanagawa, 茨城 Ibaragi, 群馬 Gunma, 埼玉 Saitama)	"to snap(뚝 끊다)"
わける	wake-ru	(現日)	"to divide(나누다, 가르다)"
	bija-	(夫余)	"to break(깨지다, 깨다), to snap(뚝 끊다)"
	fak-ca-	(夫余)	"to divide(가르다), to split(쪼개다)"
	ppakae-	(現韓)	"to split(빠개다)"

● 21P-23

はずす	hazu-su	(現日)	"to take it off(떼다)"
へずる	hezu-ru	(日方:東北 Tohoku, 関東 Kanto, 愛知 Aichi, 長野 Nagano, 岐阜 Gifu, 富山 Toyama, 兵庫 Hyogo, 高知 Kochi, 島根 Shimane, 香川 Kagawa, 熊本 Kumamoto)	"to shave off(깎다)"
ぼちくる	boti-kuru	(日方:福井 Fukui)	"to pluck off(쥐어뜯다)"
もじく	mozi-ku	(日方:千葉 Chiba、三重 Mie, 広島 Hiroshima, 山口 Yamaguchi)	id.
	fata-	(夫余)	"to pick(손으로 집다)"
	phucco-ri	(韓方:평북)	"thining out(솎는 것)"

● 21P-24

| ばっさり | bassari | (現日) | "sound of chopping cleanly(산뜻 자르는 소리)" |
| はしる | hasi-ru | (古日/日方:鳥取 Tottori, 愛媛 Ehime, 佐賀 Saga, 壱岐 Iki, 鹿児島 Kagoshima) | "be split(짜개지다)" |

はっちる	hatti-ru	(日方:静岡 Shizuoka, 長野 Nagano) id.	
	fasar-seme	(夫余)	"in many pieces(여러 조각으로)"
	fasila-	(夫余)	"to cut in pieces(조각조각 베다)"
	pusuro-ki	(現韓)	"pieces(부스러기)"

• 21P-25

はつる	hatu-ru	(日方:岐阜 Gifu, 和歌山 Wakayama, 徳島 Tokushima)	"to shave(깎다)"
	faita-	(夫余)	"to cut(자르다), to slice(얇게 베다)"
	picip-	(現韓)	"to split open(비집다)"

• 21P-26

はやす	hayas-u	(日方:静岡 Shizuoka, 島根 Shimane)	"to cut fine(잘게 자르다)"
ほしかぁ	hosi-kaa	(日方:高知 Kochi)	"cut and dried sweetpotato(잘라 말린 고구마)"
ほしかぶ	hosi-kabu	(日方:新潟 Niigata)	"cut and dried radish(잘라 말린 무)"
ほせんぼ	hose-n-boo	(日方:三重 Mie)	"cut pieces of wood(자른 나무 조각)"
	fese-r-seme	(夫余)	"broken in small pieces(산산조각 깨진)"
	paca	(現韓)	"network of wooden strips(바자)"

• 21P-27

ほぜる	hoze-ru	(日方:福井 Fukui, 兵庫 Hyogo, 岡山 Okayama, 広島 Hiroshima, 島根 Shimane, 山口 Yamaguchi, 香川 Kagawa, 高知 Kochi, 愛媛 Ehime, 宮崎 Miyazaki)	"to dig(파다)"
	fete-	(夫余)	id.
	pokhui-	(韓方:평북)	"to dig up(캐다)"

• 21P-28

ほそべる	hoso-beru	(日方:群馬 Gunma)	"to scrape(스치다, 긁어내다)"
	hisha-	(부여)	id.
	fiji-re-	(夫余)	"to scrape along the ground(땅을 따라 긁어 내다)"
	munciru-	(現韓)	"to scrape(스치다, 긁어내다)"

• 21P-29

もちゃくる	motyaku-ru	(日方:宮城 Miyagi)	"to split(째다)"
	fondojo-	(夫余)	"be broken(깨지다)"
	fithe-je-	(夫余)	"to burst(터지다)"
	ucikku-n	(現韓)	"sound of cracking(우지끈)"

• 21P-30

みじく	mizi-ku	(日方:奈良 Nara, 岡山 Okayama)	"to break(깨다), to ruin(망치다)"
めがす	mega-su	(日方:愛媛 Ehime, 山口 Yamaguchi, 島根 Shimane)	"to break(깨다)
めぐ	meg-u	(日方:福井 Fukui, 大阪 Osaka, 京都 Kyoto, 兵庫 Hyogo, 島根 Shimane, 鳥取 Tottori, 広島 Hiroshima, 岡山 Okayama,	

		四国 Shikoku)	id.
めげる	mege-ru	(日方:新潟 Niigata, 京都 Kyoto, 兵庫 Hyogo, 島根 Shimane, 鳥取 Tottori, 広島 Hiroshima, 岡山 Okayama, 福井 Fukui, 四国 Shikoku, 対馬 Tsushima)	"be ruined(망하다)"
	manga	(夫余)	"difficult(곤란한)"
	manga-la-	(夫余)	"to worsen(나빠지다)"
	manga-sha-	(夫余)	"to have difficulties(어려움이 있다)"
	mangi-ci	(夫余)	"if it comes to worst(최악의 경우에는)"
	meijie-	(夫余)	"to shatter(분쇄하다)"
	mungkae-	(現韓)	id.
	mossuke-toe-	(現韓)	"to ruin(망치다)"

• 21P-31

むじゃく	muzyak-u	(日方:長野 Nagano)	"to mill(제분하다), to pulverize(분쇄하다)"
ひしゃく	hishak-u	(日方:愛知 Aichi, 岐阜 Gifu, 大阪 Osaka)	id.
ひしゃく	hishak-u	(日方:愛知 Aichi, 岐阜 Gifu)	"to break up(파괴하다)"
	busaja-	(夫余)	"be blind by injury(상처로 눈이 멀다)"
	mosela-	(夫余)	id.
	mussiki-ci-	(韓方:평북)	"be ruined(못쓰게 되다)"

• 21P-32

もじく	mozi-ku	(日方:和歌山 Wakayama)	"to break(깨지다)"
むざける	muza-keru	(日方:福島 Fukushima, 宮城 Miyagi)	"be ripped(찢기다)"
	fuse-je-	(夫余)	"to break up(분리하다, 해체하다)"
	fuse-le-	(夫余)	"to break open(파 헤치다)"
	pta-	(古韓)	"to pick off(쥐어 뜯다)"

• 21P-33

やぶる	yabur-u	(現日)	"to break(깨뜨리다)"
	efuje-	(夫余)	"be ruined(망쳐지다)"
	efule-	(夫余)	"to break(깨다)"

• 21P-34

やらす	yaras-u	(日方:岐阜 Gifu)	"to break(깨다, 부수다)"
やらける	yaraker-u	(日方:富山 Toyama)	"be broken(깨지다)"
	lalanji	(夫余)	"exhausted(지쳐버린, 다 써버린)"

21Q. 잡다, 집다, 고르다(9그룹)

• 21Q-1

| えらける | erake-ru | (日方:青森 Aomori) | "to choose strictly(엄밀히 고르다)" |

あらく	arak-u	(日方:兵庫 Hyogo)	"to differ(다르다)"
	ilga-	(夫余)	"to differentiate(구별하다)"
	ilga!	(夫余)	"Compare!(비교하라!)"
	arkur-	(韓方:경북)	"be unusual(熙한하다)"

● **21Q-2**

しまえる	simaer-u	(日方:秋田 Akita)	"to grasp(손으로 잡다)"
しめる	simer-u	(現日)	"to grasp(손으로 잡다), to occupy(차지하다)"
ちゃまえる	tyamaer-u	(日方:石川 Ishikawa, 福井 Fukui, 兵庫 Hyogo, 徳島 Tokushima, 愛媛 Ehime)	"to grasp(손으로 잡다)"
	sefere-	(夫余)	"to catch(잡다), to take(취하다)"
	jafa-	(夫余)	id.
	cap-	(現韓)	"to grasp(손으로 잡다)"

● **21Q-3**

しょずむ	shozu-mu	(日方:長野 Nagano)	"to capture(잡다)"
	sosa-	(夫余)	id.
	sip-nun-	(韓方:제주)	"to grasp(손으로 잡다)"

● **21Q-4**

すぐる	sugu-ru	(古日)	"to choose(고르다)" (음전)
すぐる	sugu-ru	(日方:岐阜 Gifu, 新潟 Niigata)	"to thin out(솎아내다)" (음전)
	sarki-ya-	(夫余)	"to sort out(골라내다)" (음전)
	silga-	(夫余)	"to select(고르다)" (음전)
	sokk-	(現韓)	"to thin out(솎아내다)"

● **21Q-5**

たくしあげる	taku-si age-ru	(日方:群馬 Gunma, 長野 Nagano)	"to pick up(집다)"
	tungi-ye-	(夫余)	id.
	ttoethi-	(韓方:평북)	"to pick(따다)"

● **21Q-6**

つまじる	tumazi-ru	(日方:秋田 Akita, 新潟 Niigata, 長野 Nagano)	"to pick up(집다)"
つまずる	tumazu-ru	(日方:新潟 Niigata)	id.
つまむ	tumam-u	(現日)	id.
	tomso-	(夫余)	id.
	cumnun-	(韓方:경상, 전라, 충청)	id.

● **21Q-7**

とる	tor-u	(現日)	"to take(취하다, 손에 잡다)"
	duri-	(夫余)	"to grasp(손에 잡다)"
	tala-	(夫余)	"to confiscate(흡수하다)"

	tur-	(現韓)	"to take(손에 잡다, 들다)"

- 21Q-8

ふれる	hure-ru	(現日)	"to touch(만지다)"
	bilu-	(夫余)	id.
	hurrong'i	(現韓)	"violent poking(훌렁이)"

- 21Q-9

もてる	mote-ru	(日方:山口 Yamaguchi, 対馬 Tsushima)	
			"to hold(손에 쥐다)"
	buta-	(夫余)	"to catch(손으로 잡다)"
	puthtu-r-	(現韓)	"to hold(손에 쥐다)"

21R. 젖다, 마르다(19그룹)

- 21R-1

いびしない	ibi-si-nai	(日方:高知 Kochi)	"to get wet and feel bad(젖어 기분이 나쁘다)"
いびしい	ibi-si-i	(日方:山口 Yamaguchi, 愛媛 Ehime, 大分 Oita, 福岡 Fukuoka)	"to feel bad(기분이 나쁘다)"
	ebe-	(夫余)	"to become wet(흠뻑 젖다)"
	ebe-niye-	(夫余)	"to soak(흠뻑 젖다)"
	ph-chi-	(現韓)	"to make things worse(엎치다)"

- 21R-2

いらく	ira-ku	(日方:島根 Shimane, 山口 Yamaguchi)	"to dry(마르다)"
いろく	iro-ku	(日方:九州 Kyushu)	id.
いろかす	iro-kasu	(日方:大分 Oita, 熊本 Kumamoto)	"to dry it(말리다)"
	olho-	(夫余)	"to dry(마르다)"
	ior-	(古韓)	id.

- 21R-3

おしゃかはん	osha-kahan	(日方:兵庫 Hyogo)	"being soaked by rain(비에 축 젖음)"
おしゃか	osha-ka	(日方:千葉 Chiba)	id.
ようそけない	yooso-kenai	(日方:山口 Yamaguchi)	id.
	ushi-n	(夫余)	"rather wet(좀 젖은)"

- 21R-4

おじゃける	ozya-keru	(日方:兵庫 Hyogo)	"to dry and brittle(말라서 깨어지기 쉽다)"
	uca-la-	(夫余)	"to dry meat outside(밖에서 고기를 말리다)"
	cac-	(現韓)	"to dry up(말라버리다)"

- **21R-5**

かてる	kate-ru	(日方:石川 Ishikawa)	"to dry up(말라버리다)"
	kata-	(夫余)	"to dry(마르다)"
	koto-ng	(夫余)	"hard and dry(굳게 마른)"
	kat-	(韓方:평북)	"to dry up(말라버리다)"
	situr-situr	(現韓)	"slightly dried appearance(시들시들)"

- **21R-6**

かんからぼし	kangka-ra-bosi	(日方:岐阜 Gifu, 壱岐 Iki)	"to dry hard(굳게 마르다)"
こうける	kooke-ru	(日方:福岡 Fukuoka)	"to dry(마르다)"
	kangka-	(夫余)	"be thirsty(목이 마르다)"
	kengke-	(夫余)	"to dry out(말라버리다)"

- **21R-7**

しだら	sida-ra	(日方:福井 Fukui)	"getting wet with rain with clothes on(옷을 입고 비에 젖는 것)"
しったいちぬう	sittai-tinuu	(日方:南島 Minamijima)	"soaked clothes(흠뻑 젖은 옷)"
しょうたれ	shoota-re	(日方:群馬 Bunma, 長野 Nagano)	"soaking(흠뻑 젖는 것)"
	shebte-	(夫余)	"to become soaked(흠뻑 젖다)"
	coc-	(現韓)	"to become wet(젖다)"

- **21R-8**

しめる	sime-ru	(現日)	"to become damp(축축해지다)"
じゃみる	zyami-ru	(日方:千葉 Chiba)	"to soak into(젖어 들다), to smudge(더러워 지다)"
じゅじゅむ	zyu-zym-u	(日方:滋賀 Shiga, 京都 Kyoto, 大阪 Osaka, 愛媛 Ehime)	id.
	seme-	(夫余)	"to soak(흠뻑 젖다), to moisten(축축해지다)"
	sime-	(夫余)	id.
	sime-len	(夫余)	"be muddy(흙투성이다)"
	sime-n	(夫余)	"moisture(습기)"
	suma-n	(夫余)	"vapor(증기)"
	sumi-	(現韓)	"to soak in(스미다)"

- **21R-9**

じるい	ziru-i	(日方:京都 Kyoto, 岡山 Okayama)	"be wet(젖다)"
	sulhu-	(夫余)	"be damp(습기 있는)"
	cir-	(現韓)	"be watery(질다)"

- **21R-10**

ずくたんぼ	zuku-tanbo	(日方:福井 Fukui, 京都 Kyoto)	"being drenched(흠뻑 젖는 것)"
ずくぬれ	zuku-nure	(日方:奈良 Nara)	id.
つける	tuker-u	(現日)	"to soak(담그다)" (음전)
どくどく	doku-doku	(日方:石川 Ishikawa)	"wet condition(젖은 상태)"
	sheke-	(夫余)	"to drench(흠뻑 젖다)"

| | surgi-n | (夫余) | "damp(습기 있는), humid(습한)" (음전) |
| | chuk-chuk | (現韓) | "wet condition(젖은 상태)" |

● 21R-11

つばかる	tubakar-u	(日方:高知 Kochi)	"be soaked(흠뻑 젖다)"
どっぷら	doppura	(日方:千葉 Chiba)	"soaked(흠뻑 젖은)" (음전)
どっぷくされ	doppu-ku-sare	(日方:茨城 Ibaragi)	"being soaked with rain(비에 흠뻑 젖음)"
	derbe-hun	(夫余)	"damp (축축한)"(음전)
	dabsula-	(夫余)	"to salt(소금에 절이다)"
	tamku-	(現韓)	

● 21R-12

はっしゃぐ	hassiya-gu	(日方:富山 Toyama, 石川 Ishikawa, 岐阜 Gifu, 兵庫 Hyogo, 徳島 Tokushima) "to dry(마르다)" (음전)
はしやぐ	hasiya-gu	(日方:佐渡 Sado, 福島 Fukushima, 関東 Kanto, 三宅島 Miyamkejima, 中部 Chubu, 広島 Hiroshima, 鳥取 Tottori, 石川 Ishikawa, 和歌山 Wakayama, 大阪 Osaka, 岡山 Okayama, 徳島 Tokushima) id. (음전)
	fiyasa-	(夫余)	id. (음전)

● 21R-13

ひたす	hitas-u	(現日)	"to soak(물에 잠기다)"
ふてる	huter-u	(日方:長野 Nagano, 静岡 Shizuoka, 愛知 Aichi, 岐阜 Gifu) id.
ひつ	hit-u	(古日)	"to wet a lot(꽤 젖다)"
	hata-	(夫余)	"to immerse hot rod(뜨거운 쇠를 담그다)"
	mut-	(現韓)	"to bury(묻다)"

● 21R-14

びっしょり	bissho-ri	(現日)	"be soaked with sweat(땀으로 흠뻑 젖은 상태)" (음전)
	beshe-	(夫余)	"to soak(흠뻑 젖다)"
	bil-ja-	(夫余)	id. (음전)
	pici-ttam	(現韓)	"heavy sweat(비지땀)"

● 21R-15

ひやぐ	hyag-u	(日方:島根 Shimane, 広島 Hiroshima, 愛媛 Ehime) "to dry up(다 마르다)"
ふやぐ	huyag-u	(日方:島根 Shimane, 広島 Hiroshima) id.
	fiyasa-	(夫余)	id.

● 21R-16

ひる	hir-u	(古日)	"to dry(마르다)"
ひいらかす	hiira-kasu	(日方:岐阜 Gifu)	"to dry it(말리다)"
	fa-	(夫余)	"to dry(마르다)"
	fuli	(夫余)	"jerky(육포)"

| | marki- | (現韓:평북) | "to dry [it](말리다)" |

- **21R-17**

| ひんける | hinker-u | (日方:德島 Tokushima) | "to dry(마르다)" (음전) |
| | faringi-ya | (夫余) | "to cut with a sickle and lay out to dry (낫으로 잘라서 말리려고 펴다)" (음전) |

- **21R-18**

ぼかぼか	boka-boka	(現日)	"dry and hard(마르고 굳은)"
	pak-seme	(夫余)	id.
	phak-phak	(現韓)	id.

- **21R-19**

| ほせる | hoser-u | (日方:高知 Kochi, 富山 Toyama, 岐阜 Gifu, 兵庫 Hyogo) | "to dry up(마르다)" (음전) |
| | borcila- | (夫余) | "to hang up to dry(말리려고 걸다)" (음전) |

21S. 쫓다, 쫓아가다(7그룹)

- **21S-1**

おいかます	oika-masu	(日方:奈良 Nara)	"to chase(쫓아가다)"
おわいかける	owaika-keru	(日方:滋賀 Shiga)	id.
おいこくる	oiko-kuru	(日方:愛媛 Ehime)	"to chase away(쫓아버리다)"
	eige-	(夫余)	"to lead an animal(동물을 이끌다)"

- **21S-2**

おふ	oh-u	(古日)	"to chase(쫓다)"
	aba	(夫余)	"chase(쫓음), hunt(사냥)"
	fabu-	(夫余)	"to chase(쫓다)"

- **21S-3**

| おんます | onma-su | (日方:千葉 Ehiba) | "to chase(쫓아가다)" |
| | ambu- | (夫余) | "to pursue and grasp(쫓아가서 잡다)" |

- **21S-4**

つる	tur-u	(古日)	"to follow(쫓아가다, 따르다)"
	dala-	(夫余)	"to lead(인도하다)"
	ttaru-	(現韓)	"to follow(쫓아가다, 따르다)"

- **21S-5**

ぼっかける	bokkaker-u	(日方:仙台 Sendai, 秋田 Akita, 岩手 Iwate, 宮城 Miyagi, 福井 Fukui, 広島 Hiroshima)	"to chase after(쫓아가다)" (음전)
ぼくる	bokur-u	(日方:秋田 Akita, 宮城 Miyagi, 福島 Fukushima, 岐阜 Gifu)	id. (음전)
ぶぐう	bugu-u	(日方:宮城 Miyagi)	id.

	forga-	(부여)	id. (음전)
	pocaeng'i	(夫余:함남)	"step(걸음)"

● 21S-6

ぼっこむ	bokko-mu	(日方:青森 Aomori, 岩手 Iwate)	
			"to chase into(쫓아 넣다)"
	bongi-	(夫余)	"to send away(보내버리다)"

● 21S-7

ぼったくる	botta-kuru	(日方:広島 Hiroshima, 新潟 niigata, 秋田 Akita)	
			"to chase(쫓다)"
ぼたぐる	bota-guru	(日方:青森 Aomori, 岩手 Iwate, 秋田 Akita)	id.
	funtu-	(夫余)	"to charge at(돌진하다)"

21T. 치다, 차다, 때리다 (14그룹)

● 21T-1

きょうたく	kyootak-u	(日方:新潟 Niigata)	"to beat up(몹시 때리다)"
くったばす	kutta-bas-u	(日方:千葉 Chiba)	"to beat(치다)"
こつく	kotuk-u	(日方:滋賀 Shiga, 三重 Mie)	id.
	gudeshe-	(夫余)	"to keep hitting with the fist(주먹으로 계속 때리다)"
	koturkae	(現韓)	"loaded lash(고들개)"

● 21T-2

ごらす	gora-su	(日方:三重 Mie)	"to beat(치다)"
ぎゆうする	giyuu-suru	(日方:富山 Toyama)	id.
	cile-	(夫余)	"to beat with a bamboo rod(대 몽둥이로 치다)"
	kurithi-	(古韓)	"to beat up(몹씨 치다)"

● 21T-3

さす	sas-u	(日方:奈良 Nara)	"to throw stones at(…에게 돌을 던지다)"
せせる	sese-ru	(古日)	"to poke around(여기저기 쑤시다)"
	sisi-	(夫余)	"to insert(끼어 넣다)"
	shusi-n	(夫余)	"chisel(끌)"
	sheshe-	(夫余)	"to sting(쏘다, 찌르다)"
	songi-	(韓方:평북)	"to throw(던지다)"
	ssusi-	(現韓)	"to poke(쑤시다)"

● 21T-4

さわる	sawar-u	(日方:和歌山 Wakayama)	"to act wild(난폭하게 굴다)"
やくらあげる	yakura-ageru	(日方:和歌山 Wakayama)	id.
	jangla-	(夫余)	"to beat with a pole(막대기로 치다)"
	ssau-	(現韓)	"to fight(싸우다)"

- **21T-5**

しゃぐ	shag-u	(日方:新潟 Niigata)	"to hit(치다)"
しわく	siwak-u	(日方:滋賀 Shiga, 島根 Shimane, 広島 Hiroshima, 愛媛 Ehime, 高知 Kochi)	id.
すぐゆん	sugu-yun	(日方:南島 Minamijima)	"to beat(때리다)"
	coki-	(夫余)	"to peck(쪼다), to hit(치다)"
	jok-ja-	(夫余)	"to beat up(호되게 때리다)"
	ccokae-	(現韓)	"to split(쪼개다)"

- **21T-6**

そす	sos-u	(日方:三重 Mie, 和歌山 Wakayama)	"to hit(치다)"
	shasi-hala-	(夫余)	"to slap(손바닥으로 때리다)"
	shusi-hala-	(夫余)	"to whip(채찍으로 치다)"
	coci-	(韓方:강원)	"to hit(치다)"

- **21T-7**

たたく	tata-ku	(現日)	"to strike(치다), to knock(노크하다)"
たたしる	tata-siru	(日方:山口 Yamaguchi, 鹿児島 Kagoshima)	"to tap(가볍게 두드리다)"
ちちまわす	titi-mawasu	(日方:大分 Oita, 宮崎 Miyazaki)	"to beat(때리다)"
とつく	totu-ku	(日方:大阪 Osaka, 仙台 Sendai, 福井 Fukui, 滋賀 Shiga, 三重 Mie, 奈良 Nara, 大阪 Osaka, 兵庫 Hyogo, 京都 kyoto)	"to hit(치다)"
	tanta-	(夫余)	id.
	tangka-	(夫余)	"to kill fish with stones(물고기를 돌로 죽이다)"
	tuturki-	(現韓)	"to beat repeatedly(두들기다)"

- **21T-8**

てぐ	teg-u	(日方:山口 Yamaguchi, 京都 kyoto, 兵庫 Hyogo)	"to hit(치다)"
でやく	deyak-u	(日方:広島 Hiroshima)	id.
どずく	do-zuk-u	(日方:関東 Kanto, 中部 Chubu, 関西 Kansai, 四国 Shikoku, 大分 Oita)	id.
どつく	do-tuk-u	(日方:仙台 Sendai, 福井 Fukui, 滋賀 Shiga、三重 Mie, 奈良 Nara、京都 Kyoto, 大阪 Osaka, 兵庫 Hyogo)	id.
	du-	(夫余)	id.
	tuk-si-	(夫余)	"to pound(연거푸 치다, 고동하다)"
	ttik-	(韓方:평북)	id.
	thi-	(韓方:평북)	"to hit(치다)"

- **21T-9**

ばする	basur-u	(日方:石川 Ishikawa)	"to beat(치다)"

ぶっさる	bussar-u	(日方:静岡 Shizuoka)	id.
はちる	hatir-u	(日方:愛媛 Ehime)	"to beat(치다), to slap(손바닥으로 치다)"
はつる	hatur-u	(日方:長野 Nagano, 石川 Ishikawa, 福井 Fukui, 岡山 Okayama, 広島 Hiroshima, 大分 Oita, 熊本 Kumamoto) id.	
	bashila-	(夫余)	"to hit with the fist(주먹으로 때리다)"
	mus-mae	(現韓)	"beating all at once(뭇매)"
	paka-nae-	(韓方:평북)	"to hit(때리다)"

● 21T-10

はる	har-u	(日方:愛知 Aichi)	"to hit the head(머리를 치다)"
	fori-	(夫余)	"to whip(회초리로 때리다)"
	fori!	(夫余)	"Hit it!(처라!)"
	orro-chi-	(現韓)	"to hit(치다)"

● 21T-11

ひやぐ	hiya-gu	(日方:山形 Yamagata)	"to hit(치다)"
びしゃく	bisha-ku	(日方:京都 Kyoto, 神戸 Kobe)	id.
	hafisha-	(夫余)	"to pat(손으로 조금 두드리다)"

● 21T-12

ぶっちゃらむ	buttyara-mu	(日方:青森 Aomori)	"to hit(치다)"
	baidala-	(夫余)	"to punish by beating(타박벌로 처하다)"
	pututhi-	(韓方:평북)	"to pat(가볍게 두드리다)"

● 21T-13

ふんがらかす	hungara-kasu	(日方:新潟 Niigata)	"to kick(차다)"
ふんぐくる	hungukur-u	(日方:青森 Aomori, 福島 Fukushima)	id.
ふんごくる	hungokur-u	(日方:福島 Fukushima, 長野 Nagano)	id.
	feshele-	(夫余)	id.
	bokori-gai-	(夫余)	"to kick in the rear(뒤로 차다)"
	fiyokoco-	(夫余)	id.

● 21T-14

むしらかす	musira-kasu	(日方:対馬 Tsushima)	"to beat(때리다)"
ぶっからむ	bukkara-mu	(日方:秋田 Akita)	id.
ぶっさらう	bussara-u	(日方:静岡 Shizuoka)	"to beat hard(세게 때리다)"
むじゃける	muzyake-ru	(日方:青森 Aomori, 秋田 Akita)	id.
もざく	mozak-u	(日方:宮城 Miyagi)	"to crack(갈라지다, 금이 나다)"
	fusurje-	(夫余)	id.
	mijura-bu-	(夫余)	"to beat someone until he cannot move(움직이지 못할 정도로 때리다)"
	phaessau-m	(現韓)	"gang fight(패싸움)"

21U. 타다, 연기 나다.(6그룹)

● **21U-1**

くする	kusu-ru	(日方:高知 Kochi)	"to smoke(연기가 나다)"
きじる	kizi-ru	(日方:山口 Yamaguchi)	id.
くすぶる	kusu-buru	(現日)	id.
くすもる	kusu-moru	(日方:京都 Kyoto)	id.
	kungshu-	(夫余)	"to burn(타다)"
	kusur-ta	(現韓)	"to scorch(그슬다) "

● **21U-2**

しろめる	siro-meru	(日方:千葉 Chiba, 茨城 Ibaragi)	"to roast rice cake(쌀떡을 굽다)"
しじる	si-zir-u	(日方:鳥取 Tottori, 隱岐 Oki)	"to boil(끓이다)"
ちりのこ	tiri-noko	(日方:大阪 Osaka)	"roasted barley(구운 보리)"
じりじり	ziri-ziri	(現日)	"noise of burning oil, etc.(기름 같은 것이 타는 소리)"
	caru-	(夫余)	"to fry(기름으로 튀기다)"
	cola-	(夫余)	id.
	seile-	(夫余)	"to boil cut-up meat(잘게 자른 고기를 삶다)"
	shere-	(夫余)	"to glow(빛나다)"
	sholo-	(夫余)	"to roast(태우다)"
	sor-ki	(現韓)	"a kind of rice cake(쌀떡의 일종)"

● **21U-3**

たく	tak-u	(現日)	"to burn(타다, 태우다)"
たつ	tat-u	(日方:愛知 Aichi)	"to kindle charcoal(숯을 피우다)"
	da-	(夫余)	"to burn(타다, 태우다)"
	deiji-	(夫余)	id.
	taya-	(夫余)	"to break out(나다)"　(fire＝불)
	tuwa	(夫余)	"fire(불)"
	pur-toku	(韓方:평북)	id.

● **21U-4**

ふせる	huse-ru	(日方:九州 Kyushu)	"to smoke(연기가 나다)"
ふすべる	husu-beru	(日方:德島 Tokushima, 愛媛 Ehime, 宮崎 Miyazaki)	id.
	fangsha-	(夫余)	"to smoke(연기가 나다)"
	puchi-	(韓方:경남)	"to burn(타다)"

● **21U-5**

ほやく	hoyak-u	(日方:青森 Aomori)	"to burn(타다)" (fire＝불)

まっこ	makko	(日方:静岡 Shizuoka, 福島 Fukushima, 群馬 Gunma, 埼玉 Saitama, 神奈川 Kanagawa, 東京 Tokyo, 山梨 Yamanashi)
		"hearth(노상(爐床), 노변, 화롯가)"
	hak-sha-	(夫余)	"to scorch(그슬리다)"
	hak-sha-n	(夫余)	"scorched(그슬린)"
	fek-cuhun	(夫余)	"spicy(매운)"
	pokk-	(現韓)	"to broil(볶다)"

● 21U-6

| やく | yak-u | (現日) | "to burn(타다)" |
| | fi-yaku- | (夫余) | "to roast(그슬리다)" |

21V. 기타 인적 동사(46그룹)

● 21V-1

いざんめえ	izan-mee	(日方:宮崎 Miyazaki, 鹿児島 Kagoshima)
		"sitting posture(앉아있는 모양)"
	assha-mbi	(夫余)	"to move(움직이다)"
	asshan	(夫余)	"movement(동작), behavior(행위)"

● 21V-2

いちかる	itikar-u	(日方:千葉 Chiba, 栃木 Tochigi)
		"to ride(타다)" (음전)
いっかる	ikkar-u	(日方:福島 Fukushima, 茨城 Ibaragi, 千葉 Chiba, 埼玉 Saitama, 長野 Nagano, 群馬 Gunma) id.
えっかる	ekkar-u	(日方:福島 Fukushima, 長野 Nagano, 埼玉 Saitama, 群馬 Gunma, 新潟 Niigata) id.
	aktala-	(夫余)	"to straddle(두 다리를 벌리고 서다)" (음전)

● 21V-3

うげる	u-ger-u	(日方:岡山 Okayama)	"be skinned(가죽이 벗겨지다)"
	kuwala-	(夫余)	"to skin(가죽을 벗기다)"
	kka-	(現韓)	"to peel(까다)"

● 21V-4

うつる	utur-u	(現日)	"to move to(...쪽으로 옮다)"
うつるごうし	uturu-goosi	(日方:壱岐 Iki)	"in turn(차례차례)"
	idura-	(夫余)	"to work taking turns(번갈아 일하다)"
	orki-	(韓方:, 경상, 전남, 충청)	"to move to(...쪽으로 옮다)"

● 21V-5

おくる	o-kur-u	(現日)	"to send(보내다)"
	guri-	(夫余)	"to move(옮기다), to transfer(이동 시키다)"
	aengki-	(韓方:강원, 경남, 전남) id.

- 21V-6

かっつぁぐる	kat-tuagur-u (日方:宮城 Miyagi)		"to dig(파다)"
くじる	kuzir-u	(日方:秋田 Akita, 千葉 Chiba, 広島 Hiroshima, 大分 Oita、熊本 Kumamoto, 鹿児島 Kagoshima) id.	
こぜる	kozer-u	(日方:静岡 Shizuoka)	"to gouge(파내다)"
	kuwacara-	(夫余)	id.

- 21V-7

| かなじる | kanazi-ru | (日方:大分 Oita) | "to grab and pull(잡아 끌다)" |
| | kargi- | (夫余) | "to pull grass(풀 뽑다), to cut(자르다)" |

- 21V-8

かる	kar-u	(古日)	"to set apart(따로 두다)"
かくれる	ka-kure-ru	(現日)	"to hide oneself(숨다)"
	hari-	(夫余)	"to hide(숨다, 숨기다)"
	kari-	(現韓)	"to screen off(가리다)"

- 21V-9

きよる	kiyor-u	(日方:岩手 Iwate, 伊豆大島 Izuojima, 千葉 Chiba) "to mend a net(그물을 수리하다)"	
きおる	kior-u	(日方:千葉 Chiba)	id.
	hiya-da-	(夫余)	"to weave a net(그물을 뜨다), to mend(수리하다)"

- 21V-10

| くちく | kutik-u | (日方:八丈島 Hachijojima) | "to shoot an arrow(화살을 쏘다)" |
| | desiku | (夫余) | "shaman's arrow(무당의 화살)" |

- 21V-11

くびる	kubir-u	(日方:九州 Kyushu)	"to wrap the neck(목을 싸다)"
くびくびり	kubi-kubir-i (日方:鹿児島 Kagoshima, 宮崎 Miyazaki)		"strangling(교살)"
	huber-i	(夫余)	"women's neckpiece(여자의 목 장식)"

- 21V-12

| けばる, けわる | kebar-u, kewar-u (日方:長野 Nagano) | | "to make up(화장하다)" |
| | gohodo- | (夫余) | id. |

- 21V-13

こかす	koka-su	(日方:千葉 Chiba)	"to shift(옮기다)"
	kanga-ra-	(夫余)	"to slip slightly(조금 미끄러지다)"
	kakkon-	(韓方:강원, 경상, 전라, 충청)	"to bring(가져오다)"

- 21V-14

こたげる	kota-geru	(日方:奈良 Nara)	"to mix up(뒤섞다)"
ごうす	goos-u	(日方:福井 Fukui)	id.
	kuta-, kurda-	(夫余)	id.

- 21V-15

さばく	sabak-u	(日方:愛媛 Ehime)	"to unravel(풀다)"
	subke-je-	(夫余)	id.
	subke-le-	(夫余)	id.

- 21V-16

| さばくる | saba-kuru | (日方:和歌山 Wakayama) | "to mix(섞다)" |
| | suwa-liya- | (夫余) | id. |

- 21V-17

さばる	saba-ru	(日方:岡山 Okayama, 広島 Hiroshima)	
			"to pull(끌다)"
そびく	sobi-ku	(日方:大分 Oita, 長崎 Nagasaki, 壱岐 Iki, 対馬 Tsushima,	
		鹿児島 Kagoshima)	id.
じむばる	zimu-baru	(日方:島根 Shimane)	id.
	sibi-	(夫余)	"to stretch(뻗다, 뻗치다)"
	capa-tangki-	(現韓)	"to pull(끌다)"

- 21V-18

さらける	sarake-ru	(日方:佐渡 Sado)	"to dredge(준설하다), to clean out(일소하다)"
さらう	sara-u	(現日)	id.
	silgi-ya-	(夫余)	"to wash(씻다), to rinse(헹구다)"
	sorkoc-	(現日)	"to wash dishes(설겆다)"

- 21V-19

しくる	sikur-u	(日方:岩手 Iwate, 愛知 Aichi, 山口 Yamaguchi)	
			"to fail(실패하다)"
そくる	sokur-u	(日方:愛媛 Ehime, 福島 Fukushima)	id.
こじわる	koziwar-u	(日方:岐阜 Gifu)	"to boil about half(반쯤 끓다)"
	cakiri	(夫余)	"half done(반이 된, 반이 탄)"

- 21V-20

しぼる	sibor-u	(現日)	"to squeeze(짜다), to tighten(죄다)"
	shoforo-	(夫余)	"to pinch(꼬집다)"
	jibere-	(夫余)	"to twist(꼬다)"
	sibere-	(夫余)	"to twist yarn(연사를 꼬다), to knead(반죽하다)"
	cciphuri-	(現韓)	"to squint(찌푸리다)"

- 21V-21

| すったくる | sutta-kuru | (日方:千葉 Chiba) | "to polish(닦다, 윤을 내다)" |
| | shudu- | (夫余) | id. |

- 21V-22

そげる	soger-u	(日方:高知 Kochi)	"be stripped(벗겨지다)" (음전)
	sarki-ya-	(夫余)	"to strip(벗다)"　　　　　(음전)
	sak-	(現韓)	"to become threadbare(삭다)

- **21V-23**

たかる	takar-u	(日方:三重 Mie)	"to fly(날다)"
	dokdola-	(夫余)	"to spring up(급히 일어서다)"
	takup-hi	(現日)	"imminently(다급히)"

- **21V-24**

たく	tak-u	(古日)	"to pull net by hand(그물을 끌다)"
たぐる	tagu-ru	(現日)	"to pull by hands(손으로 끌다)"
たごむ	tago-mu	(日方:秋田 Akita, 宮城 Miyagi, 岩手 Iwate) id.
	tanga-	(夫余)	"to wrap the weak spot of the bow with sinew (활의 약한 곳을 건으로 싸다)"
	tangi-ku̱	(夫余)	"bowstring stretching method(활시위를 당기는 법)"
	tangi-la-	(夫余)	"to fire a crossbow(석궁을 쏘다)"
	tangi-me	(夫余)	"stretching(뻗침)"
	tangki-	(現韓)	"to pull(당기다)"

- **21V-25**

つくりたてる	tukuri-tateru (日方:大分 Oita, 熊本 Kumamoto)	
		"to stir up(뒤섞다)"
	cukule- (夫余)	id.

- **21V-26**

つずくる	tuzukur-u (日方:佐渡 Sado, 奈良 Nara, 大阪 Osaka)	
		"to repair(수리하다)"
つずしる	tuzusir-u (日方:大阪 Osaka, 壱岐 Iki) id.	
	dasa- (夫余)	id.
	dasa-ku̱ (夫余)	"repair tool(수리 도구)"

- **21V-27**

つめる	tume-ru (日方:和歌山 Wakayama, 徳島 Tokushima)	
		"to pinch(찝다)"
	jifu- (夫余)	id.
	ccip- (現韓)	id.

- **21V-28**

つらふ	turah-u	(古日)	"to struggle(바둥거리다, 애쓰다)"
	cira-la-	(夫余)	"to act strictly(엄격하게 행하다)"
	cira-r	(現韓)	"behaving rudely(지랄)"

- **21V-29**

つらぬく	tura-nuku	(現日)	"to pierce(뚜르다)"
とほる	tohor-u	(古日)	id.
	dari-	(夫余)	"to scrape(긁어내다)"
	shuru-	(夫余)	"to lathe(선반을 돌리다)"
	tuye-	(夫余)	"to pierce(뚜르다)"
	tturmu-	(韓方:평북)	id.

	tturu-	(現韓)	id.

• 21V-30

とぐ	tog-u	(現日)	"to whet(칼을 갈다), to polish(닦다), to rinse(헹구다)"
	dehe-	(夫余)	"to refine(정련하다, 세련하다)"
	talgi-	(夫余)	"to smooth(매끈하게 하다, 평탄케 하다)"
	talgi-ku	(夫余)	"scraper(깎는 기구, 깎는 사람)"
	takk-	(現韓)	"to polish(닦다)"

• 21V-31

なびる	nabir-u	(日方:栃木 Tochigi, 茨城 Ibaragi, 埼玉 Saitama) "to plaster(회반죽을 바르다)"
	luba-	(夫余) "to smear with glue(풀을 칠하다)"

• 21V-32

なやむ	nayam-u	(日方:山口 Yamaguchi)	"to mend(수리하다)"
	niyece-	(夫余)	id.

• 21V-33

はがす	haga-su	(現日)	"to peel(가죽을 벗기다)"
へぐ	heg-u	(日方:熊本 Kumamoto, 新潟 Niigata, 和歌山 Wakayama, 香川 Kagawa, 島根 Shimane, 徳島 Tokushima, 大分 Oita, 広島 Hiroshima, 山口 Yamaguchi, 長崎 Nagasaki) "to peel(껍질을 벗기다)"	
ほかる	hoka-ru	(日方:岐阜 Gifu, 愛知 Aichi, 愛媛 Ehime, 大分 Oita, 福岡 Fukuoka, 長崎 Nagasaki) id.	
ほげる	hoge-ru	(日方:和歌山 Wakayama, 山口 Yamaguchi) "be stripped(벗겨지다)"	
	faha-ra-	(夫余)	"to remove kernel(과일의 인을 제하다)"
	huwaki-ya-	(夫余)	"to peel(껍질을 벗기다)"
	poski-	(現韓)	"to strip(벗기다)"

• 21V-34

はなす	hanas-u	(現日)	"to release(놓아주다)"
	bene-	(夫余)	"to send(보내다)"
	ponae-	(現韓)	id.

• 21V-35

はめる	hamer-u	(現日)	"be stuck in a deep place(깊은 곳에서 못 움직이다)"
	buheli-ye-	(夫余)	"to cover up(덮다)"

• 21V-36

はる	har-u	(現日)	"to plaster on(위에 회반죽을 바르다)"
	bilu-	(夫余)	"to stroke(쓰다듬다)"
	paru-	(現韓)	"to paste(바르다)"

- **21V-37**

はんにゅい	hannyui	(日方:南島 Minamijima)	"to carry on the back(등에 지고 가다)" (음전)
	fiyana	(夫余)	"frame for carrying on the back(등에 짐을지고 가는 틀)" (음전)
	hiyala-	(夫余)	"to carry a child on the back(아이를 업고 가다)" (음전)

- **21V-38**

ひたむ	hita-mu	(日方:和歌山 Wakayama)	"to pour the top juice(겉 즙을 따르다)"
ふたでる	huta-deru	(日方:岩手 Iwate, 岐阜 Gifu)	"to pour(따르다)"
したむ	sita-mu	(日方:和歌山 Wakayama, 福島 Fukushima)	"to empty a jug(그릇을 비우다)"
	bilte-	(夫余)	"to overflow(넘치다)"
	pus-	(現韓)	"to pour(따르다)"

- **21V-39**

| ふする | husu-ru | (日方:九州 Kyushu) | "to mend(고치다)" |
| | heje- | (夫余) | id. |

- **21V-40**

| ふっかける | hukkaker-u | (現日) | "to blow out hard(세게 불어내다) |
| | hungkere- | (夫余) | "to pour(쏟다)" |

- **21V-41**

| ふる | hur-u | (現日) | "to swing(흔들다, 흔들리다)" |
| | fere- | (夫余) | "be dizzy(눈부시다)" |

- **21V-42**

| へくそなくそ | hekuso-nakuso | (日方:滋賀 Shiga) | "forcefully oppressive(아주 압제적)" |
| | bukda-sha- | (夫余) | "to press down(누르다, 압박하다)" |

- **21V-43**

ほどく	hodok-u	(現日)	"to loosen(늦추다), to untie(풀다)"
	fudeje-	(夫余)	"to rip(째다)"
	fudele-	(夫余)	"to rip the seam(솔기를 찢다)"
	hethe-	(夫余)	"to pull out(잡아빼다), to pluck(뜯다)"
	phyoci-	(現韓)	"be spread(펴지다)"

- **21V-44**

ほる	hor-u	(現日)	"to dig(파다)"
ばる	bar-u	(日方:対馬 Tsushima)	"to dig(파다)"
	ba-	(夫余)	"to gnaw a hole(...이로 갉아 구멍을 내다)"
	bo-	(夫余)	"to bore(구멍을 뚜르다)"
	folo-	(夫余)	"to engrave(새기다)"
	pha-	(現韓)	"to dig(파다)"

- **21V-45**

まみれる	mamire-ru	(現日)	"be smeared with(...으로 바르다, ...으로 문질러 더럽히다)"
まめる	mamer-u	(日方:九州 Kyushu)	id.
ももぐる	momogur-u	(日方:三重 Mie, 徳島 Tokushima, 愛媛 Ehime, 山口 Yamaguchi) "to knead(빚다)"	
ももぐる	momogur-u	(日方:愛媛 Ehime, 高知 Kochi) "to put things in the mouth and move them around(물품을 입에 넣어서 돌리다)"	
	fomoro-	(夫余)	"to get tangled up(엉클어지다)"
	fumere-	(夫余)	"to stir(휘젓다), to confuse(혼란하게 하다)"
	pomuru-	(現韓)	"to mix up(버무르다)"

- 21V-46

ゆする	yusur-u	(現日)	"to shake(흔들다)"
	assha-	(夫余)	id.
	watur-watur	(現韓)	"trembling manner(와들와들)"

21W. 기타 동사(32그룹)

- 21W-1

あく	ak-u	(現日)	"to become empty(비어지다)"
あき	ak-i	(現日)	"emptiness(빈 상태)"
	aku	(夫余)	"not(아니...), without(...없이)"
	eki-ye-	(夫余)	"be empty(비었다), to lack(부족하다)"
	eki-ye-n	(夫余)	"emptiness(빈 상태), lack(부족)"

- 21W-2

あせる	ase-ru	(日方:岐阜 Gifu)	"to move(움직이다)"
うぃいちゅん	uiityu-n	(日方:南島 Minamijima)	id.
	aci-	(夫余)	"to move a little(조금 움직이다)"
	assha-	(夫余)	"to move(움직이다)"

- 21W-3

あたる(に-)	atar-u(ni-)	(現日)	"to correspond to(...에 해당하다), be equivalent to(...와 동등하다)"
	aca-	(夫余)	"to correspond to(...에 해당하다)"
	adali(n···i)	(夫余)	"as(...와 같은)"

- 21W-4

あふれる	a-hure-ru	(現日)	"to overflow(넘치다)"
	fir-ge-	(夫余)	"to leak(새다)"
	fil-ge-	(夫余)	id.
	fulu	(夫余)	"surplus(나머지, 여분)"
	puru-	(現韓)	"be full(부르다)"

| | huru- | (現韓) | "to flow(흐르다)" |

● 21W-5

いじける	izi-keru	(現日)	"to stunt(움추러들다), to warp(휘다)"
いとしい	ito-sii	(日方:壱岐 Iki)	"be small(작다)"
	iju	(夫余)	"stunted(위축한, 성장이 저해된)"

● 21W-6

いぶる	ibur-u	(日方:長野 Nagano, 石川 Ishikawa, 福井 Fukui)	"to move(움직이다)" (음전)
えぶる	ebu-ru	(日方:島根 Shimane)	"to shake(떨다)" (음전)
	arbu-sha-	(夫余)	"to move(움직이다)" (음전)
	orm-	(現韓)	"to move to(옮다)" (음전)

● 21W-7

いる	ir-u	(日方:新潟 Niigata, 島根 Shimane, 愛媛 Ehime)	"to occur(발생하다)"
おえる	oer-u	(日方:仙台 Sendai, 青森 Aomori, 岩手 Iwate, 宮城 Miyagi, 福島 Fukushima, 山梨 Yamanashi, 富山 Toyama, 長崎 Nagasaki, 鹿児島 Kagoshima)	"to occur([일이] 생기다), to grow(성장하다)"
	ili-	(夫余)	"to stand(서다)"
	ir-	(現韓)	"to occur(일다)"

● 21W-8

うさる, おさる	isa-ru, osa-ru	(日方:静岡 Shizuoka)	"be at(...에 있다)"
おす	os-u	(日方:滋賀 Shiga)	id.
	usa!	(夫余)	"Here I am!(나 여기 있다!)"
	isi-	(古韓)	"be at(...에 있다)"

● 21W-9

かじける	kazi-keru	(日方:対馬 Tsushima, 仙台 Sendai, 群馬 Gunma)	"to stunt(위축하다, 위축하게 하다)"
かしける	kasi-keru	(日方:宮城 Miyagi)	"to shrink with fear(무서워서 위축하다)"
	kenje	(夫余)	"stunted(움추러진)"

● 21W-10

かつかる	katu-karu	(日方:新潟 Niigata)	"to collide(충돌하다)"
こちがう	koti-gau	(日方:岐阜 Gifu)	id.
	karca-	(夫余)	id.

● 21W-11

かわる	kawar-u	(現日)	"to change(변하다)"
かえる	kaer-u	(現日)	"to change(바꾸다, 변경하다)"
	guwaliya-	(夫余)	id.
	kubuli-	(夫余)	id.
	kar-	(現韓)	"to replace(갈다)"

- 21W-12

けつる	ketur-u	(日方:岡山 Okayama)	"be reduced(줄어지다)"
へたる	hetar-u	(日方:愛媛 Ehime)	id.
	giyatara-	(夫余)	id.
	katura-tur-	(韓方:평북)	id.

- 21W-13

しゅもる	shumo-ru	(日方:山口 Yamaguchi)	"to sink(침몰하다)"
しもる	simo-ru	(日方:千葉 Chiba, 静岡 Shizuoka, 山口 Yamaguchi, 香川 Kagawa, 高知 Kochi, 大分 Oita)	id.
すもる	sumo-ru	(日方:千葉 Chiba, 和歌山 Wakayama, 南島 Minamijima)	id.
しずむ	si-zum-u	(現日)	id.
	sum-ci	(夫余)	"sunken(침몰한)"
	somi-	(夫余)	"to hide oneself(숨다)"
	sum-	(現韓)	id.

- 21W-14

| しるなゆん | siru-nayun | (日方:南島 Minamijima) | "be liquified(액체로 되다)" |
| | shari- | (夫余) | "to smelt(용해하다)" |

- 21W-15

| すく | suk-u | (現日) | "to become empty(비어지다)" |
| | suki-ya- | (夫余) | "to empty(비다), to drain(배수하다)" |

- 21W-16

する	sur-u	(現日)	"to file(줄질하다)"
ずり	zuri	(日方:山形 Yamagata, 福島 Fukushima, 群馬 Gunma)	"saw(톱)"
やすり	ya-suri	(現日)	"file(줄)"
	hir-hu-	(夫余)	"to scrape(긁다, 쓸다)"
	sho-	(夫余)	id.
	sui-	(夫余)	"to rub ink stick(먹을 갈다)"
	ssur-	(現韓)	"to file(쓸다, 줄질하다)"

- 21W-17

つきでる	tukide-ru	(現日)	"to jut out(돌출하다)"
	cukca-	(夫余)	id.
	cukcure-	(夫余)	id.

- 21W-18

つとんげる	tudonge-ru	(日方:秋田 Akita)	"to let (it) jut out(돌출하게 하다)"
	dacunga	(夫余)	"sharp(날카로운)"
	dacuka-n	(夫余)	"rather sharp(좀 날카로운)"

- 21W-19

| つまる | tuma-ru | (現日) | "be stopped up(메워졌다)" |

	cubu-	(夫余)	"be squeezed into(좁은 곳에 끼이다)"
	tamur-	(現韓)	"to shut up(다물다)"

• 21W-20

つらされる	tura-sareru	(日方:岐阜 Gifu)	"be pulled(끌리다)"
つる	tur-u	(現日)	"to cramp(경련이 일다)"
	dara-	(夫余)	"to pull(끌다)"
	ta'ra'i-	(古韓)	id.

• 21W-21

つる	turu	(現日)	"bowstring(활시위)"
	dara-	(夫余)	"to draw the bow fully(활을 잔뜩 당기다)"
	dara-sha-	(夫余)	"to draw the bow string(활시위를 당기다)"
	siur	(古韓)	"bowstring(활시위)"

• 21W-22

どれる	dore-ru	(日方:伊豆大島 Izuojima)	"to crumble(붕괴하다)"
	tela-	(夫余)	"to sprain(꺾다)"
	ttor-	(現韓)	"to knock off(떨다)"
	toru-	(古韓)	"to reduce(덜다)"

• 21W-23

ぬる	nur-u	(現日)	"to paint(바르다, 칠하다)"
にじる	nizir-u	(日方:熊本 Kumamoto)	id.
ねずる	nezur-u	(日方:富山 Toyama)	id.
	liyar-seme	(夫余)	"pasty(풀 같은)"
	niru-	(夫余)	"to draw(그리다)"

• 21W-24

ねじる	nezi-ru	(現日)	"to twist(꼬다)"
	nicu-	(夫余)	"to close eyes(눈을 감다)"

• 21W-25

はえる	hae-ru	(日方:栃木 Tochigi, 静岡 Shizuoka, 岐阜 Gifu)	"to hatch(알이나병아리를 까다)"
むえる	mue-ru	(日方:秋田 Akita, 静岡 Shisuoka, 山形 Yamagata, 岩手 Iwate, 宮城 Miyagi, 福島 Fukushima)	id.
もえる	moe-ru	(日方:宮城 Miyagi, 静岡 Shizuoka)	id.
	bile-	(夫余)	id.
	pae-	(現韓)	"to become pregnant(배다)"

• 21W-26

ばほめく	baho-meku	(日方:青森 Aomori)	"to flutter(휘날리다)"
	haihu-lja-	(夫余)	id.

• 21W-27

ふすぐれる	husu-gureru	(日方:長野 Nagano)	"to become sooty(검댕이 앉다)"
	fongso-n	(夫余)	"soot(검댕)"

	hoso-ri	(夫余)		id.

● 21W-28

ふとる	hutọr-u	(現日)	"to become fat(뚱뚱해지다)" (음전)
ぶってぇ	buttee	(日方:南島 Minimajima)	"fat person(뚱뚱한 사람)"
ぼて	bote	(日方:大阪 Osaka, 神戸 Kobe, 鳥取 Tottori, 島根 Shimane)	id.
ほてる	hotẹr-u	(日方:長野 Nagano)	"be stomach full(배가 꽤 부르다)" (음전)
ひっとつ	hitto-tu	(日方:新潟 Niigata)	"full(잔뜩)"
ぶたご	buta-go	(日方:岡山 Okayama)	"sturdy(건장한)"
	borḍo-	(夫余)	"to fatten("소가"뚱뚱해지다)"(음전)
	hetu	(夫余)	"stocky(땅딸막하다)"
	paecuruk-ha-	(現韓)	"a part sticks out(배주룩하다)"
	utung-thung	(現韓)	"fat appearance(우둥퉁)"

● 21W-29

へちくわんなり	heti-kuwannari	(日方:石川 Ishikawa)	"bent shape of vessels(그릇의 굽은 모양)"
へたる	hetar-u	(日方:静岡 Shizuoka)	"to bend(굽다)"
へちまぐ	heti-magu	(日方:富山 Toyama)	"to warp(휘다, 굽다)"
	hoto-hon	(夫余)	"bent at both ends(양쪽이 굽은)"
	hotoro-	(夫余)	"one end curves up(한 쪽이 굽어 오르다)"

● 21W-30

ます	mas-u	(現日)	"to increase(늘다)"
	fihe-	(夫余)	id.
	fuse-	(夫余)	"to propagate(널리 펴다)"
	mot-	(古韓)	"to gather around(모이다)"

● 21W-31

| める | me-ru | (日方:宮城 Miyagi, 福島 Fukushima) | "to diminish(줄다)" |
| | maya- | (夫余) | id. |

● 21W-32

もつれる	motu-reru	(現日)	"to get entangled(얽히다)"
みじゃかる	mizya-karu	(日方:新潟 Niigata)	id.
もだくだ	moda-kuda	(日方:仙台 Sendai)	"entanglement(얽힘)"
むさぶれる	musa-bureru	(日方:京都 Kyoto)	id.
	haca-	(夫余)	id.

22. 형용사(215그룹)

22A. 가능하다(4그룹)

- **22A-1**

あく	ak-u	(日方:和歌山 Wakayama)	"be able to(가능하다)"
	yebke-n	(부여)	"capable(유능한, 가능한)"
	iki-	(現韓)	"to win(이기다)"

- **22A-2**

かなう	kana-u	(現日)	"be capable of(...이 가능하다)"
	gana-	(夫余)	"to get used to(...에 익숙해지다)"
	kanu-	(現韓)	"to manage(가누다)"

- **22A-3**

  | でこん | deko-n | (日方:岡山 Okayama) | "not be able to(불가능하다)" |
  | | cuku- | (夫余) | "be tired out(지쳐버리다)" |

- **22A-4**

みこみ	miko-mi	(現日)	"hope(희망), prospect(조망, 전망)"
めど	medo	(日方:德島 Tokushima)	id.
	muji-n	(夫余)	"aim(목표), puopose(목적)"

22B. 굳다, 부드럽다(10그룹)

- **22B-1**

かたい	kata-i	(現日)	"be stiff(굳다), be difficult(어렵다)"
	hata-n	(夫余)	id.
	gada-ra-	(부여)	"to become stiff(굳어지다)"

- **22B-2**

かたく	katak-u	(現日)	"firmly(굳게), fixedly(꼼짝 않고)"
	hadaha-i	(夫余)	"fixedly(꼼짝 않고)" (look=보다)
	kut-	(現韓)	"be stiff(굳다)"

- **22B-3**

  | かったり | katta-ri | (日方:福岡 Fukuoka, 熊本 Kumamoto) | |
  | | | | "solid(굳은)" |

	a-<u>k</u>dula-	(夫余)	"to fortify(굳히다)"
	a-<u>k</u>du-n	(夫余)	"solid(굳은)"
	kut-hi-	(現韓)	"to make it hard(굳히다)"
	a-<u>kuy</u>se-	(現韓)	"to have a strong grip(아귀세다)"

- 22B-4

きこばしい	kiko-basii	(日方:岩手 Iwate)	"be strong(강하다)"
ぎごん	gigo-n	(日方:山形 Yamagata, 和歌山 Wakayama, 熊本 Kumamoto)	
			"be tough-minded(기가 세다)"
	ganga-n	(夫余)	"be strong(강하다), be tough(굳다)"
	kut-par<u>u</u>-	(現韓)	"sturdy(굳바르다)"

- 22B-5

ぐやっけぇ	guyakkee	(日方:群馬 Gunma)	"soft(부드러운)"
	gengu	(夫余)	id.

- 22B-6

すくばる	suku-baru	(日方:山口 Yamaguchi, 高知 Kochi, 宮崎 Miyazaki)	
			"to become stiff(굳어지다)"
そきばる	soki-baru	(日方:福井 Fukui)	id.
	sek-seri	(夫余)	"firm(경직한)"
	shak-sik	(夫余)	"strong(강한)"
	sek-wat-	(韓方:평북)	"be very tough(거세다)"

- 22B-7

かちける	kati-keru	(日方:対馬 Tsushima)	"to harden(굳어지다)"
かちばる	kati-baru	(日方:高知 Kochi)	id.
きつい	kitu-i	(現日)	"be tense(팽팽하다), be strong(세다)"
かちかち	kati-kati	(現日)	"dry and hard(말라서 굳은 상태)"
こちりと	kotiri-to	(現日)	"half burned and hard(반이 타서 굳은 상태)"
	gece-	(夫余)	"to freeze(얼다)"
	kacar	(夫余)	"hard(굳은), strong(센)"
	kata-t<u>u</u>r-	(韓方: 평북)	"to dry up gradually(점점 마르다)"

- 22B-8

やぁこい	yaako-i	(日方:石川 Ishikawa)	"soft(부드러운)"
やっこい	yakko-i	(日方:東北 Tohoku, 関東 Kanto, 伊豆大島 Izuojima, 山梨 Yamanashi, 新潟 Niigata, 長野 Nagano)	id.
やこい	yako-i	(日方:青森 Aomori, 長野 Nagano)	id.
やおかい	yaoka-i	(日方:香川 Kagawa)	id.
やわこい	yawako-i	(日方:愛知 Aichi, 三重 Mie)	id.
	ulga-n	(夫余)	"pliable(휘기 시운)"
	uhuke-n	(夫余)	id.
	nok<u>u</u>s-	(現韓)	"be mild(노긋하다)"

- 22B-9

やおい	yao-i	(日方:和歌山 Wakayama, 島根 Shimane, 広島 Hiroshima, 山口 Yamaguchi, 愛媛 Ehime, 高知 Kochi, 大分 Oita)	
			"be soft(부드럽다)"
	uye-	(夫余)	"to soften(부드럽게 되다)"

• 22B-10

やらしい	yarasi-i	(日方:兵庫 Hyogo, 鹿児島 Kagoshima)	
			"be soft(부드럽다)"
	lalaha	(夫余)	id.
	lalanji	(夫余)	"very soft(매우 부드러운)"
	yori-	(古韓)	"be soft(무르다)"

22C. 넓다, 좁다(5그룹)

• 22C-1

いじろぎない	izirogi-nai	(日方:伊豆大島 Izuojima)	"cannot move in a narrow space(좁은 곳에서 움직이지 못한다)"
	isheliyeke-n	(夫余)	"rather narrow(좀 좁은)"

• 22C-2

すぶし	subu-si	(古日)	"be narrow(좁다)"
せまい	semai	(現日)	id.
すばる	suba-ru	(古日;日方:埼玉 Saitama, 香川 Kagawa)	"to become narrow(좁아지다)"
	cibu-	(夫余)	"be squeezed into a narrow place(좁은 곳에 압착되다)"
	cop-	(現韓)	"be narrow(좁다)"

• 22C-3

せっくろしい	sekkuro-sii	(日方:兵庫 Hyogo, 徳島 Tokushima, 高知 Kochi)	"be too narrow(너무 좁다)"
	cukulu	(夫余)	"near-sighted(근시의)"
	soo-	(韓方:경북)	"be narrow(좁다)"

• 22C-4

のべる	nobe-ru	(현일)	"to extend(연기하다, 늘리다)"
	neme-me	(夫余)	"moreover(또한, 그 외에)"
	nop-	(古韓)	"be wide(넓다)"

• 22C-5

ひたと	hita-to	(現日)	"of very close space(아주 좁은 공간의)"
	bedu-n	(夫余)	id.
	fita	(夫余)	"taut(팽팽한), tight(단단한, 팽팽한)"
	paeca-c-	(韓方:편북)	"be full and very tight(꽉 차다)"
	mecu-kha-	(韓方:편북)	"too full to eat more(꽉 차서 더 못 먹다)"

22D. 많다(25그룹)

- **22D-1**

あばてんね	aba-tenne	(日方:鹿児島 Kagoshima)	"many(많은)"
おんめろ	onme-ro-	(日方:神奈川 Kanagawa)	"extremely(극단적으로), amply(많이)"
おんもり	onmo-ri	(日方:千葉 Chiba, 茨城 Ibaragi, 長野 Nagano)	
			"plentifully(풍부하게)"
	amba	(夫余)	"big(큰), vast(광대한)"
	opus-	(現韓)	"be ample(오붓하다)"

- **22D-2**

えら	era	(日方:関東 Kanto, 八丈島 Hachijojima)	
			"many(많은)"
えらい	era-i	(日方:関東 Kanto, 埼玉 Saitama, 静岡 Shizuoka)	
			"be many(많다)"
おうらい	oora-i	(日方:和歌山 Wakayama, 兵庫 Hyogo)	
			"numerous(무수한)"
おら/おおら	ora/oora	(日方:愛知 Aichi, 和歌山 Wakayama, 兵庫 Hyogo)	id.
おらい	ora-i	(日方:愛知 Aichi)	"many(많은)"
より	yori	(日方:伊豆大島 Izuojima)	"numerous(무수한)"
よろ	yoro	(古日)	"many(많은)"
	ele	(夫余)	"all(다)"
	ler-seme	(夫余)	"many(많은)"
	yoro	(現韓)	id.

- **22D-3**

おおい	oo-i	(現日)	"be many or much(많다)"
おほい	oho-i	(古日)	id.
	ahu-n	(夫余)	"older(나이가 더 많은)"
	aya-n	(夫余)	"great(큰)"
	ouy-	(古韓)	"be wide(넓다)"
	ha-	(古韓;韓方:제주)	"be many(많다)"
	hayong	(韓方:제주)	"plentifully(많이)"

- **22D-4**

おたてい	otate-i	(日方:伊豆大島 Izuojima)	"very many(퍽 많은)"
うって	utte	(日方:青森 Aomori, 秋田 Akita, 山梨 Yamanashi)	id.
えっと	etto	(日方:広島 Hiroshima, 京都 Kyoto, 兵庫 Hyogo, 愛媛 Ehime, 大分 Oita)	id.
	ududu	(夫余)	"many(많은)"
	toyti	(夫余)	"very(아주)"

	tutuk-ha-	(現韓)	"be a lot(아주 많다)"

• 22D-5

がたな	gatana	(日方:大分 Oita)	"many(많은)"
がたく	kadaku	(日方:千葉 Chiba)	"very(아주)"
かたこと	katakoto	(日方:岩手 Iwate, 秋田 Akita)	id.
ごつい	gotu-i	(日方:鳥取 Tottori)	"many(많은)"
げぇだ	geeda	(日方:福島 Fukushima, 栃木 Tochigi, 千葉 Chiba)	id.
	kejine	(夫余)	"many(많은), a long time(오래 동안)"
	katuk	(現韓)	"fully(가득)"

• 22D-6

がらんがらん	garan-garan	(日方:長野 Nagano)	"many(많이)"
げらい	gera-i	(日方:大阪 Osaka)	id.
	gere-n	(夫余)	"many(많은), crowd(무리, 떼)"
	gere-ken	(夫余)	"rather many(좀 많은)"
	u-kur-kori-	(現韓)	"to swarm(우글거리다)"

• 22D-7

ぎり	giri	(日方:岩手 Iwate)	"every(매(每), 마다)"
くりくり	kuri-kuri	(日方:長野 Nagano)	(현한)
	gulhu-n	(夫余)	id.
	gulhu-ken	(夫余)	"rather complete(거의 다된)"

• 22D-8

けちょに	ketyo-ni	(日方:和歌山 Wakayama)	"many(많은), much(대량의), very(퍽)"
がしょうき	gashoo-ki	(日方:千葉 Chiba, 茨城 Ibaragi, 栃木 Tochigi, 群馬 Gunma, 埼玉 Saitama)	id.
くさくさ	kusa-kusa	(日方:山形 Yamagata)	id.
	kece-r-seme	(夫余)	id.
	ka'cae	(古韓)	"extremely(아주)"

• 22D-9

ざっこ	zakko	(日方:南島 Minamijima)	"plentifully(많이)"
	shak-seme	(夫余)	"towering(높이 솟은), high and dense(높고 우거진)"
	ssok	(現韓)	"very much(퍽 많이), extremely(아주)"
	siiki	(韓方:경남)	"plentifully(많이)"

• 22D-10

ざらく	zara-ku	(日方:茨城 Ibaragi)	"very many(퍽 많은)"
ざらけ	zara-ke	(日方:山口 Yamaguchi)	id.
	shara	(夫余)	"exceedingly(과도로)"
	sor-seme	(夫余)	id.
	curuk	(韓方:강원)	"many in a row or stream(줄줄)"

| | torok | (現韓) | "a lot(퍽 많이, 퍽 많은)" |

- **22D-11**

さらけ	sara-ke	(日方:山口 Yamaguchi)	"abundant(풍부한)"
てっしり	dessiri	(日方:岩手 Iwate, 宮城 MIyagi, 高知 Kochi)	"plentifully(풍부히)"
でっちり	dettiri	(日方:仙台 Sendai, 宮城 Miyagi, 山形 Yamagata, 福島 Fukushima)	id.
	desere-ke	(夫余)	"overflowing(넘치는)"
	ttur-ttur	(韓方:평북)	"abundant(풍부한)"

- **22D-12**

しんごろかしく	singo-rokasiku	(日方:香川 Kagawa)	"sufficiently(충분히)"
しかと	sika-to	(日方:青森 Aomori, 南島 Minamijima)	id.
しかっとう	sika-ttoo	(日方:南島 Minamijima)	id.
	singa	(夫余)	"sufficient(충분한)"

- **22D-13**

すぎる	sugir-u	(現日)	"to exceed(초과하다)"
すぐ	sug-u	(古日)	id.
	colgoro-	(夫余)	"to surpass(능가하다)"
	sikkuro-p-	(現韓)	"too noisy(시끄럽다)"

- **22D-14**

ぞれる	zore-ru	(日方:和歌山 Wakayama)	"to overflow(넘치다)"
たりる	tari-ru	(現日)	"to suffice(족하다)"
たらふく	tara-huku	(古日)	"sufficient condition(충분한 상태)"
さっちら	sattira	(日方:長野 Nagano)	"fully(잔뜩)"
すずるる	suzuru-ru	(日方:長崎 Nagasaki, 佐賀 Saga, 熊本 Kumamoto)	id.
	jalu	(夫余)	"fullness(가득함)"
	jalu-	(夫余)	"be full(가득하다)"
	tumppuk	(日方)	"fully(듬뿍)"
	ssorri-	(日方)	"to lean(쏠리다)"

- **22D-15**

だらく	dara-ku	(日方:茨城 Ibaragi, 三重 Mie)	"plentifully(많이)"
とろく	toro-ku	(日方:高知 Kochi)	id.
	der-seme	(夫余)	id.
	toro-k	(日方)	"a lot more(더럭)"

- **22D-16**

| ばさら | basara | (日方:福岡 Fukuoka, 大分 Oita) | "many(많은, 많이)" |

ふうさ	huusa	(日方:南島 Minamijima)	id.
	fasar-seme	(夫余)	id.
	fosor-seme	(夫余)	"herd(동물의 떼)"
	hopssin	(韓方:전남)	"many(많은, 많이)"

● 22D-17

ふさましい	husamasi-i	(日方:佐賀 Saga)	"many(많은)"
	bujubaja	(夫余)	"innumerable(무수한)"
	hoppokis-	(韓方:전남)	"be many(많다)"

● 22D-18

べったり	bettari	(日方:후꾸이, 고오찌)	"abundantly(풍부하게)" (음전)
ふんだく	hundaku	(日方:愛知 Aichi)	id.(음전)
ほったり	hottari	(日方:滋賀 Shiga)	"sufficiently(충분히)" (음전)
ふだらく	hudara-ku	(日方:茨城 Ibaragi)	"abundant(풍부한)" (음전)
ふど	hudo	(日方:鹿児島 Kagoshima)	"abundantly(풍부히)"
	badara-ka	(夫余)	"abundant(많은), rich(부유한)"
	burte-i	(夫余)	"wide-spread(널리 퍼진)" (음전)
	fiyaratala	(夫余)	"in great quantity(대량으로)"
	mongttang	(現韓)	"all of them(몽땅)"
	mincca	(現韓)	"common(一般的)"

● 22D-19

へらへえと	herahee-to	(日方:群馬 Gunma, 岡山 Okayama, 鳥取 Tottori, 島根 Shimane)	"in excess(너무)"(음전)
	fuhali	(夫余)	"completely(완전히)"(음전)
	horreportto-k	(現韓)	"panting and puffing(헐레벌떡)"

● 22D-20

ほっこり	hokko-ri	(日方:徳島 Tokushima, 高知 Kochi)	"fully(충분히)"
ほねぎり	hone-giri	(日方:広島 Hiroshima)	id.
ほげほげ	hoge-hoge	(日方:栃木 Tochigi, 愛媛 Ehime)	"abundant(풍부한)"
	huweki	(夫余)	"fertile(비옥한)"
	hokku-n	(韓方:전남)	"plentifully(많이)"

● 22D-21

やげっそう	yagessoo	(日方:奈良 Nara)	"many(많이)"
ようけ	yooke	(日方:大阪 Osaka, 京都 Kyoto)	"many(많은)"
よかしこ	yoka-siko	(日方:鹿児島 Kagoshima, 福岡 Fukuoka)	id.
	largi-n	(夫余)	id.
	faksa	(夫余)	"greatly(매우)"

| | yoka-n | (現韓) | "commonly(여간)" |

• 22D-22

まいな	maina	(日方:和歌山 Wakayama, 大阪 Osaka, 兵庫 Hyogo)	
			"many(많은)"
まねし	mane-si	(古日)	"be many(많다), be much(대량이다)"
まんが	mang-ga	(日方:三重 Mie)	"much(대량의)"
もうに	mooni	(日方:茨城 Ibaragi, 長野 Nagano, 福島 Fukushima, 新潟 Niigata, 栃木 Tochigi, 群馬 Gunma)	id.
	meyen	(夫余)	"group(무리, 그룹)"
	mani	(韓方:경북)	"plentifully(많이)"
	mus	(現韓)	"many(다수)"

• 22D-23

やむど	yamudo	(日方:兵庫 Hyogo)	"many(다수), much(대량)"
やまくた	yamaku-ta	(日方:大分 Oita)	id.
よっぱら	yoppara	(日方:福島 Fukushima, 関東 Kanto, 岐阜 Gifu, 石川 Ishikawa)	id.
	labdu	(夫余)	id.
	yoman	(現韓)	"this much(이만큼)"
	yomas	(韓方:평북)	id.

• 22D-24

よかしこ	yokasi-ko	(日方: 鹿児島 Kagoshima, 種子島 Tanegashima, 福岡 Fukuoka)	"suitable amount(적당한 분량)"
	icanga	(夫余)	"suitable(적당한)"
	yokto	(夫余)	"suitable(적당한), proper(지당한)"
	yoksi	(現韓)	"this much(요만)"

• 22D-25

よろず	yorozu	(現日)	"ten thousand(일만), all(전부)"
ありこまち	ariko-mati	(日方:兵庫 Hyogo, 鳥取 Tottori)	"entire(다, 전부의)"
	ulusu	(夫余)	id.
	yoros	(現韓)	"a large number(여럿)"
	yorosi	(韓方:강원, 경상, 전라, 충북)	id.

22E. 빠르다, 느리다, 바쁘다(15그룹)

• 22E-1

あせくらしい	aseku-rasii	(日方:新潟 Niigata, 石川 Ishikawa)	"be busy(바쁘다)"
うでっきり	udekki-ri	(日方:神奈川 Kanagawa)	"with all one's might(힘껏)"
	ejeke	(夫余)	"industrious(근면한)"

- **22E-2**

おぞい	ozo-i	(日方:香川 Kagawa)	"be slow(느린)" (person＝사람)
	ushe-nge	(夫余)	"stingy(인색한)"
	acang-acang	(現韓)	"todderingly(아장아장)"

- **22E-3**

かしいかしい	kasii-kasii	(日方:南島 Minamijima)	"quickly(속히)
ごすごす	gosu-gosu	(日方:九州 Kyushu)	id.
	kas-kis	(夫余)	"quick(빠른)"
	kor̄ssi	(韓方:평북)	"quickly(속히)

- **22E-4**

がしつく	gasituk-u	(日方:滋賀 Shiga)	"be busy with work(일에 바쁘다)"
せしけどき	sesike-doki	(日方:鹿児島 Kagoshima)	"busy time(바쁜 때)"
せせかう	seseka-u	(日方:九州 Kyushu)	"be extremely busy(아주 바쁘다)"
	koskon-kaskan	(夫余)	"be busy(바쁜)"

- **22E-5**

きっと	kitto	(現日)	"certainly(확실히), quickly(속히)"
さっち	satti	(日方:兵庫 Hyogo, 香川 Kagawa, 徳島 Tokushima, 鳥取 Tottori, 島根 Shimane)	id.
	kata-ra-	(夫余)	"to trot(빨리 뛰다)"
	kkok	(現韓)	"ccrtainly(확실히)"

- **22E-6**

ことい	koto-i	(日方:兵庫 Hyogo, 徳島 Tokushima)	"by busy(바쁘다)"
けたけた	keta-keta	(日方:壱岐 Iki)	"busy appearance(바쁜 모양)"
けちけち	keti-keti	(日方:大分 Oita)	id.
けたたましい	keta-t̲ama̲-sii	(日方:富山 Toyama)	"by busy(바쁘다)" (음전)
	k̲utu-f̲at̲a	(夫余)	"busy appearance(바쁜 모양)"(음전)
	garda-	(夫余)	"to hurry(서두르다)"
	k̲ontu̲s-k̲ontu̲s	(現韓)	"quickly(속히)"

- **22E-7**

さやさや	saya-saya	(日方:仙台 sendai)	"quickly(속히)"
そうで	soo-de	(日方:京都 Kyoto, 岡山 Okayama)	id.
ちゅうちゃん	tyuu-tyan	(日方:南島 Minamijima)	id.
	cao-seme	(夫余)	id.

- **22E-8**

せっくろしい	sekku-rosii	(日方:大阪 Osaka)	"be very busy(아주 바쁘다)"
せっかんだ	sekka-nda	(日方:茨城 Ibaragi)	"be busy(바쁘다)"
せんご	sengo	(日方:和歌山 Wakayama)	"while busy(빠쁜 동안)"
	cuku-sha-	(夫余)	"to rush around blindly(막 뛰어다니다)"

- **22E-9**

そろそろ	soro-soro	(現日)	"slowly(서서히)"
すなすな	suna-suna	(古日)	"appearance of walking slowly(천천히 걷는 모양)"
ずるい	zurui	(日方:新潟 Niigata, 鳥取 Tottori, 千葉 Chiba, 茨城 Ibaragi, 長野 Nagano, 群馬 Gunma)	
			"be slow(느리다)"
すずろ	su-zuro	(古日)	"aimlessly(정처없이)"
	sula	(夫余)	"leisurely(할일 없이)"
	sholo	(夫余)	"leisure(여가)"
	sur-sur	(現韓)	"slowly(서서히)"

- **22E-10**

のまい	noma-i	(日方:仙台 Sendai, 岩手 Iwate, 宮城 Miyagi)	
			"slow(느린)"
	lumbu	(夫余)	"suddenly flowing slow(별안간 천천히 흐르다)"

- **22E-11**

のろい	noro-I	(現日)	"be slow(느리다)"
のろのろ	noro-noro	(現日)	"slowly(느릿 느릿)"
	ler-lar-seme	(夫余)	id.
	nuris-nuris	(現韓)	id.
	nuri-	(現韓)	"slowly(느릿 느릿)"

- **22E-12**

はやい	haya-i	(現日)	"be fast(빠르다)"
はやる	haya-ru	(日方:秋田 Akita)	"to run fast(빨리 뛰다), to slip(미끄러지다)"
ぱゆい	payu-i	(日方:南島 Minamijima)	"to run(뛰다)"
	hahi	(夫余)	"fast(빠른), urgent(절박한)"
	pparu-	(現韓)	"be fast(빠르다)"

- **22E-13**

はやく	hayaku	(現日)	"quicky(빨리)"
ぺえさい	peesa-i	(日方:南島 Minamijima)	"fast(빠른)"
	fiyak-seme	(夫余)	"quick(빠른), urgent(절박한)"
	hargi	(夫余)	"rapids(여울)"
	hurkhe	(韓方:경북)	"quicky(빨리)"

- **22E-14**

はんで	hande	(日方:山梨 Yamanashi, 長野 Nagano)	
			"in a hurry(속히)"
	hasa-ba	(夫余)	"speed(속력)"

- **22E-15**

ふぞろきい	huzoro-kii	(日方:福岡 Fukuoka)	"be in disarray(흐트러졌다)"
ぼちゃくる	botya-kuru	(日方:青森 Aomori)	"to leave in disarray(흐트러진대로 두다)"
ぼっちゃらく	bottyara-ku	(日方:青森 Aomori)	"to scatter around(흩뿌리다)"

もざくる	moza-kuru	(日方:島根 Shimane, 山口 Yamaguchi) id.	
	bajar-seme	(夫余)	"filled with strewn items(흩어진 것으로 가득 찬)"
	huthuro-ci-	(現韓)	"be scattered(흐트러지다)"

22F. 예쁘다, 추하나(22그룹)

- **22F-1**

あっぱい	appa-i	(日方:山口 Yamaguchi, 徳島 Tokushima, 高知 Kochi, 大分 Oita, 福岡 Fukuoka)	"be beautiful(아름답다)"
あばん	aba-n	(日方:南島 Minamijima)	id.
	yeb-cuke	(夫余)	"pretty(예쁜)"
	yeb-cungee	(夫余)	id.
	yeppu-	(現韓)	id.

- **22F-2**

うじらぁしゃん	uziraa-shan	(日方:南島 Minamijima)	"be lovable(귀엽다)"
	hajil-an	(夫余)	"love(사랑)"
	ocir-	(現韓)	"be gracious(어질다)"

- **22F-3**

うつくしき	utukusi-ki	(現日)	"lovable(귀여운), pretty(예쁜)"
	h-ocikosa-ka	(부여)	"attractive(매력적)"
	akicaki	(現韓)	id.

- **22F-4**

うとい	uto-i	(日方:山梨 Yamanashi, 香川 Kagawa)	"crude(조잡한)"
うぞい	uzo-i	(日方:富山 Toyama, 石川 Ishikawa)	"bad(나쁜)"
	ede	(夫余)	id.
	atun-ha-	(現韓)	"be slow-witted(아둔하다)"

- **22F-5**

| うるさい | urusa-i | (日方:和歌山 Wakayama) | "ugly(추한), dirty(더럽다)" |
| | ersu-n | (夫余) | "ugly(추한)" |

- **22F-6**

うるわしい	uru-wasii	(現日)	"elegant(우아한, 고상한)"
よろしい	yoro-sii	(現日)	"good(좋은), suitable(적절한)"
	eyer-hayar	(夫余)	"strolling pleasantly(기분 좋게 나다니는 것)"
	uru-she-	(夫余)	"to deem right(맞다고 생각하다)"
	arum-tap-	(現韓)	"be beautiful(아름답다)"

- **22F-7**

| えげたい | egeta-i | (日方:秋田 Akita) | "ugly(밉게 생긴)" |
| いかつな | ikatu-na | (日方:鳥取 Tottori) | id. |

| | ekcin jolo | (夫余) | "very ugly(아주 미운)" |

- 22F-8

おごらい	ogora-i	(日方:青森 Aomori, 秋田 Akita)	
			"elegant(우아한)" (음전)
おんか	onka	(日方:静岡 Shizuoka, 兵庫 Hyogo, 岡山 Okayama,	
		山口 Yamaguchi)	id.
	ailunga	(夫余)	id. (음전)

- 22F-9

がっけ	gakke	(日方:秋田 Akita)	"projecting forehead(불쑥 나온 이마)"
がっぱい	gappai	(日方:南島 Minamijima)	id.
かんと	kanto	(日方:岩手 Iwate)	id.
	kalcu-hun	(夫余)	"having a big forehead(이마가 큰)"
	kalja	(夫余)	"bald head(대머리)"

- 22F-10

かんぎ	kangi	(日方:長崎 Nagasaki)	"thin body(여윈 몸)"
	kangi-li	(夫余)	"skinny(여윈)"
	ganga-hun	(夫余)	"tall and skinny(키가 크고 여윈)"

- 22F-11

かっち	katti	(日方:茨城 Ibaragi)	"one-eyed(한 눈의)"
かんだ	kanda	(日方:岐阜 Gifu, 兵庫 Hyogo,	
		徳島 Tokushima, 大分 Oita)	id.
がんち	ganti	(日方:福島 Fukushima, 佐渡 Sado, 栃木 Tochigi, 茨城 Ibaragi,	
		千葉 Chiba, 伊豆大島 Izuojima, 群馬 Gunma, 静岡 Shzuoka, 愛知 Aichi,	
		岐阜 Gifu, 島根 Shimane, 広島 Hiroshima, 愛媛 Ehime, 山口 Yamaguchi,	
		長崎 Nagasaki, 熊本 Kumamoto)	
			"blinded in one eye(한 눈이 먼)"
	gakda	(夫余)	"blinded in one eye(한 눈이 먼)"

- 22F-12

きらさん	kirasa-n	(日方:南島 Minamijima)	"beautiful(아름다운)"
きゅらさ	kyurasa	(日方:奄美大島 Amamiojima)	id.
	giltu-kan	(夫余)	"attractive(매력적인)"
	akurtha-kur	(韓方:평북)	id.

- 22F-13

げさく	gesa-ku	(日方:仙台 Sendai, 大阪 Osaka, 大分 Oita, 島根 Shimane)	
			"crude(조잡한)"
くさい	kusa-i	(日方:石川 Ishikawa,)	id.
	kese-masa	(夫余)	id.
	kuco-k-kori-	(韓方:평북)	"be coarse and dirty(거칠고 더럽다)"

- 22F-14

こもろい	komo-roi	(日方:千葉 Chiba)	"be beautiful(아름답다)"
	goima-n	(夫余)	"elegant(우아한, 고상한)"
	kop-	(現韓)	"be pretty(곱다)"

- 22F-15

| ざすい, だすい | zasu-i, dasu-i | (日方:和歌山 Wakayama) | "crude(조야한, 조잡한, 보람없는)" |
| | suse | (夫余) | id. |

- 22F-16

しゃごい	shago-i	(日方:富山 Toyama)	"beautiful(아름다운)"
しこ	siko	(日方:岐阜 Gifu, 福井 Fukui)	
			"personal appearance(풍채)"
しこう	sikoo	(日方:福島 Fukushima, 群馬 Gunma, 神奈川 Kanagawa, 長野 Nagano, 岐阜 Gifu)	id.
	saika-n	(夫余)	"good-looking(미모의)"

- 22F-17

しゅらさい	shura-sai	(日方:南島 MInamijima)	"beautiful(아름다운)"
ちゅらさん	tyura-san	(日方:南島 Minamijima)	id.
	shari-siri	(夫余)	"gorgeous(화려한)"

- 22F-18

| はし | hasi | (古日) | "lovable(귀여운)" |
| | haji, haji-n | (夫余) | "affection(애정, 정)" |

- 22F-19

へっとくさい	hetto-kusai	(日方:石川 Ishikawa)	"be ugly(추하다)"
	hutu	(夫余)	"ugly person(추한 사람)"
	mangchu̱-k-ha-	(現韓)	"be absurd(망측하다)"

- 22F-20

べんか	benka	(日方:長崎 Nagasaki)	"beautiful(아름다운)"
	fiyanga	(夫余)	id.
	miha-	(韓方:경남)	"be pretty(곱다)"

- 22F-21

ほうとくない	hooto-kunai	(日方:広島 Hiroshima, 島根 Shimane, 山口 Yamaguchi, 大分 Oita, 福岡 Fukuoka)	"be dirty(더럽다)"
うっとしい	utto-sii	(日方:徳島 Tokushima)	id.
	borto-n	(夫余)	id.

- 22F-22

| めんどい | mendo-i | (日方:石川 Ishikawa, 福井 Fukui, 滋賀 Shiga, 和歌山 Wakayama, 京都 Kyoto, 広島 Hiroshima) | |

			"be ugly(보기 싫은, 못생긴)"
めたくさい	metaku-sai	(日方:富山 Toyama)	id.
もだくない	medaku-nai	(日方:石川 Ishikawa)	id.
	bocihe	(夫余)	id.
	maentae	(韓方:평북)	"shameful conduct(추태)"

22G. 적다, 부족하다(15그룹)

● 22G-1

いびさぁん	ibi-saan	(日方:南島 MInamijima)	"be few(적다)"
いめほど	ime-hodo	(日方:岐阜 Gifu)	"very few(아주 적은)"
	ebe-re-	(夫余)	"to decrease(줄다)"

● 22G-2

おとる	oto-ru	(現日)	"be inferior(열등하다)"
	ede-n	(夫余)	"lack(부족한)"
	ede-le-	(夫余)	"be lacking(부족하다)"
	oci-pparu-	(現韓)	"be unsuitable(어지빠르다)"

● 22G-3

| おぼそ | obo-so | (日方:長野 Nagano) | "few(아주 적은)" |
| | ebe-ri | (夫余) | "deficient(부족한, 결핍된)" |

● 22G-4

こふぅさまくら	kohuusa-makura	(日方:山梨 Yamanashi)	"very few(극히 적은)"
こわして	kowasi-te	(日方:千葉 Chiba)	id.
かんすいな	kansui-na	(日方:石川 Ishikawa)	id.
かんせ	kanse	(日方:高知 Kochi)	"scarcely(거의 아니…)"
	komso	(夫余)	"few(아주 적은)"
	kozuy	(古韓)	"almost(거의)"

● 22G-5

| さえん | sae-n | (日方:和歌山 Wakayama, 島根 Shimane, 広島 Hiroshima, 山口 Yamaguchi, 大分 Oita, 対馬 Tsushima) | "to lack(부족하다)" |
| | sho-li | (夫余) | id. |

● 22G-6

しとかし	sito-kasi	(日方:富山 Toyama)	"a little(조금)"
そうと, そっと	sooto, sotto	(日方:島根 Shimane, 山口 Yamaguchi)	id.
そとばぁ	soto-baa	(日方:淡路 Awaji)	"only a little(아주 조금)"
ちんと	tinto	(日方:秋田 Akita, 岩手 Iwate, 福島 Fukushima, 茨城 Ibaragi)	id.
	sita-hun	(夫余)	"few(아주 적은)"

- 22G-7

すこし	suko-si	(現日)	"small amount(소량)"
ちくさい	tiku-sai	(日方:長野 Nagano)	"be small(작다)"
ちさい	tisa-i	(現日)	id.
ちっくい	tikku-i	(日方:神奈川 Kanagawa, 山梨 Yamanashi)	id.
ちっこい	tikkoi	(日方:仙台 Sendai, 宮城 Miyagi, 福島 Fukushima)	id.
ちょっこん	tyokko-n	(日方:富山 Toyama, 石川 Ishikawa, 島根 Shimane)	"a little(조금)"
ちゃっかり	tyakka-ri	(日方:宮城 Miyagi)	id.
ちょっこら	tyokko-ra	(日方:秋田 Akita, 山形 Yamagata, 宮城 Miyagi, 福島 Fukushima, 兵庫 Hyogo)	id.
	taka-su	(夫余)	"just a moment(아주 잠간)"
	jaka-n	(夫余)	"just(다만)"
	dak-tahun	(夫余)	"too short(너무 짧은)"
	cok-	(日方)	"be of small amount(적다)"

- 22G-8

ちょろこい	tyoro-koi	(日方:奈良 Nara)	"be small amount(작은 양이다)"
ちりちり	tiri-tiri	(日方:和歌山 Wakayama)	"in small amount each(작은 분량씩)"
	sali-gan	(부여)	"in small quantity(작은 양씩)"
	car-	(日方)	"be slim(잘다)"
	car-car-ha-	(韓方:전남)	id.
	tarri-	(日方)	"be not sufficient(부족하다)"

- 22G-9

てんしょに	tensho-ni	(日方:岐阜 Gifu, 岡山 Okayama)	"rarely(드물게, 좀처럼)"
	tonga	(夫余)	"rare(드문)"
	comche	(韓方:경북, 전북)	"rarely(드물게, 좀처럼)"

- 22G-10

はつか	hatuka	(古日)	"very small amount(극소량)"
	baji	(夫余)	"a little bit more(좀더)"
	bajika-n	(夫余)	id.

- 22G-11

ほぅろ	hooro	(日方:兵庫 Hyogo, 島根 Shimane, 山口 Yamaguchi, 愛媛 Ehime)	"few(퍽 적은)"
	hol-bon	(夫余)	"one pair(한 쌍)"
	meng'i	(韓方:평북)	id.

- 22G-12

ほんの	honno	(現日)	"slight(극히 적은), only(...만, ...뿐)"

| | heni | (夫余) | id. |
| | ppun | (日方) | "only(…만, …뿐)" |

- 22G-13

| ぼんぼら | bonbora | (日方:新潟 Niigata) | "slightly(조금, 얼마 안 되게)" (음전) |
| | farfa- | (夫余) | "be unclear(불명하다)" (음전) |

- 22G-14

| みじんこ | mizinko | (日方:石川 Ishikawa) | "a little(조금)" |
| | majige | (夫余) | id. |

- 22G-15

やや	yaya	(現日)	"a little(조금)"
やや	yaya	(日方:九州 Kyushu)	"small child(아이)"
	yaya	(夫余)	"any(아무), each(씩)"
	ai	(日方)	"small child(아이)"

22H. 크다, 작다(17그룹)

- 22H-1

いんちゃさん	intya-san	(日方:南島 Minamijima)	"short(짧은)"
	aji-gan	(夫余)	"small(작은), young(젊은)"
	aji-ge, aji-gen	(夫余)	id.
	ocikan-hi	(日方)	"fairly(語지간히)"

- 22H-2

いかい	ika-i	(古日)	"be big(크다), exceedingly(극히)"
えぐい	egu-i	(日方:三重 Mie, 和歌山 Wakayama)	"big(큰)"
おうきい	ook-ii	(現日)	"be big(크다)"
おほきい	ohoki-I	(古日)	id.
	oki yoro	(夫余)	"large wooden arrowhead(큰 목조 화살촉)"
	ike-nge	(夫余)	"big item(큰 것)"
	khu-	(日方)	"be big(크다)"

- 22H-3

ぎんばる	ginbar-u	(日方:奈良 Nara, 大阪 Osaka, 福井 Fukui, 隠岐 Oki)	"to swell(부풀다)"
けっちる	kettir-u	(日方:愛知 Aichi)	id.
くま	kuma	(日方:壱岐 Iki)	"swelling(부풀음)"
	kubsure-	(夫余)	"to swell(부풀다)"

- 22H-4

| けぇさらねぇ | keesa-ranee | (日方:大分 Oita) | "be small(작다)" |
| きしゃこい | kisha-koi | (日方:岩手 Iwate) | id. |

こずい	kozu-i	(日方:静岡 Shizuoka)	id.
	geje-gaja	(夫余)	"small(작은)"
	kanso-rumha-	(韓方:경북, 전북)	"be thin(가늘다)"

● 22H-5

こったい	kotta-i	(日方:新潟 Niigata)	"be big(크다)"
こてらい	kote-rai	(日方:兵庫 Hyogo)	id.
がとう	gatoo	(日方:長野 Nagano, 三重 Mie, 大分 Oita)	id.
	gada-hun	(夫余)	"grown tall or long(키가 큰, 길게 자란)"
	gada-ra-	(夫余)	"to become long(길어지다)"
	khotara-n	(現韓)	"be big(커다란)"

● 22H-6

さ さ, さ さ ら	sasa, sasa-ra	(古日)	"small(작은), "thin(얇은)"
さ さ が に	sasa-gani	(古日)	"small crab(작은 게)" (in water=물의)
さ さ や か	sasa-yaka	(現日)	"small and cozy(작고 아늑한)"
さ ざ り	saza-ri	(日方:福岡 Fukuoka)	"small shrimp(작은 새우)"
さ ざ れ い し	saza-reisi	(現日)	"pebble(자갈)"
せ ぇ さ い	seesa-i	(日方:和歌山 Wakayama)	"at least(적어도)"
せ ぇ さ い	seesa-i	(日方:静岡 Shizuoka, 和歌山 Wakayama, 大阪 Osaka, 京都 Kyoto, 鳥取 Tottori)	"barely(겨우)"
	saci-ma	(夫余)	"small cake(작은 떡)"
	saise	(夫余)	id.
	sese-me	(夫余)	"very little(퍽 적은)"
	saeuci	(韓方:평북)	"shrimp(새우)"

● 22H-7

たんころい	tanko-roi	(日方:石川 Ishikawa)	"be small(작다)"
	dangi	(夫余)	"at least(적어도), a little(조금)"
	ttang	(韓方:평북)	"small amount(조금)"

● 22H-8

ちんめらこい	tinmera-koi	(日方:佐渡 Sado)	"small(작은)"
ちょぼこい	tyobo-koi	(日方:三重 Mie)	id.
	debere-n	(夫余)	"young of animals(동물 새끼)"
	copowae-	(古韓)	"be narrow(좁다)"

● 22H-9

ねんこい	nengko-i	(日方:奈良 Nara)	"be big(크다)"
にくじ	nikuji	(日方:奈良 Nara)	"being big(큼)"
	lengke-n	(夫余)	"rather big and strong(좀 크고 강하다)"
	nokuro-i	(現韓)	"generously(너그러이)"

● 22H-10

のこい	noko-i	(日方:山梨 Yamanashi)	"small(작은)"

のっこい	nokko-i	(日方:新潟 Niigata)	id.
ねっこい	nekko-i	(日方:八丈島 Hachijojima)	id.
	neci-n	(夫余)	"flat(평평한)"

● 22H-11

はえる	haer-u	(現日)	"to grow(커지다)" (grass, etc.= 풀, 등)
はる	har-u	(日方:高知 Kochi, 熊本 Kumamoto)	id.
はる	har-u	(現日)	"to stretch(펴다)"
	hahu-	(夫余)	"to grow(커지다)" (feather=털)
	phyo-	(現韓)	"to stretch(펴다)"

● 22H-12

ばっこい	bakko-i	(日方:宮城 MIyagi	"small(작은)"
へんこい	henko-i	(日方:奈良 Nara)	id.
ひくい	hiku-i	(現日)	"be low(낮은)"
	fangka-la	(夫余)	"small(작은), short(짧은)"
	hyak-	(古韓)	"be small(작다), be few(적다)"

● 22H-13

はらむ	hara-mu	(古日)	"to grow big(커지다)"(bud=이삭)
はる, はれる	har-u, hare-ru	(現日)	"to swell up(붇다)"
ふえる	huer-u	(現日)	"to increase(늘다)"
ほうら	hoora	(日方:愛知 Aichi)	"bulging(불룩해지는 것)"
	bulhu-	(夫余)	"to swell up(붇다)"
	bul-tari	(夫余)	"swollen(불룩해진)"
	bul-tahun	(夫余)	"bulgy(팽창하다)"
	fulu	(夫余)	"more(더), abundant(많은)"
	puru-	(現韓)	"be full(부르다)"
	purruk-ha-	(現韓)	"to bulge(불룩하다)"

● 22H-14

ぶっきゅい	bukkyui	(日方:南島 Minamijima)	"to swell(부풀다)"
	hukshe-	(夫余)	id.
	put-	(現韓)	id.

● 22H-15

ほそい	hoso-i	(日方:福岡 Fukuoka, 長野 Nagano, 兵庫 Hyogo, 鳥取 Tottori, 島根 Shimane, 愛媛 Ehime, 高知 Kochi)	"small(작은)"
ほそり	hoso-ri	(日方:壱岐 Iki)	"narrow place(좁은 곳)"
	oso-hon	(夫余)	"small(작은)"

● 22H-16

ほそい	hoso-i	(現日)	"be thin(가늘다)"
ぼそぼそ	boso-boso	(現日)	"thin and fragile(얇고 깨지기 쉬운)"
ぼつぼつ	botu-botu	(現日)	"little by little(조금씩)"

	busu-busu aga-	(夫余)	"drizzling(이슬비가 내리는 것)"
	fusu-rseme	(夫余)	"softly(부드럽게)"
	putu-rseme	(夫余)	"bit by bit(조금씩)"
	posu̱r-posu̱r	(現韓)	"drizzlingly(보슬보슬)"

- **22H-17**

めっちゃい	mettya-i	(日方:山形 Yamagata, 福島 Fukusima)	
			"be small(작다)"
めっこい	mekko-i	(日方:富山 Toyama, 新潟 Niigata) id.	
めんこい	menko-i	(日方:新潟 Niigata, 石川 Ishikawa) id.	
みじかい	mizi̱ka-i	(現日)	"be short(짧다)" (음전)
	miksa-n	(夫余)	"short(짧은)" (음전)
	faka̱ca	(夫余)	"short stature(작은 키)" (음전)
	path-	(現韓)	"be short(짧다)" (time=시간)

22I. 둥글다(8그룹)

- **22I-1**

くるくる	kuru-kuru	(現日)	"round and round(둘둘)"
	guri-nje-	(夫余)	"to move back and forth(왔다갔다 하다)"
	kuru-	(現韓)	"to roll(굴다)"

- **22I-2**

てれこ	te̱re-ko̱	(日方:大阪 Osaka)	"in turn(순번으로)" (음전)
	tor-seme	(夫余)	"round and round(빙빙, 핑핑)"
	torho-	(夫余)	"to circle(선회하다)"
	tori-	(夫余)	"to wander(정처없이 다니다)"
	torri-	(現韓)	"to turn(돌리다)"
	tongku̱-ra̱h-	(現韓)	"be round(동그랗다)" (음전)

- **22I-3**

ぼぼ	bobo	(日方:岩手 Iwate, 富山 Toyama, 山形 Yamagata)	
			"ball(공), round item(둥근물건)"
ばんば	banba	(日方:島根 Shimane)	id.
	mumu-hu	(夫余)	"football(축구 공)"

- **22I-4**

ほんだ	honda	(日方:新潟 Niigata, 長野 Nagano, 高知 Kochi)	
			"round chignon(둘둘만 뒷머리의 쪽)"
ほんだまげ	honda-mage	(日方:宮城 Miyagi)	id.
	hete-	(夫余)	"to roll up(말아 올리다), to fold(접다)"

- **22I-5**

まるい	maru-i	(現日)	"be round(둥글다)"
まろし	maro-si	(古日)	id.

まり	mari	(日方)	"ball(공)"
まろぶ	maro-bu	(古日)	"to roll(굴다)"
	moro-hon	(夫余)	"big and round(크고 둥근)"(eye＝눈)
	muheli-yen	(夫余)	"round(둥근)"
	muri-han	(夫余)	"bend(굽은 곳)"
	mang'ur	(現韓)	"ball(망울)"

• 22I-6

まるこい	maṟuko-i	(日方:仙台 Sendai)	"round(둥근)" (음전)
まるくたい	maṟuku-tai	(日方:三重 Mie)	id. (음전)
まるくれ	maṟuku-re	(日方:熊本 Kumamoto)	"lump(뭉치)" (음전)
	huṟgi-	(夫余)	"to turn around(돌아서다), to spin(빙빙 돌다)"
	mang'uṟ	(現韓)	"lump(뭉치)" (음전)
	mungkhi-	(現韓)	"to lump(뭉키다)"

• 22I-7

まるっちぃ	maru-tti-i	(日方:群馬 Gunma)	"round(둥근)"
	mur-ki-	(夫余)	"to round off(둥글게 하다)"
	mur-re	(現韓)	"spinning wheel(물레)"

• 22I-8

わさ	wasa	(日方:和歌山 Wakayama, 鳥取 Tottori, 徳島 Tokushima, 愛媛 Ehime, 高知 Kochi)	"round item(둥근 물품)"
わんごろ	wango-ro	(日方:奈良 Nara, 愛媛 Ehime)	"wheel(바퀴)"
	fahu-n	(夫余)	"wheel rim(차량의 테)"
	pakhuy	(現韓)	"wheel(바퀴)"

22J. 대인 형용사(27그룹)

• 22J-1

| あぐるしい | agurusi-i | (日方:石川 Ishikawa, 岐阜 Gifu) | "be bothersome(귀찮다)" |
| | ekshu-n | (夫余) | "bothersome(귀찮은)" |

• 22J-2

ありがたい	arigata-i	(現日)	"be grateful(고맙다), be rare(희귀하다)"
ううぐとう	uugutoo	(日方:南島 Minamijima)	"grateful thing(고마운 것)"
	urgede-	(夫余)	"be ungrateful(은혜를 모르다)"

• 22J-3

| いじこい | iziko-i | (日方:青森 Aomori) | "be annoying(귀찮다)" |
| あつかむ | atuka-mu | (日方:愛媛 Ehime, 高知 Kochi) | "to feel annoyed(짜증나다)" |

| | usuka-n | (夫余) | "rather fussy(까다로운)" |
| | hon̠saha- | (古韓) | "be noisy(소란하다)" |

- 22J-4

いやらしい	iyarasi-i	(現日)	"be disgusting(아주 싫다)"
	eyershe-	(夫余)	id.
	sho-do-	(夫余)	id.

- 22J-5

| うとううちゅん | utooutyun | (日方:南島 Minamijima) | "to have a good reputation(평판이 좋다)" |
| | fetecun | (夫余) | "gossip(뜬 소문), criticism(비난)" |

- 22J-6

| うるさい | urusa-i | (現日) | "be annoying(귀찮다)" |
| | alisha- | (夫余) | "be unhappy(불쾌하다)" |

- 22J-7

おうちゃく	ootyaku	(現日)	"impudent(뻔뻔스러운)"
おうどうか	oodooka	(日方:佐賀 Saga, 長崎 Nagasaki) id.	
	icak̠u	(夫余)	"unpleasant불쾌한)"
	on̠ccanh-	(現韓)	"be bad(나쁘다), be unpleasant불쾌하다)"

- 22J-8

おぞい	ozo-i	(日方:石川 Ishikawa, 福井 Fukui)	
			"be sad(슬프다); be harsh(혹하다)"
いしい	isi-i	(日方:群馬 Gunma)	"be painful(아프다, 괴롭다)"
	usa-	(夫余)	"be without any hope(희망이 아주 없다)"
	usa-cu-	(夫余)	"be pitiful(애처롭다)"
	usa-cun	(夫余)	"sorrow(슬픔)"
	usa-cunga	(夫余)	"sorrowful(슬픈)"
	acho̠-rop-	(現韓)	"be pitiful(애처롭다)"

- 22J-9

おもくれる	omoku-reru	(日方:仙台 Sendai, 長野 Nagano)	
			"be haughty(건방지다)"
	ambaki	(夫余)	"haughty(거만한)" (amba＝big[큰])

- 22J-10

かしこい	kasi-koi	(現日)	"be clever(현명하다), be shrewd(교활하다)"
かどい	kado-i	(日方:静岡 Shizuoka)	id.
ぐすい	gusu-i	(日方:愛知 Aichi, 岐阜 Gifu) "shrewd(교활한)	
	gis-ta	(夫余)	id.

- 22J-11

かたじけない	katazikenai	(現日)	"be thankful(고맙다)"
たいがたい	tai-gatai	(日方:広島 Hiroshima)	id.
	kundu, kobto	(夫余)	"respect(존경)"

	kundu-le-	(夫余)	"to respect(존경하다)"
	kobto	(夫余)	"respect(존경)"
	kobto-lo-	(夫余)	"to treat respectfully(정중히 대하다)"
	kobto-ngo	(夫余)	"respectful(존경하는)"

- 22J-12

がまい	gama-i	(日方:長野 Nagano)	"be shrewd(교활하다)"
ごまい	goma-i	(日方:群馬 Gunma, 埼玉 Saitama, 長野 Nagano)	id.
	koima-li	(夫余)	"cunning(교활한)"
	koima-n	(夫余)	id.

- 22J-13

きしゃがわるい kisha-ga waru-i (日方:鳥取 Tottori, 島根 Shimane)
"be annoying(귀찮다)"

	gusu-cu-	(夫余)	"be annoyed(귀찮다), be bored(지루하다)"
	gusu-cuke	(夫余)	"annoying(귀찮은), boring(지루한)"
	gusu-cun	(夫余)	"annoyance(귀찮음), boredom(지루함)"
	korso-	(夫余)	"be annoyed(귀찮다), to hate(미워하다)"
	korso-cun	(夫余)	"annoyance(귀찮음), hate(증어)"
	korso-cuka	(夫余)	"annoying(귀찮은), hateful(증어하는)"

- 22J-14

ぐうらしか	guurasika	(日方:長崎 Nagasaki, 佐賀 Saga, 熊本 Kumamoto)	"pitiful(불쌍한)"
ごうらしか	goorasika	(日方:種子島 Tanegashima)	id.
	jilacuka	(夫余)	id.

- 22J-15

こそぼろたい	koso-borotai	(日方:宮城 Miyagi)	"be hateful(밉다)"
こそぼったい	koso-bottai	(日方:福島 Fukushima)	"be dislikable(싫다)"
がすたれ	gasu-tare	(日方:新潟 Niigata)	"dislikable thing(싫은 것)"
きし	kisi	(日方:和歌山 Wakayama)	"dislikable(싫은)"
	kushu-le-	(夫余)	"to dislike(싫어하다)"
	kushu-n	(夫余)	"disgusted(넌더리나는, 싫증나는)"

- 22J-16

じくうか	zikuu-ka	(日方:佐賀 Saga)	"mean(도량 좁은, 심술궂은)"
	cuk-cak-seme	(夫余)	"viciously(아주 사납게)"
ささがしい	sasa-gasi-i	(日方:愛知 Aichi)	"be annoying(귀찮다)"
	cecer-cuke	(夫余)	"annoying(귀찮은)"
	songka-si-	(現韓)	"be annoying(귀찮다)"

- 22J-17

| せせっぽい | sese-ppo-i | (日方:長野 Nagano) | "be annoying(귀찮다)" |
| せせろしい | sesero-si-i | (日方:山口 Yamaguchi, 大分 Oita) | id. |

	suisi-	(夫余)	"to suffer hardship(고생하다)"
	sus<u>o</u>n-phiu-	(現韓)	"to make noises(수선피우다)"
	sus<u>o</u>n-s<u>u</u>r<u>o</u>p-	(現韓)	id.

• 22J-18

そそうら	sosou-ra	(日方:千葉 Chiba)	"absent-minded(멍한)"
かすかに	kasu-kani	(現日)	"faintly(희미하게)"
	cas-seme	(夫余)	id.
	kuzuk-	(古韓)	"be in the background(그윽하다)"

• 22J-19

ちょこざいに	tyokozai-ni	(日方:京都 Kyoto)	"shrewdly(약삭빠르게)"
そくしやぁか	sokusi-yaaka	(日方:佐賀 Saga)	"arrogant(거만한)"
すごいきり	sugoiki-ri	(日方:富山 Toyama)	id.
	cokto	(夫余)	id.

• 22J-20

つらいそう	turai-soo	(日方:三重 Mie)	"pitiful(불쌍한)"
	deri-shun	(夫余)	"cruel(잔혹한)"
	ttara-ci	(現韓)	"miserable existence(따라지)"

• 22J-21

つらっこうな	turakkoo-na	(日方:広島 Hiroshima, 島根 Shimane)	"shameless(염치없는)"
へらこない	herako-nai	(日方:三重 Mie)	id.
つらっぱしない	tura-ppasinai	(日方:新潟 Niigata, 千葉 Chiba, 長野 Nagano)	id.
	deraku	(夫余)	"without shame(부끄러움 없이)"
	jile-h<u>u</u>n	(夫余)	id.
	ppur<u>o</u>-p-	(韓方:전북)	"be shy(부끄럽다)"

• 22J-22

どんさくな	don<u>s</u>aku-na	(日方:兵庫 Hyogo)	"obedient(순종하는)"
	dahash<u>u</u>-n	(夫余)	id.

• 22J-23

にくい	nikui	(現日)	"be dislikable(싫어하다)"
	nekule-	(夫余)	"to like dislikable person's failure(싫어하는 사람의 실패를 좋아하다)"
	nakk-	(現韓)	"to entrap(낚다)"

• 22J-24

はずかしい	hazukasii	(現日)	"be ashamed(부끄럽다)"
はじ, はぢ	hazi, hadi	(現日:古日))	"shame(수치)"
めぐさい	megusai	(日方:青森 Aomori)	"be ashamed(부끄럽다)"
もじくる	mozikur-u	(日方:高知 Kochi)	"to blush(얼굴을 붉히다)" (음전)
もじける	mo<u>z</u>iker-u	(日方:新潟 Niigata)	id. (음전)

	hacuka	(夫余)	"shameful(부끄러운)"
	hishu-n	(夫余)	"shy(수줍어하는)"
	pakkurop-	(現韓)	"be ashamed(부끄럽다)"
	mangkuci	(韓方:평북)	"shameful conduct(추태)" (음전)

- **22J-25**

ほじない	hozina-i	(日方:秋田 Akita)	"grateful(고마운)" (음전)
おほんない	o-honna-i	(日方:群馬 Gunma)	id. (음전)
	baniha	(夫余)	id. (음전)
	pan-kap-	(現韓)	"be glad(반갑다)"

- **22J-26**

もっちり	mottiri	(日方:滋賀 Shiga)	"uncouth(거친, 버릇없는)"
もっちゃり	mottyari	(日方:大阪 Osaka)	id.
もさ	mosa	(日方:山口 Yamaguchi)	"thoughtless(생각부족한, 경솔한)"
	busere-	(夫余)	"to act uncouthly(비상식적으로 놀다)"
	busere-ku	(夫余)	"uncouth person(거친 사람)"
	pocos	(韓方:경남)	"manners(버릇)"

- **22J-27**

やごらしい	yagorasi-i	(日方:対馬 Tsushima, 宮崎 Miyazaki)	
			"be disgusting(넌더리나다)"
	ohorsho-	(夫余)	id.
	aekkurh-	(現韓)	"be heart-rending(애끓다)"

22K. 기타 인적 형용(동)사(35그룹)

- **22K-1**

あじましい	a-zima-sii	(日方:青森 Aomori)	"pleasant(기분 좋은)"
	sime-nge	(夫余)	"exciting(흥분시키는, 자극적)"
	asuyp-	(現韓)	"to feel uneasy by the lack of(아쉽다)"

- **22K-2**

あどしない	adosi-nai	(日方:高知 Kochi)	"not sure(확실치 않은)" (nai="not")
	j-iduji	(夫余)	"surely(확실히), really(실로)"
	izon-ha-	(古韓)	"to feel relieved(안도하다)"

- **22K-3**

| あまく | ama-ku | (日方:南島 Minamijima) | "diligent(근면한)" |
| | amu-ran | (夫余) | id. |

- **22K-4**

いしい	isi-i	(日方:群馬 Gunma	"of suffering(고생하는)"
いじる	izi-ru	(日方:岩手 Iwate, 千葉 Chiba, 伊豆大島 Izuojima, 石川 Ishikawa, 奈良 Nara, 徳島 Tokushima)	
			"totorment(괴롭히다)"

いたしい	iṭa-ṣii	(日方:中国 Chugoku)	"of suffering(고생하는)" (음전)
	usha-	(夫余)	"to resent(원망하다)"
	uṣ̱a-ṭa-	(夫余)	"to sulk(실쭉거리다)" (음전)

- 22K-5

いみる	imi-ru	(日方:香川 Kagawa)	"to dislike(싫어하다)"
	eime-	(夫余)	"to abhor(아주 싫어하다)"
	eime-cun	(夫余)	"repugnance(아주 불쾌함)"

- 22K-6

おくねんじき	okunen-jiki	(日方:愛媛 Ehime)	"very carefully(아주 신중히)"
	aikan	(夫余)	"careful(주의 깊은)"

- 22K-7

おさんねぇ	osa-nnee	(日方:宮城 Miyagi)	"be certain(확실하다)"
あさら	asa-la	(日方:静岡 Shizuoka)	"of course(물론)"
おはしゃれ	oh-asha-re	(日方:伊豆大島 Izuojima)	id.
	esi	(夫余)	"certainly(확실히)"
	eci	(夫余)	"surely(확실히), indeed(실로)"

- 22K-8

おもしろい	omo-siroi	(現日)	"be fun(재미있다)"
おもろい	omo-roi	(日方:大阪 Osaka, 京都 Kyoto)	id.
おもはれ	omo-hare	(日方:奈良 Nara)	id.
ようまつ	yooma-tu	(日方:広島 Hiroshima)	"matter of joke(농담 거리)"
よもくれる	yomo-kureru	(日方:徳島 Tokushima)	"to joke(농담하다)"
	yebe-le-	(夫余)	id.
	yobo	(夫余)	"joke(농담), fun(재미), play(놀음)"
	omsar	(現韓)	"pretending to be painful(엄살)"

- 22K-9

がんまつ	ganmatu	(日方:奈良 Nara)	"covetous(욕심 많은)"
かんどう	kandoo	(日方:対馬 Tsushima)	"covetousness(욕심 많은 것)"
	gamji	(夫余)	"covetous(욕심 많은)"

- 22K-10

きしか	kisika	(日方:鹿児島 Kagoshima)	"be miserable(아주 괴롭나)"
くずれよう	kuzure-yoo	(日方:京都 Kyoto)	"to suffer(고생하다)"
かじめる	kazime-ru	(日方:石川 Ishikawa)	"to torture(고통을 주다, 고문하다)"
	gosiho-lo-	(夫余)	"be miserable(아주 괴롭다)"

- 22K-11

きょこつな	kiyokotu-na	(日方:富山 Toyama)	"restless(들뜬, 불안한)"
かかとか	kakato-ka	(日方:山形 Yamagata)	id.
	gongoho-n	(夫余)	id.

- 22K-12

くくてるさん	kukute-rusan	(日方:南島 Minamijima)	"be very lonely(퍽 외롭다)"

| ころどに | korodo-ni | (日方:宮城 Miyagi) | "by oneself(혼자서)" |
| | gargata | (夫余) | "single(단신), alone(혼자)" |

- 22K-13

ごうさいな	goosai-na	(日方:高知 Kochi)	"sorrowful(슬픈)"
くやしい	kuyasi-i	(日方:青森 Aomori)	"be sad(슬프다)"
くやしむ	kuyasim-u	(現日)	"to feel vexing(애타다)"
	gasa-	(부여)	"to grieve(슬퍼하다)"
	gasa-n	(夫余)	"grief(슬픔)"
	kwaessim-ha-	(現韓)	"to feel vexing(괘씸하다)"

- 22K-14

こし	kosi	(日方:香川 Kagawa)	"very patient(참을성 많은)"
ごんつ	gontu	(日方:長崎 Nagasaki)	"hardness(굳음), hard object(굳은 것)"
	kengse-lasha(夫余)		"resolute(단호한)"

- 22K-15

さかしい	sakasi-i	(現日)	"be clever(현명하다)"
ささこし	sa-sakos-i	(日方:三重 Mie)	"be quick and clever(재빠르고 영리한)"
さき, さち	saki, sati	(現日)	"luck(행운), fortune(행운, 재산)"
	sektu	(夫余)	"clever(영리한), agile(민첩한)"
	sektu-ken	(夫余)	"rather clever(좀 영리한)"
	su̱rki	(現韓)	"intelligence(슬기)"

/-s-/와 /-t-/의 대조는 음운대조(4I-2)를 참조. /kt/의 /k/의 삭제는 음운대조(7E)를 참조하고 /kt/의 /t/의 삭제는 회소.

- 22K-16

さびしい	sabi-sii	(現日)	"be lonely(적적하다), be lonely(외롭다)"
さぶしない	sabu-sinai	(日方:高知 Kochi)	id.
さむしない	samu-sinai	(日方:秋田 Akita)	id.
しゅんな	shun-na	(日方:山口 Yamaguchi)	"lonely(외로운)"
	shehu-n	(夫余)	"desolate(황폐한), empty(텅빈)"
	shehu-ken	(夫余)	"rather barren(좀 불모한)"
	sima-cuka	(夫余)	"lonely(외로운)"
	simsim-ha-	(現韓)	"be bored(심심하다)"

- 22K-17

しめきぃん	simeki-in	(日方:南島 Minamijima)	"to economize(절약하다)"
じま	zima	(日方:宮城 Miyagi)	"thrifty(절약하는)"
	jafuku̱-nga	(夫余)	id.

- 22K-18

| じゅんさい | zyunsai | (日方:和歌山 Wakayama) | "gentle(유순한)" |
| | i-jishu̱-n | (夫余) | "obedient(순종하는), docile(다루기 쉬운)" |

| | sap-sap-ha- | (韓方:평북) | "be gentle(유순하다)" |

- 22K-19

しょうらしい	shoora-sii	(日方:岡山 Okayama, 香川 kagawa)	"be industrious(근면하다)"
ちりこりと	tiri-korito	(日方:和歌山 Wakayama)	id.
	sere-be	(夫余)	id.

- 22K-20

すぐれる	sugure-ru	(現日)	"to surpass(능가하다)"
	colgoro-	(夫余)	id.
	colgoro-ko	(夫余)	"excelling(능가하는)"
	shungeri	(夫余)	"elegant(고아한)"

- 22K-21

すこい	suko-i	(日方:山形 Yamagata)	"agile(민첩한), cunning(교활한)"
	shak-shan	(夫余)	"crafty(교활한)"

- 22K-22

すっこい	sukko-i	(日方:福島 Fukushima, 和歌山 Wakayama, 神戸 Kobe)	"be shrewd(약삭빠르다)"
さじい	sazi-i	(日方:大分 Oita)	id.
	sungiyen	(夫余)	"wise(현명한)"
	cacchi	(現韓)	"cleverness(재치)"

- 22K-23

ずぶい	zubu-i	(日方:大阪 Osaka)	"to want a lot(많이 원하다)"
	ciha	(夫余)	"desire(욕망)"
	ciha-la-	(夫余)	"to want(원하다)"
	ciha-lahai	(夫余)	"as one wishes(원하는 대로)"

- 22K-24

せちからい	seti-karai	(日方:岐阜 Gifu)	"be agile(민첩하다)"
さどい	sado-i	(日方:和歌山 Wakayama, 徳島 Tokushima, 愛媛 Ehime, 高知 Kochi, 大分 Oita, 熊本 Kumamoto)	id.
さとい	sato-i	(日方:兵庫 Hyogo, 山口 Yamaguchi)	"clever(영리한)"
すどい	sudo-i	(日方:島根 Shimane, 山口 Yamaguchi)	id.
	sede-heri	(夫余)	"clever child(영리한 아이)"
	caechi	(現韓)	"wit(재치)"

- 22K-25

たんきいん	tankiin	(日方:南島 Minamijima)	"prudent(조심스러운)"
	tuwamcin	(夫余)	id.

- 22K-26

ちぃとまき	tiito-maki	(日方:岡山 Okayama)	"after some time(오래간만에)"

そうたいぶり	sootai-buri	(日方:愛媛 Ehime)	id.
	dartai	(夫余)	"temporarily(임시)"
	to̱s	(現韓)	"short time(덧, 잠간)"

• 22K-27

ちゃんと	tyanto	(現日)	"neatly(정연하게)"
じっと	zit-to	(現日)	id.
	cak-seme	(夫余)	"neatly(정연하게), firmly(굳게)"

• 22K-28

| てじゅるうさ | tezyu-ruusa | (日方:南島 Minamijima) | "not concerned(무관심한)" |
| | deye-n | (夫余) | id. |

• 22K-29

でたらめ	deta-rame	(現日)	"haphazard(엉터리의)"
	dede-dada	(夫余)	"senseless(뜻없는)"
	tto̱r-tto̱r-ha-	(現韓)	"be awkward(떨떨하다)"

• 22K-30

| はぐれる | hagure-ru | (日方:熊本 Kumamoto) | "be excellent(훌륭하다)" |
| | fujuru-nga | (夫余) | id. |

• 22K-31

ぶっつり	buttu̱ri	(現日)	"sullen(시무룩한)" (음전)
	bu̱ltahu̱n	(夫余)	"swollen surface(부풀은 표면)" (음전)
	bu̱lthu̱ri	(夫余)	"bulging out(불룩 나오는)" (음전)

• 22K-32

むずかしい	muzu-kasii	(現日)	"be difficult(어렵다)"
ひずむ	hizu-mu	(日方:新潟 Niigata)	"to fear(무서워하다)"
	muse-	(夫余)	"to lose courage(용기를 잃다)"
	musik-	(古韓)	"be frightening(무섭다)"
	muso̱p-	(現韓)	id.

• 22K-33

むんちん	muntin	(日方:宮城 Miyagi, 山形 Yamagata)	
		"being hard to please(간간한)"	
	munahu̱n	(夫余)	id.

• 22K-34

やすい	yasu-i	(現日)	"be cheap(싸다)" (price＝값)
	fusi-hu̱n	(夫余)	"cheap(싼)"
	ja	(夫余)	id.
	ssa-	(現韓)	"be cheap(싸다)" (price＝값)

• 22K-35

| やそ | yaso | (日方:八丈島 Hachijojima) | "be dislikable(싫다)" |
| うざくらしい | uzaku̱ra-s̱ii | (日方:富山 Toyama, 石川 Ishikawa, | |

		新潟 Niigata)	id. (음전)
えぞくろしい	ezokura-sii	(日方:岐阜 Gifu, 滋賀 Shiga)	id. (음전)
	usurshe-	(夫余)	"to detest(아주 싫어하다)" (음전)
	achot-	(古韓)	"to dislike(싫어하다)"

22L. 기타 형용사(30그룹)

- **22L-1**

| あまっちょろい | amattyoro-i | (日方:滋賀 Shiga) | "be easy(쉽다)" (음전) |
| | emursu | (夫余) | "simple(간단한)" (음전) |

- **22L-2**

あらい	ara-i	(現日)	"be coarse(거칠다)"
あらまし	ara-masi	(現日)	"rough guess(억측), rough plan(대충 계획)"
	al-batu	(夫余)	"rough(거친)"
	idu-n	(夫余)	id.
	ori-m	(現韓)	"rough guess(억측)"
	or-pang	(韓方:평북)	id.
	orre-pis	(韓方:평북)	"coarse-tooth comb(얼레빗)"

- **22L-3**

| あらた | arata | (現日) | "new(새로, 새로운), fresh(신선한)" |
| | arda | (夫余) | "new(새로, 새로운)" |

- **22L-4**

いまだ	imada	(現日)	"not yet(아직)"
	imata	(夫余)	"entirely(전혀)"
	imamttae	(現韓)	"about this time(이맘때)"

- **22L-5**

えら	era	(日方:京都 Kyoto)	"empty(텅 빈 곳)"
	ulu	(夫余)	id.
	oro-n	(夫余)	"vacancy(공석)"
	or	(古韓)	"cave(동굴)"

- **22L-6**

おうへん	oohe-n	(日方:群馬 Gunma)	"approximately(대략)"
	abu	(夫余)	"almost(거의)"
	uhe	(夫余)	"common(공통의)"
	otu-r	(古韓)	"approximately(대략)"

- **22L-7**

から	kara	(現日)	"empty(텅 빈)"
ごうら	goora	(日方:熊本 Kumamoto, 仙台 Sendai)	id.
こうら	koora	(日方:岩手 Iwate, 福島 Fukushima)	id.
	kori-	(夫余)	"to hollow out(파내다)"

	kofori	(夫余)	"empty(텅 빈)"
	koru-	(現韓)	"to skip over(거르다)"

- **22L-8**

さまじい	samazi-i	(日方:群馬 Gunma)	"scattered around(흐트러진)"
	samsi-	(夫余)	id.

- **22L-9**

さらい	sara-i	(日方:奈良 Nara, 岡山 Okayama, 大阪 Osaka)	
		"new(새로운)"	
さら	sara	(現日)	"new(새)"
さらに	sara-ni	(現日)	"newly(새로이), additionally(또)"
	soni-nga	(夫余)	"new(새), fresh(신선한)"
	saero-i	(現韓)	"newly(새로이)"

- **22L-10**

じゅうりはちけん	zyuuri-hatiken	(日方:仙台 Sendai)	"be very different(퍽 다르다)"
	daru-	(夫余)	"to recognize mistakenly(잘못 보다)"
	taru-	(現韓)	"be different(다르다)"

- **22L-11**

じゅるい	zyuru-i	(日方:愛媛 Ehime)	"be loose(느슨하다)" (string＝끈)
じるい	ziru-i	(日方:岐阜 Gifu)	id.
ずるい	zuru-i	(日方:神奈川 Kanagawa, 静岡 Shizuoka, 愛知 Aichi, 岐阜 Gifu)	id.
	gule-je-	(夫余)	"to become loose(느슨해지다)"
	kele-ri	(夫余)	id.
	kkuru-	(現韓)	"to loosen(끄르다)"

- **22L-12**

するどい	surudo-i	(現日)	"be sharp(예리한), sharpness(예리함)" (음전)
	shulihu-n	(夫余)	"pointed(뾰죽한)"
	tur-	(現韓)	"to cut well(잘 자르다)"
	so-sur	(韓方:평북)	"sharp area(예리한 데)"
	sontur-	(韓方:평북)	"be very sharp(아주 예리하다)" (음전)

- **22L-13**

すろ	suro	(日方:岐阜 Gifu)	"vacant(텅 빈)"
	sula	(夫余)	"unoccupied(한가한)"

- **22L-14**

てすい	tesu-i	(日方:德島 Tokushima)	"be thick(두껍다), be big(크다)"
	tarhu-n	(夫余)	"be thick(두껍다)"
	tuso-p-	(現韓)	id.

- **22L-15**

どかひく	doka-hiku	(日方:岡山 Okayama)	"bumpy(울퉁불퉁한)"
でこぼこ	deko-boko	(現日)	id.

	dok-dolo-	(夫余)	"to protrude upward(위로 돌출하다)"
	dok-so-	(夫余)	"to protrude(돌출하다)"
	dok-sohon	(夫余)	"protruding(돌출함)"

- 22L-16
  どぶとい　dobu-toi　(日方:三重 Mie)　"thick(두꺼운, 굵은)"

	shum-in	(夫余)	"deep(깊은)"
	tumi-n	(夫余)	"deep colored(진한 색의)"
	tu-<u>thum</u>-ha-	(現韓)	"be thick(두툼하다, 두껍다)"

- 22L-17
  とんな　don-na　(日方:岩手 Iwate, 宮城 Miyagi, 山形 Yamagata, 福島 Fukushima)　"strange(이상한, 낯선)"

	demu-n	(夫余)	"odd(이상한)"

- 22L-18
  なまぬるい　nama-nurui　(現日)　"lukewarm(미지근한)"

	nemeye-n	(夫余)	"mild(부드러운), obedient(순종하는)"

- 22L-19
  なやすい　nayasu-i　(日方:高知 Kochi)　"gentle(온화한)"

	nesu-ken	(夫余)	id.

- 22L-20
  ぬこい　nuko i　(日方:長野 Nagano, 山梨 Yamanashi)　"fine(잘다), small(작은)"

	narhu-n	(夫余)	"fine(잘은), thin(얇은)"
	narhu-sha-	(夫余)	"be fine(잘다), to make fine(잘게하다)"
	nakka-p-	(韓方:전남)	"be near(가깝다)"

- 22L-21
  ねごな　nego-na　(日方:高知 Kochi)　"coarse(조잡하다)"
  ねんげな　nenge-na　(日方:石川 Ishikawa)　id.

	neke-liyen	(夫余)	id.

- 22L-22
  はす　hasu　(現日)　"slanted(경사진)"
  ひしに　hisi-ni　(日方:仙台 Sendai, 富山 Toyama)　id.
  はずれ　hazu-re　(現日)　"being dislocated(퉁기어지는 것)"

	haiha-ra-´	(夫余)	"to incline(비스듬해지다)"
	pisu-<u>tum</u>-ha-	(現韓)	"be slanted(비스듬하다)"

- 22L-23
  ばんばらげ　ban<u>bara</u>-ge　(日方:対馬 Tsushima)　"in disarray(난잡히)" (음전)

	far<u>fa</u>-	(夫余)	"be in disarray(난잡하다)" (음전)

- 22L-24
  ぴたっこい　bita-kkoi　(日方:千葉 Chiba)　"be flat(평평하다)"
  ぴたらえ　pita-rae　(日方:山形 Yamagata)　id.

べたこい	beta-koi	(日方:大阪 Osaka, 兵庫 Hyogo)	id.
べちゃこい	betya-koi	(日方:滋賀 Shiga, 奈良 nara, 大阪 Osaka, 兵庫 Hyogo)	id.
	hetu	(夫余)	"horizontal(수평의)"
	bishu-n	(夫余)	"level(펴평한)"
	pantae-ki	(現韓)	"flattened dumpling(반대기)"

● 22L-25

ひょんげな	hyon-gena	(日方:奈良 Nara, 和歌山 wakayama, 香川 kagawa, 徳島 Tokushima)	"strange(이상한)"
ひょんな	hyon-na	(古日)	id.
ほうべん	hoo-ben	(日方:富山 Toyama)	id.
	fiya-han	(夫余)	"precious object(보물)"
	hiha-la-	(夫余)	"be rare(희소하다), to value(귀중히 여기다)"
	huihan-ha-	(現韓)	"be odd(희한하다)"

● 22L-26

ふいさん	huisa-n	(日方:南島 Minamijima)	"thick(두꺼운, 굵은)"
ふとい	huto-i	(現日)	"be thick(두껍다, 굵다)"
	fisi-n	(夫余)	"thick(두꺼운, 굵은)"\
	potong-potong	(現韓)	"chubby condition(보동보동)"

● 22L-27

ふしぎ	husigi	(現日)	"odd(이상한)"
へちげな	hetige-na	(日方:岡山 Okayama)	id.
	fuciki	(夫余)	id. ??????
	michikwangi	(現韓)	"crackbrain(美치광이)"

● 22L-28

| へなげな | henage-na | (日方:新潟 Niigata, 香川 Kagawa, 広島 Hiroshima) | "strange(이상한)" |
| | ferguwe-cuke (夫余) | | id. |

● 22L-29

ぼで	bode	(日方:島根 Shimane)	"useless(쓸데 없는)"
むだ	muda	(現日)	id.
ぶさた	busa-ta	(日方:仙台 Sendai, 宮城 Miyagi)	id.
ぶす	busu	(日方:和歌山 Wakayama, 広島 Hiroshima, 三重 Mie)	id.
めて	mete	(日方:滋賀 Shiga)	"incapable person(무능한 사람), dull person(우둔한 사람)"
	bete	(夫余)	"useless(쓸데 없는)"
	budu-n	(夫余)	id.
	mokssar-ha-	(韓方:평북)	"be worthless(걸렁하다)"

- 22L-30

| やえる | yaer-u | (日方:三重 Mie, 愛知 Aichi) | "be complicated(복잡하다)" |
| | lahi-n | (夫余) | "complicated(복잡한)" |

23. 각종 부사(96그룹)

23A. 곧, 별안간(15그룹)

- **23A-1**

あただに	ataḏa-ṇi	(日方:愛媛 Ehime, 島根 Shimane, 九州 Kyushu, 南島 Minamijima) "suddenly(별안간)" (음전)
	andaṇḏe	(夫余)	id. (음전)
	oṭṭu-k	(現韓)	id.
	watata-ng	(現韓)	id.

- **23A-2**

いっきに	ikki-ni	(日方:九州 kyushu, 大阪 Osaka, 神奈川 Kanagawa, 静岡 Shizuoka, 石川 Ishikawa)	"right away(곧), immediately(즉시)"
	uksa, uksa-n	(夫余)	"suddenly(별안간)"

- **23A-3**

かつ, きと	katu, kito	(現日)	"immediately(곧)"
きりきり	kiri-kiri	(日方:対馬 Tsushima)	id.
けた	keta	(日方:茨城 Ibaragi)	id.
こしこし	kosi-kosi	(日方:長野 Nagano)	id.
	kos-seme	(부여)	"suddenly(별안간)"
	kot	(現韓)	"immediately(곧)"
	kacu	(韓方:평북)	id.

- **23A-4**

きょとう, きたに	kyotoo, kita-ni	(日方:徳島 Tokushima)	"suddenly(별안간)"
きょたい	kyotai	(日方:奈良 Nara)	"unexpected(의외의)"
	gaitai	(夫余)	"suddenly(별안간), by chance(우연히)"
	katak-ha-	(古韓)	"be urgent(急하다)"

- **23A-5**

ぐいら	guira	(日方:岩手 Iwate, 宮城 Miyagi, 福島 Fukushima, 栃木 Tochigi, 群馬 Gunma)	"suddenly(별안간)"
ごえら	goera	(日方:山形 Yamagata, 福島 Fukushima) id.
	gaihari	(부여)	id.

- 23A-6

けろりと	kerori-to	(現日)	"abruptly(갑자기)"
	gerila-	(夫余)	"to appear suddenly(갑자기 나타나다)"

- 23A-7

さしつけ	sasi-tuke	(日方:対馬 Tsushima, 佐賀 Saga, 鹿児島 Kagoshima)	
			"suddenly(별안간)"
	sucu-	(夫余)	"to attack suddenly(급습하다)"

- 23A-8

さっそく	sas-soku	(日方:長野 Nagano, 岩手 Iwate)	
			"immediately(곧)"
さっそくい	sas-sokui	(日方:愛知 Aichi)	"be easy(쉽다)"
	cik-seme	(夫余)	id.
	cikcik	(夫余)	id.
	sibsha	(夫余)	"quickly(빨리), suddenly(별안간)"
	saesa-msurop-	(現韓)	"be abrupt(새삼스럽다)"

- 23A-9

すぐ	sugu	(現日)	"immediately(곧)"
さっきゃく	sakkya-ku	(日方:秋田 Akita)	"quickly(빨리)"
しかしか	sika-sika	(日方:仙台 Sendai, 佐渡 Sado, 静岡 Shizuoka, 愛媛 Ehime)	id.
ずかずか	zuka-zuka	(現日)	"directly(직접)"
じきに	ziki-ni	(現日)	"soon(이윽고), immediately(곧)"
ぢかに	dika-ni	(現日)	id.
	jaka	(夫余)	id.
	saka	(夫余)	"as soon as(…자마자)"
	sek-seme	(夫余)	"suddenly(별안간)"
	sek-tu	(夫余)	"agile(민첩한, 잽싼)"
	ssake	(韓方:강원, 경상, 충청)	"right away(지금 곧)"

- 23A-10

ぞくと	zokuto	(日方:佐賀 Saga)	"suddenly(별안간)" (음전)
ちょくと	tyokuto	(日方:大分 Oita)	id. (음전)
	dokdo-ri	(夫余)	id.
	sokso-ri	(夫余)	id.
	sonttuk	(韓方:평북)	"readily(선뜻)" (음전)
	sonttus	(現韓)	id. (음전)

- 23A-11

たぁとき	taato-ki	(日方:神奈川 Kanagawa	"suddenly(별안간)" (음전)
ちょいら	tyoi-ra	(日方:群馬 Gunma)	id.
	dakda-ri	(夫余)	id. (음전)
	darta-i	(夫余)	id.

| | ttuk | (現韓) | id. |

• 23A-12

とんぶ	tonbu	(日方:群馬 Sunma)	"suddenly(별안간)"
てんぼこだし	tenbo-kodasi	(日方:埼玉 Saitama)	id.
とっぴょに	toppyo-ni	(日方:長野 Nagano)	id.
	duyembu-	(夫余)	"to attack suddenly(기습하다)"
	caepok	(韓方:경남)	"quite(꽤)"

• 23A-13

びょうら	byoora	(日方:岩手 Iwate)	"suddenly(별안간)"
びらり	birari	(日方:岩手 Iwate, 宮城 Miyagi)	id.
	bengneli	(夫余)	id.
	pparri	(現韓)	"quickly(빨리)"
	puryo-ntus	(韓方:평북)	"suddenly(별안간)"

• 23A-14

やおら	yaora	(日方:仙台 Sendai)	"suddenly(별안간)"
	oilo-ri	(夫余)	id.
	wara-k	(現韓)	id.

• 23A-15

やりやり	yari-yari	(日方:長崎 Nagasaki)	"right away(곧)"
いんなら	in-nara	(日方:京都 Kyoto)	id.
	lali-n	(夫余)	"direct(직접)"
	inae	(現韓)	"right away(곧)"

23B. 매우, 정말로(14그룹)

• 23B-1

あほうに	ahoo-ni	(日方:岐阜 Gifu)	"very(매우)"
いっぺぇ	ippee	(日方:南島 Minamijima)	"extremely(극단적으로)"
	yohi	(夫余)	"complete(전부의), intact(변치 않은)"
	yohi-nga	(夫余)	"whole(전체)"
	wahai	(夫余)	id.
	huni	(韓方:강원, 경상, 충청)	"often(흔히)"

• 23B-2

いっそ	isso	(現日)	"preferably(차라리)"
あせぇ, あぜぇ	asee, azee	(日方:鹿児島 Kagoshima)	"extremely(극히)"
いじょう	izyoo	(日方:岩手 Iwate, 高知 Kochi)	
			"quite(꽤)"
いと, うつ	ito, utu	(現日)	"quite(꽤), completely(완전히)"
えじい, えずい	ezi-i, ezu-i	(日方:大分 Oita, 長崎 Nagasaki, 佐賀 Saga, 熊本 Kumamoto)	id.

えせ	ese	(現日)	"severe(가혹한)"
えぞい	ezo-i	(日方:岐阜 Gifu)	"importunate(번거로운)"
わざわい	waza-wai	(日方:鹿児島 Kagoshima)	"very(아주)"
	asu-ru	(夫余)	id.
	su-n	(現韓)	id.
	ocu-k	(現韓)	id.
	oci-kan-ha-	(現韓)	"be considerable(어지간하다)"

- 23B-3

えらい	erai	(日方:長野 Nagano, 岐阜 Gifu, 愛知 Aichi, 石川 Ishikawa, 山口 Yamaguchi, 徳島 Tokushima, 宮崎 Miyazaki, 熊本 Kumamoto)	"extremely(극히)"
	urui	(夫余)	"steadily(끊임없이)"
	orae	(現韓)	"for a long time(오래)"

- 23B-4

おむそう	omusoo	(日方:三重 Mie)	"very(매우)"
えぶせい	ebusei	(日方:長野 Nagano)	id.
	umesi	(夫余)	id.
	yabsi	(夫余)	id.
	opuk	(韓方:경남)	id.

- 23B-5

かぶきり	kabu-kiri	(日方:福井 Fukui)	"extremely(극히)"
かぶで	kabu-de	(日方:福岡 Fukuoka, 大分 Oita)	id.
がま	gama	(日方:岐阜 Gifu)	id.
ごうぼう	gooboo	(日方:佐賀 Saga, 福岡 Fukuoka, 兵庫 Hyogo, 大分 Oita)	id.
こっぺり	koppe-ri	(日方:岐阜 Gifu, 愛知 Aichi, 滋賀 Shiga, 三重 Mie)	id.
こっぽり	koppo-ri	(日方:富山 Toyama, 福井 Fukui)	id.
	keb-se	(夫余)	id.
	kob-seme	(夫余)	"all together(다 합해서)"
	kkaepop	(韓方:전남)	"quitc(폐)"
	kop	(現韓)	"double(곱)"

- 23B-6

しこしこ	siko-siko	(日方:愛知 Aichi	"extremely(극히)"
	shak-seme	(夫余)	"towering(높이 솟은), high and dense(높고 짙은)"
	sak	(現韓)	"cleanly all together(삭, 싹)"

- 23B-7

ずでぇ	zudee	(日方:群馬 Gunma)	"extremely(극히)" (음전)
	jaci	(夫余)	"very(매우)"
	toessei	(韓方:평북)	id. (음전)

- **23B-8**

ちょうきゅうな	tyookyuu-na	(日方:山梨 Yamanashi, 長野 Nagano)	
			"complete(완전한)"
しっかえ	sikkae	(日方:岡山 Okayama)	"quite(실로)"
てえげえ	deegee	(日方:大分 Oita)	"very(매우)"
	cingkai	(夫余)	"completely(완전히), by far(훨씬)"
	tọuki	(現韓)	"much more(더욱이)"

- **23B-9**

でぇぎり	deegi-ri	(日方:神奈川 Kanagawa)	"in the least(적어도)"
てっこ	tekko	(日方:奈良 Nara)	"total(총계)"
てっくり	tekku-ri	(日方:長野 Nagano)	id.
	tongi-me	(夫余)	"in toto(다 합해서)"
	twesswae	(韓方:황해)	"very(매우)"

- **23B-10**

ひょうきんに	hyooki-nni	(日方:静岡 Shizuoka)	"very(매우)"
ぼっかいに	bokkai-ni	(日方:鳥取 Tottori)	id.
ぼっこう	bokkoo	(日方:高知 Kochi, 奈良 Nara, 大阪 Osaka, 兵庫 Hyogo, 岡山 Okayama, 広島 Hiroshima, 香川 Kagawa, 愛媛 Ehime)	id.
	fika-tala	(夫余)	"very far(아주 먼)"
	phọk	(現韓)	"very(매우)"

- **23B-11**

ほぅら	hoora	(日方:大分 Oita)	"very(매우)"
ほら	hora	(日方:高知 Kochi)	id.
むりっと	muri-tto	(日方:青森 Aomori)	id.
	bire-me	(夫余)	"completely(완전히), thoroughly(철저히)"
	bire-tei	(夫余)	id.
	muru	(韓方:제주)	"very(매우)"

- **23B-12**

ほん	hon	(日方:山口 Yamaguchi)	"really(정말로)"
ほんに	hon-ni	(現日)	id.
	hon	(夫余)	"very(매우)"
	yọng	(現韓)	id.
	oin	(韓方:평북)	"the very(맨)"

- **23B-13**

まさか	masaka	(日方:群馬 Gunma, 埼玉 Saitama, 長野 Nagano)	
			"very(매우)"
むさんこ	musanko	(日方:大阪 Osaka, 新潟 niigata, 石川 Ishkawa, 福井 Fukui, 関西 Kansai, 岐阜 Gifu, 栃木 Tochigi, 滋賀 Shiga, 四国 Shikoku, 島根 Shimane, 鳥取 Tottori, 広島 Hiroshima, 岡山 Okayama, 九州	

		Kyushu)	id.
むしゃんこ	mushanko	(日方:岐阜 Gifu, 愛知 Aichi, 香川 Kagawa, 愛媛 Ehime)	id.
	mujaku	(夫余)	"extremely(극히), truly(정말로)"
	muchọk	(現韓)	id.
	pọpcei	(韓方:평북)	id.

- 23B-14YYYYY

まもうに	mamoo-ni	(日方:山口 Yamaguchi)	"sufficiently(충분히)"
hami-		(夫余)	"to suffice(충분하다)"

23C. 자주, 늘(7그룹)

- 23C-1

おいぐり	oiguri	(日方:大阪 Osaka)	"in succession(차례차례)"
	yongor-seme	(夫余)	"continually(계속해서)"

- 23C-2

しじに	sizi-ni	(現日)	"frequently(자주), plentifully(풍부하게)"
じょうじ	zyoozi	(日方:大阪 Osaka, 福島 Fukushima, 福井 Fukui, 京都 Kyoto, 神戸 Kobe, 徳島 Tokushima, 愛媛 Ehime) "often(자주)"	
じょうじょう	zyoo-zyoo	(日方:関東 Kanto, 新潟 Niigata, 石川 Ishikawa, 愛知 Aichi, 熊本 Kumamoto)	id.
	jaci	(夫余)	id.
	cacu	(現韓)	id.

- 23C-3

たびたび	tabi-tabi	(現日)	"often(자주)"
たび	tabi	(現日)	"number of times(번, 도수)"
	tome	(夫余)	"each(각각)"
	tiwi	(古韓)	"number of times(번, 도수)"
	tong-tong	(韓方:평북)	"often(자주)"

- 23C-4

つねに	tune-ni	(現日)	"always(늘), usually(평상)"
ぜんてえ	zen-tee	(日方:山梨 Yamanaashi)	"always(늘)"
じゅう	zyuu	(日方:静岡 Shizuoka, 愛知 Aichi)	id.
	jing	(夫余)	"always(늘), frequently(자주)"
	tangchang	(韓方:평북)	"always(늘)"

- 23C-5

つんめて	tunme-te	(日方:兵庫 Hyogo)	"always(시종, 늘)"
たんびゅう	tanbyuu	(日方:岡山 Okayama, 島根 Shimane)	id.
	tomo-hongo	(夫余)	"constant(불변의)"

| | taepon | (現韓) | "right away(곧)" |
| | tampon | (韓方:경원) | id. |

- 23C-6

とろびゅう	torobyuu	(日方:群馬 Gunma)	"often(자주)"
とろくに	toroku-ni	(日方:茨城 Ibaragi)	id.
	daruhai	(夫余)	id.
	torok	(現韓)	"many more(더럭)"

- 23C-7

やりい	yari-i	(日方:大分 Oita)	"frequently(자주)"
	ele	(夫余)	"all(다), many(많은)"
	yoro	(現韓)	"many(많은)"

23D. 전혀, 겨우(12그룹)

- 23D-1

いかめか	ika-meka	(日方:茨城 Ibaragi)	"barely(겨우)"
ういこと	uiko-to	(日方:愛知 Aichi)	id.
	arka-n	(夫余)	id.

- 23D-2

| そう | soo | (現日) | "(not) at all(전혀(아니...))" |
| | shuwe | (夫余) | id. |

- 23D- 3

そうぞ	soozo	(日方:岐阜 Gifu, 京都 Kyoto)	"all(전부)"
そうぞつ	soozo-tu	(日方:福岡 Fukuoka)	"entirely(전혀)"
	shosho-	(夫余)	"to add up(합계하다)"
	shosho-hon	(夫余)	"all(전부)"
	tato	(古韓)	id.

- 23D- 4

たまで	tama-de	(日方:福井 Fukui, 滋賀 Shiga, 徳島 Tokushima, 高知 Kochi)	"entirely(전혀)"
たまに	tama-ni	(日方:徳島 Tokushima)	id.
どうも	doomo	(現日)	"quite(꽤), really(참으로)"
	daba-ra	(夫余)	"merely(다만, 그저)"
	damu	(夫余)	"but(그러나), only(...뿐)"
	tome	(夫余)	"every(모든)"
	tama-n	(現韓)	"merely(다만, 그저)"
	tomuci	(現韓)	"utterly(몽무지)"

- 23D-5

| たいざ | tai-za | (日方:大阪 Osaka, 長野 Nagano) | "entirely(전혀)" |

とうとう	too-too	(現日)	"at last(드디어, finally(기어코)"
	ta-seme	(夫余)	"continually(계속해서)"
	toyssei	(韓方:평북)	"very(되게)"
	tuti-o	(現韓)	"finally(드디어)"

- **23D-6**

ちぃに	tiini	(日方:佐賀 Saga, 壱岐 Iki)	
			"rarely(좀처럼), utterly(전혀)"
ちゅうに	tyuuni	(日方:山口 Yamaguchi)	"unexpectedly(의외로)"
	teni	(夫余)	"only then(그래야만)"
	teni-ken	(夫余)	"just(그저), for the first time(처음으로)"
	chomnyae	(韓方:전남)	"first time(처음)"

- **23D-7**

ひったり	hittari	(日方:福井 Fukui)	"always(늘)"
べったり	bettari	(日方:千葉 Chiba, 大阪 Osaka, 京都 Kyoto, 福井 Fukui, 神戸 Kobe, 鳥取 Tottori)	id.
むつり	muturi	(日方:山形 Yamagata)	id.
	heturi	(夫余)	"ordinary(보통의)"

- **23D-8**

ぼだい	bodai	(日方:鳥取 Tottori, 島根 Shimane)	
			"entirely(전혀)"
ほっとも	hotto-mo	(日方:島根 Shimane)	id.
まんで	mande	(日方:香川 Kagawa)	id.
	fondo	(夫余)	id.
	mongttang	(現韓)	"entire(몽땅)"
	motu	(現韓)	"all of them(모두)"

- **23D-9**

ゆうと	yuuto	(日方:熊本 Kumamoto)	"entirely(전혀)"
いっちょん	ittyo-n	(日方:佐賀 Saga, 熊本 Kumamoto)	id.
いっそう	issoo	(日方:宮崎 Miyazaki)	"all(전부)"
	eite-n	(夫余)	id.
	onthong	(現韓)	"all(온통)"

- **23D-10**

ようやく	yooya-ku	(現日)	"barely(겨우), nearly(거의)"
ようよう	yooyoo	(現日)	id.
	oyo-	(夫余)	"to go more than half way(반 이상 가다), be almost finished(거이 끝나다)"
	aya-ra	(古韓)	"barely(겨우), nearly(거의)"

- **23D-11**

よんにゅ	yonnyu	(日方:関東 Kanto, 福岡 Fukuoka)	
			"abundant(풍부한)"

よんにょう	yonnyoo	(日方:佐賀 Saga, 長崎 Nagasaki, 大分 Oita)	id.
よんの	yonno	(日方:千葉 Chiba)	"very much(퍽 많은)"
ように	yooni	(日方:岡山 Okayama, 広島 Hiroshima, 鳥取 Tottori, 島根 Shimane)	"entirely(전혀)"
	yooni	(夫余)	"entire(전체의)"
	on	(現韓)	id.

● 23D-12

わずか	wazuka	(現日)	"few(극 소수.극소수의)"
わずかに	wazuka-ni	(現日)	"barely(겨우), narrowly(가까스로)"
	asika-n	(夫余)	"somewhat small(좀 작은)"
	asiha-n	(夫余)	"young person(젊은이)"
	h-<u>ancoki</u>	(韓方:제주)	"a little(조금)"

23E. 인적 부사(24그룹)

● 23E-1

| あいまこうま | aima-kooma | (日方:岐阜 Gifu) | "when there is time(틈 있을 때에)" |
| | emem-bihede | (夫余) | "sometimes(이따금)" |

● 23E-2

あで, あんで	ade, ande	(日方:千葉 Chiba, 神奈川 Kanagawa)	"why(왜)"
いでや	ide-ya	(古日)	"why(왜); on the contrary(반대로)"
あって	atte	(日方:八丈島 Hachijojima)	"why(왜)"
	aide	(夫余)	"why(왜), how(어떻게), where(어디)"
	ata-ngi	(夫余)	"on what date or what time(어느 날 혹은 몇시에)"
	udu	(夫余)	"how many(얼마)"
	udu-te	(夫余)	"how many each(얼마씩)"
	uttu	(夫余)	"like this(이같은, 이렇게)"
	<u>o</u>ttae	(現韓)	"How is it?(어때?)"

● 23E-3

あまい	amai	(日方:伊豆大島 Izuojima)	"no matter what(암만)"
やまで	yama-de	(日方:壱岐 Iki)	"entirely(전연)"
	umai	(夫余)	"(not)at all(전연[아니...])"
	amman	(現韓)	"no matter what(암만)"

● 23E-4

| えんくえんずぅ | enkue-nzuu | (日方:佐賀 Saga) | "exhaustively(아주 자세히)" |
| | yargiya-la- | (夫余) | "to verify(확인하다)" |

- **23E-5**

けっこい	kekko-i	(日方:静岡 Shizuoka)	"be clean(깨끗하다), be pretty(예쁘다)"
きっちり	kitti-ri	(現日)	"cleanly(깨끗하게)"
	ginge	(夫余)	"clean(깨끗한), pure(순수한)"
	kopsa-rah-	(韓方:평북)	"be pretty(예쁘다)"
	kkaekkus-ha-	(現韓)	"be clean(깨끗하다)"

- **23E-6**

しっかり	sikka-ri	(現日)	"steadily(착실하게), neatly(깔끔히)"
じっかじっか	zikka-zikka	(日方: 鹿児島 Kagoshima)	id.
	cak-seme	(夫余)	id.
	ciki-	(夫余)	"to fit exactly(꼭 맞다)"
	chak-chak	(現韓)	"steadily(착착)"

- **23E-7**

せっかく	sekkaku	(日方:栃木 Totigi)	"with much trouble(많은 노고로)"
	sebke-saka	(夫余)	"just now(바로 지금)"
	suko	(現韓)	"much trouble(수고)"

- **23E-8**

たかで	takade	(日方:高知 Kochi, 栃木 Totigi, 徳島 Tokushima) "right(바른), exactly(정확히)"	
たけだけ	takeda-ke	(日方:熊本 Kumamoto, 鹿児島 Kagoshima, 壱岐 Iki) "appropriately(적절히)"	
てきと	tekito	(古日)	"surely(확실히), for sure(반듯이)"
てっちり	tetti-ri	(日方:山形 Yamagata)	id.
とうど	toodo	(古日)	"exactly(정확히)"
とんとな	tonto-na	(日方:壱岐 Iki)	"real(실제의)"
	tengki-cuke	(夫余)	id.
	tokto-	(夫余)	"to decide(결정하다)"
	tokto-fi	(夫余)	"certainly(확실히)"
	tokto-n	(夫余)	"determination(확정), certainty(확실성)"
	ttok-ttok hi	(現韓)	"exactly(똑똑히)"

- **23E-9**

ちゅふわあら	tiyuhuwaara	(日方:南島 Minamijima)	"until one gets tired(지루해질 때까지)"
	cihala-hai	(夫余)	"as one likes(원하는 대로)"

- **23E-10**

ちょっくら	tyokkura	(日方:山形関東, 長野)	"just(그저, 방금)"
ちょっくり	tyokkuri	(日方:広島)	id.
ちょっこり	tyokkori	(日方:山形, 富山, 福井, 石川, 新潟, 長野, 和歌山, 島根, 徳島, 高知) id.	
	takulu	(夫余)	"just a moment(잠간)"

| | ssake | (韓方:전남) | "right away(지금 곧)" |

- 23E-11

つくばる	tuku-baru	(日方:山形, 栃木, 群馬)	"to bow(절하다)"
	tuku̱r-she-	(夫余)	"to bow down deep(머리를 깊이 숙이다)" (음전)
	co̱rha-	(現韓)	"to bow(절하다)" (음전)

- 23E-12

てっちり	tettiri	(日方:仙台, 栃木, 山形, 福島, 宮城)	
			"plentifully(풍부하게)"
どうど	doodo	(日方:新潟, 神奈川)	id.
どんど	dondo	(日方:千葉, 静岡, 滋賀, 三重,	
		和歌山, 京都)	id.
どっと	dontto	(日方:三重)	id.
	tuta-la	(夫余)	"so many as(그만큼 많이)"
	tung-tung-ha	(韓方:평북)	"be many or much(많다)"

- 23E-13

とっかりばんがり	tokkari-bangari	(日方:埼玉)	"in turn(순번으로)"
てんがりばんがり	tengari-bangari	(日方:千葉)	id.
	daisela-	(夫余)	"to substitute for(대리로 하다)"

- 23E-14

ねこんさい	nekonsai	(日方:静岡, 滋賀, 에히메, 고오찌)	
			"together(함께)"
ねこすり	nekosu-ri	(日方:야마나시, 나가노, 니이가다)	id.
	leksei	(夫余)	id.

- 23E-15

ぶらぶら	bura-bura	(現日)	"idly(하는 일 없이)"
	pulu-pala	(夫余)	"careless(부주의한), disorderly(질서없는)"
	hur-hur	(現韓)	"stepping lightly(훌훌)"

- 23E-16

ふりあたり	huri-atari	(日方:와까야마, 쓰시마)	"getting by accident(우연히 얻음)"
	fuli-nga	(夫余)	"lucky(운 좋은)"
????????	ku̱ri-kuro	(현한)	"by accident(우연히)"

- 23E-17

へえたら	heetara	(日方:군마, 나가노, 니이가다, 미에)	
			"recklessly(마구)"
めったに	metta-ni	(日方:시스오까, 군마, 나가노, 후꾸이)	id.
めって	mette	(日方:오오이다)	id.
	biyadar-seme	(夫余)	"to speak recklessly(마구 말하다)"
	mak	(現韓)	"recklessly(마구)"

- 23E-18

| へら | hera | (日方:군마, 사이따마, 시스오까) | |

			"recklessly(마구)"
へらへえと	herahee-to	(日方:효오고, 나라)	"thoughtlessly(경솔하게)"
	fele-	(夫余)	"to act recklessly(마구 행동하다)"
	elbe-fe-	(夫余)	"to talk carelessly(부주의하게 말하다)"
	farhu̱-da-	(夫余)	"to act foolishly(바보처럼 굴다)"
	farhu̱-sha-	(夫余)	id.

● 23E-19

ぼうず	boozu	(日方:효오고)	"recklessly(마구)"
むざんと	muza-nto	(日方:군마)	id.
	fasha-	(夫余)	"to act carelessly(부주의하게 굴다)"

● 23E-20

へらへえと	hera-heeto	(日方:나라)	"easily(쉽게)"
うるさい	uru-sai	(日方:아오모리, 고오찌)	"be easy(쉽다)"
	fur-seme	(夫余)	"easily(쉽게)"
	ho̱r-ha-	(現韓)	"be easy(쉽다)"

● 23E-21

ほんのり	honno-ri	(日方:아이찌)	"surely(확실히)"
	fangna-i	(夫余)	"sure(확실한)"
	po̱nnyo̱n-hi	(韓方:경남)	"distinctly(뚜렷이)"

● 23E-22

ぼんやり	bonyari	(現日)	"in a daze(멍하니)"
	bufuye-n	(夫余)	"unclear(불명한)"
	biyar-giyan	(夫余)	"faint(희미한), pale(창백한)"
	mo̱nghani	(現韓)	"absent-mindedly(멍하니)"

● 23E-23

むちゃに	mutya-ni	(現日)	"rashly(지각없게)"
むちゃくちゃ	mutyaku-tya	(現日)	"jumbled(마구 뒤섞인)"
	mocoko-n	(夫余)	"rather stupid(좀 어리석은)"
	modoko-n	(夫余)	"rather clumsy(좀 어색한)"
	misuying	(韓方:평북)	"stupid person(바보)"

● 23E-24

わざわざ	waza-waza	(現日)	"intentionally(일부러)"
わざと	waza-to	(現日)	id.
	fuse	(夫余)	"unintentionally(무심코)"
	paeccang	(現韓)	"intention(배짱)"
	uco̱ng	(韓方:강원)	"intentionally(일부러)"

23F. 기타 부사(24그룹)

- **23F-1**

あじょう	azyoo	(日方:간또오, 도찌<u>기</u>, 지바)	
			"how(어떻게)"
あぜ, あど	aze, ado	(古日)	"why(왜), how(어찌)"
	aici	(夫余)	"what sort of(무슨)"
	ansho-anchu	(夫余)	"How is it?(어때요?)"
	ocu-k	(現韓)	"how or very or indeed(오직)"

- **23F-2**

あに, あん	ani, an	(現日)	"negative intensifier(부정강조사)"
いな, うんにゃ	ina, unnya	(古日)	"not(아니)"
いや, いいや	iya, iiya	(現日)	"no(아니, 아니요)"
いん	in	(日方:나라)	"do not go(안 가다)"
えんにゃ	enn-ya	(日方:<u>군</u>마, 나<u>가</u>노, 이시까와)	
			"No.(아니오.)"
えんや	en-ya	(日方:돗또리, 시마네)	id.
うんな	unna	(日方:미야<u>기</u>, 미에, 시마네, 야마구찌, 도꾸시마,	
		교오도)	id.
えんね	enne	(日方:나<u>가</u>노, 니이가다)	id.
	uun	(夫余)	"no(아니)"
	ani	(現韓)	id.

- **23F-3**

いっちに	ittini	(日方:아끼다)	"already(이미)"
いっつに	ittuni	(日方:아오모리, 이와데, 야마<u>가</u>다, 나가노,	
		<u>기</u>후)	id.
えっちに	ettini	(日方:이와데, 아끼다)	id.
	aifini	(夫余)	"already(이미), long time ago(오래전)"
	acik	(現韓)	"yet(아직)"

- **23F-4**

| おぜ | oze | (日方:시마네) | "perhaps(아마)" |
| | aise | (夫余) | id. |

- **23F-5**

げっそり	gesso-ri	(現日)	"disappointingly(실망할만큼)"
	korso-	(夫余)	"to regret(후회하다), to hate(싫어하다)"
	korso-cun	(夫余)	"regret(후회)"
	korso-cuka	(夫余)	"regrettable(후회할만한)"

- **23F-6**

| すらすら | sura-sura | (現日) | "climbing easily(쉽게 오른다는 표현)" |
| | sar-seme | (夫余) | "quickly(속히)" |

	sar-sir-seme	(夫余)	id.
	shuwar-sir-seme	(夫余)	"climbing trees easily(쉽게 나무를 오르는)"
	sursur-i	(古韓)	"easily(쉽게), fluently(유창하게)"

- **23F-7**

　ずらり

	zura-ri	(現日)	"in a row(줄지어)"
	soroe	(現日)	"a set(한 조, 한 세트)"
	shele-	(夫余)	"to distribute(분배하다)"
	shalar-seme	(夫余)	"to line up evenly(평평하게 늘어놓다)"
	siran-siran-i	(夫余)	"one after another(차례로)"
	culuk-seme	(夫余)	"always coming and going(늘 왔다갔다하면서)"
	ttururu	(韓方:평북)	"to read on(계속 읽다)"

- **23 F-8**

　そうろか　sooro-ka　(日方:지바)　"quiet(조용한)"
　そろかに　soro-ka-ni　(日方:지바)　"quietly(조용히)"
　そろっかに　soro-kka-ni　(日方:도찌기, 지바)　id.

	suru-	(夫余)	"to quiet down(조용해지다)"
	sar-sar	(現韓)	"quietly(조용히)"
	sarkum-sarkum	(現韓)	"stealthily(살금살금)"

- **23 F-9**

　それに

	soreni	(現日)	"thus(그래서), moreover(또한)"
	tereni	(夫余)	"thereby(그리하여)"
	coroni	(現韓)	"as it is so(저러니)"

- **23 F-10**

　だけ

	dake	(現日)	"only(…만)"
	teike	(夫余)	"just(그저), only then(그래야만)"
	ku-taci	(現韓)	"not particularly(그다지)"

- **23F-11**

　ために(の_)

	tame-ni(no-)	(現日)	"therefore(그래서, 그 때문에)
	dahame	(夫余)	"because(…니까)"
	ttaemun-e	(現韓)	"because of(때문에)"

- **23F-12**

　だんだん　dan-dan　(現日)　"gradually(차차)"
　ちんちん　tin-tin　(日方:구마모도, 미야사끼, 가고시마)　id.

	cun-cun-i	(夫余)	id.
	chon-chon-hi	(現韓)	"gradually(차차), slowly(천천히)"

- **23F-13**

　ちゃみし

	tyami-si	(日方:미나미지마)	"not very(별로 아니)"
	dem-bei	(夫余)	"greatly(크게, 대단히), in excess(과도로)"

- **23F-14**

　ちょぼちょぼ　tyobo-tyobo　(日方:교오도, 오오사까)　"about the same(거의 같은)"

ちょぼ	tyobo	(日方:오오사까)	"same(같은)"
ちょぼいち	tyobo-iti	(日方:오오사까)	"being equal(같음)"
?????	cilbu-ri	(夫余)	"having the same name(같은 성을 가짐)"
	tehe-re-	(夫余)	"be equal(동등하다)"
	-tap-	(現韓)	"be like(-답다)"

- 23F-15

てぇてぇに	tee-tee-ni	(日方:오오이다)	"one after another(차례차례)"
てぇてん	tee-ten	(日方: 가고시마)	id.
	dahi-	(夫余)	"to repeat(되풀이 하다)"
	dahi-n	(夫余)	"again(다시)"
	dasa-me	(夫余)	id.
	dahu-me	(夫余)	id.

- 23F-16

なぁだ	<u>n</u>aada	(日方:미나미지마)	"not yet(아직 아니...)" (음전)
	<u>u</u>nde	(夫余)	id. (음전)

- 23F-17

のっぺぇ	noppee	(日方:이바라<u>기</u>, 이와데, 미야<u>기</u>)	
			"at random(마구잡이로)"
	nambuha-nambuhai (夫余)		id.

- 23F-18

ぼっと	botto	(日方:후꾸시마, 이바라<u>기</u>, 도찌<u>기</u>, <u>군</u>마, 사이따마)	
			"if(만약)"
へたすりゃ	heta-surya	(日方:나<u>가</u>노)	id.
ひょっとすると	hyotto-suruto(現日)		"possibly(혹시)"
もし	mosi	(現日)	"if(만약)"
	bade	(夫余)	id.
	hode	(夫余)	id.
	hoksi	(現韓)	"possibly(혹시)"

- 23F-19

まえびろ	mae-<u>biro</u>	(日方:효오고, 이끼)	"in advance(미리)"
	beleni	(夫余)	"ready-made(기성의)"
	miri	(現韓)	"in advance(미리)"

- 23F-20

また	mata	(現日)	"again(다시), in addition(더하여)"
	basha	(夫余)	"a little more(조금더)"
	mac<u>o</u>	(現韓)	"in addition(마저)"

- 23F-21

まんごぅ	mangoo	(日方:야마구찌, 이<u>스</u>오오지마)	
			"by no means(결코)"
	ai-<u>maka</u>	(夫余)	"probably(아마)"

	ya-<u>maka</u>	(夫余)	id.
	py<u>o</u>rk<u>o</u>	(韓方:강원, 충북)	"in particular(별로)"

● 23F-22

むりむり	muri-muri	(日方:나라)	"almost(거의)"
	muru	(夫余)	id.
	maru	(現韓)	"climax(절정)"

● 23F-23

やより	ya-<u>yori</u>	(日方:에히메)	"nealy(거의)"
あらかじめ	ara-<u>kazime</u>	(日方:니이가다, 도찌기, 군마, 사이따마, 와까야마, 효오고, 고오찌)	id. (음전)
おろも	oro-mo	(日方:와까야마)	id.
	elei	(夫余)	id.
	<u>ociki</u>	(韓方:경북)	id. (음전)

● 23F-24

ようら	yoora	(日方:규우슈우, 이바라기, 이스오오지마, 후꾸오까, 사가)	"gradually(차차)"
ようらっと	yoora-tto	(日方:구마모도)	id.
	ulhi-yen	(夫余)	"gradual(점차적)"
	orak-karak	(現韓)	"coming and going(五락가라)"

24. 간투사, 의음사, 의태사(56그룹)

24A. 간투사(間投詞)(6그룹)

- **24A-1**

あっ!	at!	(現日)	"Gosh!(아이쿠!)"
	ak!	(夫余)	id.
	ajaja!	(夫余)	id.
	as!	(現韓)	"interjection for surprise(놀랄 때의 간투사)"

- **24A-2**

あっけ!	akke!	(現日)	"startled and dumfounded(놀라서 아연해지다)"
	ake!	(夫余)	"interjection for touching something hot (뜨거운 것에 손닿을 때의 간투사)"
	arke !	(夫余)	"interjection for bumping(부딪칠 때의 간투사)"
	aekae!	(現韓)	"Gosh!(아이쿠!)"
	aikhu!	(現韓)	"interjection for surprise or pain(놀라거나 아플 때의 간투사)"
	ekku!	(現韓)	"Gosh!(아이쿠!)"

- **24A-3**

あら!	ara!	(現日)	"interjection for surprise(놀랄 때의 간투사)"
あれ!	are!	(現日)	"My goodness!(이런!)"
	are!	(夫余)	"interjection of pain(아플 때의 간투사)"
	iron!	(現韓)	"interjection for surprise(놀랄 때의 간투사)"

- **24A-4**

おや!, あや!	oya!, aya!	(現日)	"interjection of surprise(놀라는 간투사)"
	aya!	(夫余)	id.
	oo!	(現韓)	id.

- **24A-5**

げえ!	gee!	(現日)	"interjection for surprise(놀라는 간투사)"
	ke!	(夫余)	id.
	ko!	(現韓)	"Well!(거!), Why!(거!)"

- **24A-6**

ほうい!, ほい!	hooi!, hoi!	(現日)	"sound for calling(부르는 소리)"
	ho hoi!	(夫余)	"used to scare and call animals in hiding (숨어 있는 동물을 위협해서 부르는 소리)"
	hey!, ho!	(現韓)	"sound for calling(부르는 소리)"

24B. 의음사(擬音詞)(36그룹)

- **24B-1**

いんいん	ing-ing	(現日)	"sound of a bell(종소리)"
	ung	(夫余)	id.
ung-ung	(현한)	id.	

- **24B-2**

おい!	oi!	(現日)	"Hey!(여보!)"
	ai!	(夫余)	id.
	oi!	(夫余)	id.
<u>oi</u>!	(현한)	id.	

- **24B-3**

おいおい	oi-oi	(現日)	"sound for crying(우는 소리)"
	ei-ei	(夫余)	id.
	<u>oi-oi</u>	(現韓)	"sound of crying bitterly(어이어이)"

- **24B-4**

かぁかぁ	kaa-kaa	(現日)	"crow's noise(까마귀 소리)
	gar-gir	(夫余)	"sound of many crows(많은 까마귀의 소리)"
	kkaok-kkaok	(現韓)	"crow's noise(까마귀 소리)

- **24B-5**

がぁがぁ	gaa-gaa	(現日)	"frog's sound(개구리 우는 소리), chirping sounds(새 우는 소리)"
	guwar-guwar	(夫余)	"cry of ducks, frogs, or doves(오리나 개구리나 혹은 비둘기가 우는 소리)"

- **24B-6**

かたかた	kata-kata	(現日)	"sound of many items falling(여러 것이 떨어지는 소리)"
	<u>katak-kitik</u>	(夫余)	"sound of an item falling from high(높은 데에서 떨어지는 소리)"
	kete-kata	(夫余)	"sound of horse's heels hitting stones(말의 발굽치가 돌을 치는 소리)"
	<u>ketek-katak</u>	(夫余)	"sound of cart wheels(차 바퀴 소리)"

- **24B-7**

かたかた	kata-kata	(現日)	"sound of walking(걷는 소리)"
	kata-kiti	(夫余)	"sound of shoes treading on a hard surface (굳은 표면을 밟는 구두 소리)"
	<u>kot</u>-	(現韓)	"to walk(걷다)"

- **24B-8**

がやがや	gaya-gaya	(現日)	"noisy sounds(소음)"
	gar-gar	(夫余)	"baby's noise(유아가 내는 소리)"

	ger-gar	(夫余)	"sounds of shouting or quarreling(소리 지르거나 싸우는 소리)"
	kan-kan-ha-	(韓方:평북)	"be very noisy(소란하다)"

● 24B-9

からから	kara-kara	(現日)	"sounds of a string of beads(염주알 소리)"
がらがら	gara-gara	(現日)	"sound of metal pieces when moved around(옮길 때에 나는 철편의 소리)"
	kalar-kalar	(夫余)	"metal objects banging one another(금속이 서로 부딪치는 소리)"

● 24B-10

からんからん	karang-karang	(現日)	"sound of a thrown object hitting something(던진 것이 무엇을 치는 소리)"
	kalang-kiling	(夫余)	"metals or stones banging against each other(금속이나 돌이 서로 부딪치는 소리)"

● 24B-11

がんがん	gang-gang	(現日)	"loud bell noise(큰 종 소리)"
	kuwang-cang	(夫余)	"sound of drums and cymbals(장구와 심벌스의 소리)"
	kkwang-kkwang	(現韓)	"with a thud(꽝꽝)"

● 24B-12

ぎくり, ぎくっ	gikuri	(現日)	"appearance of surprise(놀라는 모양)"
きょうがる	kyoogar-u	(日方:이시까와)	"be astonished(깜짝 놀라다)"
	gongori	(夫余)	"with a start(깜짝 놀라며)"
	kikup-ha-	(現韓)	"be astonished(깜짝 놀라다)"
	kongkurras-	(韓方:평북)	"be shocked(퍽 놀라다)"

● 24B-13

ぎゃあぎゃあ	giyaa-giyaa	(現日)	"yelling noise of monkeys, etc.(원숭이 같은 것들의 지르는 소리)"
ぎゃっ	giyat	(現日)	"sound of surprise(놀라는 소리)"
きゃっきゃっ	kyat-kyat	(現日)	"loud noise(큰 소리)"
	gar	(夫余)	id.
	giyar-giyar	(夫余)	"sound of monkeys or birds(원숭이나 새 소리)"
	kkaeng-kkaeng	(現韓)	"puppy's noise(강아지 소리)"

● 24B-14

ぐうぐう	guu-guu	(現日)	"sound of snoring(코고는 소리)"
	kor	(夫余)	id.
	khur-khur	(現韓)	id.

● 24B-15

げらげら	gera-gera	(現日)	"cacklingly(깔깔)"

	gar-gir	(夫余)	"sounds made by a group of arguing people(한 그룹의 사람들의 말싸움하는 소리)"
	kkar-kkar	(現韓)	"cacklingly(깔깔)"
	kkor-kkor	(現韓)	"noise of laughing aloud(껄껄)"

● 24B-16

ごつん	gotun	(現日)	"noise of a heavy object hitting an item(무거운 것이 물건을 치는 소리)"
ごつんごつん	gotun-gotun	(現日)	"sound of object hitting another(물품이 다른 것을 치는 소리)"
	kutung	(夫余)	"sound of a large item falling to the ground(무거운 것이 땅에 떨어지는 소리)"

● 24B-17

こんこん	kon-kon	(日方: 가고시마)	"fox's crying noise(여우의 우는 소리)"
がんがん	gan-gan	(일방:군마)	"bird clapper(새 딸랑이)"
	gon-gan	(夫余)	"sound of goose(거위의 소리)"
	gang-gang	(夫余)	"sound of wild geese(박새기러기의 소리)"
	giyang	(夫余)	"sound of a dog(개 소리)"
	kong-kong	(韓方:평북)	id.

● 24B-18

こんこん	kon-kon	(現日)	"sound of repeated coughing(반복하는 기침 소리)"
	kohong-kohong	(夫余)	id.
	keng-kang	(夫余)	"coughing noise of many people(여러 사람이 기침하는 소리)"
	khongkhong	(現韓)	"puppy's whining noise(찍찍)"

● 24B-19

さらさら	sara-sara	(現日)	"with a rustle(바삭바삭)"
	sar-sir	(夫余)	"sound of falling leaves(떨어지는 잎사귀 소리)"
	sir-siyar	(夫余)	"sound of leaves moving slightly(잎 사귀가 조금 움직이는 소리)"
	sarrang-sarrang	(現韓)	"with a rustle(쌀랑쌀랑)"

● 24B-20

じるじる	ziru-ziru	(現日)	"crying sound of many crickets(여러 귀뚜라미의 우는 소리)"
じっじっ	zit-zit	(現日)	"insects'crying sound (곤충의 우는 소리)"
	jar-jar	(夫余)	"sound of crickets(귀뚜마리의 소리)"
	jir-jir	(夫余)	id.
	ccik-ccik	(現韓)	"twittering noise(찍찍)"

● 24B-21

| ちっちっ | tit-tit | (現日) | "sound of birds in trouble(괴로운 새 소리)" |
| ちゅんちゅん | tyun-tyun | (現日) | "sound of birds(새의 소리)" |

	jak-jik	(夫余)	"twittering of birds in flight(나는 새의 지저 귀는 소리)"
	jar-jir	(夫余)	"sounds of birds in early morning(새벽의 새 소리)"
	jang-jing	(夫余)	"sounds of birds looking for one another(새가 서로 찾는 소리)"
	ccik-ccik	(現韓)	"twittering noise(찍찍)"

● 24B-22

ちゃんちゃん	tyan-tyan	(現日)	"noise of metal hitting another metal(금속이 다른 금속을 치는 소리)"
	cang-cang	(夫余)	"sound of bell(종 소리)"
	cang-cing	(夫余)	id.
	ttaeng-ttaeng	(現韓)	"clang-clang, ding-dong(땡땡)"

● 24B-23

ちゅっ	tyut	(現日)	"sound of unplugging(마개를 빼는 소리)"
	cos	(夫余)	"sound of ricocheting(스쳐오르는 소리)"
	ccak	(現韓)	"sound of ripping(짝)"

● 24B-24

どきどき	doki-doki	(現日)	"sound of pounding heart(심장 뛰는 소리)"
	tuk-tuk-seme	(夫余)	id.
	ttuk-ttak	(現韓)	id.
	tukun-tukun	(現韓)	id.

● 24B-25

とんとん	ton-ton	(現日)	"noise of tapping hard object(굳은 것을 가볍게 두드리는 소리)"
	tang-tang	(夫余)	"sound of bell(종 소리)"
	tang-ting	(夫余)	"sound of hitting iron(금속을 치는 소리)"
	tong-tong	(夫余)	"shaman's drum sound(무당 장구 소리)"
	tungtung-tangtang	(夫余)	"sound of bells or drums(종이나 장구 소리)"
	ttang-ttang	(現韓)	"bang-bang, clang-clang(땅땅)"

● 24B-26

ばさばさ	basa-basa	現日)	"with a rustle(바삭바삭)"
	fasak-seme	(夫余)	"sound of a beast or a bird suddenly emerging from a thicket(짐승의 소리 혹은 새가 별안간 덤불 속에서 나오는 소리)"
	pasak-pasak	(現韓)	"with a rustle(바삭바삭)"

● 24B-27

| ばたばた | bata-bata | (現日) | "flip-flap(퍼덕퍼덕)" |
| | patu-pata | (夫余) | "sound of fish jumping up(튀어 오르는 물고기 |

의 소리)"

	patar-pitir	(夫余)	id.
	potor-patar	(夫余)	"sound of birds flying up together(새가 같이 날아오르는 소리)"
	putu-r	(夫余)	"sound of a big bird flying up(큰 새가 날아 오르는 소리)"
	photok-photok	(現韓)	"fluttering(퍼덕퍼덕)"

• 24B-28

はらはら	hara-hara	(現日)	"trembling manner(떠는 모양)"
ひらひら	hira-hira	(現日)	"fluttering(펄펄)"
ぶるんぶるん	burung-burung	(現日)	"whirling sound(선회하는 소리)"
	foron	(夫余)	"rotation(회전), whirl(선회)"
	phor-phor	(現韓)	"fluttering(펄펄)"

• 24B-29

べちゃべちゃ	betya-betya	(現日)	"sound of walking in mud(진창을 걷는 소리)"
	picik-picak	(夫余)	id.
	pocaeng'i	(韓方:함남)	"walking(걸음)

• 24B-30

べっぱっ	bet-bat	(現日)	"sound of repeated spitting(계속 토하는 소리)"
	pei-pai	(夫余)	id.
	paeth-	(現韓)	"to vomit(토하다)

• 24B-31

ぼくぼく	boku-boku	(現日)	"repeatedly hitting noise(반복해서 치는 소리)"
	fak-seme	夫余)	"with a thud(쿵하고)"
	pok-seme	(夫余)	"sound of striking something(무엇을 치는 소리)"
	puk-puk	(現韓)	"sound of scratching(북북)"

• 24B-32

ぼとん	boto-n	(現日)	"sound of falling items(떨어지는 물품 소리)"
ぼとぼと	boto-boto	(現日)	id.
	fatak	(夫余)	id.
	pata-piti	(夫余)	"sound of falling fruits(떨어지는 과실 소리)"
	putu-pata	(夫余)	"sound of small items keep falling(작은 것들이 계속 떨어지는 소리)"
	photok-photok	(現韓)	"flapping sound(퍼덕퍼덕)"

• 24B-33

ぼつんと	botun-to	(現日)	"sound of an item falling in water(물품이 물에 떨어지는 소리)"
	pocong	(夫余)	id.

| | phungtong | (現韓) | id. |

- **24B-34**

| ぼとぼと | boto-boto | (日方:도야마) | "mumblingly(중얼중얼)" |
| | bodor-seme | (夫余) | "to mumble(중얼대다)" |

- **24B-35**

ぽんと	pon-to	(現日)	"popping noise(평하는 소리)"
	pos-seme	(夫余)	id.
	phong	(現韓)	id.

- **24B-36**

もうもう	moo-moo	(現日)	"mooing sound(음매하고 소가 우는 소리)"
	mung-mung	(夫余)	id.
	mong-mong	(現韓)	"bowwow(개짖는 소리)"
	moo-myo	(韓方:평북)	"shouts for calling calf or pony(송아지나 망아지를 부르는 소리)"

24C. 의태사(擬態詞)(14그룹)

- **24C-1**

がざむざ	gaza-muza	(日方:이시까와)	"unkempt condition(조잡한 상태)"
ぐざ	guza	(日方:미에)	"unkempt person(조잡한 사람)"
ぐざぐざ	guza-guza	(日方:미에)	"unkempt contition(조잡한 상태)"
	kese-masa	(夫余)	"unkempt(조잡한)"
	ka.s-ka.s-ha.-	(古韓)	"be tidy(갓갓하다)" (/a./ = OK /a/)

- **24C-2**

| がぶりと | gaburi-to | (現日) | "manner of gulping down(꿀떡 삼키는 모양)" |
| | gabula | (夫余) | "glutton(대식가); gluttonous(탐식하는)" |

- **24C-3**

| ぎとぎと | gito-gito | (日方:고오찌) | "shining a lot(많이 빛나는 모양)" |
| | gilta-gilta | (夫余) | id. |

- **24C-4**

きんきらきん	kinki-rakin	(日方:시가)	"filled-up condition(잔뜩 찬 모양)"
	giki-	(夫余)	"to fill up(잔뜩 채우다)"
	kkangkuri	(現韓)	"wholly(깡그리)"

- **24C-5**

くどくど	kudo-kudo	(現日)	"talking tediously(지루하게 말함)"
くとひる	kuto-hiru	(日方:에히메)	"to grumble(투덜거리다)"
ごてさく	gote-kusa	(日方:교오도)	"long mumbling(오래 중얼거리는)"
	godo-r-seme	(夫余)	"mumblingly(중얼대며)"
	thutor-kori-	(現韓)	"to grumble(투덜거리다)"
	kecong-puri-	(韓方:평북)	id.

	kungcong-kori-	(韓方:경북)		id.

• 24C-6

こせこせ	kose-kose	(現日)	"fidgety manner(안절부절못하는 모양)"
	geje-gaja	(夫余)	"petty(하찮은)"
	sese-sasa	(夫余)	"frivolous(경박한)"
	cuco-cuco	(現韓)	"hesitatingly(주저주저)"

• 24C-7

こつこつ	kotu-kotu	(現日)	"diligently(근면하게)"
	kucung-seme	(夫余)	id.
	kkucun-hi	(現韓)	"untiringly(꾸준히)"

• 24C-8

じっぱり	zippa-ri	(日方:에히메)	"calm appearance(진정한 모양)"
しんびょう	sinbyoo	(日方:기후)	id.
てうおうさうおう	teuoo-sauoo	(日方:시마네, 미나미지마)	
			"restlessness(들뜬 상태)"
	sofi-n	(夫余)	"restless(들뜬)"
	sangpha-n	(現韓)	"face(상판)"

• 24C-9

ちょろちょろ	tyoro-tyoro	(現日)	"rippling noises(잔물결 소리)"
	cor-seme	(夫余)	"bubbling up continually(계속 거품 이는 것)"
	jolho-	(부여)	"to bubble up like a spring(샘처럼 거품이 일다)"
	jir-jir	(夫余)	"sound of bubbling(거품이 이는 소리)"
	cor-cor	(現韓)	"bubbling manner(졸졸)"

• 24C-10

ばらばら	bara-bara	(現日)	"scatteringly(흐터지며)"
	beri-beri	(夫余)	"each on his own(각자 자기대로)"
	ppuri-	(現韓)	"to scatter(뿌리다)"

• 24C-11

ふりふり	huri-huri	(日方:구마모도)	"condition that there is some heat left(조금 더운 기가 남아 있는 상태)"
	file-	(夫余)	"to warm oneself by fire(불을 쬐다)"
	hur-hur	(現韓)	"in frames(훌훌)"

• 24C-12

へっぺっか	heppekka	(日方:군마)	"gasping after loading stuff on the back(물품을 메고 허덕이는 것)"
	hebteshe-	(夫余)	id.
	hosmurkhyo-	(現韓)	"to make vain efforts(헛물켜다)"

• 24C-13

へとへと	heto-heto	(現日)	"exhausted condition(극히 지친 상태)"
ばう	ba-u	(日方:쓰시마)	"to gasp(숨차다)"

あけぶたい	ake-buta-i	(日方:도야마)	id.
	fodo-	(夫余)	"to gasp(숨차다)"
	hortto-ki-	(現韓)	id.
	hotok-hotok	(韓方:강원)	"gaspingly(헐떡헐떡)"

• 24C-14

わしわし	wasi-wasi	(日方:사도, 이끼)	"appearance of scratching hard(몹시 긁는 모양)"
	wasi-hasha-	(夫余)	"to scratch continually(계속 긁다)"
	wasa-k	(現韓)	"rustling noise(와삭)"

25. 언어별 총계

부여어	3, 370
한국어	2, 348
고한	110
현한	1, 384
방언	854
일본어	5, 395
고일	721
현일	902
방언	3, 772

위의 표는 대조어가 자연, 동물, 곤충, 어류, 기타 여러가지 자연 세계와 우리 환경뿐만 아니라, 인간, 인간 사회, 인간활동, 감정, 등 각 부문에 침투되어 있는 것을 잘 보여주며, 일본어가 부여이의 국한된 범주에만 대조하는 것이 아니고 언어의 전부문에 퍼져서 대조하고 있으며, 이 두 언어가 동계어라는 것을 증명하고도 남는다. 또 일본어가 음성적으로나 문법적으로 다른 어느 알타이 언어보다도 만주어에 제일 가깝다는 것을 고려하면, 두 언어가 동계어라는 것을 역력하게 보여주는 것이라고 단정하지 않을 수 없다.

일본어의 동계어를 동남아시아나 남양 제도에서 찾아내려고 헛된 고생을 하고 있는 사람들은 그 엉터리없는 시각을 반대 방향으로 돌려야 할 것이다.

대조 어휘의 통계

부여어, 고대일본어와 현대일본어	
夫余(부여)	3, 370
일본어	5, 395
古日(고일)	721
現日(현일)	902
日本方言(일본방언)	3, 372
일어 총계	3, 995

이것은 놀랄만 통계이다. 약 3, 400 개의 부여 어휘에 대조하는 일어의 고어, 현대어, 그리고 방언의 어휘를 합하면 무려 4, 000개에 달한다. 이것을 보고 우연일치라고 할 사람은 없을 것이며, 또 두 언어가 인연이 멀 것이라고 할 수도 없을 것이다. 이 두 언어는 문법만 유사할 뿐만 아니라 , 동계 어휘가 이렇게 많은 것은 놀라운 일이다. 이것을 부정하는 사람은 학구적 인사라고 볼 수가 없다.

이 방언 어휘의 통계를 서부로부터 동북 지역까지 일본에서 전통적으로 사용하는 8개 지역으로 나누어서 나열해 본다. 어느 현(헌국의 도(道))은 전통적으로 두 지역에 속하는 것이 여러 개 있는데, 그것은 적당히 한 지역에 기입했다. 아래의 도오(道)」는 지방을 말한다. 동근어가 일본 각지역에 거의 비등하게 산재해 있는 것을 역력히 보여주고 있다.

몇 개는 중복된 것처럼 보이지만 방언사전에 나온대로 기입했다.

1. 西海道(세이까이도도오(서해도))
   총계(13지구) ···································· 1, 245
   지구평균 ·· 96
     鹿児島(가고시마) ····························· 138
     熊本(구마모도) ······························· 126
     九州(규우슈우) ······························· 67
     長崎(나가사끼) ······························· 102
     種子島(다네가지마) ··························· 11
     南島(미나미지마)(沖縄) ······················ 292
     宮崎(미야사끼) ······························· 64
     佐賀(사가) ··································· 57
     対馬(쓰시마) ·································
     大分(오오이다) ······························· 143
     壱岐(이끼) ··································· 83
     福岡(후꾸오까) ······························· 78
     奄美大島(아마미오오지마) ··················· 16

2. 山陽道(산요오도오(산양도)
   총계(4지구) ······························· 433
   지구평균 ································· 108
     関西(간사이) ····························· 4
     山口(야마구찌) ·························· 160
     岡山(오까야마) ·························· 146
     広島(히로시마) ·························· 123

3. 山陰道(산인도오(산음도))
   총계(3지구) ····························· 355
   지구평균 ······························· 118
     島根(시마네) ··························· 196
     隠岐(오끼) ······························· 34
     徳島(도꾸시마) ·························· 125
     愛媛(에히메) ···························· 153
     高知(고오찌) ···························· 161
     四国(시고꾸) ····························· 26

4. 南海道(낭까이도오(남해도))
   총계(6지구) ······························ 697
   지구평균 ······························· 116
     和歌山(와까야마) ······················ 181
     鳥取(돗또리) ··························· 92
     香川(가가와) ··························· 84

5. 畿内(기나이(기내))
   총계(5지구) ····························· 531
   지구평균 ······························· 106
     奈良(나라) ···························· 156
     大阪(오오사까) ·························· 109
     兵庫(효오고) ·························· 144
     神戸(고오베) ··························· 10

6. 北陸道(호꾸리꾸도오(북륙도))
   총계(6지구) ······························ 583
   지구평균 ································ 97
     福井(후꾸이) ··························· 111
     石川(이시까와) ························· 135
     富山(도야마) ·························· 103
     新潟(니이가다) ························· 191

<table>
<tr><td>京都(교오도) ···················· 112</td><td>佐渡(사도) ···················· 37</td></tr>
<tr><td>中部(주우부) ···················· 6</td><td></td></tr>
</table>

7. 東海道(도오까이도오(동해도)
　　총계(15지구) ···················· 1, 206
　　지구평균 ···················· 80
　　　三重(미에) ···················· 180
　　　愛知(아이찌) ···················· 163
　　　名古屋(나고야) ···················· 5
　　　山梨(야마나시) ···················· 80
　　　神奈川(가나가와) ···················· 65
　　　東京(도오꾜오) ···················· 13
　　　埼玉(사이따마) ···················· 86
　　　千葉(지바) ···················· 203
　　　静岡(시스오까) ···················· 155
　　　伊豆大島(이스오오지마) ···················· 31
　　　茨城(이바라기) ···················· 139
　　　関東(간또오) ···················· 24
　　　北海道(혹까이도오) ···················· 12
　　　三宅島(미야께지마) ···················· 8
　　　八丈島(하찌죠오지마) ···················· 42

8. 東山道(도오산도오(동산도))
　　총계(13지구) ···················· 1, 697
　　지구평균 ···················· 131
　　　滋賀(시가) ···················· 100
　　　長野(나가노) ···················· 238
　　　岐阜(기후) ···················· 217
　　　群馬(군마) ···················· 133
　　　栃木(도찌기) ···················· 72
　　　福島(후꾸시마) ···················· 148
　　　宮城(미야기) ···················· 135
　　　仙台(센다이) ···················· 91
　　　岩手(이와데) ···················· 173
　　　青森(아오모리) ···················· 128
　　　秋田(아끼다) ···················· 142
　　　山形(야마가다) ···················· 111
　　　東北(도오호꾸) ···················· 9

　재언하지만, 윗것이 보여주듯이 부여 어휘 거의 3, 400 개가 약 4, 000 개의 일본어의 고어, 현대표준어, 그리고 방언의 어휘하고 대조하고 있다. 또 중요한 것은 그 어휘들이 일개 지방에 집중되어 있는 것이 아니고 전국 전지역에 산재해 있는 것을 보여준다.

참 고 서 적

Imamura, Shinobu. Zirni Manuscript. Kyoto University, Japan. 1961.

Andrew, M.S. The Tamil Language. Moscor, Nauka, 1965.

Raghavan, A, M.S, ed. Tamil Language - Dictionaries - English.

Madras, Sandaram. 1955

Murphy, John D. A Handbook of Tamil Language. Washington, D.D.,

National Security Agency. 1957.

第3部　日本語前書

ある日本教授の大偏見

　この本は、個人の學說を既に發表してそれを固守している年取った人たちよりも、他の一般人とか學生たちを對象に書いたものである。その理由は前者は彼らの說を容易に變えられないからである。その代表的な例 は大野教授である。彼は数十年も前から次の様なことを云つている。

　A. 彼は韓國語と日本語には同源語は150個に過ぎないと斷定している。彼は二個言語の比較はその両言語の古語を知らずには不可能だと言う。ところが彼自身は韓國語は古語ところか現代語も少ししか勉強してないと自認している。

　(註：この本では二個言語の語彙間の音と意味が同じ場合には「同源語(cognate)と呼ぶ。同意語(synonym)は一言語の中でよく使う言葉で、「同音同意語」、「同音類意語」、「類音 同意語」、或いは 類音類意」が正しいだろうが、少し長いので普通「同義語」、或いは「同 意語」と言う。

　B. 彼は又この二言語の文法は似ているけれども音韻が類似している助詞が多くないと言っているが、それも研究不足の證據である。この本では紙面の關係上これに關しては詳しく說明できないが、音韻対応が出来る八個のグル-プだけを挙げておく。変形とか文法説明は別の本でする。

(古日)	-mana	否定命令	(韓語)	-mara	id.	(同じ)
(Uzbek)	-may-	否定	(Azeri)	-ma	id.	
(日本)	-te	行動場所	(韓語)	- s O	id.	
(満州)	-ce	id.	(トルコ)	-da	id.	
(日本)	-e	場所	(韓語)	-e	id.	
(中蒙)	-e	id.	(トルコ)	-e	id.	
(古日)	-so	命令形	(韓語)	-so	id.	
(満州)	-so	id.	(トルコ)	-sun	id.	
(九州)	-bakkai	(-だけ)	(東京)	-bakke	id.	
(韓語)	-bakke	id.	(中蒙)	-manggi	(ほど)	
(日本)	-mai, -maji	否定推量	(韓語)	-mar	否定	
(満州)	-ume	否定命令.	(トルコ)	-mez	(同上)	
(日本)	-zutu	分配形	(韓語)	-ssik	(同左)	
(満州)	-datum	(同上)	(Chuvash)	-shar	id.	
(古日)	-sa	方向	(韓語)	-esO	(同左)	
(満州)	-ci	(同上)	(Dagur)	-aase	id.	

　此れ以外にも二、三十はある様である。調べもしないで非常に少ないと言う人が多いがもっと学宛的であるべきだ。

C. 又、彼は韓國語は古語の資料がないから日本語と韓國語の比較はできないといっている。ところが、彼は韓國古語の資料がある程度あって辭典と本がいくらか出版されているという事も知らない。參考的に言えば、服部四郎は日本語と韓語との同源性をある程度認めながら、日本語と韓語の分離年数を多くするため Shwadeshの言語年代(glottochronology)計算公式を自己流に修正して日本語と韓語は3000-5000年前に分離されたと主張した。ところが彼が比較した両語の単語を見ると皆標準語の語彙で方言は考慮していない。他の日本の言語学者も殆ど皆同じようである。

D. その上、彼は李寧熙教授は日本の古語に関する本を書いているが、日本の古語も知らずに書いているのだから見る価値もないといっている。実は李教授は両国の古語を長らく研究しているのである。

E. 彼は日本人と日本語は印度の南部にある「文明」なタミル地方から來たといっている。
古代韓半島人が縄文と弥生の文物を日本に持って來たということが考古學的にも證明されている。私は、日本では15, 16世紀まで漆器と木器を使っていたが陶磁器が其のごろ韓半島から日本に紹介されだし、茶道も剣道もそこから來たというのを日本の本で読んだことがある。又驚いたのには、仙台大学の或る教授が最近仙台地方の或る地区を発掘したらそれは二千年前の韓人の部落だったと調査結果を発表して、その東北にそんな昔に韓人が大挙その地方に住んでいだということを知って驚いだといった。二十世紀にも其の外いろいろな証拠物が継続して出てきたのにも拘わらず、彼はこれ等を皆一笑に帰した。此れが学者の態度であろとは思えない。又参考のため言うが、タミル地方では今でも食事をする時には箸とか匙を使わないで食物を只指で掴んで食べるそうである。とにかく私はタミル地方が太古より中国より文明だったというのを読んだことが無い。韓半島は昔から中国の文明を受け入れているし、それが日本に渡ったのである.

F. 私はアメリカに来て五十年以上も住んでいながらタミルから来た人を時々見ているが、その人は背も高く皮膚の色も真っ黒である。私は日本に二年駐在したことがあるけれども、そんな人は一回も見たことがない。その教授はこれに関しては一言もない。

G. 結局彼は考古學的に立證されている江上教授の「騎馬民族が大陸から北九州を經て本州に進入して來た」と言う騎馬民族説を無視している.

日本語と夫余語の比較に関して

これが動機となって、私は此を他の角度から見たらどうだろうかと考えて、日本語と中国の東北地方のトングース語族の語彙比較を企てた。この比較はRamstedtがほんの少ししただけで、その外別にされれていない樣である。私は先ず、滿洲語の辞典を調べて見た。この本では日本語は標準語、古語のみならず方言の資料も含めて滿洲語と比較して見た。直ぐ驚いたのには、日本の古語を少ししか知らない私にも同源語の樣な語彙が150ところか3500位出てきたのである。勿論大野教授はこの方面の方言の研究も全然していない。たの諸トング-ス語を調べてみたけれども、あまり同源語の数が膨大なので満州語に局限して発表することにした.

　一方、筆者は　「満洲語」と言う名稱は適當でないと思った。満洲地方は今でも日本と歐美の本や辭典にも出で來る樣に　「東北」と呼ばれる事が多い。勿論、満洲とも記している。この　「東北」と言う名稱は中國から見たときの地方名であって、何故そうなったかを探って見ると面白い。今分っている處では、この東北地方の國家としての歴史は夫余まで遡るが、その起源年代は分明でないという人が多い。その夫余は満洲の殆どをトング-ス(東夷、Tungus)系の夫余氏族が統一して統治していた。これが韓國と北鮮の歴史の本には韓民族の先祖が建立した事になっている。この國は紀元前約一世紀に高句麗に滅ぼされ、高句麗は西紀668年まで續いた。その後、渤海が黄海シャントン(山東)半島と、リャオトン(遼東)半島の地方に興ったが、長續きはしない。

　百濟は紀元前37年から西紀660年まで續く。これらに關して述べている理由はこれらの國を建てたのは皆夫余のトング-ス系の種族であるからである。特に百濟は首都を漢江附近から公州、公州から南方の今の夫餘に移した。歴史的には百濟は夫余から南下して來た氏族が建てたことになっているし、首都の南方移動もそれを示唆している。

　その上最後の首都の名前も夫余の宛字である夫餘になっている。この百濟が古代の日本と深い關係があったいうことが次第に明らかになって、日本でも此れに關する本やジャ-ナルが近來多く出ている。百済の王族が来日して王朝を築きき、その日本の王族が百済に帰って王位に就いた事を書いた本も数巻出ているようである。大野はこういうのも度外視しているようである。百濟を滅ぼした新羅も少し後から古代日本との交渉が増えてくる。新羅は紀元前一世紀に興り西紀935年まで續いている。

　夫余族は百濟のみでなく全半島に廣がって下って來た。斯く江上教授の日本騎馬民族説の如く、元來騎馬民族であった夫余族が韓半島を通って日本に渡って來たのである。私は此の夫余の諸種族の言語は皆互いに近い方言であるから、それを一括して夫余語と呼ぶことにした。

　この夫余族が満洲東方に近い樺太を通って北海道に、或いは北海道に直接來たことは單なる想像ではなかろう。

日本人はごく複雑の民族である

　日本人は數千里南のタミルから來たというが、この移動は簡單でなかった筈である。何故か此れに關する研究はあまりされていない。或る日本の教授は日本人の血液を檢査して日本人の血液の三分之一が韓人の型であると言っている。夫余族の血を調べてこの型と合わせると、三分之二、或いはそれ以上になるかも知れない。

　世界に複雑でない民族はないそうだが、日本人はもっともっと複雑であることは否定出來ない。絶對、複雑が惡いという意味ではない。アメリカのスタンフォ-ド大學の或る教授の研究に依れば複雑人が優秀であるということである。ところが、問題はそういう複雑な民族に關する人類學的或いは言語學的研究は竝大抵なことではない。こういう方面の研究は色々な問題があり多数の學説が出て來て、一般人のみか學者たちも昏惑させる時が多い。これが日本學の大きな隘路の一つでもある。

方言學の必要性

　日本語の言語學のみならず全世界各國の言語學は方言を過度に輕視している樣であるが、方言學は各國の言語學には不可缺であることを再三強調したい。各國で專ら學び研究しているのは標準語である。日本も例外ではない。

　日本方言の語彙調査のため、圖書目錄にある日本方言辭典いくつかを日本に注文したが皆絶版だったので驚いた。私が住んでいるアメリカのこ地域にはそういう辭典を持っている大學もないので、結局私が三十年前アルタイ語を習う時に賣っておいた東條操敎授の二冊になっている日本方言辭典と廣田榮太郎-鈴木棠三共編の「類語辭典」を使うしか方法がなかった。東條操敎授の二冊の辭典は非常に詳しく數十萬の語彙を網羅して作った尨大な辭典であり筆者はいつも感歎し感謝している。そういう辭典を賣っておいて幸いだったと思っている。

　こんなに重要である方言が世界各地で消えつつある。特に二十世紀後半と二十一世紀には敎育の急普及と新聞、雜誌、ラジオ、テレビ等のマスメディアの影響でその消滅が加速している。これは言語學的に、特に方言學的に大打擊である。三、四十年前には全世界に方言を含めて言語が九千もあると言っていたが今は六千だと言っている。此は現代の、目に見えない、一般的に關心もない悲劇である。

　私は約二十五年前アラスカ大學の外國語敎授陳に外國語敎育の方法に關して講義をしに行って聞いたことであるが、太平洋東北のアラスカに近い、Kings Islandというごく小さい島にエスキモの小さい一氏族が Inupiaqというエスキモの　Ugiuvak方言を使いながら住んでいたそうだ。ところが、アメリカ政府の厚生制度が實施されてから、その小島は交通上不便なので、アラスカ州政府が彼等を本土に強制的に移住させてしまった。そのため彼等は早く本土人化すると同時に彼等固有の方言も無くなってしまったという事だった。感傷的で言語學者のせいだろうか、私は變な悲しみと寂しさを少し感じた次第である。今、日本方言も急速度に無くなっていると思う．日本の言語學者は此に關する對策立てなければならないだろう。少くとも方言資料を多く集めて保存するのが急務だと思う。

日本語はアルタイ語である

　私は言語学博士号を取るときアルタイ語学を副専攻した。その時に受けた印象は韓国語は中国から借用した名詞の外は、約95パーセントがアルタイ語だということと、日本語も同様に約75パーセントがそうだということだった。約二世紀ほど欧米と東洋の関心のある学者たちが日本語とアルタイ語の関係を研究してきた。その人達は一様に日本語はアルタイ系だという結論に達しているが、日本にはそういう学者が無いわけではないがその数が少ない。この欧米と東洋での研究に関しては Roy A. Millerが 彼の著書 Japanese and Other Altaic Languagesに 詳し

く記している。此処ではその数があまり多いので皆挙げられない。

　アジア大陸には大昔アイヌ人のような人種がごく少数ではあるけれども散在していたと言う。それで韓民族は元来コマ族だという学者もいる。「コ」は「コーカサス」の「コ」であり、「マ」は「満州」の「マ」である。日本には「コーカサス」人のようなアイヌ族が多かったらしく、日本語にはアイヌ語の影響が少しあるそうだが、大陸では彼らの痕跡は見られない。

　又、民族学的に大陸と日本には南方から上がってきた人種があったそうだが、大陸にはその痕跡は少ないけれども、日本には少し多いようだ。言語学的にもそうらしい。南方の影響が　韓国語に少しあり、日本語にはもっと有る様である。Hubbard氏は二十世紀前後韓国とインドの南のドラビディア地方に永らくいた宣教師だが、韓国語とこの南インド地方の言語が似ているといって本を書いている。ドイツの　Eckart教授は韓語は印欧語だといっているし、又ある西欧の学者は韓語はギリシャ語とかヘブライ語に似ているとも言った。日本語は此れ以上に南アジアの影響が多いと言っている学者が日本に多い。− 0.7 ＝＝０５

　韓国では今百済の研究が進んで、百済は日本のみならず東南アジアにまで勢力を伸ばしていたという研究まで出ている。それだから東アジアと東南アジアの交渉は太古からよくあったのは間違いない。日本でも百済と日本の古来の関係に関する本が近来多く出ている。また、約三十年前イエル大学の教授一人は世界諸言語の親類性を主張し世界各所の類似語を網羅して発表したことがある。勿論此れを受け入れる人は少なかったが、此れは言語間の交渉と類似性が想像以上に有ることをいっている。問題はその交渉の広さよりもその濃度である。それだから日本人と日本語はその大部分がタミルから来たというのは大偏見でもあり独端的な主張である。前にも言ったように東アジアには北方の民族が南下してきたと言うのは圧倒的な史跡があることは疑う余地がないが、印度から来たという史跡は希少である。とにかく、韓語が日本語に大影響を与えたと言うのには疑いが無い。特に来日した韓人達が来日後指導層に居たから、その影響を考慮したら、日本語の幅が深く厚い上層(superstratum)は韓語で、下層(substratum)にはアイヌ語を含んだ外の系統の言語の影響がある程度あることは確かである.

アルタイ系の言語群

　所謂アルタイ語と言うのはアジアの西北にあるアルタイ山脈の名を取って言うのであってその地方から始まった諸言語をアルタイ言語群と言っ出した。(Ramstedtは此の言語らは満州西北の興安嶺山脈地域から発生したと言っている。此のアルタイ言語群には普通次のような言語が含まれる。参考的に言えば　トルコ言語群の中にアルタイと言う方言があるのでアルタイ語群は正しくはアルタイック語群と言わなければならない。それではアルタイ語群はどういうものか。アルタイ言語族の言語を分類するのには色んな見方と分類方法があるが、韓国語と日本語を含めて大抵次の　四個の語群に大別することが出来るであろう.

　A.　日本語と韓国語。
　B.　満州─ツングス語族.
　C.　蒙古語族.
　D.　トルコ語族。

A. 韓国語と日本語.

　　Ramstedtを初めて 世界の多くの言語学者たちが日本語と韓国語をアルタイ語族の一部と看做すのである。私もそれを支持するが日本の国粋主義学者たちは此れをごく反対する。Ramstedtの後、特に韓国では韓国語語彙の語源に関する本が数巻出ている。その中で、Ramstedtを凌過する本は李南徳教授が出した四巻の「韓国語源研究」である。此れは約二千五百の韓国語語彙、千六百余の日本語の語彙、千余の他のアルタイ語彙を比較した大作で、韓国語と日本語の比較にもっと力を入れている。数百の語彙も再構成(reconstruct)して音韻対応も詳しくしている。其れに依ると音韻対応が数百もある。此れは勿論多く、よく整備して短縮する必要がある。

　　日本語の中古語の語彙と古語の語彙の区別は容易でないのが数詞調査には別に支障が無いと考えて皆古日語と記録した。古日語に母音が八個あるというのは広く分かっているが、この本ではそこまで調べる必要が無いからただア、イ、ウ、エ、オの五つを使うことにした。古日語に母音が八つあったと言うことは母音も日本語がアルタイ語であるというのを明らかに言っている。

　　Tamil語にも母音は五つしかない。母音を五つ使う言語はアルタイ語中には現代日本語と満州語しかない。Austinは満州語には母音が六個あると言って /O(어)/を入れているが Normanの辞典とか他の本は皆この母音を/o/にしている。その反面 Normanは /U/と/u/を用いているが、/U/は音節の初めにはないから、その人は音声学に不明な人らしい.

B. 満州ツング-ス語族.

　　満州ツング-ス族は十二世紀 満州東北地方にいた満州東北地方に住んでいた女眞(Juchen)族から派生した氏族たちである。彼らは十七世紀に蒙古文字を模倣して彼らの文字を作った。満州人は現在大部分中華化したため満州語を話す人たちは五、六万名位しかない。その内中国政府が新疆(Sinkang)省に強制移住させた人は約五万名に達し、彼らはもちろん満州語を話し、新聞も発行していると或る日本の学者が報告している。約一万の満州人が満州に散在しているけれども、満州語を話す人の数はごく少ないそうである。私が約二十五年前満州を旅行したとき、其処の若い満州人の話によると、満州には老人しか満州語が出来ないと言っていた。勿論満州には満州語の刊行物は無い。

　　女眞(Juchen)氏族たちの色んな言語は、満州ツング-ス語族と言うが簡単にトング-ス語族とも言う。参考的に言うと北の方のEvenki方言を狭義的にトング-ス語と言うので、混同するときがある。トング-ス系の方言には色々あるが、トング-ス族は元来蒙古族から派生したけれども言語的には蒙古語族とトング-ス語族に区分する。或る学者たちは方言を明らかにしないので、そういう人たちが引用する語彙はこの本では只トング-ス語と記した。満州ツング-ス語族の分類に関しても色んな意見があるが、次の分類が一番よい様である。

(1) 満州語族。
    a. 女真語(Juchen(古満州語))。
    b. 満州語(中国清国を建てた氏族の言語)。
    c. Sibo(満州口語)。
    d. Solon, Goldi(Nanai), Kile, Samagir, Sussouri, Goldi, Sungari
    e. Goldi, Orochi, Orokko, Udihe語等. (Dagur)

(2) トングース語族.

    a. Nanaiグループ(黒竜江の下流地域):

    b. Goldi(Nanai), Olcha, Udihe or Ude (Orokkoの西).

(3) Evenkiグループ(シベリヤ語族): Evenki, Negidal, Even.Orochon, Manegir, Birar, Solom

C. 蒙古語族。

古蒙古語はジンギスカン(Genghiz Khan: 世紀1162-1227)の時から記録されている。蒙古語族にも次のような多くの方言がある。

(1) 東部グループ(Mongol Group).

    a. 蒙古と中国の間にある Khalkha語.

    b. Dariganga, Urat, Kharchin-Tumut, Ujumchin, Ordos語等.

    c. 中国にある Dagur, Monguor, Santa語等.

(2) 西部グループ.

    a. ロシアと蒙古にある Buriat語.

    b. ロシアにある Kalmuk語.

    c. 蒙古と中国にある Oirat語.

    d. アフガニスタンにある Mogol, Zirni語等。此の二つはアフガニスタンを侵略した蒙古軍の後孫たちが使用しているが、Zirniはよく知られていないが日本の学者一人が研究している。

D. トルコ語族.

トルコ語族は今よく知られているトルコの標準語 Osmanli語と、その系統の多くの方言で、その分類は次の通りである。これ等は約五千万の人が話している。

(1) トルコ方言。此れはロシアにある Chuvash方言で、歴史の長い典型的トルコ方言なので、トルコ方言と言うがトルコ方言族を言うトルコ語族と混同するときがある。

(2) 南東語族(Uigur 或いは Chagataiグループとも言う。) Uzbek語とUigur語.

(3) 南グループ。(Oguz 或いは Turkmen グループとも言う。) トルコの標準語(Osmanli), (或いはAnatolian), Azcri語と言う), Gagauz語。

(4) Kypchak)グループ。Karalm, Kumyk, Karachai-Balkar, Tatar, Bashkir, Kazak, Kalpak, Nogay, Kirgiz語

(5) 東北グループ。(Siberia 或いは Altaiグループとも言う。) Khakhas(Tatars)或いは Shore方言Altai(Oirot) Yakut, Tuvinian、Karai、Karagas語等。

⊙ アルタイ語 十個のグループ

　此のような分類はよく見るところであり、日本以外の国の学者には異議が少しも無いだろうが、日本の国粋主義言語学者は日本語をこのような表にいれるのを反対する。かれらは文法よりも類似語が非常に少ないと言うのであるが、此れは事実の確認よりも外飾的態度であろう。ところが、私の調査に依れば同源語が千も二千も出てくるのである。それは別の本で取り扱うことにして此処では紙面上只十個だけ挙げてみる。

　以下に日本語の漢字で引用し言語の簡略記号は次の様である。

(現韓) =	Modern Korean.	(中韓) =	Middle Korean.
(古韓) =	Old Korean.	(現日) =	Modern Japanese.
(古日) =	Old Japanese.	(現蒙) =	Khalkha (Modern Mongolian).
(中蒙) =	Middle Mongolian.	(古蒙) =	Old Mongolian.
(中土) =	Middle Turkic.	(古土) =	Old Turkic.

1.	よろ	yoro	(古日)	"many(多くの)"
	よろず	yoro-zu	(日語)	id.　　　　(id.＝同)
		yOrO	(韓語)	id.
		ala-lu	(Kazakh)	id.
		araas	(Yakut)	id.
		ele	(中蒙、満州)	id.
		iluu	(Dagur)	id.
		olan	(Khalkha)	id.
		olo	(Buriat)	id.
		olan-ji	(トルコ)	"most(最多の)"
		uru	(トング-ス)	"all(全部)"
		yeruyn, yali	(中蒙)	"many(多くの)"
2.	かぁさ	kaasa	(南島)	"be near(近し)"
	くけみち	kuke-miti	(岡山)	"shortcut(近道)"
	ちかい	tikai	(日語)	"be near(近い)"
		kakkai	(韓語)	"closely(近く)"
		kaca'ki	(韓中古語)	id.
		cinggiya	(満州)	"rather near(少し近き)"
		cugas	(Yakut)	"near(近き)"
		cuku-lu	(満州)	"near-sighted(近視の)"
		cugas	(Yakut)	"near(近き)"
		dOga	(Orochon)	"near(近き)"

		jaki'n	(Kirghiz, Kazakh)	id.
		jihasan	(女真)	id.
		kat-i'mda	(トルコ)	"by me(僕の側に)"
		siki, teklifsiz	(トルコ)	"near(近き)"
		tek-lifsiz	(トルコ)	id.
3.	きる	kir-u	(日語)	"to cut(切る)"
	ちわる	tiwar-u	(長野、富山、徳島)	id.
		kari'-ta	(韓語)	"to split(裂く)"
		geri-	(Goldi, Orokko)	"to cut off(切り取る)"
		gir-, giri-	(トングース)	"to cut(切る)"
		giri-	(満州)	id.
		kiyari-	(満州)	"to cut(切る)"
		kiri-ku	(満州)	"small knife(小刀)"
		kire-wu	(Orochon)	"saw(鋸)"
		kiru-	(中蒙)	"to cut in small pieces(小片に切る)"
		ki'r-	(トルコ)	"to split(裂く)"
		ki'ri'i-	(Yakut)	"to cut 切る)"
		u-gele-	(中蒙)	"to cut 切る)"
4.	がき	gaki	(南島)	"sickle(鎌)"
	はさみ	hasa-mi	(日語)	"scissors(鋏)"
		kasae	(韓方言)	id.
		h'asa-	(Uigur)	"to cut 切る)"
		haiti	(Chuvash)	"scissors(鋏)"
		haici	(中蒙、トルコ)	id.
		haici-la-	(中蒙)	"to cut with scissors(鋏で切る)"
		hasa-la-	(満州)	id.
		hasa-ha	(満州)	"scissors(鋏)"
		kaici	(Dagur、Uigur)	id.
		kaiti, kait	(トングース)	id.
		kayci	(Orochon)	id.
		xaja	(ツングース, Olcha, Negidal)	id
		xajya	(Udihe, Oroche)	id.
		xaza	(Oroch)	id.
5.	とりい	torii	(日語)	"shrine gate(神社の大門))"
	はり	hari	(日語)	"beam(梁)"
		tori	(韓語)	id.
		chilik	(トルコ)	"building(建物)"
		tora	(Goldi)	"house post (家の柱)"
		tura	(Buriat、中蒙)	"building(建物)"
		tura	(満州)	"pillar(柱)"

		xuryee	(Buriat)	"frame(枠)"
6.	ぞぉり	zoori	(岡山)	"open field(野原)"
	たら	tara	(中蒙、満州)	id.
	つる	turu	(福岡)	"cultivated field(畑)"
	でら	dera	(宮崎、鹿児島)	"field(野)"
		ti'r/ti'ri'	(韓語/古韓)	id.
		col	(Uigur)	"desert(砂漠)"
		coyl	(中蒙)	id.
		Choyl	(トルコ、Orkhon)	id.
		dala	(Uzbek, Kazakh)	"field(野)"
		dar	(Azeri)	"valley(谷)"
		dolaa	(Elunchi)	"field(野)"
		dul、dur-fa	(Goldi)	"wilderness(荒野)"
		jir	(Tatar)	"ground(土地)"
		tala	(満州、中蒙、Uigur)	"plain(野)"
		talaa	(Kirghiz)	id.
		tala-gan	(Orochon)	"cultivated field畑)"
		tari-	(トルコ)	"to till the land(地を耕す)"
		tari-	(満州、中蒙)	id.
		tarla	(トルコ)	"field(野)"
		tula	(Chuvash)	id.
		tuylay	(Orochon)	id.
7.	まる	maru	(静岡、石川)	"stallion(雄馬)"
	まるうま	maru-uma	(三重, 静岡, 福井)	id.
	ほろ	horo	(愛媛、大分)	"horse(馬)"
		mar	(韓語)	id.
		maal	(Turkmen, Yakut)	id.
		mal	(中蒙, Uigur, Bashkir, Kirghiz, Azeri)	"cattle(家畜)"
		male	(Dagur)	"herding animal(群がる動物)"
		mol	(Uzbek)	"cattle家畜)"
		mor/moren	(トルコ)	"horse(馬)"
		moren	(Orochon)	id.
		mori/morin	(満州, Goldi, 中蒙, Dagur)	id.
		muri, mori	(Oroche, Olcha)	id.
		murin, morin	(トングース)	id.
8.	ふで	hude	(日語)	"writing-brush(筆)"
	ぼし	bosi	(福岡)	"writing-brush case(筆箱)"
		pus/put	(韓語, 韓中古語)	"writing brush(筆)"
		bici-	(Dagur)	"to write(書く)"
		bici-, biti-	(Evenki)	id.

		bicik	(中蒙)	"writing-brush(筆)"
		bithO	(Olcha、Goldi, Goldi)	"writing(書き, 書き物)"
		bitihO	(Kyakar), Oroche)	id.
		hude	(Dagur)	"feathers(毛羽)"
		huyduyn	(中蒙)	id.
		oydn	(Kalmu k)	id.
9.	しかる	sikar-u	(日語)	"to scold(叱る)"
		cukkayn-	(韓:慶北)	id.
		cigul	(中蒙)	"anger(怒り)"
		singgari-	(Goldi)	"to offend(怒らす)"
		singgirei-, singgiri- (Oroche)		id.
		singgiri-	(Olcha)	id.
		singgyacau	(トングース)	"offended(感情を害されたる)"
		tikul-, tikun'ngii- (トングース)		"to become angry(怒る)"
		ti'kui'l-	(古トルコ)	id.
10.	はらむ	haram-u	(古日語)	"to grow big(大きくなる)"
	はれる	hare-ru	(日語)	"to swell up(腫れる)"
	ふえる	huer-u	(日語)	"to increase"
	ぶれる	bure-ru	(伊豆大島)	"to gorge with same food(同じ食物を貪る)"
		puri'-	(韓語)	"be full(一杯だ)"
		bere-ket	(トルコ)	"abundance(豊富)"
		bol	(トルコ)	"wide(広し)"
		bolluk	(トルコ)	"largeness(大きさ), much(豊富)"
		bori'k	(Kazakh)	"heap(嵩み)"
		buri	(トングース)	"all(皆), very(非常に)"
		buylent	(トルコ)	"be full(一杯だ)"
		buyruyn, bol	(トルコ)	"more(もっと), abundant(多い)"
		fulu	(満州)	"more(もっと), abundant(多い)"
		hawari-	(トングース)	"to swell(腫れる)"
		pulO	(Goldi)	id.

タミル語の数詞と日本語の数詞

　大野教授は当然すべきタミル(Tamil)語の数詞と日本語の数詞の比較に関しては一言も無い。この両語の基礎数詞 〈一から十迄〉 は次の様である.

数詞	日語	Tamil	数詞	日語	Tamil
1	hito	onru	6	mu	aaru
2	huta	tranda	7	nana	eeru
3	mi	muuru	8	ya	ettu
4	yo	naalu	9	kokono	onbadu
5	itu	naangu	10	too	pattu

　基本数詞には零(zero)は入らない様である。零(zero)という概念と用語は八、九世紀にアラブ語で使い始めたのである。中国でもこの使用が遅れているし、韓語と日本語ではもっと遅く中国語から借りたので、その固有語が無い。それで上の表でも漏れている。

　上の表を見たら ｛mi｝ と ｛muuru｝ は似ているが /-ru/を説明しなければならない。又似ているのは日本語の ｛ya(tu)｝ とタミル語の ｛ettu｝ しかない。タミル語では日本語の ｛ya(八)｝ の形は無いようである。これは日本語の ｛mi(3)｝ と ｛yo(4)｝ の母音だけを変えてその二倍の(6)と(8)の数に使うという肯ける説を考慮すると、タミルの/ettu/(八)の/ttu/は説明が出来ない。この様に両語の数詞の内、同源語が無いのだから、上の表の数詞が皆同言語から来たのではない。大野教授はこれを調べてない筈がない。彼は似たようなのが一つ、二つしかないので、仕方なく数詞に関しては言及しないでしまったのである。

アルタイ語族の基本数詞

　数詞はごく少数の単語なので深い研究の対象に成っていない様である。李南徳教授の大作でも一、二、四、五は詳しく比較したが、"ミ/mi/、ミル/mir/(両＝高句麗の(三)、(ナヌン/nanUn/(高句麗の七))、(トク/tOk/(高句麗の十))はごく簡単に言及したのみ、(六)、(八)、(九)は取り扱っていない。

　Ramstedは他の人たちと違って(四)だけ除いて韓語の数詞に関して言及したけれども二、三個しか詳しく説明してない。日本語の数詞との比較は別に無く、他の言語の数詞の同源語に関しては言及が無い様である。

　他にアルタイ語の数詞に関する深い研究を見ることが出来ないので、私が調査比較してみた。Eric Hampはアルタイ数詞を研究して、それだけでもアルタイ語族の統一説を支持できると言ったが、彼は韓語の数詞はその補助語がアルタイ語族のそれと形が類似していると簡単に言っただけで、日本語は除外している。

　日本語と韓語を比較するとき、或る人達は此の両言語の基本数詞の内、同源語が三つ位しか無いから、この両言語の同系性を疑うと言う。しかし、こういう主張は皆研究不足に起因するのである。標準語と方言を詳しく調べてみると、同源数詞が三つぐらいでなく、七、八個があると言う驚くべきことを発見する。

　次に日本語と韓語の数詞と他のアルタイ諸言語の数詞を羅列比較して見るが、その理由は大野教授の様な人達が、韓語の数詞は日本から反対に韓語に渡っていったと変な主張をするかも知れないからである。日本語の数詞には日本の学者たちの説を註に入れたがそれは如何に変であるかを良く見せてくれる。此の数詞に関する部分は少し長いが、その深層的研究を見たことが無いので、此処で詳しく説明することにした。

　言語学には protolanguage(基語)とprotoform(基形)と言う用語がある。前者は言語を比較するとき一言語族の最古の言語、或いは再構成して設定した仮定的最古語であるという意味であり、基形は同意語か同源語を比較するとき、その語彙等の音素の最も代表的なものを取って最古基本音と看做すという意味である。此れはprotosound(基音)とも言う。私はアルタイ数詞の良い基形を見たことが無いので、下にある数詞の 基形は皆私が設定したものである。

1A. ONE(A)

いち、いつ	it i, itu	(現日, 古日/古日)	"one" (現日=現代標準語;古日=古日語)
はじめ	haji-me	(現日, 古日)	"beginning(始め)"
はつ	hatu	(現日, 古日)	id.
ひと、ひとつ	hito, hito-tu	(現日, 古日)	"one" (日本学者達：(1) " ｛日｝ に接尾語をつけた語。(2) 天と地, (3) 天と人, (4) 日と月、(５)"ひと(人)＋接尾語"、(６) 一定の日、等
	ha'ta'n, ha'tUn, ha'ton	(古韓語)	"one(一), 1ｓｔ class(一級)"
	ha'ta'na	(古韓語, 高麗)	"one(一つ)"
	biir	(Yakut＝とルコ系)	id.
	bir	(トルコ；Uzbek, Karaj)	id.
	geeda	(Orokko)	id.
	pOr	(Chuvash＝トルコ系)	id.
	son	(満州)	"one(一つ), single(単一)"

　これ等の語彙の基形(protoform)を(hatan)と見る。古韓語の(ha'ton)或いは(ha'ta'na)は日本語の(hatu)に近く、又(hito)と類似しているから長く説明する必要も無い。それから母音の変化や対応は各言語の内外に多く有るから詳しい説明はしない。他のアルタイ語の(biir)、(bir), (pOr)は 基形を別に設定することも出来るけれども(hato)の/h-t/と /b-p-h/及び /t-r/で対応できる。/t-r/の例は韓語の(Ot-ta(得る))と日本語の(er-u(得る))との対応のようなものである。

　日本語では音節の最後の母音の後(coda)には/n/を除いては子音が来ない。子音で終わる外語の音節を日本語の仮名に移すときは其の子音を切り取るか、或いは適当な母音を加えざるを得ない。此れはアルタイ語のうち満州語に少し見えるだけであるが、其の数は少ない。

　李南徳教授は、(ha'ta'n)は(ha'ta')に接尾語/n/或いは/a'n/を加えたものであり、(hana)は(ha'ta'n)から派生したと言い、(hitʋ)も此れの同源語というが肯けるものがある。然し、彼氏は語彙の語態とか意味が皆(karU-/(to divide))から来たと言い、ツング-スの(kaltas(半分))と(kaltala-(分ける))と同じ語彙に通じると言っているが此れはどうも一方的結論だと見える。

1B. ONE(B)

はな	hana	(現日, 古日)	"first(最初), tip(先端)"
はなえ	hana-e	(静岡、山口、島根)	id.

はなえる	hana-e-ru	(長野, 島根, 広島, 山口, 愛媛, 高知, 岩手, 宮城, 山形、新潟、群馬、埼玉、静岡、山梨)	"to begin(初める)"
はなむかえ	hana-mukae	(群馬、山梨、静岡、長野、新潟)	"to prepare pine decorations for January(正月松飾を準備す)"
はなる	hana-ru	(群馬, 山梨, 長野, 静岡, 新潟)	"to begin(初む)"
はねる	hane-ru	(群馬、埼玉、長野)	id.
	hana/ha'na, ha'nna	(韓語/中韓)	"one(一)"
	ha'na-cay, ha'n-cay	(中韓)	"first(最初)"
	hana	(満州)	"a section of the yurt wall(家の壁の一部)"
	hina	(満州)	"a 1000th of a foot(一尺の千分の一)"

日本語の(hana)は(最初)或いは(初め)と言う意味だが、それも(hito)か (hatu)から来たのだから上の 基形である(hato)から派生したものと見る。/t-n/ の対応は韓語の(tUr(野))と日本語の(no(野))、(nora(野))のような言葉に表れる。李教授は(hana)に関しては触れてない。とにかく、一つの言語の数詞が二つの形に現れるのは良く見るところであり、時には三つの形に現れるのもある。

日本語で(hito)と(hana)の意味は似ているが用法が違うようなので韓語にも此れに等しい語が二つ有った様な気がする。又, １Ａに挙げた (biir), (bir), (pOr)は良く現れる/b-p-h/と/t-r/を適用されるし、(hana)とも関係をつけることが出来るようだ。/t-r/の例は上で見た。

上のOne(A)とOne(B)の語彙の基形を設定し、其の一覧法を作った。紙面上各語彙の音を皆比較することが出来ないので、各語彙に共通するする基形を設定して、それらを比較して見る。

言　語		言　語	
全部の基形	* hata	Karaj, Uzbek, Yakut	* bir
日語	* hito	満州	* son
韓語	* hana	Orokko	* geda
Chuvash	* pOr		

Chuvash(トルコ系)；　Karaj, Uzbek, Yakut(兩：トルコ系、トルコ)；　Orokko(満州系)

2A. TWO(A)

そろいγそろひs	oro-i/soro-hi	(J/古日)	"a set(一組)"
たぁちゅう	taa-chuu	(南島)	"twin child(双子の子)"
たつご	tatu-go	(八丈島)	id.
たと	ta-to	(南島)	"two years(二年)"
たなおろし	tana-orosi	(青森)	"big February snow(二月の大雪)"
たんがく	tan-gaku	(岩手、岐阜)	"to carry by two(二人で担ぐ)"
ちぃぼう	tii-boo	(山梨)	"second son(次男)"
ちやこ	tya-ko	(青森)	id.

ちょうび	choo-bi	(富山)	"even number day(偶数の日)"
つい	tui	(現日)	"pair(一対)"
つる	tur-u	(古日)	"to take someone along(連れて行く)"
つれ	ture	(現日, 古日)	"companion(同伴者)"
とじょ	to-jyo	(鹿児島)	"two story house(二件の家)"
とと	to-to	(南島)	"two years(二年)"
	tu, tur	(韓語, 中韓)	"two(二)"
	tuUr, turh, tupUr	(中韓)	id。
	tuhuri、tupur	(古韓)	id.
	cur, zur	(トングース)	"two(二)"
	dab-hoca	(中蒙)	"pair(一対), double(倍)"
	dab-hor	(中蒙)	"double(倍)"
	duu-tO-	(トングース)	"to become two(二つになる)"
	duyur	(Lamut)	"two(二)"two
	dud-gun	(Lamut)	"two(二), pair(対)"
	doyr, duyr, zuyr, zuru	(トングース)	id.
	doy:r	(Orokko)	"two"
	duy, juy	(Oroche, Udihe)	id.
	hoire	(Dagur)	id.
	hoyar	(中蒙)	id.
	hoyor	(Buirat)	id.
	jirin	(古蒙)	id.
	jo	(女真)	id.
	ju	(Oroche)	id.
	jue, juwe/juru	(満洲)	"two( )/pair(二), pair(対)"
	jue-bie	(Orochon)	"two months"
	juO	(Olcha)	id.
	jur	(Goldi)	id.
	jur, gul	(Negidal)	id.
	juur	(トングース, Orochon)	"two(二)"
	juur, cur, zur	(トングース)	id.
	te-vem	(トルコ)	"twin(双子)"
	teri	(Orochon, Oroche)	"pair(対)"
	zUUr	(Oroche, トングース)	"pair(対)"

　これ等の基形を(tur)とする。此の/r/は多くの語彙のcoda(音節末)で/r-l-zero/の対応を見せてくれる。又、Dagurの(hoire)と中蒙語の(hoyor)の/h/は/th/で、此の対応も時々見える。例えば韓語の(takk-ta(拭く))と日本語の(huk-u(拭く))の対応のようなものである。Dagurだけが/r/の後に/e/を付けている。

　上の各言語の語彙の基形を設定し、其の音韻対応を設定して、其の対応表を作る。

言　語		言　語	
全部の基形	*tur	中蒙	*hor
韓語	*tur	古蒙	*jir
日語	*tur	Olcha(ツングース系)	*juO
Buriat, Dagur	*hor	Oroche, Udihe	*duy
Evenki	*duyr	Orokko(満州系)	*doy:
女真	*jo	満州, Goldi, Negidal, Lamut	
Orochon, Tungus:	*jur/dur		

2B. TWO(B)

いじこ	iti-ko	(山形)	"one or two year old baby"
いち, いつ	iti, itu	(現日, 古日)	"one"
ふた, ふたつ	huta, huta-tu	(現日, 古日)	"two(二)"(日本の学者たちの語源説：(1)横, (2) 分裂, (3) 別のもの, (4) 互いに見ること, (5) 反復, (6) 蓋, 等)
	it	(中韓)	"two(二), next(次)"
	eki, iki	(ツングース)	id.
	eki-nti, iki-nti	(Uigur)	id.
	ihe-r	(Khalkha)	"twin(双子)"
	iki	(トルコ, Uigur)	"two(二)"
	iki-li, iki-z	(トルコ)	"twin(双子)"
	iki-ri	(満州)	"pair(一対), twin(双子)"
	ikki	(Uzbek, Uigur, Yakut)	id.
	ikU	(Azeri, 中トルコ)	id.

　上の語彙の基形を(itu)と見て、日本語と韓語と他の言語の語彙の基形を(iki)と見る。(iki)と(it)には/k-t/の対応があるが、この対応も時々見える。例えば日本語の(kako-(囲う))が韓語の(katu-(囲う))と対応するようなものである。(huta)は(it)に/h/をつけ、/u-i/と/zero-a/が適用されたものと見る。

　李教授は日本語の(huta)をアルタイ系語の(tOp(重ね))の倒置形(transposed form)と見ている。此れは変な見方であり、彼氏は次のような六個の日本語数詞に関する肯ける定説を無視している。左から二番目の数が母音変化で二倍になる。

ひ(と)	hi(to)	"one"	ふ(た)	hu(ta)	"two"
み	mi	"three"	む	mu	"six"
よ	yo	"four"	や	ya	"eight"

　(tur)と(itu)の基形を(itur)とする。　李教授は此れに関しても一言も無い。(it)はトルコ系言語の(三)を意味する(uych)、或いは(uch)の様な数詞と音が類似しているが(二)の数詞に使われる理由は知らないが何か関係が有りそうである。Two(B)に現れる各言語の数詞の基形を設定し、其の対応を一覧表に作って見る。

言　語		言　語	
全部の基形	*iki	Karaj	*ki
日語	*iti	Khalkha	*ihe
韓語	*it	Osmanli, Uigur, Uzbek, Yakut, 夫余	*iki
Azeri	*ikU		

3A, THREE (A)

み, みっつ, みつ	mi, mi-ttu, mi-tu	(現日, 古日)	id.	((日本の学者たちの語源説: (1)天と地と人, (2)父母と子, (3)人達が集まること、等)
	mi, mir	(古韓:高句羅)	"three(三)"	
	bish	(トルコ)	id.	
	uch	(Uzbek)	id.	
	uych	(中蒙)	id.	
	uy:ch	(Karaj)	id.	
	uys	(Yakut)	id.	
	vish	(Chuvash)	id.	

上の語彙の全部の基形を(mis)と設定する。(mi)は(mis)の/s/が落ちたのと見、/m/も落ちたものと見る。/ch-sh/の対応も又多く見る対応である。上の諸語彙の基形を設定し，其の対応表を作って見る。

言　語		言　語	
全部の基形	*mir	Osmanli	*bish
日語	*mitu	Uzbek	*uch
韓語	*mir	Yakut	*uys
Chuvash	*vish		

3B. THREE (B)

さけおび	sa-keobi	(鹿児島)	"three foot shash(三尺帯)"
さじ	sa-ji	(京都, 兵庫)	"three-ri moxa(三里も阜)"
さしあさって	sa-siasatte	(徳島, 高知)	"three days later(三日後)"
さぶろう	sa-buroo	(岡山)	"3rd day of summer heat(熱の三日目)"
さやめし	sa-yamesi	(淡路, 高知)	"eating around 3 P.M.(午後三時頃の食事)"
せ	se	(関西)	"three(三)"
せちみそ	se-ti-miso	(香川)	"3 day miso, beginning of January(正月初めの三日味噌)"
ちゃめし	tya-mesi	(淡路, 高知)	"eating around 3 p.m. 午後三時頃の食事)"
てかけぼ゛ん	te-kake-bon	(仙台)	"three directions(三方)"
てご゛	te-go	(八丈島)	"third daughter(三つ目の娘)"

ses, se/sawi	(現韓, 中韓/古韓)	"three(三)"
seree, serege	(中蒙)	"trident(三叉の道具)"
ser-tei	(満州)	"threefold(三重の, 三倍の)"

　上の語彙の基形を(se)に設定する。/sete/の対応も良く見るものである。其の前の(mi)と(se)の関係は不明だが、その二つの　protoformを(mis)と設定する。それから、アルタイ基形も(mis)と設定する。目に立つのは諸蒙古方言の(三)は殆ど全部が(gurban)であるが、他のアルタイ言語には見えないから、アルタイ基形の考慮から除外する。

　上の各言語の語彙の基形を設定し対応表を作って見る。

言　語		言　語	
全部の基形	* ser	満州	* ser
日語	* san	中蒙	* ser
韓語	* ses		

4. FOUR

よ, よつ, よっつ	yo, yo-tu, yo-ttu	(現日, 古日)	id. (日本学者の語源説: (1) 四方、(2) 上下左右、等)
よそ	yo-so	(古日)	"forty(四十)"
	ne, nes	(韓語、中韓)	"four(四)"
	towi	(高麗古語)	id.
	nOi	(韓方言)	id.
	de-hi	(満州, 女真)	id.
	di-gin	(Samagir, Negidal, Evenki) "four(四)"	
	di-yin, du-yin	(Orochon)	id.
	dO-i	(Olcha)	"forty(四十)"
	do-gin	(トングース)	"four(四つ)"
	dO-hin	(Goldi)	"forty(四十)"
	doyy-cin	(中蒙)	id.
	doy-nen	(中蒙)	"four years old child(四才の子)"
	doyr-ben, doyr-oyb	(現蒙)	"four(四つ)"
	doyr-ben, doyr-t	(中蒙)	id.
	doyr-t/tor-te	(トルコ/Uigur)	id.
	dui	(Oroche, Udihe)	id.
	dui, duin	(Goldi)	id.
	duin	(満州)	id.
	duru-be/durr-ben	(Dagur/Buriat)	id.
	duyyi, duyyin	(Olcha)	id.
	nuketheen	(Orochon)	"four year old wild boar(四才の猪)"

tO-vat	(Chuvash＝)	id.	
toyr-t/toyr-te	(トングース, トルコ, Yakut, Karaj/Uigur)		
		id.	
tuyoyr-t	(Yakut)	id.	

日本語と韓語の語彙の基形を(net)と設定、その他の語彙の基形を　(doyrbt)と見る。/t-d-n-r-zero/の対応は世界各語に見えるのであり、/u-ye-O/の対応も少なくない。Ramstedtは(四)に関しては一言も無い。

　　上の各言語の語彙らの基形を設定し、言語間の対応を一覧表に作る。

言　語		言　語	
全部の基形	＊doyr	満洲	＊duyh
日語	＊yotu	中蒙	＊doyc
韓語	＊nes	Olcha	＊duyi
Buriat	＊duyrb	Oroche, Udihe	＊dui
Chuvash	＊toyva	Orochon	＊diyi
Dagur	＊tau	Samagir, Negidal, Evenki	＊digi
Goldi	＊dOhi	Tungus, Mongolian, Osmanli,	
		Turkish, Yakut, Karaj：	＊toyrt
女真	＊dehi	Khalkha(現蒙)	＊doyrb

5A. FIVE (A)

たつ	tatu	(現日, 古日)	"fifth(五つめ)"
たっこみ	tak-komi	(兵庫)	"gomoku boiled rice(煮た五目飯)"
	tasOs/tasa's, tasa'p	(韓語/中韓)	"five(五)"
	sunja/sunja-bie	(Olcha, Orochon)	"five五)/May(五月)"
	sunja/su-sai/tofo-hon	(満州)	"five(五)/fifty(五十)/fifteen(十五)"
	sunja/su-sai/tabu-huon	(女真)	id.
	taau	(Dagur)	"five(五)"
	ta-ban	(Buriat)	id.
	ta-ban, ta-wan	(現蒙)	id.
	ta-bun	(Kittan)	id.
	ta-bun/ta-hin	(中蒙)	"five(五)/fifty(五十)"
	taw-lan	(中蒙)	"five year old animal(五才の動物)"
	tong, tun'nga	(トングース)	"five(五)"
	tongga	(Goldi, Solon, Orochon)	id.
	tonggan	(Orochon)	id.
	tunda/tunda doo	(Orokko)	"five(五)/fifty(五十)"
	tunza	(Olcha)	id.

　　これ等の語彙の基形を(tas)と設定する。(to)と(tu)は(ta)の変態でそれに接尾詞が付くが、/t-s/, /a-o-u/, /s-z-n-ng/の対応も良く見えるものである。例えば, 日本語の(yos-(善し))が韓語の(it(善))と対応し, 日本語の(toz-(閉ず))が

"韓語の(tat-(閉ず)と対応するような例である。
　Ramstedtは、韓語の(ta(五))は(tat-(閉ず))と関連し、(sOs(三))は(son(手))から来たのだと言っている。然し、次の項を見だらそうでないのが分かる。まず、上の諸言語の語彙の基形を設置し、それらの音韻対応表を作って見る。

言　語		言　語	
全部の基形	＊tasu	満洲, 女真	＊sunja
韓語	＊tasOs	Mongolian, Kittan	＊abun
日語	＊tati	Olcha	＊tunza
Buriat, Khalkha	＊taban	Evenki, Orokko, Goldi, Solon, Orochon	＊tung'a
Dagur	＊daau		

5B. FIVE (B)

いそ	i-so	(古日)	"fifty(五十)"
いつ, いつつ	itu, itu-tu	(現日, 古日)	"five(五)"(日本学者の語源説: (1) 積み上げたもの, (2)中国語の恐ろしいと言う語(稜威)から来たもの、等
いつか	itu-ka	(現日, 古日)	"fifth day(五日目), five days(五日)"
	uch	(古韓:高句麗)	"five(五)"
	esusu	(古韓:高羅)	id.
	boysh	(Uigur)	id.
	besh	(トルコ)	id.
	bies	(Yakut)	id.
	biesh	(Karaj)	id.
	bish	(Tatar)	id.
	boysh	(Uzbek)	id.
	uch	(トルコ)	id.

　これ等の語彙の基形を(tach)とみる。韓語とトルコ語の(uch)は音節の初めの/b/が落ち、/sh/が/ch/に成ったのと見る。上の(tach)と(bish)等の基形は(tish)とする。此の /sh－ch/の対応も非常によく見えるものである。
　日本語の(itu-tu)と高麗語の(esusu)はごく似ているが、此の比較は見たことが無い。上の諸言語の語彙の基形を設置し、それらの音韻対応表を作って見る。

言　語		言　語	
全部の基形	＊besh	Tatar	＊bish
古韓	＊uch	Uigur, Uzbek	＊boysh
現日	＊itu	トルコ	＊uch
トルコ, Karaj, Yakut	＊besh		

(6) SIX

いざよい, いさよい	iza-yoi, isa-yo	(現日, 古日)	"16th night of the month(十六日の夜)"

yOsOs/yOa's, yOsa's, yOsUs　(韓語/中韓)　"six(六)"

hasusu	(古韓:高麗)	id.
alta	(Yakut)	id.
altae	(Uigur)	id.
altEE	(Karaj)	id.
altU	(トルコ)	id.
asun	(Zirni)	id.
Ohip	(ツング-ス)	"six year old reindeer(六才のトナカイ)"
olcha, olti	(Uzbek)	"six(六)"
ulta	(Chuvash)	id.

　Ramstadtは韓語の(yOsOs(六))は(yOr-ta(開ける))と(son(手))が付いたとみる。私は日本語と韓語の　語彙の基形を(yosa)と設定し、他の語彙の基形を(alta)と設定する。此の二つの基形には/yO-a-l/, /s-t/ の対応があるが、此れも稀ではない。ツング-スの(six)の基形を(nunku)と設定しアルタイ語言語全体の(六)の基形を(nilta)と見るが、これは (alta)に /n/を付けたたけである。(nilta)と(yosa)の関係は/n-y/, /o-i/と/t-s/で説明できるが、/n-y/の例は日本語の(nada(灘))と韓語の (yOUr(急流))の様なものである。

　日本語の(is-a)或いは(iz-a)の意味は(16)であるが(六)との関連は確実である。日本語の(mu-(tu))は同源語を探すことが出来ないが、それは(mi(三))の母音を変えて(六)に使うためであろう。

　上の諸言語の語彙の基形を設置し、それらの音韻対応表を作って見る。

	言　語		言　語	
全部の基形	* alta	Yakut		* alta
日語	* #itu	Uigur		* aelta
韓語	* yOsO	Uzbek		* olti
Chuvash	* ulta	Yakut		* alta
Karaj	* alte	トルコ		* altu

7A. SEVEN (A)

な、なな、ななつ	na, nana, nana-tu	(現日, 古日)	"seven(七)" (日本学者語源説 (1)三と四を合わせたので(傾く)と言う意味；(nana-me)は(傾斜)と言う意味、(2) (六)と(八)の間と言う意味, (3) ツング-スの(nɑda(七))と対応) (註: 日本の学者の内数詞に関してツング-スとか韓語の数詞を引用したのは二つ程しかない。
ななそ	nana-so	(現日, 古日)	"seventy(七十)"
なのかひ"	nano-kabi	(長野, 静岡, 広島)	"July 7th Festival of the Weaver(七月七日の織工のお祭り)"
	nana/nil-kop/il-kop	(古韓/中韓/現韓)	"seven(七)"
	nanUn	(古韓:高句麗)	id.
	nir-hUn/ir-hUn	(中韓/現韓)	"seventy(七十)"
	nada	(Oroche, Olcha=ツング-ス)	

<table>
<tr><td></td><td></td><td colspan="2">"seven(七)</td></tr>
<tr><td>nadan</td><td colspan="2">(満洲, Orochon, Evenki, Samagir, Goldi,
Negidal, 女真, Udihe) id.</td></tr>
<tr><td>oytti</td><td>(Uzbek)</td><td>id.</td></tr>
<tr><td colspan="2">yaettae/yedi (Uigur/トルコ)</td><td>id.</td></tr>
</table>

　　日本語と韓語の語彙の基形を(nana)と設定し、アルタイ基形は(nada)と見る。多くある/dn/の対応に関しては既に言及した。韓語の(kop)は接尾詞である。李教授は日本語の(nana)と韓語の(nanUn)たけを指摘した。Ramstedtは数を数えるとき手を開いて数えるのと言って、韓語の(ilkop)の (ir)と(곱)はツング-スの (ilan(三))と(kop(曲り))から来たのと言っているたけである。

　　上の諸言語の語彙の基形を設置し、それらの音韻対応表を作って見る。

言　語		言　語	
全部の基形	* nana	Uzbek(トルコ系)	* oyti
現日, 中韓	* nana	Olcha, Oroche	* nada
女真, 満洲, Evenki, Goldi, Negidal, Orochon, Samagir, Udihe:			* nadan

7B. SEVEN (B)

しち	siti	(現日, 古日)	"seven(七)"(<-中国、然し下を見ろ。)
	chir	(韓語)	id. (中国語では/chi/.)
	doloo	(Dagur(蒙古系)	id.
	doloon	(Buriat＝蒙古系)	id.
	jide	(Tatar＝トルコ系)	id.
	sette	(Yakut＝トルコ系)	id.
	shiche	(Chuvash＝トルコ系)	id.

　　上の語彙らの基形を(siti)と見る。日本語の(siti と韓語の(chir)は中国語から来たと言えるが、他の言語の数詞(質)が此れに似ているのを見ると、必ずしも中国語から来たのではないという印象を受けるから今後これに関して研究する必要がある。日本語と韓語の/ti―r/の対応は非常に多い。例えば、/tati-tUr(複数の接尾詞), /hati―p'ar(八)/の様なものである。

　　上の諸言語の語彙の基形を設置し、それらの音韻対応表を作って見る。

言　語		言　語	
全部の基形	* siti	Chuvash	* sheche
日語	* siti	Tatar	* jide
韓語	* chir	Yakut	* sete
Buriat, Dagur	* dolo		

8. EIGHT

やそ	ya-so	(古日)	"eighty"

や, やっつ, やつ ya, ya-ttu, ya-tu　　(現日, 古日)　　　　　"eight(八)"（日本学者たちの語源説:(ya)は
　　　　　　　　　　　　　　　　　　　　　　　　　　　　　(yo+yo(4+4))

　　　　　　　　yOtOrp/yota'rk, yOta'rp, yOtUrp (現韓/中韓)

　　　　　　　　　　　　　　　　　　　　　　　　　　　"eight(八)"
　　　　　　　　yOt-ahUp　　　　　　(中韓)　　　　　　"eight-nine(八十九)"
　　　　　　　　yOt-Un/yOt-a'n　　　(現韓, 中韓/中韓)　　"eighty(八十)"
　　　　　　　　yat-ar, yat-ap　　　(韓:慶南, 全南, 済州) "eight(八)"
　　　　　　　　yat-Ur　　　　　　　(韓:平安, 咸南, 江原) id.
　　　　　　　　agUs　　　　　　　　(Yakut＝トルコ系)　id.
　　　　　　　　jakpU　　　　　　　(Orokko＝満州系)　id.
　　　　　　　　jakUn/jafkun　　　　(満州/Orochon)　　id.
　　　　　　　　nayan　　　　　　　(現蒙)　　　　　　id.
　　　　　　　　yaette　　　　　　　(Karaj)　　　　　"seven"

　日本語と韓語の基形を(yato)と見る。日本語では/to/が落ちるか/tu/に変わる。アルタイ基形は(jaki)とする。/y－j /の対応もよくみえるのであるし、/t－k/は既に見た。

　日本語の(ya(tu))は(四)を意味する(yo(tu))の母音たけを変えたのであって、/o/と/u/たけが違うのだから(yato)と語源が同じだと見ることが出来る。Ramstedtは韓語の(yOtOrp(八))を(yOr-(開く))と(tOr-(減らす))が付いたと見ているが突飛な説である。

　上の諸言語の語彙の基形を設置し、それらの音韻対応表を作って見る。

	言　語		言　語	
全部の基形	* yato	満洲		* jaku
韓語	* yOtO		Karaj	* yaette
日語	* yatu	Orokko	* jakpu	

9. NINE

ここのつ　　　　koko-no-tu　　　(現日, 古日)　　　"nine(九)"（日本学者の語源説：(1)陰陽説に
　　　　　　　　　　　　　　　　　　　　　　　　依ると(子)は(三)と言う数で, (九)は其の三倍。
　　　　　　　　　　　　　　　　　　　　　　　　(2)只(多い)と言う言葉, (3) 十に近いので
　　　　　　　　　　　　　　　　　　　　　　　　(koko)(此処)。(4)(ya(八))に(一)を加えると言う
　　　　　　　　　　　　　　　　　　　　　　　　意味。(5)古韓語の(ko(多))から来た。)
　　　　　　　　ahop/aho　　　　(現韓, 中韓/古韓)　"nine(九)"
　　　　　　　　akop　　　　　　(韓:慶南, 全南)　id.
　　　　　　　　etari　　　　　　(古韓:高麗)　　id.
　　　　　　　　egin　　　　　　(ツングース)　　id.
　　　　　　　　huju　　　　　　(Orokko=満州系)　id.

　日本語と韓語の基形を(ako)とみる。/a/が語頭で落ちるのは頻繁に見えるのであり、/kht－j /もよく見える対応である。(etari)には基形に/kt/が作用し、接尾詞が付いたのだが、その音が(yOtOrp)とごく近いので同源語と見ることが出来る。日本学者たちは(kokono)の(koko)は(多い)と言う意味だと言っている。/no/は接尾詞であるが此れ

を除外して議論している。Ramstedtは(ahop(九)を(a(小))と(hop<kop(曲り)) が付いたものと見るが上の語彙をよく見ると妥当でない。アルタイ語全部の(九)の数詞の基形を(yekun)に設定する。此れと/ako/の音韻対応の説明もたやすい。

　上の諸言語らの語彙の基形を設置し、それらの音韻対応表を作って見る。

言　語		言　語	
全部の基形	* akun	Evenki	* egin
日語	* kono	Dagur	* ise
韓語	* ahop	夫余, Orochon	* uyun
Buriat	* yuyben	Khalkha, Mongolian	* esoyn

10A. TEN (A)

たり	tari	(古日)	"ten(十)"(日本学者の語源説：tar-u (足る)から来た。)
いそ	i-so	(古日)	"fifty(五十)"
そ	so	(古日)	"ten(十)" ((i-so/ya-so(五十/八十))に見える)
つつ	tu-tu	(古日)	"ten(十)" (日本の学者、初めの/tu/を(十)と見, 次の/tu/は(種類)と見る。
と/とを	to/towo	(現日, 古日/古日)	id. (日本学者の語源説: (1)(遠い), (2)(終る), 等。
し"う/し"ふ	juu/jihu	(現日/古日)	"ten" (日本学者の語源説:(1)(通過する), (2)(終わる), (3)(外部)
やそ	ya-so	(古日)	"eighty(八十)"
	tOk, tou	(古韓:高句麗)	"ten(十)"
	etu	(古韓:高麗)	id.
	ma-zan	(中韓)	"forty(四十)"
	ye-sun/ye-suyn	(現韓/中韓)	"sixty(六十)"
	-dO	(Orokko)	"ten(十)"
	dyan, zaan	(ツングース)	id.
	ja-gU	(中蒙)	"hundred(百)"
	jaan/jon-bie	(Orochon)	"ten(十/October(十月)"
	jan	(Samar, ツングース)	id.
	jon	(Orokko)	id.
	joon	(ツングース, Orokko)	id.
	jua	(Olcha, Samar)	id.
	jan, joan	(Negidal)	id.
	juan	(Olcha)	id.
	juwan/-ju	(満州)	"ten((十倍)の語の(十))"
	jya	(Oroche, Udihe)	id.
	tang-guu	(満州)	id.

tok-uz	(古トルコ)	"nine"
tuk-kiz	(Uzbek=トルコ系)	id.
tunka-doo	(Orokko＝満州系)	"fifty"

此等のアルタイ語彙の基形を(jon)と見る。/j, t, n, zero/と/n, (a)n, zero/の対応は上にも有ったしよく見えるものである。(etu)の /e/は落ちている。/t-s/の対応も多く有るものであり、例えば Orokkoの tunga (五))と満州の(sunja (五))の様なものである。古トルコの (tokuz(九))とUzbek語の(tukkiz(九))は(多い)と言う意味に使われる可能性がある。(九)とか(十)は(多い)と言う意味に使われることが多い。

日本語の語彙には/t、s、j/と /n、zero/が作用されるが此対応もよく見るものである。日本語の(juu (十))とか(so)は韓語の接尾語(zan), (sun), (suyn)に似て居る。その他の語彙も(jon)と比較すると/t, j/と /kn, ng, zero/の対応が見えるが、其の例も多い。

上の諸言語らの語彙の基形を設置し、それらの音韻対応表を作って見る。

言　語		言　語	
全部の基形	* ton	Oroche, Udihe	* jya
日語	* tow	Orokko, Tungus	* jon
韓語	* tou	Old Turkish	* tok
Evenki	* dan	Uzbek, Orokko	* tuk
満洲, Negidal, Orochon	* jan		

10B. TEN (B)

えら	era	(関東, 八丈島)	"many(多い)"
えらい	erai	(関東, 埼玉, 静岡)	id.
おらい	orai	(愛知)	id.
より	yori	(伊豆大島)	id.
よろつ″	yoro-du	(古日)	"ten thousand(万)" (日本学者の此れに関する語源説が見つからなかったが、僕は此れを(yoro(10))に(zu(1000))がついたものであり、zu)は(t i(千))の変化であると見る。)
	yOr	(現韓, 中韓)	"ten(十)"
	on	(現韓/中韓)	"whole(全部)/hundred(百)"
	an	(中蒙)	"ten(十)"
	ar-ab, ar-ban	(現蒙)	id.
	ar-ban	(Buriat)	id.
	hare-be	(Dagur)	id.
	on	(トルコ, Kazakh, Orkhon, Uzbek, Uigur, Karaj)	id.
	onuo	(Yakut)	id.
	tabu-huon	(女真)	"fifteen(十五)"

tofo-hon	(満州)	id.
un	(Uzbek)	ten(十)"
uon	(Yakut)	id.
yaer, vun-uo	(Chuvash=トルコ系)	id.

日本語と韓語の語彙の基形を(yor)と見る。前の10(B)の基形(ton)と此の(yor)の基形を (ton)と設定し、音韻対応は/j-y/と/r-n/で説明できるし、女真の/-huon/と満州の/-hon/は/j-h/, /o-uo/及び/n-r/ の対応で説明できる。Ramstedt は (yOr)が(yOr—(開ける))から来たように見るが妥当でない。

上の諸言語らの語彙の基形を設置し、それらの音韻対応表を作って見る。

言　語		言　語	
全部の基形	* yor	Khalkha, Buriat	* ar???
日語	* yoro	中蒙	* an
韓語	* yOr	Uzbek	* un
Chuvash	* yar	Dagur	* hare
Karaj, Kazakh, Orkhon, Uzbek, Uigur, トルコ	* on		

上で見た日本語と韓語の体表的な基本数詞を一覧する。

数詞	日韓の基形	日　本　語		韓　語
一	hatan	ひと/はつ	hito/hatu(現/古)	ha'ta'n(古)
		はな	hana(現, 古)	hana(現, 中)
二	itur	た/ち	ta/ti(現, 方言)	tu, tur(現, 中)
		_ふた_	_huta_ (現, 古)	it(中)
三	mis	み	mi(現, 古)	mi(古)
		さ	sa(現)	se, ses(現, 中)
		せ	se(方言)	
四	net	よ, よつ	yo, yo-tu(現, 古)	ne, nes(現, 中)
五	tach	た	ta(現, 古)	tasOs(現)
		いつ	itu(現, 古)	uch(古)
六	yosa	いさ	is-a(古)	yOsOs(現)
七	nana	なな	nana(現, 古)	nana, nanUn(古)
八	yato	やつ	yatu(現, 古)	yOtar(方言)
九	ako	_ここの_	kokono(現, 古)	ahop/akop(現/方)
十	jor	じ"う/じ"ふ	juu/jihu(現, 古)	yOr(現)
		とお/とを	too, towo(現, 古)	tOk(古)

イタリック(italic)したのは, 基形の音韻対応の説明がごく類似している語彙より説明がもっと必要なのであり, 下に線を引いたのは 「ごく違う」のと看做す。「類似しているの」は音韻が同じか或いは音韻対応の説明が容易なものである。

「少し違うの」は基形との対応説明が類似しているのより対応説明が易い。「ごく違うの」はそれが不可能に近いものである。それだから、「類似しているの」と「少し違うの」は皆同源語と看做す。
　下の統計で一つの数詞の形が二つ有るときに一つが違えば半分が違うと計算した。

言語	ごく違う語	少し違う語	類似語
日語	1.5	3.5	5
韓語	0	2	8
総計(%)	1.5(8%)	5.5(27%)	13(65%)

　此れを見れば此れまで多くの日本学者たちが此の両言語には音韻的に対応すべき数詞が三つ位しか無いという理由で、其の同族性を拒んできたが、それは研究不足から来たのが分明である。私の調査によれば只一、二数詞がはっきり違い、三個半が少し違う。それでも、十個の基本数詞の内八個が同源語と見ることが出来るから、この二言語の同族性は疑えない。
　それでは、此の現象がアルタイ同族語間にも有るのか調査してみる。まず地理的に近い満州ツング-ス語族と、次に近い蒙古語族と、それから遠いトルコ語族の数詞を一覧して見る。紙面上、各語族の方言を皆上げることが出来ないので、代表的方言たけを挙げる。

数詞	満州	Orokko	Evenki	Orochon	基形
1	emu	geed	umun	emun	emu
2	juwe	doy:r	dur	juur	dur
3	ilan	Ulaa	ilan	yalan	ilan
4	duin	jiin	dUtin	diyin	duin
5	sunja	tunda	tun'nga	tongga	tunggu
6	ninggun	nunggu	nunggun	ninku	nunku
7	nadan	nada	nadan	nadan	nadan
8	jakUn	japkU	dyapkun	fafkun	j apku
9	uyun	huju	egin	yieyin	uyun
10	juwan	joon	dyan	jaan	jaan

　上のを統計的に見てみる。

言語	ごく違う語	少し違う語	類似語
満洲	1	3	6
Orokko	2	2	6
ツング-ス	1	1	8
Orochon	0	2	8
総計(%)	4(10%)	8(20%)	28(70%)

　日本語と韓語の数詞のごく違うのは(8%)、少し違うのは(27%)、類似語は７０％)だからそんなに違わない。
　それでは、蒙古系の言語の数詞はどうか。ここでも代表的な言語四つたけを取り扱い、基形より「少し違う語」はイタリック(italic)し、「ごく違う語」はイタリックと下の線で表示する。

数詞	Buriat	Khalkha	Mongolian	Zirni	基形
1	negen	neg	nigen	nika	ege
2	hoyor	hoOr	hoyar, <u>jirin</u>	hOyar	hoyar
3	gurban	guraw	gurban	gUrban	gurban
4	duyrben	doyboyw	duyrben	duyrban	doyrben
5	taban	tawan	tabun	taabun	taban
6	yurgaan	zurgaa	jirgugan	<u>asun</u>	jirgan？？？
7	doloon	doloo	dalugan	dolan	dolon
8	naiman	naiman	naiman	<u>salan</u>	naiman
9	yuyben	esoyn	yesuyn	toson	yesuyn
10	arban	araw, <u>jaan</u>	harban	arban	arban

この四個の蒙古方言の数詞を統計的に見てみる。

言　語	ごく違う語	少し違う語	類似語
Buriat	0	1	9
Khalkha	0.5	2	7.5
Mongolian	0.5	3	6.5
<u>Zirni</u>	<u>2</u>	<u>1</u>	<u>7</u>
総計(%)	3(7%)	7(18%)	30(75%)

こんなに、蒙古系方言の間でも数詞がごく違うのが0-2個があるたけで、上の統計は日本語と韓語の統計と大差は無い。それでは距離が少し遠いトルコ系の言語の数詞はどうであろうか。此処でも紙面上四個言語たけを取り扱う。

数詞	トルコ	Chuvash	Yakut	Uzbek	基形
1	bir	pOr	biir	bir	bir
2	iki	ikO	ikki	ikki	iki
3	uych	vish	uys	uch	uch
4	doyrt	tOvat	tuyoyrt	tOrt	toyrt
5	besh	<u>pilok</u>	bies	boysh	besh
6	altU	ulta'	alta	olti	alta
7	yedi	shichO	sette	<u>oytti</u>	seti
8	sekiz	saka'r	<u>agUs</u>	sakkiz	sakiz
9	dokuz	ta'ha'r	togus	tOkkiz	tokuz
10	on	<u>vuna'un</u>	uon	On	on

上を統計的に見る。

言語	ごく違う語	少し違う語	類似語
Osmanli	0	1	9
Chuvash	2.5	2	5.5
Yakut	1	0	9
Uzbek	1	0	9
総計(%)	4.5(11%)	3(8%)	32.5(81%)

トルコ語族の言語は地理的に近接している地方で使っているので「違う数詞」の数はChuvashを除いては
そんなに多くない。それでも、其の違う数詞の比率は日本語と韓語間の相違と差異が大きくない。
ここで、日本語と韓語の数詞の基形と他のアルタイ語の数詞の基形を羅列し、アルタイ祖語の数詞の基形
を設定してみる。

数詞	日-韓	ツングース	中蒙	トルコ	アルタイ
1	hato	emu	nege	bir	bir
2	itur	dur	hoyar	iki	itur
3	mis	ilan	gurban	uch	mis
4	net	duin	doyrban	toyrt	doyrbt
5	tach	tang-ga	taban	besh	tish
6	yosa	jirgan	alta	nnilta	??????
7	nana	nadan	dolon	seti	nada
8	yato	japku	naiman	sakiz	jaki
9	ako	uyun	yesuyn	tokuz	yekun
10	jor	jaan	arban	on	jon

この内でアルタイ基形と違うのを集めてみる。

言 語	ごく違う語	少し違う語	類似語
日韓	4	0	6
ツングース系	3	4	3
蒙古系	7	1	2
トルコ系	3	2	5
総計(%)	17(42%)	7(18%)	16(40%)

蒙古語の数詞は他の言語と違うのが多いが、その理由は分明でない。蒙古語を除いたら次の様である。

調査語数	ごく違う数詞	少し違う数詞	類似数詞
3 語族	10(33%)	6(20%)	14(47%)

　注視すべきなのは「ごく違う数詞」である。蒙古語を含めると此れは42%であるが此れを除外すると33%である。日─韓間の「ごく違う数詞」は８％であるから、蒙古語よりは非常に小さい。蒙古語は 70%が「ごく違う数詞」だから蒙古語の数詞には日本語と韓語の数詞と類似しているのが殆ど無いとも断定できる。蒙古語は確定的にアルタイ語であると証明が出来ているのに「ごく違う数詞」が 70%にも成るからそういう主張を反駁することも出来る。然し、留意すべきことはアルタイ言語とか次に見る 印欧(Indo-European)語族中
にも見えない 数値だから例外だと言うことが出来る。

✺ 印欧(Indo-European)言語の数詞との比較

　それではアルタイ語族を離れて印欧言語語族間ではどうであろうかと簡単に調べてみる。印欧言語の中で余り広く知れていない言語の四つを選んで其の数詞を調べてみる。

数詞	Sanscrit	Albanian	Bulgarian	Slovenian	基形
1	eka	nyi	edno	en, eden	on
2	dva	dy	dve	dva	dva
3	tri	tre	tri	trie	tri
4	catur	katOr	chetiri	shtiri	catri
5	panca	pesO	pet	pet	pec
6	shash	gyashtO	shest	shes	shest
7	sapta	shtatO	sedem	sedem	sedem
8	ashta	tetO	osem	osem	ashta
9	nava	na'nd	denet	devet	neve
10	dacha	dhiet	deset	deset	dez

　英語は殆ど全世界に知られている言語なので上に入れなかったが、只その 四と五たけが基形が「ごく違い」、七、八、九と十が少し違う。下に英語を含めて上の数詞の統計を作って見る。

言語	ごく違う数詞	少し違う数詞	類似数詞
Sanscrit	2	0	8
Albanian	2	4	4
Bulgarian	2	1	7
English	2	4	4
Slovenian	1.5	1	7.5
総計(%)	9.5(19%)	10(20%)	30.5(61%)

　ここで、アルタイ語と印欧の数詞の差異を計算し、日─韓の数詞の統計と比較して見る。

言　語	ごく違う	少し違う	類似率
アルタイ(14語)	13(9%)	23.5(17%)	103.5(74%)
印欧(5語)	9.5(19%)	10(20%)	30.5(61%)
総計(%)	22.5(12%)	33.5(18%)	134(70%)
日-韓	1.5(8%)	5.5(27%)	13(65%)

　此れを見ると、印欧語族とアルタイ語族の数詞の違う率が大きく無いから、此れが普遍的現象(univer-sal phenomenon)だと言えよう。「少し違う数詞」と　「類似数詞」を合わせだら日-韓は92%であり、アルタイ語たちは91%であり、印欧語は 81%である。それだから日本語と韓語は同系語でないと言うのは話にもならない。

❀ 数詞研究の結論

　大野晋教授は日本語と韓語は、文法はある程度似ているが同源語が150個しかないからこの両言語の同系性を否認した。彼は印度南部の　タミルTamil語は文法もよく似ており同源語が500個もあるから日本語と日本人はタミルから来たと断定した。ところが此両語の文法は違うのも多く日本語と韓語の同源語よりずっと少ない。それから言語の語彙の中で重要なのは数詞であるのにも拘らず彼は此れに関しては言及も無い。

　同系語の二言語は50%以上が類似しなければならないと思うが、日本語とタミル語の数詞の中で少し類似している様に見えるのは一、二個しかない。

　ところが、日本語と韓語の標準語と方言をしらべてみると7-8個の数詞が同源語に間違いが無いから、このりょうごのしんぞくせいをひてんできない。満州ツング-ス語を見ても同源数詞が90%に達する。蒙古語の数詞は他のアルタイ語の数詞と比較すると70%程が同源語でないようだ。此れを除外したアルタイ語の数詞の同源語比率は67%である。トルコ語系言語らの数詞の類似率は89%であり、アルタイ語族全体ので同源数詞の率は89%だから、日本語と韓語の数詞も両語が同源語であるのを証明している。

　上に見える程度の言語間の数詞の差異はアルタイ語族にだけ現れるのではない。印欧語族の同源系の数詞は81%で、アルタイ語族より 20%位高い。

　其の反面、或る同系のアメリカンインデイアンの言語間野数詞の対応が二、三個に過ぎないと言うが、此れは例外であるが、此れを見ても同源の数詞が50%以上有る言語は同族語であることを確証すると見なければならない。私の統計表に 19個の言語の内 只蒙古語の数詞だけが 70%もアルタイ系でない。その理由は分からないが少ない例外の一つと見るべさである。過歩が無い。ところが蒙古語はアルタイ語であるというのが確証されている。

　従って、日本語と韓語が同族語であるというのを疑う余地が無い。李教授は彼氏の大作で1,000余の日本語彙と1,600余の韓語彙と、1,000世のアルタイ語の語彙をひかっくした。私も約3,200個の日本語彙とそれに対応する韓語と他のアルタイ語の語彙を集めて分析しているが、それは他の本で発表する計画である。これをみると、大野教授が日本語と韓語は同源語が150個しか無いと数十年も妄言しているのは可笑しいと思う。日本語と韓語の同族性を反対するとか、或いは疑う人は確固として信憑性のある研究結果を提出しべきである。

日本の仮名について

此処では、外国人が日本の仮名を習って使うときに感じる不便を少し述べてみる。先ず、次の表を見よう。

た	ち	つ	て	と
ta	ti	tu	te	to
ta	ci	cu	te	to

これをロマジに転記する時、上の二番目の列のようにしなければならない* ところが、日本でのこれらのはつおんは、上の三番目の列のようである。/ci/と /cu は 国際音声記号法のよるものであるが、外人も普通の人たちは /chi/, /tsu/と書かないと分からない 時が多い。

や	い	ゆ	え	よ
ya	yi	yu	ye	yo
ya	i	yu	e	yo

/ya/と /ye/の仮名文字は古語辞典にも現れない。

わ	い	う	え	を
wa	wi	wu	we	wo
wa	i	u	e	o

/wa/行の仮名は四つあるけれども、/wu/に該当する字はない。/wi/と/we/に該当する文字は古現時点に見えるけれどもその発音に関する説明は稀少である。あるだろうけれども私は見たことがない。/を/の発音は/wo/であっただろうが、今は客語の助詞と使われるだけで、その発音もただ/o/である。慣習上、助詞と使われる丈だから/を/の代わり/お/をつかったら、/wa/行には/wa/しかないから、それを/ん/の上にかいて、/わ/行をなくしたら/あ、か、さ、た、な。。/10行でなく、9行になって、いろいろな意味において節約ができるわけである。

次に、転記するときもんだいになるのは/ざ/行である。

ざ	じ	ず	ぜ	ぞ
ja	ji	ju	je	jo
za	zi	zu	ze	zo

此処に日本から来ている人たちに聞いて見たけれども、上の発音に関してはっきりした決論が出なかった。それで、上の三行目の書き方を採択した次第である。

日本語と夫余語の同源語

　上に、日本語と夫余語の同源語を並べて、音韻対応も必要なときに加えてみる。数が余りにも多いので、音韻対応が簡単なのは省略して、少し説明が必要なのには其れを加えることにした。此の音韻対応を非難する前に、次の日本語の[片足跳び] に該当する色んな方言の語彙を一覧して、其れを分類して、音韻対応を試みて貰いたい。日本語の方言であるけれども其れが並大抵ではない。こういうのは日本の方言には無数あるのである。

　[片足跳び] あさんがけ、あしかき、あしがっこ、あしがりこんこ、あしけんけ、あしこんこん、あしじゃっこ、あしだか、あしなげとんぼ、いしけんぎょう、いちけん、いちけんけん、いちこんこ、いっけんけん、いっけんとび、いっちょんがらがら、いっぺんご、えっさっさ、おちょちよんげっこ、かいかい、かいかいびっこ、かいくり、かえりこ、かじか、かたあしごっこ、かたけん、かたごんご、かたしがいり、かたね、かたねんき、かちこだま、ぎいかぁ、ぎいたぁ、ぎしぎし、ぎしごきしご、ぎったぁるぅ、ぎっちょ、ぎっちょんちょん、きつねずもう、きゃけくり、きゃっくり、ぎりぎっちょ、ぎんがた、けぇけぇ、けぇるっとび、けけなぎ、けけなげ、ぎしこ、けただし、けっけなげ、けっとばし、けつりこ、けんがた、げんげ、げんけつ、けんけなげ、けんけん、けんけんじょう. げんげたま、けんけんとび、けんけんなぐり、けんけんばたばた、けんじ、けんば、こんぎ、こんこん、さんごき、しかけとび、しこんき、しっけんぎょう、しっけんこっこ、しっけんころ、しってなげ、しとけんけ、しとしと、しとぅねぇ、しんがら、しんぎ、じんぎり、しんご、しんごろ、とんごん、すけんぎょう、すけんじょ、すててぎ、すててんこ、せぇこ、せっこなぎ、せっしゃ、せんがら、せんぎ、せんぎょかき、せんご、せんこなぎ、せんぞろ、たんこき、ちぎりこっこ、ちんがら、ちんからごっこ、ちんがり、ちんぎり、ちんぎりごっこ、つけんじょう、てかまか、てぎてぎ、てげてげ、てこばこ、てこまこ、でしんこ、てんがらとび、てんぎ、てんてん、てんてんかちかち、てんてんから、てんてんこなぎ、とたみこ、とんぎ、とんぎとんぎ、とんご、とんごとんご、とんび、はしがけ、はしにぎ、はねこ、はねとび、ぴこけんけん、びこたま、ひたけんひたけん、ひっけんぎょ、ひっけんけん、びっこびっこ、びっこまね、ひっちょん、ひんがら、ひんがりこっここういう語彙が日本語の方言には非常に多い。私は言語学が専攻で数十の言語を調べてみたけれども、そんな言語を見たことがない。日本方言語彙の調査よりも、アルタイ語の比較研究の方が容易いような気がする。

　上で、同源語彙を約七十のカテゴリに分けて挙げた。其れは日本-夫余の同源語が、如何に両民族の生活の各面に浸透しているかを見せるためである。実に驚くべきである。

저자소개

손 종 영 孫鐘英(John Y. Sohn)

- 1923년 11월 14일 출생
- 1994 경성고등상업학교 졸업
- 1944~45 일본군 학병으로 징집됨
- 1946 주한미군 통역
- 1946~48 강원고등중학교 영어 교사
- 1948·49 Missouri주 Central Bible Institute 재학
- 1951 California주 Southern California Bible College 졸업
- 1951 미국방외국어대학교 한국어과 취직
- 1953 동대학 한국어 교과서 편찬계 임명됨
- 1956 Michigan 대학교 하계언어학강좌 수강
- 1957~79 미국방외국어대학 한국어과정
- 1962~64 Indiana 대학교 한국어과 창설
- 1965 동대하교에서 언어학 M.A.학위를 받음
- 1966~67 Indiana 대학교 언어학 박사과정 수료
- 1969~70 University of California-Berkeley: 박사학위 받기 전 연구
- 1973 Indiana 대학교에서 언어학 박사 학위를 받음
- 1982~87 국방외국어대학 연구평가부장
- 1988~96 미국방외국어대학 한국어과장
- 1996년말 미국방외국어대학교에서 45년 근무 후 은퇴

서 작
- 미국방외국어대학교 교과서 20여권 편찬
- 2007 KOREAN GAKUHEI (My Life in the Japanese Army)
         Published by River's Bend Press
- 2008 학병 (북 코리아 출간)
- 학술지에 여러 논문 발표

수 상
- 미국방외국어대학 재직중 많은 표창을 받음
- 1990년 노태우 대통령으로부터 국민포장장을 받음
- 1997년 미국방외국어대학교에서 은퇴시 클린턴 대통령으로부터 표창장을 받음

한·일 양언어의 어휘 대조 연구
- 부여어와 일본어를 중심으로 -

초판인쇄	2011년 10월 21일 초판 1쇄 인쇄
초판발행	2011년 10월 31일 초판 1쇄 발행

저 자	손 종 영
발 행 인	윤 석 현
발 행 처	도서출판 박문사
책임편집	이 신 · 정지혜 · 최인노
등록번호	제2009-11호

우편주소	㉾132-702 서울시 도봉구 창동 624-1 북한산 현대홈시티 102-1206
대표전화	02) 992 / 3253
전 송	02) 991 / 1285
홈페이지	http://www.jncbms.co.kr
전자우편	bakmunsa@hanmail.net

ISBN 978-89-94024-68-4 93710   정가 39,000원